KB070201

주요국 사회보장제도 3

# 미국의 사회보장제도

한국보건사회연구원
Korea Institute for Health and Social Affairs    나남 nanam

《주요국 사회보장제도》총서 기획진

노대명 한국보건사회연구원 선임연구위원
김근혜 한국보건사회연구원 연구원
정희선 한국보건사회연구원 연구원

주요국 사회보장제도 3

# 미국의 사회보장제도

2018년 12월 10일  발행
2018년 12월 10일   1쇄

지은이    구인회 · 강명세 · 김수진 · 김주환 · 김찬우 · 김태현 · 김형모 · 김환준
          이삼식 · 전창환 · 정연택 · 정익중 · 조소영 · 조한진 · 최효진
발행자    趙相浩
발행처    (주) 나남
주소      10881 경기도 파주시 회동길 193
전화      (031) 955-4601 (代)
FAX       (031) 955-4555
등록      제 1-71호(1979. 5. 12)
홈페이지  www.nanam.net
전자우편  post@nanam.net

ISBN 978-89-300-8945-6
ISBN 978-89-300-8942-5 (세트)

주요국 사회보장제도 3

# 미국의 사회보장제도

구인회 · 강명세 · 김수진 · 김주환 · 김찬우 · 김태현 · 김형모 · 김환준
이삼식 · 전창환 · 정연택 · 정익중 · 조소영 · 조한진 · 최효진

한국보건사회연구원 나남
Korea Institute for Health and Social Affairs  nanam

머리말

# 특이한 나라, 미국의 예외주의적 복지

미국은 참으로 특이한 나라이다. 노예제 역사로부터 시작되어 지금까지 빈발하는 인종갈등, 총기로 인한 대량살상이 반복되어도 번번이 실패하는 총기규제 시도, 우리가 매스컴에서 접하는 미국은 이런 모습이다. 미국의 특이한 모습은 사회보장 영역에서도 쉽게 보인다. 선진국 중 유일하게 전체 국민을 포괄하는 공적 의료보험이 없지만 오바마케어 같은 부분적 개혁조치에 대해서도 정치적 분쟁이 끊이지 않는 나라, 가장 앞선 경제력에도 불구하고 빈곤층이 넘쳐 나지만 빈곤층 지원정책에 대해서는 가장 비판적인 나라가 미국이다. 학자들은 이러한 미국의 특이성을 일컬어 미국의 예외주의(American exceptionalism)라고 부른다.

미국의 예외주의에 주목한 최초의 인물은 1830년대에 미국을 방문한 프랑스인 알렉시스 토크빌(Alexis de Tocqueville)이다. 그는 《미국의 민주주의》에서 미국인들 사이에 계급적 차별이 없고 모든 사람들에게 기회의 평등이 열려 있다는 사실에 놀라워하며 이를 당시 세계에서 가장 발전한 미국 민주주의의 토대로 설명하였다(de Tocqueville, 1997). 일찍이 영국 지배로부터 독립한 미국에는 봉건제의 계급 질서와 군주제적 국가주의의 유산이 전무하였고, 이러한 토양 위에서 중산층의 개인주의는 가장 순수한 형태로 나타났다. 봉건제로부터 발전한 유럽과 달리 계급화해적 공동체주의나 계급적대적 사회주의가 힘을 얻지 못했고, 국가주의에 강력하게 반하는 자유주의가 미국사회의 지배적 정신이 되었다.

이러한 미국 자유방임주의의 성공은 한 세기를 훌쩍 넘게 이어졌고, 능력주의와 기회균등에 대한 신봉은 현대 미국의 예외주의로 이어졌다. 그런데 역사의 아이러니일까? 19세기 초반 전반적인 평등을 향유하며 출발한 미국의 민주주의는 제2차 세계대전 후 현대사회에 들어서 극심한 불평등을 특징으로 하는 예외주의적 복지국가로 귀결되었다. 시장에서 발생하는 경제적 격차는 정당한 보상으로 쉽게 받아들여지고 재분배 정책에 대한 반대는 반국가주의 정서와 쉽게 연결되었다. 사회보장 등 공공정책에 대한 지지가 가장 낮은 미국의 예외주의는 이렇게 뿌리를 내렸다(Lipset, 2006).

물론 미국의 역사가 자유방임으로 점철된 것은 아니다. 1930년대 대공황을 맞아 루즈벨트 대통령은 공적연금과 실업보험, 빈곤층지원제도 등 사회보장의 기초를 놓는 성과를 거두었다. 1960년대에는 '빈곤과의 전쟁'(War on Poverty) 개혁을 거치면서 빈곤층에 대한 지원을 확충하고 연금과 의료보장에서도 진전을 이루었다. 이러한 발전을 거치며 미국에도 현대적 복지제도들이 모양새를 갖추었지만, 여전히 당대의 다른 서구 복지국가들과 비교할 때에는 그 특이성이 두드러진다.

이 책에서는 이러한 미국의 예외주의적 사회보장제도를 분석하였다. 미국은 흔히 영국과 아일랜드, 캐나다, 호주와 뉴질랜드 등 다른 영미계열 국가들과 함께 자유주의 유형의 복지국가로 분류된다(Esping-Andersen, 1990). 자유주의 유형의 국가들에서 정부의 사회보장은 빈곤층에 대한 지원을 중심으로 한정되고 중산층 이상의 복지욕구는 시장을 통해 해결하는 경향이 강하다. 그런데 미국은 다른 자유주의 복지국가들과도 상당한 차이를 보인다. 미국에서는 시민에 대한 의료보장이 매우 취약하고 빈곤층에 대한 지원은 항상 정치적 논란거리가 된다. 또 연금이나 실업급여의 수준이 인색하고 아동수당이나 유급휴가 제도가 없어 가족정책도 부실하다.

미국의 예외주의적 사회보장제도는 사회과학의 관점에서 매우 흥미로운 연구대상일 뿐만 아니라 공공정책에서도 중요한 탐구대상이다. 1990년대 중반에 이루어진 미국의 공공부조개혁은 근로연계복지(*workfare*)에 대한 관심을 촉발시키며 여러 복지국가들로 전파되었고 미국의 자유주의적 정책경험은 다른 복지국가들에서도 대안적 정책방향으로서 중요하게 고려된다. 미국의 사회보장제도는 규범적인 찬반입장을 떠나서 그 논리, 성과와 한계를 짚어 보아야 할 대표적 사례로서 검토되어야 한다.

이러한 중요성에도 불구하고 국내외에서 미국 사회보장제도 전반에 대한 체계적 검토가 이루어진 예는 별로 많지 않다. 미국에서는 사회보장제도가 산발적으로 발전하는 과정을 거쳐 왔는데, 연구 또한 빈곤정책, 가족정책, 연금, 의료, 실업정책 등 각 영역별로 분절적으로 이루어져 사회보장 전반을 포괄하여 분석한 연구서를 찾기는 어렵다. 국내에서도 개별 연구자가 자신의 관심정책 영역을 분석한 연구가 지배적이다.

이 책에서는 미국의 주요한 사회보장제도를 포괄하여 일관된 분석을 시도했다는 점에서 기존 연구의 한계를 넘어선다. 이 책은 2012년 한국보건사회연구원에서 발간한 《주요국의 사회보장제도》 총서의 미국편을 대폭 개정한 내용을 담고 있다. 2012년 총서의 구성을 대체로 따르고 있지만, 내용에서는 기존 총서 집필자들이 부분 개정하여 작성한 글과 함께 새로운 집필자들이 작성한 글이 많이 담겨 있다. 1부에서는 여섯 장에 걸쳐 미국 사회보장제도의 역사와 구조, 환경을 다루고 최근의 개혁동향을 담아 미국 사회보장 전체모습을 제시하고자 하였다. 2부는 소득보장제도에 할애하여 장별로 실업보험과 고용정책, 연금, 산재보험, 가족수당, 공공부조를 검토하였다. 3부에서는 의료제도와 의료보장을 다루고, 노인 복지, 장애인 복지, 아동 및 보유, 주택 및 주거 등의 여러 사회서비스를 영역별로 나누어 살펴보았다.

　이 책에 담긴 내용이 독자들이 미국 사회보장제도를 이해하는 데에 도움이 되기를 바란다. 이 책의 미흡한 점에 대해서는 후속 작업을 통해 보완할 것을 약속드린다.

서울대학교

구 인 회

주요국 사회보장제도 3

# 미국의 사회보장제도

차 례

# 3부 의료보장 및 사회서비스

제 **1** 부  사회보장 총괄

# 01

# 사회보장의 역사적 전개\*

## 1. 머리말

이 장의 목적은 미국 복지국가의 특수성을 분석하는 것이다. 미국 복지국가가 다른 선진국 복지체제와는 전혀 다른 특성을 갖는다는 사실은 잘 알려져 있다. 예외주의(*exceptionalism*)는 미국을 보는 전통적 시각으로 잘 알려져 있는데 복지국가도 마찬가지로 예외주의적 관점에서 분석된다. 이 전통을 따라 미국 사회정책의 특수성을 두 가지 시각에서 접근하고자 한다. 첫째는 무엇이 미국 복지국가를 예외적인 것으로 하는가에 대해 설명하는 것이다. 미국 사회정책의 특수성은 미국의 예외주의에 대한 구체적 사례이다. 일차적으로 미국 사회정책의 특수성은 미국의 왜소한 사회복지지출의 수준에서 드러난다. 미국은 OECD 국가 가운데 가장 잘사는 국가군에 속하면서 사회지출은 가장 낮은 수준에 머물러 있다. 사회정책연구에 대한

---

\* 이 글은 2012년 《주요국의 사회보장제도: 미국》(한국보건사회연구원, 2012)에서 필자가 작성한 "제 1부 제 1장 역사적 전개과정"을 그대로 유지한 것이다.

비교적 시야를 처음 제시하여 개척자 역할을 했던 영국의 티트머스(R. Titmus)는, 복지국가를 나눌 때 유럽대륙을 일반적으로 사민주의 및 대륙형 복지국가로 유형화하는 한편 미국은 그와 대조적 형태를 보인다는 점에서 잔여형(residual) 사회정책국가로 분류함으로써 이미 미국의 취약한 복지체제를 강조한 바 있다. [1] 미국은 또 나중에 에스핑-앤더슨(Esping-Anderson)이 대중화시킨 분류에 따르면 자유주의 복지국가의 전형이다.

둘째, 미국 복지국가의 예외성을 지적할 뿐만 아니라 왜 그렇게 형성되었는지를 역사적 시각에서 분석하고자 한다. 미국에서 왜 예외적 복지국가가 만들어질 수밖에 없었는가를 제시하고 그것이 이후에 어떤 경로를 통해 오늘날의 모습으로 형성되었는가를 밝히는 것이 중요하다. 미국 복지국가는 1935년을 기점으로 전통적 잔여형 제도에 사회보장제도를 더하여 본격적으로 구축되어 현재의 모습을 갖췄다. 1935년 이후 사회보장의 골격은 국민 모두를 대상으로 하여 노인연금, 실업보험, 장애연금, 산재보험, 그리고 메디케어 등으로 확장되었다. 한편 자산조사를 기초로 하는 공적부조는 부양아동가족지원(Aid to Families with Dependent Children: AFDC)/빈곤가족한시지원(Temporary Assistance for Needy Families: TANF), 보충영양지원제도(Supplemental Nutrition Assistance Program: SNAP), 보충소득보장제도(Supplementary Security Income: SSI), 메디케이드, 근로장려세제, 그리고 주거, 직업훈련 및 아동보호 지원제도 등을 포괄한다. 보편적 복지와 잔여적 복지가 급여 자격에 따른 분류라면, 공적 복지와 사적 복지는 급여를 제공하는 원천에 따른 분류이다. 복지체제는 국가 외에 가족, 공동체, 그리고 시장의 역할과 참여도 포함한다. 공적 복지가 국가를 통한 복지라면 사적 복지는 국가 이외의 통로를 거친다. 미국은 다른 선진민주

---

1) 1990년에 에스핑-앤더슨은 복지국가를 영미의 자유주의 복지국가, 유럽대륙의 비스마르크식 복지국가, 그리고 북구의 사민주의 복지국가의 세 가지 유형으로 분류하고 이를 대중화시켰는데 그 최초의 시도는 티트머스의 복지체제 분류에서 등장한다.

주의 국가에 비해 복지국가의 사적 비중이 높은 것이 특징이다. 사적 복지의 역사적 도입과 이후의 발전 및 변화를 논의하지 않고는 미국 복지국가를 분석하기 힘들다. 여기서는 사적 복지와 공적 복지의 상호작용이라는 관점에서 분석한다.

글은 다음과 같은 순서로 진행될 것이다. 첫 번째 부분은 문제제기의 부분으로서 미국 복지국가의 왜소성에 대해 정밀한 논의를 제공한다. 논의는 정량적 및 정성적 관점에서 왜소성의 규모와 성격에 집중한다. 미국의 특수성은 미국만을 보아서는 드러나기 어렵다. 따라서 비교적 관점을 통해 다른 선진민주주의 국가와 비교분석하고 있다. 두 번째 부분은 미국 복지국가가 역사적으로 어떻게 형성되었는가를 관찰할 것이다. 미국의 발전은 다른 모든 역사적 변화와 마찬가지로 단선적이지 않고 복합적이다. 복지국가의 구축 및 발전 단계는 거대한 변화를 계기로 이루어졌다. 최초의 구축은 경제적 위기의 극치를 대표하는 대공황에 대한 반응이었다. 복지국가의 건설은 뉴딜 개혁체제의 중요한 일부를 구성했다. 제2의 획기적 전환은 과거와는 달리 경제적 빅뱅이 아니라 정치적 빅뱅에 따라 발생했다. 1960년대 민권운동의 폭발적 발발을 위시한 전반적 진보적 환경 속에서 만들어졌다. 민주당 존슨 대통령이 주도했던 '위대한 사회' 프로그램은 뉴딜 복지국가에서 미완된 부분을 보강했다. 세 번째는 오늘날 미국 복지국가를 특징짓는 사적 복지의 역할이 강화되는 것에 대해 분석할 것이다. 미국 복지국가는 사적 복지를 고려하면 흔히 알려진 것과는 달리 그리 작지 않으며 다만 '은폐된 복지국가'(hidden welfare state)의 형태를 취하고 있다. 이런 점에서 '은폐된 복지'를 구명하는 것이 필요하다. 미국 복지국가의 특수성에 대한 최근 연구동향을 비교연구적 시각에서 주목하면서 각각의 시점에서 왜 그렇게 형성되었는가를 밝히는 것이다. 복지국가의 대표적 은폐영역에 속하는 근로장려세제는 1975년 도입된 이후 대중적 지지가 높아 지속적으로 확대되었다. 네 번째는 요약 및 맺음말이다.

## 2. 미국의 복지국가는 왜소한가?

미국 복지국가는 왜소한가? 이는 미국 복지국가를 논의하면서 언제나 가장 흔히 등장하는 질문이다. 결론부터 말하면, 이 질문에 대한 답은 긍정적인 동시에 부정적이다. 객관적 지표에서 보면 미국은 유럽에 비해 엄연히 사회적 지출을 덜 하고 있다. 선진민주주의 국가 가운데 미국은 복지국가의 발전이 늦었고 그 폭도 넓지 않았다는 것은 잘 알려져 있다. 〈그림 1-1〉은 OECD 19개국을 대상으로 공공 부문의 규모를 비교해서 보여 준다. 복지국가는 개념적으로 에스핑-앤더슨이 강조한 것처럼 탈상품화를 말하며 탈상품화는 국가 개입의 정도를 의미하는 점에서 경험적으로는 공공 부문의 규모로 알 수 있다. 공공 부문의 규모는 사회지출과 공공 부문의 고용규모로 더욱 구체화된다. 〈그림 1-1〉은 이 두 가지 지표를 이용해 복지국가의 규모를 측정한 것이며 미국은 한국, 일본 및 멕시코 등을 제외하면 복지국가의

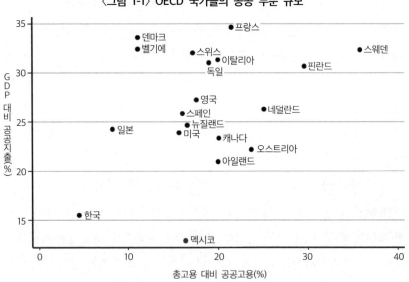

〈그림 1-1〉 OECD 국가들의 공공 부문 규모

자료: OECD Historical Statistics, OECD Social Expenditure Data 2009.

규모가 가장 왜소하다. 미국의 공공고용은 총고용 대비 15.7%로서 가장 높은 핀란드(29.7%)의 반 정도에 불과하다. 한편 사회지출의 규모에서는 16.0%로서 가장 높은 지출을 기록한 프랑스(28.0%)에 비해 12.0%p 떨어진다. 이처럼 선진민주주의 체제에서는 국민총생산 대비 사회지출의 규모를 비교하면 외견상 일본을 제외하고 가장 낮은 위치에 있다. 그러나 단순히 작다고 할 수는 없고 다양한 다른 측면을 고려해야 한다. 우선 규모 문제는 정부의 개입을 보다 넓게 파악하면 상당히 줄어든다. 정부는 공적 지출을 통해서만 사회문제를 해결하는 것이 아니라 사회적 규제와 조세지출, 그리고 간접세 등을 동원해서도 사회정책의 질과 방향에 중대한 변화를 준다.

한편 미국은 사회지출이 낮은 수준이지만 교육비지출은 가장 많이 하는 나라 중 하나이다. 교육이 개인의 복지에 중요한 영향을 미치는 이유는 소득 수준이 교육에 의해 결정되기 때문이다.[2] 교육은 인적 자원의 질을 결정한다. 교육이 고용의 기회를 높여 준다는 점에서 모든 국가는 교육을 핵심적 과제로 삼는다.[3] 이런 점에서 교육지출은 사회지출의 핵심적 일부이다.[4] 오늘날처럼 기술변화의 속도가 빠른 상황에서 교육이 만들어 낸 숙련노동의 보유 여부는 소득의 다과를 결정한다(Machin, 2008). 기술이 급격히 변화하는 경우 교육 수준이 낮은 노동은 지식사회가 요구하는 업무를 생산적으로 처리할 수 없으며 따라서 교육 수준이 높은 노동에 비해 보상이 작을 수밖에 없다. 교육은 중대한 투자이며 가정배경은 교육투자에 막대한 영향을 준다(Atkinson & Bourguignon, 2000: 10). 교육은 사회보장 및 사회

---

[2] 이 부분에 대한 상세한 논의는 강명세(2011)를 참고하길 바란다.

[3] OECD는 교육을 핵심 정책과제로 선정했다. EU와 미국도 마찬가지로 교육을 통해 노동시장을 활성화시키는 정책을 추진한다. 이에 대해서는 Allmendinger, Ebner, & Nikolai (2010)를 참고하길 바란다.

[4] Garfinkel, Rainwater, & Smeeding(2010)은 미국이 복지후진국이라는 종래의 주장에 이의를 제기하는데 그 중요한 근거의 하나로 공중보건과 교육에 대한 지출을 든다.

부조와 더불어 미국 복지국가의 3대 근간을 형성한다.[5] 사회지출은 좁은 의미로는 의료, 연금, 실업보험에 대한 지출을 의미하며 교육비는 넓은 의미에서 사회지출의 일부이다(Lindert, 1996: 1). 그렇다면 미국의 사회지출은 교육비를 합하면 크게 늘어나는가? 〈표 1-1〉에서 보는 것처럼, 미국의 교육비는 국민총생산 대비 7.2%로서 선진민주주의 국가들 가운데 최고 수준에 있다. 그러나 교육비를 포함시켜 좁은 의미의 사회지출을 확대 해석하더라도 미국 복지의 왜소성은 커지지 않는다.

그러나 총사회비만을 보면 올바른 규모를 파악하기 곤란하다. 복지국가는 사회가 인간생활에 내재하며 개개인 누구나 직면하는 리스크, 즉 실업, 질병, 빈곤 및 노령에 대비하는 방식을 제공한다. 복지국가는 사회적 리스크의 위험에 처한 시민에게 식품, 주거, 의료, 아동보호와 노인보호와 같은 기초적 필요를 보장하는 것이다. 복지국가는 일률적으로 진화하지 않고 각각이 처한 역사적 환경과 조건에 따라 복합적 구조를 구축해 왔다. 자본주의경제가 순순히 시장으로만 작동하지 않고 혼합경제 형태로 진화한 것과 마찬가지로 복지국가 역시 혼합적 성격을 갖는다. 구체적으로 각국의 복지국가의 특성은 혼합의 정도를 반영하는 것이다. 이런 관점에서 보면 에스핑-앤더슨이 정교히 제시한 복지국가의 분류는 바로 혼합비율을 반영한 것이다. 가장 대표적인 예는 미국의 연방주의이다. 연방주의를 채택하고 있는 미국의 복지는 연방국가와 주정부가 공동 관리한다(Katz, 2001).

연방주의 외에도 미국의 역사적 특성 가운데 복지국가의 형성에 두드러진 영향을 행사한 변수는 몇 가지 차원에서 확인된다. 미국의 한 연구는 왜소성을 강조하는 전통적 가설이 네 가지의 잘못된 가정에서 출발한다고 보고 이를 조목조목 비판하는데 이는 미국 복지국가의 다양한 측면을 이해하

---

5) 교육지출은 특히 지방정부가 담당했다. 교육 이외의 사회지출에 대해서는 연방정부가 75%를 맡았다면, 교육지출의 95%를 지방정부가 떠안았다. 이에 대해서는 Gilens(1999: 15~16)를 참고하길 바란다.

<표 1-1> OECD 19개국의 국민총생산 대비 총 사회지출 비교

(단위: %)

| 국가 | 사회비 | 교육비 | 총사회비 |
|---|---|---|---|
| 미국 | 16.50 | 7.24 | 23.75 |
| 호주 | 16.50 | 5.42 | 21.92 |
| 오스트리아 | 27.26 | 5.34 | 32.60 |
| 벨기에 | 26.34 | 6.84 | 33.18 |
| 캐나다 | 16.86 | 5.93 | 22.78 |
| 체코 | 26.35 | 4.41 | 30.75 |
| 덴마크 | 24.83 | 9.67 | 34.51 |
| 핀란드 | 28.75 | 5.84 | 34.58 |
| 프랑스 | 26.24 | 6.27 | 32.51 |
| 독일 | 21.33 | 5.04 | 26.37 |
| 아일랜드 | 16.31 | 5.60 | 21.91 |
| 이탈리아 | 26.41 | 5.31 | 31.72 |
| 일본 | 19.26 | 5.87 | 25.12 |
| 한국 | 8.15 | 7.55 | 15.71 |
| 멕시코 | 7.20 | 5.98 | 13.18 |
| 네덜란드 | 20.71 | 5.86 | 26.56 |
| 뉴질랜드 | 18.39 | 6.59 | 24.98 |
| 노르웨이 | 22.02 | 5.25 | 27.28 |
| 포르투갈 | 22.89 | 5.29 | 28.18 |
| 스페인 | 27.70 | 5.11 | 32.81 |
| 스웨덴 | 25.71 | 6.30 | 32.01 |
| 스위스 | 25.71 | 5.73 | 31.44 |
| 영국 | 21.32 | 5.70 | 27.02 |

자료: OECD, 2009. Social Expenditure.

기 위해 경청할 만하다.6) 네 가지 가운데 미국 복지국가의 연구 문제점과 현황을 이해하는 데 함의가 깊은 세 가지 오류는 주목할 가치가 있다. 이 연구에 따르면, 첫 번째 오해는 유럽 국가를 준거점으로 삼는 점에서 비롯된다. 유럽의 복지국가는 주로 보편주의적 사회보장을 중심으로 발전했기 때문에 유럽을 준거틀로 하면 당연히 미국은 후진적 복지국가일 수밖에 없다. 준거를 바꾸면 미국 복지국가의 위상 역시 달라진다. 미국의 사회정책 방향은 사회보장보다 조세지출에 보다 중점을 두었다는 점을 고려하지 않으면 미국 복지국가의 발전을 이해하는 걸림돌이 된다. 복지국가의 정책에서 사회보장은 중요한 부분이지만 유일한 길은 아니다.

두 번째 오해는 기존의 연구경향이 흔히 미국 복지국가의 양대 산맥으로 일컬어지는 사회보장과 공적부조에 한정되어 그 외에 다양한 복지국가의 도구는 논의에서 제외된다는 점이다.7) 사회보장과 사회부조는 미국 복지국가의 이층구조(two-tiered model)로서 각각은 서로 다른 방식으로 진화했다. 흔히 사회보장은 미국 복지의 장점을 대변하는 것으로 그리고 사회부조는 온갖 단점의 덩어리라고 평가되곤 했다. 미국 복지국가를 총체적으로 보다 충실히 파악하기 위해서는 사회보장과 사회부조 외에 다양한 통로의 사회정책이 존재한다는 점을 인식해야 한다.

세 번째 오류는 미국 복지국가에 대한 연구가 지나치게 과거에 집착하거

---

6) Howard(2007). 하워드는 피어슨(Pierson), 해커(Hacker) 등과 더불어 비교적 관점에서 역사적 안목으로 미국 복지국가의 성격을 분석하려 한다는 점에서 미국 복지국가를 이해하려는 사람에게 폭넓은 이해를 제공한다. 단순히 정책적 관심을 넘어 역사적 시야에서 변화를 본다는 점에서 복지국가의 발전에 대해 다양한 의미를 제시한다.

7) 공적부조는 흔히 웰페어(welfare)라고 일컬어지는 빈민정책과 동일시되며, 그렇기 때문에 중산층의 지지를 받지 못하게 되어 언제나 폐기될 위험에 처한다. 1996년 복지개혁에서 AFDC가 TANF로 전환되면서 수급자격 자체가 약화되는 등 사회적 권리로서의 복지국가의 성격이 허물어졌다. 이에 대해서는 방대한 연구가 있다. 다음은 그중 대표적 문헌이다: Collins & Mayer(2010).

나 단편적 정책에 한정한다는 점이다. 과거에 대한 집착은 사회발전의 급속한 속도를 감안하면 현실을 제대로 평가할 수 없게 만든다. 미국은 1970년대 이후 거대한 변화의 와중에 있으며 복지국가는 이러한 변화에 대응하고 있다. 기존의 연구는 일반적으로 1970년대까지 주목했다는 점에서 급박하게 변화하는 실체를 파악하기 어렵다. 기존의 연구는 최근 동향을 분석할 때도 단일한 정책에 집중함으로써 숲을 보지 못하는 오류를 범하기 쉽다. 이 같은 오류를 극복하자면 장기적 전망을 갖는 동시에 폭넓은 시야 속에서 미국 복지국가의 발전을 분석하는 것이 필요하다.

현실적으로 국가는 공적, 사적 및 조세제도의 세 가지 방식을 혼합하여 사용한다. 혼합의 비율에 따라 복지국가의 성격이 결정된다. 국가는 연금이나 실업수당과 같은 직접적 현금지급뿐 아니라 조세정책과 규제정책을 통해 간접적 복지를 제공한다. 정부가 복지급여 부분에 대해 조세를 부과하면 부과하지 않을 때보다 복지비용은 감소한다. 다시 말해서 순급여는 줄어든다. 특히 간접세의 정도는 복지 수혜층의 소비패턴에 영향을 주고 이는 다시 전체 복지비용에 영향을 미친다. 마찬가지로 정부가 사용자가 고용 인력의 복지비용을 직접 지불하도록 입법으로 강제한다면 총 사회비용은 변함이 없으나 정부가 사용자로부터 받아서 급여를 제공할 때보다 공식 공적 비용은 감소한다. 정부는 또한 최저임금제를 제정함으로써 직접 지출하지 않더라도 사회복지에 중대한 영향을 준다. 미국 복지국가의 특수성은 직접적 지출보다 간접적 지출의 비중이 크고 규제나 조세정책을 통해 복지정책이 다른 나라에 비해 강력한 힘을 발휘한다는 점이며 이러한 특성은 〈표 1-2〉에서 잘 나타난다. 조세지출을 감안하면 순 공적 사회비(둘째 칸)와 순 사적 사회비(셋째 칸)는 증가하여 직접지출만을 포함한 총 사회비(첫째 칸)보다 크게 증가한다. 이러한 미국 사회정책은 역사적으로 다양한 조건과 힘들의 관계 속에서 형성되었다.

<표 1-2> OECD 23개국의 GDP 대비 사회지출(2009년)

(단위: %)

| 국가 | 총 사회비 | 순 공적 사회비 | 순 사적 사회비 | 순 사회비 |
|------|----------|--------------|--------------|----------|
| 미국 | 15.7 | 16.9 | 9.0 | 24.5 |
| 호주 | 20.4 | 19.4 | 4.8 | 24.0 |
| 오스트리아 | 29.6 | 23.5 | 1.3 | 24.8 |
| 벨기에 | 28.0 | 24.1 | 2.3 | 26.3 |
| 캐나다 | 20.4 | 19.8 | 4.0 | 23.3 |
| 체코 | 22.2 | 20.7 | 0.0 | 20.5 |
| 덴마크 | 34.2 | 25.6 | 0.8 | 26.4 |
| 핀란드 | 28.0 | 21.7 | 0.8 | 22.6 |
| 프랑스 | 33.0 | 29.2 | 2.1 | 31.2 |
| 독일 | 30.6 | 28.4 | 3.0 | 30.8 |
| 아일랜드 | 15.3 | 13.6 | 0.5 | 13.9 |
| 이탈리아 | 28.3 | 24.1 | 1.3 | 20.3 |
| 일본 | 18.5 | 18.6 | 3.5 | 22.1 |
| 한국 | 7.1 | 7.1 | 4.5 | 11.7 |
| 멕시코 | 5.7 | 6.9 | 0.2 | 6.9 |
| 네덜란드 | 24.3 | 20.4 | 5.1 | 25.0 |
| 뉴질랜드 | 21.1 | 17.7 | 0.6 | 18.2 |
| 노르웨이 | 27.0 | 22.2 | 1.4 | 23.6 |
| 슬로바키아 | 19.8 | 18.1 | 0.4 | 18.4 |
| 스페인 | 21.7 | 18.6 | 0.3 | 18.9 |
| 스웨덴 | 35.1 | 28.0 | 2.6 | 30.6 |
| 영국 | 25.4 | 23.1 | 4.2 | 27.1 |

자료: OECD. http://www.oecd.org, 2011. 5. 6. 인출.

## 3. 미국 복지체제의 전개

미국 복지국가의 이층구조를 형성하는 사회보장과 사회부조는 역사적으로 다른 조건에서 태어났고 그 대상도 각각 다르다. 각각의 기둥은 다시 세분화된 소기둥으로 짜인다. 우선 공적 복지국가는 첫 번째 큰 기둥이다. 공적 복지국가는 다시 공적부조와 사회보험 및 조세의 하위 범주로 구성된다. 공적부조는 빈민을 구제하는 역할을 해 온 가장 오래된 제도로서 자산조사를 기반으로 한다. 오늘날 미국에서 특정한 의미를 냉소적으로 암시하는 데 쓰이는 '웰페어'(welfare)는 빈민에게 제공하는 공적부조를 뜻한다. 사회부조는 식민지 시대부터 존재했던 가장 오랜 역사를 가진 전통적 빈민정책이며 사회적 약자를 대상으로 한다(Katz, 2001: 10). 사회부조는 두 가지 특징을 갖는다. 첫째, 사회부조는 중앙정부가 아니라 지방정부에 의해 관리되었고 재정 역시 지방 수준에서 조달되었다. 19세기에 와서 점진적으로 주정부의 영역으로 편입되었다. 둘째, 사회부조는 비용이 크게 들지 않았고 그렇기 때문에 지속 가능했다. 3대 주요 연방 프로그램에 해당하는 빈곤가족한시지원, 보충영양지원제도, 그리고 보충소득보장을 합해도 연방정부 예산의 4%에 불과했다. 〈표 1-3〉은 2007년 기준 사회보장제도와 사회부조정책의 골격을 보여 준다. 자산조사 기반의 공적부조에서 가장 큰 지출은 3천억 달러 이상을 쓰는 메디케이드가 차지한다. 한편 사회보장의 지출은 대부분 노령연금(OASI)과 노인의료보험을 합하여 9천억 달러에 이르는 등 압도적이다.

공적부조의 기원은 17세기 영국에서 비롯되는데 영국의 이민자들이 미국에 가져왔다. 공적부조는 20세기 초 주정부의 관리영역으로 들어오면서 소액의 현금급여를 제한된 수에게 부여하는 모성연금으로 시작되었다. 이후 대공황 당시 연방정부가 처음으로 주정부와 공동으로 두 종류의 공적부조를 도입했다. 즉, 노인부조(Old Age Assistance)와 아동지원(Aid to De-

<표 1-3> 공적부조와 사회보장의 지출과 수급(2007년)

| 구분 | | 이전 종류 | 지원 대상 | 지출(백만 달러) | 수급 건 |
|---|---|---|---|---|---|
| 공적부조 | 메디케이드 | 현물 | 부양자녀, 장애, 노인 | 327,875 | 56,821 |
| | 보충소득보장 | 현금 | 노인, 맹인 및 장애 개인 가족 | 41,205 | 7,360 |
| | 빈곤가족한시지원 | 현금 | 대부분 한부모가족 | 11.624 | 4,138 |
| | 근로장려세 | 현금 | 소득개인 | 48,540 | 24,584 |
| | 보충영양지원제도 | 현물 | 개인 가족 | 30,373 | 26,316 |
| | 주거보조 | 현물 | 개인 가족 | 39,496 | 5,087 |
| | 학교급식 | 현물 | 취학아동 | 10,916 | 40,720 |
| | 모자보충영양프로그램 | 현물 | 모성, 유아 및 영양부실 아동 | 5,409 | 8,285 |
| | 취학 전 지원 | 현물 | 모든 아동 | 6,889 | 908 |
| 사회보장 | 노령연금 | 현금 | 62세 이상 노인 | 485,881 | 40,945 |
| | 메디케어 | 현물 | 65세 이상 노인 및 장애연금수급자 | 432,169 | 44,010 |
| | 실업보험 | 현금 | 노동경험 실업자 | 32,454 | 7,642 |
| | 산업재해보상보험 | 현금 | 노동경험 장애인 | 55,217 | n/a |
| | 장애연금 | 현금 | 노동경험 장애인 | 99,086 | 8,920 |

자료: Ben-Shalom, Moffitt, & Sholz, 2011: Table 1.

pendent Children)이다. 노인부조는 이후 사회보장으로 흡수될 때까지 가장 큰 비중을 차지하는 사회부조였다. 아동지원은 당시까지 주정부 관할이었던 모성연금을 연방정부가 맡은 것이었으며 이는 다시 부양아동가족지원 (Aid to Families with Dependent Children)으로 전환되었다. AFDC는 미국의 전형적 '웰페어'로서 사회적, 그리고 정치적으로 가장 많은 논란의 대상이 되었다.[8] 1974년 미국 의회는 사회적 약자를 대상으로 하는 공적부조를 일원화하여 보충소득보장(Supplemental Security Income)을 제정했다. 보충소득보장은 노동능력이 없는 노령층, 시각장애인, 그리고 장애인을 지원 대상으로 한다. 대표적 공적부조인 AFDC는 거대한 사회적 논란 끝에 1996년 클린턴 정부하에서 개혁되어 빈곤가족한시지원(Temporary Assistance

---

8) 미국의 양극화 복지국가는 언술에서 드러난다. 자산조사를 기초로 한 사회부조를 '웰페어'라고 지칭하여 반조롱의 의미를 담고 있다. 이에 관해서는 Katz & Revenga(1989); Katz & Goldin(1996); Skocpol(1988: 216; 1995)을 참고하길 바란다.

for Needy Families: TANF) 으로 전환되었다. 1996년 사회복지개혁은 1930년대와 1960년대 활발했던 사회복지법 확대 이후 최대의 변화로 평가된다. 1996년의 복지개혁은 〈개인책임 및 근로기회 조정법〉(Personal Responsibility and Work Opportunity Reconciliation Act, PRWORA) 으로 구체화된 후 현재까지 미국의 공적부조의 근간을 이루고 있다.

한편 사회보장은 남성 노동자와 노동시장의 경력을 기초로 하여 생겨났다. 사회부조는 자산조사에 의해 실시되며 빈민을 대상으로 하는 점에서 급여 수준이 낮고 잔여적이라면 사회보장은 보편적으로 일정 수준에 달하는 모든 이에게 해당되며 급여 수준도 상대적으로 높다. 미국의 공적 사회보장은 20세기 초 산재에 대한 보상정책으로 시작됐다. 모든 면에서 사회보장이 사회부조에 비해 우월하다. 1930년대까지 미국에는 보편적 사회보장제도가 부재했고 당시 몇몇 주에서 시범적으로 실업과 노령연금을 실시했다. 1935년 〈사회보장법〉의 통과와 함께 연방정부는 실업보험과 노령연금보험을 실시했다. 1956년 미국의회는 장애인보험을 그리고 1965년에는 노인의료보험을 도입했다. 사회보장은 사회부조와는 달리 막대한 비용이 소요된다. 2007년 노령연금에는 1조 3천억 달러 이상이 들었다. 이는 공적부조지출에 쓰인 900억 달러의 약 15배에 해당하는 큰 비용이다. 노령연금과 메디케어 프로그램은 연방정부 정책으로 주(州) 별로 차이가 없이 동일하다. 사회보험은 미리 적립된 기금으로 운용되기보다 사회보장세로 충당되는 보험적 성격을 갖기 때문에 대중적 인기가 높아 축소하기 곤란하다. 1935년의 사회보장제도는 미국사회를 관통하는 인종과 젠더 문제로부터 자유롭지 않았다. 사회보장정책은 초기에는 농민과 가사노동자를 배제했다가 1950년에야 이 집단을 포함했다. 공적부조 역시 인종주의와 젠더에 차별 대우를 했다. 초기 사회보장제도 중 아동지원(ADC) 은 흑인과 여성을 수혜 대상에서 제외했다. 실업보험은 가장 오래 흑인과 여성에 차별적이었다.

미국 복지국가는 이 두 가지 제도가 날실과 씨실처럼 엉키면서 형성되었다. 복지국가가 진화하면서 사회보장과 사회부조는 별개의 경로를 걷기보다 서로 영향을 주고받으면서 성장했다. 이 과정에서 사회부조 내부에서 변화가 생겨 일부는 사회보장만큼 강고하게 자란 반면 사회보장의 일부는 반대로 그 발전이 지체되기도 했다. 스카치폴은 미국에서 사회보장, 특히 노인 및 유족연금이 늦게 도입된 까닭은 미국에 이미 그것이 존재했기 때문이라고 분석한다(Skocpol, 1992). 1862년 미국 의회는 미국 역사상 처음으로 소득이전 법안을 확정했다. 남북전쟁에 참여했던 병사와 그 유족에 대한 보상금 지불을 결정한 것이다. 군인연금은 내전에서 부상한 북부 군인 또는 사망한 자의 유족에게 소득과 관계없이 급여 자격을 부여했다는 점에서 보편주의에 기반을 두었다. 이 제도는 1890년 부상 여부와 관계없이 참전용사 모두와 전투와 무관하게 죽은 병사의 유족에게로 확대되었다. 1900년 북부 남성의 약 절반이 군인연금의 수혜자였다(Orloff, 1993). 미국 복지국가는 다음에 설명하는 것처럼 직선적으로 성장하지 않고 몇 개의 변곡점을 거치면서 급성장했다. 특히 1930년대 중반과 1960년대 중반 동안 복지국가의 '빅뱅'이 발생했다. 사회보장, 웰페어, 실업보험, 노인의료보험, 빈곤층 의료지원 등 오늘날 시행되는 많은 사회정책이 이 시기에 도입되었다.[9] 다음은 주요 시기별로 미국 사회정책이 역사적으로 어떻게 전개되었는지를 일목요연하게 정리한 것이다.

## 1) 뉴딜 시대

처음 두 번의 변화는 대규모 빅뱅이었다(Howard, 1997; Weir, Orloff, & Skocpol, 1988).[10] 첫 번째 빅뱅은 뉴딜 시대에 발생했다. 1929년의 대공황

---

9) 미국 복지국가의 특수성에 대한 상세한 논의에 대해서는 강명세(2006)를 참고하길 바란다.
10) 레만(Leman, 1977)은 미국과 캐나다의 사회보장제도를 비교하면서 미국은 빅뱅의 시기를 통해 그리고 캐나다는 꾸준한 발전으로 변화했다고 말한다.

은 미국사회의 대전환을 알리는 결정적 전환점 (critical junctures) 역할을 했다. 결정적 국면은 시간과 더불어 중대한 영향을 낳는 시기를 뜻한다. 이를 가능하게 한 것은 정치적 변동이다. 11) 대단위 경제위기와 전쟁과 같은 외적 충격은 기존 정치를 완전히 붕괴시켜 새로운 국면의 조성을 가능하게 하는 촉진제이다. 대규모 위기가 오면 사회의 정치세력은 재편하여 대응하는데, 이를 계기로 반대 (veto) 세력을 제압할 만큼 강력하게 되어 사회정책의 혁명적 변화를 주도한다. 뉴딜 연합은 대공황이 없었다면 가능하지 않았을 것이다. 노동자와 농민은 대공황으로 가장 심각한 타격을 입었다. 이들이 집권당이었던 공화당을 반대하자 민주당 정부가 집권했다. 민주당은 실업자, 노동계급과 농민의 이해를 대변하는 정책을 대거 도입했다. 이들이 뉴딜 연합의 기초가 되면서 진보적 사회정책이 추진되었다. 대공황은 기업을 크게 위축시켰으며 기업 내부에도 개혁에 대한 입장의 차이가 생겼다. 일부 대기업은 노사협약을 수용할 의지를 보이고 복지국가를 도입하는 데 동참했다. 12) 당시의 선동적 정치를 주도했던 롱 (H. Long) 상원의원은 "모든 사람이 왕"이라고 외치며 "복지정책을 공유하자"고 제안하여 대중적 지지를 얻었다.

1935년 〈사회보장법〉이 제정되어 노령연금, 실업보험, 그리고 빈곤층에 대한 사회부조13)를 제공하게 되었다. 〈사회보장법〉은 본래 의료보험도 포함하고 있었으나 기업가와 보수 세력의 강력한 반대로 인해 후퇴함으로써 의료보험은 실현되지 못했다. 루스벨트 대통령은 의료보험을 고집하

---

11) 최근 사회과학 분야에서 결정적 국면의 개념은 경로의존과 함께 역사적 변화를 설명하는 데 유용한 것으로 재평가되고 있다. 이에 대해서는 Hacker (2002: 58∼59)를 참고하길 바란다.

12) 루스벨트 대통령의 기업가 자문위원회에는 스탠더드오일의 티글 (W. C. Teagle), 제너럴일렉트릭의 스워프 (G. Swope), 코닥의 폴섬 (M. Folsom), 리즈앤노스럽의 리즈 (M. Leeds), 그리고 마이애미 광산의 루이손 (S. Lewisohn) 등의 거물급 기업인이 참여했다.

13) 노인, 시각장애인, 그리고 부양아동 등 3개 집단에 대한 사회부조가 도입되었다.

는 경우 전체 법안이 무산될 것을 우려하여 공화당과 타협한 것이다. 아무튼 뉴딜은 대공황 시대에 탄생한 복지국가의 틀을 담고 있다. 뉴딜 복지국가의 핵심은 케인즈적 경제정책과 아울러 대량실업으로 인한 소득감소를 보전해 주기 위한 〈사회보장법〉의 제정이다. 뉴딜 시대에 대공황 이전까지의 개인주의적 가치로부터 벗어나 처음으로 유럽식 사민주의적 국가개입을 부분적으로 인정하게 되었다(Hofstadter, 1973). 1937년에는 사회부조가 확대되어 저소득층의 주거지원을 목표로 하는 공공주택법이 만들어졌다. 그러나 뉴딜 복지정책은 남부의 민주당 보수파를 무마하기 위해 노령연금과 실업보험의 혜택으로부터 농업노동자와 가사노동자를 배제하였는데 그 대부분은 흑인과 여성이었다(Noble, 1997: 70~72). [14]

이처럼 뉴딜 복지국가는 계획처럼 완성되지 못한 채 미완의 형태로 마감했다. 의료보험의 실패와 사회보장과 사회부조의 이원화는 미국 복지국가를 유럽의 그것과 다른 것으로 만들었다. 1960년대 들어 미국에는 복지국가가 급팽창하였다. 뉴딜 시대에 불발했던 의료보험은 부분적으로 노인층 및 빈곤층에 대한 무료의료의 도입으로 보완되었고, 공공부조의 관대화, 사회보장의 확장 등 복지국가의 두 번째 빅뱅이 일어났다. 케네디-존슨으로 이어지는 민주당 정부는 빈곤 퇴치를 정치적 구호로 내걸고 자유주의 복지국가의 출발을 예고했다. 특히 존슨 대통령은 '위대한 사회'(Great Society) 프로그램과 '빈곤과의 전쟁'(War on Poverty) 정책을 공포함으로써 에스핑-엔더슨이 말했던 미국 복지국가의 황금기(Esping-Anderson, 1999)를 구가했다. 자유주의 복지국가가 지속되면서 복지는 사회적 권리로 받아들여졌으며 사회적 시민권에 대한 보수주의의 반대는 비인간적 혹은 비인도주의적으로 간주되어 주변화되었다.

---

14) 남부의 민주당 상원의원들은 아동지원(ADC)을 개정하여 주정부의 재량권을 늘려 흑인에 대해 차별하는 것을 인정했다.

## 2) 위대한 사회

1960년대 중반에 오자 복지문제는 전국적 쟁점이 되었다. 사회적 소수에 대한 복지가 이처럼 전국적 쟁점으로 정치화된 것은 전후에 지속된 인구이동을 배경으로 한다. 대대적 인구이동은 복지에 대한 잠재적 수요를 창출한 반면 공급은 아주 미미하여 사회정책의 수급불균형이 일어났다. 전후 미국자본주의가 황금기를 맞이하면서 흑인은 오랫동안 거주하던 남부를 벗어나 북부로 그리고 도시로 대거 이동했다. 20세기 이후 미국에는 두 차례의 대대적 흑인 이주가 발생했다(Piven & Cloward, 1993: 253~255). 첫번째 인구이동은 제1차 세계대전 직후 시작되었다. 빈곤한 남부의 흑인에게 북부의 도시는 '희망의 땅'이었다. 제1차 세계대전 이후 1920년까지 70만 명에서 100만 명의 흑인이 북부로 이주했으며 1920년대에는 또 다른 80만 명의 흑인이 북부로 이동했다. 전쟁이 산업인력을 필요로 함에 따라 남부 농업에 종사하던 흑인이 북부의 산업화 지역으로 이주했다. 산업화 지역은 주로 도시이니만큼 흑인은 도시로 진출했다.

그러나 제1의 이동은 1940~1970년 사이에 이루어진 제2의 대이동에 비하면 작은 규모였다.[15] 제2의 이동에서는 남부의 흑인 5백만 명이 남부를 떠났다. 목적지는 대체로 북부 도시였다. 제2차 이동은 도시의 인구를 전면적으로 바꾸어 놓았다. 1940~1970년 사이에 샌프란시스코의 흑인 인구는 4,846명에서 96,078명으로 늘었으며, 시카고 흑인은 277,731명에서 1,102,620명으로 급증했다. 1980년 시카고 거주자 4명 중 1명은 흑인이었다. 백인은 흑인이 도심으로 이주하면서 교외로 빠져나갔다. 1950~1970

---

15) 남부 흑인이 북부로 간 이유는 몇 가지이다. 첫째 1933년의 농업조정법으로 소작농은 경작지를 떠나야 했다. 그리고 1940년 이후 가능해진 면화 수확의 기계화는 대량의 유휴노동력을 낳았다. 흑인은 이제 북부에서 경제적 기회가 더 풍부하다는 것을 알게 되었다. 흑인은 공공서비스가 상대적으로 많고 인권탄압이 적은 북부로 이주했다.

년 사이 700만 명의 백인이 도심으로부터 벗어났다. 도시인구의 증가로 심화된 주택난, 교외주택의 합리적 가격, 저리의 정부주택금융, 그리고 고속도로 확충 등의 요인이 결합되어 교외로 인구를 끌어들였다. 사회서비스 부문, 교회목자, 변호사, 시민단체, 복지전문가, 민간재단, 학생활동가, 빈민 자신 등 다양한 집단이 늘어나는 도시빈민의 구호활동에 참여했다(Piven & Cloward, 1993: 248). 이들은 복지국가의 확대를 주장했다. 흑인은 뉴딜 복지연합에서도 배제되어 남부에서는 참정권조차 거부된 상태에 있었다. 킹 목사가 주도한 민권운동은 전국적 공감을 얻었고 이는 사회보장과 사회부조의 확대로 발전했다.

이처럼 도심이 황폐화되고 교외인구가 증가하면서 가족구조가 변화하였다. 여성의 혼인연령이 늦어지거나 결혼하지 않는 독거 여성이 증가했다. 한편 소수인종 특히 흑인여성은 미혼모로 혼자 육아를 하는 경우가 지속적으로 늘어났다. 1960년 아동가정에서 미혼모 가장이 차지하는 비중은 약 8%였으나 1990년 25%로 2배 이상 증가했다. 인구학자들은 1990년 이후 태어나는 미국 아동 중 절반은 모성가장의 가정에서 자랄 것으로 예측했다. 미혼모와 모성가장가구의 증대는 공적부조에 의존하는 집단을 증가시켰는데 이는 나중에 복지의존층에 대한 반감을 조성하는 데 기여했다.

1960년대 사회적 요구가 폭발한 것은 제도적 및 정치적 요인이 결합한 산물이다. 1930년대에 시작된 자유주의적 조류는 1960년대에 와서 만개했다. 전후 지속된 경제적 번영과 정치적 평화는 사회적 요구의 밑거름이 되었다. 소득 향상은 중간계급을 늘렸고 중간계급은 보수주의보다 자유주의적 정책을 선호했다. 1964년 총선에서 미국투표자는 역대 가장 진보적인 의회를 선출했다(Noble, 1997: 90).

민권운동의 발전, 흑인의 도시 이주, 그리고 흑인인구의 정치적 중요성 등은 미국정당으로 하여금 사회문제에 귀를 기울이지 않을 수 없게 만들었다. 미국정당은 역사상 처음으로 뉴딜 개혁에 누락된 집단, 즉 흑인이 복지에 접근하는 것을 허용하는 방향으로 나아갔다. 도시의 흑인은 전통적으로 민주당을 지지했지만 전국정당에 중대한 영향력을 행사하게 된 것은 도시반란과 같은 정치적 동원 이후의 현상이었다. 흑인 투표자 다수는 1936년 사상 처음으로 민주당을 지지했다. 그러나 대부분의 흑인이 거주하는 남부에서 흑인의 투표권은 여전히 거부되었다. 흑인의 위치는 농업근대화와 더불어 뒤바뀌었다. 남부는 더 이상 흑인 노동력을 필수적으로 보유할 필요가 없었고 흑인은 기회를 찾아 북부의 도시로 이주했다. 따라서 북부 도시에서 흑인 표는 특히 대통령 선거에서 전략적 중요성을 행사하게 되었다.[16] 흑인은 수와 전략적 위치로 인해 극도로 중요하게 되었고 결국에 민주당은 남북 지역으로 분열했고, 도시에서는 흑백으로 분열되었다.

'위대한 사회' 프로그램은 뉴딜에서 미완성되거나 누락된 복지국가를 보완하여 완성하는 계획이었다(Patterson, 1986; Noble, 1997; Weir, 1992). 빈민정책은 전통적으로 연방정부가 아니라 주정부의 관할영역이었다. 따라서 빈곤정책은 주정부가 반대하면 실현되기 어려운 것이 현실이었다. 이 점을 고려하여 연방정부는 지방정부의 영역을 직접 침범하기보다 수혜층을 동원함으로써 간접적으로 지방정부에 압력을 행사토록 했다(Piven & Cloward, 1999: 250). 1964년 이후 민생항거가 일어나기까지 연방 국가는 세 가지 방향에서 주정부의 사회정책을 변화시키려 노력했다. 첫째, 연방정부는 새로운 민간 혹은 공적 기구를 만들어 빈민층에게 수혜 자격이 있음을 알려 주고 수혜에 대한 전문가 도움을 제공했다. 둘째, 복지수혜를 억제하는 여러 종류의 지방법과 정책에 대해 법적 소송을 제기하는 것이었다. 셋째 기제는 빈민의 새로운 조직을 지원하여 공적 복지에 대한 자격을

---

16) 1960년 흑인의 90%는 선거인단 규모가 가장 큰 10개 주, 즉 캘리포니아, 뉴욕, 펜실베이니아, 오하이오, 뉴저지, 미시간, 일리노이, 매사추세츠, 인디애나, 그리고 미주리에 거주했다. 물론 흑인 젊은 층은 백인에 비해 덜 등록하고 투표를 불신하여 참여하지 않거나 정치적으로 조직화되지 못했다는 점에서 그 영향력은 기대 이하였다.

알려 주고 관리가 수급신청을 승인하도록 돕는 것이었다. 연방정부의 이러한 정책으로 복지에 대한 대대적 신청이 지방정부에 쇄도했다.

경제적 측면에서 보면 존슨 정부의 사회정책 캠페인은 서비스경제로의 지속적 전환과 여성의 노동참여 증가와 같은 미국경제의 구조적 변화에 대한 대응적 차원이었다. 존슨 대통령의 사회정책 성과는 의료보험의 대상을 확충하는 데 기여한 1965년 노인의료보험(Medicare)과 빈곤층의료보험(Medicaid)의 제정이다(Myles, 1988). 1960년대 복지국가 빅뱅의 발발에 기여한 것은 민권운동의 확산과 미국자본주의의 활성화였다. 경제력 향상은 복지제도의 확충에 여유를 주었고 기업 역시 과거에 비해 우호적 정책을 배제하지 않았다. 미국자본주의는 1960년대 황금기를 구가했다. 1947년부터 1967년 중반 동안 시간당 평균임금은 58% 상승했고 중위가구소득은 75% 올라 소득불평등은 크게 줄었다. 또한 기업의 이윤은 양호한 상태를 유지했다. 가구소득의 증가와 건강한 기업경제가 아니었으면 빈곤에 대한 배려는 실현될 수 없는 것이었다. 자본주의사회에서 복지에 대한 기업의 태도는 복지정책의 향방에 중대한 영향을 준다. 1960년대 미국기업은 일반적으로 복지가 갖는 경제적 효과를 긍정적으로 보았다. 뉴딜 시대 이후 수요 중심의 경제정책에 익숙한 미국기업은 복지가 노동자의 협력에 기여한다고 보고 적극적으로 반대하지 않았다. 미국기업은 전후 들어 복지와 국방지출이 경제 활성화에 긍정적 효과를 준다는 것을 잘 알고 있었다. 더구나 민주당 정부에서 기업의 접근통로는 크지 못했기 때문에 공개적으로 반대할 수 있는 처지도 아니었다. 그러나 위대한 사회 계획은 본래의 의도와는 달리, 또 보수 세력이 우려하여 반대했던 것과는 달리 당시 활발하게 일어났던 시민운동의 여파에 휩쓸려 복지국가의 팽창이라는 소기의 목적을 달성하지 못했다. 그 결과 모든 근로빈곤층에게 연방 차원에서 기본적 복지혜택을 제공하려 했던 가족지원계획(Family Assistance Plan)도 실현되지 못했다.

# 4. 조세제도를 통한 복지국가: 근로장려세제의 탄생

## 1) 역사적 배경

미국 복지국가가 경험한 세 번째 빅뱅은 이전과는 반대로 복지국가의 팽창이 아니라 위축이었다. 복지 위축의 배경은 1970년대 석유위기로 촉발된 세계 경제의 불황이다. 정치적 배경은 짧은 진보의 시대가 종언을 고하고 긴 보수의 시대가 도래했다는 사실이다(Garfinkel, Rainwater, & Smeeding, 2010). 1930년대와 1960년대 빅뱅으로 복지국가가 크게 팽창되었다면 1980년은 위축의 시대를 알리는 원년이다. 1970년대 이후 미국에서는 정치적으로 보수주의가 득세했다. 1980년대 미국정치의 보수화는 레이건 대통령의 등장으로 시작된다. 미국기업은 1980년 선거에서 레이건 승리를 위해 '올인'했다. 레이건이 기업의 지지를 받으며 친기업 환경을 조성한다면서 감세정책, 군비증강, 그리고 탈규제 정책을 공약했다. 1981년의 감세로 부유층에 대한 과세는 1980년의 50%에서 28%로 반감했다. 이뿐 아니라 레이건의 군비증강은 군수산업에 특혜를 주었고, 이는 재정적자를 유발했으며, 재정적자는 다시 복지지출에 대한 반대논리로 등장했다.

　사회정책 측면에서 보면 진보의 쇠퇴와 보수의 상승은 1960년대 민주당 정부가 주도했던 민권운동과 복지국가의 확대에 대한 반작용이다(Noble, 1997). 민권운동과 복지정책의 수혜자가 흑인이라는 점에서 이는 인종갈등과 중복된다. 경제 불안이 지속되면서 백인과 흑인은 정치를 전혀 상반된 시각으로 보게 되었다. 존슨 행정부의 위대한 사회정책은 보통의 일반 노동계층 가족이 아니라 빈곤층을 대상으로 했기 때문에 양대 계층 사이의 위화감을 조성하였고 이는 결국 복지에 대한 일반 근로자의 반발을 불렀다. 자신들의 세금으로 정부가 일하지 않고 게으른 빈곤층을 먹여 살린다고 보았던 것이다. 나아가 빈곤층의 상당수는 흑인이어서 복지는 인종문제와 중

첩되었다. 백인은 민권운동으로 인종적 평등이 수립되었다고 믿고 그 이후의 흑인의 사회경제적 지위는 개인적 문제라고 보았다. 반면 흑인은 인종차별은 여전하다고 주장한다. 남부 백인을 포함한 다수 백인 노동계급과 중간계급은 복지제도가 흑인에게 집중되었으며 흑인의 경제문제는 스스로의 개혁 없이는 개선될 수 없다고 생각했기 때문에 복지축소와 삭감을 요구했다(Lipset, 1996). 이러한 분위기 속에서 집권한 공화당은 복지축소를 지향했다. 레이건의 '보수혁명'은 복지와 관련하여 두 가지의 혁명적 변화를 낳았다. 첫째, 1981~1982년 〈일괄예산조정법〉(Omnibus Budget Reconciliation Acts)은 빈곤퇴치와 관련된 예산을 대폭 삭감했다. 자격 조건을 강화하는 동시에 급여 수준을 낮추었다. 한부모가정, 모자보충영양프로그램, 공공주택, 빈곤의료보험에 대한 예산이 처음으로 삭감되었다. 레이건 행정부는 동시에 저소득가족복지(AFDC) 수혜자에게 공동체와 관련한 근로를 조건으로 제시했다. 둘째, 레이건 빈곤층을 위한 복지정책(AFDC, SNAP)의 담당자를 주정부에게 이양함으로써 주정부의 재량권이 강화되는 데 기여했다. 분권화는 몇 가지 기능을 했다. 주정부 간의 경쟁으로 주 차원에서 재분배정책이 실시되기 어려웠다. 또한 사회정책을 옹호하는 단체는 수도에 있었기 때문에 연방정부를 벗어나면 힘을 발휘하기 힘들었다. 셋째, 레이건은 복지축소를 위해 감세정책에 의존했다.[17] 개인소득 및 법인세 감세는 의회가 마련할 수 있는 예산 규모 자체를 축소시켰다. 넷째, 인종정책은 인종평등과 관련된 정책을 위축시켰다. 특히 자산조사에 기반을 둔 빈곤정책에 대한 관심이 약해졌다.[18] 그러나 1982년을 기점으로 보

---

17) 1981년에서 1985년까지 재정적자는 800억 달러에서 2,000억 달러로 대량으로 증가했다. 이 같은 대대적 재정적자가 발생함에 따라 재정균형문제가 부상하면서 공적 복지의 증가는 물론이고 현상유지도 힘들게 되었다.
18) 레이건이 취한 AFDC의 변화로 인해 50만 명이 수혜 자격을 상실했으며 40만 명이 식량우표급여에서 제외되었다. 학교급식 예산은 3분의 1이 축소되었고 공공주택보조예산도

수주의는 더 이상 상승하지 못했다. 민주당이 하원의 다수를 차지하면서 전환점이 되었다. 연금개혁, 즉 사회보장제도 자체를 약화시키려는 레이건 정부의 노력은 실패했고 사회정책에 대한 관심으로부터 멀어져 갔다.

클린턴 정부에 와서 미국의 보수주의는 정점에 도달하여 결국에는 빈민지원에 대해 대수술을 시작했다. 대수술은 1996년 〈개인책임 및 근로기회 조정법〉(PRWORA) 제정으로 나타났다. [19] 이 법이 제정됨으로써 과거 60년 동안 미국의 대표적 빈곤층을 위한 복지정책이었던 AFDC가 TANF로 대체되어 시민권으로서 복지는 사라졌다(Skocpol, 2000). 이후 사회정책의 기조는 일과 복지의 연계에 맞춰졌다(Moffitt, 2002; Weaver, 2000). 이러한 과감한 변화가 가능했던 것은 클린턴의 신민주당 노선의 영향도 있으나 더 중요한 요인은 1994년 공화당이 상하원의 다수를 차지한 사실이다. 1996년 복지개혁 이후 급여 대상자는 12%나 감소했다. PRWOPA의 개혁은 세 가지 핵심적 요소로 구성되는데 이는 후에 복지국가를 축소시키는 데 중대한 역할을 한다(Gilens, 1999: 182~184). [20] 첫째, 급여 기간을 제한하는 것이다. 급여가 가능한 최대 기간을 법으로 정해 놓았다. 두 번째, 급여 수준의 상한을 설정했다. 셋째는 관리주체를 연방정부에서 주정부로 이양한 점이다. 이로써 주정부의 자의적 권한이 생기게 되었던 것이다.

---

3분의 1이 삭감되었다. 〈포괄적 고용 및 훈련법〉(CETA)은 폐지되고 훈련 파트너십 제도로 대체되었다.

19) 클린턴 행정부 시기의 복지정책 개혁의 상세한 경과와 관련 행위자, 제도 간의 복합적 상호작용에 대해서는 Weaver(2000)을 참고하길 바란다.

20) 1996년 복지개혁의 주요 내용에 대해서는 Moffitt(2002); Ben-Shalom, Moffitt, & Sholz(2011)를 참고하길 바란다.

## 2) 새로운 복지정치의 시작: 근로장려세제의 도입

미국 국가의 사회정책은 유럽의 선진복지국가와는 다르게 발전했다. 미국 연방정부는 사회보험이나 보조금이 아니라 다른 수단을 통해 복지를 제공해 왔다(Howard, 1997). 그 대표적인 것은 조세지출(*tax expenditure*)이다. 전통적으로 사회보장을 의미하는 복지국가는 뉴딜을 그 기원으로 보고 있으나 조세지출을 다른 수단을 통한 복지 제공이라고 본다면 미국 복지국가의 기원은 훨씬 이전에 시작되었다. 미국의 국가는 뉴딜 이전에 이미 사회복지적 성격을 갖는 조세지출에 의존했다.[21] 1913년 처음으로 조세지출이 시작되었다. 개인 소득세의 상설과 함께 주택구입자금에 대한 이자 및 재산세에 대해 조세지출의 혜택을 부여했다. 1921년과 1926년 〈세입법〉이 제정되었는데 이는 고용주가 피고용자에게 제공하는 연금지출에 대해 조세혜택을 제공하는 것이었다. 이처럼 미국에서는 민간연금에 대한 공적 지원이 1935년의 〈사회보장법〉이 제정되기에 앞서 먼저 시작되었다. 조세지출의 사회복지적 성격을 인정하게 되면 '뉴딜은 자신에게 부여되었던 미국 복지국가의 탄생이라는 절대적 칭호를 상실한다'(Howard, 1997: 63). 이처럼 미국 복지국가 원년은 1935년이 아니라 1913년이며, 따라서 유럽에 비해 미국이 복지후진국이라는 전통적 주장은 설득력이 약하다.

　1980년대 이후 사회정책은 '위대한 사회' 정책이 낳은 후유증에 대한 일대 반작용이다. 두 차례의 빅뱅으로 골격이 만들어진 미국 복지국가는 1973년과 1979년 일어났던 두 차례 석유위기로 인해 세계적 불황이 엄습하면서 팽창이 중단된다. 과도한 복지에 대한 반성과 복지의 축소문제가 제기되었다(Betram, 2007; Howard, 2002; Noble, 1997). 닉슨 당선과 더

---

21) 연금제도 역시 뉴딜 시대 1935년 〈사회보장법〉에서 처음으로 보편화되었으나 남북전쟁이 끝난 후 퇴역군인에 대한 보상으로 연금이 지급되었다는 점에 착안하면 기원은 훨씬 거슬러 올라간다. 이러한 점은 스카치폴(Skocpol, 1992)이 지적하였다.

불어 본격화된 정치적 보수화는 복지축소를 강조했다. 이 같은 복지국가의 축소가 대중적인 여론이 된 분위기에서 공화당은 중간계급 사이에 대중적 인기가 높은 사회정책을 지키기 위해 조세지출이라는 새로운 통로에 의존했다. 국가가 직접성 예산지출과는 다른 도구를 통해 복지국가적 효과를 낼 수 있다는 점에서 이 같은 변화를 가리켜 한 연구는 '능력부여국가'(*enabling state*) 라고 표현한다(Gilbert & Gilbert, 1989; Gilbert, 2003). 최근 복지의 '새로운 정치'를 강조하는 이론은 레이건 시대 동안 강력히 추진된 복지후퇴(*retrenchment*) 가 뉴딜 시대 이후 지켜진 복지의 골간을 흔들지는 못했다고 주장한다(Pierson, 1994; 1996).

　1970년대 후반 레이건 혁명 이후 사회복지지출에 대한 여론이 불리해지고 시장지향적 접근이 보수적 대안으로 제시되었다. 이들은 개인의 책임을 강화하고 노동시장 참여를 강조하였다. 그러나 복지국가에 내재한 사적 성격을 더욱 강화시켰다는 점을 고려하면 복지체제의 구조에 심대한 영향을 주었다고 할 수 있다(Hacker, 2002; Howard, 2007). 공화당의 사회정책은 뉴딜 시대에 조성된 사회보장제도를 약화시키려 했으나 '새로운 정치'가 말하는 것처럼 사회보장제도는 정치적으로 이미 강력하게 지지되었기 때문에 성공할 수 없었고 따라서 다른 수단을 찾아야 했다.[22] 대안으로 다른 비전통적 정책을 제시함으로써 민주당이 주도하는 전통적 사회정책을 약화시키는 전략이다. 전통적 복지정책이 주로 공적 복지의 도구에 의존한다면 공화당은 그 대안으로 사적 복지의 도구를 추구해 왔다(Howard, 2007: 89). 1980년대 이후 사회보장의 역할이 커지면서 이를 저지하기 위해 사회보장의 삭감이 아니라 사용자로 하여금 연금을 장려하는 정책을 폈다.[23]

---

22) 한 연구에 의하면 복지예산은 공화당 정부에서 더 높았다. 케네디나 카터 행정부에서보다 닉슨과 아이젠하워 행정부가 사회지출을 더 많이 요구했다. 이에 대해서는 Browning (1986) 을 참고하길 바란다.

23) 공화당은 처음에는 사회보장의 삭감을 주장했으나 연금을 받는 노인들의 강력한 반대로

근로장려세제(Earned Income Tax Credit: EITC)는 정치적 변화와 더불어 크게 성장했다. 1975년 제정된 이후 저소득 가정을 대상으로 1인당 400달러를 제공하는 EITC는 지속적으로 늘어났다.[24] 1986년 급여 수준과 급여 대상 모두 크게 증가했다. 의회는 다시 1990년 EITC를 확대하기 위해 예산을

⟨표 1-4⟩ GDP 대비 사회지출과 조세지출(2005년)

(단위: %)

| 순위별 | 총사회비 | 순위별 | 순사회비 |
|---|---|---|---|
| 스웨덴 | 35.1 | 프랑스 | 31.2 |
| 덴마크 | 34.2 | 독일 | 30.8 |
| 프랑스 | 33.0 | 스웨덴 | 30.6 |
| 독일 | 30.6 | 영국 | 27.1 |
| 오스트리아 | 29.6 | 덴마크 | 26.4 |
| 이탈리아 | 28.3 | 벨기에 | 26.3 |
| 벨기에 | 28.0 | 네덜란드 | 25.0 |
| 핀란드 | 28.0 | 오스트리아 | 24.8 |
| 노르웨이 | 27.0 | 미국 | 24.5 |
| 영국 | 25.4 | 호주 | 24.0 |
| 네덜란드 | 24.3 | 노르웨이 | 23.6 |
| 체코 | 22.2 | 캐나다 | 23.3 |
| 스페인 | 21.7 | 핀란드 | 22.6 |
| 뉴질랜드 | 21.1 | 일본 | 22.1 |
| 호주 | 20.4 | 체코 | 20.5 |
| 캐나다 | 20.4 | 이탈리아 | 20.3 |
| 슬로바키아 | 19.8 | 스페인 | 18.9 |
| 일본 | 18.5 | 슬로바키아 | 18.4 |
| 미국 | 15.7 | 뉴질랜드 | 18.2 |
| 아일랜드 | 15.3 | 아일랜드 | 13.9 |
| 한국 | 7.1 | 한국 | 11.7 |
| 멕시코 | 5.7 | 멕시코 | 6.9 |
| 평균 | 23.3 | 평균 | 22.5 |

자료: Adema, 2005: 표 7.

정치적 손실을 입은 뒤 전략을 수정했다.
24) EITC의 배경과 성장에 대해서는 Howard(1997)를 참고하길 바란다.

늘렸다. EITC는 1990년대 중반 공화당의 비판과 공격에 직면했었으나 클린턴 대통령이 이 법안을 거부함으로써 무사히 넘겼다. 공화당의 부시(G. H. W. Bush) 대통령도 EITC를 지지했다. EITC가 비록 공적부조의 하나였음에도 불구하고 이처럼 성장할 수 있었던 것은 정치적 요인 때문이다. 미국의 청교도적 전통은 복지와 근로를 엄격히 구분하여 일하는 사람에 대한 복지에 대해서는 반대하지 않는다(Gilens, 1999). 근로빈민은 구제받을 만하지만 일하지 않는 빈곤층은 비난받아 마땅하다는 것이다. EITC는 바로 근로빈곤계층에 대한 세제지원이라는 점에서 정치인들이 그것을 지지하는 데 부담을 갖지 않으며 나아가 이들의 표를 얻기 위해 경쟁적으로 지원을 늘렸던 것이다. 양당제의 치열한 경쟁구도에서 양당은 EITC 확대를 통해 저소득가정과 근로빈민층에 호소했다. 그 결과 EITC는 사회지출 면에서는 작은 미국 복지국가가 조세지출을 포함시킨 순사회비 지출에서는 큰손임을 보여준다(〈표 1-4〉 참조).


## 5. 미국 복지국가는 다른 국가와 어떻게 다른가?

전통적으로 많은 연구가 한결같이 미국 복지국가의 작은 규모를 지적했다. 그러나 이러한 전통적 지적에 대한 반성이 시작되었다. 최근 연구동향은 작은 규모 자체에 대한 논의도 새롭게 시작되었을 뿐 아니라 왜 다른가에 대한 연구가 더욱 중요하다는 합의에 이르렀다. 미국 복지국가의 지체성에 대한 논의는 역으로 미국에서 사회보장이 먼저 출범했다는 시각이 제기되어 큰 반향을 일으켰다. 스카치폴은 미국 복지국가에 대한 새로운 지평을 제시하면서 내전의 후유증을 치유하기 위해 조성된 군인연금에서 알 수 있는 것처럼 흔히 말하는 것과는 반대로 복지국가 건설에서 유럽보다 미국이 앞선다는 사실을 강조했다(Skocpol, 1992). 그러나 미국에는 아직도 보편적 의료보장제도가 도입되지 않고 있다. 미국은 OECD 회원국 가운데 유일하게 의료보장제도를 갖추지 않아 인구의 30%가 의료혜택에서 제외된다.[25] 다른 또 하나의 특징은 복지제도의 이중구조이다. 〈사회보장법〉을 위주로 한 사회보험과 아울러 다른 한편에는 빈곤자녀지원 및 의료부조 같은 공적부조가 자리 잡고 있다. 1935년 〈사회보장법〉에서는 공적부조와 연금을 통합하였으나 1972년 노인빈곤층에 대한 소득지원은 보충소득보장 (Supplementary Security Income: SSI)으로 분리되었다.

## 1) 미국 복지국가의 특수성을 강조하는 다양한 요인들

미국에는 왜 유럽과 같은 보편적 복지국가가 생겨나지 않았는가의 문제에 대해서는 다양한 해석이 제시되어 왔다. 문화주의 이론은 가장 역사가 길고 자주 논의되었다.[26] 문화론은 역사적으로 미국인의 의식에 내재한다고 믿어지는 개인주의와 반국가주의(anti-statism)가 미국적 가치관을 형성하고 있으며 이는 국가의 개입을 전제로 하는 복지국가 주장과 본질적으로 어긋난다고 주장한다. 문화적 접근법은 미국에서 발전하지 못한 제도를 설명하는 데 유용한 힘을 발휘한다. 예를 들어 유럽과는 달리 미국에서 의료보험은 사회보장으로서 도입되지 않았다. 1935년 〈사회보장법〉 논의 당시 루스벨트 대통령은 의회의 공화당 반대를 의식하여 의료보험을 포함하지 않는 절충을 선택했다.

문화주의에 따르면 미국에서 공적 의료보험이 실패하게 된 것은 반국가

---

25) 미국의료제도의 복합적 발전에 대해서는 Hacker(2002) ; Marmor (1970) ; Quadagno (2005) ; Teles(1996)를 참고하길 바란다.

26) 좀바르트(Sombart)에 의해 처음 문제 제기된 미국의 예외주의 문헌은 미국적 특수성으로서 미국의 개인주의적 가치관을 강조한다. 이에 대해서는 방대한 연구가 있으며 그 대표적 문헌은 다음과 같다: Lipset(1996) ; Lipset & Marks(1999) ; Lubove(1986).

주의와 철저한 개인주의 때문이다. 미국인에게 사유재산은 신성불가침한 것이고 개인의 권리는 양도불가능한 절대적인 것이다. 국가라 해도 개인의 권리와 재산을 함부로 침해할 수 없다. 실제로 문화주의 이론이 주장하는 것처럼, 지난 20세기 동안 보편주의적 복지를 향한 시도는 성공하지 못했다. 즉, 미국 정부는 구성원이 정부의 제한적 기능과 역할을 희망하기 때문에 시민이 원하는 대로 미국 복지국가는 한정된 역할을 한다는 것이다 (King, 1973). 문화주의적 설명은 정치적 차이는 부분적 승리임을 보여 주는 데 설득력이 있다. 역사적으로 진보주의 시대 동안일지라도 루스벨트 입장에서 나타나듯 개혁주의는 의료정책에 대한 국가 개입을 통해 보편적 의료제도를 도입하려 했으나 대중의 반국가주의적 태도로 인해 성공하지 못했다. 또한 1990년대 클린턴의 의료개혁에 대해 반대세력은 연방국가의 개입을 비판하고 반국가주의를 근거로 반대함으로써 개혁을 좌절시켰다.

그러나 문화주의의 복지국가에 대한 가설은 왜 미국인이 그렇게 생각하는지를 다시 물어야 할 필요가 있다. 경험적으로 보면 동일한 문화가 지배하지만 정부와 집권당의 정책성격에 따라 복지국가의 폭과 방향이 전혀 다르게 나타났다. 개인주의와 반국가주의는 폭발적으로 등장한 뉴딜 시대의 복지정책과 1960년대 '위대한 사회'를 설명하지 못한다. 개인주의적 가치에도 불구하고 뉴딜 정부는 사회보장제도를 만들어 미국 복지국가의 기초를 닦았고 '위대한 사회' 시기의 존슨 정부는 뉴딜 시대에 불발했던 노인의료보험(Medicare)과 빈곤층의료보험(Medicaid)을 도입하는 데 성공했다.[27]

이처럼 문화주의의 예측과는 반대로 미국에서도 강력한 복지개혁이 성공했었다. 역사적 현실은 문화주의의 결정론적 주장과는 달리 역사적 국면에서 발생하는 우연적 요소의 영향을 받는다. 우연은 단순한 우연이기보다

---

27) 문화론에 대해서는 만만치 않은 비판적 논의가 존재한다: Quadagno (2005) ; Quadagno & Street (2005) ; Skocpol (1992) ; Steinmo (1994) ; Steinmo & Watts (1995).

사회적 세력, 이념, 그리고 제도의 복합적 상호작용에서 빚어지는 예측 불가능한 결과이다. 정밀한 여론조사의 기법 역시 문화적 결정론에 대해서는 이의를 제기한다. 미국인의 복지에 대한 태도는 문화주의가 믿는 것과는 달리 정반대임을 입증하려고 시도했다. 여론조사에 의하면, 미국인은 복지를 반대하는 것이 아니라 역으로 강력하게 지지한다는 사실이 지적되었다. 미국의 대중은 '정부가 교육, 건강, 아동, 노인, 홈리스 그리고 빈곤층 문제에 대해 충분한 노력(충분한 예산)을 기울이지 않는다고 생각한다'는 것이다(Gilens, 1999: 12; Skocpol, 1995).

미국 복지국가의 왜소성을 지적하는 전통적 요인은 노동운동의 취약성이다.[28] 미국 노동은 다른 나라의 노동과 마찬가지로 자신의 이익을 확장하고 지키기 위해 노동시장(사업장)과 정치시장 두 곳에서 투쟁해 왔다. 미국 노동자는 임금을 높이고 노동조건의 악화를 막기 위해 작업장에서는 노동조합을 결성하고 확장을 도모함으로써 노동공급을 통제하고자 했다. 다른 한편 노동은 노동시장에서만 머무르지 않고 정치시장에서 후보자와 정당에 영향력을 행사함으로써 노동자에게 유리한 입법을 통과시키기 위해 노력한다. 현실적으로 국가정책이 노동시장의 작동에 중대한 결과를 주기 때문에 노동시장 안에서 노조가 벌이는 임금이나 노동조건의 향상 노력은 한계가 있다. 그러나 미국의 노동운동은 구대륙 유럽의 노동운동과는 다른 조건에서 다른 목표를 추구했다. 정치적으로 자유를 구가했던 미국 노동자는 국가를 다른 시각에서 인식했다. 구대륙의 노동이 투쟁을 통해 참정권을 획득했다면, 미국 노동자는 흑인 노동자를 제외하면 처음부터 투표권을 보유했기 때문에 국가와 정부는 노동에 자율성을 확보해 주는 것이 아니라 반대로 노동 조직화를 억압하는 도구로 인식되었다. 미국 노동운동은 이처

---

28) 노동의 조직화가 취약하여 미국 복지국가를 확대하지 못하도록 했다는 주장은 오랜 전통을 가지며 가장 최근의 연구는 Noble(1997)을 참고하라.

럼 국가를 불신했기 때문에 국가를 상대로 자신에게 유리한 정책실현을 요구하기보다 노동시장에서 해결하려 했다. 즉, 정치투쟁이 아니라 단체협약을 통해 노동에 필요한 복지제도를 요구하고 만들려 했다.

다시 말해서 미국 노동운동은 국가로부터 노조의 자율성을 지키기 위해 국가가 개입하는 행태의 공적 복지국가가 아니라 사적 복지국가를 선호했던 것이다(Gottschalk, 2000). 예를 들어 1904년 미국 조직노동의 80%를 조직했던 최대 노조 미국노동연합(AFL)은 주정부가 관리하는 건강보험정책을 반대했다. 또한 노조는 국가의 정책 형성에도 참여하지 않았다. 미국 역사상 처음으로 진보 정부가 집권했던 뉴딜 체제에서 〈사회보장법〉 입법에 자문하지 않았다. 노조는 정치적 투쟁과 협상을 통해 만들어지는 보편적 사회입법보험을 멀리하고 그 대신 노동시장을 장악하는 데 주력한다는 원칙에서 노사협상을 통해 임금상승과 노동조건의 향상 같은 경제주의 노선에 주력했다(Derickson, 1994). 1930년대 전까지 미국의 노조는 의료보험 등을 포함하여 보편적 사회정책을 지지하지 않았다.[29] AFL 의장 곰퍼스는 미국 노동자가 필요로 하는 것은 보편적 의료보험이 아니라 더 좋은 임금(*better wages*)이라고 주장했다(Derickson, 2005: 8). 이 같은 미국 노동의 경제주의 노선은 또한 미국 기업의 전략에 의해서도 영향을 받았다. 연금 등 사회보험은 미국 기업의 일방적 주도하에 이루어졌던 단체협상에서 결정되었다. 따라서 단체협상이 중앙에서 결정될수록 복지제도는 사적 방향으로 진행했다(Derickson, 1994: 1336).

미국 복지국가의 왜소성의 또 다른 요인은 인종문제와 결부된 지역주의 정치이다(Derickson, 2005; Quadagno & Street, 2005; Skocpol, 1995).[30]

---

[29] 보편적 복지제도에 대해 노동운동 지도부는 상반된 주장을 가졌다. AFL을 이끄는 곰퍼스(S. Gompers)는 강제적 의료 가입을 반대했다. 기금 모금을 포함하여 노조 스스로의 자구책을 통해 국가에 의존하지 않고 해결할 것을 주장했다. 다른 한편 많은 노동운동가들은 공적 보험을 지지했다.

지역주의 정치는 남부의 백인 보수주의가 맹위를 떨치던 1970년대 특히 위력을 발휘했으며 그 후 공화당이 집권한 이후에도 남부에서는 보수주의가 지배적이었다. 남부의 보수적 민주당은 남부에서 자신의 인종적 특권을 지키기 위해 흑인을 포괄하는 보편주의적 복지정책을 반대했다. 남부는 노예해방 이후에도 한동안 여전히 농업이 주요 산업이어서 북부와는 달리 산업화는 지연되었고 노동운동은 성장할 수 없었다.[31] 남부에서는 노동운동이 취약했기 때문에 전국적 조직화는 불가능했으며 따라서 전반적으로 강력한 노동운동은 발생할 수 없었다. 나아가 정치적으로 남부는 백인 특권을 유지하기 위한 권위주의체제를 유지했다. 1960년대 남부에서 민권운동이 폭발적으로 발생한 것처럼 흑인에게는 정치적 권리가 허용되지 않았다.

미국의 복지국가가 발달하지 못한 것은 남부의 취약한 노동운동과 결합된 노동의 전반적 취약성에 있다. 남부는 남북전쟁 이후 북부군의 점령을 받으면서 재건 시기를 보낸 후 곧 민주당의 아성이 되었다. 1866년 의회의 남부 구성을 보면 백인 공화당의원이 10분의 9를 차지했으나 1874년에는 5분의 4가 백인 민주당 의원이었다(Black & Black, 2002: 11~12). 이후 미국정치에서 민주당 백인층은 '강고한 남부'(Solid South)를 구축하게 되었다. 이러한 정치지형은 대공황의 발생에도 불구하고 변치 않았다(강명세, 2009). 대공황이 발발하자 공화당 정부는 실정 탓이라고 비판받은 이후 남부에서 공화당의 세력은 더욱 약화되었고 '강고한 남부'는 민주당이 장악했다.

남부가 민주당의 핵심세력을 차지하면서 뉴딜의 사회정책은 제한적일 수밖에 없었다. 뉴딜의 사회정책이 의회를 통과하려면 남부의 민주당 의원들의 지지가 절대적으로 필요한 상황에서 남부의 민주당은 많은 흑인 노동을 고려하여 흑인이 사회보장에 포함되는 것에 강력 반대했다. 따라서 루

---

30) 남부의 보수주의와 이것이 사회정책을 보수화하게 했다는 주장에 대해서는 Quadagno (1996); Lieberman(1998)을 참고하길 바란다.
31) 산업화 지역의 고용주는 남부로 이전하겠다고 함으로써 노동운동을 탄압했다.

스벨트 정부는 흑인에 대해 사회보장이 아니라 자산조사를 통한 공적부조만을 허용하는 방향으로 타협했다(Quadagno, 1999: 3). 당시 남부 흑인의 5분의 3은 농업노동이나 가사노동에 종사했는데 이들은 사회보장의 혜택에서 배제되었다(Quadagno & Street 2005: 60). 이처럼, 남부 민주당의 보수화는 비록 지역적 차원이지만 남부 의원들이 의회에서 주요한 지위를 독차지했기 때문에 전국적 수준에서 복지국가의 입법화를 저지할 수 있는 위치에 있었다. 남부 문제(*Southern Question*)는 미국정치의 일부로서 지역문제와 인종문제가 결합되었다는 점에서 미국 복지국가의 저발전을 이해하는 데 필수적 요인이다(Quadagno, 1988). 1865년 남북전쟁이 끝난 후 노예제는 사라졌지만 노예제를 제도적으로 보장했던 주의 권리는 여전히 건재하여 백인들의 특권을 보호했다. 남부정치는 1960년 민권운동을 경과하면서 크게 변화했는데 이는 미국정치의 변화의 산물이다. 당시 민주당은 민권과 사회문제를 통해 다수를 형성함으로써 집권하였다. 연방정부의 역할강화에 대해 권력분립의 또 하나의 축인 사법부도 동조했다(Lieberman, 1998). 다만 남부의 백인 민주당은 전혀 다른 이해를 갖고 있었다.

그러나 인종정치는 1970년대 오면서 반전했으며 이후 그대로 남아 있다. 인종문제는 복지문제와 결합하며 전국적 관심사가 되었다.[32] 흑인이 빈곤층 다수를 형성하고 있어서 주로 흑인이 수혜 계층인 빈민정책은 냉소와 조롱의 대상이 되었다. 인종과 복지의 이와 같은 연계는 일반적 미국인에게 복지국가 자체에 대한 부정적 시각을 심어 주었다. 이처럼 역사적 연계를 통해 형성된 부정적 시각은 이후 다시 확대재생산되어 흑인의 복지를 더욱 취약하게 만드는 데 기여했다. 빈민정책에 대한 보수주의의 비판은 관대한 복지제도로 인해 도심에 밀집한 흑인에게 복지의존병을 키워 노

---

32) 소수인종 보호법안(*affirmative action*)은 비판의 포화를 맞았고 법원은 흑인 선출에 유리하게 만든 선거구 조정을 뒤엎었다.

<표 1-5> 20세기 정당과 새로운 사회정책의 추진

| 정당 | 전통적 사회정책 | 비전통적 사회정책 | 합계 |
|---|---|---|---|
| 민주당 대통령 의회 | 15 | 13 | 28 |
| 민주당 대통령 분점 | 1 | 4 | 5 |
| 공화당 대통령 분점 | 5 | 8 | 13 |
| 공화당 대통령 의회 | 0 | 3 | 3 |
| 합계 | 21 | 49 | 49 |

자료: Howard, 2007: 67, Table 3.2.

동의욕을 상실시키고 결과적으로 도시빈곤문제를 심화시켰다고 본다.[33]

넷째, 미국 복지국가의 특수성으로서는 정당체제와 정당정치가 주목된다. 복지국가의 규모와 방향을 결정하는 가장 주요한 변수는 집권정당의 정향이다. 미국은 행정부와 입법부가 서로 완전히 독립적인 정치제제이기 때문에 어느 한쪽만을 차지하는 것은 결정적 힘을 의미하지 않는다. 정당은 의회와 대통령을 모두 장악할 때 비로소 자신의 정책선호에 따라 정책을 추진할 수 있다. 〈표 1-5〉는 사회정책입법을 기반으로 하여 20세기 동안 도입된 사회정책의 종류와 집권정부를 결합한 표이다. 전통적 사회정책은 사회보험과 교부정책을 뜻하며 비전통적 정책은 조세지출, 신용 및 신용보증, 보험, 그리고 사회적 규제를 말한다.

여기서 잘 나타나는 바처럼 사회정책은 대통령과 의회를 민주당이 장악했을 때와 공화당이 집권했을 때 정반대로 나타난다. 표에서 볼 수 있듯, 1930년대 뉴딜처럼 민주당이 장악했을 때 총 28개의 사회정책법안이 처리되었다. 반면 공화당이 대통령과 의회를 장악했던 24년 동안에는 단 3개의 사회정책이 만들어졌다. 한편 분점정부가 복지국가에 주는 효과는 명확하지 않다. 공화당이 대통령, 그리고 민주당이 의회 다수를 점한 28년 동안에 13개의 사회입법이 실현되었다. 마지막으로 민주당 대통령과 공화당의

---

33) 대표적 주장은 Murray(1984)이다.

회의 12년 동안에는 5개의 사회입법이 있었다. 그러나 분점정부하의 사회정책 제정은 통일정부와 크게 다르지 않다. 전통적으로 정부 분점은 정책적 차이를 유발한다고 가정되었으나 최근의 연구는 차이가 그리 유의미하지 않다는 점을 경험적으로 보여 주었다(Mayhew, 2005).

정부 형태의 성격은 사회정책의 정향을 알려 주는 데 더 중요한 역할을 한다(Howard, 2007). 〈표 1-5〉에서 보는 것처럼 분점정부는 단일정부에 비해 조세지출과 사회적 규제 같은 비전통적 사회정책을 선호한다. 최근 OECD 연구에 의하면 미국의 복지지출은 두 가지 특징을 갖는다. 첫째, 다른 나라에 비해 고용과 관련된 부분에서 압도적으로 크며, 둘째, 미국은 규제 및 조세정책을 통해 공적 복지가 제공하지 못하는 부분을 제공한다(Adema & Ladaique, 2005). 이와 같은 다른 수단을 통한 복지를 포함하면 전체 지출은 그렇지 않을 때보다 크게 높아진다. 민주당이 대통령과 의회 모두를 장악할 경우 전통적 사회정책에 더 많은 주의를 기울인다. 의회의 견제를 받지 않기 때문에 비전통적 복지와 같은 우회적 방법을 취할 필요가 없기 때문이다. 지난 100년 동안 전통적 사회정책이 21개 새로이 만들어졌는데 그 가운데 15개가 민주당의 단일정부에서 이루어졌다.

요약하면, 위의 네 가지 요인은 서로 배제적이 아니라 상호복합적으로 작용하면서 미국 복지국가의 역사적 형성에 기여해 왔다. 시기나 그 시기의 상황에 따라 특정 요인의 영향이 다른 요인들에 비해 상대적으로 압도적으로 발휘되었다고 할 수 있다. 예를 들어, 인종과 노동계급의 위상은 상호복합적으로 작용하여 공적 복지국가의 발전을 방해했다. 미국의 다인종 사회에서 노동운동은 인종을 따라 분절되었고 AFL 같은 대표적 노동운동조직은 경제주의를 지향하여 단체교섭을 통해 임금 향상이나 기업복지의 증진 등 사적 복지를 확대하려는 전략에 주력했다. 그러나 미국 노동운동의 이러한 경제주의는 노동시장에 편입되지 못한 흑인 등 빈민층이 절실하게 필요로 하는 공적 복지국가를 발전시키는 것이 아니라 반대로 저해했다. 미국 노동운동은 1960년대 민주당 정부가 '위대한 사회' 프로그램을 통해 공적 복지를 강화하려 하자 존슨 정부로 하여금 복지정책을 빈민정책으로 한정할 것을 요구했다. 정부의 공적 복지개혁이 노동운동의 핵심 기반인 공공서비스 고용 분야로 확대되는 것을 차단했던 것이다.

## 2) 미국 복지체제는 다른 선진민주주의 복지국가와 어떻게 다른가?

우리는 앞에서 미국 복지국가를 특수하게 만드는 다양한 요인들을 검토했다. 그렇다면 미국과 유럽 등 다른 나라와의 차이를 관통하는 원칙은 무엇인가? 그것은 공적 복지와 사적 복지의 상호작용이다. 미국 복지국가의 특수성은 단순히 어느 한 가지 요인에 의해 결정되는 것이기보다 여러 가지 요인이 역사적 국면에서 상호역동적으로 작용한 결과이다. 역동적 결과는 구체적으로 공적 복지와 사적 복지의 상호작용적 분화를 의미한다. 공적 복지와 사적 복지는 미국 복지국가의 발전과 변화를 엮는 기본 축의 역할을 한다. 이 점은 〈그림 1-2〉에서 잘 나타난다.

〈그림 1-2〉는 미국 복지국가의 모습을 한눈에 요약해 보여 준다. 간단히 말해 미국의 GDP 대비 복지지출을 보면 공적 복지와 사적 복지의 비대칭성이 뚜렷하다. 미국의 공적 복지 수준은 낮지만(X축) 조세지출 및 사적 복지를 포함하여 본 Y축의 위치를 비교하면 평균을 넘는다. 최근 미국 정치학자들 중심으로 미국 복지국가의 특수성에 대한 논의가 활발해지면서 미국 사회정책의 특수성에 대한 강력한 반성이 일고 있다. 스카치폴의 연구 (Skocpol, 1992)는 군인연금을 최초의 공적 복지로 봐야 한다고 주장하면서 미국 복지국가의 기원을 훨씬 당기려고 했다는 점에서 새로운 시도이다.

스카치폴의 개척적 도발 이후 미국 사회정책의 특수성에 대해서는 적지 않은 연구가 진행되고 있으며 많은 부분은 역사적 접근을 강조한다. 그중에서도 시선을 끄는 것은 복지국가의 새로운 도구로서 조세지출을 주목

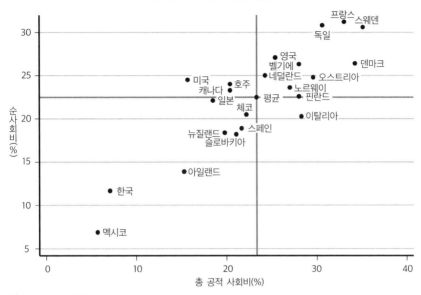

〈그림 1-2〉 순사회비 지출

자료: Adelma, 2005.

한 것이다. 조세지출의 역사는 뉴딜 시대 이전으로 올라간다(Rein, 1996; Wennemo, 1998). 역사적 접근은 그동안 꾸준히 제기되었던 '미국 복지국가가 왜소하다/왜소하지 않다' 식의 관점을 비판하면서 나름대로의 역사적 맥락에서 진화하고 발전해 온 모습을 제시하려 한다. [34] 미국 복지국가가 예외적이라면 그것은 잘 알려지지 않은 면에서 예외적이라고 본다. 예외적인 것은 예를 들어 미국 노동운동이 임금 외 수당과 같은 사적 복지를 추구했다는 점이다(Stevens, 1990).

예외주의적 관점에서 쟁점은 왜 미국 복지국가가 왜소한가 하는 문제 자체보다는 왜 그렇게 되었냐를 밝히는 것이다. [35] 하워드(Howard, 1997)는

---

34) 이러한 관점의 연구는 다음과 같다: Gilens(1999); Hacker(2002; 2006); Howard (1997); Marmor, Mashaw, & Harvey(1990); O'Connor(2001); Skocpol(1995).
35) 다음의 연구는 미국 복지국가에서 사적 복지가 차지하는 중요성을 강조한다: Brown

공적 복지의 논의에서 중단하지 않고 조세지출 등을 포함한 사적 복지의 관점에서 미국 복지체제의 문제를 밝히려 했다. 그는 미국 복지국가의 진화를 전통적 복지정책과 비전통적 복지정책으로 양분한 뒤 다시 시기별로 세분했다. 조세지출의 복지를 포함하면 복지국가의 기원이 뉴딜 시대 이전으로 소급하며 소득세와 법인세의 신설과정은 바로 조세지출이다. 미국은 뉴딜 이전 1910~1920년대에 조세정책을 통해 사회복지에 영향을 주었다는 것이다(Howard, 1997). 미국에서는 이미 1909년과 1913년 민주당과 공화당 진보파가 연합하여 기업 소비세와 개인에 대한 소득세법 도입을 통과시켰다. 그 이전까지 소득세와 소비세는 관세법의 일부에 속했으나 면세 대상과 범위 면에서 사회정책과 마찬가지 효과를 갖기 때문에 결과적으로 주요한 사회정책적 기능을 한 것이다. 조세지출이 직접적 지출이 아니라 간접적 지출이면서 효과 면에서 복지국가의 역할과 동일하기 때문에 복지국가의 기원은 1909년으로 거슬러 가는 것이다.[36]

이처럼, 20세기 초 조세지출 등의 기능을 고려할 때 미국 복지국가의 시작은 간단하지 않다. 전통적 설명의 주장과는 달리, 미국 복지국가의 기원은 뉴딜 이전에 이미 시작되었다는 주장이 가능하다. 앞의 법안들은 또한 아직 공적 복지와 사적 복지가 분화되지 않았음을 의미한다. 20세기 초 미국의 공적 복지국가는 주정부의 관장하에 있던 모성연금과 산재를 포함했으며 몇 개 주에서는 연금제도도 존재했었다. 그러나 연방정부가 아니라 주정부에서 부분적으로 도입되었다는 점은 아직까지 공적 복지가 전국적인 힘을 얻지는 못했음을 의미한다. 한편 기업의 피고용자 연금보험에 대한 지출을 조세로 우대해 준 점은 사적 복지에 해당한다는 점에서 '복지자

---

(1997~1998) ; Hacker(1999) ; Howard(1993) ; Jacoby(1991) ; Rein(1996) ; Rein & Rainwater(1986) ; Rein & Turner(1999; 2004) ; Stevens(1988).

36) 후에 주택구입자금의 금리에 대한 면세조항이 추가되었다. 당시 소득세는 일종의 부유세에 해당한다.

본주의'(welfare capitalism)가 태동하고 있었음을 알 수 있다. 20세기 초 미국의 대기업은 노동조합의 전투성을 순치함으로써 노동평화와 생산성 향상이라는 목표를 달성하기 위해 임금 외 수당으로서 연금을 제공했던 것이다. 국가는 기업이 노사정책으로 지출한 연금보험에 대해 면세해 줌으로써 간접적으로 조세지출을 통해 사적 복지를 도왔다.

사적 복지는 의료제도에도 적용된다. 미국 의료제도가 보편주의 원칙에서 벗어난 것은 미국에서 사적 복지가 발전한 결과이다. 미국 복지체제를 후진적으로 말하는 데 가장 결정적 근거는 보편주의적 의료보험의 도입이 부재했고 지금도 마찬가지라는 점이다. 선진민주주의 국가 중에서 오직 미국에서만 공적 의료보험이 확립되지 못했다. 의료보험은 연금과 함께 가장 비중이 크고 시민건강에 중대한 영향을 미친다는 점에서 '미국은 다르다'는 주장의 핵심 증인 역할을 한다(Quadagno, 2005; Starr, 1982). 미국의 의료보험은 공동체의 구성원 모두에게 자동적으로 제공되는 것이 아니라 고용관계에 따라 질이나 양이 각각 다른 서비스가 제공된다. 사적 보험으로 끝난 이유는 무엇보다도 의료보험을 가장 절실히 필요로 하는 미국 노동운동이 공적 보험을 확보하지 못했기 때문이다. 미국 노동은 경제주의 전략을 고집한 결과 전체 노동시장이나 정치시장에서 적절히 대표되지 못하기 때문에 의료복지의 보편화에 대한 의사들의 집단적 이기주의를 극복하지 못했다(Starr, 1982).

미국 노동운동의 취약성에 더하여 미국 대기업은 '복지자본주의' 이론이 강조하는 것처럼 사적 보험의 도입을 주도했다. 미국 노동운동을 주도했던 AFL은 1930년대 뉴딜이 시작되기 전까지 공적 복지를 반대하고 상조회 기능을 통해 자체적인 사적 복지를 제공하려 했다. 자체적 조달이 조합 가입 등 조합의 발전에도 유리하다고 믿었다(Orloff & Skocpol, 1984; Quadagno, 1988). 노조는 단체교섭을 통해 사용자가 제공하는 의료혜택을 확대하고 심화하는 데 기여했다(Howard, 2000; Stevens, 1990).[37] 1946년 양대 노조

(AFL, CIO)는 사용자에게서 사적 복지를 획득하는 데 주력할 것을 천명했다. 미국의 주요 노조는 1946~1950년 기간에 기업으로부터 연금과 의료보험혜택을 확보했다. 이 기간 중 의료보험 급여 대상은 3,200만 명에서 2배로 늘었고 연금수혜자는 640만 명에서 920만 명으로 증가했다.

　1940년대 후반에 이루어진 이 같은 사적 복지의 급격한 증가는 1940년대 발생했던 세 가지 요인의 결합으로 가능했다. 첫째, 종전과 아울러 뉴딜 정책이 마감하면서 노조에 대한 비우호적 환경이 부활했다. 전시경제에서 평화경제로 이행하면서 물가 상승을 포함한 경제 침체가 발생하여 실업이 증가했는데 일반 여론은 경제 불황이 노조의 과대한 임금 인상이라고 믿고 노조를 비난했다. 둘째, 1943년 남부 보수의원들이 주도한 〈노사분규법〉(일명 스미스-코놀리 법안)이 통과됨으로써 노동운동은 크게 약화되었다. 이 법은 노조가 정당 및 정치인에 대해 직접 정치자금을 제공하는 것을 금지함으로써 노조 차원의 정치적 로비를 원천적으로 금지했다. 셋째, 정치의 보수화이다. 1946년 보수화된 미국 의회에서 보수적 공화의원은 뉴딜 정책을 비판하기 시작했다. 노동과 복지에 적대적인 환경 속에서 노조는 임금 인상을 통한 복지 향상은 불가능하다고 느끼고 차선책으로 단체협상을 통해 사적 복지를 키울 수밖에 없다고 판단했다. 노조는 몇 차례에 걸쳐 공적 의료보험의 도입을 주장했지만 보수화된 의회가 일절 화답하지 않자 노조는 의료보험 역시 단체협상을 통해 민간보험을 획득하는 노선을 취할 수밖에 없었다. 이제 민간의료보험은 사실상 임금 외 수당이며 공적 보험에 대한 임시변통에 지나지 않았다. 그러나 임시변통은 보편주의적 의료보험으로 변신하지 못한 채 종국적으로는 공적 의료가 들어설 자리를 없애

---

37) 이전까지 노조는 유럽의 노동운동과는 달리 복지문제에 대해 노조적 관점 상조회를 활성화함으로써 풀어야 한다고 믿었다. 국가나 기업의 도움은 노조의 자율성을 침해한다고 보았기 때문이다. 그러나 상조기금이 부적합하게 되면서 노조는 국가나 기업의 개입을 고려할 수밖에 없었다.

는 데 기여한 셈이다.

사적 복지는 공적 복지와 달리 조세를 통해 확립된 권리가 아니다. 따라서 경제위기나 정치적 보수화 등 외적 조건의 변화에 민감하게 반응한다. 수혜가 감소하는 복지후퇴기의 가장 큰 피해자는 노동시장의 주변부이다. 사적 복지는 기본적으로 노동시장에서의 활동 여부 및 경력에 따라 결정되기 때문에 노동시장 외부에 있는 빈민 등 소수층에게는 아무런 지원을 주지 않는다. 사적 복지의 품질과 규모는 기본적으로 사용자의 자의적 판단에 의존하기 때문에 기업은 시장 상황에 따라 언제라도 복지급여를 삭감할 수 있다. 기업이 사적 복지를 제공하는 동기는 종업원에 대한 선의, 인적 자본의 형성, 자산 축적, 노조 억압 등 다양하다(Hacker, 2002; Howard, 1997). 해커는 사적 복지의 삭감을 복지국가의 '숨겨진 후퇴'(hidden retrenchment)라고 주장한다(Hacker, 2004). 은밀한 은퇴는 처음에는 피부로 느껴지지 않지만 시간이 지나면서 중대한 영향을 발휘한다는 점에서 숨겨진 후퇴이다. 또 다른 대표적 예는 〈근로자 소득 보장법〉(ERISA)이 남긴 영향이다. 1974년 도입된 ERISA는 기업의 사내 연금제도를 주정부의 규제와 사법부 소송 대상으로부터 자유롭게 풀어 주는 것을 골자로 한다.

그러나 이 제도가 생기게 된 보다 깊은 동기는 대기업의 의료보험비 부담을 줄이는 것이었다. 이 제도 전까지 기업은 전문보험회사에서 보험을 구매해야 했으나 ERISA 제정 후 보험사로부터 구입하지 않아도 되었다. 이제 기업은 자기 기업의 근로자만을 대상으로 하는 보험을 설립할 수 있게 되었다. 다시 말해서 새로운 제도는 위험 대상을 사내로 한정하는 자기보험(self-insurance)을 허용한 것이었다. 그러나 고용 인력이 많지 않은 중소기업은 리스크 풀이 작기 때문에 자기보험을 설립하기 곤란하다. 이 법이 생긴 후 중소기업 고용주가 비용 부담을 핑계로 근로자에 대한 급여를 축소하였다. 한편 보험회사는 위험잠재력이 높은 중소기업 가입자를 축출하는 기회를 얻은 셈이다. 대기업과 보험회사는 이 법을 지키기 위해 보수적 정치세력과 결탁하여 ERISA의 개정을 봉쇄하는 데 성공했다.

미국의 노령연금 역시 사적 및 공적 제도의 혼합이다. 노령연금에는 공적 복지 부분과 아울러 사용자가 제공하는 혜택 그리고 조세 감면의 대상이 되는 개인저축 등이 포함된다. 그러나 의료보험의 경우 먼저 사적 보험이 실시된 후 나중에 공적 보험(Medicare, Medicaid)이 추가되었다면, 연금의 경우에는 반대로 공적 사회보장제도가 만들어진 다음에 사적 복지가 추가되었다. 즉, 사적 연금은 사회보장을 보완하는 역할로 만들어졌던 것이다. 그러나 1970~1980년대를 거치면서 두 가지 변화가 발생했다. 첫째, 사회보장은 지속적으로 재정적 압박을 받게 되었다. 또한 임금 상승의 둔화와 노동자 대비 은퇴자 비중이 높아지면서 사회보장제도의 변화가 요구되었다. 이러한 요구는 1977년, 1983년의 개정으로 표현되었다. 둘째, 사용자들은 개인적 책임을 강화한다는 보수주의 세력에 동조하여 초기의 확정급여방식에서 확정기여방식(401K)으로 전환하였다. 확정기여방식에서 급여는 사회보장과의 연계를 벗어나 시장 상황을 따르고, 그 결과로 기업이 아니라 개인적 책임이 커진다. 연금기여에 대한 면세제도는 기업이 다른 제도를 선호하도록 만들었고 결과적으로 이는 리스크의 사유화를 유발했다. 이처럼, 미국 복지제도에서 가장 비중이 높은 연금과 의료보험제도는 사적 복지를 더욱 강화하는 방향으로 가고 있다. 사적 영역이 열려 있을 때 복지를 축소하려는 정치세력은 공적 복지를 정면으로 직접 공격하기보다 사적 수단을 이용하려 한다(Hacker, 2004). 공적 복지는 오랜 역사를 갖는 만큼 이미 상당한 지지세력(예를 들면, 은퇴연합 AARP)이 존재하기 때문에 보수주의자들의 공격에 쉽사리 흔들리지 않으며 때로는 레이건 행정부 때처럼 역풍을 맞기 때문에 섣불리 공격하려 않는다.

# 6. 맺음말

복지체제는 국가의 전유물이 아니다. 전통적으로 복지는 국가만이 아니라 가족, 공동체 및 시장이 공동으로 책임을 졌다. 이러한 각도에서 보면 미국의 복지는 시장기제에 대한 의존도가 높은 성격을 띤다. 오랫동안 미국 복지국가 연구는 그 왜소한 규모 자체에 너무 함몰되어 진화하는 모습을 간과했다. 각도를 달리해 관찰하면, 미국의 복지제도는 전통적 설명이 주장하는 것처럼 그리 왜소하지 않다. 최근 연구는 사적 복지의 확장에 주목한다. 미국 복지국가를 제대로 이해하기 위해서는 미국 복지국가의 규모 자체를 설명하려는 노력에서 시선을 돌려야 한다. 즉, 어떻게 그렇게 되었는지에 대한 역사적 관점으로 접근할 필요가 있다. 역사적 변화를 정밀하게 관찰하면 미국 복지국가의 특수성은 사적 복지의 역할이 공적 부분을 압도한다는 데 있다. 공적 복지와 사적 복지의 이러한 불균형은 미국 사회가 처했던 역사적 조건에서 형성되었다. 미국의 공적 복지가 발달하지 못했던 것은 미국 정치의 제도적 특성(삼권분립, 연방제), 노동의 취약(사회당의 부재와 노조 조직률의 미약함), 역사적으로 내재한 남부와 흑인 문제, 그리고 정당정치(분점 또는 단일정부) 등이다. 이러한 네 가지 변수는 역사적 국면에 따라 다양하게 배합·배치되어 미국의 복지국가 형성에 결정적 영향력을 행사했다. 역사적 관점에서 보면 미국 복지국가는 사적 복지의 비중이 아주 높다. 사적 복지에 대한 의존이 높을 뿐 아니라 그것은 경로의존의 관성으로 인해 시간이 갈수록 더욱 강해진다. 미국 역사에서 강력한 힘을 발휘했던 앞의 네 가지 변수가 변하지 않는다면 사적 복지와 공적 복지의 새로운 균형은 오기 힘들 것이다. 그러나 제도를 바꾸는 것은 불가능하지 않고, 노력에 따라 가능할 수도 있다. 50년 전 영국 복지 연구를 개척했던 티트머스가 지적했던 것처럼 복지국가의 길은 하나가 아니라 다양한 통로가 존재한다.

# ■ 참고문헌

## 국내 문헌

강명세(2006). 《세계화와 탈산업화 시대의 노동과 복지의 정치》. 한울아카데미.

_____(2009). "미국 복지국가의 특수성". 〈세종정책연구〉, 14권 1호.

_____(2011). "미국의 전통적 외교안보 원리와 미국이 세계전략의 변화". 세종연구소.

## 해외 문헌

Adema, W. (1999). *Net Social Expenditure*. OECD.

_____(2001). *Net Social Expenditure*, 2nd edition. OECD.

Adema, W., & Einerhand, M. (1998). *The Growing Role of Private Social Benefits*. OECD.

Adema, W., Einerhand, M., Eklind, B., & Pearson, M. (1996). *Net Social Expenditure, Labor Market and Social Policy. Occasional Papers No. 19*. OECD.

Adema, W., & Ladaique, M. (2005). *Net Social Expenditure, 2005 Edition: More Comprehensive Measures of Social Support, OECD Social, Employment and Migration Working Papers No. 29*. OECD.

Allmendinger, J., Ebner, C., & Nikolai, R. (2010). *United in Diversity?: Comparing Social Models in Europe and America*. Oxford University Press, 308~327.

Atkinson, A., & Bourguignon, F. (2000). *Handbook of Income Distribution, Volume 1*. Elsevier.

Ben-Shalom, Y., Moffitt, R., & Scholz, J. K. (2012). An assessment of the effectiveness of antipoverty programs in the United States. In P. N. Jefferson (Ed.), *The Oxford Handbook of the Economics of Poverty*, 709~749, New York: Oxford University Press.

Bertram, E. C. (2007). The institutional origins of 'Workfarist' social policy. *Studies in American Political Development*, 21(2), 203~229.

Black, E., & Black, M. (2002). *The Rise of Southern Republicans*. Belknap Press.

Browning, R. X. (1986). *Politics and Social Policy in the United States*. University of Tennessee.

Collins. J. L., & Mayer, V. (2010). *Both Hands Tied: Welfare Reform and the Race to the Bottom of the Low-Wage Labor Market*. Chicago: The University of Chicago

Press.

Derickson, A. (1994). Health security for all? Social unionism and universal health insurance, 1935~1958. *Journal of American History*, *80*, 1333~1356.

_____ (2005). *Health Security for All: Dreams of Universal Health Care in America*. Johns Hopkins.

Esping-Anderson, G. (1999). *Social Foundations of Postindustrial Economies*. New York: Oxford University Press.

Garfinkel, I., Rainwater, L., & Smeeding, T. (2010). *Wealth and Welfare States: Is America a Laggard or Leader?* Oxford University Press.

Gilbert, N. (2003). Welfare Policy in the U.S.: The Road from Income Maintenance to Workfare. In N. Gilbert, & A. Parent (Eds.), *Welfare Reform: A Comparative Assessment of French and U.S. Experiences*. New Brunswick: Transaction Publications.

Gilbert, N., & Gilbert, B. (1989). *The Enabling State: Modern Welfare Capitalism In America*. Oxford University Press.

Gilens, M. (1999). *Why Americans Hate Welfare*. University of Chicago.

Gottschalk, M. (2000). *The Shadow of Welfare State: Labor, Business, and the Politics of Health Care in the United States*. Cornell University Press.

Hacker, J. S. (2002). *The Divided Welfare State: The Battle over Public and Private Social Benefits in the United States*. Cambridge.

_____ (2004). Privatizing risk without privatizing the welfare state: The hidden politics of social policy retrenchment in the United States. *American Political Science Review*, *98*(2), 243~260.

_____ (2006). *The Great Risk Shift*. Oxford.

Hofstadter, R. (1955). *The Age of Reform*. Vintage.

_____ (1973). *The Idea of a Party System: The Rise of Legitimate Opposition in the United States, 1780-1840* (Jefferson Memorial Lecture Series). University of California Press.

Howard, C. (1997). *The Hidden Welfare State: Tax Expenditures and Social Policy in the United States*. Princeton University Press.

_____ (2002). Happy returns, how the working poor got tax relief, *American Prospect*, 1-6.

_____ (2007). *The Welfare State Nobody Knows: Debunking Myths About U.S. Social*

*Policy.* Princeton University Press.

Katz, L. F., & Goldin, C. (1996). Technology, skill, and the wage structure: Insights from the past. *American Economic Review*, 86(2), 252~257.

Katz, L. F. & Revenga, A. L. (1989). Changes in the structure of wages: The United States vs Japan. *Journal of the Japanese and International Economies*, 3(4), 522~553.

Katz, M. B. (2001). *The Price of Citizenship: Redefining the American Welfare State.* Owl Books.

King, A. (1973). Ideas, institutions and the policies of governments: Part III. *British Journal of Political Science*, 3, 409~423.

Leman, C. (1977). Patterns of policy development: Social security in the United States and Canada. *Public Policy*, 25(2), 261~291.

Lieberman, R. C. (1998). *Shifting the Color Line: Race and the American Welfare State.* Harvard University Press.

Lindert, P. (1996). What limits social spending?, *Explorations in Economic History*, 33(1), 1~34.

Lipset, S. M. (1996). *American Exceptionalism: A Double Edged Sword.* Republica Books.

Lipset. S. M., & Marks, G. W. (1999). *It Didn't Happen Here: Why Socialism Failed in the United States.* W. W. Norton & Company.

Lubove, R. (1986). *The Struggle for Social Security, 1900-1935.* University of Pittsburgh Press.

Machin, S. (2008). The new economics of education: methods, evidence and policy. *Journal of Population Economics*, 21(1).

Marmor, T. R. (1970). *The Politics of Medicare.* Aldine Transaction.

Marmor, T. R., Harvey, P. L., & Mashaw, J. L. (1999). *America's Misunderstood Welfare State: Persistent Myths, Enduring Realities.* Basic Books.

Mares, I. (1996). Firms and the welfare state: The emergence of new forms of unemployment. WZB discussion paper, FSI96-308.

Mayhew, D. R. (2005). *Divided We Govern: Party Control, Lawmaking, and Investigations, 1946~2002.* Yale.

Moffitt, R. A. (2002). The temporary assistance for needy families program. NBER Working Paper, 8749.

_____(2006). Welfare work requirements with paternalistic government preferences. NBER Working Paper 12366.

Murray, C. (1984). *Losing Ground: American Social Policy*, 1950~1980. Basic Books.

Myles, J. (1988). Postwar capitalism and the extension of social security in a retirement wage. In M. Weir, A. S. Orloff, & T. Skocpol (Eds.), *The Politics of Social Policy in the United States*, 265~292, Princeton.

Noble, C. (1997). *Welfare as We Know It: A Political History of the American Welfare State*. Oxford.

O'Conner, A. (2001). *Poverty Knowledge: Social Science, Social Policy, and the Poor in Twentieth-Century U. S. History*. Princeton.

Orloff, A. S. (1993). *The Politics of Pensions: A Comparative Analysis of Britain, Canada and the United States*, 1880~1940. University of Wisconsin Press.

Patterson, J. T. (1986). *America's Struggle Against Poverty*. Harvard.

Piven, F. F., & Cloward, R. A. (1993). *Regulating the Poor: The Functions of Public Welfare*. Vintage.

Pierson, P. (1994). *Dismantling the Welfare State?: Thatcher, Reagan and the Politics of Retrenchment*. Cambridge.

_____(1996). The new politics of the welfare state. *World Politics, 48*(2), 143~179.

_____(2000). Three worlds of welfare state research. *Comparative Political Studies, 33*(6/7), 791~821.

_____(Ed.) (2001). *The New Politics of the Welfare State*. Oxford.

Quadagno, J. (1988). *The Transformation of Old Age Security: Class and Politics in the American Welfare State*. University of Chicago.

_____(1996). *The Color of Welfare: How Racism Undermined the War on Poverty*. Oxford University Press.

_____(1999). Creating the capital investment welfare state: The new American exceptionalism. *American Sociological Review, 64*(1), 1~11.

_____(2005). *One Nation Uninsured: Why the U. S. Has No National Health Insurance*. Oxford University Press.

Quadagno, J., & Street, D. (2005). Ideology and public policy: Anti-statism in American welfare state transformation. *Journal of Policy History, 17*(1), 52~71.

Rein, M. (1982). The social policy of the firm. *Policy Sciences, 14*, 117~135.

_____(1996). Is America exceptional?: The role of occupational welfare in the United States and the European Community. In M. Shalev (Ed.), *The Privatization of Social Policy*, 27~43, Macmillan.

Rein, M., & Rainwater, L. (1986). The institutions of social protection. In M. Rein, & L. Rainwater (Eds.), *Public/Private Interplay in Social Protection: A Comparative Study*, 25~56, M. E. Sharpe.

Rein, M., & Turner, J. (1999). Work, family, state and market: Income packaging for older people. *International Social Security Review, 52* (3), 93~106.

_____(2004). How societies mix public and private spheres in their pension systems. In M. Rein & W. Schmahl (Eds.), *Rethinking the Welfare State: The Political Economy of Pension Reform*, 251~293, Edward Elgar.

Rose, R. (1989). How exceptional is the American political economy?. *Political Science Quarterly, 104* (1), 91~115.

Skocpol, T. (1988). The limits of the New Deal system and the roots of contemporary welfare dilemmas. In M. Meir, A. S. Orloff, & T. Skocpol (Eds.), *The Politics of Social Policy in the United States*, Princeton University Press.

_____(1992). *Protecting Soldiers and Mothers: The Political Origins of Social Policy in the United States*. Belknap.

_____(1995). *Social Policy In the United States: Future Possibilities in Historical Perspective*. Princeton.

_____(2000). *The Missing Middle: Working Families and the Future of American Social Policy*. New York: W. W. Norton.

Starr, P. (1982). *The Social Transformation of American Medicine*. Basic Books.

Steinmo, S. H. (1994). American exceptionalism reconsidered: Culture or institutions?. In L. C. Dodd & C. Jillson (Eds.), *The Dynamics of American Politics: Approaches & Interpretations*, 106~131, Westview.

Steinmo, S. H., & Watts, J. (1995). It's the institutions, stupid! Why comprehensive national health insurance always failed in America. *Journal of Health Policy, Politics and Law, 20* (2).

Stevens, B. (1988). Blurring the boundaries: How the federal government has influenced welfare benefits in the private sector?. In M. Weir, A. S. Orloff, & T. Skocpol (Eds.), *The Politics of Social Policy in the United States*, 123~148,

Princeton.

_____(1990). Labor unions, employee benefits, and the privatization of the American welfare state. *Journal of Policy History*, 2(3), 233~260.

Teles, S. M. (1996). *Whose Welfare? AFDC and Elite Politics*. University Press of Kansas.

Titmuss, R. M. (1974). *Social Policy: An Introduction*. Allenand Unwin.

Ventry, D. J. (2000). The collision of tax and welfare politics: The political history of the earned income tax credit, 1969~1999. *National Tax Journal*, 53, 983~1026.

Weaver, K. R. (2000). *Ending Welfare as We Know It*. Bookings Institution.

Weir, M. (1992). *Politics and Jobs*. Princeton.

Weir, M., Orloff, A. S., & Skocpol, T. (Eds.) (1988). *The Politics of Social Policy in the United States*. Princeton.

Wennemo, I. (1998). The development of family policy: A comparison of family benefits and tax reductions for families in eighteen OECD countries. In J. O'Connor & G. Olsen(Eds.), *Power Resources Theory and the Welfare State*, 70~97, University of Toronto.

02

# 사회보장제도의 기본구조

## 1. 머리말

복지국가 비교연구 문헌에서 미국의 사회보장제도는 자유주의 유형으로 분류되어 왔다. 에스핑-앤더슨(1990: 26)에 따르면 자유주의 복지체제는 시장 우선적인 복지 제공, 빈곤층에 제한되는 선별주의적인 국가의 지원을 기본적 특징으로 한다. 사회보장제도와 관련해서 자유주의 유형은 보편적인 프로그램이나 사회보험의 발전은 빈약하고, 자산조사형 급여에 대한 의존이 높은 것으로 평가된다.

한편 미국은 일반적인 자유주의 유형의 국가와도 구별되는 독특한 특성이 있다는 지적도 있다. 캐슬(2010: 641)은 이러한 미국 예외주의(*American exceptionalism*) 논의에 따라 미국과 다른 자유주의국가들 사이의 차이를 검토하였다. 낮은 공공복지지출(*public social expenditure*) 규모, 높은 불평등, 높은 사적 복지지출(*private social expenditure*) 등이 주목되었다. 최근에는 이러한 미국 예외주의를 보여 주는 대표적 특성을 분석하는 연구들이 등장하고 있다. 하워드(1997), 해커(2002), 모건과 캠벨(2011) 등으로 이어지는 이러한 흐름에서는 미국 복지체제에서 나타나는 조세 지출의 높은 비중, 기업 등 민간에서의 복지 제공 등이 본격적으로 분석되고 있다.

그러나 이러한 미국 복지체제의 특성에 대한 거시적인 관심이 전통적인 사회보장제도의 미시적 분석과 충분히 결합되어 있다고 보기는 어렵다. 미국 사회보장제도의 프로그램 수준의 분석은 빈곤 연구의 전통에 서 있는 공공부조에 대한 연구(Moffitt, 2003; 2016), 공공경제학에서의 사회보험 연구(Meyer, 1995; 2002; Currie & Gruber, 1996; Engelhardt & Gruber, 2006), 가족정책에 대한 연구(Gornick & Meyers, 2003) 등이 분산된 방식으로 진행되어 왔다. 그리고 미국 사회보장제도를 이루는 다양한 프로그램들을 하나의 틀에서 통합적으로 분석, 평가한 연구들은 찾아보기가 어렵다.

이 장에서는 미국 사회보장제도의 특성을 거시적으로 파악하려는 연구 문헌과 사회보장 개별 프로그램 수준의 분석에 초점을 둔 연구 문헌을 결합하여 미국 사회보장제도의 기본구조와 그 특성을 검토하기로 한다. 특히 사회보험과 공공부조를 중심으로 이루어지는 소득이전과 사회서비스 영역에 초점을 맞추어 미국 사회보장제도의 기본구조를 검토하고 그 특성이 어떻게 나타나고 있는지를 설명하고자 한다.

이를 위해 우선 사회보장제도에서 미국 예외주의가 어떻게 나타나는지를 기본적 통계를 통해 검토한다. 그리고 미국 사회보장제도에서 보편적 수당, 사회보험과 공공부조가 어떻게 구성되어 있는지를 살펴본다. 다음으로 사회보장제도에서 중앙정부와 지방정부의 역할 분담, 공공과 민간의 관계를 재정과 전달체계에 초점을 맞추어 검토한다. 그리고 이러한 미국 사회보장제도의 구조와 특성이 미국 사회에 미치는 영향을 불평등과 빈곤에 초점을 맞추어 분석한다. 마지막으로 맺음말에서는 미국 사회보장제도에 대해 평가하고 미국 사회보장제도의 경험이 우리나라 사회보장제도 발전에 갖는 함의를 논의한다.

## 2. 미국 사회보장제도의 특성

사회보장제도의 재분배효과는 가처분소득 대비 복지급여와 조세의 비중과 그 누진성의 정도에 의해서 결정된다. 복지급여와 조세의 비중이 크고 누진적으로 설계되어 있으면 재분배효과가 커지게 된다(OECD, 2008). 자유주의 유형의 복지국가들은 유럽 국가들에 비해 사회보장급여와 조세의 비중이 상대적으로 작지만 그 누진성이 커서 무시하지 못할 재분배 효과를 낸다. 사회보장급여 중 자산조사에 기반을 둔 급여의 비중이 크고 조세제도도 누진적인 성격이 강한 특성을 지니는 것이다. 자산조사형 급여의 중요성은 에스핑-앤더슨(1990)에 의해 지적되었지만, 이러한 급여제도에 누진적 조세제도가 결합되어 적지 않은 재분배 효과를 낸다는 점은 이후에 지적되었다(Castles, 2010: 639).

〈표 2-1〉에서 미국 등 6개의 자유주의 유형 국가들과 독일, 이탈리아, 스웨덴 등 다른 유형의 유럽 복지국가들을 대상으로 현금 복지급여와 조세의 비중과 누진성을 비교한 결과는 이 점을 보여 주고 있다. 아일랜드나 호주 등 일부 자유주의 유형 국가들의 복지제도가 복지급여 수준이 훨씬 높은 다른 유럽 복지국가들에 비해 떨어지지 않는 재분배 효과를 낸다. 이들 자유주의 국가에서 문제점은 복지제도의 재분배 효과성에 있기보다는 시장소득불평등이 크다는 점에 있다는 지적이 나오는 이유이다. 그러나 미국의 경우는 시장소득의 불평등이 매우 크다는 점과 함께, 다른 자유주의국가들에 비해서 급여의 수준과 누진성이 모두 떨어져서 재분배 효과가 낮아지는 예외주의적 특성이 확인된다. 단, 조세제도의 경우에는 그 비중이 작지 않고 EITC의 확대로 인해 가장 누진적인 성격을 보인다(OECD, 2008; Castles, 2010: 640).

이렇게 미국의 예외주의적 특성은 공적인 복지지출과 조세의 비교에서도 드러나지만, 사적 복지지출에서는 더욱 뚜렷하게 나타난다. 〈표 2-2〉에서

## 〈표 2-1〉 공적 현금급여와 조세의 가처분소득 대비 비중과 누진성 국제비교(2000년대 중반)

| 국가 | 현금급여 | | 조세 | |
|------|------|------|------|------|
| | 비중 | 누진성[1] | 비중 | 누진성[1] |
| 호주 | 14.3 | -0.400 | 23.4 | 0.533 |
| 캐나다 | 13.6 | -0.152 | 25.8 | 0.492 |
| 아일랜드 | 17.7 | -0.214 | 19.4 | 0.570 |
| 뉴질랜드 | 13.0 | -0.345 | 29.0 | 0.498 |
| 영국 | 14.5 | -0.275 | 24.1 | 0.533 |
| 미국 | 9.4 | -0.089 | 25.6 | 0.586 |
| 독일 | 28.2 | 0.013 | 35.5 | 0.468 |
| 이탈리아 | 29.2 | 0.135 | 30.2 | 0.546 |
| 스웨덴 | 32.7 | -0.145 | 43.2 | 0.337 |
| 영어권 평균 | 13.7 | -0.248 | 24.6 | 0.535 |
| OECD-24 평균[2] | 21.9 | -0.099 | 29.3 | 0.428 |

주: 1) 누진성은 저소득층에 상대적으로 높은 혜택을 주는 정도를 보여 주는 것으로 그 값이 클수록 현금급여는 음의 점수를 갖고 조세는 양의 점수를 갖도록 계산된 집중계수. 집중계수는 지니계수와 동일하게 계산되어 모든 소득집단이 동일한 비중의 급여를 받거나 동일한 비중의 조세를 내면 0의 값을 가짐.
2) OECD, 2008: 표 4.2와 표 4.3에서 제시된 OECD 회원국 중 24개국의 평균값.
자료: OECD, 2008; Castles, 2010: 639.

## 〈표 2-2〉 GDP 대비 비중으로 본 사적 복지지출의 구성과 비중(2005년)

| 국가 | 사적 지출 | 공적 지출 | 사회지출 | 총 사회지출 중 사적 지출 비중 |
|------|------|------|------|------|
| 호주 | 3.7 | 17.1 | 20.8 | 17.6 |
| 캐나다 | 5.5 | 16.5 | 22.0 | 25.1 |
| 아일랜드 | 1.3 | 16.7 | 18.0 | 7.4 |
| 뉴질랜드 | 0.4 | 18.5 | 18.9 | 2.2 |
| 영국 | 7.1 | 21.3 | 28.4 | 25.1 |
| 미국 | 10.1 | 15.9 | 26.0 | 38.9 |
| 독일 | 3.0 | 26.7 | 29.7 | 10.1 |
| 이탈리아 | 2.1 | 25.0 | 27.1 | 7.6 |
| 스웨덴 | 2.8 | 29.4 | 32.2 | 8.7 |
| 영어권 평균 | 4.7 | 17.7 | 22.4 | 19.4 |
| OECD 평균 | 2.9 | 20.6 | 23.5 | 11.8 |

자료: Adema & Ladaique, 2009: 표 4.2를 토대로 재구성.

는 미국과 자유주의 유형 국가, 다른 유럽 복지국가들을 대상으로 사적 복지지출의 비중과 구성을 비교하고 있다. 예상대로 자유주의 유형 국가들은 유럽 복지국가들보다 공적 복지지출에서 낮은 수준이어서, 사적 복지지출에서는 다소 높은 수준을 보이나 총 사회지출에서 낮은 경향을 보인다. 그런데 미국은 공적 복지지출에서 유럽은 물론 자유주의 유형 국가들 중에서도 가장 낮은 수준을 보이나 사적 복지지출이 10.1%의 극히 높은 수준이어서 총 사회지출 면에서는 자유주의 국가들을 넘어서고 유럽 복지국가들과 비견할 만한 수준을 보인다.

이러한 통계치들은 미국 사회보장제도의 예외주의적 성격을 시사하는데, 이에 주목한 일련의 연구들이 등장하였다. 이들 연구는 조세지출, 민간복지, 공공재원 복지프로그램 제공주체로서 민간제공자 역할의 증대에 초점을 맞추어 미국 사회보장제도가 복지 제공에서 국가가 직접 주체로 나서기보다는 민간의 행위자들에 의존하는 성격이 강하다는 점을 강조한다(Prasad, 2016).

하워드(1997)는 조세지출(*tax expenditure*)을 본격적인 연구의 주제로 다루어 조세지출이 미국 복지제도에서 하는 중심적인 역할을 보고하였다. 조세지출의 대표적인 예는 기업에서 근로자에게 제공하는 민간의료보험이나 기업연금에 대한 조세혜택을 들 수 있고, 1990년대 이후 본격적으로 확대된 저소득 근로자 대상의 지원제도인 근로장려세제 제도를 들 수 있다. 조세지출의 규모는 통상적인 복지지출 규모의 절반 수준에 달해 넓은 의미에서 보면 미국의 공공복지지출의 규모가 작지 않다는 점을 보여 준다(p. 17). 그러나 조세지출은 상위소득계층에 혜택을 편중시키는 경향이 있어 역진적인 재분배 성격을 가짐을 시사하였다(p. 31).

해커(2002)는 미국 복지국가의 두드러진 특성으로 '사적 복지국가'(*private welfare state*)의 존재를 내세워 연금과 의료보험의 영역을 대상으로 분석하였다. 특히 민간의료보험의 조기 정착이 미국에서 공적 의료보험의 도입을 어렵게 한 주요 요인이 되었음을 주장하였다(p. 277~278). 한편, 모건과 캠벨 (2011: 4)은 살라몬(1989)의 논의를 이어받아 복지서비스 전달에서 민간의 비영리와 영리조직들이 중심적 역할을 하는 점이 미국 복지국가의 주요한 특징임을 강조하였다.

이상의 논의들은 미국 사회보장제도의 특성을 이해하는 데 매우 중요한 발견들을 제공하고 있다. 하지만 이들 연구는 대체로 여전히 공적인 영역에서 이루어지는 소득이전과 사회서비스 제도들에 대해서는 구체적인 분석을 하고 있지 않다는 한계를 가지고 있다. 기존 연구에서는 전통적인 사회보장 영역을 이루는 미국의 소득이전과 사회서비스 제도들이 프로그램 수준에서 결합하여 작동하고 있는 양상과 구조를 분석하고 이를 통해 미국 사회보장제도의 특성을 밝히려는 노력이 부족하였다.


## 3. 사회보장제도의 구성

대다수 선진산업국가와 달리 미국 사회보장제도에는 보편적 수당제도가 실시되고 있지 않다. 가령 대다수 선진국가들이 실시하고 있는 아동수당제도가 미국에는 존재하지 않는다. 아동수당제도에 근접하는 제도로 아동세액공제(child tax credit) 제도가 1998년부터 실시되고 있다. 저소득층에 대해서는 상환형으로(refundable) 급여를 제공하지만 아직 전액이 아닌 일부에 대해서만 적용이 되고 있고 급여의 수준도 낮은 편이다. 사회서비스의 경우에도 보편적인 프로그램은 찾아보기가 어렵다. 아동보육(child care)에 대한 지원제도로는 중산층에 대해서는 세액공제제도가 있고 저소득층에 대해서는 아동보육보조금이나 헤드스타트(Head Start) 서비스가 지원되고 있다. 그러나 이들은 권리성(entitlement) 프로그램이 아니어서 대상자가 적다. 그 결과 아동보육서비스가 대부분 시장에서 공급되고 있다. 대다수 선진국가에서 아동 출산 후에 제공하는 유급휴가(*paid leave*) 제도 또한 미국에서는 실시되지 않고 있다(Waldfogel, 2009). 보편적인 급여제도의 부재라는 이러한 미국 사회보장제도의 특성은 가족정책(*family policy*)에 대한 소극적인 태도와 관련된 것으로 보인다. 이러한 특성으로 인해 사회보장과 관련된 많은 영역에서 시장에 대한 의존도가 크고 국가의 개입정도가 상대적으로 작다.

미국에서 사회보장에 대한 국가 개입은 대부분 사회보험이나 자산조사형 프로그램(자산조사형 현금급여 혹은 자산조사형 현물급여)의 형태를 띠고 이루어진다. 사회보험 프로그램으로는 노령연금(Social Security Old Age and Survivors Insurance), 메디케어(Medicare), 실업보험(Unemployment Insurance), 장애연금(Social Security Disability Insurance), 산업재해 보상보험(Workers' Compensation)이 존재한다. 자산조사형 현금급여로는 근로장려세제(Earned Income Tax Credit), 보충소득보장(Supplemental Security Income), 빈곤가족한시지원(Temporary Assistance for Needy Families) 프로그램 등이 실시되고 있다. 자산조사형 현물급여로는 메디케이드(Medicaid)와 보충영양지원제도(Supplemental Nutrition Assistance Program, 과거 Food Stamp), 주거지원(*housing assistance*), 헤드스타드(Head Start) 프로그램, 모자보충영양프로그램(Supplemental Nutrition Program for Women, Infants, and Children), 학교급식 프로그램(*school food program*) 등을 들 수 있다.

미국의 사회보장제도들을 지출규모 순서로 보면 다음과 같다. 노령연금(OASI), 메디케어, 메디케이드와 아동건강보험(CHIP), 실업보험(UI), 장애연금(DI), 보충영양지원제도(SNAP), 근로장려세제(EITC), 보충소득보장(SSI), 주거지원, 빈곤가족한시지원(TANF) 프로그램, 산업재해 보상보험(WC) 등이다(Denk et al., 2013). 이들 프로그램을 살펴보면 미국 사회보장제도의 몇 가지 특징을 발견할 수 있다.

미국 사회보장제도의 우선 눈에 띄는 특징은 사회보험 프로그램이 소득 이전 프로그램에서 주요한 지위를 차지하고 있지만 국제적인 기준에서는 상대적으로 저발달되어 있다는 점이다. 물론 노령연금, 메디케어, 실업보험, 장애연금 등의 주요 사회보험 프로그램들은 지출규모에서 소득이전 프로그램의 상위를 차지하고 있다. 이러한 양상은 OECD 회원국들의 현금 사회보장급여의 규모와 구성을 비교하는 〈그림 2-1〉을 통해서 확인할 수 있다. 〈그림 2-1〉에서 미국은 노령연금과 장애연금의 비중이 매우 높고 여기에 실업급여를 더하면 현금급여의 대부분이 포괄된다는 것을 알 수 있다. 다른 OECD 회원국들에서 상당 비중을 차지하는 가족지원 급여가 미미하다는 특징을 보인다. 미국은 GDP의 약 9%를 현금급여로 지출하여 현금급여의 규모가 OECD 평균인 12%보다 크게 낮은 수준이다. 여기에는 노령연금, 장애연금, 실업급여 등 사회보험지출이 OECD 평균치에 미치지 못한 점 또한 요인으로 작용한다.

이들 제도를 구체적으로 보면, 노령연금과 장애연금으로 이루어진 공적 연금 급여는 근로자 중 95% 이상이 가입한 대표적인 사회보험 프로그램으로서 일정한 최저 요건을 충족하면 모든 기여자에게 보편적으로 급여를 제공한다. 공적 연금은 연방정부 프로그램으로서 수급자격과 급여 수준은 의회에서 정해진다(Ben-Shalom, Moffitt, & Scholz, 2012).

노령연금 급여는 은퇴근로자와 그 유가족(배우자와 18세 미만의 미성년 자녀)에게 제공된다. 완전은퇴급여에 대해서는 40분기(120개월)에 해당하는 최저기여 기간을 충족하고 65세(2027년부터 67세)에 이르면 수급자격을 갖는다. 급여는 35년의 최고소득 기간의 평균 근로소득의 일정 비율로 계산된다. 총대체율은 누진적이어서 소득이 높을수록 급여 비율은 낮아진다. 부과식(pay-as-you-go basis)으로 운영되어 고용주와 피용자로부터 급여의 6.2%에 해당하는 기여금으로 충당된 재원으로 연금급여가 지급된다. 장애연금은 12개월 이상 취업이 어려운 65세 미만 장애인에게 연금급여를 제공한다.

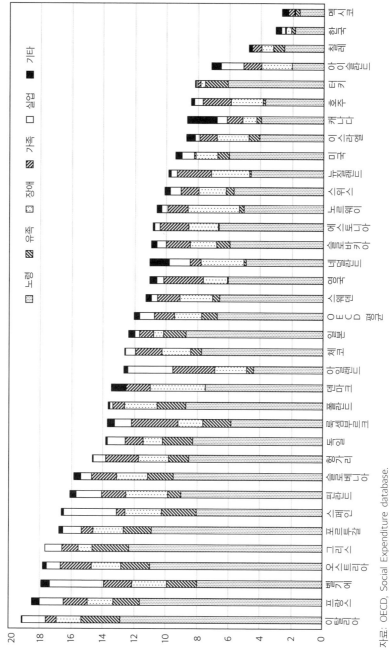

〈그림 2-1〉 현금급여 프로그램의 규모와 구성(2009년)

범례: 노령 · 유족 · 장애 · 가족 · 실업 · 기타

자료: OECD, Social Expenditure database.

최근 10년간 최소 5년의 기여 요건을 갖추면 수급자격을 갖게 된다. 노령연금 급여와 유사하게 최장 35년에 이르는 전체 기여 기간의 평균근로소득에 기초하여 누진적인 방식으로 급여가 결정된다(Denk et al., 2013).

미국의 공적 의료보험으로는 메디케어가 존재한다. 메디케어는 65세 이상의 노인이나 장애연금 수급자에게 건강보호서비스 비용을 지원한다. 급여가 지급되는 대상에는 입원비와 처방약, 진료비가 포함된다. 근로소득에 대한 급여세(*payroll tax*)를 재원으로 운영된다. 메디케어 또한 연방정부 프로그램으로서 의회가 수급자격과 급여를 정한다(Ben-Shalom, Moffitt, & Scholz, 2012). 2010년 통과된 〈적정의료법〉(Affordable Care Act)은 빈곤선의 4배까지의 소득을 가진 가족에 대해 의료보험 구매를 위한 보조금을 제공하도록 규정하고 있다.

공적 연금과 메디케어와는 달리 실업보험은 주정부가 운영한다. 주정부가 수급자격과 급여 수준을 정한다. 재원 또한 고용주에 대한 주세(*state tax*)를 통해 마련된다(Ben-Shalom, Moffitt, & Scholz, 2012). 최근 5분기(15개월) 중 첫 4분기를 보험 적용 사업장에서 취업상태를 유지하고 비자발적으로 일자리를 떠난 경우에 수급자격을 얻게 된다. 최장 26주까지 급여가 지급되며 적극적인 구직활동 요건을 지켜야 한다(Denk et al., 2013).[1]

〈표 2-3〉에서 알 수 있듯이 이들 4개의 사회보험 프로그램은 전체 사회복지지출의 72%를 차지한다. 그러나 이들 사회보험은 국제적인 기준에서 보면 미흡한 점이 많다. 미국에서 가장 잘 발전한 사회보험으로 꼽히는 것은 공적 연금이다. 실제로 미국의 공적 연금은 누진적인 방식으로 소득이전을 행하는 중요한 역할을 한다. 연금의 수익률이 고소득층에 비해 저소

---

1) 이 밖의 사회보험으로 산재보상보험(Workers' Compensation: WC)이 있다. 산재보험은 고용주가 기여금을 부담하는 보험으로서 주정부가 운영한다. 고용 관련 사고로 재해를 당한 근로자에게 일시적으로 현금급여와 의료급여를 제공한다. 고용 관련 재해로 사망한 근로자는 가족에게 유족급여를 제공한다(Ben-Shalom, Moffitt, & Scholz, 2012).

<표 2-3> 사회보장 프로그램의 연방정부 지출과 수급자 규모

(단위: 백만 명, 1억 달러)

| 프로그램 | | 대상 | 수급자 규모 | 연방정부 지출 | 관리, 운영 |
|---|---|---|---|---|---|
| 사회보험 | 메디케어 | 노인/장애인 | 47.5 | 5,228 | 연방정부 |
| | 노령연금 | 노인/유족 | 43.8 | 5,849 | 연방정부 |
| | 실업보험 | 실업자 | 10.4 | 1,583 | 주정부 |
| | 장애연금 | 장애인 | 10.4 | 1,277 | 연방정부 |
| 자산조사형 | 메디케이드/아동건강보험 | 저소득한부모 | 58.3 | 2,819 | 연방-주정부 |
| | 보충영양지원제도 | 저소득층 | 40.3 | 683 | 연방정부 |
| | 근로장려세제 | 근로저소득층 | 26.8 | 595 | 연방정부 |
| | 보충소득보장 | 노인, 장애인, 시각장애인 | 7.9 | 478 | 연방정부 |
| | 주거지원 | 저소득층 | 4.7 | 379 | 지방정부 |
| | 빈곤가족한시지원 | 빈곤한부모가족 | 4.4 | 181 | 주정부 |

자료: Denk, O. et al., 2013을 토대로 구성.


득층에게 높게 적용되고 일정 소득 이상의 개인에 대해서는 연금급여에 대해 세금이 부과되기 때문이다. 미국의 공적 연금의 누진성은 OECD 평균을 약간 넘는 수준이다(Denk et al., 2013: 43). 그러나 미국의 공적 연금은 빈곤 완화에 초점을 둔 저급여형의 성격을 지녀 국제적인 기준에서 급여 수준이 낮다. 다른 사회보험의 경우에도 국제적인 기준에서 볼 때 발전 수준이 더욱 미흡하다(Bonoli & Shinkawa, 2005). 또 공공의료보험은 전 국민을 포괄하지 못하고 노인만을 대상으로 하고 있다. 실업보험의 경우에는 주정부가 운영의 책임을 지고 있으며 급여가 매우 엄격하게 지급된다.

<표 2-3>이 보여 주듯이 이들 4개의 사회보험 프로그램 이외의 주요 프로그램들은 모두 자산조사형 프로그램이다. 메디케이드는 저소득 저(유동)자산의 개인과 가족에 대해 의료지원을 제공한다. 연방정부와 주정부가 공동으로 운영하는 프로그램으로서 연방정부가 비용을 분담하고 필수적으로 제공할 서비스를 규정한다. 주정부는 연방정부의 지침 안에서 서비스의 범위와 본인부담분을 정하여 프로그램을 운영한다(Ben-Shalom, Moffitt, &

Scholz, 2012). 저소득 편모와 아동이 가장 큰 수급집단이고 최근의 개혁입법 ACA로 인해 빈곤선의 138% 이하의 가족까지 대상에 포함하게 되었다. 보충영양지원제도(SNAP)는 저소득 개인과 가족에게 식품 지원을 행한다. 보충영양지원제도는 연방정부의 프로그램으로서 연방정부가 재원을 충당하고 수급자격과 급여액도 연방정부가 결정한다. 혼인 상태나 아동 부양 여부와 상관없이 모든 저소득 개인과 가족에게 수급자격이 인정된다. 빈곤선의 130% 이하의 저소득층이 수급자격을 가지며 2008년부터는 재산조사(*asset test*)가 주정부의 선택조항으로 바뀌었다(Denk et al., 2013).

EITC는 저소득층을 대상으로 하여 상환형의 세액공제 형태로 제공되는 임금보조제도이다. 일정 기준액까지 근로소득에 비례하여 세액공제액이 증가하고 일정 기준액 이후로는 공제액이 점차 감소하여 0에 이르도록 되어 있다. 3명까지의 부양자녀 수에 따라 급여가 증가한다. 보충소득보장제도(SSI)는 저소득이면서 저(유동) 재산의 노인과 시각장애인, 장애인을 대상으로 현금급여를 제공한다. 연방정부가 수급자격과 급여 수준을 정하고 수급자는 메디케이드의 수급자격을 자동으로 얻게 된다. 빈곤가족한시지원제도(TANF)는 1996년 부양아동가족지원제도(AFDC)를 대체하여 도입된 프로그램이다. 연방정부의 포괄보조금(*block grant*)을 지원받아 주정부가 운영한다. 주정부가 별도의 재원을 제공하지 않는 한 급여는 수급자 평생 중 5년을 넘어 지급될 수 없다. 대부분의 급여가 한부모가족에게 지급되며 일정 시간의 근로나 구직 노력, 훈련 프로그램 참여를 조건으로 급여가 지급된다. 주거지원 프로그램은 전적으로 지방정부가 운영하는 프로그램이다. 공공주택의 공급이 줄어들면서 대부분의 지원이 바우처를 통한 주거보조의 형태로 이루어지게 되었다(Denk et al., 2013).

이들 자산조사형 프로그램들에서도 몇 가지 특징이 발견된다. 우선, 미국의 자산조사형 프로그램에서는 그 파편화된 성격이 두드러진다. 미국의 공공부조에는 파편화된 수많은 프로그램이 있어, 연방정부 차원의 프로그램만 보아도 82개의 주요 프로그램이 존재한다(Haskins, 2012). 이러한 파편화된 성격은 모든 빈곤층을 대상으로 하는 일반적(*general*) 공공부조는 보충영양지원제도(SNAP) 하나밖에 없고 그 외 모든 프로그램이 빈곤층 중 특정집단을 대상으로 하는 범주적(*categorical*) 공공부조라는 점으로 일부 설명된다. 그리고 미국의 자산조사형 프로그램은 전통적인 현금급여의 비중이 낮고 현물급여와 조세형태의 급여 비중이 크다는 점도 파편성을 증가시키는 요인으로 작용한다. 의료부조와 SNAP 등 현물급여가 자산조사형 프로그램 전체 지출의 4분의 3 이상을 차지하고 있다. 이러한 미국의 파편화된 공공부조제도는 영국에서 주거급여, 근로소득 세액공제, 아동세액공제, 실업급여, 기타 공공부조 등을 하나로 통합하여 등장한 유니버설 크레디트(Universal Credit)와 비교된다. 이러한 미국의 파편화된 공공부조제도의 특성은 수급자의 선택을 지나치게 제한하고 행정 비용이 크다는 단점을 가진다(Denk et al., 2013: 20).

다음으로 미국의 자산조사형 프로그램은 노인과 장애인을 중심적으로 지원하고 극빈층을 배제하는 경향이 있다(Ben-Shalom et al., 2012). 저소득층보다는 특정한 인구학적 집단에 초점을 두고 있어 극빈층은 지원의 우선순위에서 밀려나는 경향이 있다. SSI가 TANF의 2.5배 이상을 지출하는 것에서 알 수 있듯이, 전통적인 형태의 자산조사형 현금지원 프로그램은 주로 빈곤한 노인과 장애인을 대상으로 제한적으로 주어지는 경향이 있다.

미국 자산조사 프로그램에서 근로능력이 있는 실직자들을 배제하는 경향은 1996년 복지개혁을 거치며 한층 강화되었다. AFDC를 대체하고 등장한 TANF는 공공부조 수급기간을 5년으로 제한하고 강력하게 근로의무를 부과함으로써 수급자들의 취업을 촉진한 반면, 취업하지 못하는 수급집단에 대한 지원은 엄격하게 제한하는 효과를 미쳤다. 복지개혁과 함께 역할이 확장된 EITC의 경우에도 근로가능 인구에 대해서는 상당 수준의 소득이전을 하지만, 근로하지 않는 빈곤층은 그 혜택에서 제외하고 있다.

## 4. 사회보장의 재정과 전달체계

사회보험의 영역에서는 기여금에 의존하여 재원을 조달하고 운영관리에서 국가의 역할이 크다는 점에서 미국은 대다수 선진국가들과 공통점을 지닌다. 그러나 일부 사회보험에서 주정부가 운영의 책임을 맡는 등 분권화가 강한 경향을 보이기도 한다.[2] 한편 사회보험 이외의 사회보장 영역에서의 재원과 전달체계에서는 미국적 특성이 더욱 강하게 나타난다. 앞에서 언급했듯이 시장에 대한 의존성이 크고 국가의 개입은 자산조사형 프로그램의 성격을 띨 뿐만 아니라, 국가의 개입형태에서 연방정부와 지방정부의 책임분담, 정부 기능의 민간과의 공유 등의 특성이 강하다. 이 절에서는 이와 관련된 몇 가지 특성을 검토한다.

### 1) 연방정부의 역할

연방정부는 주로 보건복지부(Department of Health and Human Services)와 사회보장청(Social Security Administration)을 통해 사회보험의 관리·운영과 공공부조의 운영에 관여한다. 연방정부 산하의 독립기관인 사회보장청은 노령연금과 장애연금, 메디케어 등의 사회보험과 SSI의 관리·운영을 책임지고 있다. 실업보험과 산재보험은 주정부가 관리, 운영 책임을 맡고 있다. 실업보험의 경우에는 연방정부는 주정부가 충족해야 할 최소한의 자율적 운영기준만을 제공한다. 산재보험은 주 단위의 법률에 의거하여 운영된다. 연방정부의 재무부(Treasury Department)와 국세청(Internal Revenue

---

2) 조합주의적 성격이 강한 유럽대륙의 사회보험과 달리 국가가 직접 운영·관리한다는 점에서 차이를 볼 수 있고, 중앙정부에 의한 전국적인 통일성이 강한 북구국가들과는 달리 일부는 연방정부(공적 연금, 메디케어)가 그리고 일부는 주정부(실업보험, 산재보험)가 운영·관리한다는 점에서 차이를 볼 수 있다.

Service)도 사회보험의 운영을 보조한다. 국세청은 보험료의 징수 및 대상 사업장의 관리를 맡고, 재무부는 기금의 관리를 맡는다(김태현, 2012).

연방정부의 보건복지부는 TANF와 메디케이드 등 공공부조 제도들을 관할한다. 이 제도들의 직접적인 운영과 정책 집행은 주정부와 지방정부가 담당하고 연방정부는 재정 지원과 운영 지침을 제공한다(김태현, 2012). 이 밖에 연방정부의 국세청은 EITC, 아동세액공제(*child tax credit*) 등의 세액공제제도를 운영하고 있다.

## 2) 정부 간 역할분담

미국 사회보장제도는 연방, 주, 지방의 세 수준의 정부들을 통해서 운영된다. 세 수준의 정부가 모두 사회 프로그램의 신설과 운영, 재원 조달에 관여한다. 교육과 같은 일부 영역에서는 주정부와 지방정부가 비용을 자신의 재원으로 조달하나, 많은 사회 프로그램에서 연방정부는 가이드라인 제공과 재정지원을 하고 주정부와 지방정부가 집행 역할을 맡는다(Haskins, 2012: 12).

미국에서 연방정부가 주와 지방정부에게 제공하는 재정지원은 주로 보조금(*grants-in-aid*) 제도를 통해 이루어진다. 미국에서 보조금 지원은 19세기 중반부터 시작되는 오랜 역사를 가졌지만, 1960년대와 1970년대에 걸쳐 연방정부는 직접적인 서비스 제공방식에서 주와 지방정부를 통한 간접적인 운영으로 큰 정책변화를 이루었다. 그리고 이에 따라 연방정부의 보조금은 크게 확장되었다. 연방정부가 지방정부의 보조금 사용에 대해 행사하는 통제는 쟁점으로 남아 있지만, 보조금 제도는 그 특성상 연방정부의 권한을 줄이고 하위정부에 상당한 정도의 재량을 허용하는 성격을 가졌다(Beam & Conlan, 2002: 342).

연방정부의 보조금은 연방정부 지출의 17%, 주와 지방정부 지출의 25%를 차지할 만큼 큰 비중을 차지한다. 건강, 소득보장, 교육 및 훈련과 고용,

<표 2-4> 연방정부 보조금 규모에 따른 상위 10개 프로그램(2014년)

(단위: 10억 달러, %)

| 순위 | 프로그램명 | 지출 | 비중 |
|---|---|---|---|
| 1 | 메디케이드(Medicaid) | 329 | 59.9 |
| 2 | 연방보조 고속도로(Federal-Aid Highways) | 40 | 7.2 |
| 3 | Section 8 주거바우처(Section 8 Housing Vouchers) | 19 | 3.5 |
| 4 | 빈곤가족한시지원(TANF) | 17 | 3.0 |
| 5 | 저성취학생지원(Title I - Grants to Local Education Agencies) | 14 | 2.6 |
| 6 | 특수교육지원(Special Education Grants to States) | 11.4 | 2.1 |
| 7 | 학교급식 프로그램(National School Lunch Program) | 11.2 | 2.1 |
| 8 | 대중교통 공식보조금(Transit Formula Grants) | 11.1 | 2.0 |
| 9 | 아동건강보험(Children's Health Insurance Program) | 10 | 1.8 |
| 10 | 헤드스타트(Head Start) | 9 | 1.6 |

자료: Office of Management and Budget, 2015.

사회서비스, 교통 등의 영역이 보조금이 가장 많이 쓰이는 분야이다. 〈표 2-4〉는 보조금 규모에 따라 상위순위를 차지하는 10개의 프로그램들을 보여 준다. 연방보조 고속도로 프로그램과 대중교통 공식보조금을 제외하면 대다수가 사회보장과 밀접한 관련을 갖는 프로그램들이다. 전체 보조금 프로그램 중 메디케이드가 단연 가장 큰 보조금이 주어지는 프로그램이다. 메디케이드 보조금의 액수는 전체 보조금의 약 60%를 차지한다. 그다음으로 규모가 큰 사회보장프로그램으로는 Section 8 주거바우처제도, TANF, 학교급식 프로그램, 아동건강보험, 헤드스타트 등이 있다(Beam & Conlan, 2002: 346~348).

미국에서 1980년대 이후에는 개인에게 지불하는 보조금이 증대하고, 유연한 방식의 재정지원이 줄고, 보조금 관련 규제가 증대하는 등의 새로운 경향들이 나타난다. 메디케이드, 공공부조급여, 아동영양지원, 주거지원 등 개인 대상 급여를 지원하는 보조금은 늘고, 인프라시설과 같은 물적 자본 투자를 지원하는 등 다른 용도의 보조금 비중은 줄었다. 1995년 이후에는 이들 개인급여용 보조금이 전체의 3분의 2를 차지하게 되었다. 이러한 변화는 메디케이드와 같은 권리성 프로그램(entitlements)에서 수급자격에 해당하는 대상자가 늘어남에 따라 보조금이 증가한 결과이다. 상한 없는 (open-ended) 대응보조금(matching grant)을 지원하는 권리성 프로그램인 AFDC 제도를 상한을 둔 포괄보조금(capped block grant) 형식의 TANF로 변화시킨 것은 이러한 연방보조금의 자동적 증가를 억제하려는 의도가 반영된 것으로 보인다(Beam & Conlan, 2002: 349~350).

1980년대 이후 또 하나의 경향은 포괄보조금과 같은 넓은 용도의 유연성 있는 보조금의 비중이 줄고 협소한 용도의 특정보조금(categorical aid)의 비중이 증가한 것이다. 1996년 TANF라는 가장 큰 단일의 포괄보조금이 도입되기는 했지만 이러한 추세에 변화가 있는 것은 아니다. TANF가 일부 주정부의 재량을 허용하기는 했지만, 연방정부의 요구조건이 매우 엄격하여 포괄보조금의 정의에 맞지 않는다는 지적도 고려할 필요가 있다. 이러한 변화는 연방정부의 주와 지방정부에 대한 규제가 점점 증가한 추세와 맞물려서 이해될 수 있다. 연방정부 보조금 전반에 적용되는 의무조항들(crosscutting requirements)과 한 영역의 보조금에 대한 비순응(noncompliance)에 대해서 다른 영역의 보조금들까지 제재를 가하는 포괄제재(crossover sanctions)와 같은 두 가지 새로운 유형의 규제가 도입되어 연방정부의 규제가 강화되고 있다(Beam & Conlan, 2002: 352).

이러한 정부 간 보조금제도들은 연방정부가 단일한 기준에 따라 직접 프로그램을 운영하는 방식에 대비되는 것으로서 프로그램 운영에서 지방정부의 권한을 높이는 역할을 한다. 그러나 사회보장 영역에서는 지역 간 격차를 증대시키고 정책 집행에서의 불확실성을 높이는 부작용이 있을 수 있다. 다른 한편으로 지방적 특성이 반영되고 지방정부의 자율성이 중요한 프로그램들의 경우에는 연방정부의 권한 이양이 긍정적인 효과를 나타낼 수 있다. 그러나 최근 미국에서는 보조금에 수반되는 연방정부의 통제가 증대하고 있어 과거에 비해 지방정부의 자율성을 제약하는 경향이 강해진 것으로 보인다.

## 3) 공공과 민간의 파트너십

미국에서 정부의 활동이 직접적인 급여 제공에서 간접적인 지원으로 변화한 것은 공공과 민간의 관계에서 확인된다. 정부는 공공기관의 경계를 벗어나 민간의 영리, 비영리 기관 등 여러 가지 유형의 제3의 행위자(*third parties*)에 의존하여 공공재원의 서비스를 제공한다. 메디케어와 메디케이드, 직업훈련과 기타 공공부조 프로그램 등 제2차 세계대전 이후 도입된 주요 정책들은 공공과 민간의 파트너십(*public-private partnership*)을 통해서 관리·운영되어 왔다. 〈표 2-5〉에 따르면 1980년대 초반에 이미 공공재원의 대인서비스(*human services*) 중 40%만이 정부기관이 전달을 담당하였고 민간 영리기관과 비영리기관이 60%를 전달하는 역할을 맡았다. 주거와 지역사회 개발에서만 공공이 대부분을 담당하는 예외적인 양상을 보인다.

물론 미국에서만 공공재원의 서비스를 제3자에 의존하여 전달하는 현상이 나타난 것은 아니다. 유럽대륙 국가들에서도 종교와 관련된 민간기관들이 정부재원의 서비스 전달을 많이 담당하였다. 국가가 사회문제에 대응할 때 정부기관이 나서기 전에 민간복지기관에 우선 의존하도록 하는 독일 가톨릭의 보충성(*subsidiarity*) 원리는 그 논리적 기반이 되어 왔다. 이렇게 서유럽의 많은 나라들에서는 미국보다 비영리 부문이 크고 이들은 정부보조금을 받아 큰 재량권을 갖고 서비스 전달을 담당하였다(Salamon, 2002: 6).

미국의 대인서비스 전달에서는 정부와 비영리기관의 협력적 전통 위에서 서비스구매계약(*purchase-of-service contracting*)이 중심적 역할을 하였고 1960년대와 1970년대에 크게 증가하였다. 그 이후에 서비스구매계약은 더욱 늘었고 비영리기관만이 아니라 영리기관도 대상에 포함되었다. 특히 요양원(*nursing home care*)과 건강 관련 영역에서 서비스구매계약이 확대되어서 영리기관의 역할이 늘었다. 1996년 복지개혁 이후에는 비영리와 영리 서비스기관이 공공부조 수급자의 탈수급과 자활을 지원하는 다양한 영역

<표 2-5> 공공재원 대인서비스 전달에서의 민간과 공공의 분담

(단위: %)

| 분야 | 분담 비율 | | | 계 |
|---|---|---|---|---|
| | 비영리 | 민간영리 | 정부기관 | |
| 사회서비스 | 56 | 4 | 40 | 100 |
| 고용/훈련 | 48 | 8 | 43 | 100 |
| 주택/지역 개발 | 5 | 7 | 88 | 100 |
| 건강 | 44 | 23 | 33 | 100 |
| 문화/예술 | 51 | 0.5 미만 | 49 | 100 |
| 전체 | 42 | 19 | 39 | 100 |

자료: Salamon, 2002.

에서 서비스의 제공자 역할을 늘렸다. 사회서비스, 고용 훈련 프로그램, 지역사회 개발 등에서는 연방지출의 50% 정도가 서비스구매계약으로 지출된다는 추산도 있다. TANF도 도입 이후에는 소득지원프로그램까지도 민간의 대규모 영리기관이 담당하는 경우가 나타나게 되었다(Dehoog & Salamon, 2002: 323~324).

이러한 서비스구매계약 방식의 공공-민간 파트너십은 시장 메커니즘 활용을 통해 서비스 제공의 효율성과 효과성을 높일 수 있다는 주장을 근거로 옹호되었다. 그러나 사회서비스 영역에서는 시장기제가 실현되기 어려운 경우가 많고 민간기관은 공공기관이 갖는 규모의 경제 효과가 없고 서비스 인력의 인건비를 낮추는 등으로 서비스 질을 하락시킨다는 비판도 나타났다. 또한 서비스 이용자들의 서비스에 대한 선택권 확대 요구, 정부기관과 서비스 제공기관의 연계가 정부 지출 확대로 이어진다고 보는 보수적 비판도 서비스구매계약을 제약하는 요인으로 등장하였다.

미국에서 바우처(voucher)의 등장은 서비스구매계약 제도에 대한 이러한 비판적 흐름과 관련이 있다. 바우처는 제한된 범위의 재화와 서비스를 구매할 수 있도록 한 재정보조(subsidy)의 일종으로서 정부 프로그램의 수혜자에게 선택권을 부여한다는 취지가 강조되면서 도입이 확대되었다. 바우처는 재화와 서비스의 제공자가 아니라 이용자에게 더 많은 통제권을 부여한다는 점에서 정부 보조금(grants)이나 서비스구매계약과 다르다(Steuerle & Twombly, 2002: 446). 바우처는 Section 8 임대료 지원과 대학 학자금지원(Pell grant) 프로그램 등에서 1970년대부터 이용되었다. 1990년대 중반 복지개혁과 함께 아동보육과 고용훈련서비스에서 바우처가 전면에 등장하였고 이제 식품지원, 초중등교육과 고등교육, 주거서비스 등에서 널리 이용되고 있다. 주정부와 지방정부의 프로그램에서도 바우처 이용이 확대되고 있다(Steuerle & Twombly, 2002: 450).

바우처 도입의 근거로는 이용자의 선택권 증대가 주로 지적된다. 이용자의 선택권이 증대하면 이용자가 자신의 선호에 맞는 제공자를 선택하여 재화와 서비스의 만족도를 증대시킬 수 있고, 제공자 사이의 경쟁을 늘려 재화와 서비스의 질을 개선하고 정부재원의 비용을 절감하는 효과를 낳을 수 있다(Steuerle & Twombly, 2002: 455). 다른 한편으로 사회서비스 영역에서는 이용자가 합리적인 선택을 할 수 없는 경우가 많다는 반론이 있다. 그러나 바우처의 효과는 사용되는 영역과 환경에 따라 달라질 가능성이 있고, 따라서 바우처 일반에 대한 평가보다는 개별 바우처에 대한 구체적 평가가 더 적절하다고 볼 수 있다(Steuerle & Twombly, 2002: 462).


## 5. 사회보장제도의 재분배효과

사회보장제도의 효과는 여러 가지 기준에서 평가할 수 있겠으나 사회보장제도 전반의 효과를 평가할 때 빈번하게 이용되는 기준은 불평등과 빈곤에 미치는 영향이다. 사회보험은 실업이나 질병, 장애, 노령 등 특정한 위험(risk)이 발생했을 때 소득 유지(income maintenance)와 소비평탄화(consumption smoothing)를 가능하게 하는 프로그램이다. 이러한 점에서 사회보험은 위험이 발생하여 개인이나 가족의 욕구가 커진 시기로 자원을 재분배하는 생애주기 간 재분배 기능을 한다. 생애주기 간 재분배는 개인 (혹은 가족) 내에서의 재분배이므로 생애주기에 걸쳐서 본 개인 간 불평등에는 영향을 미치지 않는다. 하지만 생애주기 간 재분배는 생애 빈곤(*lifetime poverty*)을 줄이고, 한 시점에서 본 불평등과 빈곤을 줄이는 영향을 미친다. 또한 통상적으로 사회보험은 위험을 통합하며(*risk pooling*) 저소득층에 상대적으로 많은 혜택을 주도록 제도가 설계되는 경향이 있고, 자산조사형 프로그램들은 부유층으로부터 빈곤층으로 소득을 이전하는 성격이 있어 개인 간의 재분배 기능을 수행한다(OECD, 2008: 100~102). 이러한 측면에서 볼 때 사회보장제도의 효과를 재분배적인 측면에서 평가하는 것은 적절하다.[3]

사회보장제도는 개인 간, 개인 내 (생애주기 간) 재분배 기능이 혼합되어 있는 것으로 볼 수 있는데, 이러한 혼합의 양상은 국가마다 다르다. 따라서 각국의 사회보장제도의 재분배 효과는 국제적 비교를 통해 가장 용이하게 평가할 수 있다. 〈그림 2-2〉는 OECD 회원국을 대상으로 2000년대 후반 각국의 조세와 현금이전제도가 불평등도에 미친 영향을 보여 준다. 막대그래프의 크기가 나타내는 수치는 조세와 현금성 사회보장제도가 시장소득 지니계수의 %p를 얼마나 감소시키는지를 보여 준다. 예를 들어 아일랜드는 조세와 현금이전을 통해 시장소득 지니계수의 19%p를 감소시키는 높은 재분배효과를 보인다. 이에 비해 한국은 재분배를 통해서 시장소득 지니계수의 2%p만을 감소시키고 있음을 알 수 있다.

그림에서 알 수 있듯이 미국의 조세와 소득이전제도는 OECD 회원국 중 정부의 불평등 완화 효과가 가장 작은 경우에 속한다. 재분배를 통해서 시

---

3) 사회보장제도는 재분배효과 이외에 근로, 저축 및 자산 형성, 교육, 출산과 결혼 등의 행위에 인센티브 효과를 갖는다. 가령 실업급여나 근로계층에 대한 공공부조가 근로와 취업에 미치는 효과는 큰 관심을 받는 쟁점이다. 문제는 효과의 존재 여부보다는 효과의 크기인데 이는 여전히 논쟁거리로 남아 있다(Ben-Shalom et al., 2012).

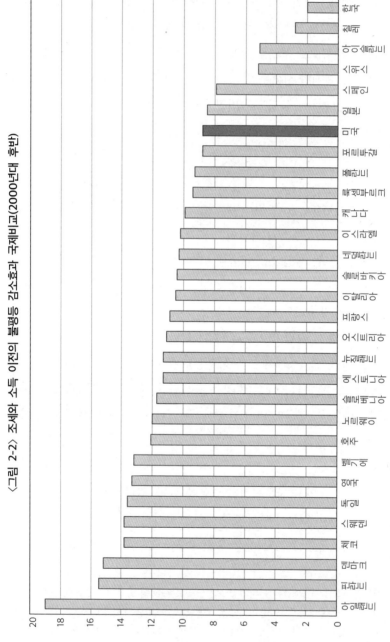

〈그림 2-2〉 조세와 소득 이전의 불평등 감소효과 국제비교(2000년대 후반)

자료: OECD Secretariate calculations using OECD, Household Income Distribution and Poverty database, Denk, O. et al.(2013)에서 재인용.

〈그림 2-3〉 조세와 소득 이전의 빈곤 감소 효과 국제비교(2010년대 초반)

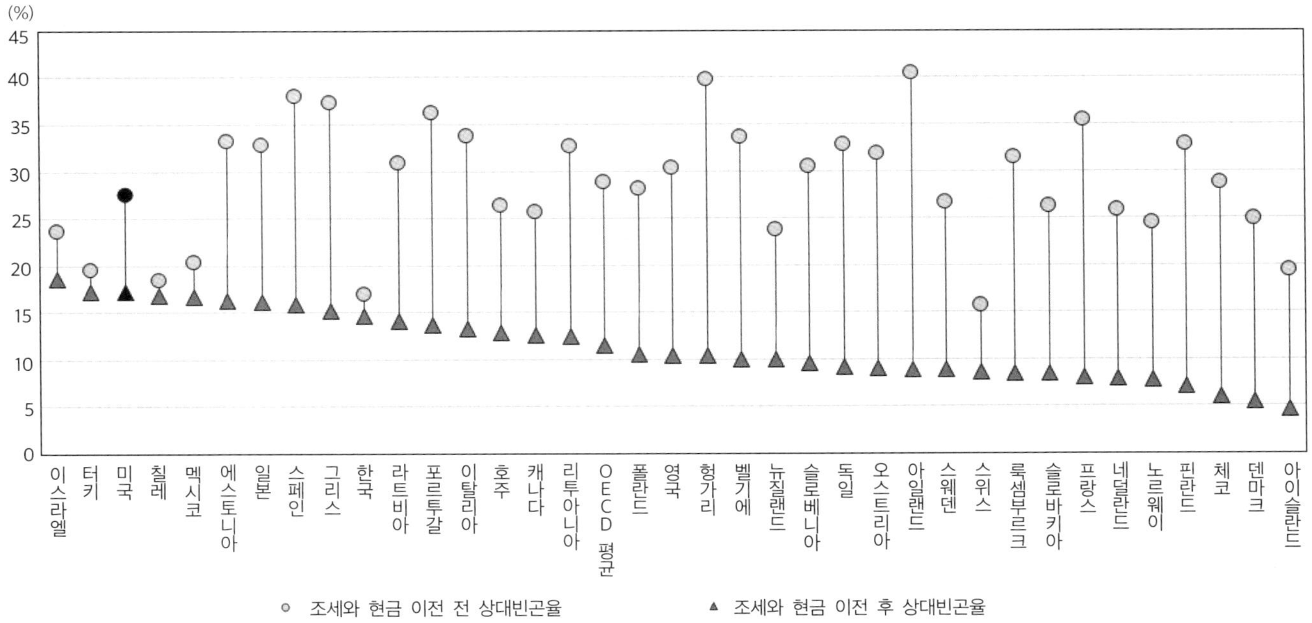

○ 조세와 현금 이전 전 상대빈곤율    ▲ 조세와 현금 이전 후 상대빈곤율

주: 1) 일본·뉴질랜드는 2012년 자료, 호주·멕시코는 2014년 자료, 기타 국가는 2013년 자료.
2) 국가별 조세와 현금 이전 전 상대빈곤율 데이터 중 헝가리·멕시코·터키는 조세 후 현금 이전 전 자료.
자료: OECD, Household Income Distribution and Poverty database.

장소득의 지니계수를 9%p 정도 낮추는 것으로 나타났다. 그림으로는 제시하지 않았지만 조세와 현금이전으로 나누어 볼 경우, 미국에서 조세는 지니계수를 4%p 정도 낮추어 OECD 평균 이상의 불평등감소효과를 갖는 것으로 나타났다. 하지만 현금이전제도는 지니계수를 4%p를 약간 넘어서는 수준으로 감소시켜 한국, 칠레, 아이슬란드 다음으로 가장 작은 불평등 감소효과를 내는 국가인 것으로 나타났다. 4)

한편 미국 사회보장제도에서 역점을 두는 빈곤감소효과를 〈그림 2-3〉에서 보면, 미국은 조세와 현금이전을 통해서 상대빈곤율을 27%에서 17%로 감소시키는 것으로 나타났다. 그러나 이러한 효과는 다른 OECD 회원국과 비교할 때 매우 작은 경우에 속한다. OECD 평균으로 보면 조세와 소득이전은 상대빈곤율을 29%에서 11%로 감소시킨다. 흥미롭게도 미국의 시장소득 기준의 상대빈곤율은 OECD 평균보다 높은 수준이기는 하지만 그 수준이 크게 높은 것은 아니다. 하지만 미국은 조세와 소득이전제도의 재분배효과가 매우 취약하여 가처분소득 기준 상대빈곤율은 가장 높은 그룹에 속하는 것으로 나타났다.

다음으로 〈표 2-6〉에서는 미국의 사회보장 프로그램을 대상으로 각각의 프로그램이 절대빈곤에 미치는 효과를 보여 주고 있다. 여기에는 현금이전 프로그램만이 아니라 메디케어, 메디케이드, 식품구입권(Food Stamp) 등 현물을 이전하는 프로그램들도 포함되어 사회보장제도의 전체 효과를 이해하는 데 도움이 된다. 전체 소득이전 프로그램은 2004년 기준으로 절대빈곤율을 29%에서 13.5%로 절반 이상 감소시키는 효과를 보였다. 빈곤선 50% 이하의 극빈층을 감소시키는 효과는 더 크지만, 여전히 6.6%의 극빈층이 존재한다는 점도 눈에 띈다. 다른 한편으로는 빈곤선

---

4) 현금이전에는 EITC와 같은 상환형 세액공제(refundable tax credit)는 포함되지만 메디케이드와 같은 현물급여는 포함되지 않는다.

150% 이하의 저소득층의 비율을 감소시키는 효과는 상대적으로 적어 소득이전 프로그램이 빈곤선 아래 있는 가족을 빈곤선 바로 위로 올리는 방식으로 빈곤에 영향을 미치고 있음을 짐작할 수 있다.

빈곤감소효과의 크기순으로 개별 프로그램을 보면, 노령연금과 메디케어, 두 사회보험 프로그램이 각각 8.0%, 9.1%만큼 빈곤을 줄여 가장 큰 효과를 나타냄을 알 수 있다. 이들 프로그램은 극빈층이나 저소득층을 줄이는 데에서도 유사한 효과를 보여 보편적 프로그램으로서의 특징을 보여 준다. 자산조사형 프로그램에서는 메디케이드가 3.8%의 빈곤감소효과를 보여 압도적으로 큰 효과를 보였다. 메디케이드는 자산조사형 프로그램이지

〈표 2-6〉 사회보장 프로그램의 빈곤 감소 효과(2004년)

| | | 빈곤선 미만 | 빈곤선 50% 이하 | 빈곤선 150% 이하 |
|---|---|---|---|---|
| 소득이전 전 빈곤율 | | 29.0 | 21.3 | 39.6 |
| 소득이전 후 빈곤율 | | 13.5 | 6.6 | 25.3 |
| 자산조사형 프로그램 | 메디케이드(Medicaid) | -3.8 | -6.6 | -4.3 |
| | 보충소득보장(SSI) | -0.4 | -1.8 | -0.3 |
| | 빈곤가족한시지원(TANF) | -0.1 | -0.3 | 0.0 |
| | 근로장려세제(EITC) | -0.9 | -0.4 | -1.0 |
| | 아동세액공제(Child Tax Credit) | -0.1 | 0.0 | -0.7 |
| | 일반부조(General Assistance) | 0.0 | 0.0 | 0.0 |
| | 기타 복지(Other welfare) | 0.0 | 0.0 | 0.0 |
| | 위탁양육지원(Foster child payments) | 0.0 | 0.0 | 0.0 |
| | 식품구입권(Food Stamp) | -0.4 | -0.5 | -0.2 |
| | 주거보조(Housing Assistance) | -0.6 | -1.6 | -0.3 |
| | 모자보충영양프로그램(WIC) | -0.1 | 0.0 | -0.1 |
| 사회보험 프로그램 | 노령연금(OASI) | -8.0 | -7.5 | -7.3 |
| | 장애연금(Disability insurance) | -1.8 | -2.8 | -1.2 |
| | 메디케어(Medicare) | -9.1 | -9.3 | -6.9 |
| | 실업보험(Unemployment insurance) | -0.9 | -1.1 | -0.6 |
| | 산재보상보험(Workers' Compensation) | -0.3 | -0.2 | -0.3 |
| | 제대군인보상제도(Veterans Benefits) | -0.4 | -0.4 | -0.3 |

자료: Scholz et al., 2009, Ben-Shalom et al., 2012, Denk et al., 2013 재인용.

만 비교적 넓은 대상층을 포괄하는 프로그램으로서 극빈층 감소만이 아니라 저소득층 감소에도 큰 효과를 갖는 것을 알 수 있다. 그다음으로는 실업보험, EITC, 주거급여 등이 큰 빈곤감소효과를 나타냈다. 이에 비해 전통적으로 공공부조 프로그램을 대표했던 TANF는 미미한 빈곤감소효과를 보인다.

벤-샬롬 외(2012)에 따르면 미국의 사회보장제도는 노인과 장애인의 빈곤 감소에서 큰 효과(각각 83%와 73%)를 보인다. 이는 노령연금과 장애연금의 규모가 크고 메디케어, 메디케이드 등의 의료 관련 프로그램의 지출이 큰 것을 반영하는 것이다. 이에 비해 극빈층과 아동빈곤의 제거에는 효과가 떨어지는 것으로 나타났다. 이러한 경향은 1996년 복지개혁으로 근로하지 않는 빈곤층 한부모가족에 대한 지원이 엄격해지면서 더욱 강화되었다.


## 6. 맺음말

미국 사회보장제도의 예외주의적 성격은 오랫동안 논의가 되었지만 그 구체적인 양상에 대해서 본격적인 검토가 이루어진 것은 그리 오래되지 않았다. 최근에는 사적 복지지출의 비중이 높고, 이를 장려하는 조세지출(tax ex-penditure)이 광범하게 이루어지고 있는 점들이 학술적인 검토의 대상이 되었다. 이러한 특성은 기업이나 상대적인 안정계층에 혜택을 주는 경향이 있는 등 그 사회정책적 함의가 논란의 대상이 된다. 그런데 이러한 미국 사회보장의 예외적 특성에 대한 논의는 공적 소득이전과 사회서비스 등 보다 전통적인 영역의 사회보장제도에 대한 구체적인 검토를 포괄하지 못하였다. 이 연구는 소득이전과 서비스 영역의 사회보험과 공공부조 등의 프로그램을 통합적으로 검토하여 미국 사회보장의 기본구조를 제시하고자 하였다.

1980년대의 실태를 대상으로 복지국가의 성격을 비교·연구한 에스핑-앤더슨(1990: 26)은 미국과 같은 자유주의 복지체제의 사회보장제도는 보편적인 프로그램이나 사회보험의 발전은 빈약하고, 자산조사형 급여에 대한 의존이 높은 것으로 평가하였다. 이 장에서 검토한 결과, 1990년대 이후 미국의 사회보장제도는 많은 변화를 겪었지만 이러한 기본적인 성격에서 크게 달라지지는 않은 것으로 보인다. 그간 미국 사회보장제도에서 나타난 중요한 변화로는 1996년 복지개혁과 서비스 확대, 2009년 통과되어 저소득층 의료보험 가입을 지원하는 〈적정의료법〉(Affordable Care Act) 등을 들 수 있다. 하지만 전 국민을 포괄하는 의료보험은 아직도 존재하지 않고, 실업급여 등이 연방정부 차원에서 실시되지 않는 등 사회보험제도의 취약성은 여전히 유지되고 있다. 공공부조의 경우에는 전통적인 현금급여는 축소되고, 현물급여와 조세지출형의 현금급여가 확장되는 변화가 발견되는데, 이러한 변화는 노인과 장애인 지원 중심적인 미국 공공부조의 성격을 강화하는 것으로 귀결되었다. 근로능력층에 대해서는 근로의무를 강화하고 근로계층으로 지원을 집중하여 자유주의적 성격을 더욱 강화한 것도 유사한 효과를 발휘하였다.

이러한 미국 사회보장제도의 기본적인 특성으로 인해 사회보장제도의 분배 개선 기능은 매우 취약하다. 국제적인 비교로 볼 경우 빈곤과 불평등 등 주요한 분배지표에서 가장 열악한 실태를 보이며 그 주요한 이유가 사회보장제도의 취약한 기능에 있는 것으로 나타났다. 미국 사회의 극심한 불평등의 뿌리에는 국가의 제한적 복지지출은 빈곤층에 제한되고 시민의 다수는 시장에서 제공되는 복지에 의존하는 이원화된 계층구조가 자리 잡고 있는 것으로 보인다(Esping-Andersen, 1990: 27).

이러한 미국 사회보장제도의 발전 경험은 한국 사회보장제도의 미래를 구상하는 데에서 중요한 함의를 갖는다. 한국은 경제발전을 주도한 발전국가의 전통 위에서 사회보장 영역에서도 국가 주도성이 일정하게 유지되고 있다. 국가는 사회보장 확대에 매우 소극적이었지만, 개입의 경우에는 적극적인 역할을 주저하지 않았음은 주요 사회보험의 도입 역사와 과정에서 확인된다. 그러나 다른 한편으로는 사회서비스의 예에서 나타나듯이, 한 국은 정부의 직접적인 서비스 제공보다는 민간기관 중심의 전달에 크게 의 존하였다. 특히 2000년대 이후에는 영리기관과 서비스 공급과 바우처 방 식의 서비스 전달이 크게 확대되는 등 복지 제공에서 시장적 기제에 의존 하는 경향이 더욱 확대되고 있다. 하지만 이러한 새로운 민간 의존적, 시 장 의존적 접근방식이 효율성과 분배정의 차원에서 어떤 영향을 가질지에 대한 검토는 본격적으로 이루어지지 않았다. 따라서 이러한 시장주의적 방 식을 일찍부터 경험한 미국의 사회보장제도와 그 영향에 대해 검토하는 것 은 우리 사회보장제도의 전반적인 발전방향을 세우는 데 중요한 참고가 될 것이다.

## ■ 참고문헌

### 국내 문헌

김태현(2012). "사회보장 관리체계". 《주요국의 사회보장제도: 미국》, 서울: 한국보건 사회연구원.

### 해외 문헌

Adema, W., & Ladaique, M. (2009). How expensive is the welfare state?: Gross and net indicators in the OECD Social Expenditure Database(SOCX). *OECD Social, Employment and Migration Working Papers*, 92.

Beam, D. R., & Conlan, T. (2002). Grants. In L. M. Salamon(Ed.), *The Tools of Government: A Guide to the New Governance*, 340~380, New York: Oxford University Press.

Ben-Shalom, Y., Moffitt, R., & Scholz, J. K. (2012). An assessment of the effectiveness of antipoverty programs in the United States. In P. N. Jefferson

(Ed.), *The Oxford Handbook of the Economics of Poverty*, 709~749, New York: Oxford University Press.

Bonoli, G., & Shinkawa, T. (Eds.) (2005). *Ageing and Pension Reform Around the World: Evidence from Eleven Countries*. Cheltenham, UK: Edward Elgar.

Castles, F. G. (2010). The English-speaking countries. In F. G Castles, S. Leibfried, J. Lewis, H. Obinger, & C. Pierson(Eds.), *The Oxford Handbook of the Welfare State*, 630~642, Oxford, UK: Oxford University Press.

Currie, J., & Gruber, J. (1996). Health insurance eligibility, utilization of medical care, and child health. *Quarterly Journal of Economics, 111*(2). 431~466.

DeHoog, R. H., & Salamon, L. M. (2002) Purchase-of-service contracting. In L. M. Salamon(ed.) The Tools of Government: A guide to the new governance, 319~339, New York: Oxford University Press.

Denk, O., Hagemann, R. P., Lenain, P., & Somma, V. (2013). Inequality and poverty in the United States: Public policies for inclusive growth. *OECD Economic Department Working Papers, 1052*.

Engelhardt, G. V., & Gruber, J. (2006). Social security and the evolution of elderly poverty. In Auerbach, A. J., Card, D., & Quigley, J. M. (eds.) *Public Policy and Income Distribution*, New York: Russell Sage Foundation.

Esping-Andersen, G. (1990). *The Three Worlds of Welfare Capitalism*. UK: Polity Press.

Gornick, J. C., & Meyers, M. K. (2003). *Families that Work: Policies for reconciling parenthood and employment*, New York: Russell Sage Foundation.

Hacker, J. (2002). *The Divided Welfare State: The Battle over Public and Private Social Benefits in the United States*. Cambridge, UK: Cambridge University Press.

Haskins, R. (2012). Fighting poverty the American way. Paper presented at the Conference on Anti-Poverty Programs in a Global Perspective: Lessons from Rich and poor countries. Berlin, Germany.

Howard, C. (1997). *The Hidden Welfare State: Tax Expenditures and Social Policy in the United States*. Princeton, NJ: Princeton University Press.

Meyer, B. D. (1995). Lessons from the US unemployment insurance experiments, *Journal of Economic Literature, 33*(1), 91~131.

_____(2002). Unemployment and workers' compensation programmes: rationale, design, labour supply and income support. *Fiscal Studies, 23*(1), 1~49.

Moffitt, R. (ed.) (2003). *Means-Tested Transfer Programs in the United States*. Chicago: University of Chicago Press.

_____(ed.) (2016). *Economics of Means-Tested Transfer Programs in the United States*. Chicago: University of Chicago Press.

Morgan, K. J., & Campbell, A. L. (2011). *The Delegate Welfare State: Medicare, Markets, and the Governance of Social Policy*. Oxford, UK: Oxford University Press.

OECD (2008). *Growing Unequal?: Income Distribution and Poverty in OECD Countries*. Paris: OECD.

Office of Management and Budget (2015). *Analytical Perspectives, Budget of the United States Government, Fiscal Year 2016*. Washington DC: U.S. Government Printing Office.

Prasad, M. (2016). American exceptionalism and the welfare state: The revisionist literature. *Annual Review of Political Science, 19*, 187~203.

Salamon L. M. (1989). The voluntary sector and the future of the welfare state. *Nonprofit and Voluntary Sector Quarterly, 18*(1), 11~24.

_____(2002). The new governance and the tools of public action: An introduction. In L. M. Salamon (Ed.), *The Tools of Government: A Guide to the New Governance*, 1~47, New York: Oxford University Press.

Steuerle, C. E., & Twombly, E. C. (2002). Vouchers. In L. M. Salamon (Ed.), *The Tools of Government: A Guide to the New Governance*, New York: Oxford University Press.

Waldfogel, J. (2009). The role of family policies in antipoverty policy. In M. Cancian & S. Danziger (Eds.), *Changing Poverty, Changing Policies*, New York: Russell Sage Foundation.


기타 자료

OECD (2016). Household income distribution and poverty database. http://stats.oecd.org/Index.aspx?DataSetCode=IDD. 2016. 10. 18. 인출.

OECD (2016). Social expenditure database. http://stats.oecd.org/Index.aspx?datasetcode=SOCX_AGG. 2016. 10. 18. 인출.

# 03

# 경제여건과 소득분배구조*

## 1. 경제현황

### 1) 개괄

미국 경제는 자본주의적 혼합경제체제를 택하고 있으며, 풍부한 천연자원과 방대한 사회 기반시설을 구축하고 있다. 미국은 단일 국가로서 세계 최대의 국민경제 규모를 갖춰, 2015년 기준 명목 국내총생산(GDP)이 18조 달러에 달한다. 미국 경제는 지난 100여 년간 지속적으로 성장해 왔고, 고용수준을 높게 유지해 왔으며, 연구개발과 고정자산에도 꾸준히 투자해 왔다. 하지만 2008년 금융위기로 촉발된 경제 위기를 겪으면서 미국의 경제성장률은 하락하고 실업률이 증가되었으며, 중국이라는 신흥국에 의해 세계 최대의 무역국가라는 지위는 흔들리게 되었다. 그럼에도 불구하고 여전히 미국

---

* 이 글은 2012년 《주요국의 사회보장제도: 미국》(한국보건사회연구원, 2012)에서 필자가 작성한 "제1부 제2장 경제와 정부재정"을 수정 보완한 것이다.

은 세계 경제에 막대한 영향을 미치는 강국이다. 최근 경제 회복세에 힘입어 2015년 기준으로 경제성장률은 3.7%를 기록하였고, 1인당 GDP는 57,904 달러로 세계 5위 수준을 유지하고 있다. 이러한 경제 회복세의 이면에는 미국 정부의 역할이 크게 작용하고 있으며, 경제 정책이 성장기반을 구축하는 데 기여하는 것으로 평가되고 있다.

미국 경제에서 연방정부의 재정적인 역할은 뉴딜 정책 이래 강화하기 시작했으며, 1970년대 들어 미국 경제를 큰 폭으로 좌우하는 상황이 되었다. 1977 회계연도의 세출은 3,942억 달러 수준이었는데 그 중 약 26%인 1,011억 달러가 국방비로 지출되었고, 이는 또한 물가상승의 큰 요인으로 이어졌다. 또 케네디 정부 이후 국제수지 적자폭을 감소시키기 위한 여러 가지 정책이 시도되어 왔고, 몇 차례에 걸친 달러 방위책도 도입했지만, 미국이 시행하고 있는 각종 대외정책을 유지함에 따른 재정부담과 민간자본이 해외로 유출되는 것을 효과적으로 억제하지 못해 국제수지의 적자폭을 실질적으로 감소시키기는 어려웠다. 1990년대의 클린턴 정부는 달러화 약세정책 유지, 제3국에 대한 시장개방 압력 등을 통해 선진국 가운데서 가장 높은 수준인 연평균 3% 내외의 경제성장률을 달성했다.

그러나 미국 경제는 2008년 파생금융상품과 서브프라임 모기지 사태를 계기로 큰 충격을 입었다. 2007년 12월부터 미국은 공식적으로 경기후퇴를 겪었으며, 국제적인 경제위기를 불러오는 데 일조했다. 2007년 하반기부터 시작된 미국의 경기침체는 지속기간이나 그 규모면에서 1930년대의 대공황 이래 최장기에 해당되며, 그 원인도 이전과는 다른 서브프라임 모기지에 따른 금융위기로부터 초래되었다.

이러한 상황에서 출범한 오바마 정부는 재정 건전화, 경기 활성화 및 일자리 창출, 제조업 활성화 등을 내세우며 경제 회복을 위해 노력했고, 2013년부터 미국 경제의 회복세는 가시화되었다(한국수출입은행, 2013). 미국의 실업률은 2009년 10월 10.0%에서 2016년 8월 4.9%까지 하락했으며, 주택

가격이 오르고 판매가 늘면서 주택시장이 회복되고 있다. 이에 따라 미국의 주택가격지수(S&P 케이스 쉴러 지수, 계절 조정 기준)는 2009년 3월 141.26 포인트에서 2016년 6월 187.78포인트로 상승하였다. 하지만 미국 경제의 회복에 대해서는 여전히 우려의 목소리가 있으며, 양적 완화[1])가 축소된 2014년 중반을 기점으로 성장률은 주춤하는 양상을 보였다. 또한 제조업 활성화에 대한 노력에도 불구하고 큰 폭의 고용 증가는 관찰되지 않으며, 미국 경제성장률에 대한 제조업 생산의 기여도는 2015년부터 감소하는 양상으로 2016년 2분기에는 0.52%로 측정되었다. 이에 반해 서비스업의 기여도는 2013년부터 증가하는 양상으로 2016년 2분기에는 1.46%로 측정되었다. 하지만 이러한 우려의 목소리에도 불구하고 미국 경기의 흐름은 확장세를 보이고 있으며, 향후에도 완만한 회복세가 지속될 것이라고 예상된다.

## 2) 대침체 이후 미국 경제

### (1) 경제성장률

미국의 경제성장률은 대침체 시기인 2008년 4분기에 큰 폭으로(-8.2%) 감소했으며, 이후 2010년까지 회복하는 양상을 보였다. 하지만 2011년 들어 미국 경제는 생산활동의 부진과 가계소비의 위축 등으로 회복과 침체가 반복되었으며, 2011년 1분기 경제성장률은 -1.5%에 그치며 가장 낮은 성장률을 보였다. 이후 2012년에는 2.2% 성장률(2009년 달러 기준, 계절 조정)을 보였으며, 이는 미국 연준(Federal Reserve System: FRS)의 양적 완화 조치 등에 의한 고용 및 주택시장의 개선에 의한 것으로 추정된다(한국수출입은행, 2013). 경제성장률은 2013년과 2014년 1분기에 다시 주춤하는 경향을 보였

---

1) 중앙은행이 금리인하를 통해 경기부양을 유도한 후에도 그 효과가 더 이상 나타나지 않을 경우에 국채 매입 등을 통해 직접 유동성을 시중에 공급하는 정책이다.

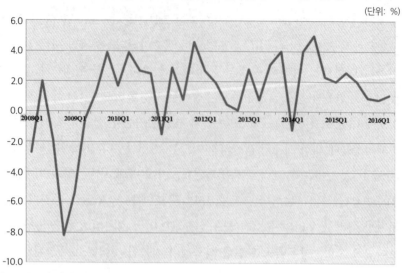

〈그림 3-1〉 분기별 GDP 증가율(2008년 1분기~2016년 2분기)*

(단위: %)

주: * 2009년 달러 기준, 계절 조정.
자료: U.S. Bureau of Economic analysis, 2016.

〈그림 3-2〉 항목별 실질 GDP 변화의 기여도(2016년 2분기)

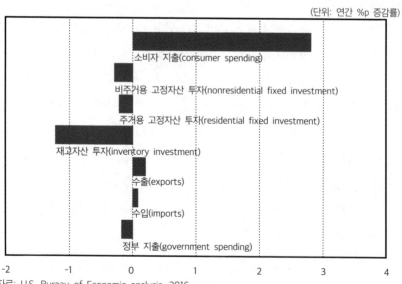

(단위: 연간 %p 증감률)

자료: U.S. Bureau of Economic analysis, 2016.

으나, 이러한 부진은 기상 악화에 따른 일시적 현상으로 추정되며 2분기부터 경기 성장률은 증가하는 양상을 보였다〔한국은행, 2016; Bloesch & Gourio, 2015(〈그림 3-1〉 참조)〕.

2016년도 2분기의 GDP는 1.2% 상승하였으며, 이러한 증가는 소비자 지출의 개선과 수출의 상승세, 적은 폭의 고정투자의 감소와 관련이 있는 것으로 추정된다(〈그림 3-2〉 참조). 또한 이러한 변화는 부분적으로 민간투자의 감소, 고정투자의 침체, 그리고 주 및 연방정부의 지출로 상쇄될 것으로 보인다(U. S. Bureau of Economic Analysis, 2016). 최근의 경향을 바탕으로 향후 미국의 경제성장률을 살펴보았을 때, 견조한 민간소비에 따라 회복세가 이어질 것으로 보이나 큰 폭의 변화는 어려울 것으로 예상된다.

## (2) 소비

민간소비는 수요의 측면에서 미국 경제성장률의 큰 비중을 차지하고 있으며, 민간소비의 증가가 위기 이전의 수준으로 회복될 경우 미국 경제 성장세 확대가 가능할 것으로 보인다. 2010년부터 증가하는 양상을 보이던 개인소비지출(Private Consumption Expenditure: PCE)은 2011년부터 주춤하는 경향을 보였으며, 2013년까지 증가 및 감소하는 경향을 보였다. 2014년도 1분기에는 전년 동분기 대비 감소(-1.2%)하며 소비가 감소하는 듯했으나 주가 상승, 에너지 가격의 대폭 하락 등에 힘입어 소비 여력이 확대됨에 따라 2분기부터 증가하는 양상을 보였다. 2015년부터 개인소비지출 증가율은 다소 하락된 경향을 보였는데, 이는 과거에 비해 완만한 임금 상승률과 관련이 있는 것으로 보인다. 즉, 가계소득은 개선되었으나 물가의 상승으로 개인의 실질소득이 감소한 영향이 개인 소비에 영향을 주었을 가능성이 있다. 또한, 모기지 대출에 대한 디레버리징이 가계에 영향을 미쳐 소비의 확대를 저해하는 요인으로 작용했을 수 있다〔OECD, 2016a(〈그림 3-3〉 참조)〕.

소비심리를 나타내는 소비자신뢰지수(Consumer Confidence Index)는

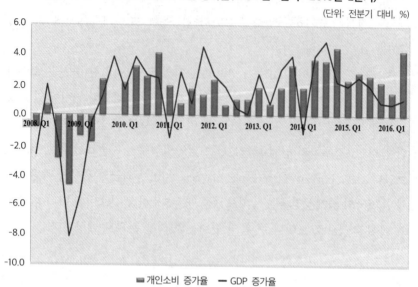

〈그림 3-3〉 GDP 및 개인소비지출 증가율(2008년 1분기~2016년 2분기)

(단위: 전분기 대비, %)

■ 개인소비 증가율　— GDP 증가율

자료: U.S. Bureau of Economic analysis, 2016.

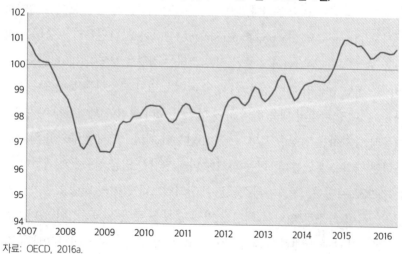

〈그림 3-4〉 소비자신뢰지수(2007년 1월~2016년 5월)

자료: OECD, 2016a.

102

2008년부터 급격히 하락하였으나, 2012년부터 상승 및 하강하는 경향을 보였다. 2014년 10월에는 대침체 이후 100을 넘기며 소비자들의 경기에 대한 낙관적인 인식이 높아졌으며, 이러한 경향은 2016년 전반기까지 지속되고 있다. 앞으로도 소비는 지속적으로 완만한 상승을 보일 것으로 예상되며, 이러한 긍정적인 개선 흐름이 경제성장을 견인할 수 있을 것으로 기대된다.

### (3) 고용(실업률)

2000년대 초중반 미국의 실업률은 5% 내외를 보이며 큰 변화가 관찰되지 않았으나, 2008년 대침체 이후 급격히 상승하여 2009년 10월에는 10%에 육박했다. 9%대의 높은 실업률은 2011년까지 지속되었으며, 2011년 12월의 평균 실직 기간은 40.4주로 사상 최장기록을 경신하였다. 2012년 이후의 실업률은 점차 감소하기 시작하였으며, 2016년 8월은 4.9%를 기록하며 대침체 이전의 수준으로 회복하였다(〈그림 3-5〉 참조). 실업률의 감소는 고용시장에서의 양적 개선을 이루었다는 측면에서 긍정적으로 평가받고 있지만, 그 이면에는 질적 개선과 관련된 문제점이 제기되고 있다(홍준표, 2013). 즉, 실업의 장기화는 구직을 포기하는 '비경제활동인구'를 증가시켰고, 이에 따라 노동시장 참여율은 대침체 이후 지속적으로 하락하는 경향을 보였다. 미국 노동청에 따르면 2016년 5월의 노동시장 참여율은 62.6%로, 이는 사상 최저치로 측정되었다.

또한, 노동시장의 고용성과 일자리 매칭 효율성을 알 수 있는 베버리지 곡선(Beveridge Curve)[2]을 보면 대침체 시기인 2007년 12월부터 2009년 말까지 우하향하는 경향을 보였으나, 2010년부터 현재까지 좌상향하는 경향을 보이고 있다(〈그림 3-6〉 참조). 이러한 현상은 실업률의 하락이 경제

---

[2] 베버리지 곡선은 실업과 빈 일자리와의 관계를 나타낸 것으로 노동시장에서 일자리가 불일치되면 빈 일자리 수는 같더라도 실업은 증가하게 되므로 동 곡선이 우방이동을 하게 되는 특성이 있다(한국은행, 2015).

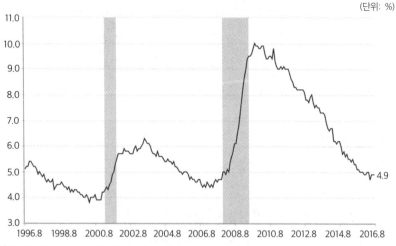

〈그림 3-5〉 미국의 실업률(1996년~2016년)

(단위: %)

자료: U.S. Bureau of Labor Statistics, 2016.

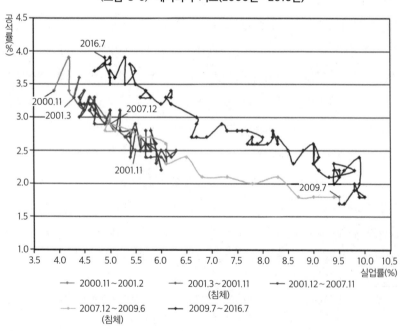

〈그림 3-6〉 베버리지 커브(2000년~2016년)

자료: U.S. Bureau of Labor Statistics, 2016.

활동인구의 감소에서 기인한 점이라는 것을 뒷받침한다(홍준표, 2013). 이 곡선의 이동경로를 살펴보았을 때, 2009년 7월 이후 원점에서 멀어지는 경향을 보이는데, 이는 일자리 매칭의 효율성이 감소하고 있음을 시사하고 있다. 이러한 현상들은 노동시장에서의 양적 개선은 지속적으로 향상되고 있으나, 질적인 측면에서의 개선은 미흡하다는 것을 시사한다.

## (4) 물가

소비자물가(Consumer Price Index: CPI)는 2016년 8월 기준으로 전월 대비 0.2%, 전년 동월 대비 1.1% 증가하였으며, 근원 개인소비지출물가(PCE)는 2016년 7월 기준으로 전년 동월 대비 1.6% 증가하였다[Bureau of Labor Statistics, 2016(〈그림 3-7〉 참조)]. 또한, 생산자물가(Producer Price Index: PPI)는 2016년 7월을 기준으로 전월 대비 0.4% 감소하였으며, 8월에는 변화가 없었다. 물가 상승세를 약화시켰던 저유가 및 강달러의 영향력

〈그림 3-7〉 미국 물가 변동(2008년~2016년, 전년 대비)

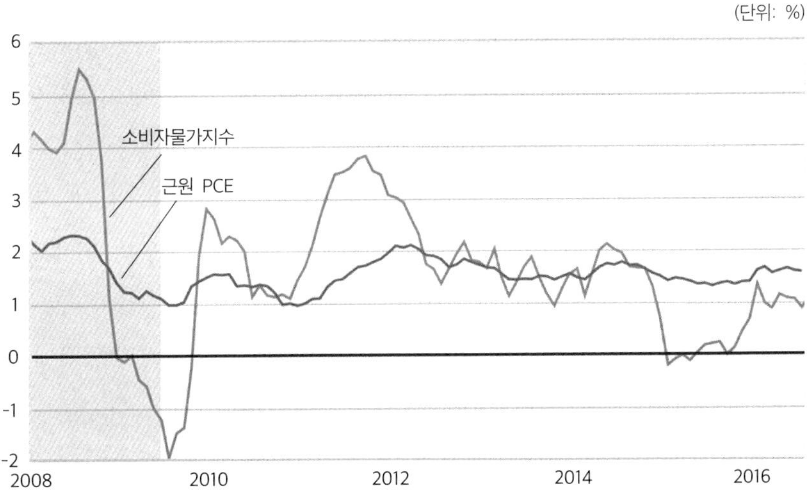

(단위: %)

자료: U.S. Bureau of Labor Statistics, 2016.

은 감소되었으며, 노동시장 개선에 따른 임금 상승 등의 영향에 힘입어 물가
는 지속적으로 상승세를 보일 것으로 예상된다(한국은행, 2016). 하지만 기
대 인플레이션이 낮은 수준(2016년 8월 기준 장·단기: 2.5%, 미시건대 서베
이)으로 머물고 있어 연준(FRS)의 목표 물가 수준인 2%를 달성하지는 못하
였으며, 완만한 증가세를 보일 것으로 예상된다.

## (5) 산업생산

2014년 중반까지 상승세를 보이던 미국의 산업생산 증가율은 양적 완화가
종료된 2014년 10월 이후 하향세로 전환되었다. 최저 성장률을 보였던 2015
년 12월에는 2.3% 감소(전년 대비)하였으며, 2016년부터 상승세를 보이는
듯하나 여전히 낮은 상승률을 보이고 있다(〈그림 3-8〉참조). 산업별 성장
률을 살펴보면 제조업의 성장률은 둔화되는 반면, 서비스업에서의 경기가
상승세로, 전체 산업에서의 경기 회복세에 기여하고 있다(홍준표 외, 2016).
 또한 구매자 관리지수(Purchasing Managers' Index: PMI)를 살펴보았을
때, 제조업 PMI는 2016년 8월을 기준으로 신규 주문(56.9→49.1) 및 생
산(55.4→49.6)이 하락하며 49.4를 기록하였다. 이에 따라 2016년 2월
확장(50 이상) 이후 처음으로 수축 국면으로 전환되었다. 반면 비제조업
PMI는 12개월 평균 55.1, 최고 58.3, 최저 51.4를 기록하며 지속적으로
확장을 기록하였다(〈그림 3-9〉참조). 과거 제조업 PMI와 성장률의 관계
를 살펴보았을 때 최근 8개월(2016년 1~8월) 동안의 제조업 PMI는 평균
50.9로 연간 GDP 성장률의 2.4%에 해당한다. 또한, 8월의 비제조업
PMI인 51.4는 연간 GDP 성장률의 약 1.0%에 해당한다(Institute for
Supply Management, 2016).[3] 하지만, 제조업 PMI는 향후 경기 판단에 대

---

 3) 일정 기간 동안 제조업 PMI 43.2 이상, 비제조업 PMI 48.9 이상이면 전반적인 경제 확
  장을 의미한다(Institute for Supply Management, 2016).

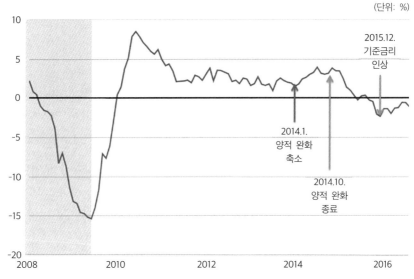

〈그림 3-8〉 산업생산지수(2008년~2016년, 전년 대비)

(단위: %)

2015.12.
기준금리
인상

2014.1.
양적 완화
축소

2014.10.
양적 완화
종료

자료: Board of Governors of the Federal Reserve System, 2016.

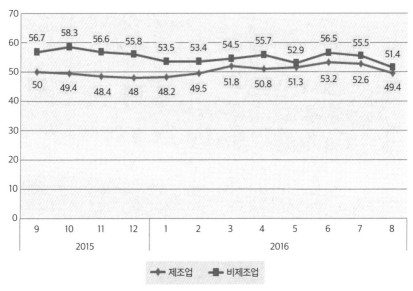

〈그림 3-9〉 구매자 관리지수(2015년 9월~2016년 8월)

자료: Institute for Supply Management, 2016.

한 기준인 50포인트를 밑돌고 있으며, 비제조업 PMI 또한 하향세를 보이고 있어 산업 경기에 대한 회복이 지연될 우려가 있다.

## (6) 설비투자

미국의 금융위기를 초래했던 주거 부분에서의 투자의 증가율은 2010년 후반기까지 안정적인 성장세를 보이지 않았으나, 2011년부터 2012년까지는 증가하는 양상을 보였다. 이후 2013년 후반기에서 2014년 전반기까지 마이너스 성장률을 보였으며, 2015년 후반기까지 상승하는 양상을 보이다가 최근 2016년 2분기 성장률은 감소하였다. 고정자산 투자 및 비거주 부분에서의 투자는 2012년 후반기 이후 꾸준히 상승세를 보였으나, 양적 완화가 종료된 2014년 후반기를 기점으로 하강하는 추세를 보였다. 또한 설비투자 부분에서의 증가세가 둔화되면서 2015년 4분기부터의 성장률은 마이너스를 보이고 있으며, 2016년 2분기를 기점으로 전 분기 대비 -3.7%까지 하락하였다(U.S. Bureau of Economic Analysis, 2016). 이에 따라 투자의

〈그림 3-10〉 전 분기 대비 부분별 투자 증가율 추세(2008년~2016년)

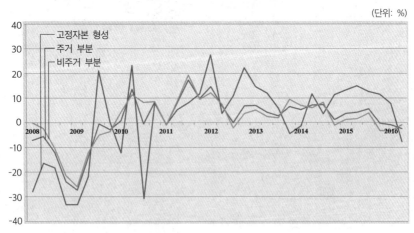

(단위: %)

자료: U.S. Bureau of Economic Analysis, 2016.

증가세에 대한 전망은 다소 부정적이다.

또한, 금리와 관련하여 연준(FRS)은 성장 모멘텀을 확인 후 신중하게 운영한다는 입장이었으나, 2016년 전반기의 고용시장의 호조 등을 계기로 인상이 단행될 것이라는 의견이 있었다. 하지만 국제금융시장의 불안정성 및 미국 대선의 불확실성이 경제정책에도 영향을 미쳐 금리 인상의 시기는 늦춰질 것이라는 예상이 있었다(한국은행, 2016).

### (7) 주택시장

최근 미국의 부동산시장은 소득 여건 개선, 주택 판매의 증가, 주택가격의 상승 등과 함께 주택 선행지표가 개선되고 있어 완만한 회복세를 이어 가고 있다. 6개월 후의 미국 주택경기를 종합적으로 나타내는 전미 주택건설협회 (National Association of Home Builders: NAHB)의 미국 주택시장지수 (Housing Market Index: HMI)는 2014년 후반기 이후 지속적으로 50 이상으로 측정되어 향후 주택시장이 낙관적일 것임을 보여 준다(〈그림 3-11〉참조).

〈그림 3-11〉미국 주택시장지수(2008년 1월~2016년 9월)

(단위: p)

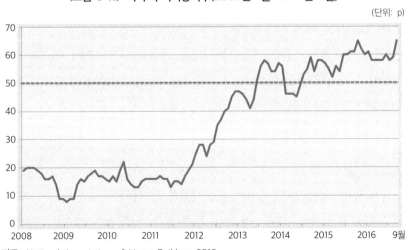

자료: National Association of Home Builders, 2016.

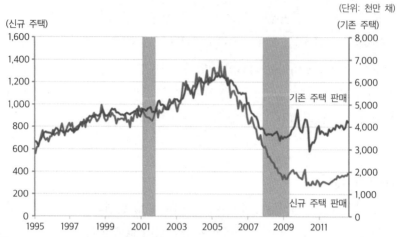

〈그림 3-12〉 신규주택과 주택 판매(1995년~2012년)

(단위: 천만 채)

(신규 주택)                                              (기존 주택)

자료: U.S. Census Bureau. https://www.census.gov/topics/housing.html.

또한 주택 판매량이 증가하고 재고량이 줄어들며 주택의 가격이 상승하는 등 회복세를 보이고 있다. 2007년도까지 지속적으로 상승했던 기존 주택 및 신규 주택의 판매는 대침체시기에 가파르게 감소하였으나, 2010년 이후 꾸준히 상승하는 모습을 보였다(〈그림 3-12〉 참조). 이에 따라 2016년 7월을 기준으로 미국의 주택 판매량은 신규 주택이 65만 호, 기존 주택이 538만 호를 기록하였다. 미국 20대 대도시의 주택가격을 종합적으로 나타내는 케이스-쉴러 주택가격지수 또한 2012년 이후 상승세를 유지하여 2016년 6월 182.42를 기록하였다(S&P Dow Jones Indices LLC). 이러한 추세를 살펴보았을 때, 미국 부동산시장은 완만한 회복세를 유지할 것으로 예상된다.

### (8) 대외 교역

미국은 세계 최대의 교역 국가로서 그 위치를 강건히 지켜왔으나, 최근 미약한 세계 경제 회복세, 세계 교역 급감 등으로 수출성장률은 미미하다(현대경제연구원, 2016). 2010~2015년의 미국 수출성장률은 1%에 불과했으며,

2014~2015년은 감소(-7%)하였다. 반면 중국의 성장률은 5년 기준(2010~2015) 5%, 2년 기준(2014~2015) -3%였다(〈그림 3-13〉참조). 또 세계무역기구(WTO, 2016)에 따르면 2015년 세계 무역 성장률은 2.7%였으나, 2016년 4월 기준으로 2.4%로 감소했다. 이에 따라 교역량이 증가했음에도 수출가격의 15% 하락으로 2015년 수출액은 14% 감소하였다.

〈그림 3-13〉 세계 10대 교역국의 수출성장률(2010년~2015년)

자료: UN Comtrade, 2016.

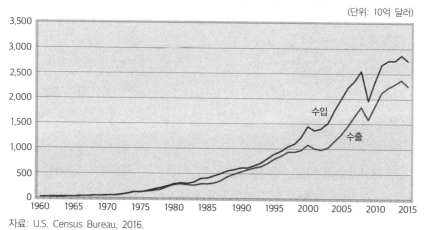

〈그림 3-14〉 수출 및 수입 추이(1960년~2015년)

자료: U.S. Census Bureau, 2016.

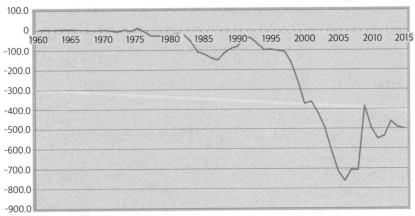

〈그림 3-15〉 상품 및 서비스 무역수지(1960년~2015년)

(단위: 10억 달러)

자료: U.S. Census Bureau, 2016.

　미국의 수출액은 2014년 후반에 정점에 이르렀으며, 이후 점차 감소하는 추세를 보이며 2016년 7월 기준 상품 수출액 1,240달러, 서비스 수출액 622억 달러를 기록했다(〈그림 3-14〉 참조). 2015년 기준 미국의 가장 큰 수출대상국은 캐나다(18.6%), 멕시코(15.6%), 중국(7.7%), 일본(4.2%), 영국(3.7%), 독일(3.3%), 한국(2.9%) 순이었다(UN Comtrade, 2016).

　상품 및 서비스 무역수지를 살펴보았을 때, 1980년대 이후 미국의 무역수지는 지속적으로 적자를 보이고 있다. 경제 침체 기간 이후 적자 폭은 감소하는 듯 보였으나, 2013년부터 큰 변화는 관찰되지 않았다(〈그림 3-15〉 참조). 2016년 7월을 기준으로 무역수지는 여전히 적자이며, 그 규모는 394억 달러로 측정되었다(U.S. Census Bureau, 2016). 항목별로 살펴보았을 때 2015년 하반기 이후 상품 수출은 감소하는 추세이지만, 서비스 수출은 증가하는 추세를 보이고 있다. 하지만 미국의 주요 교역 대상국의 경기 회복세가 미미할 것으로 예상되며, 이에 따라 향후 미국의 수출 회복세는 그리 밝지 않을 것으로 예상된다(현대경제연구원, 2016).

## 3) 경제회복을 위한 전략

경제 위기 속에서 출범한 오바마 정부 1기의 목표는 금융위기 해결이었으며, 2기 정부의 목표는 재정건전화와 중산층 확대였다. 경제 회복을 위해 제조업 활성화를 추구하였으며, 법인세의 하향, 제조 기업에 대한 감세, 그리고 이와 관련된 연구소를 설립하였다. 또한 일자리 창출과 투자 유치를 위한 수선우선(Fix-It-First) 프로그램을 추진하였으며, 주택시장 활성

〈표 3-1〉 오바마 정부 1, 2기 주요 경제정책

| | 1기(2009~2012년) | 2기(2013~2016년) |
|---|---|---|
| 일자리 창출 | - 자동차산업 회생: 100만 개 이상의 일자리 창출<br>- 경기부양예산: 산업 전 분야에 대규모 정부 지출을 통한 경제회생 및 일자리 창출 도모 | - 포괄적 세제개혁: 세제혜택(국내 일자리 창출 기업) 및 페널티(해외 일자리 창출 기업)<br>- 군비지출 삭감 후 국내 인프라에 투자<br>- 10만여 명의 수학과 과학교사를 신규채용 |
| 재정 적자 해소 | - 경기침체를 극복하기 위한 대규모의 정부 예산 투자<br>- 1기 재임기간 중 재정적자의 증가 | - 부유층에 대한 증세 및 법인세 개혁 추진: 추가세수 확보<br>- 정부지출 삭감과 세수 증대를 동시에 추진하는 균형적 접근 전략 |
| 조세 | - 중산층 세제 감면(경기부양법 예산 활용)<br>- 소득 5만 달러 이하 가구 세금인하 혜택 연장: 4년간 총 3,600달러 세금공제 혜택 제공<br>- 소득 25만 달러 이하 가구 감세혜택 연장<br>- 중소기업의 세제 인하와 관련된 18개 법안에 대한 서명 및 발효 | - 법인세 포함 세제개혁 추진계획<br>  * 재정절벽 스몰딜의 세부 내용:<br>  1) 부유층에 대한 증세: 개인소득 40만 달러 이상(가구 기준 45만 달러) 계층에 대한 소득세율의 인상(35% → 39.6%) 합의<br>  2) 개인소득 25만 달러(가구 기준 30만 달러) 이상 계층에 대한 감세혜택의 축소<br>  3) 부동산 상속세율의 인상(35% → 40%)<br>  4) 급여세 인하혜택(2%) 폐지 |
| 에너지 · 환경 | - 석유산업 보조금 지급 중단<br>- 국유지 천연가스/석유 개발 규제 강화<br>- 자동차 연비효율 기준 강화를 통한 전기자동차 개발노력 장려<br>- 친환경에너지산업 세제혜택 제공 | - 탄소배출권거래제 도입에 대한 재논의<br>- 심해 시추 반대, 풍력에너지에 대한 세제혜택의 연장<br>- 장기적 차원에서 에너지 자립을 이루기 위한 청정에너지 개발에 지속적으로 투자 |
| 국방 · 외교 | - 이라크전 종결과 빈라덴 사살 | - 이란의 비핵화 및 아프가니스칸 주둔 미군 철수<br>- 국방지출을 2017년까지 GDP 대비 2.9% 수준으로 억제 |

자료: 한국산업개발연구원, 2015.

화를 통해 건설업 일자리 창출을 유도하였다. 재정적자 극복을 위해 부유층 증세를 추진하였으며, 중산층에는 세금감면 혜택을 연장하였다(한국무역협회 워싱턴지부, 2015). 과도한 국가 부채와 저성장 및 고실업 문제를 해결하기 위한 경제정책은 크게 재정 건전화, 경기 활성화와 일자리 창출, 성장기반 구축의 세 가지 측면에서 이루어졌다(정영식, 2013).

### (1) 재정 건전화[4]

오바마 정부 1기에는 경제회복을 위해 대규모 정부 재정을 투자하여 재정적자가 증가하였으나, 2기에는 정부지출 삭감과 세수 증액 양쪽 모두를 포함하는 균형적인 접근을 지향하였다. 이에 따라 2013년 3월부터 재정 감축을 시행하였으며, 2015년 기준으로 국방 분야에서 9.9%, 비국방 분야에서 7.3%의 예산이 감축되었다.

또한 세법 개정안을 통해 추가 세수를 확보하였으며, 그 일환으로 국제 조세 개혁, 고소득층 과세 강화, 법인세 개혁 등이 포함되었다. 2017년 오바마 정부의 예산안에 따르면 해외 기업이 미국 내로 이전할 경우 세액 공제(20%), 미국 내 다국적 기업에는 해외 소득에 대한 과세(19%), 과거 과세되지 않고 누적된 해외 자회사의 소득에는 소득의 14%의 과세를 적용할 예정이다. 또한 보험회사가 미국 내에서는 과세하지 않는 외국의 보험계열사에 재보험료를 지급하는 경우에는 비용 공제를 허용하지 않도록 하며, 미국 회사와 파트너십을 맺은 외국 회사가 지분을 양도함에 따라 발생한 이익은 지분을 취득한 측으로부터 거래금액의 10%를 원천징수하도록 할 계획이다. 고소득층에 있어서는 소득세율 33% 이상이 적용되는 고소득 납세자에 대해서는 소득공제 금액을 제한하고 자본이득과 적격배당소득에 대한 과세

---

4) 이상엽 외(2016)의 '미국 예산안 분석 및 평가'와 오바마 정부의 2017년 예산안(General Explanation of Administration's Fiscal Year 2017 Revenue Proposals) 발표를 요약 및 정리한 내용이다.

율은 20%에서 24.2%로 올리는 것을 제안하였다. 이에 따라 미국의 재정은 2015년 기준으로 적자 4,390억 달러로 2012년 1조 1,000억 달러에서 60% 가량 감소하였으며, 2017년도에는 GDP 대비 2.6%인 5,030억 달러의 적자가 예상된다. 비정부 부문 소유 채무(debt held by the public)는 2015년 13조 1,170억 달러로 측정되었으며, 2017년에는 GDP 대비 76.5%인 14조 7,630억 달러로 추정된다. 이러한 추세에 따라 비정부 부문 소유 채무는 2026년 21조 원에 이를 전망이다.

## (2) 경기 활성화 및 일자리 창출

오바마 정부가 제조업에 주목하게 된 배경에는 천연가스 가격 하락, 개도국의 빠른 임금 상승, 달러 가치 하락, 국제 운송비 상승 등 국내외의 여러 요인이 복합적으로 작용하였으며, 이에 제조업 활성화를 통해 경기를 활성화시키고 일자리를 창출하고자 했다(김보민 외, 2014). 이를 위해 제조혁신연구소를 설치하고, 미국이 개발한 과학기술로 자국 내 생산을 지원하는 100억 달러 규모의 '미국 제조 규모 확대 펀드'를 설립하였다(곽재원, 2015). 이러한 맥락에서 2010년에는 〈제조업 증강법〉(Manufacturing Enhancement Act)을 제정해 자국 내 생산에 필요한 수입원자재의 관세는 낮추고, 완제품으로 수입되는 상품에 대해서는 관세를 늘림으로써, 국내 제조업을 지원하고 보호하기 위한 정책을 펼쳤다. 또한 R&D 투자를 통해 제조업 부문의 기술 혁신뿐만 아니라 일자리 창출을 목표로 했으며, 2015년 기준으로 총 1,306억 달러가 투자되었다. 그중 국방 관련 R&D가 50%를 차지했고, 가장 큰 폭의 상승을 보인 분야는 보건 관련 투자였다(KOTRA, 2016).

해외 진출 기업의 국내 이전을 유도하기 위한 전략으로 자국 내 일자리를 창출하고자 하였으며, 국내로 회귀하는 기업에 대해서는 국내 이전비용의 20% 만큼을 세금에서 감면하고, 해외 이전 기업에 대해서는 조세 감면을 축소하였다. 이와 함께 기업의 세금부담을 축소시키기 위해 최고 법인세율을 35%에서 28%까지 감소하였으며, 특히 제조업은 25%까지 인하시켰다. 이와 더불어 수출 확대를 위해 FTA 체결을 적극적으로 추진하였으며, 수출 확대를 위한 민간기구를 구성함으로써 민간기업들의 의견을 반영한 수출 관련 정책을 펼치고자 하였다. 마지막으로 수출입 행정절차 간소화 및 선진화된 무역환경을 위해 국제무역데이터 시스템(International Trade Date System: ITDS)을 구축하여 2016년부터 적용하고 있다.

### (3) 성장기반 구축

오바마 정부에서는 고유가, 기후변화에 대응하고 미래의 성장기반을 구축하기 위해 청정에너지를 확대함으로써, 석유 의존을 탈피하고 온실가스 배출을 줄이고자 하였다. 청정에너지 사회로 전환하기 위해 신재생에너지기술의 경제성 확보, 환경 친화적 에너지 인프라 강화에 집중하였으며, 이를 위해 관련 기업들에 대한 세제혜택을 시행하였다. 전방위 에너지 전략(All of the Energy Above Energy Strategy)을 통해 지속 성장 가능한 경제 구축을 목표로 하였으며, 석유·천연가스·원자력·신재생에너지·에너지효율 등 국내 모든 에너지원을 활용하여 안정적인 에너지 공급을 달성하고자 하는 포괄적 에너지 정책을 시행하였다(한국산업기술진흥원, 2016).

### (4) 미국 정부의 거시경제변수 전망[5]

향후 미국의 경제가 어떻게 전개될 것인지는 미국 예산관리처(Office of Management and Budget: OMB)가 정부 재정추계에서 분석한 거시변수들에 대한 추정을 통해 일정 수준 전망해 볼 수 있다. 예산관리처에서 재정추계에 반영한 거시경제변수들은 경상 GDP 성장률, 실업률, 이자율, 각종

---

5) 한국조세재정연구원에서 발행한 보고서 〈미국 예산안 분석 및 평가〉(2016)와 한국은행에서 보도하는 최근의 미국경제 상황과 평가를 요약 및 정리한 내용이다.

## 〈표 3-2〉 대선 결과에 따른 금융시장 영향 전망

| | 클린턴 당선 | 트럼프 당선 |
|---|---|---|
| 국채 금리 | - 중립 또는 소폭 상승 | - 장기금리 위주 상승<br>- 인플레이션 손익평형 확대 |
| 미달러 | - 중립 또는 점진적 강세 | - 안전자산 선호, 경기부양적 재정 확대, 기업이익 환류 등 다양한 경로 통해 강세 압력 확대 |
| 주식 시장 | - 일시적 강세<br>- 정치적 교착 시 소폭 조정 가능 | - 정책 불확실성 및 리스크 프리미엄 상승으로 상당 폭 조정 가능성<br>- 기업 중심의 재정부양책 성공 시 중기적인 상승 모멘텀 가능 |
| 신용 시장 | - 안정세 지속 | - 시장 불확실성에 의한 신용불안 우려<br>(단, 중앙은행 개입에 의한 안정화 기대) |
| 신흥 시장 | - 중립 | - 금리상승 압력, 달러 강세, 신용 및 주가 조정가능성 등 전반적으로 부정적 영향<br>- 불안요인: 안보분담 이슈 등 지정학적 리스크 증가 |

자료: 한국은행, 2016.

의무적 지출급여의 인상률 등이다. 미국의 실질 성장률은 2016년과 2017년 모두 2.6%가 예측되며, 큰 폭의 변화 없이 2020년부터 2026년까지 2.3%를 유지할 것으로 예상된다. 실업률은 2017년에는 4.5%이며 이후 완만한 상승세를 보이다가 2026년에는 4.9%가 될 전망이다. 물가의 경우 최근 18개월 동안 유가와 비석유제품 수입가격의 하락의 영향을 받아 낮은 수준을 유지하였으나, 2017~2018년에 2.0%의 정상 인상률을 회복하여 이후 2.3%를 유지할 것으로 예상된다.

하지만 이러한 경제 성장은 미국의 대선 결과에 영향을 받을 수 있을 것이라는 예측이 있었다. 클린턴 후보의 경우, 기존 정책을 유지할 것으로 보여 금융 시장에 미치는 영향이 제한적일 것으로 예상되었다. 반면, 트럼프 후보의 경우 급진적인 경제 정책을 추진하고자 하였기 때문에 금융시장 지표에 변동이 있을 것을 예측되었다. 또한, 대규모 재정적자 확대 및 반무역 정책은 장기금리 상승과 달러화 강세 요인에 영향을 미칠 수 있으며,

리스크 프리미엄 상승에 따라 주가 조정 및 신용 불안의 요인으로 작용할 수 있을 것으로 예상했었다. 다만, 의회의 견제로 경제정책을 급진적으로 변화시킬 가능성은 낮을 것으로 예측되었으며, 대선 결과가 경제에 미치는 영향은 일정 범위 내에 있을 것으로 전망되었다.


## 2. 소득분배 현황

### 1) 소득분배 수준

미국을 포함한 많은 선진국에서 소득불균형은 점차 증가하고 있다. 얼마 전까지만 해도 미국의 사회는 20 : 80으로 표현되었으나, 최근에는 '1%'와 '99%'라는 문구로 표현되고 있으며, 이는 미국 사회 내에서의 증가된 부의 차이를 암시하고 있다. 2013년 미의회예산처(Congressional Budget Office : CBO)의 보고서에 따르면, 평균 물가 인상률을 보정한 세금을 공제한 소득 (정부지원 포함)은 상위 1%에서 1979년 대비 2013년에 192% 상승(연간 약 3% 성장, 순수소득 188% 증가)하였으며, 하위층에서 46% 상승(연간 약 1% 성장, 순수소득 18% 증가)하였다. 또한 정부 지원금(Government transfers) 이 주로 저소득층에만 적용되기 때문에 최하위층(1/5)의 누적 소득은 39% 증가한 반면, 중간층(3/5)의 누적 소득은 32% 증가하였다. 주정부의 세 금은 소득과 함께 올라가며, 2013년을 기준으로 가장 낮은 소득층(1/5)에 서의 세금은 약 3%(1천 달러 미만)였으며, 중간 분위 소득층(3/5)에서의 평균은 9천 달러, 상위 소득층(5/5)에서는 소득의 13~16%(7만 달러)를 세금으로 지불했다. 비록 소득 수준에 따라 세금 및 정부 지원금이 달라지 지만, 소득 성장에서의 소득 분위별 차이는 실제 소득 수준의 차이에서 기 여한다.

OECD 통계에 따르면, 2013년 기준으로 미국의 지니 계수는 칠레 (0.465)의 뒤를 이어 두 번째로 높았다(OECD, 2016b). 이러한 소득불평 등의 원인과 중요성 인식에 대해 학자들과 관계자들의 견해는 엇갈린다. 보수진영에서는 교육 수준과 숙련된 근로자에 대한 수요가 늘어난 것이 불평등 심화의 원인 중 하나라고 주장하는 한편, 다수의 사회과학자들은 보수적인 정치가들과 공공정책이 주된 원인이라고 한다. 미국에서 계층 간 소득불평등이 커지게 된 주된 원인은 경제활동 기회가 충분히 주어지지 않거나, 계층 간 이동이 잘 이루어지지 않거나 기회 자체가 감소되는 것 등을 들 수 있다.

## 2) 빈곤인구 현황

미국의 빈곤인구는 매년 빈곤율 산정의 기준이 되는 최저생계비를 기준으로 측정되며, 2016년을 기준으로 최저생계비 기준은 세전 현금소득으로 4인 가구 24,300달러, 2인 가구 16,020달러, 1인 가구 11,880달러 등이었다(〈표 3-3〉 참조).

최저생계비를 바탕으로 측정된 미국의 빈곤율은 경기침체 이후 2010년 15%에 임박하였으나, 서서히 감소하여 2015년 13.5%로 2014년 14.8%에 비해 1.3%p 감소하였다. 또한 경기 침체 이전인 2007년과 비교해 보았을 때 2015년도의 빈곤율은 1.0%p 상승하였다(〈그림 3-16〉 참조).

빈곤 인구수는 2005년부터 급격히 증가했으며, 2014년도에 정점을 찍은 후 2015년도에는 4,310만 명으로 2014년에 비해 350만 명 감소하였다(〈그림 3-16〉 참조). 연령별로 보면, 2014~2015년 사이 빈곤율은 모든 연령층에서 감소하였다. 18세 미만 청소년의 빈곤율은 1.4%p 감소(21.1% → 19.7%)하였으며, 18~64세의 빈곤율도 1.1%p 감소(13.5% → 12.4%)하였다. 65세 이상에서도 1.2%p 감소(10.0% → 8.8%)하였다(CBO, 2016).

지역별로 빈곤율을 살펴보았을 때, 뉴멕시코(NM), 루이지애나(LA), 아칸소(AR), 미시시피(MS), 앨라배마(AL), 켄터키(KY) 주는 빈곤율 18% 이상으로 높았다. 반대로 미네소타(MN), 버몬트(VT), 뉴햄프셔(NH)는 빈곤율이 11.0% 이하로 낮았다(〈그림 3-17〉 참조).

〈표 3-3〉 2016년 보건복지부 빈곤선 기준(하와이와 알래스카주 제외)

(단위: 명, 달러)

| 가구원 수<br>(Persons in family/household) | 빈곤선<br>(Poverty guidelines) |
| --- | --- |
| 1 | 11,880 |
| 2 | 16,020 |
| 3 | 20,160 |
| 4 | 24,300 |
| 5 | 28,440 |
| 6 | 32,580 |
| 7 | 36,730 |
| 8 | 40,890 |

주: 가구원 수 8명 초과 시 1인당 4,160달러 추가됨.
자료: U.S. Department of Health and Human Services, 2016.

〈그림 3-16〉 빈곤층 인구수와 빈곤율(1959년~2015년)

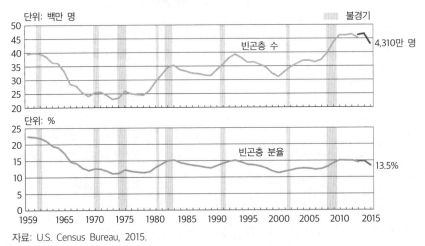

자료: U.S. Census Bureau, 2015.

〈그림 3-17〉 지역별 미국 빈곤율(2015년)

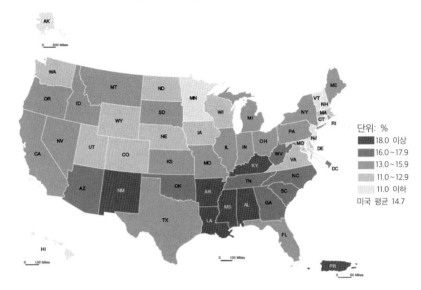

단위: %
■ 18.0 이상
■ 16.0~17.9
■ 13.0~15.9
▨ 11.0~12.9
▨ 11.0 이하
미국 평균 14.7

자료: U.S. Census Bureau, 2015.

## 3) 경기침체와 소득불평등

1970년 이후 미국의 소득불균형은 급격하게 증가하고 있으며, 현재는 부의 불평등이 혼재된 것으로 평가되고 있다. 부의 집중은 지속적으로 커지고 있으며, 2013년을 기준으로 상위 1%의 부가 차지하는 비율은 36%로 1992년의 30%에 비해 6%p 증가했다(Saez et al., 2016). 또한 이러한 부의 차이는 상위층 내에서도 상위 0.1%에서 더욱 집중되는 것으로 관찰되었다. 2012년 상위 0.1%가 차지하는 부의 비중은 1978년보다 3배 높으며, 역사적으로 가장 큰 비중을 차지한 1916년이나 1929년과 거의 비슷한 수준이었다. 상위층의 급격한 부의 증가는 임금 상승과 관련이 있으며, 이러한 임금의 차이는 각 소득층에서의 불평등을 늘리는 역할을 하였다(Saez & Zucman, 2016). 이러한 상위층의 부의 집중화는 미국의 소득불평등을

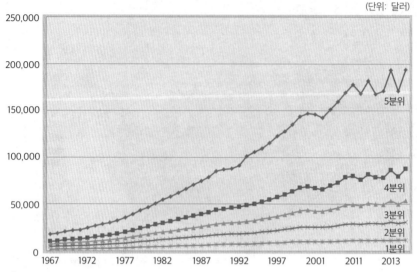

〈그림 3-18〉 계층별 평균 가구소득(1967년~2014년)

(단위: 달러)

5분위
4분위
3분위
2분위
1분위

자료: U.S. Census Bureau, 2016.

심화시켰으며, 미국을 세계에서 가장 불평등한 나라 중 하나로 만드는 결과를 초래했다.

미국 경제가 큰 불황을 겪으면서, 전체적으로 가구소득이 감소하여 2000년대 후반에는 소득불평등이 다소 줄어들었다. 하지만 대침체로 인한 불평등의 감소는 일시적인 현상이었으며, 침체된 경기가 회복되면서 소득 격차는 점점 커지고 있다.

2013~2015년은 미국의 경제 회복기로 평가되고 있으며, 모든 소득층에서의 소득이 증가하였다(〈그림 3-18〉 참조). 2015년을 기준으로 가구당 실질소득은 전년 대비 4.7% 상승하였으며, 하위 99%의 소득은 3.9% 상승해 1999년 이후 최대의 성장률을 보였다. 이에 따라 하위 99%는 본격적으로 대침체 이전의 수준으로의 회복세를 보이며, 2007~2009년 소득 손실의 3분의 2 수준으로 회복했다. 2015년의 상위 1%의 소득은 전년 대비 7.7% 상승하였으며, 경제 회복기인 2009~2015년 사이 52%의 소득이

상승했다(Saez, 2016). 이러한 추세를 미루어 볼 때, 경제 불황은 단기적인 불평등 해소를 가져올 수는 있으나 장기적인 영향은 없으며, 향후 소득 불균형은 점차 심화될 것으로 예상된다.

## (1) 중산층의 소득 수준 하락

미국의 가구당 소득은 상위층에 쏠려 있는 분포를 보이며, 소득 증가율 또한 상위층은 큰 폭의 증가율을 보이는 반면 중산층은 낮은 증가율을 보여왔다. 2013년을 기준으로 가구당 평균 소득(세금 및 정부지원 미포함)을 살펴보았을 때 3분위의 소득은 58,600달러, 상위 1분위는 259,900달러로, 평균임금에서 약 5배의 차이가 났다.

또한 소득 성장률에서도 소득 분위별 차이가 컸다. 물가 보정하에 1979년부터 2013년까지의 누적 소득 성장률(세금 제외 후)을 살펴보았을 때, 상위층(1분위) 중에서도 81~99퍼센타일에 해당하는 계층의 소득과 상위 1%의 소득 성장률은 큰 폭의 차이를 보였다. 81~99퍼센타일의 누적 소득 성장률이 70%인 반면, 상위 1%의 소득은 192%의 상승률을 보였다. 반면 중산층(2~4분위)의 누적 소득 성장률은 41%로 최하위층(5분위)의 46%보다 낮은 성장률을 보였다(〈그림 3-19〉 참조). 또한, 연간 평균 소득 상승률은 최하

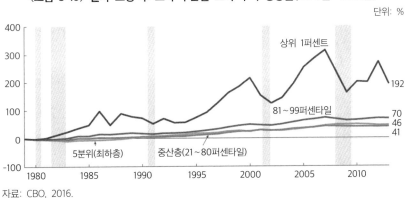

〈그림 3-19〉 물가 보정 후 소득 수준별 소득 누적 성장률(1979년~2013년)

단위: %

자료: CBO, 2016.

층이 1.1%, 중산층이 1.0%, 상위층(81~99퍼센타일)이 1.6%, 그리고 상위 1%가 3.2%의 성장률을 보였다(CBO, 2016).

이러한 하위층과 중산층에서의 누적 소득 성장률의 차이는 사회보장과 그 외 정부 지원 프로그램 등을 포함한 정부 지원(government transfer)의 차이에서 기인할 수 있다. 즉, 대부분의 정부 지원이 소득 수준을 기준으로 최하층에 집중되어 있기 때문에 상대적으로 지원이 적은 중산층의 실질적 소득 증가가 관찰되지 않는 것이다. 이에 따라 정부지원과 세금을 제외한 순수한 가구 소득의 증가율을 살펴보았을 때, 중산층과 최하층의 누적 소득 성장률은 두 계층 모두 18%였다(CBO, 2016). 하지만 정부 지원과 세금을 포함한 후의 소득 누적 성장률은 최하위층이 더 높았다. 이에 따라 오바마 정부에서는 상위층(부유층 증세)의 세금을 늘리는 반면, 중산층을 살리기 위해 최저임금 인상, 세금 인하, 교육 지원(커뮤니티 칼리지 등록금 무료화) 등을 시행하고 있으나, 이러한 정책이 향후 중산층의 소득 향상에 어떠한 영향을 미칠 수 있을지에 대해서는 미지수이다.

## (2) 소득불평등과 거시경제

극심한 소득불평등은 경제를 침체에 빠지게 하였다. 소득불평등은 두 가지 형태로 경제를 불안정하게 만들었다. 첫째, 중산층의 소득이 정체됨에 따라 신용대출의 수요가 증가했고, 이는 결국 지속가능할 수 없는 버블현상으로 이어졌다. 둘째, 최상의 부유층들은 신규 금융상품에 더 많은 돈을 투자했다. 은행 규제 완화로 외국 금융기구가 성장하게 되었고, 가계경제의 몰락은 경기 후퇴를 부추겼다. 중산층과 저소득층의 소득 침체는 신용대출 수요의 증가로 이어졌다. IMF의 수석경제학자였던 라잔(Raghuram Rajan)은 정책 입안자들이 중산층과 저소득층 소득 침체의 근본원인을 해결하는 데 힘쓰기보다는 그들이 보다 손쉽게 주택구입 등을 위한 신용에 접근하도록 했다고 주장했다. 소득불평등의 폭발적인 증가가 있었던 시기

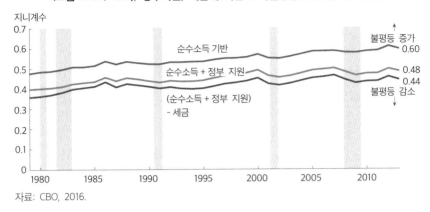

〈그림 3-20〉 소득, 정부지원, 세금에 따른 소득불평등(1979년~2013년)

지니계수

순수소득 기반

순수소득 + 정부 지원

(순수소득 + 정부 지원)
- 세금

불평등 증가
0.60

0.48
0.44
불평등 감소

자료: CBO, 2016.

에 가계 빚은 어마어마하게 증가하였다. 중산층 가정의 소득은 늘지 않고 대출이 급등하면서 총 부채상환비율이 크게 증가하였다. 중간층과 저소득층 가정에 대한 대출 확대는 소비 붐을 일으켰고 2000년대 초반의 경제 성장을 부추겼다. 하지만 이것은 오랫동안 지속되지 않았다. 주택시장의 붕괴는 견디기 힘든 수준의 빚을 감당하고 있는 미국 전반의 가계경제가 붕괴하면서 발생한 결과였다. 궁극적으로 과도한 대출이 부유층을 더욱 부유하게 하였고, 대침체 시작의 계기를 만들었다.

쉬운 대출 기준과 함께 금융서비스산업은 최상류층 부자들의 새로운 투자 기회를 위한 수요에 맞춰 복잡한 외국 금융산업을 발전시켰다. 은행 규제 완화는 이러한 사행행위를 참작하였고 이것이 미국 경제의 붕괴를 촉발한 것으로 분석되고 있다.

소득불균형은 지속 가능한 성장을 저해할 수 있는 주요 요인 중 하나로 제시되고 있다(IMF, 2014). 소득불균형은 유권자들로 하여금 더 높은 세금과 규제를 요구하도록 하고, 경제정책에 대한 신뢰성을 저해하며, 투자에 대한 유인을 감소시킬 수 있다. 또한 개인의 임금과 부의 수준은 투자에 영향을 미칠 수 있으며, 이러한 투자의 감소는 자연히 경제 성장에 영향을 미칠 수 있다(Cingano, 2014).

미국의 계층별 소득불균형의 폭은 시간의 흐름에 따라 점차 증가해 왔다. 2013년을 기준으로 계층별 소득을 살펴보았을 때, 상위 1%에 해당하는 120만 가구의 소득은 160만 달러로 전체 소득의 17%를 차지했다. 극심한 소득 수준의 차이는 소득불균형으로 이어졌으며, 정부지원과 세금을 제외한 순수소득을 바탕으로 측정된 2013년의 지니계수는 0.60으로 1979년에 비해 25% 상승하였다. 순수소득에 정부 지원금과 세금을 제한 후 실질소득을 바탕으로 측정된 지니계수는 2013년 0.44로, 순수소득에 비해 낮아졌지만, 여전히 높은 소득불평등을 보이고 있다(〈그림 3-20〉 참조).

미국 정부는 그동안 소득분배와 관련된 문제점을 해결하기 위한 다양한 노력을 기울여 왔다. 이와 관련된 정책들에 대해서는 제 2부 "소득보장제도"에서 자세히 다룬다.

# ■ 참고문헌

## 국내 문헌

곽재원(2015). "오바마 대통령 6년간의 경제치적과 과학기술 이노베이션정책". 〈Policy Focus〉, 2015. 2., 경기과학기술연구원, 1~15.

기획재정부(2012). "미국 재정적자 동향 및 시사점". 보도자료.

김보민 외(2014). 〈미국의 제조업 경쟁력 강화정책과 정책 시사점〉, 대외경제정책연구원, 21~27.

이상엽 외(2016). 〈미국 예산안 분석 및 평가: 조세재정〉, 한국조세재정연구원, 29호, 2~15.

이정민 외(2016). "미국 연방정부 R&D 지원제도와 우리기업 활용방안". 〈KOTRA〉, 16권 21호, 3~20.

정영식(2013). "주요국 신정부의 경제정책 방향". 〈CEO Information〉, 881호, 1~17.

한국무역협회 워싱턴지부(2015). "오바마 대통령의 의회(SOTU) 연설을 통해 본 2015년 국정운영 방향과 평가". 2015. 1. 26.

한국산업기술진흥원(2016). "미국 에너지정책 및 주요 기술개발 전략 요약 보고 (2016. 03)". 2016. 06. 23.

현대경제연구원(2016). "최근 미국 경기 상하방 요인 점검: 미국 경제, 외풍 속에서 순항 중". 〈현안과 과제〉, 16-9호.

한국산업개발연구원(2015). "오바마 2기 경제정책, 보호무역보다 통상협력". http://www.kid.re.kr/board/include/download.php?no=91&db=business01&fileno=1

한국수출입은행(2013). "미국 정치 경제 동향". https://www.koreaexim.go.kr/site/program/resource/resource?menuid=001003004001

한국은행(2016). "최근의 미국 경제 상황과 평가". http://www.bok.or.kr/broadcast.action?menuNaviId=2221

_____(2015). "주요국 노동시장의 미스매치 현황 및 시사점". 〈국제경제분석〉, 2015. 9. 10.

한국조세재정연구원(2016). "미국 재정건전화 이행수단: 강제삭감". 〈쟁점분석〉, 16권 1호, 1~9.

홍준표(2013). "2014년 미국 경제 회복 가능성 점검-고용시장의 질적 개선에 달려 있다". 〈현안과 과제〉, 13권 53호, 1~11.

홍준표 외(2016). "최근 미국 경기 상하방 요인 점검: 미국 경제, 외풍 속에서 순항 중". 〈현안과 과제〉, 16권 9호, 1~10.

KOTRA(2013). "오바마 대통령 재선에 따른 경제·통상정책 방향 전망과 시사점". *Global Market Report*, 13권 1호, 17~22.

_____(2016). "미국 연방정부 R&D 지원제도와 우리기업 활용방안". *Global Market Report*, 16권 21호.


해외 문헌

Bloesch, J., & Gourio, F. (2015). The effect of winter weather on U.S. economic activity. *Economic Perspectives*, *39*(1), 1~4.

Congress Budget Office(2015). *Temporary Assistance for Needy Families: Spending and Policy Options.* 1~5.

Cingano, F. (2014). Trends in income inequality and its impact on economic growth. *OECD Social, Employment and Migration Working Papers*, *163*. http://dx.doi.org/10.1787/5jxrjncwxv6j-en. 2016. 9. 6. 인출.

Department of the Treasury(2011). *2011 Financial Report of the United States Government.*

IMF (2014). Fiscal policy and income inequality, *IMF Policy Paper*, January 23, 2014.

Institute for Supply Management(2016). Manufacturing ISM Report On Business. https://www.instituteforsupplymanagement.org/ismreport/mfgrob.cfm?SSO=1

Jonathan, D. et al. (2014). *Redistribution, Inequality, and Growth.* IMF. 5~16.

Liz, S., & Misha, H. (2015). State general assistance programs are weakening despite increased need. *Center on Budget and Policy Priorities.* http://www.cbpp.org/research/family-income-support/state-general-assistance-programs-are-weakening-despite-increased. 2016. 9. 26. 인출.

Saez, E. (2016). *Striking it Richer: The Evolution of Top Incomes in the United States* (Updated with 2015 preliminary estimates). https://eml.berkeley.edu/~saez/saez-UStopincomes-2015.pdf. 2016. 9. 26. 인출.

Saez, E., & Zucman, G. (2016). Wealth inequality in the United States since 1913: Evidence from capitalized income tax data. *The Quarterly Journal of Economics*, *131*(2), 519~789.

U.S. Bureau of Economic Analysis(2016). *GDP and the Economy: Advance Estimates for the Second Quarter of 2016.* 1~2.

U. S. Department of Health and Human Services(2016). Federal poverty level.

WTO(2016). *World Trade Statistical Review.* http://www.trademap.org/Country_
SelProduct_Graph.aspx?nvpm=1|||||TOTAL|||2|1|1|2|1|1|2|1|1&AspxAut
oDetectCookieSupport=1. 2016. 9. 26. 인출.

## 기타 자료

Board of Governors of the Federal Reserve System(2016). www.federalresere.
gov. 2016. 9. 6. 인출.

National Association of Home Builders(2016). Housing indexes. http://www.nahb.
org/en/research/housing-economics/housing-indexes.aspx

OECD(2016a). Household debt in OECD countries. https://data.oecd.org/hha/
household-debt.htm

_____(2016b). Income inequality(indicator). doi: 10.1787/459aa7f1-en. 2016. 9.
26. 인출.

UN Comtrade data(2016). http://comtrade.un.org/. 2016. 9. 26. 인출.

U. S. Bureau of Labor Statistics(2016). https://www.bls.gov/. 2016. 9. 6. 인출.

U. S. Bureau of Economic Analysis(2016). http://www.bea.gov/. 2016. 9. 6. 인출.

U. S. Census Bureau(2015). https://www.census.gov. 2016. 9. 24. 인출.

_____(2016). https://www.census.gov/economic-indicators/. 2016. 9. 6. 인출.

━━━━━━━━━━ **04**

# 인구구조의 변화와 전망*

## 1. 인구구조

### 1) 인구변동요인

한 국가의 인구규모 및 인구구조는 인구변동요인, 즉 출산, 사망 및 국제 이동의 상호작용에 의해 결정된다. 이 같은 인구변동요인들은 경제, 고용, 사회보장, 문화, 환경 등 제 영역들과 상호작용을 통해 끊임없이 변화하는 속성을 가진다. 따라서 한 국가의 사회보장제도의 과거 추이와 현재의 모습은 물론 미래의 방향을 명확하게 이해하고 예견하기 위해서는 우선적으로 그 국가의 인구 현상을 파악하는 것이 중요하다.

---

* 이 글은 2012년 《주요국의 사회보장제도: 미국》(한국보건사회연구원, 2012)에서 필자가 작성한 "제1부 제3장 인구구조 및 인구문제"를 그대로 유지한 것이다.

## (1) 출산

미국의 합계출산율(이하 '출산율')은 1960년 3.65명에서 1976년 1.74명으로 아주 빠른 속도로 감소하였다. 출산율이 빠르게 감소한 이유는 피임약이 보급되고, 여성들이 교육과 직장을 위해 자녀 출산을 지연하였기 때문이다. 출산율은 이후 회복되어 2006년에는 인구 대체 수준인 2.1명까지 상승하였다. 출산율 상승은 10대 출산율이 영향을 미친 부분도 있었으나, 20대를 포함한 모든 가임여성 연령층에서 출산율이 상승하였고, 특히 20~24세 여성들의 출산율이 높은 수준으로 상승한 영향이 크다. 인종·민족별로는 히스패닉 이민자들의 출산율이 2.9명으로 가장 높고, 다음으로 흑인 2.1명, 아시아계 1.9명, 백인계 1.86명 등으로 나타났다. 그러나 출산율 상승이 히스패닉계 이민자들의 높은 출산율로만 설명할 수는 없으며, 다른 선진국에 비해 미국의 백인계 출산율(1.86명)이 높은 것도 전체 출산율의 상승을 이끈 것으로 분석되고 있다(*The Washington Post*, 2007. 12. 21).

출산율은 더욱 높아져 2007년에는 2.12명으로 나타났으며, 그 후에는 다소 감소하였다. 즉, 2009년 출산율은 2.01명 그리고 2010년에는 인구 대체 수준 이하인 1.93명까지 감소한 것으로 추정되고 있다.

출생아 수 역시 2007년 4,316,223명으로 가장 많이 태어났으며, 이후에는 지속적으로 감소하여 2009년 4,130,665명이 그리고 2010년에는 전년 대비 3% 감소한 4,000,279명이 태어난 것으로 추정되고 있다(Hamilton et al., 2011). 2011년에 출생아 수는 2010년 대비 약 2% 감소한 3,978,000명으로 추정되고 있다(Hamilton & Sutton, 2012).

2010년을 기준으로 인종, 연령, 출산순위별 출산율의 변화를 분석해 보도록 한다(Hamilton et al., 2011). 우선 인종별 출산율을 살펴보면, 최근의 출산율 감소는 모든 인종에게서 동일하게 나타났다. 히스패닉계 여성의 경우 전년 대비 5%, 아메리카 인디언계와 알래스카 원주민의 경우 전년 대비 4%, 비히스패닉계 흑인 여성의 경우 전년 대비 3%, 아시아·태평

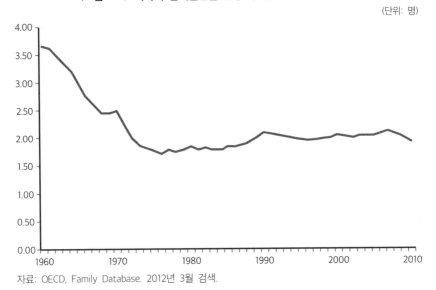

〈그림 4-1〉 미국의 합계출산율 변동 추이(1960년~2010년)

(단위: 명)

자료: OECD, Family Database. 2012년 3월 검색.

양 주민과 비히스패닉계 백인 여성의 경우 전년 대비 2%가 각각 감소하였다(Hamilton et al., 2011).

연령별 출산율을 살펴보면, 40대 이하에서는 출산율이 낮아진 반면, 40세 이상에서의 출산율이 높아졌다. 10대 출산율은 15~19세 여성 1,000명당 34.3명으로 나타났는데, 이는 역사상 가장 낮은 수치이다. 20~24세의 출산율은 여성 1,000명당 90.0명으로 역시 역사상 가장 낮은 수준이었다. 25~29세 여성의 출산율은 1,000명당 108.3명으로 2009년(111.5명)에 비해 3% 감소하여 1997년과 동일한 수준으로 나타났다. 30~34세 여성의 출산율은 1,000명당 96.6명으로 2009년(98.5명)에 비해 1% 감소하였는데, 출생아 수는 다소 증가하였다. 35~39세 여성의 출산율은 1,000명당 45.9명으로 2009년(46.1명)에 비해 약간 감소하였다. 반면 40~44세 여성의 출산율은 1967년(10.6명) 이래로 가장 높은 1,000명당 10.2명으로 나타났다(Hamilton et al., 2011).

출산순위별 출산율을 살펴보면, 15~44세 여성 1,000명당 첫째 출산율은 25.9명으로 전년 대비 3% 감소한 것으로 나타났다. 이는 2002년 이래로 가장 낮은 수치이다. 30세 이하 여성에게서 첫째 출산율이 감소(15~19세 9%, 20~24세 5%, 25~29세 1% 감소)한 것으로 나타났으며, 35~39세와 45~49세 여성의 출산율은 전년 대비 동일하게 그리고 30~34세와 40~44세 여성의 첫째 출산율은 전년 대비 증가한 것으로 각각 나타났다. 둘째 이상 출산율 역시 모두 감소한 것으로 나타나는데, 특히 둘째 출산율은 1940년 이래 가장 낮은 수준으로 나타났다(Hamilton et al., 2011).

혼외출산율은 15~44세 여성 1,000명당 47.7명으로 2009년(49.9명)에 비해 4% 감소하였다. 30세 이하 여성의 혼외출산율은 감소하였으나 30세 이상 여성의 혼외출산율은 1~3% 정도 증가하였다. 총 출생아 중 혼외출생아 비율은 2010년 40.8%로 나타나는데, 이는 2009년(41.0%)에 비해 감소한 수치이다. 1970년 전체 혼외출생아 중 50%가 10대에서 출생하였는데, 2010년에는 그 비율이 20%로 역사상 가장 낮은 수준을 기록하였다(Hamilton et al., 2011).

## (2) 사망

미국의 평균수명은 빠른 속도로 증가하였다. 평균수명은 1900~1902년 평균 49.2세에서 2003년 77.5세, 2007년 77.9세, 2009년 78.2세로 증가하였다. 남성의 평균수명은 1900~1902년 평균 47.9세에서 2003년 74.8세, 2007년 75.4세, 2009년 75.7세로, 여성의 평균수명은 동 기간 동안 50.7세, 80.1세, 80.4세, 80.6세로 증가하였다. 연령별 사망 수준과 사망 원인 변화는 기대여명에 주요한 영향을 미치는 요인인데, 심장질환, 암, 인플루엔자, 폐렴 등으로 인한 사망률이 감소하여 기대여명이 길어진 것으로 분석되고 있다(Arias, 2011). 미국의 평균수명은 증가하고 있으나 세계적으로는 낮은 수준에 속한다. 미국의 평균수명은 세계 42위이며, 이는 20년

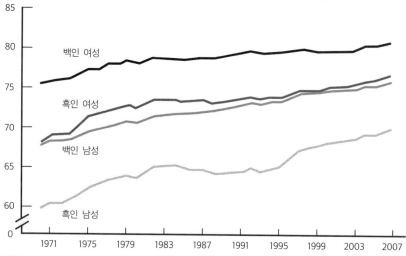

〈그림 4-2〉 성별·인종별 기대여명(1970년~2007년)

백인 여성

흑인 여성

백인 남성

흑인 남성

자료: National Vital Statistics System.

전에 비해 11단계나 떨어진 것으로 나타난다. 주된 이유로는 미국 성인의 높은 비만율, 인종적 편차, 부실한 의료보험체계 등으로 분석되고 있다. 우선 미국 성인의 비만율은 세계에서 가장 높은 수준이다. 국립보건통계센터 자료에 따르면, 20세 이상 미국 성인 3명 가운데 1명이 병적인 비만이고, 3명 가운데 2명은 과체중인 것으로 나타났다. 인종적 편차의 경우, 평균 수명이 짧은 흑인들로 인해 전체 평균수명이 상대적으로 낮게 나타나는 것으로 지적된다. 예로 흑인들의 평균수명은 73. 3세로 백인들에 비해 5년이나 짧다. 높은 영아사망률도 주된 원인이 되고 있다. 영아사망률은 1,000명당 6. 8명으로 다른 선진국에 비해 상대적으로 높게 나타나며, 특히 흑인들의 경우에는 1,000명당 13. 7명으로 나타났다. 끝으로 미국의 현 의료보험 체계하에서는 많은 사람이 의료보험 혜택을 받지 못해 질병에 걸려도 제대로 치료를 받지 못하고, 결과적으로 사망률이 높을 수밖에 없다 (〈미국의 소리〉, 2007. 9. 20).

평균수명에 대한 성차를 살펴보면, 1900년에서 1975년 성별 평균수명 차이는 2.0세에서 7.8세까지 증가하였는데, 이러한 차이는 협심증, 폐암, 흡연 등으로 인한 남성의 사망률 증가에 기인한다. 1979년에서 2007년 평균수명에 대한 성차는 7.8세에서 5.0세로 줄어들었는데, 이는 여성의 폐암 사망률이 높아지고 남성의 심장질환에 의한 사망률이 감소하였기 때문으로 분석되고 있다(Shrestha, 2006).

인종별 기대여명을 살펴보면, 20세기 이후 백인의 기대여명은 흑인에 비해 월등히 높다. 1910년 백인여성의 평균수명은 51.5세로 흑인여성(35.0세)에 비해 16.5세 높았으며, 백인남성의 경우 48.2세로 흑인남성(32.5세)에 비해 15.7세 높게 나타났다. 백인과 흑인의 평균수명 차이는 지난 10여년 동안 감소하였는데, 여성의 경우 1904년 17.9세에서 2003년에 4.4세, 2007년에 4.0세로 감소하였다. 남성의 경우에도 1904년 17.8세에서 2003년에 6.3세, 2007년에 5.9세로 줄어들었다(Shrestha, 2006).

### (3) 국제이동

19세기 미국으로의 이민은 일부 아시아계 이민자에 대한 배제(1882년 〈중국인 이민 금지법〉)를 제외하고는 개방적이었다. 20세기 초반 이민자 수는 급격하게 증가하였는데, 1900년 1,030만 명, 1910년 1,350만 명, 1920년 1,390만 명, 1930년 1,420만 명 등이었으나, 대공황과 제2차 세계대전을 거치면서 급격하게 하락하여 1950~1970년대에는 이민자가 100만 명에도 못 미쳤다. 종전과 함께 이민자 유입은 다시 증가세로 돌아섰는데, 특히 1980년대에 들어서면서 큰 폭의 유입을 보이기 시작하였고(장효욱, 2006), 이후에도 1990년 1,980만 명, 2000년 3,000만 명, 2005년 3,520만 명으로 계속 증가하였다. 2010년에 이민자 수는 1990년 대비 2배인 4,000만 명으로 역사상 가장 많은 규모였다. 총인구 중 이민자가 차지하는 비중은 1900년 13.6%에서 1970년 4.7%까지 감소하였으며, 이후 1990년 7.9%, 2000년 10.0%, 2005년 12.1%, 2010년 12.9%로 지속적으로 높아졌다.[1]

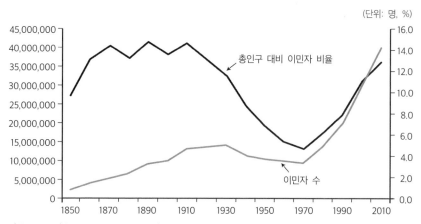

〈그림 4-3〉 미국 내 이민자 규모 및 총인구 대비 비율(1850년~2010년)

(단위: 명, %)

자료: 2010년은 U.S. Census Bureau's American Community Survey.

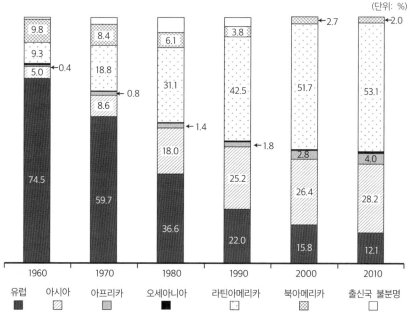

〈그림 4-4〉 이민자들의 출신지역 분포(1960년~2010년)

(단위: %)

유럽  아시아  아프리카  오세아니아  라틴아메리카  북아메리카  출신국 불분명

자료: http://www.migrationinformation.org, 2012. 4. 5. 인출

1) http://www. migrationinformation. org, 2012. 4. 5. 인출.

이민자의 출신지역 추이를 살펴보면, 1960년에는 유럽 출신의 이민자들이 전체의 74.5%로 가장 높은 비율을 차지하였으나, 그 비율은 점차 감소하여 2010년 현재 12.1%에 불과하다. 반면 라틴아메리카계 이민자의 경우 1960년 9.3%에 불과하였으나 급격히 증가하여 2000년 51.7%, 2010년 53.1% 등 전체 이민자의 절반 이상을 차지하고 있다. 아시아계 이민자들도 1960년 5.0%에서 2010년에 6배 정도 증가한 28.2%를 차지하고 있다.

이민자들의 연령분포를 살펴보면, 생산가능인구(15~64세)가 총인구 중 차지하는 비중은 1870년 87.6%에서 1970년 61.7%로 감소하였으나, 이후 2000년 82.0%, 2010년 82.6%로 증가하였다. 전체 이민자들 중 65세 이상 노인인구가 차지하는 비중은 1870년 4.0%에서 1960년 32.6%, 1970년 32.0%까지 급격히 증가하였다. 이후 그 비중은 다소 감소하였는데, 최근 10년간 11.0~12.0% 수준을 유지하고 있다.

〈그림 4-5〉 이민자들의 연령 분포(1870년~2010년)

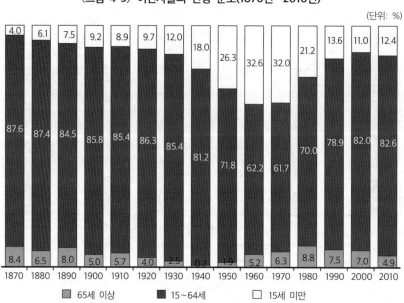

자료: http://www.migrationinformation.org, 2012. 4. 5. 인출

## 2) 인구성장

미국 인구는 1950년 이래로 뚜렷한 증가세를 보였다. 1950년 1억 5,200만 명에서 2009년에는 1억 5,600만 명으로 증가하였다. 미국 통계청 추계결과에 의하면, 미국 인구는 지속적으로 증가하여 2050년경 4억 4,400만 명이 될 전망이다. 인구증가율은 2050년까지 양적(+)으로 유지될 것이나, 증가분은 감소할 전망이다. 인구증가율은 1950년 1,000명당 16.5명에서 감소하여 2000년 들어 10.0명 수준에서 유지되었다. 2010년 9.7명에서 2020년 9.4명, 2030년 8.6명, 2040년 8.0명, 2050년 7.9명으로 전망된다 (Shrestha & Heisler, 2011).

출산율은 감소하는 반면, 순이민율은 증가할 전망이다. 출산율은 1950년 1,000명당 24.1명에서 2010년 13.8명까지 감소하고, 2030년 13.0명, 2040년 13.0명, 2050년 12.9명으로 전망된다. 순이민율은 1950년 1,000명당 2.0명에 불과하였으나 2000년 4.1명까지 증가하고, 이후 2010년 4.3

〈그림 4-6〉 인구성장(1950년~2010년)

(단위: 인구 1천 명당)

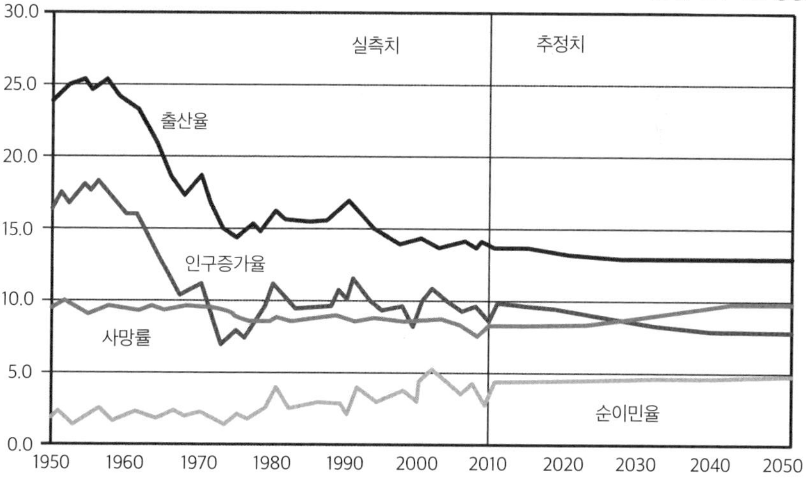

자료: Shrestha, L. B. & Heisler, E. J., 2011.

명, 2020년 4. 3명, 2030년 4. 5명, 2040년 4. 6명, 2050년 4. 7명까지 증가할 것으로 추정된다(Shrestha & Heisler, 2011).

## 3) 인구구조

20세기 초반 미국의 인구는 젊은 구조를 유지하였다. 이는 높은 출산율, 영아와 아동사망률 감소, 젊은 근로자와 그 가족들로 구성된 이민자들의 높은 순이민율에 기인하였다. 1950년 이래로 미국은 엄청난 인구변화의 한가운데 위치하고 있다. 바로 인구고령화의 문제이다. 1950년 총인구 중 노인인구가 차지하는 비중은 8. 1%에 불과하였다. 이들의 비중은 2009년 12. 8%까지 증가하였으며, 인구추계결과에 의하면 2050년 20. 2%까지 증가할 전망이다(Shrestha & Heisler, 2011). 이러한 연령구조의 변화는 베이비부머의 고령층 진입과 이민자 추이에 기인한다. 2010년을 기준으로 베이비부머세대는 46~64세에 해당하며, 베이비붐세대 후손(*echo of the baby boom*)은 20세 전후에 해당된다. 2030년에 모든 베이비부머세대가 노년층에 진입하여 고령인구가 차지하는 비중은 증가하고, 20~64세 인구가 차지하는 비중은 2010년 60%에서 2030년 55%로 감소할 전망이다. 고령인구에 대해 보다 자세히 살펴보면, 2011년 베이비부머세대가 고령층에 진입함에 따라 65~74세 비율이 증가할 전망이다. 베이비부머세대 모두가 70세 이상이 되는 2034년경에는 고령인구의 대부분은 상대적으로 젊은 65~74세로 구성될 전망이며, 베이비부머세대가 초고령층으로 이동하면서 고령인구의 연령구조도 변화할 것이다. 2010년 고령인구의 14% 정도가 85세 이상 인구였는데, 2050년에는 21%를 상회할 것으로 예상된다. 노인인구의 고령화는 주목할 만한 일인데, 초고령층은 추가적인 돌봄과 지원이 필요하기 때문이다(Vincent & Velkoff, 2010). 이민자는 향후 40년간 미국의 연령구조를 변화시키는 데 주요한 역할을 할 것이다. 베이비부머의 고령층 진입은 인구고령

화를 가속화시키지만, 상대적으로 젊은 연령층으로 구성된 이민자들의 유
입이 인구고령화를 완화시킬 것으로 예상된다(Vincent & Velkoff, 2010).

1950년 인구는 1억 5, 200만 명으로 상대적으로 젊고 인구피라미드는 크
리스마스트리형이었다. 가장 많은 부분을 차지하는 연령대는 5세 이하 아
동으로서 전체의 10. 8%를 차지하였다. 2000년 인구피라미드는 전형적으
로 저성장을 경험하고 있는 모습이다. 출산율 저하로 피라미드의 아랫부분
이 줄어들고 평균수명 연장으로 윗부분이 증가하였다.

〈표 4-1〉 연령별 인구 전망(1950년~2050년)

(단위: 천 명, %)

|  | 1950 | 1975 | 2000 | 2025 | 2050 |
|---|---|---|---|---|---|
| 전체 | 152,272 (100.0) | 215,972 (100.0) | 282,171 (100.0) | 357,452 (100.0) | 439,010 (100.0) |
| 0~19세 | 51,673 (33.9) | 75,646 (35.0) | 80,576 (28.6) | 94,254 (26.4) | 112,940 (25.7) |
| 20~64세 | 88,202 (57.9) | 117,630 (54.5) | 166,522 (59.0) | 199,290 (55.8) | 237,523 (54.1) |
| 65세 이상 | 12,397 (8.1) | 22,696 (10.5) | 35,074 (12.4) | 63,907 (17.9) | 88,547 (20.2) |

자료: Shrestha, L. B. & Heisler, E. J., 2011.

〈그림 4-7〉 노인인구의 연령구조 전망(2010년~2050년)

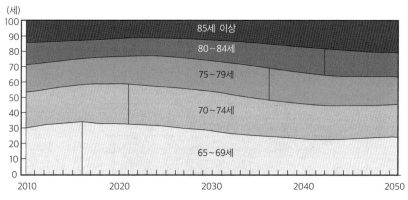

주: 세로선은 해당 연령대의 인구가 가장 많을 때의 시점.
자료: U.S. Census Bureau, 2008, Vincent & Velkoff, 2010에서 재인용.

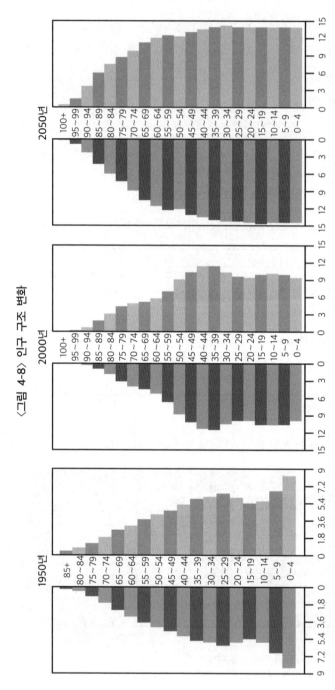

〈그림 4-8〉 인구 구조 변화

1950년

85+
80~84
75~79
70~74
65~69
60~64
55~59
50~54
45~49
40~44
35~39
30~34
25~29
20~24
15~19
10~14
5~9
0~4

9 7.2 5.4 3.6 1.8 0    0 1.8 3.6 5.4 7.2 9

2000년

100+
95~99
90~94
85~89
80~84
75~79
70~74
65~69
60~64
55~59
50~54
45~49
40~44
35~39
30~34
25~29
20~24
15~19
10~14
5~9
0~4

15 12 9 6 3 0    0 3 6 9 12 15

2050년

100+
95~99
90~94
85~89
80~84
75~79
70~74
65~69
60~64
55~59
50~54
45~49
40~44
35~39
30~34
25~29
20~24
15~19
10~14
5~9
0~4

15 12 9 6 3 0    0 3 6 9 12 15

자료: U.S. Census Bureau. http://www.census./ipc/www/idb/country.php. 2012. 4. 17. 인출.

결과적으로 인구고령화를 경험하게 되는데, 5세 이하 아동은 총 인구 중 6.8%에 불과하다. 2050년 인구 피라미드는 크리스마스트리형이라기보다 점차 직사각형의 모습으로 변해 가고 있다. 80세 이상의 초고령인구는 총 인구 중 7.4%를 차지할 것이며, 베이비붐세대로 인하여 인구고령화가 더욱 가속화될 전망이다(Shrestha & Heisler, 2011).

부양비는 생산가능인구의 잠재적 부담을 측정할 수 있는 지표인데,[2] 총 부양비는 2010년 67에서 2050년 85로 증가하며, 노년 부양비는 2010년 22에서 2030년 35로 급격하게 증가할 전망이다. 2030년 이후 노년 부양비는 2050년 37까지 증가할 것이며, 유소년 부양비는 2010년 45에서 2030년 48로 약간 증가한 후 2050년까지 지속될 전망이다.

〈그림 4-9〉 부양비 전망(2010년~2050년)

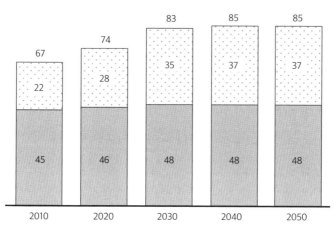

(단위: %)

자료: U.S. Census Bureau, 2008, Vincent & Velkoff, 2010에서 재인용.

2) 총 부양비 = (0~19세 인구 + 65세 이상 인구) ÷ 20~64세 인구 × 100
  노년 부양비 = (65세 이상 인구 ÷ 20~64세 인구) × 100
  유소년 부양비 = (0~19세 인구 ÷ 20~64세 인구) × 100

## 2. 인구문제

미국 인구조사국(PRB)에 의하면, 미국은 안정적인 출산율 덕분에 세계적인 경쟁 심화에도 꾸준한 성장률을 유지할 수 있다고 평가하고 있다. 즉, 미국은 출산율이 꾸준히 유지되고 있는 보기 드문 나라 중 하나로 높은 출산율에 힘입어 향후에도 노동력 부족 없이 안정적으로 고성장세를 지속해 나갈 수 있을 것으로 보고 있다.

미국에서 여성의 높은 경제활동참가율과 인구 대체 수준에 근접한 고출산율이 동시에 실현될 수 있었던 것은 파트타임 노동의 보급, 재취업의 용이성 등에 의한 노동시장의 유연성에 기인한다.

물론 일부 정책도 출산율에 긍정적인 영향을 미치기도 한다. 실로 미국은 선진국 중에서 명시적인 가족정책을 수행하지 않는 대표적인 국가라 할 수 있다. 이는 연방정부와 주정부로 구성된 정치구조의 이중성에 기인하기도 하는데, 원칙적으로 연방정부의 전임사항은 외교와 군사에 한정되어 있고, 그 외의 사항에 관해서는 주의 권한이 존중된다. 따라서 결혼, 가족, 출산, 교육 등과 관련된 정책은 주정부가 책임과 권한을 갖고 처리할 사항이다. 따라서 주정부의 성향에 따라 정책이 다양하게 출현하게 되었다. 또한 레이건 정권이 들어선 1980년 이후 미국 사회가 작은 정부를 지향하는 방향으로 움직이고 있어, 출산이나 육아 등의 사적인 정책영역에 조세를 활용할 수 있는 정치적 근거와 의의가 약화된 것도 인구정책으로 연계되는 가족정책이 미흡한 이유다. 그러다가 클린턴 정부가 출범한 이후에 미국은 1993년 〈가족·의료휴가법〉(Family and Medical Leave Act)을 시행하면서 최초로 연방정부 차원에서 가족정책을 적극적으로 추진하게 되었다. 이 법은 임신과 출산에 따르는 노동자의 차별을 금지한 1978년의 〈임신 차별 관련 법〉(Pregnancy Discrimination Act)을 발전시킨 것으로, 임신과 출산 및 양육을 이유로 여성 근로자의 고용 거부 및 해고, 또는 승진을 방해하는 것을 금지하고 있다. 아울러 유아와 취업 부모(특히 모친)가 함께 지내는 시간을 연장시키는 것을 목적으로 출산·육아, 가족간호 등을 이유로 무급휴가를 사용할 권리를 양친에게 보장하고, 이 권리행사에 대한 간섭, 억압, 거부, 불이익적 취급을 금지하고 있다. 또한 휴업 후 부모가 불이익 없이 원직에 복귀할 권리를 보장하고 있다(박세경, 2006). 〈가족·의료휴가법〉은 미국의 출산율을 높이는 역할을 한 것으로 평가되고 있다(Averett & Whittington, 2001).

국민의 대다수가 미국 사회를 '자녀양육의 비용은 낮고 생활하기 쉬운 사회'로 생각하고 있는 것도 출산율에 유리하게 작용하고 있다(이삼식 외, 2005). 무엇보다도 미국의 출산율이 높은 수준을 유지하는 것은 이민자인 흑인과 히스패닉계의 높은 출산율에 기인한다(Sleebos, 2003).

한편 2007년 이래 지속되고 있는 출산율 감소의 원인에 대해 전문가들은 경제적 요소와 깊은 관련이 있다고 분석하고 있다. 2007년 말부터 시작된 경제불황 때문에 여성들이 출산비와 양육비에 큰 부담을 느끼고 있다는 것이다. 이에 더해 이민자 감소도 출산율 하락의 원인으로 지목되고 있다. 전문가들은 구직난이 이민 감소의 원인이라고 지적하고 출산율 감소는 경제불황과 깊은 관련이 있는 것으로 분석하고 있다(〈중앙일보〉, 2011. 6. 17).

미국에서 이민자들은 자체적으로 그리고 높은 출산율을 통하여 인구 규모 및 구조에 영향을 미치고 있으나, 그간 각종 사회현상과 관련하여 중요한 인구문제로서 다루어진 것도 사실이다. 따라서 미국의 이민에 관한 사회적 이슈와 정책의 변천을 살펴보도록 한다.

초기 이민자의 대부분은 북유럽 또는 서유럽 출신이었으나 19세기 말~20세기 초에는 남유럽과 동유럽으로부터 이민이 급속히 증가하였다. 이에 따라 저임금 노동력의 유입과 인구폭발을 우려한 미국 국민의 반발이 표면화되면서 1921년에 최초의 〈이민법〉(Immigration Act)이 발표되었다. 1924년 〈이민법〉을 개정하여 남유럽이나 동유럽으로부터의 이민을 거의 정지하면서 이민자 규모는 격감하였다(박세경, 2006).

1952년 〈이민·귀화법〉에서 이민자 규모와 출신국별 할당비율 기준을 설정하였으며, 이에 따라 아시아계 이민자가 다소 증가하기는 하였지만 전체 이민자 규모나 출신지역별 비율에는 거의 변화가 없었다. 불법체류자에게 피난장소를 제공한 자를 벌금이나 투옥에서 면제하는 규정 등을 포함한 이 법은 멕시코 등의 지역으로부터 불법이민이 대량 유입되는 계기가 되었다. 1965년 〈이민·귀화법〉을 개정하여 이민 출신국별 할당과 아시아로부터의 이민 차별을 철폐하면서 아시아 국가 및 라틴아메리카로부터의 이민이 전면적으로 개방되었다. 또한 이민 허용의 최우선순위도 고도기술자로부터 미국 시민권자나 영주권자의 가족으로 이동하여, 후자가 수용 이민자 규모의 75% 정도를 차지하였다(박세경, 2006).

1970년대 이후 미국 이민정책은 시장경제의 강화에 따라 꾸준하게 증가하고 있는 불법이민 및 난민에 대한 이민 제한을 중심으로 진행되었다. 예를 들어 1986년에 〈이민개혁·조정법〉(Immigration Reform and Control Act)을 제정하여 멕시코 등 남미로부터 저임금 노동자의 유입을 차단하기 위해 불법체류자를 고용한 자를 처벌함과 동시에 이미 미국에서 취업하고 있는 불법체류자의 대다수에게 합법적인 체류권을 부여하였다. 불법이민을 우려하는 한편으로는, 미국 경제가 국제적 경쟁력을 갖기 위하여 이민 수용이 불가피하다는 결론을 바탕으로 1990년에 이민법을 개정하여 이민 우선 대상을 1965년 이민법과 같이 고도 기술자로 다시 변경하였다(박세경, 2006).

1993년 뉴욕시 세계무역센터 폭파사건을 계기로 국제적 테러리즘에 대한 우려가 높아지자 이민자로 인한 사회복지제도의 혼란과 불법이민에 대한 불만을 해소하기 위해 1996년 〈반테러리즘 및 실효 사형법〉, 〈개인책임 및 근로기회 조정법〉, 〈불법이민 개혁 및 이민 책임법〉 등 이민 관련 법이 공포되었다. 〈반테러리즘 및 실효 사형법〉(Antiterrorism and Effective Death Penalty Act)은 미국에서 범죄를 저지른 외국인을 보석 허가 없이 구속하는 것, 형기 종료 후 그들을 본국에 강제 송환하는 것을 용이하게 하였다. 〈개인책임 및 근로기회 조정법〉(Personal Responsibility and Work Opportunity Reconciliation Act)은 1996년 8월 23일 이후 미국에 (합법적으로) 입국한 외국인 중 난민으로 입국을 허가받은 자, 미군의 일원으로 병역에 참가하고 있는 자, 미국에서 10년 이상 취업경험이 있는 자를 제외한 대부분이 연방정부가 제공하는 사회복지의 혜택을 받을 수 없게 되었다. 3) 〈불법이민 개혁 및 이민 책임법〉(Illegal Immigration Reform and Immigrant Responsibility Act)에서는 국경경비대원을 매년 1천 명씩 5년간 증원하도록 규정하였다. 또한 사회복지사무소가 수급자 심사 시 신청자의 법적 지위를 확인할 것을 의무화하고, 새로 종업원을 고용하는 자는 그의 법적 지위를 확인도록 하였다. 이민자가 사회복지제도에 의존하여 생활하지 않도록 하기 위해 미국인 보증인의 소득 수준을 상향조정하고 이민자에게 경제적 필요가 생긴 경우 부양을 서약하는 법적 문서에 서명하도록 하고 있다(박세경, 2006).

2005년 11월에 부시 대통령이 발표한 포괄적 이민개혁 정책에 따라 국경수비, 불법체류자 단속강화 등이 중요한 국가전략으로 부각되었다. 아울러 일시적 노동자 프로그램(고용주-외국인근로자 간 구직구인 일치)을 신설하였으나 이는 국민적 반발을 불러왔다. 일시적 노동자는 일정 기간 동안 합법적 지위로 주민등록이 가능하나 기간 만료 후 귀국해야 한다. 이 프로그램은 경제성장, 성실한 근로자에게 가족부양 기회 제공, 국경수비 부담에 기여했다.

---

3) 1997년과 1998년에 이루어진 개정을 통해서 연방정부가 실시하고 있는 복지정책 중 보충소득보장제도(Supplementary Security Income)과 식품구입권(Food Stamp) 등에 대해 1996년 8월 22일에 미국에 거주하고 있던 합법적 이민자의 경우 수혜 자격이 유지될 수 있었다(박세경, 2006).

# ■ 참고문헌

## 국내 문헌

박세경(2006). "인구정책: 미국". 한국인구학회(편), 《인구대사전》, 439~442, 통계청.

이삼식 외(2005). 《저출산 원인 및 종합대책 연구》. 한국보건사회연구원.

장효욱(2006). 미국의 이민정책에 관한 논의. 국제노동브리프 기획특집.

## 해외 문헌

Arias, E. (2011). United States life tables, 2007. *National Vital Statistics Reports*, *59*(9). Hyattsville, MD: National Center for Health Statistics.

Averett, S. L., & Whittington, L. A. (2001). Does maternity leave induce births?. *Southern Economic Journal*, *68*, 403~417.

Coole, D. (2012). Population growth in the UK: An issue for political debate and policy intervention?. *Politics*, *32*(1), 21~30.

Hamilton, B. E., Martin, J. A., & Ventura, S. J. (2011). Births: Preliminary data for 2010. *National Vital Statistics Reports*, *60*(2) (web release). Hyattsville, MD: National Center for Health Statistics.

Hamilton, B. E., & Sutton. P. D. (2012). *Recent Trends in Births and Fertility Rates Through June 2011*. National Center for Health Statistics.

Shrestha. L. B. (2006). *Life Expectancy in the United States*. Congressional Research Service(CRS) Report for Congress.

Shrestha, L. B., & Heisler, E. J. (2011). *The Changing Demographic Profile of the United States*, Electronic version. Washington, DC: Congressional Research Service.

Sleebos, J. E. (2003). *Low Fertility Rates in OECD Countries: Facts and Policy Responses*. OECD.

Vincent, G. K., & Velkoff, V. A. (2010). *The Next Four Decades, The Older Population in the United States: 2010 to 2050*. U.S. Census Bureau.

기타 자료

〈뉴스앤포스트〉(2011. 10. 19). "미국 이민자 인구 4천만 명 돌파".
〈미국의 소리〉(2007. 9. 20). "미국인 평균수명, 세계 42위인 이유?".
〈중앙일보〉(2011. 6. 17). "미국 내 아기가 줄었다 '출산율' 뚝".

*The Washington Post* (2007. 12. 21). U. S. fertility rate hits 35-year high, stabilizing population.

OECD. Family Database. http://www.migrationinformation.org. 2012. 4. 17. 인출

# 정부재정과 사회보장재정

## 1. 미국 정부재정 현황

### 1) 시기별 미국 정부재정[1]

역사적으로 미국의 재정적자 추이와 그 주된 원인을 다음과 같이 요약할 수 있다. 먼저 1960년부터 1974년까지는 재정적자가 비교적 소규모였던 시기로 베트남전과 의료보험 도입 등으로 인해 정부의 지출이 점차 증가했으나, 전후 호황기에 세입이 증가하면서 재정적자는 GDP 대비 0.9%로 낮은 수준을 유지하였다. 재정수입은 전후 호황으로 인해 세입이 증가하여, 1970년에는 GDP 대비 재정수입이 19.7%를 기록했다. 그러나, 1차 오일쇼크로 1970년대 초에는 GDP 대비 재정수입이 다소 감소하였다.

베트남전 수행 등으로 국방비지출이 증가하여, 전체 정부지출의 절반 정도를 차지하였다. 당시 국방비지출액은 1960년에는 481억 달러로 52%

---

[1] 기획재정부의 2012년도 보도참고자료, "미국 재정적자 동향 및 시사점"을 요약 · 정리하여 재구성한 것이다.

에 달했고, 1972년에는 817억 달러로 약 42%에 해당되었다.

존슨 대통령이 제창한 '위대한 사회'(the Great Society)를 만들려는 계획에 따라 메디케어(고령자 대상 의료보장)와 메디케이드(저소득층 대상 의료보장)가 도입되었으나 당시에는 지출수준이 높지 않았다. 1974년 메디케어에는 96.4억 달러, 메디케이드에는 58.2억 달러가 지출되었고, 이는 전체 정부지출(2,694억 달러)의 약 5%를 차지했다.

이 시기에는 수입과 지출이 함께 증가하면서 재정적자가 GDP 대비 평균 0.9% 수준을 유지했으나, 베트남전과 1차 오일쇼크로 인해 그 뒤 3년간은 2%대의 재정적자를 보였다. 구체적으로 재정적자 규모는 1968년 252억 달러(2.9%), 1971년 230억 달러(2.1%), 1972년에는 234억 달러(2.0%)였으며, 1974년에는 GDP 대비 국가부채가 33.6% 수준이었다.

1975년부터 1993년까지 미국은 대규모 재정적자를 기록했다. 동 기간 중 경기악화와 경기부양을 위한 감세조치는 수입 감소로 이어졌고, 국방비와 사회보장비에 대한 지출은 증가하면서 재정적자가 크게 늘어나게 되어 GDP 대비 재정적자가 평균 3.7% 수준으로 상승하였으며, 1993년에는 GDP 대비 국가부채는 66.1%에 달했다.

정부 수입은 경기부양 정책을 편 레이건 행정부의 대규모 감세조치에 따라 GDP 대비 17%대로 하락하였다. 레이건 행정부는 제2차 오일쇼크와 강력한 긴축정책 실시 등으로 경기가 침체되자 경기부양을 도모하기 위해 대규모의 감세조치를 추진했다. 반면 의료보험에 대한 지출이 급증하고, 미소 간 냉전, 걸프전 등으로 인해 국방비가 증가하여 정부지출은 증가하였다.

1975~1993년 사이 메디케어와 메디케이드에 대한 지출이 10배 이상 증가하였다. 메디케어에 대한 지출은 1975년 129억 달러에서 1993년 1.3조 달러로 크게 증가하였고, 메디케이드에 대한 지출 역시 동기간 동안 68억 달러에서 758억 달러로 급증하였다.

베트남전 후에도 구소련과의 냉전 지속, 걸프전 등으로 국방비지출이 증가하였다. 결과적으로 수입보다 지출이 큰 폭으로 증가하여 재정적자가 GDP 대비 3.7% 수준으로 늘어났으며, 1982년에 재정적자가 1천억 달러를 돌파한 후, 1996년까지 계속해서 재정적자가 1천억 달러를 넘었다.

미국 정부의 재정적자가 심각한 수준으로 계속되자, 클린턴 행정부는 균형재정을 달성하려고 노력하였다. 1994년부터 2001년까지 클린턴 행정부는 강력한 재정개혁정책과 IT 분야를 중심으로 하는 경기호황을 통해 재정적자를 GDP 대비 0.1% 수준으로 떨어뜨리며 균형재정을 달성하였다. 그 결과, 수입이 지출보다 큰 폭으로 증가하여 2000년 재정수입은 GDP 대비 20.6%까지 상승했고, 2001년 국가부채는 GDP 대비 56.4%로 감소하였다.

클린턴 행정부는 취임 첫해였던 1994년에 재정적자가 2,032억 달러가 되자, 증세를 포함한 과감한 재정개혁을 추진하였다. 정부지출 측면에서는 페이고(pay-as-you-go: PAYGO) 원칙을 실시하였는데, 페이고는 의무적 지출을 신규로 마련하거나 감세를 실시하게 되는 경우에는 세출 증가(혹은 세입 감소)에 상응하는 수준의 증세(혹은 세출 삭감)가 해당연도 내에 이루어지도록 의무화하였다. 이에 따라 1994~2001년 기간 중 정부지출은 27.4% 증가하는 데 그쳤다. 그러나 같은 기간에 메디케어와 메디케이드 등 의료보험에 대한 지출은 52.9%나 증가하였고 국방비는 8.2% 상승하였다.

결과적으로 이 시기에는 재정지출은 소폭 증가하였으나 정부수입은 큰 폭으로 증가함으로써 재정수지가 개선되었다. 특히, 1998~2001년에는 전후 최초로 4년 연속 재정흑자를 달성하였다. 같은 기간에 재정흑자의 규모는 1998년 693억 달러, 1999년 1,256억 달러, 2000년 2,362억 달러, 2001년 1,282억 달러였다.

그러나 클린턴 정부시절 기록했던 정부재정 흑자는 끝이 나고, 다시 급속한 재정악화 시기를 맞이하게 되었다. 2002년 이후 IT버블이 붕괴하고 글로벌 경제위기, 경기부양을 위한 감세조치가 실시되고, 9·11테러와 이라크 전쟁 등으로 인한 국방비 지출이 증가하면서 GDP 대비 재정적자는 평균 4.0%로 상승하였다. 2010년 GDP 대비 국가부채는 93.2%로 상승하였다.

정부수입은 경기침체를 극복하려는 부시 행정부의 감세정책(Bush tax cuts)으로 인해 줄어들게 되었다. 감세정책의 주요 골자는 소득세 및 자본이득세율, 배당소득세율, 상속세 등을 인하하고, 부부합산과세를 경감하고 세액공제를 확대하는 것이었다. 이와 더불어 글로벌 경제위기로 GDP 대비 수입이 14%대로 감소했다. 글로벌 경제위기로 인해 부시 행정부의 감세조치가 2년간 연장되면서 2011년의 수입은 GDP 대비 14.4%로 예상되었다.

반면 지출은 증가하였는데 그 원인으로는 이라크 및 아프가니스탄과의 전쟁으로 인한 국방비 지출 증가와 경기침체에 따른 의료보험 지출 증가 등을 들 수 있다. 2002~2010년 동안 테러와의 전쟁, 이라크·아프가니스탄과의 전쟁으로 인해 국방비 지출이 약 2배 증가했다. 국방비 지출은 2002년 3,485억 달러였던 것이 2011년에는 6,936억 달러로 크게 증가했고, 경기침체 탓에 의료보험, 소득보조 등에 대한 지출도 급증했다.

메디케어에 대한 지출은 2002년 2.3조 달러에서 2010년 4.5조 달러로 늘어났고, 메디케이드에 대한 지출 역시 2002년 1.5조 달러에서 2010년 2.7조 달러로 늘어났다. 소득보조 역시 2002년 3.1조 달러 수준에서 2010년 6.2조 달러로 늘어났다.

즉, 2002년 이후 약 10년간 미국 정부의 재정은 경제위기로 인해 수입이 급감하고 사회보장지출이 증가하면서 GDP 대비 재정적자 수준이 평균 4.0%로 악화되었다. 특히 2009~2011년 동안에는 재정적자가 4조 달러로 전체 국가부채의 약 4분의 1을 차지할 만큼 급속히 악화되었다.

## 2) 미국 연방정부 재정적자 현황

### (1) 미국 정부의 재정적자와 순운영비

미국의 대침체 이후 재정적자는 큰 폭으로 증가하였으며, 2011년에는 그 규모가 1조 3천억 달러에 이르렀다. 이러한 적자의 이면에는 대규모의 정부예산을 투입해 경제를 회복하고자 한 오바마 정부 1기의 경제정책이 있었으며, 2012년의 적자는 1조 89억 달러로 측정되었다. 이후 경제가 회복세에 접어들면서 오바마 정부 2기부터는 정부지출 삭감과 세수 증액 모두를 달성하고자 하였으며, 이러한 정책에 힘입어 2013년의 재정적자는 대폭 줄어 6,800억 달러로 측정되었다(Bureau of the Fiscal Service, 2016). 2015년의 재정적자는 4,380억 달러로 GDP의 2.5%를 차지했으며, 순 운영비는 5,200억 달러로 감소되었다(〈그림 5-1〉 참조).

CBO의 보고서에 따르면, 2016년의 재정적자는 2015년에 비해 1,520억

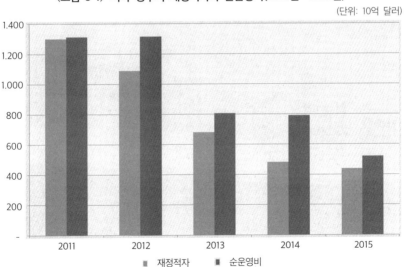

〈그림 5-1〉 미국 정부의 재정적자와 순운영비(2011년~2015년)

(단위: 10억 달러)

자료: Bureau of the Fiscal Service, 2016.

달러가 증가된 5,900억 달러로 예상되며, 이는 GDP의 3.2%를 차지할 것으로 추정된다. 이러한 추세로 재정적자는 향후 2년까지는 감소(2017년: GDP의 3.1%, 2018년: GDP의 2.6%)하나, 2019년부터 다시 상승하는 추세로 바뀔 것으로 예상된다. 이에 따라 2026년에는 재정적자가 2016년에 비해 1.4% 상승한 1조 2,430억 달러(GDP의 4.6%)에 이를 것으로 예상된다(CBO, 2016b).

## (2) 재정수입 규모 및 세입 전망

미국의 재정수입은 크게 개인소득세, 급여세금, 법인세, 그리고 기타로 구성되어 있다. 미국 재정수입에서는 개인소득세 수입이 차지하는 비율이 높으며, 2015년 기준으로 개인소득세 수입은 GDP의 14.6%를 차지하였고 총수입은 3조 3천억 달러였다(〈그림 5-2〉 참조). 2016년에는 개인소득

〈그림 5-2〉 연도별 정부 재정수입의 수입원별 비중(2011년~2015년)

(단위: 10억 달러)

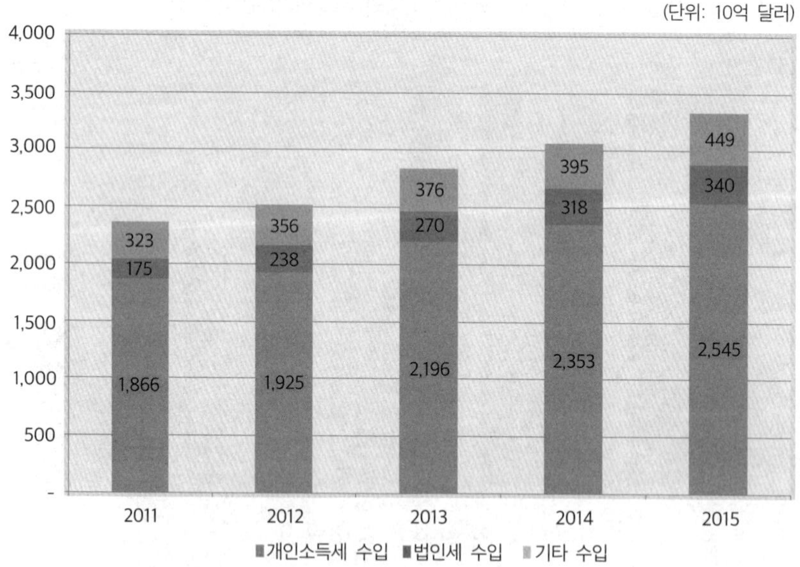

자료: Bureau of the Fiscal Service, 2016.

세금(급여세금 포함)은 2조 6,670억 달러, 법인세는 3,000억 달러, 기타 세금은 309억 달러로 추정되며, 이는 총 GDP의 17.8%에 해당되는 수입이다(CBO, 2016b).

향후 개인소득세는 부유층 증세와 같은 세법 개정과 함께 증가될 것으로 예상되며, 법인세로 인한 수입은 큰 변동이 없을 것으로 예상된다. 10년 후 수입은 개인소득세 2조 6,370억 달러, 급여세금 1조 5,790억 달러, 법인세 4,270억 달러, 기타 3,500억 달러로 추정된다(CBO, 2016b).

### (3) 미국의 장기재정 전망[2]

미국 정부의 현 시점에서의 우선순위는 지속적인 경제성장이지만, 장기적으로는 재정문제를 해결할 필요가 있다. 미국 정부는 〈적정의료법〉(Affordable Care Act: ACA, 2010), 〈예산통제법〉(Budget Control Act: BCA, 2011), 〈미국 납세자의 세금감면법〉(American Taxpayer Relief Act: ATRA, 2013)의 제정을 통해 지속 가능한 재정정책을 내놓았으며, 각각의 정책에 따라 장기적인 측면에서의 메디케어와 메디케이드 수혜자의 비용 절감, 재량지출(Discretionary spending)의 감축을 통해 수익을 증가시키고자 하였다. 이 세 가지 정책은 추정된 장기 재정 격차를 상당히 줄일 수 있을 것으로 예상되나, 베이비붐세대의 은퇴, 인구 노령화, 낮은 출산율 등은 잠재적으로 건강 관련 비용의 증가를 암시하고 있으며, 이는 기존의 사회보장 시스템의 부담을 늘릴 수 있을 것이다.

이에 따라 만약 현재의 정책이 변하지 않고 지속된다면 GDP 대비 국가부채는 2025년까지 감소하다가 2043년에 100%를 초과하여 2090년에는 223%에 이를 것으로 예상된다.

---

[2] 미국 재무부(Department of Treasury)에서 발간한 "Financial report of the United States government, fiscal year 2015"에서 발췌 및 요약한 내용이다.

재정의 지속 성장 가능성을 평가하기 위해 GDP 대비 본원적 재정적자 (*primary deficit*)를 살펴보면, 대침체 이후 2010~2012년 사이 급격히 상승하였다가 2013~2014년도에 감소하였다. 이는 2011년 제정된 BCA의 재량지출 한도에 따른 것으로 보이며, 향후 몇 년 동안 지속적인 회복세를 보일 것으로 예상된다. 이에 따라 2019년부터는 수입이 지출을 초과하기 시작하여 2024년에는 최고조에 이르며 흑자(GDP의 0.5%)가 예상된다. 하지만 2025년부터 베이비붐세대의 은퇴에 따라 사회보장과 건강 분야의 비용이 증가하면서 본원적 재정흑자를 악화시키기 시작하며, 2028년에는 다시 적자로 들어서고 2038년도에는 GDP의 1.0%에 이를 것으로 예상된다. 그럼에도 불구하고 늦춰진 고령화 사회 속도에 따라 본원적 재정적자는 감소하며 2085년부터 다시 흑자로 바뀌어 2090년에는 GDP의 0.1%에 이를 것으로 추정된다(〈그림 5-3〉 참조).

〈그림 5-3〉 정부수입과 지출에 대한 기존 자료와 향후 전망

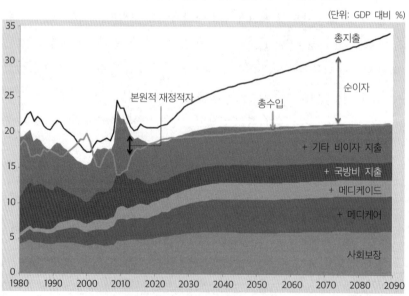

자료: Bureau of the Fiscal Service, 2016.

## (4) 주요 급여비용 변화

2016년 연방정부가 주요 보건 관련 프로그램에 투자한 비용은 GDP의 약 5.5%에 해당되며, 이 중 메디케어에 사용된 비용이 GDP의 3.2%로 가장 높은 비율을 차지하고 있었다. 그 외 메디케이드, 아동건강보험(CHIP), 시장 보조금 등으로 인한 지출은 GDP의 2.3%에 해당하였다. 메디케어로 인한 지출은 지속적으로 증가하여 2046년에는 GDP의 8.9%에 해당될 것으로 예측된다.

메디케어에서의 비용 증가는 메디케어 대상자 증가와 관련이 있는데, 이는 인구 고령화와 함께 연령별로 지급되는 비용이 변하기 때문이다(연령이 올라갈수록 비용 증가). 30년 후의 연령별 노인 분포를 살펴보았을 때, 75세에서 84세에 해당하는 노인층이 가장 크게 증가할 것으로 예상된다. 이에 따라 2046년에는 약 9천만 명이 메디케어 대상자로 포함될 것으로 추정된다(CBO, 2016a).

〈그림 5-4〉 65세 이상 인구의 연령별 인구 수(2000년~2046년)

(단위: 100만 명)

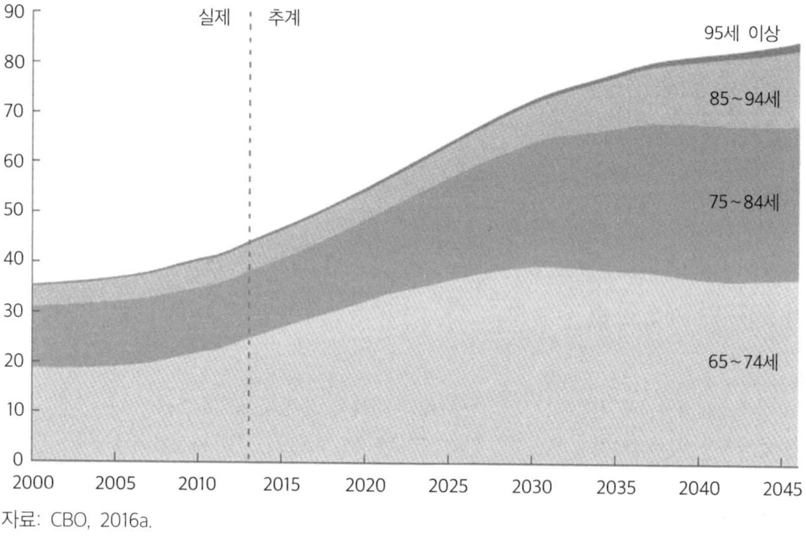

자료: CBO, 2016a.

## 2. 미국의 재정정책 개혁과 재정건전화 방안

### 1) 미국의 재정개혁 정책3)

오바마 정부에서는 재정적자를 해결하기 위한 방안으로 강제삭감, 4) 부유층 증세 및 법인세 조정 등 세제개혁을 실시하였다. 강제삭감은 〈예산통제법〉과 〈페이고법〉에 기반하고 있다.

2011년 제정된 〈예산통제법〉은 2012년 1월 15일까지 2013~2021년 회계연도의 적자감축안이 마련되지 않으면 동 회계연도까지 총 1.2조 달러의 강제삭감이 발동되도록 하고 있다. 또한 2010년 법제화된 〈페이고법〉은 재정정책의 효과가 재정적자의 증가를 가져오는 경우 의무지출들에 대해 삭감 가능함을 명시하고 있다. 〈예산통제법〉과 〈페이고법〉에 따라 강제삭감은 2015년까지 총 3차례 이루어졌으며, 첫 발동은 2013년 3월에 시작하였다. 이에 따라 2021년까지 1.2조 달러를 목표로 2013년도에는 재량지출(국방: 7.8%, 비국방: 7.1%)과 의무지출(국방: 7.9%, 비국방: 5.0%) 모두 강제삭감이 이행되었다. 2014년도는 재량지출한도가 상향조정되었으며, 의무지출(국방: 9.8%, 비국방: 9.2%5))에서의 강제 삭감이 이루어졌다. 2015년도의 삭감 또한 의무지출에서 이루어졌으며 국방에서 9.5%, 비국방에서 7.3%(메디케어 2.0% 포함) 강제삭감이 이루어졌다.

부유층에 대한 과세 강화는 지속적으로 제안되고 있으며, 자본이득세 최고세율을 인상시키고 상속세·증여세 최고세율을 인상시켰다. 이에 따라 2017년 예산안은 소득세율 33% 이상을 적용받는 고소득 납세자의 소

---

3) 한국조세재정연구원의 보고서 및 동향 관련 자료를 정리 및 요약한 내용이다.
4) 연방정부의 재정적자를 해결하기 위해 도입된 제도로, 1985년에 제정된 〈균형예산 및 긴급적자 통제법〉에서 정부예산 중 일부를 각 지출별로 취소시키는 조치로 규정하고 있다.
5) 메디케어 2.0%를 포함한다.

득공제금액을 제한하며, 고소득층이 부담하는 자본이득과 적격배당소득에 대한 과세율을 20.0%에서 24.2%로 인상할 것을 제안하였다. 또한 조정된 총소득이 가계 기준 100만 달러(부부 개별 신고 시 50만 달러 이상)인 고소득자에 공정분배세(Fair Share Tax: FST)를 부여하는 버핏룰을 시행할 것을 제안하였다. 이와는 반대로 중산층에 대한 세제지원은 확대할 것을 제안하고 있으며, 자녀 및 부양가족 보육 세액공제(Child and Dependent Care Tax Credit) 지원액을 인상할 것을 제안하고 있다.

　법인세제의 개정 방향은 조세제도 단순화, 기술개발 및 제조업 강화, 국내 투자 활성화를 위한 국제 조세체계 강화, 소규모 사업자의 조세부담 경감 및 납세신고 단순화를 목표로 이루어졌다. 2016년 개편 내용으로는 넓은 세원, 낮은 세율체계 구축을 위해 법인세 최고세율을 인하(35% → 28%)하였으며, 이자 비용 공제를 제한하고 각종 조세지출을 축소하였다. 제조업 및 혁신활동 지원을 위해서 제조업에 대한 공제 확대(실효세율 25% 수준으로 인하), 연구개발 세액공제 제도를 영구화하고 공제율을 확대(14% → 18%)하였다. 또한 국내투자 활성화 및 해외소득 과세 강화의 일환으로 저세율 국가 소재 자회사의 해외유보소득에 세율 19%를 부과하였으며, 다국적기업의 그룹 간 부채 거래 시 이자비용 공제를 제한하였다. 마지막으로 소기업 사업자를 위한 조세 혜택으로 사업 개시 비용 공제한도 인상(5천 달러 → 2만 달러), 감가상각비용 공제한도를 인상하였다(50만 달러 → 100만 달러).

## 2) 미국의 재정 건전화에 따른 변화[6]

미국 의회예산처에 따르면 2016년의 총수입은 GDP의 17.8%이며, 향후 2026년까지 18.5%로 증가할 것이라고 추정했다. 이러한 성장에는 주로 개인소득세의 증가가 기여하며, 급여세의 감소, 연준의 재무부로의 송금 증가는 이러한 효과를 감소시킬 것이라고 예측했다.

개인소득세는 과표 구간 상승(Real Bracket Creep), [7] 과세이연 은퇴 계좌 (Tax-deferred Retirement Account)의 비율 증가, 고소득층에서의 세금 증가 등으로 상승할 것으로 보고 있다. 즉, 경제가 회복됨에 따라 물가보다 임금 상승률이 높아지면, 더 많은 사람들이 높은 세율을 적용받게 되고 이러한 높은 세금구간을 적용받는 사람들의 증가로 발생하는 세금이 2026년까지 GDP의 0.4%에 해당될 것으로 예상된다. 또한 인구 고령화에 따라 은퇴하는 사람들이 증가하고 연금을 넣는 비율이 높아지면서 그로 인해 발생하는 세금이 향후 10년간 GDP의 0.3%에 해당될 것으로 보고 있다. 마지막으로 상위층의 임금 상승률이 다른 소득층에 비해 빠를 것으로 예상되며, 향후 10년간 고소득층에 의해 발생하는 세금은 부분적으로 급여세에 의해 상쇄된다고 하더라도 GDP의 0.3%에 해당될 것으로 예상된다. 그 외에도 매년 달라지는 세율은 GDP의 0.3%에 해당되는 개인소득세를 증가시킬 수 있을 것으로 보고 있다. 하지만 급여세(*payroll tax*)는 사회보장세금(Social Security Tax)에서 정한 한계(2016년: 118,500달러) 금액으로 인해, 고소득층의 세금 증가로 인한 영향을 상쇄시킬 것으로 예상된다.

법인세는 비교적 안정적으로 유지될 것으로 예상되며, 2020년부터 상승 (GDP의 1.8%)하기 시작하여 2026년에 약간 감소(GDP의 1.6%)할 것으로

---

6) 미 의회예산처에서 발행한 "An update to the budget and economic outlook: 2016 to 2026"의 보고서의 내용을 발췌 및 요약하였다.

7) 실제로 소득이 상승하면서 더 높은 세율이 적용되는 현상이다.

**표 5-1** 예측된 주요 수입 변화(2016년~2026년)

| | GDP 중 차지하는 비율(%) | | | 변화 주 요인 |
|---|---|---|---|---|
| | 2016년 | 2026년 | 차이 | |
| 개인소득세 | 8.5 | 9.8 | 1.3 | - 과표 구간 상승<br>- 은퇴 연금 증가<br>- 소득불균형 증가 |
| 급여세 | 6.1 | 5.8 | -0.2 | - 소득불균형 증가 |
| 법인세 | 1.6 | 1.6 | -0.1 | - 세금공제, 경제 활동상태, 국내 경제적 이윤 감소,<br>  법인세 감소 전략 |
| 연준 송금 | 0.6 | 0.3 | -0.4 | - 평균으로의 회귀 |

주: 비율 수치는 소수점 둘째 자리에서 반올림.
자료: CBO, 2016b.

예상된다. 법인세의 변화는 크게 네 가지 요인의 순효과에 의한 것으로 보인다. 첫째, 2016~2017년 설비분야에 투자한 회사들에 대한 세금 공제가 2018~2020년 사이에 단계적으로 폐지됨에 따라 그 영향이 있을 수 있다. 둘째, 현재의 경제활동 상태가 잠재적으로 불안정하기 때문에 향후 수입(세금)에 영향을 미칠 수 있다. 셋째, 기업의 부채에 대한 이자 증가와 인건비 증가가 상대적으로 GDP 대비 국내 경제적 이윤 감소를 야기할 수 있다. 넷째, 법인세를 줄이기 위한 법인들의 전략에 의해 법인세가 감소할 수 있다. 2010년에 매우 큰 폭의 변화가 있었던 연준(FRS)이 재무부로 송금한 금액의 규모는 지속적으로 감소하여 2026년에는 예전의 비율을 유지할 것으로 예측된다(〈표 5-1〉 참조).

　현재 적용되고 있는 법에 근거하여 지출을 추정하면, 2019년에는 그 규모가 GDP의 21%에 해당하며 2020년에 22%로 상승한 후 몇 년 동안 유지되다가, 2026년에 23%로 오를 것으로 예상된다. 금액으로 환산하면 향후 10년 동안 순수하게 2조 4천억 달러의 지출이 증가하며, 이는 매년 약 5%가 증가한다는 것을 의미한다.

　필수지출(Mandatory Outlays)은 사회보장, 주요 보건 프로그램, 그 외 프

〈그림 5-5〉 1966년, 1991년과 비교한 예상 정부지출 및 수입

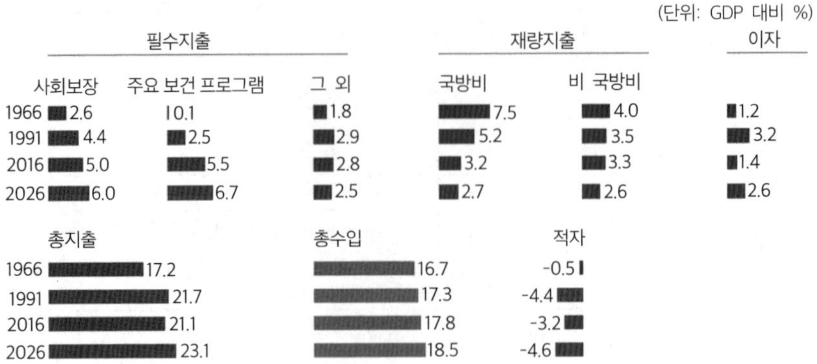

(단위: GDP 대비 %)

| | 필수지출 | | | 재량지출 | | 이자 |
|---|---|---|---|---|---|---|
| | 사회보장 | 주요 보건 프로그램 | 그 외 | 국방비 | 비 국방비 | |
| 1966 | 2.6 | 0.1 | 1.8 | 7.5 | 4.0 | 1.2 |
| 1991 | 4.4 | 2.5 | 2.9 | 5.2 | 3.5 | 3.2 |
| 2016 | 5.0 | 5.5 | 2.8 | 3.2 | 3.3 | 1.4 |
| 2026 | 6.0 | 6.7 | 2.5 | 2.7 | 2.6 | 2.6 |

| | 총지출 | 총수입 | 적자 |
|---|---|---|---|
| 1966 | 17.2 | 16.7 | -0.5 |
| 1991 | 21.7 | 17.3 | -4.4 |
| 2016 | 21.1 | 17.8 | -3.2 |
| 2026 | 23.1 | 18.5 | -4.6 |

자료: CBO, 2016b.

로그램으로 구성되어 있고, 매년 5.5%씩 증가하고 있다. 2017년에 필수지출은 GDP의 13.3%였으나, 2026년에는 GDP의 15.2%에 이를 것으로 예상된다. 필수지출에서 사회보장과 보건 프로그램이 차지하는 금액의 비율이 높으며(특히 메디케어), 향후 10년 동안 연간 6.0%의 성장률을 보이며 2026년에는 GDP의 12.6%에 이를 것으로 예상된다. 인구 고령화에 따라 65세 이상의 인구가 증가하면서, 모든 연방정부의 비이자지출(non-interest spending)의 3분의 1을 차지하며 2026년까지 40%까지 증가할 것으로 예상된다.

재량지출은 국방비와 비국방비로 구성되어 있으며, 2016년에 1조 2천억 달러의 지출은 2026년까지 1조 4천억 달러로 매년 2%씩 증가할 것으로 예상된다. 하지만 GDP 대비 비율을 살펴보았을 때 국방비 및 비국방비 모두 감소하는 양상으로 2026년에는 GDP 대비 각각 2.7%, 2.6%로 예상된다(〈그림 5-5〉 참조).

## 3. 사회보장 재정

### 1) 미국 세입구조와 재정현황

미국은 연방국가로 각 단계의 지방자치단체가 세금을 징수, 배분할 수 있는 권한을 가지고 있는 대표적 국가이다. 연방세는 관세를 제외하고 미국 연방세법을 기준으로 소득세, 상속 및 증여세, 고용세, 소비세를 부과하고, 지방세는 주마다 실제 운영하는 세목이 다르다. 주정부는 미국연방헌법과 주 헌법이 금지하지 않는 한 어떠한 세목도 부과할 권리가 있으며, 여기에는 개인소득세, 법인소득세, 영업 허가세, 판매세 및 사용세, 상속세, 증여세, 재산세, 실업 보험세 등이 포함된다. 지방세는 세목의 명칭이 다양하며, 취득세, 등록 면허세, 레저세, 담배소비세, 지방소비세, 주민세 등이 세목으로 들어가 있다(박훈, 2015).

세원별 조세 구조는 소득세제, 소비세제, 재산세제가 주된 세원이다. 2016년을 기준으로 7개 주를 제외한 총 43개의 주에서 개인소득세를 부과하며, 2개 주는 이자소득과 배당소득세만 과세하고 있다(Tax Foundation, 2016). 미국 연방정부의 세원은 소득과세(개인소득세 및 법인세)가 차지하는 비중이 가장 높다. 주정부는 소비과세, 소득과세, 재산과세 순으로 세원을 차지하고 있으며, 지방정부는 재산과세의 비중이 가장 높다(〈표 5-2〉 참조).

법인세는 주마다 상이하며, 2016년을 기준으로 44개주에서 4%~12%의 세율로 부과하고 있다. 2016년을 기준으로 추정해 보았을 때, 미국 전체 세입에서 중앙정부의 세입이 49.3%를 차지하며, 주정부 세입은 29.9%, 자치단체의 세입은 20.9%를 차지하고 있다.

2015년 회계연도에 사회복지와 사회보장 부문은 미국 정부의 재정지출에서 가장 큰 비중을 차지하고 있다. 총 51%의 재정(각각 27%와 24%)이 이두 부문에 지출되고 있다(〈그림 5-6〉 참조).

<표 5-2> 2013년 50개 주의 주정부 및 지방정부의 세원별 비중

단위: %

| 주 | 재산세 | 일반소비세 | 개인소득세 | 법인세 | 그 외 |
|---|---|---|---|---|---|
| 미국 전체 | 31.3 | 22.5 | 23.3 | 3.6 | 19.3 |
| 앨라배마 | 18.0 | 29.6 | 22.5 | 2.6 | 27.3 |
| 알래스카 | 20.8 | 3.2 | 0.0 | 9.3 | 66.7 |
| 애리조나 | 29.5 | 39.8 | 15.0 | 2.9 | 12.7 |
| 아칸소 | 18.1 | 35.8 | 24.6 | 3.7 | 17.7 |
| 캘리포니아 | 25.6 | 21.7 | 32.6 | 3.6 | 16.3 |
| 콜로라도 | 30.7 | 26.8 | 24.2 | 2.9 | 15.5 |
| 코네티컷 | 37.5 | 14.8 | 29.9 | 2.2 | 15.6 |
| 델라웨어 | 17.9 | 0.0 | 27.8 | 7.4 | 46.9 |
| 플로리다 | 36.0 | 34.2 | 0.0 | 3.1 | 26.7 |
| 조지아 | 30.4 | 27.6 | 26.4 | 2.4 | 13.2 |
| 하와이 | 16.5 | 38.8 | 21.6 | 1.5 | 21.6 |
| 아이다호 | 28.0 | 25.9 | 25.3 | 3.9 | 16.8 |
| 일리노이 | 36.9 | 14.1 | 23.9 | 6.4 | 18.7 |
| 인디애나 | 25.5 | 27.3 | 24.8 | 3.1 | 19.3 |
| 아이오와 | 34.0 | 20.5 | 25.7 | 3.1 | 16.8 |
| 캔자스 | 32.0 | 29.3 | 22.9 | 3.0 | 12.8 |
| 켄터키 | 20.9 | 19.6 | 31.7 | 5.0 | 22.9 |
| 루이지애나 | 22.4 | 38.6 | 15.6 | 1.4 | 22.0 |
| 메인 | 39.6 | 16.7 | 23.9 | 2.7 | 17.1 |
| 메릴랜드 | 27.5 | 12.7 | 37.7 | 2.9 | 19.2 |
| 매사추세츠 | 36.2 | 13.5 | 33.5 | 4.9 | 11.9 |
| 미시간 | 35.2 | 22.8 | 23.1 | 2.4 | 16.5 |
| 미네소타 | 27.9 | 17.1 | 29.8 | 4.5 | 20.8 |
| 미시시피 | 26.2 | 31.1 | 17.1 | 4.1 | 21.5 |
| 미주리 | 28.2 | 25.4 | 27.2 | 2.2 | 17.0 |
| 몬태나 | 37.0 | 0.0 | 27.1 | 4.4 | 31.4 |
| 네브래스카 | 35.4 | 23.1 | 24.2 | 3.2 | 14.1 |
| 네바다 | 25.1 | 36.8 | 0.0 | 0.0 | 38.2 |
| 뉴햄프셔 | 64.1 | 0.0 | 1.8 | 10.0 | 24.1 |
| 뉴저지 | 47.4 | 15.0 | 21.5 | 4.1 | 12.0 |
| 뉴멕시코 | 18.6 | 38.2 | 16.2 | 3.5 | 23.5 |
| 뉴욕 | 31.0 | 16.3 | 31.7 | 7.3 | 13.7 |
| 노스캐롤라이나 | 25.0 | 22.0 | 31.1 | 3.6 | 18.2 |
| 노스다코타 | 12.9 | 22.9 | 10.1 | 3.5 | 50.5 |

166

〈표 5-2〉 2013년 50개 주의 주정부 및 지방정부의 세원별 비중(계속)

단위: %

| 주 | 재산세 | 일반소비세 | 개인소득세 | 법인세 | 그 외 |
|---|---|---|---|---|---|
| 오하이오 | 28.4 | 21.4 | 29.7 | 1.0 | 19.5 |
| 오클라호마 | 17.0 | 33.5 | 21.7 | 4.3 | 23.4 |
| 오리건 | 32.9 | 0.0 | 40.8 | 3.4 | 23.0 |
| 펜실베이니아 | 29.7 | 16.8 | 26.0 | 4.3 | 23.1 |
| 로드아일랜드 | 44.5 | 16.3 | 20.2 | 2.7 | 16.4 |
| 사우스캐롤라이나 | 33.7 | 23.4 | 22.0 | 2.5 | 18.3 |
| 사우스다코타 | 35.1 | 39.9 | 0.0 | 1.3 | 23.8 |
| 테네시 | 27.0 | 40.1 | 1.3 | 6.2 | 25.3 |
| 텍사스 | 40.4 | 31.9 | 0.0 | 0.0 | 27.7 |
| 유타 | 27.1 | 24.9 | 28.0 | 3.2 | 16.8 |
| 버몬트 | 43.0 | 10.5 | 19.5 | 3.1 | 23.8 |
| 버지니아 | 33.7 | 14.0 | 31.1 | 2.2 | 18.9 |
| 워싱턴 | 30.6 | 44.8 | 0.0 | 0.0 | 24.6 |
| 웨스턴버지니아 | 20.5 | 17.4 | 24.9 | 3.4 | 33.9 |
| 위스콘신 | 38.4 | 17.3 | 26.2 | 3.5 | 14.7 |
| 와이오밍 | 37.5 | 25.7 | 0.0 | 0.0 | 36.8 |
| 워싱턴DC | 31.9 | 17.6 | 26.6 | 7.3 | 16.7 |

자료: Tax Foundation, 2016.

〈그림 5-6〉 2015년 미국 정부의 부처별 재정지출 비율

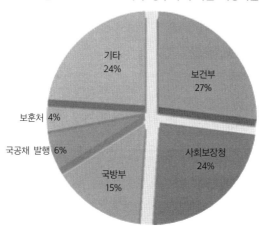

자료: Bureau of the Fiscal Service, 2016.

## 2) 연방보조금[8]

### (1) 재정연방주의와 연방정부의 재정지원

미국은 기본적으로 재정연방주의(Fiscal Federalism)에 근거하여 정부의 수입과 지출에 대한 책임과 권한을 연방, 주, 지방정부가 일정 수준으로 공유하고 있다. 이를 바탕으로 각종 재원은 공유되며, 다양한 행정서비스가 보다 효과적이고 효율적으로 제공될 수 있도록 재정을 수직적·수평적 형평성과 공유에 초점을 두어 사용해왔다.

예를 들어 1972년에 〈주 및 지방 재정지원법〉(The State and Local Fiscal Assistance Act)의 도입을 통해 시행되기 시작하여 1987년까지 계속되었던 일반재원 공유제도(General Revenue Sharing) 하에서 연방정부는 주정부와 지방정부의 재정을 지원하였는데, 이는 결과적으로 재정형평성 강화에 일정부분 기여하였다. 일반재원 공유제도에 따른 연방보조금은 주정부나 지방정부가 추진하는 사회보장을 포함한 각종 정책들을 추진하기 위해 특별한 제한 없이 사용될 수 있었다.

연방보조금은 포괄보조금(block grant)과 특정보조금(categorical grant), 사업보조금(project grant) 등이 포함되어 있다. 포괄보조금은 사용용도가 지정되어 있지 않아 지방자치단체가 자율적으로 활용할 수 있으며, 지방자치단체의 재원 확충을 목적으로 사용한다. 연방정부의 보조금 중 가장 큰 규모인 특정보조금은 지방자치단체의 재량이 제한적이며 특정사업에만 사용이 가능하다. 사업보조금은 지원 대상 범위가 가장 좁으며, 소상공인 지원보조금과 습지 보호보조금 등과 같이 특정사업 및 기간 내의 서비스 공급과 관련된 재원을 공급한다(박훈, 2015).

---

8) 이재원 외의 "사회복지분야 재정분담 적정화를 위한 국고보조금제도 개편방향"(2007), 박훈의 "미국의 지방세 제도"(2015)의 내용을 요약, 정리하여 재구성하였다.

## (2) 연방보조금의 지원방식

연방보조금은 연방의회가 정치적으로 결정하며 연방정부는 자원방식을 결정하는 데 필요한 기본적인 자료만 제공한다. 일반보조금은 인구수에 기초하여 배분되나, 특정보조금은 인구와 조세노력(*tax effort*), 1인당 소득에 따라 배분하는 3요인 공식(Three Factor Formula)와 각 주의 도시인구규모 및 소득세 수입규모 등을 추가한 5요인 공식(Five Factor Formula)에 따라 배분되며, 두 가지 공식 중에서 지원받는 정부에 유리한 공식이 적용되어 배분된다. 주정부는 5요인 공식의 적용을 받고, 지방정부의 경우 3요인 공식의 적용을 받는 것이 일반적이다.

이와 더불어 상원공식(Senate Formula)과 하원공식(House Formula) 역시 적용된다. 상원공식을 적용하면 개인소득이 낮을수록, 조세노력이 클수록 1인당 교부금액이 증가하지만 지역별 재정수요의 크기는 고려하지 않는다. 반면에 하원공식을 적용하면 조세노력과 주 소득세입에 따라 보조금의 각각 17%가 결정되고, 나머지 66%는 지역별 재정수요(Expenditure Demand)에 영향을 받는다.

## (3) 주정부 보조금

① 주정부 보조금(State Aid)과 용도

주정부 역시 지방정부에 각종 보조금을 지급하는데, 그 보조금은 주로 특별구에 지원하는 국고보조금(Grant-In Aid)과 일반목적에 사용하는 일반지원금(General Assistance)으로 나뉜다. 실제로 지방정부의 수입 중 주정부 보조금이 4분의 1 이상 차지하는 등 주정부 보조금은 지방정부의 재정수입에 큰 영향을 미치고 있다.

예를 들어 뉴욕주의 경우 100개 이상의 재정지원 프로그램 중 10%는 일반지원금(General Purpose Assistance)에 쓰이고 나머지 90%는 특정보조금

(Categorical Aid) 으로 이루어진다. 보조금은 교육에 50% 이상, 사회복지비에 15% 내외, 고속도로 및 교통비에 10% 내외가 쓰이며, 나머지는 보건, 치안, 환경, 주택 및 지역개발, 자원보호 등에 쓰이고 있다.

② 주정부 보조금의 배분방식

특정보조금(Categorical Aid) 은 주로 사업에 할당되며 지방정부의 사업의지 등을 고려한 다양한 형태의 매칭(matching) 이 적용된다. 지방정부의 재원조달 상황을 고려하여 보조금을 배분하는 방식을 취하고 있기 때문에 카운티와 여타 지방정부들 간에 협력 또는 갈등관계가 발생하기도 한다. 보조금을 배분하는 방식은 주의회에서 정치적으로 결정된다.

일반보조금은 인구 1인당 보조(Per Capita Aid) 를 통해 배분된다. 전체 보조금 중 절반은 인구 비례로 배분하고, 나머지는 재정균등화 요인(Equalization Factor) 에 의해 배분된다. 재정균등화 변수에는 소득 이외에 재산평가액이 포함되며, 재정수요의 크기와 소득에 따라 지급되는 보조금의 총액이 달라진다.

**(4) 소득보장과 관련된 재정분담**

미국의 대표적인 공적부조 제도인 빈곤가족한시지원(TANF) 프로그램에 대한 재정은 연방정부와 주정부가 조달하며 연방정부는 포괄보조금(Block Grant) 으로 지원한다. 연방정부의 예산은 연간 변동이 없는 기초 포괄보조금(basic block grant) 과 경기 변동에 의해 탄력적인 임시보조금(contingency grant) 으로 나뉘며, 거의 모든 TANF의 재원은 주 가족지원 보조금(State Family Assistance Grant: SFAG) 으로 불리는 포괄보조금에서 발생한다. 만약 주에서 포괄보조금을 초과한 금액을 사용한 경우 임시보조금으로부터 지원을 받을 수 있다. 또한 주정부는 반드시 비연방재원(nonfederal funding) 으로 TANF의 재원을 마련해야 하며, 2013년을 기준으로 약 150억 달

<표 5-3> 빈곤가족한시지원(TANF) 재원 변경 조건

| 재원 변경 | 근로조건 변경 | 유지 및 향상 조건 |
|---|---|---|
| SFAG 10% 감소 | 주별로 상이한 근로조건 금지 | 민간자원을 유지향상조건에<br>포함 금지 |
| 물가에 따른 SFAG 상승 | 케이스 감소가 아닌<br>이전 수혜자들의 지속적인<br>근로 유지 주에 혜택 | TANF 재원의 1/4을<br>현금지원으로 사용 |
| SFAG와 실업률의 연계 | 유지향상조건을 초과하는 비용<br>사용한 주 지원 감소 | |
| 높은 실업률에 따른<br>임시보조금 활용 | 구직활동 횟수의<br>근로 포함 한계 완화 | |
| 기업보조금 복원 및<br>임시보조금 감소 | 직업교육 횟수의<br>근로 포함 한계 완화 | |

자료: TANF, 2015. Spending and Policy Options. https://www.cbo.gov/sites/default/files/114th-congress-2015-2016/reports/49887-TANF.pdf, 2017. 2. 6. 인출.

러가 주정부의 조달에 의해 사용되었다. 기본적으로 연방정부는 수급자격 기준을 제시하고 최종 소득 기준과 수급액은 주의 결정에 따르기 때문에 수급액은 주별로 상이하다(CBO, 2015).

최근 TANF에 사용된 재원은 다른 프로그램과 저소득층에 대한 세금공제 등으로 감소하였다. 지난 20년 동안 보충소득보장(SSI), 건강보험, 영양지원, 대학 및 기타 교육 지원 등의 프로그램을 통해 지원받는 저소득층이 증가하면서, 정부의 예산은 TANF보다 다른 프로그램에 더 많은 비용이 투자되고 있다. 의회예산처는 TANF의 예산을 열두 가지 조건에 따라 바꿀 수 있는데, 재원 변경, 근로조건 변경 및 유지 및 향상조건이다. 재원 조건은 포괄보조금과 임시보조금의 금액을 바꿀 수 있으며, 근로 조건을 좀더 유연하게 만듦으로써, 수혜자들이 좀더 서비스를 받을 수 있도록 했다. 마지막으로 유지 및 향상 조건(Maintenance-of-effort Requirement)으로 주에 대한 혜택을 바꾸었으며, 이때 유지 및 향상 조건이란 1994년도의 비연방재원의 75% 미만으로 비연방지출을 한 주에 페널티를 부과하는 것이다. 또한 저소득층에 대한 현금지원이 일정 수준으로 유지되도록 함으로써 주 가족 지원보조금의 비율을 일정하게 유지되도록 하였다(CBO, 2015 (〈표 5-3〉 참조)〕.

또 다른 소득분배 제도로 활용되는 제도로서 빈곤한 65세 이상 노인과 장애인에게 제공되는 현금급여인 SSI는 연방정부의 재정에 의해 대부분의 주정부 재원이 마련되며, 각 주정부의 사정에 따라 급여액에서 차이가 발생한다. SSI 급여와는 별도로 주정부마다 SSI 급여를 보충하기 위한 급여 또한 제공하고 있다.

### 3) 사회보장 관련 정부기능별 지출 전망

미국의 사회보장 관련 정부기능별 지출에는 주요 보건 프로그램(Major Health Care Program), 소득보장(Income Security), 사회보장연금(Social Security Retirement Benefit), 연방시민 및 퇴역군인(Federal Civilian and Military Retirement), 제대군인 프로그램(Veterans Program) 등이 포함된다.

2015년 사회보장 관련 총 지출은 2조 2,970억 달러로, 이 중에서 주요 보건 프로그램이 40.4%, 사회보장연금이 34.5%, 소득보장 관련 지출이 11.8%, 그리고 연방시민 및 퇴역군인 프로그램이 6.30%를 차지하였다 (CBO, 2016b).

미국의 대표적인 사회보장 관련 부처로는 보건복지부(Department of Health and Human Services: DHHS)와 사회보장청(Social Security Administration: SSA)이 있다. 2015년 기준으로 이 두 부처의 총 세출예산은 1조 9,742억 달러이며 보건복지부가 1조 295억 달러, 그리고 사회보장청이 9,447억 달러이다. 이 금액은 미국의 총 세출예산 3조 9천억 달러의 51%를 차지한다.

미국의 사회보장 관련 지출은 2026년까지 증가할 것으로 예상되며, 특히 메디케어, 메디케이드 등이 포함된 주요 보건 프로그램과 사회보장연금에서 증가될 것으로 예상된다. 향후 10년까지 총 2조 4천억 달러의 비용이 증가할 것으로 추정되며, 주요 보건 프로그램이 34%, 사회보장연금이 29% 증가할 것으로 보고 있다. 주요 보건 프로그램 중에서도 메디케어가 21%(매년 GDP 대비 약 2%의 성장률)를 차지하며 가장 큰 폭의 증가율을 보일 것으로 예상된다. 반면 주요 보건 프로그램과 사회보장연금 이외의 다른 프로그램에서의 지출은 감소할 것으로 예상된다. 소득보장 및 제대군인 프로그램 등을 포함한 그 외 프로그램에서의 지출은 2017년 GDP의 2.8%를 차지하였으나 점점 감소하여 2026년에는 2.5%를 차지할 것으로 예상된다(CBO, 2016b).

## 4) 사회보장 관련 보조금[9]

### (1) 사회서비스 포괄보조금

사회서비스 포괄보조금(Social Services Block Grant: SSBG)은 주정부가 수행하는 성인 및 아동에 대한 사회서비스정책을 지원하는 교부금으로, 그 재원은 주정부 관할구역 내 인구수를 기준으로 배분된다. 관리와 운영의 주체는 보건복지부 산하 아동가족청(Administration for Children and Families: ACF)과 지역사회서비스실(Office of Community Services: OCS)이다.

SSBG가 만들어지게 된 배경은 1970년대 중반의 〈사회보장법〉(Social Security Act) 개정을 통해서이다. 1975년 4월에 〈사회보장법〉을 통해 연방정부의 주정부에 대한 재정지원 제도를 승인하였다. 그 이전에 주정부는 특정 프로그램에 대해서는 지방비로 부담하는 것을 전제로 하여 연방정부로부터 보조금을 지원 받았는데 1975년에 법이 개정되면서 해당 서비스의

---

9) 박세경의 "미국 사회서비스 정책의 특성과 최근 동향: 사회서비스 포괄보조금을 중심으로"(2007)와 김재경 외의 "자활기금 사용 실태조사 및 활성화 방안"(2011)의 내용을 요약, 정리하여 재구성하였다.

## 〈표 5-4〉 연방 아동가족청(ACF)의 주요 사업 및 예산 규모

(단위: 백만 달러)

| 구분 | 세부내용 | FY2014 | FY2015 | FY2016 |
|---|---|---|---|---|
| | 저소득층 건강 지원 프로그램<br>(Low-Income Home Energy Assistance Program) | 3,390 | 3,390 | 3,390 |
| | 아동보육 및 발달기금<br>(Child Care and Development Fund) | 2,358 | 2,435 | 2,805 |
| | 안정가정 지원 프로그램<br>(Promoting Safe & Stable Family) | 60 | 60 | 90 |
| | 아동 · 가족서비스 프로그램<br>(Children and Family Services Programs) | | | |
| 임의재량사업 | 헤드스타트(Head Start) | 8,598 | 8,598 | 10,118 |
| | 가출 · 홈리스청소년 지원<br>(Runaway & Homeless Youth Program) | 97 | 97 | 106 |
| | 방황 청소년 연결 사업<br>(Service Connection for Youth on the Streets) | 17 | 17 | 17 |
| | 아동 학대(Child Abuse Program) | 93 | 94 | 114 |
| | 아동 복지(Child Welfare Program) | 345 | 335 | 338 |
| | 차피 교육 훈련 지원<br>(Chafee Education and Training Vouchers) | 43 | 43 | 43 |
| | 입양 및 법적 보호권 장려(Adoption and Legal<br>Guardianship Incentive Program) | 38 | 38 | 38 |
| | 원주민 지원<br>(Native American Program) | 47 | 47 | 50 |
| | 사회서비스 사업<br>(Social Services Research & Demonstration) | 6 | 6 | 18 |
| | 주정부 사업(Federal Administration) | 199 | 201 | 212 |
| | 재난 복지 사업 사례관리<br>(Disaster Human Services Case Management) | 2 | 2 | 2 |
| | 지역사회서비스<br>(Community Service Program) | 668 | 674 | 674 |
| | 지역사회 임의 재량 활동<br>(Community Service Discretionary Activity) | 722 | 729 | 693 |
| | 폭력 예방<br>(Violent Crime Reduction) | 138 | 140 | 162 |
| | 난민지원프로그램<br>(Refugee and Entrant Assistance) | 1,530 | 1,560 | 1,629 |
| | 임의재량사업 총 예산(Sub Total) | 17,690 | 17,791 | 19,825 |

<표 5-4> 연방 아동가족청(ACF)의 주요 사업 및 예산 규모(계속)

| 구분 | 세부내용 | FY2014 | FY2015 | FY2016 |
|---|---|---|---|---|
| 필수사업 | 주정부 자녀양육비 및 가족 지원 사업비용 지원<br>(Payments to States for Child Support & Family Supporting Program) | 4,325 | 4,254 | 4,417 |
| | 아동 연구 및 기술 지원 서비스<br>(Children's Research & Technical Assistance) | 48 | 34 | 37 |
| | 빈곤 가정 일시적 지원<br>(Temporary Assistance for Needy Families) | 17,349 | 17,345 | 17,347 |
| | 아동 보호 및 발전 기금<br>(Child Care and Development Fund) | 2,917 | 2,917 | 6,582 |
| | 위탁가정 지원<br>(Payments for Foster Care & Permanency) | 7,429 | 7,343 | 8,031 |
| | 안정가정 지원<br>(Promoting Safe and Stable Families) | 451 | 445 | 435 |
| | 사회서비스 포괄보조금 사업<br>(Social Services Block Grant) | 1,656 | 1,661 | 2,085 |
| | 저소득층 건강 지원 사업<br>(Low Income Home Energy Assistance Program) | - | - | 1,130 |
| 필수사업 총 예산(Sub Total) | | 33,982 | 33,783 | 39,862 |
| 총 사업 예산(임의재량, 필수사업 포함) | | 51,660 | 51,574 | 59,687 |

자료: https://www.acf.hhs.gov/sites/default/files/olab/final_cj_2017_print.pdf, 2017. 2. 6. 인출.

대상 범위를 보다 넓히고 주정부의 재량을 확대하였다. 물론 계획, 공공참여, 소득 적격성, 그리고 행정관리에 대한 요구 조건들 역시 명시되었다.

1981년도에 미국 연방의회에서는 SSBG 프로그램을 다시 개정하여 동 재원에서 주정부의 재량을 보다 확대하였다. 그로 인해 주정부들은 서비스의 종류와 대상자 선정, 서비스 제공 시설의 입지, 서비스의 직접 제공이나 민간 위탁 여부 등에 대한 재량권을 갖게 되었다.

아동가족청은 아동과 가족, 그리고 개인과 지역사회의 경제적·사회적 삶의 질을 증진시키기 위한 연방정부 프로그램들을 관리하고 운영하는 주무부처이다. 개인과 가족의 자립자활 능력을 향상시켜 경제적으로 독립하게 하여 사회적 생산성을 높이는 것을 최우선 목표로 삼고 있으며, 지역사회 개발을 통해 아동발달 환경을 조성하는 데도 정책역량을 집중하고 있다. 아울러 사회서비스의 대상자와 서비스 공급자, 지역사회 및 해당 지역의 지방정부와 주정부 그리고 연방정부와 의회가 그 지역사회의 문제해결을 위한 협력체계를 구축하기 위해 노력하고 있다. 또한 가족, 청소년, 아동들의 안전과 복지를 향상시키고, 사회서비스를 받지 못한 취약계층을 지원하고자 하며, 아동가족청의 재량을 확대하여 가족과 지역사회를 개선하고자 한다. 아동가족청을 통해서 제공되는 사회서비스에 대한 사전 계획의 수립과 서비스 전달체계의 혁신 및 통합을 통해 서비스 욕구에 대한 접근 기회를 보장하고자 하는데, 주요 서비스 목록은 〈표 5-4〉와 같다.

아동가족청은 아동의 건강한 성장·발달을 지원하고 발달위기에 노출된 아동의 보호 및 사전 예방프로그램은 물론 미국의 대표적 보육프로그램으로서 헤드스타트 사업을 주관한다. 또한 빈곤가족의 소득을 보장하기 위한 대표적 프로그램인 빈곤가족한시지원(TANF)을 연방정부 차원에서 종합적으로 관리하고 있으며, 건강하고 안정적인 가정생활 기반을 마련하기 위해 가정생활 지원서비스와 결혼생활 지원서비스를 제공하고 있다. 아울러 난민이나 원주민 등과 같은 사회적 소수의 복지증진을 위한 프로그램을 주요 사업 내용에 담고 있으며 지역사회 복지정책을 추진하기 위한 사업도 포함하고 있다. 이어서 SSBG 사업을 직접적으로 관리·운영하고 있는 연방 지역사회서비스실(Office of Community Services)을 운영하고 있다. 지역사회서비스실에서는 총 6개의 사회서비스와 지역 개발 프로그램을 시행하고 있으며, 2015년을 기준으로 56억 달러 이상이 투입되었다.

사회서비스 교부금 사업의 목적은 첫째, 사회의존성을 예방, 감소, 제거하여 경제적인 자립을 달성하고 유지하는 것이다. 둘째, 의존성을 감소시키고 예방하는 것을 포함한 자족성 성취 및 유지이다. 셋째, 자신을 스스로 돌보지 못하거나 가족의 도움을 받지 못하는 성인이나 아동을 방치, 학대, 혹은 착취로부터 보호하고 치료하는 것이다. 넷째, 지역사회 기반

<표 5-5> 지역사회서비스실 프로그램

| 프로그램 | 내용 |
|---|---|
| Assets for Independence (AFI) | 지역 기반 접근법으로 가용한 개인 및 지역 내 기존 자원을 활용하여 저소득층이 개인 개발 계좌(Individual Development Accounts: IDAs)라고 불리는 저축 계좌에 매칭 및 재무 교육을 통해 자급자족할 수 있도록 도와줌. |
| Community Economic Development(CED) | 연방 보조금 프로그램으로 지속가능한 사업 개발 및 고용 기회의 창출을 통해 저소득층 개인과 가족의 경제적 욕구를 충족시킴. |
| Community Service Block Grant(CSBG) | 빈곤의 원인과 상태를 개선하기 위해 저소득층 개인 및 가족, 지역사회가 필요한 고용, 교육, 주거 등을 포함한 기반 서비스 지원. |
| Low Income Home Energy Assistance Program(LIHEAP) | 주 및 지역사회의 재원을 기반으로 저소득층의 가정에 필요한 영양(Energy) 비용 충족. |
| Rural Community Development(RCD) | 임의재량 보조금을 활용하여 저소득 지역사회에 안전한 물과 폐수 처리 시설과 서비스 제공. |
| Social Services Block Grant(SSBG) | 주정부의 보조금을 바탕으로 경제적 자급자족, 학대 및 방치, 어린이 및 아동의 착취 개선 등 부적절한 제도 감소, 관련 시설 보호. |

자료: Office of Community Services, 2016.

부양, 가족 기반 부양 혹은 그와 유사한 형태의 부양을 통해 과도하게 기관 또는 시설에서 요양하는 것을 예방 혹은 감축하는 것이다. 다섯째, 기관의 서비스가 적합하지 않거나 부족할 때 서로 다른 시설요양을 제안하고 승인한다.

## (2) SSBG 재정지출계획서

주정부가 SSBG 재원을 교부 받기 위해서는 해마다 연방정부에 재정지출계획서를 제출해야 하며, 연방정부는 재원지출의 용도를 관리하기 위해 지출 대상 유형을 다음과 같이 정리하고 있다.

SSBG의 지출 대상은 2016년을 기준으로 TANF가 전체 예산의 38%로 가장 큰 비중을 차지했으며, 헤드스타트가 17%, 위탁가정 지원(*foster care and performance*)이 15%, 아동 보호 및 발전 기금이 11%, 자녀양육비 이행 및 가족 지원(*child support enforcement and family support*)이 8%를 차지했다. 이러한 기금에는 가정폭력 피해자, 데이트폭력, 인신매매, 가출청소년, 노숙자 등을 포함한 가장 취약한 어린이 및 가족을 위한 프로그램이 포함되어 있다. 2016년을 기준으로 임의재량 사업의 예산은 198억 달러로 2015년에 비해 20억 달러가 증가되었으며, 필수사업은 2016년을 기준으로 399억 달러로 향후 10년 동안 962억 달러로 증가될 예정이다.

주정부는 세부적인 항목별 지출계획서를 임의재량사업과 필수사업의 예산으로 구분하여 매년 보고하고 있으며, 다섯 가지의 포괄적인 목적에 부합할 경우 주정부의 사업계획에 관한 재량은 넓은 편이다.

### (3) 지역사회서비스 포괄보조금

지역사회서비스 포괄보조금은 1981년에 개정된 〈지역사회서비스 포괄보조금법〉과 1998년에 개정된 〈지역사회 기회, 책임성, 훈련과 교육서비스법〉(Community Opportunities, Accountability, and Training and Educational Services Act)에 근거하여 만들어진 것이다.

이 지역사회서비스 포괄보조금은 연방정부가 각 주별 빈곤율을 바탕으로 주정부에 배분하고 주정부는 민간 비영리기관인 지역사회행동기관(Community Action Agencies)에 할당해서 지역 내 취약계층의 자활을 돕기 위해 취업, 공공근로, 교육, 소득관리, 주거, 영양, 긴급서비스, 건강 등 다양한 서비스를 제공하도록 한다.

### (4) 지역사회개발(Community Development) 포괄보조금

미국 주거 및 도시개발부(The U. S. Department of Housing and Urban Development)에서 관리 운영하는 지역사회개발(Community Development) 포괄보조금은 1974년 포드 대통령 시절 입법화되고 1975년부터 시행된 〈주거 및 지역사회개발법〉에 근거한 재정적 지원이다.

이 보조금은 해당 지역의 빈곤율과 인구규모 및 인구밀집도, 주택노후도, 인구성장 정체율 등을 고려하여 해마다 1,209개의 주정부 및 지방정부에 지급된다.

연방정부가 지정하는 지역사회개발 포괄보조금의 용도는 저소득층과 중산층 시민에게 편익을 가져다 줄 수 있는 것과 주거환경이 슬럼화되는 것을 예방하고 건강과 안전에 위협이 되는 요소들을 제거하는 활동 등이다.

보다 구체적으로 할당하는 기준은 세부적으로 영역을 나누게 되며, 그 세 가지 영역은 대도시 지역의 주택 공급 및 주거환경 개선, 소도시 지역의 사회 개발, 융자보증, 재난 회복, 슬럼지역 재건, 민관합동 투자유치 프로그램(Renewal Communities, Empowerment Zones, Enterprise Com-munities), 공휴지 경제개발 발의(Brownfield Economic Development Initiative)로 나뉜다.

이 보조금을 받은 주정부와 지방정부, 그리고 해당 기관은 보조금 집행 지역의 주민에게 해당사업과 관련된 정보를 제공하고 각종 회의에 참여할 수 있는 기회를 보장해야 하며, 불만에 대한 서면 응답의무를 수행하고 영어를 사용하지 못하는 주민이 많은 지역에서는 그들이 공청회에 참여할 경우 그들이 요구하는 바에 관한 의사소통이 잘 이루어지도록 해야 한다. 또한 이 보조금을 제공받은 주정부와 지방정부, 그리고 해당 기관은 사업기간(1~3년) 중 70% 이상을 저소득층 및 중산층 계층에 혜택이 돌아갈 수 있는 사업을 수행해야 한다.

# ■ 참고문헌

## 국내 문헌

기획재정부(2012. 1. 27). "미국 재정적자 동향 및 시사점". 기획재정부 보도자료.

김재경 외(2011). 〈자활기금 사용 실태조사 및 활성화 방안 연구보고서〉. 한국조세연
　　구원.

박세경(2007). "미국 사회서비스 정책의 특성과 최근 동향: 사회서비스 포괄보조금을
　　중심으로". 〈보건복지포럼〉, 3월호, 62~75.

박 훈(2015). "미국의 지방세 제도". 〈한국지방세 연구원 연차보고서〉, 21~26, 55~70.

이재원 외(2007). 〈사회복지 분야 재정분담 적정화를 위한 국고보조금제도 개편방향.
　　연구보고서 2007-6〉. 한국지방재정학회.

한국조세재정연구원(2016). "조세 · 재정 · 공공기관 동향 중 해외동향".

## 해외 문헌

Administration for Children Family(2017). *Justification of Estimates for Appropriations Committees.* 1~19. https://www. acf. hhs. gov/sites/default/files/olab/final_cj_2017_print. pdf. 2017. 2. 6. 인출.

Bureau of the Fiscal Service(2016). *Financial Report of the United States Government.* U.S. Department of the Treasury. https://www. fiscal. treasury. gov/fsreports/rpt/finrep/fr/fr_index. htm. 2017. 2. 6. 인출.

Congressional Budget Office(2015). *Temporary Assistance for Needy Families: Spending and Policy Option.* 1~12.

_____(2016a). *The 2016 Long-Term Budget Outlook.* 7~29.

_____(2016b). *An Update to the Budget and Economic Outlook: 2016 to 2026.* 2~9.

Office of Community Services(2016). *Programs.* http://www. acf. hhs. gov/ocs.

Tax Foundation(2016). *2016 Tax Brackets.* http://taxfoundation. org/article/2016-tax-brackets. 2017. 2. 6. 인출.

## 기타 자료

TANF(2015). Spending and Policy Options. https://www. cbo. gov/sites/default/files/114th-congress-2015-2016/reports/49887-TANF. pdf. 2017. 2. 6. 인출.

# 최근 사회보장 개혁동향*
## 보수화 개혁의 시도와 양극화

## 1. 머리말

이 글의 목표는 미국 복지국가에서 발생한 비교적 최근 변화를 적시하고 이를 미국 복지국가의 발전이라는 역사적 맥락에서 논의하는 것이다. 1990년대 이후 미국 복지의 중대한 변화는 두 차례 있었다. 하나는 1990년대 일어났고 다른 하나는 2010년 일어났다. 미국 사회정책 역사상 가장 획기적 변화인 그것은 바로 의료개혁법(ACA) 통과이다. 의료개혁법 통과로 미가입자는 급격히 감소하고 있다(〈그림 6-1〉 참조).

복지정책을 분류하는 데는 여러 기준이 있지만 미국적 특성을 관찰하면 두 종류가 있다. 〈표 6-1〉에서 보듯 사용자연금이나 주택구입 금융지원과 같이 포괄적 복지가 있는 한편 근로장려세제처럼 자산조사에 기반을 두는 공적 복지가 있다. 1990년대 이후 미국 복지국가의 변화에서 중요한 사건

---

* 이 글은 2012년 《주요국의 사회보장제도: 미국》(한국보건사회연구원, 2012)에서 필자가 작성한 "제1부 제6장 최근 사회보장 개혁동향"을 수정 보완한 것이다.

은 자산조사를 기반으로 하는 빈곤정책의 변화이다. 현금급여 빈민정책은 1990년대 중대한 변화를 겪었다(Blank, 2002). 빈곤정책의 변화는 두 가지 통로를 통해 이루어졌다. 첫째는 아동부양가족에 대한 제도를 개혁하여 급여조건과 신청 자격을 제한하는 것이었다. 이는 공적 복지국가의 획기적 변화라는 점에서 중요하다. 한부모의 아동 보호권은 더 이상 시민의 사회적 권리가 아니라 노동하지 않으면 획득할 수 없다는 것으로 바뀌었다. 다른 하나는 사적 복지국가를 확대하는 방향으로서 근로장려세제의 확대이다. 근로장려세제는 동일하게 빈민을 대상으로 하는 정책이지만 노동에 대한 동기부여를 강화하기 위해 도입되었다. 2007년 미국 복지국가는 사적 복지의 비중이 가장 많은 부분을 차지하고 있다. 미국의 사적 복지의 비중은 10.1%로서 OECD 국가에서 가장 높으며 두 번째 국가인 6.2%의 네덜란드와도 큰 차를 보인다. 한마디로 사적 복지의 큰 비중은 미국 복지국

<그림 6-1> 사보험 비중(1980년~2014년)

(단위: %)

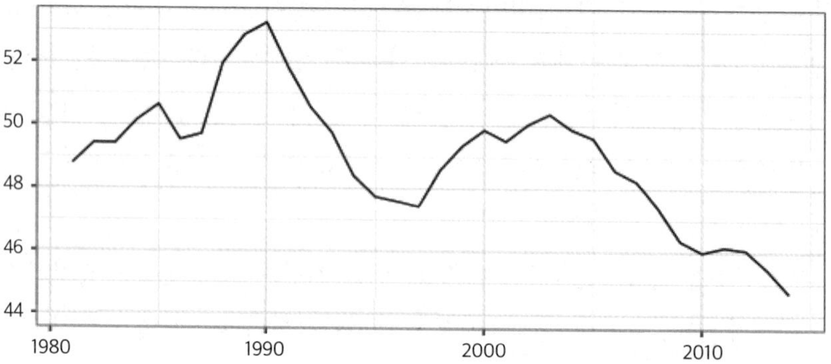

<표 6-1> 미국 사회정책의 분류

|  | 현금이전 | 현물급여 |
|---|---|---|
| 포괄적 | 사용자연금 | 주택모기지금리 |
| 자산조사 | 근로장려세 | 권장직업세 |

자료: Howard, 1997: 표 1.1, 13.

가의 핵심적 특징이다.

미국은 1996년 8월 민주당과 공화당 모두의 지지 아래 중대한 빈민정책 개혁을 통과시켰다. 1996년의 빈민정책 개혁을 상징하는 PRWORA 입법 이후 미국의 저소득층 지원정책은 오늘날까지 큰 변화 없이 그 보수적 기조를 유지하고 있다. 오바마 대통령도 의료개혁 등 공약으로 내세운 복지 개혁에서 뚜렷한 성과를 내지 못했다. 보수적 기조는 사회적 양극화의 심화와 소득불평등의 악화에서 잘 나타난다.[1] 1996년의 변화를 이해하는 것은 현재의 미국을 이해하는 것과 같으며 이를 위해서는 1996년의 변화가 어떻게 가능했는지를 철저히 분석해야 한다.

두 번째 주요 변화는 1990년대 일어난 사적 복지국가의 강화이다. 사회보장이나 사회부조가 공적 복지의 근간을 형성한다면 근로장려세제는 의료보험과 아울러 대표적 사적 복지국가를 구성한다. 1996년 클린턴 정부와 의회는 근로장려세제를 수혜 대상 인원과 소요예산을 대폭 확충하는 법안을 통과시켰다. 근로장려세제는 가장 논란이었던 아동을 부양하는 가족을 지원하는 제도인 AFDC/TANF보다 많은 수의 가정에 혜택을 주었다. 따라서 많은 예산이 필요했다. 이후 미국의 근로장려세제는 근로빈민을 빈곤선에서 탈출시키는 일차적 도구로서 부상했다.

빈민지원정책을 둘러싼 논란은 사회복지정책 영역에 머무르지 않고 미국 복지국가, 나아가서는 미국의 가치 전반에 대한 논쟁으로 확산되면서 미국 정치의 소용돌이를 일으켰다. 미국 복지국가는 1990년대 이후 거대한 변화를 경험했다. 1980년대 레이건의 보수혁명 이후 미국 복지국가는 전반적으로 뉴딜 시대 만들어진 자유주의적 기초로부터 벗어나 보수화의 길을 걷기 시작했다. 레이건 이후 부시 정부가 시도한 복지국가의 축소는

---

1) PRWORA 입법이 소득분포의 변화에 준 상세한 효과에 대해서는 Bitler & Hoynes (2010)를 참고하길 바란다.

사회 전반의 보수적 분위기 속에서 클린턴의 민주당 정부에서도 이어졌다. 1990년대 이후 가장 획기적 변화가 두 차례 있었다. 그 첫째는 이른바 '미국과의 계약'(Contract with America)이다. 미국과의 계약은 보수화의 원칙을 표명함으로써 향후 복지국가의 향배를 예고했다. 1994년 공화당이 양원의 다수를 차지하면서 하원의장 뉴트 깅리치가 주도한 미국과의 계약은 뉴딜 복지의 철폐를 노렸다. 두 번째 변화는 1996년 8월에 하원을 통과한 〈개인책임 및 근로기회 조정법〉(PRWORA)이다.

미국 복지국가의 최근 행보는 정치적 풍향과 밀접히 관련된다. 트럼프 정부 출범 전까지 미국정치의 기조는 진보경향이 주류였다. 2006년과 2008년 선거결과가 말해 주듯 민주당 대통령과 양원 또는 적어도 상원은 민주당이 차지해 왔다. 사회정책은 모든 정책과 마찬가지로 정치에 의해서 결정되기 때문에 집권정부의 정치적 색깔은 복지국가의 성격을 결정한다고 해도 크게 틀리지 않다. 1930년대 미국 복지국가가 처음으로 만들어진 것도 민주당 정부에서였으며 1960년대에 일어난 '위대한 사회'의 건설도 마찬가지이다. 그러나 여기서는 미국 복지국가의 성격에 심대한 영향을 미친 1990년대의 변화에 주목하고자 한다. 또한 1990년대 변화는 10년 이상이 경과함에 따라 역사적 평가가 가능한 시점에 있다. 반면 최근 변화는 1996년의 개혁과 같은 역사적 중요성을 갖지 않을 뿐 아니라 아직 학술적인 차원의 객관적 평가를 하기에는 정책의 운용경험이 충분하다고 보기 어렵기 때문이다.

한편 지금도 진행 중인 ACA는 보편적 건강보험이 부재했던 미국에 혁명적 변화를 낳았다는 점에서 주목할 필요가 있다. 2010년 통과된 〈적정의료부담법〉(Affordable Care Act: ACA)은 1965년 메디케이드/메디케어 입법 이후 최대의 개혁으로 손꼽힌다. 개혁 이전까지 미국의 의료보험은 고용과 연계된다. 대부분 노동가능인구는 의료보험을 고용에서 얻는다. 고용이 없다면 의료보험급여에서 배제된다. 사용자가 제공하는 보험에서 배제된 사람은 정부가 운영하는 저소득의료보험(Medicaid)에 가입할 수 있다. 2010년 ACA는 의료사각지대를 없애는 것을 목표로 시작하고 저소득층이 의료보험을 구매할 수 있도록 재정지원을 한다. 법 개정 후 미보험가입자는 지속적으로 감소하고 있다. 그것은 3천만 명에 달하는 의료보험 미가입자를 원천 해소하여 보편적 의료복지를 실현하는 데 기여할 수 있다. 2016년 트럼프 대통령과 공화당이 의회를 지배함에 따라 향후 운명은 불확실해졌으나 골격 자체를 바꾸기는 쉽지 않을 전망이다. 2010년 ACA 의료개혁입법 통과가 가능했던 가장 큰 이유는 민주당이 행정부와 입법부 모두를 장악했었던 데 있다. 정치적 지배는 기존의료체계에 대한 문제점을 개혁하는 동력이었다. 오바마 정부는 보편화를 달성하는 방법으로 세 가지경로를 제시한다. 첫째, 의료보험의 의무가입이다. 과거 보험비를 지불할수 없는 저소득층에 대해서는 연방정부가 재정적 보조금을 지급하여 가입을 유도한다. 비노인층 국민 모두에게 의료보험을 제공하려는 것이다. 둘째, 과거에 사전조건, 즉 특정 병력으로 의료보험이 사실상 거부된 이에게도 보험가입을 보장함으로써 약 35만 명이 의료보험에 적정한 보험비용으로 가입할 수 있도록 했다. 셋째, 메디케이드 확장이다. 연방빈곤선을 기준으로 하여 100%에서 400% 사이의 소득층에게까지 메디케이드를 확대함으로써 소득이 없어 의료혜택에서 배제되는 것을 방지하고자 하였다.

## 2. 빈민정책의 개혁: PRWORA

### 1) 개혁의 역사적 배경: 빈곤정책에 대한 불만 누적

AFDC는 1996년 클린턴의 민주당 행정부와 공화당 의회에서 TANF로 개정되었다. AFDC 개혁은 단순히 복지정책의 변화가 아니다. 그것은 미국 사

<표 6-2> AFDC/TANF 변화과정

| 연도 | 주요 입법 | 내용 변화 |
|------|-----------|-----------|
| 1935 | 〈사회보장법〉 | - 결손가정에 지원제도 도입 |
| 1961 | 〈사회보장법〉 개정 | - 양부모 가정에서 주 소득자의 실업시 아동지원 |
| 1967 | 〈사회보장법〉 개정 | - 급여감소율 2/3로 하향<br>- WIN 프로그램 도입 |
| 1981 | 〈예산조정법〉 | - 급여삭감률 1로 상승<br>- 총소득제한 도입<br>- 양부모 소득 계산<br>- 유예 인정 |
| 1988 | 〈가족지원법〉 | - 교육, 기술훈련, 구직활동 등을 지원하는 JOBS 프로그램 도입<br>- 한시적 아동보호 및 메디케이드 프로그램 도입 |
| 1996 | PRWORA | - AFDC 폐지<br>- TANF 대체 |

자료: Moffitt, 2002: Table 1.

회의 핵심적 가치에 대한 오랜 논란의 종지부였다. 1980년대 내내 빈민정책은 미국의 주요 관심사였으며 보수적 대안은 대중적 호응을 얻고 있었다. 클린턴과 민주당도 복지개혁에 대한 대중적 호응을 고려하지 않을 수 없었다. 이것이 장기적인 관점에서 AFDC 개혁이 가능했던 배경이었다. 1994년 중간선거에서 공화당이 의회를 장악하면서 클린턴의 개혁은 물 건너갔다. 선거 직후 클린턴의 핵심 참모로서 복지개혁을 이끌던 엘우드(David Ellwood)는 더 이상 이제 개혁에 필요한 정치적 환경이 아니라고 말하면서 행정부를 떠났다. 깅그리치의 공화당의회는 '미국과의 계약'을 중심으로 자유주의 복지체제의 종식을 선언했다. 깅그리치의 논리에서 출생한 PRWORA는 1980년대 반자유주의적 언술을 제기한 길더(George Gilder, 1981)와 머레이(Charles Murray, 1984)에 의해 제공되었다.

AFDC에 대한 불만은 이전부터 누적되었고 몇 차례의 개혁이 시도되었다(<표 6-2> 참조). 특히 대다수 주정부는 노동에 대한 의무가 없이 급여를 준다는 것을 반대했다(Moffitt, 2002). 주정부는 1996년 이전부터 연방정부의 AFDC 규정으로부터 유예를 허락받아 주정부 차원에서 노동조건을 부과해 오고 있었다. 주정부의 유예는 레이건 정부에서 시작되어 확산되었다. 1996년 당시 27개 주에서 유예정책을 시행하고 있었다. 이런 점에서 1996년 개혁은 기존의 불만을 해소하고 제도화하는 것이었다. 주정부는 클린턴 정부하에서 레이건 시절보다 더 많은 재량권을 확보한 셈이었다(Blank, 2002: 5). 한부모가정이나 무고용가정에 대한 지원은 2004년 각각 501달러와 544달러로 대폭 감소했다.

예전부터 불만의 대상이었던 빈민정책은 결국 1996년 PRWORA 입법으로 획기적으로 전환되었다. AFDC는 진보와 보수 양측으로부터 신임을 잃었다. 진보 및 자유주의세력의 입장에서 그것은 빈민정책으로 충분하지 않았으며, 보수파는 지나치다고 주장했다. 그리고 수혜층은 급여 수준이 낮고 자신을 낙인찍는 정책이라고 싫어했다. 개혁의 배경에는 빈민정책에 소요되는 비용의 과장과 그에 따른 위기조장이 있다. 헤리티지 재단의 연구진은 1965~1994년 사이 빈민정책에 지출된 예산이 1993년 달러 가치로 5조 8천억이었다고 주장했다.[2] 저소득가정과 그 아동을 지원하는 대표적 정책은 AFDC와 식품구입권(food stamp)이다. 이 가운데 가장 많은 예산을 쓰는 것은 식품구입권정책이었다. AFDC가 90억 달러의 지출로 200만 가정을 지원한 데 비해 식품구입권정책은 2009년 약 1천 5백만 가정이 수급했으며 500억 달러를 사용했다(〈표 6-2〉참조).

이들은 또한 복지지출이 비효과적이었으며, 더 큰 문제는 복지의존증과 혼외 임신 및 사생아의 양산이라고 비판했다. 1996년 공화당은 의회에서 앞의 헤리티지 보고서를 근거로 대대적 공격에 나섰다. 그러나 이들의 비판은 과장된 통계와 사실에 있다. 보수주의의 주장과는 다르게 AFCD는 비싸지 않았다. 1993년 AFDC는 1,400만 명에게 도움을 제공했으며 그중 반이 넘는 900만 명은 아동이었다. AFDC 지출비용은 연방예산의 1%에

---

2) 이 보고서는 렉터와 라우비가 집필한 *America's Failed 5.4 Trillion War on Poverty*이다.

<표 6-3> 가정당 월평균지출의 변화

(단위: 달러/월)

| 가정형태 | 1984년 | 1993년 | 2004년 |
|---|---|---|---|
| 한부모가정 | 624 | 623 | 501 |
| 양부모가정 | 199 | 224 | 322 |
| 아동 없는 가정 | 143 | 164 | 153 |
| 고용가정 | 130 | 156 | 210 |
| 무고용가정 | 693 | 718 | 544 |

자료: Ben-Shalom, Moffitt, & Scholz, 2011: Table 2.

불과했다. 사회보장 지출비용의 10분의 1에도 못 미쳤다. 실제로 빈민지원이 계속될 수 있었던 것은 저렴한 비용 때문이었다.

그러나 정작 문제는 비용이 아니었다. 공화당과 민주당 모두 빈민지원이 미혼모 문제와 복지의존증을 유발하느냐에 촉각을 세웠다. 미혼모와 복지의존도가 이처럼 정치 쟁점화되면서 가족의 가치와 같은 도덕적 쟁점으로 크게 불거졌다. 이는 아직도 미국사회를 관통하는 도덕적 쟁점의 하나로 남아 있다. 1995년 흑인아동의 56%는 한부모와 살고 있었는데 이는 백인아동의 22%와 히스패닉계의 33%에 비하면 놀랄 만한 수치이다. 또한 1994년 흑인아동의 70%는 혼외임신에서 태어났다. 이 같은 충격적 통계는 빈곤문제는 비용의 다과가 아니라 의존증을 낳는다는 의식을 심었다. 미국사회의 주된 관심은 이전까지는 빈민지원의 적절성, 노동공급의 반응, 세율, 그리고 기회의 제공 여부에 있었으나 이후부터는 복지의존증으로 쏠렸다. 공화당과 보수주의 여론은 복지의존증 문제를 집중적으로 제기했다. 보수주의와 여론은 비용의 편중을 비판했다. <표 6-3>에서 보듯 한부모가정에 대한 지원은 1984년 월평균 624달러이며 이는 일하지 않는 가정에 대한 지원액 693달러와 비슷한 수준이었다. 반면 양부모가정이나 아동 없는 가정에 대한 월평균 급여는 각각 199달러와 143달러로서 한부모가정의 불과 3분의 1 수준이었다.

한부모와 무고용가정에 대한 이와 같은 편중 지원은 여론의 반감을 샀다. 여론의 동향은 워싱턴을 AFDC에 대해 훨씬 예민하게 만들었다. 정치인은 피어슨이 말한 것처럼 비난을 받으려 하기보다 여론의 인기를 얻으려고 하는 것이 공통적이다(Pierson, 2001). 정치엘리트는 여론동향을 보면서 복지개혁을 주도하는 것이 투표자의 신임을 얻는 데 유리하다고 판단했다. 특히 클린턴이 민주당 대선 후보로 등장한 1992년은 대중의 적대감이 극에 달했을 시점이다. 여론에 예민할 수밖에 없는 클린턴 후보는 공화당의 AFDC 비판에 합류했다. 여론은 빈민지원이 의존증을 유발하고 이는 최악의 경우 가족구조의 해체, 불법사생아 증가로 이어지는 등 더 큰 사회문제로 발전하는 것을 걱정했다. 가족의 붕괴와 해체는 미국의 미래를 암울하게 하는 것으로 보였고 그 원인은 AFDC였다. 사실 빈민정책을 비판하면서 공화당이 재구성하고 강조한 가족의 가치는 레이건 대통령에 의해 강력히 제기되었다. 1986년 레이건은 의회연설에 국정과정의 일차적 순위로서 빈민정책의 재고를 강조했다. 레이건은 가장 원천적 지원시스템인 가족이 붕괴하고 있음을 지적하면서 AFDC의 개혁을 요구했다.[3] 주정부도 재정적 이유에서 개혁에 동의했다. 행정부의 개혁요구에 따라 빈민정책에 대한 연방지원이 감소함에 따라 행정적으로 빈민정책을 관리하는 주정부는 재정압박을 받고 있었다.

보수주의는 그 해결책이 복지정책을 재구성하여 도덕을 강화하고 결혼을 장려하며 여성을 노동력으로 만드는 것이라고 믿었다. 당시 필라델피아 상원의원이던 릭 샌토럼은 AFDC가 제일 큰 사회문제라 믿었고 가족을 붕괴시키는 주요인이라고 보고 빈민정책의 철폐를 주장했다.[4] AFDC에 대한 여론은 극도로 불리했다. 1996년 여론조사에 의하면 응답자의 82%가 개혁 법안을 지지하는 것으로 밝혀졌다. 1984년 정부가 빈민지원에 너무

---

3) 레이건은 1976년 AFDC를 비판하면서 '복지 여왕'이란 표현을 사용했다. 연방정부의 복지급여를 타면서 고급승용차를 타고 다닌다고 과장한 바 있다.
4) 릭 샌토럼은 현재 유력한 공화당 대선후보의 한 명이다.

<표 6-4> 현금급여 수급자와 지출(2009년)

| | 수급자 수<br>(천 명) | 총 급여지출<br>(달러) | 월평균 급여<br>(달러) | 빈곤탈출 아동 추정치<br>(백만 명, 2005년) |
|---|---|---|---|---|
| AFDC/TANF | 1,796 | 9,324 | 397 | 0.8 |
| 식품구입권 | 15,232 | 50,360 | 276 | 2.2 |
| 근로장려세 | 24,757 | 50,669 | 171 | 2.6 |
| 보충소득보장 | 6,407 | 39,578 | 517 | 1.0 |

자료: Bitler & Hoynes, 2010: Table 3.

돈을 많이 쓴다는 여론은 40%였다가 1994년에는 60%로 늘어났다. 1995년 조사에 의하면 72%가 공적 지원이 제대로 되지 않는다고 말했는데 1985년에는 55%가 이렇게 응답했다. 여론의 지지를 등에 업은 개혁은 의회에서 통과되고 1996년 8월 22일 클린턴 대통령은 재가했다.

1992년 대선은 이와 같은 사회적 관심사를 반영하듯 빈민지원과 같은 사회적 쟁점이 핵심적 화두로 등장했다. 클린턴은 1992년 대선 후보일 때부터 복지개혁을 구호로 내걸었다. 클린턴은 "우리가 알고 있는 복지를 종식하자"(End welfare as we know it) 공약을 제시하여 케네디 이후 민주당이 전통적으로 강조했던 자유주의적 복지국가정책과 분명한 선을 그었다.[5] 클린턴은 제3의 길을 제창함으로써 61년 이어온 연방정부의 빈민지원정책과 고별했다(Katz, 2001: 324).

1996년의 복지개혁은 하루아침에 이루어지지 않았다. 구조적으로는 노동시장의 요구에 대한 반응의 성격이 있다(Reese, 2005: 172). 1980년대 이후 미국 경제의 구조전환이 이루어지면서 남성 위주의 제조업 일자리가 쇠퇴하는 반면 저임의 서비스 노동에 대한 수요가 늘었다. 주요 요식업을 중심으로 하는 서비스 부문의 저임 일자리는 여성의 몫이었다. 남성 실업

---

5) 클린턴은 주지사 시절부터 복지에 대한 엄격한 정책을 주장했다. 1980년대 후반 주지사협의회 회장 자격으로 <가족지원법>(Family Support Act) 통과를 적극 찬성한 바 있다.

자가 늘면서 가구소득이 감소하는 상황에서 여성은 AFDC 수혜자일 경우 일할 동인이 없었다. 여성의 급여 자격을 박탈하여 노동시장으로 유도하면 서비스 경제의 요구는 충족될 수 있었다. PRWORA는 이런 배경에서 탄생한 것이다. 복지개혁은 민주당의 정치적 계산과 밀접히 관련되었다. 1992년 대선에서 민주당과 클린턴은 백악관을 차지하는 데는 남부의 지지가 중요하다고 판단했다. 클린턴은 그 계기를 복지개혁에서 찾았고 "우리가 알고 있는 복지를 종식하자"는 구호로 대선에 임했다. 이 구호는 전통적 남부 백인의 표를 모으는 데 성공했다.

## 2) 개혁의 진행과 내용

AFDC를 TANF로 바꾸는 복지개혁은 대중의 요구를 반영하는 것을 넘어서 지나친 내용을 담았다. 공화당의 의회가 주도한 입법은 노동조건을 너무 엄격히 적용하였고 노동지원에 대해서는 그에 필요한 지원을 하지 않았다(Katz, 2001; Piven, 2002: 23). 첫째, 무엇보다도 가장 중요한 점은 급여가 이미 사회적 시민권으로서의 권리를 상실했다는 것이다. 개인의 책임을 강조하는 언명에서 잘 드러나듯 정부의 책임을 줄이고 개인의 노력으로 책임을 이관하려는 시도이다. 둘째, 연방정부가 복지역할을 주정부에로 이관한 점이다. 연방권리의 양도는 사실 1982년 레이건 정부가 도입하려 했으나 실패했었다. 레이건은 식품구입권과 AFDC 관리를 연방정부로부터 주정부로 이첩하려는 계획을 세웠으나 의회의 반대로 무산되었다 (Reese, 2005: 175). 명분은 주정부가 지방의 사정에 익숙하여 복지행정에 유리하다는 것이었다. 주정부로의 이관은 연방국가 미국에서 중대한 의미를 내포한다. 사실 주정부는 여론의 감시로부터 상대적으로 아주 자유롭기 때문에 빈곤정책을 강력히 실행하지 않을 수 있다. 또한, 주정부는 다른 주와의 경쟁을 이유로 기업이 원하지 않는 환경을 강제할 명분이 약하다.

기업의 로비는 주정부 차원에서 더욱 강력하기 때문에 기업이 선호하지 않는 복지가 현실화되기 어렵다. 반면, 연방정부가 민권을 실현하지 않으려는 남부의 주정부와 대립하면서도 국가적 표준을 설정했던 민권운동의 경험에서 보듯, 연방정부는 복지국가의 추진에서도 주정부보다 강력한 역할을 할 수 있다. 셋째, 급여는 시민권적 차원이 아니며 최대 5년까지만 허용된다. 생애주기 동안 5년 이상의 급여를 신청할 수 없으며 따라서 노동시장에 진입하지 않으면 생계를 이어갈 수 없다. PRWORA 실시 이후 미국의 양극화는 더욱 심각해졌다. 또한 본래 취지인 노동의욕을 높이기 위해 근로소득에 대한 과세를 완화했다(Bitler, Hoynes, Jencks, & Meyer, 2010: 92).

첫째, 현금급여에 대한 비난은 개인노력에 대한 강조로 이어졌는데 이는 이미 1970년대 초에 시작되었다. 정치적으로 그것은 1970년대 이후 잠복해 있던 보수주의적 반동이 최대의 힘을 분출한 것이다. 공화당과 보수파는 빈민정책의 대명사 격인 AFDC를 맹비난했다. 보수파 논객 머레이(Murray)는 '위대한 사회'가 낳은 사회적 급여는 무책임한 행위를 조장함으로써 한부모가정을 양산했고 혼외임신, 그리고 의존증을 유발했다고 주장했는데 이는 보수주의적인 중산층으로부터 사회적 공감을 얻었다. 머레이 같은 이들의 주장은 사회과학적 검증을 받지 못했으나 선동적 영향력은 대단했다. 렉터는 1990년대 빈민정책에 대해 비슷한 선동역할을 했다. 복지국가는 나태를 칭찬하고 미혼을 장려하고 노동윤리를 붕괴시키고 불법을 조장하여 나름의 지지기반을 만든다는 것이었다. AFDC에 대한 불만은 계층, 인종, 그리고 정치성향에 따라 차이가 난다. 가장 비판적인 집단은 소득 면에서는 중상층이고 인종적으로는 보수적 백인이며 정치적으로는 공화당 지지자였다(Reese, 2005: 179). 인종주의는 AFDC 개혁에 기여한 가장 주요한 요인의 하나이다. 인종과 빈민의 연상은 일반적 현상으로 백인의 63%는 흑인이 게으르다고 생각한 반면 흑인은 단 35%만이 그렇게 응답했다. 백인은 흑인

빈민에 대해 부정적 편견을 가질 가능성이 높으며 따라서 백인의 53%는 빈민지원의 축소를 희망하는 반면 흑인은 33%가 축소에 찬성했다. 엄격한 복지를 강화하는 데 가장 지지를 보낸 집단은 백인으로 이들은 소수인종과 빈민을 부정적으로 평가했다.

둘째, 노동계급과 중산계급은 자신의 세금이 낭비되고 있다고 믿고 개인노력의 중요성에 대해 공명했다. 공화당과 보수언론이 주도한 AFDC에 대한 맹공격은 노동계급과 중산계급의 호응을 얻었다. 경제는 침체하고 임금은 하락하는데 세금은 줄지 않는 상황에서 쉽게 비판에 공감할 수 있었다. 대다수 미국인은 아동의 복지에는 깊이 공감하고 지원을 반대하지 않지만 AFDC가 아동을 구실로 유색인종의 한부모를 위해 낭비된다고 믿었기 때문에 반대했던 것이다(Reese, 2005: 178). 중산층의 반대는 1960년대 이후 높아진 여성의 노동참여에서도 발생했다. 1960~1980년 사이 아동을 가진 여성의 노동참여는 19%에서 45%로 두 배 이상 증가했으며 이후에도 꾸준히 늘었다. 1996년 6세 이하 아동이 있는 여성 중 63%가 풀타임 혹은 파트타임으로 일했다. 맞벌이가 공통적 현상으로 자리 잡으면서 많은 중산층 여성이 노동시장에 진출했다. 이들의 입장, 특히 백인여성에게 흑인 혹은 히스패닉 여성이 정부 지원으로 집에서 아이를 키우며 지낸다는 것은 용인하기 힘들었다. 맞벌이가 보편화되고 그 수요에 따라 근로복지 연계 프로그램이 확산되면서 AFDC에 대한 비판은 더욱 강렬해졌다. 비판은 다각도에서 쏟아졌다. 보수적 비판은 수혜자 여성이 노동을 기피한다고 했고 노동계급의 보육 여성은 자신이 할 수 없는 일, 즉 수혜자 여성이 집을 지킬 수 있음을 참을 수 없었다. 한편 자유주의 시각은 수혜자 여성이 직업훈련과 노동경험을 할 수 없는 점을 우려했다.

AFDC에 대한 비판은 노동의 필요성을 강조했다. 일하지 않고 복지를 얻는 것을 인정할 수 없는 것이다. TANF 수급이 가능하려면 주당 최소 20시간의 노동을 전제로 했다(Moffitt, 2006: 4). 그 결과 개혁 이후 2000년 수급자의 3분의 1은 노동에 종사하게 되었다. 복지개혁은 복지혜택이 노동을 전제로 해야 하며 노동한 후에도 소득이 부족하면 그때 정부가 지원할 것을 요구했다. 빈곤은 게으름의 결과라는 인식의 반영이다. 노동조건 역시 인종에 대한 편견과 무관치 않다. 백인은 흑인과 히스패닉이 백인에 비해 나태하다고 믿는다. 급여기간을 60개월로 한정한 것은 노동조건을 강제하기 위한 것이다. 한시적 지원은 노동하지 않고 급여에 의존하는 수혜자를 노동시장으로 유인하려는 목적이다. 개혁론은 '근로 먼저'(*work first*) 구호를 통해 개혁의 정당성을 주창했다. 노동의 강조는 지속적으로 늘어나는 AFDC 수급자 대열에 대한 반작용이기도 했다. 1988년 1,090만 명이었던 수급자 수는 1994년 1,400만 명으로 300만 명 이상이나 늘어났다. 증가하는 수급자 수는 백인에게 큰 경각심을 불러일으켰다. 폭증하는 복지수급자를 접하던 정치엘리트는 이제는 끝내야 한다고 판단했다. 노동규정의 위반은 급여 삭감 또는 거부라는 제재로 이어졌기 때문에 수혜자는 이제 노동시장으로 가지 않을 수 없었다. 수급자는 자녀가 너무 어리거나 장애 또는 건강상태에 문제에 있을 때 혹은 가족 가운데 보호를 필요로 하는 노인이 있거나 일하러 가는 데 필요한 차량이 없을 경우 노동규정이 면제되었다.

셋째, PRWORA는 미혼모의 불법성 문제를 제기했다. 미혼모는 불법이며 정부가 이를 위해 세금을 지원해서는 안 된다는 점을 강조했다. 정부 대신에 교회와 공동체의 복지역할을 강조했다. PRWORA는 클린턴 대통령이 서명했으나 사실상 공화당 의회가 만든 작품이었다. 공화당은 1994년 중간선거에서 승리해 의회를 차지했고 하원의장 깅그리치는 자유주의 복지국가를 정면으로 공격하는 데 앞장섰다. 이 문제를 구체적으로 규제하기 위해 산아제한(*family caps*) 내용을 강제했다. 빈곤모의 확대재생산을 방지하기 위해 수급자가 급여기간에 임신하는 것을 규제하고, 임신할 경우 급여가 중단되도록 규정했다. 가족 수를 제한하기 위해 수급자는 피임약을 복용해야 하며 10대 미혼모는 부모와 동거할 것을 수급조건으로 규정했다. 미혼모 수급자에 대한 이 같은 규제는 여론의 폭넓은 지지를 받았다.

넷째, 빈민정책의 개혁은 식품구입권제도에 대한 변화를 유발했다(Blank, 2002). 식품구입권제도는 현물급여정책으로 빈민정책의 중요한 일부이다. 식품구입권제도는 다른 빈민제도와는 달리 일정한 경제적 조건에 달하면 누구나 접근이 가능하다는 점에서 보편주의적이다. 식품구입권제도는 1996년 개혁 이전까지 큰 변화 없이 지속되어 왔었다. PRWORA 입법은 식품구입권 급여를 다음과 같이 제한했다. 합법 이민자는 식품구입권급여에서 제외되며 18세부터 50세 사이의 성인은 생애 3년 동안 3개월 동안만 식품구입권급여를 이용할 수 있다. 주정부는 수급자 15%에 한해서 규정을 면제할 수 있으며 주의 실업률이 10%를 초과하면 이 규정을 유예가능하다. 합법이민자에 대한 급여는 2002년 〈농장법〉으로 부활되었다. 또한 2009년 연방정부의 경기부양정책은 최대 급여를 잠정적으로 인상하여 월 25달러로 그리고 총지출은 60억 증가했다.

다섯째, 복지개혁은 부모의 책임과 권한에 명시적으로 규정함으로써 부모와 자녀 사이의 기본적 관계를 명확히 했다. 부모는 자녀에 대해 가지는 권리를 명확히 했고, 또한 동거하지 않을 때도 자녀를 위해 재정적 지원을 해야 한다는 점을 책임으로서 의무화했다.

이처럼 복지개혁은 노동 요구에서 보듯 정부의 가부장적 역할을 강조했다.[6] 개혁은 빈민지원 자체를 거부하기보다 노동을 강조함으로써 자활과 자립의 가치를 강조했다. 자유주의자의 복지국가에 대한 비난의 화살은 일하지 않는 것을 허용하는 빈민정책의 대명사 격인 AFDC에 집중되었다. 개혁입법의 성공은 여론의 지지 없이는 가능하지 않다. 이 같은 자립으로의 전환은 현금급여로부터 식량, 주거, 및 의료보호 등 현물급여로 이행하

---

[6] 1996년 복지개혁이 강제하는 노동조건이 어떻게 미국의 전통적 가치와 부합하며 이것이 복지를 제공하는 국가의 가부장적 의미와 어떤 관련을 갖는가에 대해서는 Moffitt(2006)를 참고하길 바란다.

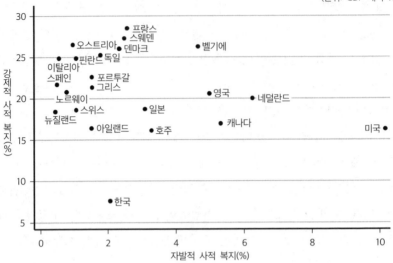

〈그림 6-2〉 사적 복지국가(2007년)

(단위: GDP 대비 %)

는 장기적 추세의 일환이다(Moffitt, 2006: 5). 미국 여론은 개인의 자활과 자립이라는 사회적 가치에 의미를 부여했다. 미국 투표자/납세자는 명시적으로 빈민수급자에게 특정 상품의 소비를 지정하고 암묵적으로는 빈민의 선택을 무시했던 자유주의 복지체제에 제동을 건 셈이다. 자유주의 복지국가에 대한 미국 여론의 일부는 과도하다는 평가를 내렸다. 반대여론을 주도한 네오콘은 자신들은 복지국가 자체에 반대하지 않으며 다만 연방정부의 가부장주의와 관료주의적 개입을 비판했다. 글레이저는 저서《사회정책의 한계》에서 자유주의는 미국민에게 국가의 사회정책의 해결능력을 과장함으로써 국민 사이에 과잉기대를 조성했다고 평가했다. 자유주의자는 자신들이 미국의 사회적 문제를 해결할 수 있다는 무책임한 발상 하에 사회적 위기를 초래했다는 것이다. 보수주의는 자유주의 사회정책이 교화, 이민집단 및 가족과 같은 미국의 전통적 가치를 형성하는 유기적 공동체를 붕괴시켰다고 비판했다. 자유주의 복지국가로 인해 전통적 고리가 약화되면서 사람들은 정부에 의존하는 습관이 생겼다는 것이다. 복지의존병은 다시 공동체적 치유방법을 더욱 약화시키는 결과를 낳는다.

## 3) 빈민 지원 개혁의 도입은 어떤 결과를 낳았는가?

역사적 시각에서 볼 때 1996년 개혁은 두 가지 해석이 가능하다. 첫째는 1930년대 이후 시작된 자유주의적 복지국가에 대한 보수주의의 대반격이다. 보수주의의 공격이 성공할 수 있었던 것은 불가결한 다수 시민의 호응을 엮어 내기 위해 보수연합을 통해 다양한 노력을 경주했기 때문이다. 네오콘은 자유주의와의 전쟁에서 핵심적 공격수 역할을 수행했다(강명세, 2010). 네오콘은 본래 자유주의 지식인으로 출발했으나 '위대한 사회'의 자유주의가 지나치게 일방적으로 발전했다고 판단하여 자유주의에 실망한 뒤 역으로 자유주의를 공격하는 데 앞장섰다.[7] 네오콘은 자유주의가 건설한 복지국가가 시장사회와 미국적 가치와 정면 위배한다는 언술을 전파하는 데 결정적 역할을 했다. 이들은 미국 우파의 이데올로그가 되면서 인종주의, 빈곤, 정부의 역할에 대해 철저히 개인주의적 입장을 보였다.[8] 인종, 빈곤 및 정부 역할은 복지국가의 핵심적 구성요소임을 고려하면 우파의 비판은 바로 복지국가에 대한 비판과 동일했다.

클린턴에 대한 평가는 양극을 달린다. 우호적 입장은 클린턴이 당시 첨예했던 진보와 보수의 대립 속에서 중도를 표방한 것이라고 본다. 클린턴 대통령은 사회적 약자를 최대한 보호하기 위한 민주당 노선의 수정이라는 것이다. 반면 비판적 입장에서는 클린턴이 민주당이 구축했던 복지국가를 완전히 무너뜨렸다고 맹비난한다. 네오콘의 주장은 1970~1980년대 민주

---

7) 네오콘의 생성과 발전 및 변화에 대해서는 강명세(2009)를 참고하길 바란다.
8) 대표적 논객은 다음과 같다: Glazer(1988).

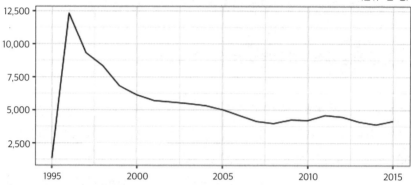

〈그림 6-3〉 빈곤급여 수급자 수(1995년~2015년)

(단위: 천 명)

자료: www.acf.hhs.gov, 2016. 11. 21. 인출

당의 새로운 흐름을 형성했던 민주 리더십 위원회(Democratic Leadership Council)와 그 궤도를 같이하며 이러한 언술과 사고는 1990년대 와서 클린턴 대통령의 신자유주의정책으로 이어진다. 클린턴 대통령과 신민주당 세력 (DLC)의 실용주의가 자유주의 복지를 위배했다는 것이다.

클린턴 정부의 복지개혁입법 이후 그것이 빈민정책에 미칠 효과에 대해 지대한 관심이 집중되었다. 우려의 목소리는 소득불평등을 더욱 악화시킬 것이라고 보았다.[9] 입법에 찬성하는 편에서는 복지의존층의 수를 감소시키고 이들을 노동시장으로 이동시켜 자립할 수 있게 하는 기회가 될 것이라고 기대했다. 신청 건수와 수급자 수는 양적으로 감소했다. 〈그림 6-3〉에서 보는 것과 같이 수급자 수는 복지개혁 이후 크게 감소했다. 1990년대 초 거의 천만 명에 달했던 수급자 수는 2015년 현재 400만 명을 약간 웃돌 정도로 감소했다. 양적인 감소는 정책이 어느 정도 효과를 거두었음을 의미한다.

그러나 양적 감소가 빈곤정책의 내용을 모두 말해 주는 것은 아니다. 사

---

9) 비판적 목소리는 뉴딜 시대 수립된 자유주의 복지체제의 붕괴를 우려하고 소득양극화가 더욱 심화될 것으로 평가한다. 이와 같은 입장은 다음을 참조하길 바란다: Collins & Mayer(2010); Howard(2007); Katz(2001); Piven(2002); Reese(2005).

<표 6-5> 경기변동, 실업, 사회안전망, 빈곤율(1979년~2009년)

(단위: %)

| | 1979 ~1982 | 1982 ~1989 | 1989 ~1992 | 1992 ~2000 | 2000 ~2003 | 2003 ~2007 | 2007 ~2009 |
|---|---|---|---|---|---|---|---|
| 실업률 | 3.9 | -4.4 | 2.2 | -3.5 | 2 | -1.4 | 4.7 |
| AFDC/TANF | n/a | n/a | n/a | -17 | -3 | -13 | 8 |
| 식품구입권 | 11 | -10 | 48 | -48 | 36 | 19 | 68 |
| 실업보험 | | | 132 | -61 | 132 | -47 | 277 |
| EITC | -37 | 171 | 68 | 84 | 9 | 7 | |
| 전체 빈곤 | 3.3 | -2.2 | 2 | -3.5 | 1.2 | 0 | 1.8 |
| 아동빈곤 | 5.5 | -2.3 | 2.7 | -6.1 | 1.4 | 0.4 | 2.7 |
| 아동극빈 | | -1.7 | 2.1 | -6.1 | 1.2 | -0.1 | 1.5 |

자료: Bitler & Hoynes, 2010: Table 1.

용자가 고용 측면에서 저임의 노동력을 손쉽게 이용할 수 있는 기회를 얻었다면 반대로 노동자는 저임의 힘든 일에서 벗어나기 어려운 형편에 몰렸다. 그 결과 '승자독식의 사회'가 생겨났다(Hacker & Pierson, 2010: 3).

2001년부터 2006년 사이 소득의 53%는 1%의 부유층에게 돌아갔다. 더 놀라운 점은 0.1%의 초부유층, 즉 1,000가구 가운데 1가구의 소득이 차지하는 비중이 1979~2005년 기간 동안 평균 20%를 상회했다는 것이다. 같은 기간 하위 60% 가구가 차지한 소득은 불과 13.5%뿐이었다.

<표 6-5>는 1979~2009년의 30년을 대상으로 하여 경기변동을 감안한 사회안전망의 변화를 보여 준다. 복지수요는 경기변동에 민감하기 때문에 이를 감안하지 않으면 정책적 효과를 명확히 파악하기 힘들다. 실업률은 경기변동을 나타내는 대표적 지수이다. 1979~2009년 기간을 대상으로 하면 경기 확장기는 1982~1989년, 1992~2000년, 그리고 2003~2007년 기간이다. 한편 축소 시기는 1979~1982년, 1989~1992년, 2000~2003년, 그리고 2007~2009년 기간이다. 현금급여 사회부조(AFDC/TANF)는 경기변동에 그리 민감하게 반응하지 않는 반면 현물급여 공적부조인 식품구입권은 민감하다. AFDC/TANF 신청은 1992~2000년과 2003~2007년 동

안 각각 17% 및 13% 감소했다가 2007년 불황 이후 8% 증가했다. 이처럼 1996년 입법은 노동시장으로 유도하는 효과 면에서 성공을 거두었으나 최근 경기가 악화되면서 다시 8% 늘었다. 그러나 수혜자의 신청자 감소와는 별도로 빈곤화는 2000년 이후 증가하여 줄지 않았다. 1992~2000년 기간은 경기확장기와 겹쳐 빈곤율은 6.1% 감소했다. 2007년 미국의 지니계수는 40.8로 OECD 20개국 가운데 두 번째로 높다. 다시 말해서 부유한 나라들 중에서 멕시코를 제외하면 소득불평등이 가장 높다(〈표 6-6〉 참조).

양극화의 발단은 1996년 이루어진 빈민정책의 개혁과 관련이 있다. 복지개혁이 노동을 전제함에 따라 과거와는 달리 대부분의 여성이 노동시장

〈표 6-6〉 소득불평등과 총 사회지출(2007년)

| 국가명 | 지니계수 | 총 사회지출(%) |
|---|---|---|
| 호주 | 35.2 | 18.0 |
| 오스트리아 | 29.1 | 26.0 |
| 벨기에 | 33.0 | 27.2 |
| 캐나다 | 32.6 | 17.8 |
| 핀란드 | 26.9 | 24.8 |
| 프랑스 | 32.7 | 28.5 |
| 독일 | 28.3 | 27.4 |
| 이탈리아 | 36.0 | 24.4 |
| 일본 | 24.9 | 16.9 |
| 한국 | 31.6 | 6.1 |
| 멕시코 | 49.5 | 11.8 |
| 네덜란드 | 30.9 | 21.8 |
| 뉴질랜드 | 36.2 | 18.5 |
| 노르웨이 | 25.8 | 23.9 |
| 포르투갈 | 38.5 | 21.1 |
| 스페인 | 34.7 | 19.6 |
| 스웨덴 | 25.0 | 28.9 |
| 스위스 | 33.7 | 26.4 |
| 영국 | 36.0 | 21.8 |
| 미국 | 40.8 | 14.8 |

으로 흘러들어 왔다. 이전까지 복지급여에 의존하던 여성노동력은 숙련기술이 없으며 노동시장의 가장 아래쪽에서 저임으로 일해야 했다. 저임노동의 대량유입으로 노동시장은 유연해져 사용자에게는 유리하게 조성되었다. 미국 경제가 지식과 서비스 경제로 이동하면서 새로운 노동력을 필요로 하는 시점에 특히 요식업 등이 필요로 하는 저임노동이 대량 공급된 것이다. 여성노동력의 초과공급은 경쟁을 통해 임금을 하향시켰고 이는 사라져 가는 남성 제조업 일자리와 결합하면서 가구의 임금소득을 축소시켰다.


## 3. 근로장려세제(EITC)의 확대

### 1) 팽창의 역사적 배경

미국의 빈민정책은 처음부터 빈민에 관대하지 않았다. 1935년 〈사회보장법〉의 설계에서 보듯 한부모가 아동을 부양하면서 근로활동으로 소득을 창출하면 즉각 복지급여는 사라지도록 하였다. 부모의 입장에서 보면 정부의 급여 한도에서 육아에 전념하는 것이 가장 합리적이었다. 그러나 급여가 충분하지 않기 때문에 빈곤가정을 벗어나기 어려웠다. 이처럼 엄격한 자산조사 방식의 사회복지는 1960년대 흑인인권운동 등 미국 내 민주화가 폭발적으로 발생하면서 비판의 대상이 되었다. 당시는 또한 여성이 대대적으로 노동시장에 진출하던 시기이기도 했다. 이에 따라 근로동기를 진작하는 취지에서 근로세율을 낮추는 방안이 제시되었다. 1975년 도입된 근로장려세제는 이러한 역사적 맥락 속에서 이해된다.[10] 근로장려세제는 복지국가의

---

10) 근로장려세는 마이너스 소득세의 범주에 속한다. 마이너스 소득세는 일반적 소득세와는 반대로 한 가정소득이 일정 수준에 미달하면 정부가 보조금을 지급하여 빈곤화되는 것을 막기 위한 조치이다. 원래는 1962년 밀턴 프리드먼이 그 유명한 저서 《자본주의와 자

발전이 취약한 영미권 국가에서 미약한 사회보장을 보완하는 차원에서 일반적으로 도입되었다(Lindert, 2004: 248). 근로장려세제의 취지와 목적은 노동공급의 증대에 있다. 노동공급의 확대에 대한 기여는 두 가지 요소로 구성되며 이는 근로장려세제에 반영되었다. 하나는 노동공급을 늘리기 위해 복지에 노동을 부과하는 것이다. 다른 하나는 근로에 대한 세율을 낮춤으로써, 즉 소득에 음의 조세를 부과함으로써 빈민층으로 하여금 노동을 하여 정부가 보장한 급여 외에 소득을 올리도록 하려는 것이었다. 구호 대상은 근로가정을 대상으로 한정되었다. 처음에는 작은 규모로 출발했으나 해가 갈수록 성장했다. 1978년과 1985년에 급여가 늘었고 자격은 완화되어 수급자는 증가했다. 한편 인플레는 실질 급여의 가치를 높이지 못했다. 최초의 의미 있는 확대는 1986년에 있었다. 1986년 개혁은 자격 조건을 확대하고, 급여를 늘리고 새로이 물가연동규정을 포함하여 실질급여를 보장했다(Howard, 2007: 99). 의회가 근로장려세를 1990년 다시 확대하면서 지출은 3년 만에 2배로 증가했다. 프리드먼은 마이너스 근로세의 장점을 노동의욕의 고취 외에 다섯 가지를 제시했다(Moffitt, 2003: 6~7). 첫째, 빈민가정에 대해 순전히 소득을 기준으로 지원한다는 점이다. 노령이나 직업 등 다른 근거에 의하지 않고 소득의 유무 및 다과만을 기준으로 복지를 시행하는 것이다. 둘째, 수혜자의 입장에서 보면 현금급여라는 점에서 가장 원하는 지원형태이다. 셋째, 마이너스 소득세는 다중적 복지프로그램의 필요성을 차단한다. 미국 복지제도는 다양한 집단에 대한 서로 다른 정책이 혼합되어 있어 비능률적이라는 지적을 받아 왔다. 넷째, 현행제도를 운용하는 데 드는 막대한 행정관리 비용을 줄이고 빈민층에 보다 집중할

---

유》(*Capitalism and Freedom*)에서 처음 제안해 학계와 정책입안통에 널리 보급되었다. 이후 많은 논의를 거쳤으며 정치적으로는 닉슨 대통령이 1969년 〈가족지원법〉(Family Assistance Plan)을 통해 처음으로 제기했다. 마이너스 소득세에 대한 이론적 논의는 Moffitt(2003)를 참고하길 바란다.

수 있도록 할 수 있다. 다섯째, 마이너스 소득세는 최저임금, 관세, 그리고 기업지원금 등이 야기하는 시장가격의 왜곡을 방지한다. 이러한 여러 가지 쟁점은 이후 정책으로 전환되는 과정에서 많은 논란을 낳았다.

근로장려세제는 아동을 부양하는 저소득가정을 지원하는 가장 규모가 큰 정책으로 성장했다. 2008년 약 2,500만 가정을 지원했으며 이에 필요한 재원은 500억 달러 이상이었다. 지출 면에서는 식품구입권지원정책과 비슷하지만 수급자 수는 훨씬 많은 특징을 가진다. 1990년대 이후의 미국 복지국가에서 일어난 최대 변화의 하나는 공적부조의 하나인 근로장려세제의 확충이다. 1975년 시작된 이 제도는 비록 실질적으로는 공적부조이지만 형식적으로는 외형을 달리하면서 수요자에게 인기가 높고 공급자 역시 축소하기 어렵다는 점에서 지속적으로 팽창되었다. 근로장려세제가 대폭 강화된 것은 클린턴 정부하에서이다. 클린턴은 당선 후 빈민을 위한 정책을 개발하는 데 나름의 관심을 갖고 있었다. 클린턴은 공화당이 1994년 선거에서 대승하면서 빈민정책의 확대는 정치적으로 곤란할 것이라 예측했다. 1994년의 '미국과의 계약'을 주도한 공화당 의회는 공적부조 일반을 반대했다. 존슨의 민주당 정부가 만들었던 대다수 복지는 대폭 축소되었다. 일하지 않고 받는 복지가 주 공격 대상이었다. 이에 클린턴 대통령은 정치적으로 의회의 반대가 심각하지 않은 근로빈민의 소득을 높이는 데 주력했다. 이 시도는 근로장려세제의 확대로 나타났다. 1996년 당시 3인 가족 기준 최저임금으로 버는 소득은 빈곤선의 70%, 그리고 4인 가족의 경우는 더 낮은 50%에 불과할 정도로 빈곤문제가 심각했다. 1978~1994년 사이 가장이 취업하며 부양아동이 있는 가구의 빈곤이 42% 상승했다. 빈곤아동 가운데 5분의 3은 가족구성원이 노동하는 상태였다. 즉, 근로빈곤 현상이 심각하게 발전한 것이다. 근로장려세제는 본래 이 같은 근로빈곤문제를 해결하기 위해 고안된 제도였다. 1975년 도입된 이후 근로장려세제는 연방정부의 빈곤정책 가운데 가장 빠른 속도로 성장하는 정책이며 아동

빈곤을 해소하는 데 가장 효과적인 정책으로 꼽았다.

조세제도는 사회보장과 공적부조와 더불어 미국 복지국가의 핵심적 장치이다. 국가가 직접 복지를 제공하는 사회보장이나 공적 복지와는 달리 국가가 조세인센티브를 시장이나 기업 및 개인의 행위에 영향을 줌으로써 사실상 결과적으로 사회복지에 긍정적 효과를 내는 방식이다. 근로장려세제는 그중에서도 개인 납세자의 노동실적에 비례하여 국가가 보상하는 장치이다. 일정 소득에 미달하면 납세를 환급해 줌으로써 소득을 향상시키는 것이다. 조세제도는 행위자의 동기에 영향을 주어 행위를 변화시킨다는 점에서 간접적이지만, 조세신용과 감면을 이용해 직접적으로 소득에 영향을 준다. 조세제도의 복지국가적 도구성을 가리켜 하워드는 '은폐된 복지국가'라고 명명했다(Howard, 1997). 미국 정부는 다양한 방식을 사용하여 복지국가의 효과를 달성한다. 사용자가 근로자에게 제공하는 의료보험과 연금보험의 비용을 과세에서 면제해 줘 공적 복지가 아니라 사적 복지에 의존하여 비슷한 목적을 달성한다. 마찬가지로 주택구입의 비용이나 개발업자의 주택건축비용에 대해 조세특혜를 부여하여 주택공급을 활성화한다.

근로장려세제는 조세제도에 의한 복지국가 효과를 달성하는 대표적 사례이다. 근로장려세제의 특징은 복지혜택을 직접 전달한다는 데 있다. 근로장려세제에 해당되는 개인은 연방정부로부터 해당 금액을 수표로 직접 전달받는다. 이 같은 성격의 근로장려세제는 1996년 클린턴 대통령에 의해 대폭 확대되었다. 1996년 당시 미국 정부는 1,800만 명이 근로장려세의 수혜 대상이며 소요예산을 약 251억 달러로 전망했다. 이처럼 근로장려세제는 가장 논란의 대상이었던 가족지원법인 AFDC보다도 많은 사람에게 많은 비용을 요구하는 빈곤정책이었다. 이후 미국의 근로장려세제는 근로빈민을 빈곤선으로부터 끌어올리는 일차적 도구로서 인식되었다. 근로장려세의 높은 인기를 고려하면 1992년 대선에서 클린턴이 근로장려세를 확대하겠다고 공약한 것은 당연한 것이다.

## 〈표 6-7〉 소득별 및 가족 형태별 가족당 평균 월지출

(단위: 달러/월)

| 소득 수준 | 빈곤선 50% | | 빈곤선 50~100% | | 빈곤선 100~150% | |
|---|---|---|---|---|---|---|
| | 1984 | 2004 | 1984 | 2004 | 1984 | 2004 |
| 한부모 | 1,231 | 766 | 448 | 832 | 192 | 563 |
| 양부모 | 1,118 | 814 | 509 | 872 | 197 | 539 |
| 무아동가족 및 개인 | 346 | 300 | 260 | 291 | 189 | 197 |
| 고용가족 | 516 | 426 | 360 | 493 | 175 | 338 |
| 비고용가족 | 833 | 495 | 497 | 1,052 | 470 | 678 |

자료: Ben-Shalom, Moffitt, & Scholz, 2011: Table 7.

근로장려세제의 소득재분배 효과는 극빈층이 아니라 근로계층에게 집중
되었다. 11) 근로계층에게 유리한 재분배는 근로장려세의 효과이다. TANF
개혁에서 나타나는 것처럼 극빈층에 대한 보호가 감소하는 대신 소득이 높
은 근로집단의 세후 소득이 증가했다. 세전 소득분포의 1984년과 2004년
자료를 비교해 보면 빈곤선의 50%에 해당하는 고용가족은 소득이 더욱 빈
곤한 50~100% 집단과 빈곤선의 100~150% 집단에 비해 급여를 많이 받
았다. 이는 1984년과 정반대 현상이다. 다시 말해서 복지개혁 이전에는 극
빈층(50%)에 대한 급여가 가장 많았다. 극빈층 한부모는 1984년 1, 231달
러를 수령한 반면 50~100% 집단의 한부모는 같은 해 448달러를 받았다.
하지만 2004년 50~100%의 한부모는 832달러를 받은 반면 50% 집단의
한부모는 766달러를 받았다. 소득재분배가 극빈층에 유리하지 않고 바로
그 위 집단에게 더 많은 급여를 제공한 것이다.

---

11) 미국 빈민정책에 대한 상세한 논의와 평가는 Ben-Shalom, Moffitt, & Scholz (2011) 를
참고하길 바란다. 이들의 연구에 의하면 빈민에 대한 재분배는 이중의 흐름을 보인다. 하
나는 집단 내의 재분배로서 극빈층으로부터 그 위 빈민층으로의 이동이다. 다른 하나는 집
단 사이의 재분배이며 비노인층과 비장애인층으로부터 노인과 장애인 집단으로 이동했다.
식품구입권제도도 마찬가지로 극빈층으로부터 상위 계층으로의 재분배가 이루어졌다.

## 2) 왜 근로장려세제는 지속적으로 확충될 수 있었는가?

클린턴 정부의 복지개혁 가운데 가장 논란거리였던 AFDC/TANF에 비해 근로장려세제는 수혜 대상과 예산이 훨씬 많았음에도 불구하고 여론의 특별한 관심을 받지 않은 채 확장되었다. 클린턴 정부는 어떻게 이처럼 대대적 확충정책을 실시했는가? 클린턴 정부가 근로장려세 확충을 시도한 기본적 의도는 근로빈민을 보다 효과적으로 구호하려는 것이었다. 미국 복지정책의 범주는 각각 그 대상을 특화하는데 근로장려세는 근로자를 타깃으로 한다는 점에서 누구도 쉽게 반대하기 어려운 제도였다. 근로효과로 인해 일정 근로조건을 충족하면 빈곤선을 초과하는 집단도 수혜를 받을 수 있다. 근로장려세 제도의 확대는 다음과 같은 요인에 의해 가능했다. 첫째, 근로장려제는 그간 시행의 결과 정책적 효과가 입증되었다. 1998년 근로장려세제는 430만 명을 빈곤으로부터 구제했다. 이 중 절반은 아동이었다(Katz, 2001: 206). 2004년 세전 소득에서 빈곤선 이하의 가정이 차지하는 비중은 29%였으나 근로장려세로 인해 세후소득을 기준으로 하면 빈곤선 이하의 가정은 28%로 1%p 하락했다(Ben-Shalom, Moffitti, & Scholz, 2011: Table 5). [12]

이처럼 근로장려세제는 아동빈곤에 큰 효과를 발휘한 것으로 평가받았다. 구제효과는 1993년과 비교하면 분명하다. 1993년 최저임금으로 근무한 여성은 근로장려세 환급을 받아 10,569달러의 소득을 얻었다. 한편 1998년 확대된 근로장려세에 적용하면 그 여성의 소득은 1993년 대비 27% 오른 13,268달러였다. 1996년 개혁으로 빈민가정의 행위는 크게 변화했다. 저소득 가정은 이제 일하지 않으면 급여가 사라진다는 점을 깨닫고 노동시장에 참여함으로써 근로장려세의 수혜를 받으려 했다. 이 점은

---

12) 빈곤퇴치 효과가 가장 큰 정책은 메디케어이다. 메디케어 수혜는 빈곤선 이하의 인구를 29.0%에서 19.9%로 감축했다. 그다음은 노인 및 장애인 연금(OASI)이다.

TANF와 비교하면 명확히 드러난다. TANF에 대한 총지출은 과거와는 대조적으로 늘지 않고 고정적인 반면 근로장려세 지출은 크게 증가했다. 수혜가정의 인센티브가 바뀐 것이다. 인센티브의 변화는 무조건적 수혜로부터 근로에 대한 지원으로 정책이 변화함으로써 일어난 것이다.

둘째, 근로장려세는 기본적으로 노동과 연계하여 지원한다는 점에서 전통적 가치와 부합했다. 클린턴 정부의 노력이 실패하지 않게 된 것은 부분적으로 미국사회에 중산층이 부양아동을 위한 빈민정책에 대해 품고 있는 뿌리 깊은 반감 때문이었다. 특히 근로빈민은 자신의 바로 밑에 있는 빈민에 대한 사회적 관심을 자유주의자의 허영의식으로 보았다. 일하지 않는 유색인 여성의 아동을 보호해야 한다는 자유주의적 복지국가를 거부한 것이다(Skocpol, 2000: 109~111). 이 반감에는 물론 인종적 감정이 혼합되었다. 부양아동지원을 받는 대부분은 흑인여성이었고 이들 다수는 또한 미혼모였다. 클린턴 정부에서 동일한 빈민정책이 하나는 실패하고 다른 하나는 의회를 무난히 통과할 수 있었던 것은 바로 일반 미국인의 근로빈민에 대한 동정과 AFDC에 대한 부정적 시각이 교차했기 때문이다. 이와 관련 일반 미국인의 아동에 대한 감정도 크게 변화했다.

1950년대까지 미국 조세제도는 아동을 부양하는 가정을 우대하고 시장경제 외부에 있는 가정에 대한 지원을 용인했다. 그러나 이후 상황은 변했다. 1975년 도입된 근로장려세나 육아세제 등이 생기기 전까지 연방조세는 시장투자와 개인적 시장 활동을 장려하고 아동가정에 대한 주택지원을 축소했다. 육아는 '사적 기호'의 영역이다. 아이를 갖는 결정을 내린 부모는 자신의 결정에 책임을 져야 한다. 육아를 감당할 능력과 자신이 없으면 아이를 갖지 말아야 한다. 아이를 가졌으나 부양능력이 없다고 해서 조세부담을 경감할 이유가 없다. 교육도 육아의 연장이라는 점에서 동일한 논리의 적용을 받는다. 육아에 대한 이 같은 정서는 빈민정책을 인기 없는 것으로 만들었다. 반면 노동은 누구나 자신을 영위하고 실현하기 위해서는 필수 불가결하다고 보기 때문에, 성실히 노동했으나 여전히 가난한 근로빈민을 지원하는 빈민퇴치정책은 지지한다. 근로장려세제는 근로빈민을 지원하는 정책이라는 점에서 대중의 반발을 부르지 않았으며 공화당 보수파도 이 점을 간과하지 않았기 때문에 예산증액에 대해 적극적으로 반대하지 않았다. 미국의 복지국가는 근로연령의 부모와 자녀 다수를 지원하는 데는 인색하다. 근로장려세는 유일한 예외이다. 근로장려세제는 빈민 및 그에 준하는 가정을 빈곤으로부터 구하는 역할을 한다는 점에서 중산층 노동자의 환영을 받는다.

근로장려세제는 현금급여와 같은 공적부조 범주에 속하면서도 아동부양지원정책에 비하면 정치적 반대세력이 없으며 심각한 비난을 받지 않았다. 1996년 당시 모든 사회복지가 삭감을 당했음에도 불구하고 근로장려세제는 대폭 상승했다. 1996년 당시 공화당이 압도하던 정국에서 근로장려세제가 확대 개편될 수 있었던 것은 이 제도가 폭넓은 정치적 지지를 얻고 있었기 때문이었다. 클린턴은 아동부양가족정책이 공화당의 반대로 예상과는 다른 방향으로 결론지어지는 것을 보면서 근로장려세제처럼 근로와 연계되지 않으면 보수파의 반대를 물리칠 수 없다고 판단했던 것이다.

기존의 사회보장제도는 아동에 대해 적대적인 반면 노인층에 대해서는 관대하다. 젊은 납세자는 이중 부담의 딜레마에 빠져 있다. 한편으로 노인층 연금을 위해 임금고용을 통해 심각한 조세부담을 져야 하며 동시에 자신들이 지출한 육아비용에 대해서는 은퇴수당이 주어지지 않는다. 그러나 근로장려세는 아동과 가족의 복지를 노동시장의 부모경력과 결부시킨다. 노동시장 외부에 머무는 부모에게는 혜택이 거부된다. 또한 근로장려세제는 유급 가족휴가, 사용자 연금, 저임금 노동자에 대한 공적 또는 사적 의료보험이 없다.

둘째, 근로장려세제가 보수파의 공격을 견뎌낸 것은 근로빈민층이 원하는 것을 공급했기 때문이다. 1980년대 이후 공화당과 민주당은 근로빈민의 지지를 얻기 위해 마지막까지 경쟁했다. 근로빈민은 전체 투표자의 20%가량을 점하고 있어 양당의 우세를 결정하는 결정적 캐스팅보트를 쥐고 있었다. 클린턴은 이 집단의 표를 의식하여 "주 40시간 노동하면 아동과 집에 거주하면서 빈곤층이 되지 않을 것"이라고 약속했다. 클린턴 정부는 근로장려세제를 확충하면서 네 가지 목표를 제시했다. 즉, 근로보상, 전일노동자의 빈곤구제, 필요한 자에게만 혜택 제공, 신청의 용이 등이다(Katz, 2001: 205).

그러나 근로장려세가 민주당의 표밭에 유리한 제도인 만큼 공화당은 이를 반대하려 했다.[13] 근로장려세가 지속적으로 성장하고 수급가족의 수가 증가하는 것을 본 공화당은 1990년대 예산삭감을 시도하기 시작했다. 1995년 상원의 공화당은 향후 7년간 430억 달러 삭감을 제시했다. 그러나 클린턴의 반대로 공화당 상원의 삭감시도는 무위로 끝났다. 공화당은 1997년에는 다른 예산을 확보하기 위해 근로장려세 부문을 삭감하려 했다. 이때도 클린턴 대통령이 반대했고 이에 공화당은 법안에서 근로장려세제 부분을 뺀 세법안을 백악관에 제시했다. 예산삭감을 시도하면서 공화당이 제기한 비판은 근로장려세제가 또 다른 형태의 빈민정책일 뿐이며 극빈층에 한정해야 하며 근로가족은 제외되어야 한다고 주장했다. 근로장려세제는 기껏해야 사회보장세 감면일 뿐이고 소득을 추가로 제공하는 것은 아니다. 보수파는 근로장려세제가 부부가족에게 벌점을 부과함으로써 결혼을 억제하는 결과를 낳는다고 비판했다.

근로장려세제가 장기 존속할 수 있는 것은 이 제도가 노동비용을 부분적이지만 사회적 비용으로 만듦으로써 미국이 전통적으로 중시하는 노동의 가치와 하락하는 임금 사이의 괴리를 해소할 수 있었기 때문이다. 복지개혁의 최종목표는 노동이다. 노동 없는 복지는 불가능하며 상상할 수 없다.

---

13) 상세한 입법과정에 따른 공화당과 민주당의 대립에 대해서는 Howard(1997)를 참고하길 바란다.

인간은 노동으로부터 독립심, 자긍심, 개인책임감, 그리고 시민권을 얻는다. 노동을 하면 지원받을 가치가 있는 빈곤과 그렇지 못한 빈곤 사이의 벽은 사라진다. 빈민지원을 두고 발생하는 당파적 대립은 노동이 포함되면서 사라졌다. 근로장려세제의 확충은 사회적 급여와 고용의 관계를 긴밀하게 만듦으로써 미국의 복지국가를 재정의했다. 1940년대 이후 사회보험의 복지국가가 제공하는 급여, 즉 실업수당, 산재수당, 사회보장 등은 어떻든 노동에 의존했다. 극빈층만이 의료보험을 2등 시민으로서 제공받았다. 그러나 근로장려세제의 도입 이후 현금지원 역시 노동에 부착시켰다. 근로장려세제는 노동시장의 형편에 따라 성패가 엇갈린다. 근로장려세제는 노동과 연계되어 있다는 점에서 근로하지 않는 빈민에게는 현금지원을 하지 않는다. 노동시장이 북적거려 고용이 높을 경우 아무런 문제가 발생하지 않는다. 그러나 불황이 찾아오면 고용과 급여의 관계는 더 이상 유지될 수 없다. 일자리가 없어 일할 수 없다면 근로장려세도 사라진다. 다시 빈곤이 발생한다.

## 4. 보편의료개혁: 〈환자보호 및 적정의료법〉

### 1) 도입의 역사적 배경

2010년은 미국 복지국가의 역사적인 해이다. 2010년 3월 오바마 대통령이 주도한 〈환자보호 및 적정의료법〉(ACA)이 의회를 통과했다. 2010년 ACA가 발효하기 전까지 미국의 의료보험제도는 일자리와 연동되어 많은 시민이 의료급여의 사각지대에 있었다. 빈민과 노인을 위한 의료보험, 즉 메디케이드와 메디케어를 제외하면 미국인의 약 25%가 보험비 부담으로 인해 의료보험에 가입하지 못했다. 1984년 약 3천만 명이 의료혜택에서 배제되었다. 이는 OECD 회원국 가운데 가장 높은 비중이었다. 의료개혁의 처리를 둘러싸고 심각한 정치적 갈등이 고조되었다. 가장 큰 쟁점은 의무적 가입과 연방정부의 역할과 관련된다. 자유주의적 전통이 강력한 미국에서 공화당을 위시한 보수주의와 시장주의자는 강제가입을 강력 거부했다. 한편 연방국가에서 주의 권리를 보장해야 한다는 오랜 전통은 연방정부의 의료정책이 결국 주정부의 영역을 침해한다고 비판한다. 특히 의료산업과 보험업은 전통적으로 주정부의 영역에 속하는 것이었다는 점에서 논란이 커졌다. 실제로 연방정부는 고도로 복합적인 의료보편화를 직접 시행하기에는 그 역량이 부족하며 주정부의 협력은 불가피하다. 주정부가 1965년 만들어진 메디케이드를 수용하는 과정은 좋은 예이다. 처음 6개월 안에 6개 주가 정책을 받아들였다면 알래스카주는 1982년에 와서 메디케이드 정책을 실시할 정도였다(Haeder & Weimer, 2015: 287).

기존 의료제도는 너무나 비효율적이고 비용이 많이 든다는 지적을 받아왔다. 새로운 정책의 필요성에 대해서는 공감대가 존재했었다. 한편 ACA가 통과된 정치적 배경은 민주당이 워싱턴을 지배한 데 있다. 대통령과 입법부 모두 민주당에 의해 장악되었다(Jacobs, 2010). 만일 분점정부였으면 공화당의 협력이 필요했을 것이고 그럴 경우 과거 클린턴 행정부의 의료개혁 시도에서 보듯 개혁법 통과는 공화당의 완강한 반대로 사실상 불가능했을 것이다. 그러나 이러한 배경은 후에 정치적 지형의 변화와 함께 양당 간 불화의 원인이 된다. 2010년 3월 의회에서 통과된 ACA는 이후 계속해서 양당 간의 갈등을 일으켰다. '오바마의료법'으로도 불리는 ACA는 미국인의 건강보험 범위를 과거 보호받지 못하던 개인에게까지 확대하는 것을 목표로 하는 개혁 입법이다. 그 중요 일부는 기존의 메디케이드를 확대하는 것이며 이에 필요한 재정을 초기에는 전부 그리고 나중에는 90%를 연방정부가 부담하는 내용을 포함한다. 그러나 이 부분은 2012년 6월 연방대법원이 위헌으로 판결하였고 그에 따라 주정부가 기존의 메디케이드 정책을 관리하게 되었다. 2015년 6월 대법원은 하급심에서 문제 삼았던 강제구매 조항에 대해서는 합헌이라고 판결했다(*The Washington Post*, 2015. 6. 25). 연방정부가 개인으로 하여금 의료보험을 의무적으로 구입하도록 강제하는 것이 위헌이 아니라는 점을 명확히 한 것이다. 처음에는 오바마 대통령의 의료개혁에 반대했던 공화당이 집권했던 주정부는 두 가지 근거에서 연방정부의 개혁에 참여하기 시작했다. 플로리다주의 릭 스콧 주지사가 내린 연방정책에 대한 동참이 대표적이다(Barrilleaux & Rainey, 2014). 주정부의 동참을 유도한 두 가지 근거는 다음과 같다. 첫째, 연방대법원이 의료개혁의 합헌을 선포함에 따라 반대의 명분이 약해졌다. 둘째, 연방정부가 제시한 메디케이드 재정에 대한 지원금을 거부하기에는 재정적 유혹이 너무 크다. 이로써 개혁법은 저소득층, 정확히는 연방정부가 정한 빈곤소득 기준 100%에서 400% 사이의 모든 이에게 의료급여를 제공함으로써 의료제도를 보편화하는 것을 목표로 한다. 14)

## 2) 〈환자보호 및 적정의료법〉의 효과

효력은 즉각 발휘되었다. ACA가 의회를 통과된 다음 해인 2011년부터 미가입자 수는 감소하기 시작했다. 비노년인구 가운데 의료보험에 가입하지 못했던 사람이 2010년 18.2%였으나 2015년에는 10.5%로 약 8.0%p 감소했다. 의료보험 확대는 인종과 세대별로 차이가 있다. 18~64세 인구의 보험 미가입자 비중은 2014년 16.3%에서 2015년에는 12.8%로 감소했다. 한편 사보험 가입은 같은 기간 67.3%에서 69.7%로 늘었다. 0~17세 집단의 미가입률은 5.5%에서 4.5%로 감소했다. 65세 이하 인구의 경우, 사보험이나 보험거래소 등을 통해 등록된 사보험 비중은 2014년 2.5%

---

14) 이는 1조 달러의 재정을 요구하며 수혜자 일인당 5,510달러가 필요할 것으로 추산되었다.

(670만 명)에서 2015년 3.4%(910만 명)로 증가했다. 15)

2010년 의료개혁의 결과, 〈그림 6-4〉에서 보듯 의료보험 미가입자는 전체 인구 대비 1994년 15.0%에서 2014년 13.3%로 급격히 떨어졌다. 미가입자 수로 보면 2010년 약 4,800만 명에서 2014년 3,600만 명으로 1,200만 명 감소했다. 이처럼 수천만 명이 의료보험에서 배제되어 있는 상황에서 미국 의료는 개혁의 필요성을 안고 있었다. 1990년대 클린턴 행정부도 의료개혁을 시도했으나 의회 다수를 장악했던 공화당의 반대로 성공하지 못했었다.

의료보험개혁의 일차적 수혜자는 저소득층인데 소득은 인종 차이와 밀접히 연관된다. 〈그림 6-4〉에서 보듯, 가입자 비중은 인종별로 큰 차이가

〈그림 6-4〉 인종과 의료보험가입률(1999년~2015년)

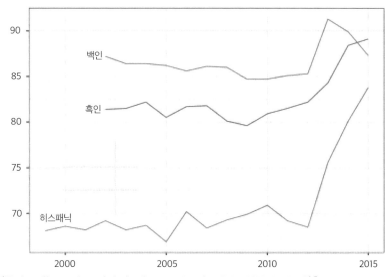

자료: http://www.cdc.gov/nchs/hus/contents2015.htm#105, 2016. 11. 21. 인출

---

15) https://www.healthinsurance.org/state-health-insurance-exchanges/, 2016. 11. 21. 인출

있다. 가장 큰 증가는 히스패닉계이며 흑인이 그다음이다. 백인은 다른 인종에 비해 높은 가입률을 유지했으며 보험가입이 의무화된 이후 마찬가지로 증가했으나 2015년 약간 감소했다.

### 3) 〈환자보호 및 적정의료법〉의 내용

ACA는 세 가지 정책, 즉 사전조건보험(PCIP), 의료보험거래소(*health in-surance marketplaces*), 그리고 메디케이드 확대를 목표로 한다. 첫째, 과거 사전조건조항에 걸려 보험가입이 불가능했던 환자에 대해 가입을 보장하는 것이다. 전국적으로 약 35만 명이 혜택을 받는다. 2010년까지 35개 주에서 고위험 환자를 지원하는 보험정책을 실시했었다.[16] 주마다 고위험군에 대한 보험 대상과 범위가 서로 다른 것이 현실이었다. 그러나 재정비용이 많이 소용되는 문제로 많은 주는 가입을 장려하지 않았다. 연방정부는 오랫동안 고위험환자에 대한 보험가입을 지지했고 의회는 재정지원을 위해 노력했다. 이러한 노력은 이제 ACA가 사전조건조항을 포함시킴으로써 2014년까지 가입을 보장하고 보험비를 규제하도록 규정했다. 이를 위해 50억 달러가 배정되었다. 뉴햄프셔주와 사우스다코타주가 2010년 6월 아직 ACA가 통과되기도 전에 처음으로 사전보험을 도입했다. PCIP는 의료개혁의 다른 부분과는 달리 정치적 저항이 별로 없었다. 공화당은 오래전부터 고위험보험정책을 지지해 왔기 때문이다. 또한 고위험환자는 전국적 현상이기 때문에 정치적 반대는 존재하기 어려웠다.

둘째, 의료보험거래소는 적절보호법을 보편화하는 데 필요한 조항이다. 그것은 2006년 매사추세츠주의 공화당 주지사 롬니가 실시했던 것을 모델

---

16) 2006년 테네시주와 노스캐롤라이나주에서 고도위험환자에 대한 보험 제공이 입법화되었다.

로 한다. 거래소 안은 의료보험을 구입하려는 개인과 의료서비스 제공사업자를 함께 모으는 점에서 보수적 의료개혁이 전통적으로 주장하던 것이었다. 보험거래소 안은 강제의무가입과 더불어 보험구입에 따른 공통된 문제, 즉 비대칭정보, 역선택, 모럴해저드 등을 극복하기 위한 장치이다. 의료개혁의 주목적의 하나는 보험거래소 설치를 통해 의료소비자에게 정책결정에 긴요한 정보를 더 많이 제공하는 것이다.

## 4) 연방제와 의료보험거래소의 네 가지 유형

미국은 연방제 국가이며 연방정부의 정책은 역사적으로 주정부가 공동운영하는 협력거버넌스를 통해 시행된다. 주정부는 ACA 개혁에 대해 다양하게 반응했다. 일부는 전면 거부를 선언했고 다른 일부는 부분적으로만 수용할 것을 밝혔다. 그러나 시간이 흐르면서 완강한 반대는 완화되고 다양한 타협점이 이루어졌다(Haeder & Weimer, 2015). ACA는 반대세력이 연방정부의 역할에 대한 위헌소송을 제기하여 미국 대법원의 사법적 판결을 구해야 했다. 사법부는 의무가입에 대해서는 합헌판결을 내렸으나 다른 한편 주정부의 역할을 인정하여 의료개혁을 주정부 차원에서 실행하도록 허용했다. 사법적 판결 이후 주는 연방제도를 수용하거나 아니면 유예조항에 따라 주정부가 주체가 되는 보험거래소를 설치하는 방향으로 이원화된다. 각 주는 나름의 상황에 따라 연방정부가 제시한 의료보험의 형태를 선택하였는데 그 결과 네 가지 형태로 분류된다. 28개 주는 연방정부의 안을 수용한 반면 12개 주는 주 나름의 보험거래소를 설치했다. 5개 주는 연방정부의 안을 기초로 주의 특성을 혼합했으며 6개 주는 연방정부와 파트너십을 형성했다(〈그림 6-5〉 참조).

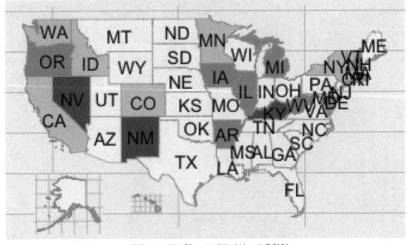

〈그림 6-5〉 의료보험교환의 유형(2015년)

연방　　■주보험　　■파트너십　　■혼합형

자료: KFF. www.kff.org, 2016. 11. 21. 인출.

## 5) 변화하는 의료보험시장

ACA는 개인보험시장을 활성화시켰다. 개인보험은 원래 보수주의 진영이 강조했던 방안이었으나 의료개혁 도입으로 더욱 주목을 받고 있다(Cantor & Monheit, 2016). 첫째, 보험사의 참여가 불가피한 상황에서 ACA가 본격화될수록 보험사 간의 경쟁이 더욱 치열해질 전망이다. 둘째, ACA를 반대하는 입장은 개인시장의 활성화를 옹호하면서 개인가입자에 대한 세제지원을 주장한다. 셋째, 일부 주는 개인보험을 통해 메디케이드를 확대하는 정책을 추진한다. 예를 들어 아칸소, 인디애나, 아이오와, 그리고 펜실베이니아주는 연방정부와의 협상을 통해 개인보험을 메디케이드 확장에 적용했다. 넷째, 개인의료보험시장은 ACA가 취한 다양한 의료개혁방식에서 실험실 역할을 한다. 보험사의 과대한 보험료 가격을 제한하거나 재계약 보장을 제도화함으로써 수요자의 잠재적 불이익을 줄이고 보험시장의 불확실성을 축소하는 역할을 한다. 의료시장의 확대는 정치적으로 공화당의 목소리와 대조적이다. 의료보험업, 의료기기산업과 병원 등 서비스 제공업은 보편의료가 확대하면서 시장 창출의 기회로 보고 이를 환영하는 입장에 있다. 산업과 사용자 집단은 일반적으로 공화당의 지지기반이다. 한편 공화당이 ACA를 반대할 경우 의료시장은 과거로 회귀할 수 있다는 점에서 트럼프 정부가 공약대로 의료개혁의 전면적 철폐를 고집하기는 쉽지 않을 전망이다. 2015년 6월 대법원이 합헌판결을 내린 직후 의료산업의 주식은 폭등한 바 있는데 이는 바로 관련 산업의 이해가 얼마나 큰지를 말해 준다.[17]

## 5. 맺음말

### 1) ‘무노동 무복지’ 원리와 가부장적 미국 투표자

1930년대와 1960년대 큰 골격이 형성된 미국 복지국가는 시간이 지나면서 작은 부분적 변화를 경험해 왔다. 1970~1980년대에 발생했던 부분적 변화는 계기를 만나지 못한 채 변화를 위한 잠재적 배경을 형성했다. 특히 1980년 레이건 대통령 당선을 기점으로 정치적으로 보수화 기류가 주조를 이루면서 빈민정책에 대한 혹독한 비판이 가해졌다. 인종과 계급이 혼합하여 교차하는 균열구조에서 주로 흑인 한부모에 집중된 빈민지원정책은 대폭 삭감의 운명을 맞았다. 다른 한편 여론은 노동에 연계하는 서민정책에 대해서는 이른바 ‘근로복지’라는 이름하에 더욱 확대되었다. 근로장려세제는 노동소득을 올리는 저소득층을 겨냥하는 점에서 비판을 피할 수 있었을

---

17) *The Washington Post*, 2015. 6. 25.

뿐 아니라 역으로 장려되었다. 최근 미국 복지국가에 대한 압력은 두 가지 배경에서 잉태되었다. 경제적으로 서비스 부문이 급속하고 지속적으로 팽창하면서 저임의 여성노동력을 대량으로 필요로 했다. 노동시장의 밑바닥이 저임의 질이 좋지 않은 일자리로 채워졌다. 다수 여성은 숙련노동이 필요 없는 요식업, 세탁업, 육아센터, 그리고 패스트푸드 식당 등으로 진출했다. 복지급여에 필요한 노동조건의 부과는 저임의 일자리를 채우는 역할을 한 셈이다. 다른 하나는 정치적 변화이다. 자유시장을 신성시하는 정치이념이 부상하면서 이전에 구축되었던 사회적 보호를 철거하는 데 이용되었다.

미국 복지제도를 이해하기 위해서는 미국정치를 이해해야 한다. 정책결정이 이루어지는 의회와 백악관이 자신의 정치적 운명을 결정하는 미국 시민과 투표자의 여론에 극도로 민감하기 때문이다. 민주주의 국가에서 복지제도의 개혁은 다수, 더 정확히 말하면 중위 투표자가 원하는 방향으로 움직인다. 의회와 백악관은 다수의 선호에 의해 선출되기 때문에 이 선호를 크게 벗어나기란 불가능하다. 미국 투표자는 빈민과 저소득층 지원을 이들 자신이 원하는 것을 반영하여 결정하는 것이 아니다. 미국 납세자는 저소득층과 빈민을 대상으로 하는 복지지출에 대해 가부장적으로 변해 갔다. 미국 투표자는 자신의 선호에 기초하여 사회복지정책의 향배를 결정한다. 이런 점에서 보면 1990년대 이후의 복지제도의 개혁은 미국의 다수가 요구하는 바대로 노동에 강력한 가치를 부과했다. 저소득지원정책은 '무노동 무복지'의 원칙에 기반하고 있다. 지원정책이 현금급여로부터 벗어나 현물급여 중심으로 전환한 것은 현금급여가 실수요자인 저소득층의 자의적 소비로 흐르는 것을 방지하려는 취지이다. 미국 시민은 현물급여가 진짜 복지의 혜택을 필요로 하는 층에게 도움을 줄 수 있다고 본다. 복지혜택이 절실하지 않은 집단에게 현금급여가 제공되면 정책이 본래 목표로 하는 것과는 다른 용도로 낭비된다는 입장이다.

## 2. 대침체(Great Recession) 시대의 소득불평등, 기회 및 재분배

전통적으로 복지에 인색한 미국에서 불평등은 2008년 대침체 이후 더욱 심각한 단계에 진입했다. 미국은 오랫동안 기회의 땅으로 표현되지만 그것은 더 이상 현실에 부합하지 않는다. 현재 미국의 불평등은 역대 최고에 달했다. 1973년 다니엘 벨(Daniel Bell)은 기업대표와 일반 노동자의 급여 차이가 30배나 된다고 경고하며 소수인종지원정책을 반대하는 명분으로 삼았지만 오늘날의 수백 배에 비하면 극히 미미한 수준에 불과했다. 1987년 대기업 임원의 급여가 과도하다는 지적에 71%가 동의했으나 현재는 86%로 늘었다. 서구 유럽과 비교하여 왜소한 미국의 복지는 기울어진 운동장에서 비롯한다. 운동장의 기울기는 불평등, 기회 및 재분배에 대한 미국인의 생각과 밀접하다. 번영을 위해서는 소득차이가 필요하다는 의견에 동의하지 않는 미국인은 1987년 38%에서 2010년에는 58%로 증가했다. 경제위기 이후 미국인은 소득불평등이 경제적 기회를 제약한다고 믿게 되었다. 부유층이 누리는 부의 정당성이 의문시되고 있다. 부의 세습이 모두에게 필요한 일자리 창출과 적절한 소득의 달성을 방해한다고 본다.

미국인은 이제 단순히 소득증대가 아니라 공평한 배분을 요구한다. 그러나 기울어진 운동장은 하루아침에 평평해질 수 없다. 운동장 기울기를 결정하는 정치적 변수는 투표이다. 누구나 한 표를 행사할 수 있으나 현실적으로 소득정도에 따라 투표율이 다르다. 부유층이 빈곤층에 비해 투표를 많이 하며 사회정책을 결정하는 정치엘리트는 투표율이 낮은 사람이나 집단의 이해에 민감하지 않다. 미국의 많은 주는 중죄인의 투표권을 박탈한다. 빈곤층은 부유층에 비해 범죄 등 요인으로 인해 투표권을 상실할 가능성이 높다. 나아가 미국 빈곤층은 상대적으로 영주권자일 가능성이 높으며 따라서 시민권이 없는 경우가 흔하다. 2015년 시민권자와 비시민권자의 중위소득은 각각 57,173달러와 45,137달러이며 약 12,000달러 차이가 있

다. 그러나 이민자 가정이 시민권자에 비해 사회적 보호와 지원을 필요로
할 가능성이 높다는 점에서 악순환의 반복이다. 이런 점은 미국이 전향적
사회정책을 확립하려면 빈곤층의 투표율을 높이고 영주권자에게 투표권을
개방할 필요가 있음을 말해 준다.


## ■ 참고문헌

국내 문헌

강명세 (2008). "미국 복지국가의 특수성". 〈세종정책연구〉, 4권 1호.
_____ (2009). "미국 보수주의의 기원". 〈세종정책연구〉, 5권 12호.
_____ (2011). "미국의 전통적 외교안보 원리와 미국이 세계전략의 변화". 세종연구소.

해외 문헌

Barrilleaux, C., & Rainey, C. (2014). The politics of needs: Examining governors'
    decisions to oppose the 'Obamacare' Medicaid expansion. *State Politics and
    Policy Quarterly, 14*(4), 437~460.
Ben-Shalom, Y., Moffitt, R. A., & Scholz, J. K. (2011). An assessment of the
    effectiveness of anti-poverty programs in the United States. NBER Working
    Paper 17042.
Bitler, M. B., & Hoynes, H. W. (2010). The state of safety net in the post-
    welfare reform era. NBER Working Paper 16504.
Bitler, M. B., Hoynes, H. W., Jencks, C., & Meyer, B. D. (2010). The State
    of Safety Net in the Post-Welfare Reform Era. *Brookings Paperson Economic
    Activity*, Fall 2010, 71~147.
Blank, R. M. (2002). Evaluating welfare reform in the United States. NBER
    Working Paper 8983.
Cantor, J. C., & Monheit, A. C. (2016). Reform of the individual insurance market
    in New Jersey: Lessons for the Affordable Care Act, *Journal of Health Politics,*

*Policy and Law*, *41*(4), 782~801.

Collins, J. L., & Mayer, V. (2010). *Both Hands Tied: Welfare Reform and the Race to the Bottom of the Low-Wage Labor Market*. Chicago: The University of Chicago Press.

Glazer, N. (1988). *The Limits of Social Policy*. Cambridge University Press.

Gilder, G,. (1981). *Wealth and Poverty*. Basic Books.

Gilens, M. (1999). *Why Americans Hate Welfare*. University of Chicago.

Gottschalk, M. (2000). *The Shadow of Welfare State: Labor, Business, and the Politics of Health Care in the United States*. Cornell University Press.

Hacker, J. S., & Pierson, P. (2010). *Winner-Take-All Politics: How Washington Made the Rich Richer and Turned Its Back on the Middle Class*. Simon & Schuster.

Haeder, S. F., & Weimer, D. L. (2015). You can't make me do it, but I could be persuaded: A federalist perspective on the Affordable Care Act. *Journal of Helath Politics, Policy and Law*, *40*(2), 281~323.

Howard, C. (1997). *The Hidden Welfare State: Tax Expenditure sand Social Policy in the United States*. Princeton.

_____(2007). *The Welfare State Nobody Knows: Debunking Myths About U. S. Social Policy*. Princeton University Press.

Jacobs, L. R. (2010). What health reform teaches us about American politics. *PS*, *43*(4), 619~623.

Katz, M. B. (2001). *The Price of Citizen Ship: Redefining the American Welfare State*. OwlBooks.

Lindert, P. (2004). *Growing Public: Social Spending and Economic Growth Since the Eighteenth Century*. Cambridge University Press.

Moffitt, R. A. (2002). The temporary assistance for needy families program. NBER Working Paper 8749.

_____(2003). The negative income tax and the evolution of U. S. welfare policy. NBER Working Paper 9751.

_____(2004). Welfare work requirements with paternalistic government preferences. NBER Working Paper 12366.

_____(2006). Welfare work requirements with paternalistic government prefer-ences. *The Economic Journal*, *116*(515), F441~F458.

Murray, C. (1984). *Losing Ground: American Social Policy 1950-1980*. Basic Books.

O'Connor, B. (2004). *A Political History of the American Welfare System: When Ideas Have Consequences*. Rowman & Littlefield.

Pierson, P. (Ed.) (2001). *The New Politics of the Welfare State*. Oxford.

Piven, F. F. (2002). Welfare policy and American politics. In F. F. Piven, J. Acker, M. Hallock, & S. Morgen (Eds.), *Work, Welfare and Politics: Confronting Poverty in the Wake of Welfare Reform*, 19~34, University of Oregon Press.

Quagdano, J. (2012). Right-wing conspiracy? Socialist plot? The origins of the Patient Protection and Affordable Care Act. *Journal of Health Politics, Policy and Law, 39*(1), 37~56.

Rector, R., & Lauber, W. F. (1995). *America's Failed 5.4 Trillion War on Poverty*. Heritage Foundation.

Reese, E. (2005). *Backlash Against Welfare Mothers*. University of California.

Skocpol, T. (1992). *Protecting Soldiers and Mothers: The Political Origins of Social Policy in the United States*. Belknap.

_____ (1995). *Social Policy in the United States: Future Possibilities in Historical Perspective*. Princeton.

_____ (2000). *The Missing Middle: Working Families and the Future of American Social Policy*. Norton.

기타 자료

*The Washington Post* (2015. 6. 25). Affordable Care Act survives Supreme Court challenge.


OECD (2009). OECD Social Expenditure Data.

제 2 부 소득보장제도

# 공적연금제도*

## 1. 머리말

미국의 공적 연금은 1935년 제정된 〈사회보장법〉(Social Security Act: SSA)
에 기초한 노인·유족·장애연금보험제도(Old Age, Survivors, and Dis-
ability Insurance: OASDI)를 근간으로 한다. OASDI는 단순히 사회보장
(Social Security) 제도라고도 불린다. OASDI는 미국 대다수 종업원과 자영
업자들이 가입하는 중심적 공적 연금제도이다. OASDI는 실업보험(Unem-
ployment Insurance)과 함께 1935년 루스벨트 대통령하에서 제정된 SSA의
두 핵심 축이기도 하다(Daguerre, 2011: 390).

엄격히 말하면 미국의 가장 기본적인 사회보장제도인 OASDI는 분리된
두 부분으로 구성된다. 즉, 하나는 퇴직자 및 그 가족, 그리고 사망한 가입
자의 유족에게 연금급여를 지급하는 노인·유족연금보험(Old Age, Sur-

---

* 이 글은 2012년 《주요국의 사회보장제도: 미국》(한국보건사회연구원, 2012)에서 필자가
작성한 "제2부 제2장 연금제도"를 수정 보완한 것이다.

vivors Insurance: OASI) 이고 다른 하나는 장애인 및 그 가족에게 연금급여가 지급되는 장애연금보험(Disability Insurance: DI) 이다. 이 신탁기금은 일종의 회계 장치(accounting contrivance) 이기도 하다.

이 장은 미국 사회보장제도인 OASDI의 기본현황과 성격을 살펴보는 것으로부터 출발할 것이다. 다음으로 이 장에서 가장 중요하게 그리고 자세히 다룰 부분은 OASDI의 급여구조와 재정구조, 그리고 OASDI의 단기·장기 재정전망과 함께 OASDI 재정구조가 미국 전체 재정구조 및 재정수지에 미치는 영향 등을 설명할 것이다. 끝으로 사회보장제도인 공적 연금의 고갈과 소진에 대비하여 몇십 년 동안 계속된 미국의 공적 연금개혁이 어떤 방식으로 논의됐는지를 살펴볼 것이다.

## 2. 노인·유족·장애연금보험제도의 개요

### 1) 노인·유족·장애연금보험제도의 현황과 기본 성격

1935년 루스벨트 대통령 시절 SSA가 제정되어 처음으로 사회보장 공적 연금제도가 도입되었을 때에는 상공업 부문 종업원(피용자) 에게만 가입 자격이 부여되었다. 하지만 그 이후 가입 대상이 점차 확대되었다. 1939년부터 가입자 가족도 급여 대상이 되었을 뿐만 아니라 유족연금이 도입됨으로써 OAI가 OASI로 확대되었다. 또한 1951년에는 비농업자영업자들이 가입 자격을 얻게 되어 사회보장 적용 대상자가 대폭 늘어났다. 1954년에는 농업자영업자도 가입 대상에 포함됨으로써 OASI는 명실상부한 전 국민 사회보장제도로 자리 잡게 되었다. [1] 끝으로 1956년에는 장애연금의 도입 등으

---

1) SECA(Self-Employment Contribution Act) 에 의거하여 자영업자들에게 사회보험료를

로 적용 대상이 더 확대되어 OASI가 OASDI로 확대 개편되었다.

연방정부공무원, 주·지방정부공무원, 철도직원의 경우, OASDI의 적용 여부는 다소 복잡한데 정리하면 다음과 같다. 미국에서는 연방공무원을 대상으로 OASDI보다 더 빠른 1920년에 CSRS(Civil Service Retirement System)[2]라는 연방공무원퇴직제도가 발족했다. 대부분의 연방공무원이 이 퇴직연금제도에 가입했다. 하지만 1983년 레이건 정부 시절 사회보장제도 개혁안의 일환으로 제시된 연방공무원 퇴직연금제도 개편에 따라 1984년 이후 채용된 연방정부공무원들은 예외 없이 전부 OASDI에 가입하도록 했다. 즉, 1983년까지 채용된 연방정부공무원들은 CSRS에 그대로 남거나 가입할 수 있게 되었지만 그 이후 채용된 연방정부공무원들은 더 이상 CSRS에 가입할 수 없게 되었다. 대신 1984년 이후 채용된 연방공무원들은 OASDI의 적용을 받는 동시에 거기에 추가하여 연방정부공무원만을 대상으로 한 새로운 연방공무원퇴직제도(Federal Employee Retirement System: FERS)[3]에 가입하도록 했다. 이 밖에도 연방공무원은 TSP(Thrift Savings Plan)라는 임의적립저축플랜(확정기여형: DC)에 가입하기도 한다.[4]

한편 철도노동자들을 대상으로 하는 직역연금으로 〈철도퇴직연금제

---

부과할 수 있게 되었다. 이 법은 피용자와 사용자들의 사회보험료 부과를 강제한 법인 FICA(Federal Insurance Contribution Act)에 종종 대비된다.

2) 직원은 급여의 7%를 내야 하며 근속연수가 30년 이상이면 55세부터 감액 없이 연금 수령이 가능하다. 일례로 38년 근속의 경우, 임금이 가장 높은 연속하는 3년간 평균급여의 72.25%의 연금이 지급된다. 연금액수는 물가연동으로 조정된다.

3) 직원은 급여의 0.8%를 연금보험료로 낸다. OASDI에 내는 사회보험료 6.2%와 합치면 총 7.0% 연금보험료를 내는 셈이다. 이는 위의 CSRS의 사회보험요율 = 사회보장세율 (7.0%)과 동일하다.

4) 직원의 기여금 납부는 가입자의 자유로운 선택에 맡기지만 급여의 10% 정도를 납입하는 직원이 많다고 한다. 연방정부는 직원의 기여율에 따라 급여의 1~5%를 기여금으로 낸다. 기여금은 직원이 선택한 투자펀드에서 운용하여, 퇴직 시 적립금을 일시금으로 인출할 수도 있고 연금화할 수도 있다.

도〉(Railroad Retirement : RR)가 1937년에 발족했다. 이후 철도노동자는 RR에 가입했다. 한동안 OASDI와 별개의 제도로 운영되었던 RR은 산업구조의 변화에 따른 취업자 수의 감소 등으로 심각한 재정난에 빠지게 되었다. 이에 대한 대책으로 1951년에 RR의 적용자들에게 OASDI와 동일한 급여를 지급하기로 하고 양 제도 간에 그만큼의 재정조정을 하게 되었다. RR 쪽의 고령화율이 더 높기 때문에, 연금보험료를 지불하는 현역세대보다는 연금급여를 수령하는 사람들이 훨씬 더 많아져 RR의 재정부담이 점차 커졌다. 이에 OASDI가 이 부족분을 메워 줌으로써 실질적으로 OASDI로부터 RR로 재정자금이 이전되는 결과를 초래하고 있다.

끝으로 주·지방정부공무원은 각 주·지방정부마다 설립되어 있는 퇴직제도에 가입하지만, 해당 주·지방정부가 사회보장청(Social Security Administration : SSA)과 협정을 체결함으로써 단체 단위로 OASDI에 임의 가입할 수 있다. 그 경우 OASDI에 추가하여 해당 주·지방정부공무원을 대상으로 한 직역연금제도가 설립된다. 현재 50개 주 모두가 이 협정을 체결하고 있다고 한다. 유의해야 할 점은 주정부공무원 연금제도가 반드시 OASDI에 가입해야 할 의무는 없다는 사실이다. 일례로 캘리포니아주 공무원연금기금은 일반공무원을 대상으로 한 〈캘리포니아주 공무원연금기금〉(CalPERS)과 교직원만을 대상으로 한 〈캘리포니아주 교직원연금기금〉(CalSTRS)이 구분되어 있는데 전자의 경우 OASDI에 가입하면서 거기에 추가로 CalPERS라는 직역연금이 추가되는 데 비해, [5] 후자의 경우 OASDI에 가입하지 않고 직역연금인 CalSTRS만 제공된다. [6] 따라서 주·

---

5) 일반직원은 OASDI분으로 급여의 6.2%, CalPERS의 확정급여형 연금분으로서 7.0%를 낸다. 주정부는 OASDI분으로 급여의 6.2%를 내고 확정급여형 연금분으로서는 급여에 필요한 부담 중 직원 기여액을 제외한 잔여분만 부담한다.

6) CalSTRS는 OASDI의 적용을 받지 않기 때문에 OASDI분으로 내는 기여금이 없고 확정급여형 직역연금분으로 직원은 급여의 8.0%, 주정부는 급여의 8.25%를 낸다.

지방공무원 연금제도가 연방정부의 OASDI와 어떻게 연결됐는지를 보려면 각 주·지방공무원연금제도가 사회보장청(SSA)과 어떻게 계약을 체결하였는지를 살펴보아야 한다.

## (1) 노인 · 유족 · 장애연금보험제도의 기본 현황

OASDI에는 2015년 12월 기준 사회보장세 납부자가 약 168,899,000명에 이르며 여기에는 미국 취업자의 약 94%가 포괄된다(SSA, 2016: 10). 이는 2014년 12월에 비해 3,014,000명, 비율로는 1.81%가 증가한 수준이다.

2015년 12월 기준 노인(퇴직)연금, 유족연금, 장애연금을 포함한 전 수급자 수는 59,963,000명, 그중 노인연금 수급자가 43,073,000명, 유족연금 수급자가 6,084,000명, 장애연금 수령자가 10,806,000명에 이른다(http://www.ssa.gov/OACT/STATS/OASDIbenies.html, 2016. 12. 6. 인출). 2015년 미국 전체 인구(326,928,000명) 대비 비중으로 보았을 때, 약 5.45명 중 1명이 OASDI 연금을 받는 셈이다.

OASDI는 2015년 12월 현재, 원칙적으로 미국에 거주하는 일정 이상의 소득이 있는 취업자, 군인을 포함한 공무원도 적용된다. 하지만 1983년 이전 고용된 연방공무원, 주·지방정부의 퇴직연금에 가입한 주·지방정부 공무원, RR이 적용되는 철도직원, 연 수입 400달러 이하 자영업자, 일정 요건을 충족시키지 못하는 농업노동자와 가사노동자 등은 OASDI의 적용에서 제외된다.

노인연금의 월평균 수급액은 2014년 12월 기준으로 1,282달러, 유족연금의 월평균 급여는 1,107달러, 장애연금은 1,017달러(Annual Statistical Supplement, 2016: Table 5.A1). 장애연금의 월평균 급여는 낮은 수준이며 혼자 사는 개인의 빈곤선보다 약간 높은 수준에 불과하다. 하지만 이 장애연금 급여는 이들에게 아주 소중하다. 장애연금 수급자의 46%가 그들의 총개인소득의 90% 이상을 이 장애연금 급여에 의존하고 있는 실정이다(Reno &

Ekman, 2012: 6). 문제는 최근 장애연금 수급자가 크게 증가하여 DI 신탁기금 재정이 급격히 나빠지고 있다는 점이다. 경기가 나빠 실업률이 급격히 높아지면 실제 장애인들이 겪는 실업에 대한 압박은 2배 이상으로 증폭된다. 두 번째 장애인연금 수급자가 늘어나는 이유는 건강보험 적용 대상이 줄고 있다는 점이다. 2000~2010년 사이에 18~64세 사람들 중에서 비보험자가 16%에서 22%로 증가했다(Reno & Ekman, 2012: 3). 건강보험이 없을 경우, 노동자들은 근로불능을 야기하는 위험에 노출되는 것을 최대한 막아 주는 의료서비스를 제대로 받지 못하게 되어 재해나 장애 위험이 더 커진다. 이 밖에도 시장에서 기업 간 경쟁이 치열해짐에 따라 노동자들의 정신적·육체적 스트레스가 급격히 심화되고 있는데도 불구하고, 이를 해소해 줄 수 있는 작업 여건이나 작업장 분위기 조성이 오히려 더 어려워지고 있는 것도 장애위험을 강화하는 중대한 요인이다.

### (2) 사회보장세: 노인·유족·장애연금보험제도의 재원

OASDI의 재원은 사회보장세로 충당되며 종업원이든 자영업자든 관계없이 세율은 12.4%이다. 다만 차이는 이 세를 누가 어느 정도의 비율로 부담하는가이다. 자영업자는 12.4%를 모두 본인이 부담하지만 종업원의 경우 사용자와 균등하게 6.2%씩 부담한다. 이 사회보장세를 세분하면 노인유족연금(OASI) 분은 10.6%이고 장애연금(DI) 분은 1.8%이다. 여기에 65세 이상 노인들을 위한 전 국민 공적 의료보험(Health Insurance: HI)인 메디케어세 2.9%를 합친 OASDHI의 세율은 15.3%이다. 이 경우에 종업원과 사용자의 부담세율은 각각 7.65%로 역시 동일하다.

사회보장세의 부담은 사용자와 종업원 각각 절반씩(6.2%) 부담하며 자영업자의 경우 전액(12.4%) 자기부담이다. 사회보장세 중 종업원(피용자)의 부담분을 급여세(*payroll tax*)라고 부른다. 자영업자의 경우 소득세의 신고납부에 맞춰 국세청(Internal Revenue Service: IRS)에 납부한다. [7]

<표 7-1> 사회보장세율의 구조

(단위: %)

| | OASI | DI | HI | OASDI | OASDI와 HI 총계 |
|---|---|---|---|---|---|
| 종업원 및 사용자 각각의 사회보장세 | 5.30 | 0.90 | 1.45 | 6.20 | 7.65 |
| 자영업자의 사회보장세 | 10.60 | 1.80 | 2.90 | 12.40 | 15.30 |

자료: SSA, 2016: Table 2.A3.

사회보장세의 과세 대상 소득에는 상한이 있다. 상한액은 매년 조정되어 2015년 과세 대상 최대상한액은 연소득 118,500달러이다(SSA, 2016: Table 2.A3). [8] 사회보장세 산정에는 이자, 배당, 임대소득, 자본이득세 등은 제외되고 오직 근로소득만을 대상으로 한다. 이 점에서 사회보장세는 누진성이 강한 소득세와 정반대로 아주 역진적인 세이다(Lyer, Jimenez, & Reckers, 2012). HI의 경우 1993년 전까지는 과세소득의 상한(135,000달러)이 있었지만, 현재는 완전 철폐되었다.

### (3) 노인·유족·장애연금보험제도의 기본 성격

OASDI의 기본성격을 규정하는 핵심요소는 두 가지이다. 하나는 각 가입자가 수령하게 될 연금급여가 어떻게 결정되는지를 보여 주는 연금급여산식이다. 다른 하나는 미국 연방정부가 지급해야 할 연금급여를 마련하기 위해 재원을 어떻게 조달할 것인가라는 재정방식이다.

전자의 기준으로는 사전에 일정한 룰과 원칙에 따라 수령하게 될 연금급

---

7) 최근 법 개정에 따라 사회보장세 납부와 관련하여 몇 가지 변화가 생겼다. 우선 공법 111-147에 따르면, 대부분 사용자들이 2010년 3월 19일부터 2010년 12월 31일까지 2월 3일 이후 채용된 일정 유자격 개인들에게 지불된 임금에 대한 OASDI 지불급여세의 사용자 몫을 지불하는 것으로부터 면제되었다. 또한 공법 111-312에 따르면, OASDI 지불급여세가 2011년 동안 종업원과 자영업자에 대해 2%p 인하되었다. 이로 인한 부족분은 재무부 일반계정에서 OASI 및 DI로의 이전으로 충당된다.
8) 2005년에는 상한소득이 연 90,000달러였다.

여가 확정되어 있는 연금급여를 확정급여형(Defined Benefit: DB) 연금이라고 부르고, 반대로 수령연금급여가 적립금의 자본시장에서의 운용성과에 의해 시시때때로 변동하는 확정기여형(Defined Contribution: DC) 연금이 있다. OASDI의 가장 중요한 특징은 연금급여가 확정급여형(DB) 사회보험프로그램이라는 점이다(Kilgour, 2010: 460). 즉, 받게 될 연금은 일정한 룰에 기초하여 사전에 확정된다.

두 번째 재정방식의 측면에서 보면, OASDI의 중요한 특징은 부과방식(Pay-As-you-Go) 시스템을 기본으로 하면서도 일정한 규모의 적립금을 보유하는 수정부과방식을 유지하고 있다는 점이다(Aubuchon, Conesa, & Garriga, 2011: 24~26). 부과방식이란 원칙적으로 연금급여에 필요한 비용을 그때그때의 현역 노동자로부터 사회보장세를 부과하여 충당하는 방식을 말한다. 이에 비해 수정부과방식이란 현재급여에 필요한 금액보다 높게 사회보장세를 설정하여, 상당 정도 준비금을 보유·적립하는 방식(부분적립방식)을 말한다.

이렇게 초기 부과방식에서 수정부과방식으로 변경하게 된 배경으로는 1970년대에 급격한 물가상승 등으로 인해 연금급여지출이 급격히 증가하여 사회보장신탁기금 적립금이 감소하는 등, 고령화에 의한 연금재정의 장기적 악화가 우려되기 시작했다는 점을 들 수 있다. 이에 대한 대책으로 미국 정부는 1977년과 1983년에 대대적인 사회보장개혁을 단행했다. 현역세대가 납부한 사회보장세와 적립금 운용수익, 그리고 연금급여에 대한 소득세 등을 재원으로 하여 퇴직세대의 연금급여 등을 지급하는데 2015년 12월 현재 적립금 총액이 2조 8,125억 달러로 2015년 한해 지급할 총 연금급여액(8,971억 달러)의 3.11배 정도에 이른다. 이 비율을 우리는 적립비율이라고 부르는데 베이비붐세대들이 대거 은퇴하기 시작함에 따라 이 적립비율이 최근 5년 사이에 3.54, 3.41, 3.32, 3.22, 3.11로 계속 낮아지고 있다.

# 3. 노인·유족·장애연금보험제도의 연금급여 구조

## 1) 노인연금과 가족급여

### (1) 노인연금급여의 수령 조건

일정 기간 사회보장세를 납부하고 퇴직연령에 도달한 사람에게는 사회보장연금, 특히 노인연금급여가 지급되고, 그 가족에게는 가족급여가 지급된다. 즉, 노인연금급여 수령자 중 62세 이상의 배우자(62세 미만이더라도 가족급여를 받는 16세 이하 또는 장애아동을 양육하는 경우 포함. 또한 혼인기간 10년 이상이면 이혼한 처도 수급 가능), 18세까지의 자녀(고등학생의 경우 19세까지, 22세 미만 장애발생자녀에게는 연령제한 없음)에게 각각 본인수령액의 반액이 지급된다. 이 노인연금급여는 OASDI 연금급여의 중핵을 이룬다.

노인연금급여를 수령할 수 있기 위해서는 몇 가지 조건이 충족되어야 한다. 첫째, 일정액 이상의 소득이 있어야 한다. 둘째, 사회보장세를 납부했을 경우 부여되는 기간 단위, 즉 가입사분기(Quarters of Coverage : QC) 단위가 일정 수 이상이 되어야 한다. 1QC를 취득하는 데에는 1,220달러(2015년) 이상의 소득이 요구된다(The 2015 Annual Report, 2016). 물론 1QC를 획득하는 데 필요한 소득액은 매년 평균임금 수준의 증가에 비례하여 조정된다.[9] 1년에 획득할 수 있는 QC는 최대 4QC이다. 2015년에는 연 4,880달러의 소득이 있으면 1년에 4QC가 부여된다. 노인연금급여를 받을 수 있으려면 40QC(40credits)을 획득해야 하며 62세부터 연금수령이 가능하다. 요컨대 노인연금급여를 받을 수 있기 위해서는 40QC가 필요한데 이는 10년 꼬박 사회보장세를 납부해야 한다는 것을 의미한다.

---

9) 달리 말하면, 이 소득기준액은 전국평균임금지수(National Average Wage Index)에 기초하여 자동적인 임금연동으로 개정된다.

## (2) 노인연금 급여액의 결정요소: 기본연금월액

노인연금의 급여액을 결정하는 데 가장 결정적인 요소는 가입기간 소득의
평균치가 반영되어 있는 기본연금월액(Primary Insurance Amount: PIA)이
다. 다시 말해 PIA는 연금수급자가 전액퇴직급여 수령연령(Full Retire-
ment Age: FRA. 65~67세)에서 받을 수 있는 월 퇴직급여액이다. 노인연
금의 수급자 본인에 대한 급여액은 원칙적으로 PIA의 100%이다. 생애소
득 수준이 높을수록 PIA가 높아지고 소득이 없거나 낮은 기간이 많을수록
PIA가 낮아진다. 하지만 특징적인 것은 소득재분배기능이 작동하도록
PIA가 설계되어 있어 저소득층에 유리하도록 되어 있다. 그렇다면 이 PIA
는 어떻게 산출되는가?

## (3) 기본연금월액과 조정 후 평균월소득액

PIA의 산정에 이용되는 가입기간 중의 월소득액으로는 임금연동으로 조정
한 평균월소득액이 사용된다.[10] 보다 구체적으로는 기준년(60세가 되는 해)
의 전국평균임금을 조정 대상이 되는 해의 전국평균임금으로 나눈 뒤, 이 비
율을 조정 대상이 되는 연도의 소득에 곱해서 산출한다. 이 PIA는 다음에 설
명할 조정 후 평균월소득액(Average Indexed Monthly Earnings: AIME)에
기초하여 결정된다.

그렇다면 AIME란 무엇인가? AIME는 22세부터 연금 수급 개시 적격기
(노인연금의 경우 62세)까지 소득이 낮은 5개년을 제외한 평균월소득액을
말한다. 통상 22세부터 62세까지의 40년 중 소득이 높은 35년(420개월)을
대상으로 임금연동으로 조정된 평균월소득액을 산출한다. 만약 소득을 번
기간이 35년이 안 될 경우, 해당 기간의 소득을 420개월로 나눠 AIME를

---

10) 1978년 이전에는 임금연동으로 조정된 가입기간 중 월소득이 아니라 실제 기록된 월소
득이 PIA 산정에 사용되었다. 이하에서는 임금연동으로 조정된 평균월소득액을 조정 후
평균월소득액이라 기술할 것이다.

구한다.

이제 PIA와 AIME의 관계가 어떠한지를 살펴보기로 하자. 우선 앞의 방식으로 산출한 AIME를 3단계로 구분하여 각각에 일정비율을 곱한 액수를 다 합친 것이 바로 PIA이다. 소득 수준이 낮을수록 유리한 비율이 설정되기 때문에, 저소득자일수록 종전소득에 대한 소득대체율이 높아진다. 3단계의 분기점(bend point) 소득액은 임금연동으로 조정된다.[11]

2015년에 62세가 된 노동자 또는 장애를 입거나 사망한 노동자의 경우, PIA 산정식은 다음과 같다. 2015년 첫 번째 분기점소득은 826달러이고 두 번째 분기점소득이 4,980달러이다. AIME의 최초의 826달러까지에 대해서는 90%가 곱해지고 826달러를 넘어 4,980달러까지에 대해서는 32%가 곱해지며 마지막으로 4,980달러를 넘어서는 부분에 대해서는 15%가 곱해져 이 세 부분을 합산한 것이 바로 PIA이다(SSA, 2016: Table 2.A11).

평균적인 수급자의 PIA가 종전임금소득의 40% 정도가 되도록 설계되어 있다. 충분한 노후생활을 영위하려면 일반적으로 퇴직 전 임금의 70~80% 정도가 필요하다. 이 점을 고려하면 평균수급자의 PIA의 소득대체율 40%는 결코 충분하다고 할 수 없다. 특히 고소득층으로 가면 소득대체율이 훨씬 더 낮아진다. 실제 급여액은 지급 개시 연령이나 가족구성에 따라 달라진다. 2010년 자료를 보면, 저소득층의 경우 평균소득대체율이 56%, 평균소득층의 경우 평균소득대체율이 34%, 35년 동안 최대과세소득을 번 사람들에게는 28%가 적용된다.

2014년 12월 말 기준, 노인연금급여액은 수급자 본인의 평균급여가 월 1,328.58달러, 배우자의 평균급여가 673.26달러로, 부부 세대는 월평균

---

[11] 연도별로 이 분기점 소득이 어떻게 바뀌었는지에 대해서는 SSA(2016: Table2.A11)를 참조하길 바란다.

2,001.84달러의 노인연금급여를 받는다(SSA, 2016: Table 5.A1). PIA 결정 이후 매년 급여액은 자동적으로 물가연동으로 개정된다. 단 사회보장신탁기금적립금이 연간급여액의 20% 이하가 될 경우 물가상승률, 임금상승률 중 낮은 쪽에 맞추도록 되어 있다. 하지만 아직 이런 경우는 발생하지 않고 있다.

## (4) 노인연금의 지급개시 연령

노인연금은 62세부터 앞당겨 받을 수 있지만 전액연금을 받을 수 있는 전액지급개시연령(FRA)은 현재 66세이다. 1983년 이전까지는 FRA가 65세였지만 1983년 사회보장제도 및 공적 연금 개정으로 2027년까지 67세로 단계적으로 늦춰질 예정이다.

연금의 조기수급의 경우, 수급액은 전액연금에서 일정액이 깎여 정해진다. FRA로부터 36개월 일찍 받으려고 할 경우, 1개월 앞당길 때마다 5/9%(36개월 앞당기면 20%)가 깎인다. 36개월을 초과할 경우 1개월당 5/12%(1년 5%)가 깎인다. 앞으로 FRA가 65세에서 67세로 늦춰짐에 따라, 조기수급에 따른 감액폭도 그만큼 커진다. 1960년 이후에 출생한 자들은 FRA가 67세[12]로 늦춰졌는데 이때 62세부터 앞당겨 연금을 수급할 경우 수급액은 PIA의 70%가 된다. [13]

---

[12] 1937년 이전 출생한 사람은 FRA가 65세였다. 법 개정으로 1943~1954년 사이에 출생한 사람은 FRA가 66세로 늦춰진다. 1954년부터 1960년 사이에는 출생연도가 1년씩 늦어짐에 따라 FRA가 2개월씩 더 늦어진다. 그리하여 1960년 이후 출생자들은 모두 FRA가 67세로 통일된다.

[13] 조기수급 중에 연금 이외의 소득이 발생할 경우에도 급여액이 삭감된다. 반대로 이연수급의 경우, 수급액이 늘어난다. 2009년부터 1개월마다 2/3%(1년 8%)만큼 수급액이 늘어난다. 단 이연수급에 따른 증액조치는 70세가 한도이다.

## (5) 노인연금의 가족급여

노인연금 수령자에게 배우자 및 이혼한 원배우자 및 자녀가 있을 경우, 이들에게 가족급여가 지급된다. 2014년 12월 기준, 배우자의 평균수급액은 673.26달러, 자녀의 평균수급액은 647.38달러에 이른다(SSA, 2016: Table 5.A1).

원칙적으로 노인연금 수급자의 배우자로 FRA에 달한 자에게는 전액배우자급여가 지급된다. 그 금액은 노인연금 본인수급자의 PIA의 50% 수준이다. 둘째, 이혼기간이 10년 이상으로 이혼한 원배우자도 재혼하지 않을 경우 배우자연금 수급이 가능하다. 마지막으로 노인연금 수급자의 자녀가 18세 미만이고 장애를 가지고 있을 경우, 자녀에게 가족급여가 지급된다. 그 급여액 규모는 수급자 본인의 PIA의 50%이다.

## 2) 유족연금

OASDI에 가입한 자가 사망한 경우, 배우자, 자녀 등의 유족에게 유족연금이 지급된다. 2014년 12월 현재 배우자가 받는 유족연금의 평균수급액이 1275.61달러, 자녀(surviving children)가 받는 유족연금의 평균수급액이 830.73달러에 이른다(SSA, 2016: Table 5.A1). 유족연금을 받을 수 있기 위해서는 일정 수의 QC가 필요하다. 사망 시의 연령에 따라 QC 수가 달라지겠지만 적어도 40QC가 필요하다. 유족이 자녀이거나 혹은 자녀가 있는 배우자의 경우, 수급 요건이 다소 완화되어 가입자의 사망 전 3년간 6QC가 필요하다.

유족연금의 급여 수준을 보면, 모든 배우자가 FRA에 수급할 경우 사망한 가입자 수급액의 100%가 지급된다. 한편 사망한 가입자에게 18세 미만의 자녀 혹은 장애를 가진 자녀가 있을 경우 그 자녀들에게 유족연금이 지급되는데, 유족연금 급여 수준은 사망한 가입자 수급액의 75%이다.

## 3) 장애연금

OASDI에 가입한 자가 일정한 장애를 갖게 되거나 일을 할 수 없어 소득이 없는 경우, 장애연금이 지급된다. 2014년 12월 기준, 수급자 본인의 평균수급액은 1,165.39달러(SSA, 2016: Table 5.A1)에 이른다. 장애 가입자의 배우자나 자녀들도 장애연금을 받는데 그 수준은 각각 314.53달러, 349.01달러에 달한다.

장애연금을 받을 수 있으려면 최소 40QC(10년 가입)를 가지고 있어야 하며 또한 장애 발생 직전 10년간에 20QC를 가지고 있어야 한다. 장애연금수령에 필요한 최소 QC가 장애가 발생한 연령에 따라 다르지만, 대체로 그 연령이 낮을수록 위의 요건이 다소 완화된다. 즉, 24세 미만의 청년층의 경우 장애 발생 직전 3년간에 6QC만 있으면 되고, 24~31세 미만인 사람들의 경우 21세부터 장애 발생 시까지 기간의 반 정도에 해당되는 QC가 필요하다. 끝으로 31~61세의 경우 연령에 따라 20QC에서 38QC가 필요하다.

장애연금에서 특징적인 것은 매월 일정액(1,000~1,640달러) 이상의 근로소득이 있을 경우 장애연금이 지급되지 않는다는 점이다. 장애연금의 기본취지가 장애로 인해 상실한 근로소득의 보충이기 때문에, 장애연금은 특히 취업촉진책과 밀접히 관련되어 있다. 장애연금 수급자의 경우, 근로복귀를 촉진하기 위해 장애연금 수령과 동시에 취업해서 일할 수 있는 9개월의 시범적인 취업기간(*trial work period*)이 설정된다. 이 9개월 동안에는 취업소득의 제한 없이 전액 장애연금이 지급된다. 또한 동기간이 종료된 이후 36개월에 대해선 취업소득이 1,000달러에 못 미치는 달에만 장애연금이 지급된다. 여기서도 미국 복지제도 전반이 얼마나 뿌리 깊게 취업 내지 근로와 연계되어 있는지가 극명하게 드러난다.

장애 종류는 신체 부위마다 열거되어 있는데, 이 목록에 기재되어 있지 않은 경우 목록에 기재된 장애와 같은 정도의 중대한 장애인지를 판단한다. 장애연금이 지급되면 정기적으로 재심사가 이루어진다.

장애연금 수급액은 PIA의 100%로 OASDI의 적용기간 중의 평균소득에 해당된다. 장애연금 수급자에게 배우자와 자녀가 있을 경우, 가족급여가 지급되어 그 액수는 각각 PIA의 50%이다. 하지만 가족급여 총액에는 한도가 설정되어 있다.


## 4. 노인·유족·장애연금보험제도의 운영과 재정구조

### 1) 노인·유족·장애연금보험제도의 구성과 운영체계

현역세대들의 사회보장세는 퇴직세대의 연금급여의 지급에 사용되고, 남는 부분은 퇴직세대의 연금급여지급지출 증가에 대비하기 위해 사회보장신탁기금(Social Security Trust Fund)에 적립된다. 사회보장신탁기금은 1935년 〈사회보장법〉에 기초한 사회보장제도가 도입됨과 동시에 설립된 것은 아니었다. 사회보장신탁기금은 설립시기가 서로 다르고 성격이 달라 서로 분리된 두 기금, 즉 노인유족연금 신탁기금(OASI Trust Fund) 장애연금 신탁기금(DI Trust Fund)으로 구성된다. 최초의 OASI 신탁기금은 OASI 적립금을 연방의 일반재원으로부터 분리·관리하기 위해 1939년에 도입되었다. OASI 신탁기금은 1940년부터 실시되기(1940년 1월) 시작해 지금에 이른다. DI 신탁기금은 이보다 훨씬 뒤(1956년 8월 1일)에 설립되었다.

OASDI 신탁기금을 구성하는 두 기금은 서로 분리되어 노인유족연금은 OASI 신탁기금으로부터 지급되며 장애연금은 DI 신탁기금으로부터 지급된다. 현 제도하에서는 두 기금이 서로 별도로 관리되기 때문에 각각의 기금을 상호 전용할 수가 없다.

OASDI 신탁기금은 재무부에 의해 관리되고 있다. OASI 신탁기금과 DI

신탁기금의 재무업무를 감시·감독하는 기구로 수탁자이사회(Board of Trustee)가 설립되었는데 이 역시 〈사회보장법〉에 의거한 것이다. 쉽게 말하면 수탁자이사회는 사회보장신탁기금의 최고의사결정기구이다.

수탁자이사회는 총 6명의 이사로 구성되는데 4명은 관련 장관(재무부, 노동부, 복지부, 사회보장청)으로 구성되고, 다른 2명은 국민의 대표로 대통령이 상원의 승인하에 임명하도록 되어 있다. 관련 네 정부 부처 장관 중 재무부장관이 집행 수탁자(Managing Trustee)로 되어 있고 사회보장청부장관(Deputy Commissioner of SSA)이 수탁자이사회의 사무국장(Secretary)으로 지정된다.

OASDI는 메릴랜드주 볼티모어시에 본부를 둔 사회보장청에 의해 운영되고 있다. 사회보장청은 가입자의 등록, 사회보장세 납부기록, 연금급여액의 책정, 연금수급의 신청절차의 처리 등을 수행한다. 사회보장청은 미전역을 10개 지역으로 나눠, 약 1,300개의 지방사무소를 설치하고 있다. 한편 사회보장세의 징수는 국세청(IRS)이 담당한다. 끝으로 연금 지급사무는 재무부가 수행하고 있다.

## 2) 노인 · 유족 · 장애연금보험제도의 재정현황과 구조

### (1) 노인 · 유족 · 장애연금보험제도의 재정현황

OASDI의 수입구조(사회보장세, 연금에 대한 과세수입, 적립금 운용수익)와 지출구조(급여비, 운영비)를 보면 사회보장신탁기금 틀이 어떻게 작동하는지 보다 세부적으로 알 수 있다.

2015년 12월 말 현재 기준으로 OASDI의 재정현황을 좀더 세부적으로 보자. 우선 OASI, DI, 그리고 이를 통합한 OASDI의 재정수입 측면을 보면 가입자로부터 거두어들인 사회보장세가 86%의 압도적 비중을 차지한다. 다음으로 적립금의 운용수익이 10%를 차지하며 끝으로 가입자가 받

<표 7-2> 2015년 12월 31일 기준 미국 OASDI의 재정현황

(단위: 10억 달러)

| | OASI | DI | OASDI |
|---|---|---|---|
| 2015년 총수입 | 801.6 | 118.6 | 902.2 |
| 사회보장세 | 679.5 | 115.4 | 794.9 |
| 연금과세 | 30.6 | 1.1 | 31.6 |
| 운용수익 | 91.2 | 2.1 | 93.3 |
| 기타 | 0.3 | a | 0.3 |
| 2015년 총지출 | 750.5 | 146.6 | 897.1 |
| 급여 | 742.9 | 143.4 | 886.3 |
| 운영비 | 3.4 | 2.8 | 6.2 |
| 철도퇴직 이전 | 4.3 | 0.4 | 4.7 |
| 수지 | 51.0 | -28.0 | 23.0 |
| 2014년 말 적립금 | 2,729.2 | 60.2 | 2,789.5 |
| 적립금(2015년 말) | 2,780.3 | 32.3 | 2,812.5 |
| 신탁기금적립률(%) | | | 3.11 |

주: 신탁기금적립률이란 연간지출에 대한 그해 초 사회보장신탁기금이 보유한 적립금의 비율. a는
  5천만 달러 미만.
자료: The Board of Trustee, 2016: 7.

는 연금급여에 부과되는 세금이 3%를 차지한다.

한편 OASDI의 지출구조를 보면 해당 가입자에게 지급되는 노인연금, 장애연금 등 각종 연금급여가 압도적으로 높은 비중을 차지하고 있다. 그 다음으로 OASDI를 운영하는 데 드는 행정관리비용, 그리고 철도퇴직연금으로의 재정 이전 자금 등이 주요 지출항목을 구성한다. 철도퇴직연금으로의 재정 이전의 배경과 계기를 보면, 이것이 왜 OASDI의 지출항목이 되는지를 이해할 수 있게 된다.

과거에는 철도퇴직연금제도(RR)가 OASDI와 별도의 제도로 운영되어 왔다. 하지만 산업구조의 변화와 철도산업의 급격한 쇠퇴에 따라 철도산업에 종사하는 취업자가 대폭 감소하자, RR이 재정난에 빠졌다. 다시 말해 RR의 고령화율이 OASDI의 그것보다 훨씬 높기 때문에, RR이 지급해야 할 연금급여액이 연금기여금수입보다 많아질 가능성이 높아졌고 연금재정

난도 가중되었다. 이런 상황에서 1951년 RR 적용자에게 OASDI와 동일한 급여를 지급하기로 했다. 이 과정에서 두 연금제도 간에 재정조정이 이루어졌다. 상대적으로 노령화율이 낮은 OASDI 쪽이 RR 쪽으로 자금을 지원해주는 형국이 되었다. 결국 OASDI에서 RR으로 재정 이전이 이루어졌다.

OASDI의 수입과 지출구조로부터 한 해 발생한 수지의 규모가 어느 정도인지를 알 수 있게 되고 이 플로(flow)의 수지와 연초 적립금 스톡(stock)을 합치면 연말 최종 적립금 규모가 도출된다. 2015년 말 OASDI의 총 적립금은 2조 8125억 달러에 달하는데 이 적립금 규모를 가지고서는 약 3.11년 치의 연금급여를 지출할 수 있을 정도이다. OASDI 신탁기금적립률이 3.11이라는 것은 사회보장신탁기금의 적립금이 연간 지출규모의 3.11배에 달한다는 것을 의미하며 이 지출규모가 매년 그대로 유지될 경우 이 적립금으로는 3.11년 동안의 연금지출을 충당할 수 있게 된다.

## (2) 노인 · 유족 · 장애연금보험제도 적립금 운용방식

OASDI 신탁기금의 적립금은 어떤 나라에서도 유례를 찾을 수 없을 정도로 특별하게 운용된다. 이 적립금은 국채 혹은 연방정부가 그 원금과 이자를 보증하는 증권에 투자하도록 되어 있다. 이 특별증권의 발행주체는 재무부이다. 이 적립금은 OASDI 신탁기금만이 구입할 수 있는 비시장성 특별채권에 모두 투자하도록 되어 있다. 특별채권의 구입대금인 사회보장세는 재무부의 일반회계에 편입되어, 연방정부의 지출과 정부채권 상환에 사용된다.

사회보장신탁기금의 특별채권 보유는 캐시(cash) 보유와 마찬가지로 간주되고 있지만, 일각에서는 적립금 증가가 단순한 차용증서 더미를 쌓고 있는 것에 불과하다는 지적도 있다. 그렇다면 도대체 사회보장신탁기금의 적립금의 유일한 투자 대상인 특별채권이란 무엇인가? 말 그대로 이 특별채권은 시장유통성도 없고 민간시장에서 매매하여 환금할 수도 없는 정말로 특별한 채권이다. 한국의 국민연금이나 캐나다의 CPP(Canada Pension Plan)

의 적립금이 주식, 채권, 부동산 등 다양한 금융자산에 투자되고 있는 것과는 너무나도 판이한 양상이다.

OASDI 신탁기금이 적립금을 이처럼 특이한 방식으로 운용하는 데에는 이유가 있다. 거대 규모의 신탁기금 적립금을 자본시장에 운용할 때 생기는 각종 폐해와 부작용 문제 때문이다. 가장 쉽게 생각할 수 있는 것이 바로 거대자금에 의한 막대한 시장임팩트(*market impact*)이다. 미국 정부 당국은 이런 충격이 건전한 자본시장 작동에 심각한 교란을 야기할 것으로 판단하여 이런 충격을 최소화하고자 했다. 더 구체적으로는 거대자금이 국내 법인기업의 주식보유로 이어질 때, 정부가 주주가 되어 민간기업 경영에 관여하게 되는 상황을 피하기 위한 것이다. 이 거대한 적립금을 비시장성 특별증권에만 모두 투자하도록 한 이면에는 민간기업에 대한 정부의 의도하지 않은 개입을 최소화하려는 이유가 가장 큰 것으로 판단된다.

재무부 특별채권에는 단기채무증서(*short term certificates of indebtness*)와 장기채권(*long-term bond*)이 있다. 단기채권은 지출을 초과하는 수입 분에 대해 매일 발행된다. 이 단기채권이 발행된 이후 최초의 6월 30일에 만기가 도래하면, 장기채권으로 교체된다. 이에 비해 장기채권은 만기가 1~15년에 걸쳐 있으며 각 기한의 채권이 균등하게 편입되어 설정되어 있다. 이 특별채권에 운용하여 생긴 운용수익은 다시 OASDI 신탁기금에 적립 축적된다. 만기 특별채권은 연금지출에 필요하지 않는 한 특별채권에 재투자된다.

## (3) 노인 · 유족 · 장애연금보험제도의 단기 재정전망

OASDI 신탁기금의 단기 재정상태는 비교적 양호한 편이다. OASDI 신탁기금의 재정상태는 OASI 신탁기금의 재정상태와 DI 신탁기금 재정상태를 그대로 반영한다. 이 중에서도 전자가 후자보다는 압도적으로 양호하다. 우선 OASI 적립금 규모는 사회보장세수입의 지속적인 증가로 2011년 2조 5,241억 달러에서 2020년 2조 8,464억 달러로 증가하는 것으로 추정된다.

(단위: 억 달러)

〈표 7-3〉 2011~2025년 OASDI 신탁기금의 재정구조

| | OASI | | | | | DI | | | | | OASDI(OASI + DI) | | | | |
|---|---|---|---|---|---|---|---|---|---|---|---|---|---|---|---|
| | 수입 | 지출 | 수지 | 적립금 | 적립률 | 수입 | 지출 | 수지 | 적립금 | 적립률 | 수입 | 지출 | 수지 | 적립금 | 적립률 |
| 2011 | 6,988 | 6,038 | 950 | 25,241 | 402 | 1,063 | 1,323 | -261 | 1,539 | 136 | 8,051 | 7,361 | 690 | 26,779 | 354 |
| 2012 | 7,311 | 6,455 | 856 | 26,097 | 391 | 1,091 | 1,403 | -312 | 1,227 | 110 | 8,402 | 7,858 | 544 | 27,323 | 341 |
| 2013 | 7,438 | 6,795 | 643 | 26,740 | 384 | 1,112 | 1,434 | -322 | 904 | 86 | 8,550 | 8,229 | 321 | 27,644 | 332 |
| 2014 | 7,694 | 7,142 | 552 | 27,292 | 374 | 1,149 | 1,451 | -302 | 602 | 62 | 8,843 | 8,592 | 250 | 27,895 | 322 |
| 2015 | 8,016 | 7,505 | 510 | 27,803 | 364 | 1,186 | 1,466 | -280 | 323 | 41 | 9,202 | 8,971 | 230 | 28,125 | 311 |
| 2016 | 7,867 | 7,786 | 81 | 27,884 | 357 | 1,579 | 1,502 | 76 | 399 | 21 | 9,446 | 9,289 | 157 | 28,282 | 303 |
| 2017 | 8,263 | 8,129 | 135 | 28,018 | 343 | 1,703 | 1,527 | 176 | 575 | 26 | 9,966 | 9,655 | 311 | 28,593 | 293 |
| 2018 | 8,732 | 8,732 | 10 | 28,019 | 321 | 1,814 | 1,594 | 221 | 796 | 36 | 10,547 | 10,325 | 221 | 28,815 | 277 |
| 2019 | 9,634 | 9,355 | 279 | 28,298 | 300 | 1,490 | 1,661 | -171 | 624 | 48 | 11,124 | 11,016 | 107 | 28,922 | 262 |
| 2020 | 10,171 | 10,018 | 154 | 28,451 | 282 | 1,542 | 1,727 | -186 | 439 | 36 | 11,713 | 11,745 | -32 | 28,890 | 246 |
| 2021 | 10,692 | 10,679 | 12 | 28,464 | 266 | 1,614 | 1,805 | -190 | 248 | 24 | 12,306 | 12,484 | -178 | 28,712 | 231 |
| 2022 | 11,217 | 11,419 | -202 | 28,262 | 249 | 1,687 | 1,886 | -199 | 49 | 13 | 12,904 | 13,305 | -401 | 28,311 | 216 |
| 2023 | 11,741 | 12,219 | -478 | 27,784 | 231 | 1,402 | 1,970 | g | g | 2 | 13,498 | 14,188 | -690 | 27,621 | 200 |
| 2024 | 12,291 | 12,976 | -777 | 27,007 | 213 | g | 2,053 | g | g | g | 14,124 | 15,122 | -999 | 26,622 | 183 |
| 2025 | 12,834 | 13,856 | -1,117 | 25,890 | 194 | g | 2,141 | g | g | g | 14,737 | 16,092 | -1,355 | 25,267 | 165 |

주: 'g'는 기금 고갈을 의미함.
자료: The 2016 Annual Report of the Board of Trustee: 42, 46, 49.

244

<표 7-4> 사회보장신탁기금의 추정 최대적립비율 도래시기와 고갈시기

| | OASI | DI | OASDI |
|---|---|---|---|
| 추정 최대적립비율(%) | 3.57 | 0.48 | 3.03 |
| 최대적립비율 도달연도 | 2016 | 2019 | 2016 |
| 신탁기금적립금 추정 고갈연도 | 2035 | 2023 | 2034 |

자료: The Board of Trustee, 2016: 16.

하지만 2022년부터 매년 OASI에 적자가 발생하며, 적립금 규모가 그 이후로 계속 줄어들 것으로 추정된다.

이에 비해 DI의 재정상태는 아주 열악하다. 2011년 이미 DI의 재정수지는 261억 달러 적자(마이너스)를 기록했고 그 이후 적자규모가 계속 증가하여 마침내 2023년에 적립금이 고갈될 것으로 추정된다.

OASI와 DI를 통합한 OASDI의 재정상태는 OASI와 DI의 재정상태를 그대로 반영한다. 전체적인 재정상태가 그리 나쁜 편은 아니지만 DI의 적자를 반영하여 해가 갈수록 수지흑자규모가 줄어들고 적립률도 낮아질 것으로 예상된다. 문제는 2011년 이후 기금적립률이 계속 하락할 것으로 전망된다는 점이다. 2011년 354%에 달했던 기금적립률이 2025년에 이르면 165%로 크게 떨어질 것으로 보인다. OASDI 장기재정전망에 따르면 2034년에 이르면 OASDI도 완전히 고갈될 것으로 추정된다.

## (4) 노인·유족·장애연금보험제도의 장기재정전망과 미국의 연방재정수지

OASDI 신탁기금의 75년간 장기재정상태를 보여 주는 통계지표로 OASDI 신탁기금의 수입률과 지출(혹은 비용)률, 그리고 이 두 비율의 차이인 수지차(balance) 등의 개념이 있다. 우선 신탁기금의 연간수입률(income rate)이란 그해 사회보장세가 적용되는 소득총액(taxable income)에 대한 세수입(사회보장세, 연금과세, 단 운용수입은 제외) 비율이다. 마찬가지로 연간 지출률 혹은 비용률(cost rate)이란 사회보장세가 적용되는 소득총액에 대한 총지출(연금급여, 운용관리비, 철도퇴직연금으로의 재정 이전)의 비율이다.

우선 OASI 신탁기금 수지차 비율을 보면, 2016년까지는 수입률이 2010년, 2011년 두 해를 제외하면 지출률보다 커 수지차 비율이 양이지만 2017년부터 마이너스로 전환하기 시작한다. 그 이후 베이비붐세대의 대거 퇴직으로 수지차 비율이 급격히 악화되는 것으로 추정된다. 2030년 수지차 비율은 무려 -2.76%로 추정되는데 이는 OASI 재정수지 균형을 달성하려면 사회보장세를 2.76%p 더 인상해야 한다는 것을 의미한다.

한편 DI 신탁기금의 수지차 비율을 보면 2005년에 이미 마이너스(-0.02%)가 되어 있고 그 이후 수입률이 지출률에 못 미쳐 수지차는 계속

〈표 7-5〉 OASI, DI, OASDI의 수입률 · 지출률 추이

(단위: %)

| | OASI | | | DI | | | OASDI | | |
|---|---|---|---|---|---|---|---|---|---|
| | 수입률 | 지출률 | 수지차 | 수입률 | 지출률 | 수지차 | 수입률 | 지출률 | 수지차 |
| 1990 | 11.47 | 9.66 | 1.82 | 1.18 | 1.09 | 0.10 | 12.66 | 10.74 | 1.91 |
| 1995 | 10.64 | 10.22 | 0.42 | 1.87 | 1.44 | 0.43 | 12.51 | 11.67 | 0.85 |
| 2000 | 10.84 | 8.97 | 1.87 | 1.78 | 1.42 | 0.36 | 12.62 | 10.40 | 2.23 |
| 2005 | 10.96 | 9.31 | 1.65 | 1.84 | 1.85 | -0.02 | 12.97 | 11.16 | 1.63 |
| 2010 | 10.75 | 11.06 | -0.30 | 1.79 | 2.41 | -0.62 | 12.54 | 13.47 | -0.92 |
| 2011 | 10.84 | 11.05 | -0.21 | 1.80 | 2.42 | -0.62 | 12.64 | 13.35 | -0.83 |
| 2012 | 11.05 | 11.35 | -0.30 | 1.81 | 2.48 | -0.66 | 12.86 | 13.82 | -0.96 |
| 2013 | 10.97 | 11.54 | -0,57 | 1.81 | 2.44 | -0.63 | 12.77 | 13.98 | -1.20 |
| 2014 | 10.96 | 11.60 | -0.64 | 1.81 | 2.36 | -0.55 | 12.77 | 13.96 | -1.19 |
| 2015 | 11.15 | 11.78 | -0.63 | 1.83 | 2.30 | -0.47 | 12.98 | 14,08 | -1.10 |
| 2020 | 11.15 | 12.05 | -0.90 | 1.83 | 2.08 | -0.25 | 12.98 | 14.13 | -1.15 |
| 2030 | 11.34 | 14.10 | -2.76 | 1.84 | 2.00 | -0.16 | 13.18 | 16.10 | -2.92 |
| 2040 | 11.39 | 14.55 | -3.16 | 1.84 | 2.04 | -0.20 | 13.23 | 16.59 | -3.36 |
| 2050 | 11.38 | 14.20 | -2.82 | 1.85 | 2.15 | -0.30 | 13.23 | 16.36 | -3.13 |
| 2060 | 11.41 | 14.53 | -3.13 | 1.85 | 2.17 | -0.32 | 13.26 | 16.81 | -3.44 |
| 2070 | 11.44 | 15.03 | -3.59 | 1.86 | 2.19 | -0.33 | 13.30 | 17.22 | -3.92 |
| 2080 | 11.45 | 15.21 | -3.75 | 1.86 | 2.20 | -0.34 | 13.31 | 17.40 | -4.09 |
| 2090 | 11.47 | 15.42 | -3.96 | 1.86 | 2.25 | -0.39 | 13.33 | 17.68 | -4.35 |

자료: The Board of Trustee, 2016: 55.

마이너스를 기록할 것으로 추정된다. 2030년 이후에도 수지차 비율이 계속 마이너스를 유지해 좀처럼 개선될 가능성이 보이지 않는다.

OASDI 전체로 보면 수지차가 2010년에 마이너스(-0.92%)로 바뀌고 해가 갈수록 수지차 비율이 악화되는 것으로 전망된다. 이 수지차 비율은 2030년 이후 급속히 나빠져 2090년에는 -4.35%을 기록할 것으로 추정된다. 결국 이 수지차는 사회보장세율이 얼마만큼 부족한지를 보여 주는 지표로 해석되기도 한다. 일례로 2030년 수지차가 -2.92%이고 2090년 수지차가 -4.35%으로 추정되는데 이는 사회보장세율이 각각 2.92%, 4.35% 부족하다는 것을 의미하며 나아가 OASDI 수입-지출 밸런스를 균형으로 가져가려면 사회보장세를 각각 2.92%p, 4.35%p 더 인상해야 하는 것으로 해석된다.

OASDI 신탁기금의 추정 적립률을 보면(〈표 7-6〉 참조), OASI의 경우 2016년 357%로 최고 수준에 달했다가 그 이후 급격히 감소할 것으로 추정된다. 특히 DI의 경우 재정사정이 아주 열악해 2016 적립률이 21%에 불과하여 결국 2023년에 고갈 또는 소진될 것으로 예상된다. OASDI 전체의 적립률을 보면, OASI의 적립률을 상당 정도 반영하지만 이것도 예외 없이 적립률 저하를 겪을 수밖에 없고 2034년 완전 고갈될 것으로 추정된다. 그 이후 OASDI는 완전부과방식으로 바뀔 가능성도 배제하기 어려울 것이다.

〈표 7-7〉은 사회보장신탁기금의 수입·지출계정을 주로 담은 사회보장신탁회계(*Off-Budget*), [14] 그리고 일반재정회계를 담은 일반재정회계(*On-Budget*), 그리고 이 두 계정을 통합한 통합재정수지를 표시한 것이다. 미국 정부가 1999년부터 2001년까지 3년 연속 통합재정수지에서 흑자를 기록했지만 2002년부터 적자로 반전되었다. 그 이후 통합재정수지 적자가 계속되

---

14) 사회보장신탁회계의 압도적 대부분을 차지하는 것이 사회보장신탁기금의 수입·지출계정인데 우편서비스(*postal service*)의 수입·지출계정도 사회보장신탁회계에 속한다.

면서 연방정부 채무 잔액이 눈덩이처럼 늘어나 재정절벽(*fiscal cliff*) 사태 직전까지 가기도 했다(2009~2010년).

이 구조를 좀더 세부적으로 나누어 보면 OASDI 신탁기금계정(*off-budget*)의 흑자가 얼마나 일반재정회계(*on budget*)의 적자를 많이 커버했는지를 알 수 있을 것이다. 사실 일반재정회계에서는 2001년 이미 약 324억 달러 적자를 기록했지만, OASDI 신탁기금계정의 흑자로 통합재정수지는 1282억 달러 흑자였다. 2001년 통합재정수지의 흑자는 OASDI 신탁기금계정의 흑자에 결정적으로 기댄 결과라 해도 과언이 아니었다.

하지만 OASDI 신탁기금계정의 흑자가 2010년 이후 급속히 감소하고 있

<표 7-6> 신탁기금적립률의 추정*

(단위: %)

|  | OASI | DI | OASDI |
|---|---|---|---|
| 2016 | 357 | 21 | 303 |
| 2017 | 343 | 26 | 293 |
| 2018 | 395 | 36 | 277 |
| 2019 | 321 | 48 | 262 |
| 2020 | 282 | 36 | 246 |
| 2021 | 266 | 24 | 231 |
| 2022 | 249 | 13 | 216 |
| 2023 | 231 | 2 | 200 |
| 2024 | 213 | a | 183 |
| 2025 | 194 | a | 165 |
| 2030 | 102 | a | 127 |
| 2035 | 3 | a | 81 |
| 2040 | a | a | a |
| 2050 | a | a | a |
| 2060 | a | a | a |
| 2070 | a | a | a |
| 2080 | a | a | a |
| 기금 소진 추정 연도 | 2035 | 2023 | 2034 |

주: * 저비용, 고비용, 중간비용 추정시나리오 중 중간비용에 근거한 추정치.
　　a 신탁기금적립금이 이해 초에 고갈되는 것으로 추정.
자료: The Board of Trustee, 2016: 68.

다는 점에 유의해야 한다. 이유는 두 가지이다. 첫째, 고령화로 인해 사회보장연금 수급자에게 지급될 연금급여가 크게 증가하는 데 비해 가입자들이 내는 사회보장세는 상대적으로 오랫동안 동결되어 있기 때문에 OASI의 흑자 규모가 줄어들고 있는 사정에 주목할 필요가 있다. 둘째, 앞에서 강조했던 바대로, DI 계정의 적자가 구조화되어 DI 신탁기금 자체가 고갈될 위

〈표 7-7〉 연방재정적자 현황 및 전망

(단위: 100만 달러)

| 연도 | 통합재정수지 | | | 일반재정회계(On-Budget) | | | 사보신탁회계(Off-Budget) | | |
|---|---|---|---|---|---|---|---|---|---|
| | 수입 | 지출 | 흑 · 적자 | 수입 | 지출 | 흑 · 적자 | 수입 | 지출 | 흑 · 적자 |
| 2000 | 2,025,191 | 1,788,950 | 236,241 | 1,544,607 | 1,458,185 | 86,422 | 480,584 | 330,765 | 149,819 |
| 2001 | 1,991,082 | 1,862,846 | 128,236 | 1,483,563 | 1,516,008 | -32,445 | 507,519 | 346,838 | 160,681 |
| 2002 | 1,853,136 | 2,010,894 | -157,758 | 1,337,815 | 1,655,232 | -317,417 | 515,321 | 355,662 | 159,659 |
| 2003 | 1,782,314 | 2,159,899 | -377,585 | 1,258,472 | 1,796,890 | -538,418 | 523,842 | 363,009 | 160,833 |
| 2004 | 1,880,114 | 2,292,841 | -412,727 | 1,345,369 | 1,913,330 | -567,961 | 534,745 | 379,511 | 155,234 |
| 2005 | 2,153,611 | 2,471,957 | -318,346 | 1,576,135 | 2,069,746 | -493,611 | 577,476 | 402,211 | 175,265 |
| 2006 | 2,406,869 | 2,655,050 | -248,181 | 1,798,487 | 2,232,981 | -434,494 | 608,382 | 422,069 | 186,313 |
| 2007 | 2,567,985 | 2,728,686 | -160,701 | 1,932,896 | 2,275,049 | -342,153 | 635,089 | 453,637 | 181,452 |
| 2008 | 2,523,991 | 2,982,544 | -458,553 | 1,865,945 | 2,507,793 | -641,848 | 658,046 | 474,751 | 183,295 |
| 2009 | 2,104,989 | 3,517,677 | -1,412,688 | 1,450,980 | 3,000,661 | -1,549,681 | 654,009 | 517,016 | 136,993 |
| 2010 | 2,162,706 | 3,457,079 | -1,294,373 | 1,531,019 | 2,902,397 | -1,371,378 | 631,687 | 554,682 | 77,005 |
| 2011 | 2,303,466 | 3,603,056 | -1,299,590 | 1,737,678 | 3,104,450 | -1,366,772 | 565,788 | 498,606 | 67,182 |
| 2012 | 2,449,988 | 3,536,951 | -1,086,963 | 1,880,487 | 3,029,363 | -1,148,876 | 569,501 | 507,588 | 61,913 |
| 2013 | 2,775,103 | 3,454,647 | -679,544 | 2,101,829 | 2,820,836 | -719,007 | 673,274 | 633,811 | 39,463 |
| 2014 | 3,021,487 | 3,506,114 | -484,627 | 2,285,922 | 2,800,061 | -514,139 | 735,565 | 706,053 | 29,512 |
| 2015 | 3,249,886 | 3,688,292 | -438,406 | 2,479,514 | 2,945,215 | -465,701 | 770,372 | 743,077 | 27,295 |
| 2016* | 3,335,502 | 3,951,307 | -615,805 | 2,537,845 | 3,161,649 | -623,804 | 797,657 | 789,658 | 7,999 |
| 2017* | 3,643,742 | 4,147,224 | -503,482 | 2,816,874 | 3,318,636 | -501,762 | 826,868 | 828,588 | -1,720 |
| 2018* | 3,898,625 | 4,352,222 | -453,597 | 3,035,354 | 3,467,898 | -432,544 | 863,271 | 884,324 | -21,053 |
| 2019* | 4,095,054 | 4,644,309 | -549,255 | 3,196,845 | 3,702,365 | -505,520 | 898,209 | 941,944 | -43,735 |
| 2020* | 4,345,701 | 4,879,818 | -534,117 | 3,413,847 | 3,871,656 | -457,809 | 931,854 | 1,008,162 | -76,308 |
| 2021* | 4,571,990 | 5,124,248 | -552,258 | 3,591,774 | 4,052,084 | -460,310 | 980,216 | 1,072,164 | -91,948 |

주: * 표시는 추정치.
자료: Summary of Receipts, Outlays and Surpluses or Deficits, Table 1.1. https://www.whitehouse.gov/omb/budget/Historicals, 2016. 12. 6. 인출.

험에 처해 있기 때문이다. 2010년 이후 사회보장신탁회계(*Off-budget*) 흑자 규모가 급속히 줄 것으로 추정되는 것도 바로 이 때문이다.


## 5. 맺음말: 노인·유족·장애연금보험제도의 개혁 논의

### 1) 노인·유족·장애연금보험제도 개혁의 기본 배경과 레이건 정부하의 OASDI 개혁

전 세계 공적 연금, 특히 미국의 OASDI의 개혁이 자주 논의되는 근본적인 이유는 제도 도입 초기의 저부담-고급여구조가 그 이후 고령화라는 인구구 조의 변화, 경제산업구조의 변화 등을 계기로 해당 국가의 재정 및 금융시 스템에 어떤 형태로든 부담을 주기 때문이다. 미국의 OASDI 경우에도 1970년대의 경제위기-스태그플레이션 등에 직면하여 거두어들인 사회보 장세 내지 사회보험료에 비해 지급해야 할 연금급여가 더 커지면서 심각한 재정적자를 겪었던 것으로 평가된다.

이에 자극받아 1983년 레이건 정부 시절 단행된 OASDI의 대수술이 향 후 OASDI의 향방과 관련하여 결정적으로 중요했다. 흔히 그린스펀 위원 회(Greenspan Commission)로도 불린 사회보장개혁 국가위원회(National Commission of Social Security Reform)가 핵심 개혁안을 권고했다(Kilgour, 2010: 460). 동 개혁안에 따르면, 사회보장체제의 근본적인 개혁보다는 급 여를 줄이고 부담을 늘리는 쪽으로 연금개혁방안을 추구했다. 사회보장세 는 늘리고 전액퇴직연금수령연령(Full Retirement Age: FRA)을 단계적으 로 늦추었을 뿐만 아니라 조기퇴직 시(62세) 받는 연금급여도 종전 전액연 금급여 수령 시 받을 수 있는 연금급여의 80%에서 70%로 삭감하였다. 이 밖에도 1984년 이후 채용된 연방공무원에 대해서는 기존의 CSRS가 아니라 OASDI와 새로운 연방공무원연금제도인 FERS에 가입하도록 했다.

## 2) 클린턴 정부하의 노인 · 유족 · 장애연금보험제도 개혁 논의

클린턴 정부 시절에는 1994년 사회보장자문위원회가 소집되어, 연금개혁 방향을 논의했다. 이 위원회가 제출한 최종보고서에 담긴 내용은 크게 세 가지 안으로 압축할 수 있다. 첫째 방안은 기존의 OASDI 틀을 유지하면서 사회보장세를 현행 12. 4%에서 14. 0%로 인상하는 방안이다. 또한 지금까지 특별채권에만 투자 · 운용되었던 OASDI 신탁기금의 40. 0%가 민간시장에서 운용되도록 하는 쪽으로 가닥을 잡았다. 이는 결국 적립금의 민간자본시장으로의 유입을 촉진하여 미국의 금융인프라를 더욱더 공고히 하겠다는 정책적 의지가 강하게 담겨 있었던 것으로 판단된다.

개혁의 두 번째 방안으로, 이 개혁안은 사회보장세율을 1. 6%p 인상하고 이 인상분으로 확정기여형 개인계정을 설정하는 안이었다. 또한 이 개혁안은 현행제도의 급여를 서서히 줄이면서 그 축소 분을 신설 개인계정으로 보완하려고 했다.

세 번째 방안은 기존의 연금체제를 재구축하여 1층 부분을 정액급여, 2층 부분을 적립형 연금으로 하는 방안이다. 이 과정에서 개인계정을 도입하여 종업원 기여 분 6. 2% 중 5. 0%를 신설 개인계정에 투입한다.

1999년 초 클린턴 대통령은 일반교서 연설에서도 OASDI신탁기금 적립금의 일부를 민간시장에 투입할 수 있는 방안을 적극 제안했지만 민간시장 쪽의 반응은 시큰둥했다. 왜냐하면 시장 쪽에서는 이를 시장과 민간기업에 대한 정부 개입으로 간주했기 때문이다. 설상가상으로 정부 내에서도 견해가 갈려 클린턴 정부는 이렇다 할 개혁안을 제안 · 관철시키지도 못했다. 결국 사회보장자문위원회의 최종보고서에서 제시되었던 어떤 개혁안도 채택되지 못했다.

## 3) 부시 정권에서의 개혁

사실 클린턴 정부보다 부시 정부에서 사회보장제도개혁에 관한 관심과 의지가 훨씬 더 강했다. 그것도 단순한 사회보장제도 개혁이 아니라 소유자 사회(*ownership society*)의 구현이라는 큰 모토하에 주택금융과 사회보장제도 개혁을 자리매김했다(Béland, 2007: 99~103). 다시 말해 미국식 소유 개인주의에 더 걸맞게 주택에서의 자가보유(*homeownership*), 그리고 사회보장제도에서의 연금에 대한 개인적 소유권을 확고하게 뿌리내리게 하겠다는 것이다.

부시 정부의 연금개혁의 핵심내용은 2001년 12월 부시 대통령이 설치한 사회보장강화위원회의 최종보고서에 잘 담겨 있다. 첫 번째 안은 사회보장세 중 2%까지를 개인계정으로 돌리고 나머지 부분은 현행제도로 운영하자는 것이다. 두 번째 안은 사회보장세의 4%까지를 개인계정으로 돌리고 최저급여액을 도입하자는 것이다. 또한 임금연동제에서 물가연동제로의 변경을 요구하는 내용이 담겨 있다.

부시 대통령은 2005년 2월 일반교서 연설에서 대체로 2안에 가까운 방안을 제시했는데 핵심내용은 개인계정을 신설함과 동시에 여기에 사회보장세 중 4%를 적립함으로써 개인에 의한 이 적립금의 시장 운용을 허용하자는 것이다. 더 구체적으로 개인계정의 선택은 임의로 언제든지 가능하도록 하고 특정 인덱스 펀드 중에서 운용처를 선택하도록 하는 방안이다. 이와 함께 본래의 급여액으로부터 일정수익률을 전제로 삭감된 급여를 받게 하자는 것이다. 끝으로 퇴직 시에 개인계정에서 정부종신연금을 구입하거나, 개인계정에 잔고가 있을 경우 자유롭게 처분하도록 하는 방안이다(中川秀空, 2010: 50).

지금까지 공적 연금인 OASDI 개혁 논의를 보면 크게 두 가지 입장으로 양분되는 것으로 판단된다. 첫째, 민영화에 관한 보수파의 시각이다. 이 시각에 따르면, 공적 연금제도는 현역세대로부터 고령자로 부를 재분배함으로써 개인의 소유권을 제한한다. 또한 그것은 민간시장에서의 운용 기회를 박탈한다. 이 밖에도 기여액이 의회에 의해 변경되는 정치적 리스크도 존재한다. 따라서 개개의 가입자들에게 개인계정을 부여하고, 그 운용에 대해 가입자에게 결정권을 갖도록 하는 것이 바람직하다는 것이다.

이에 대한 자유주의자의 기본 사고가 존재한다. 현 제도는 개인계정 창설 없이 약간의 개혁으로 지속 가능하다. 부시 대통령의 제안은 이행비용을 과소평가하고 있으며, 연금리스크를 피하기 위해 보다 더 큰 경제재정 리스크를 범할 가능성이 높다. 또한 근로기간이 짧고 소득이 낮은 여성에게는 개인계정이 아주 어려운 제도라는 것을 부정하기 어렵다.

## 4) 오바마 정부의 개혁 방향

기본적으로 오바마 정부는 공적 연금 개혁(퇴직연령 인상이나 급여 삭감)에 대해서는 반대한다. 대신 오바마 정부는 사회보장세 과세상한을 철폐함으로써 OASDI 신탁기금의 장래 결손이 일부 메워질 수 있을 것이라고 생각하는 듯하다. 중산층 부담 증가를 피하기 위해 연 수입 25만 달러 이상의 소득층에 대해 2~4% 사회보장세를 인상할 예정이다. 이 밖에도 사회보장세에 1%를 추가한 부분과 사회보장세 중 2.5%까지를 개인계정으로 돌려 최저급여액을 도입함과 동시에, 퇴직연령에 의한 감액률의 변경 등까지 고려하고 있는 것으로 보인다.

하지만 2016년 10월 현재, 오바마 정부가 아직까지 OASDI 개혁을 위한 구체적 조치를 발표한 적은 없다. 다만 금융위기 직후 2011년 9월 오바마 대통령이 고용대책의 일환으로 급여세(payroll tax)의 삭감을 단행했다. 이번 조치에 의해 급여세가 1년 간 6.2%에서 2.0%p 하락하여 4.2%로 인하되었다. 오바마 정부는 이 급여세 감세 조치를 2012년 말까지 연장했다.

이 조치의 결과로 1억 5,500만 명이 1세대당 1,000달러를 수령할 것으로 추정된다. 2009년 3월부터 시행된 소득세 감세는 세대당 평균 508달러의 절감을 초래한 데 비해 이번 급여세 감세는 세대당 928달러의 절감을 초래할 것으로 분석되었다. 급여세 감세의 소비확대 효과는 소득세 감소보다 더 크다. 감세에 따른 세수부족 분은 일반재정에서 충당하기로 되어 있어 재정적자 삭감이 더 부담스러워질 것이다.

## ■ 참고문헌

국내 문헌

전창환(2006). "연금지배구조의 정치경제학: 미국과 캐나다의 사례". 〈동향과 전망〉, 66호, 211~249.

_____(2007. 3). "국민연금의 지배구조와 기금운용체제: 문제점과 개혁방안". 〈경제와 사회〉, 72호, 73~98.

_____(2012. 2). "2011년 미국의 재정적자와 재정건전화의 딜레마". 〈동향과 전망〉, 84호, 38~69.

전창환·송원근·이병천·유철규 외(2003). 《자본주의 대 자본주의: 연금제도의 정치경제학》. 고대 아세아문제연구소 출판부.

해외 문헌

野村亞紀子(2006). 米國の企業年金改革法について. 〈資本市場〉 가을호.

日本厚生勞動省(2005. 7). アメリカの年金制度の槪要.

森浩太郞(2010). アメリカの年金制度. 〈年金と經濟〉, 28(4).

中川秀空(2010). アメリカの年金財政の展望と課題. 〈レファレンス〉, 60(2), 33~53. 日本國立圖書館調査室 및 立法考査局社會勞動調査室.

Aaron, H. (2011. 6). Social securities reconsidered. *National Tax Journal*, *64*(2), 385~414.

Amenta, E. (2006). The social security debate. *Now and Then*, *Contexts*, *5*(3), 18 ~22.

Aubuchon, C, Conesa, J., & Garriga, C. (2011). A primer on social security systems and reforms. *Review*, *Federal Reserve Bank of St. Louis*, *Jan/Feb*.

Béland, D. (2006). The politics of social learning: Finance, institutions, and pension reform in the United States and Canada. *Governance*, *19*(4), 559~583.

_____(2007). Neoliberalism and social policy: The politics of Ownership. *Policy Studies*, *28*(2).

Bonoli, G., & Shinkawa, T. (2005). Population ageing and the logics of pension reform in Western Europe, East Asia, and North America. In G. Bonoli & T. Shinkawa(Eds.), *Ageing and Pension Reform Around the World*. Edward Elgar.

Daguerre, A. (2011). U. S. social policy in the 21st century: The difficulties of comprehensive social reform. *Social Policy and Administration*, *45*(4).

Ghilarducci, T. (2010. 4). How to supplement social security fairly and effectively. *Journal of Aging & Social Policy*, *22*(2), 222~235.

Hoskins, D. (2010). U. S. social security at 75years: An international perspective. *Social Security Bulletin*, *70*(3), 79~87.

Kilgour, J. G. (2010). Social security in the 21st century. *Compensation and Benefits Review*, *42*(6), 459~469.

Kim, S. (2006). Towards a better understanding of welfare policy development in developing nations: A case study of South Korea's pension system. *International Journal of Social Welfare*, *15*, 75~83.

Lyer, G., Jimenez, P., & Reckers, P. (2012). Comparing the top and the bottom income earners: Distribution of income and taxes in the United States. *Journal of Accounting and Public Policy*, *31*.

Marens, R. (2004). Waiting for the North to rise: Revisiting Barber and Rifkin after a generation of union financial activism in the U. S.. *Journal of Business Ethics*, *52*, 109~123.

_____(2007). Going to war with the army you have: Labour's shareholder activism on an era of financial hegemony. *Business & Society*, *20*(10), Business & Society OnlineFirst, Published on September 18, 2007.

Matthews, J. (2009). *Social Security, Medicare & Government Pensions* (14th ed.). Nolo.

Pino, A., & Yermo, J. (2010. 4). The impact of the 2007-09 financial crisis on social security and private pension fund. *International Social Security Review, 63* (2).

Reno, V., & Ekman, L. (2012). Social security disability insurance: Essential protection when work incapacity strikes. *Journal of Policy Analysis and Management, 31* (2), 461~469.

Skocpol, T. (1994). State formation and social policy in the United States. *The American Behavioral Scientist, 35* (4/5).

Social Security Administration (2012. 2). Annual statistical supplement to the social security bulletin, 2011. SSA Publication No. 13-1170.

_____ (2016), Annual Statistical Supplement to Social Security Bulletin, 2015.

Song, J., & Manchester, J. (2009). Revisiting the 1983 social security reforms, 25 years after. *Research on Aging, 31* (2), 233~260.

Reno, V., & Ekman, L. (2012). Social security disability insurance: Essential protection when work incapacity strikes. *Journal of Policy Analysis and Management, 31* (2), 461~469.

The Board of Trustees of the Federal Old Age and Survivors Insurance and Disability Insurance Trust Fund (2016). *The 2016 Annual Report of the Board of Trustees of the Federal Old Age and Survivors Insurance and Disability Insurance Trust Funds.*

기타 자료

Social Security Administration. Social security program fact sheet. http://www. ssa. gov. 2017. 2. 5. 인출.

_____. Trust Fund Data, Investment Holdings. http://www. ssa. gov. 2017. 2. 5. 인출.

# 고용보험제도 및 고용정책*

## 1. 미국의 고용정책

노동정책, 좁게는 고용정책은 실업보험제도 및 관련 사업들을 통해 구체화된다. 따라서 고용정책은 실업보험제도 및 관련 사업들의 분류에 기초하여, 실업자들에 대한 사후적 소득지원을 목적으로 하는 소극적 노동시장정책(Passive Labor Market Policy), 실업자들에 대한 취업지원과 일자리 창출, 직업능력개발 등을 목적으로 하는 적극적 노동시장정책(Active Labor Market Policy)으로 구분해 볼 수 있다. 적극적 노동시장정책은 다시 취업알선 및 직업진로지도와 같은 공공고용서비스, 실업자 및 재직자를 대상으로 교육훈련을 하는 직업능력개발 사업, 그리고 일자리 창출 등을 위해 고용보조금 등을 지원하는 고용보조금 사업으로 구분해 볼 수 있다.

소극적 노동시장정책과 적극적 노동시장정책의 성격은 각 자본주의 유

---

* 이 글은 2012년 《주요국의 사회보장제도: 미국》(한국보건사회연구원, 2012)에서 필자가 작성한 "제2부 제1장 고용보험 및 고용정책"를 수정 보완한 것이다.

형에서 축적된 사회적 경험과 제도들에 의해 달리 나타나는데, 이는 해당 자본주의의 유형과 그 국가의 시기별 법제도의 형성과 변화를 통해서 엿볼 수 있다. 이 글에서는 미국의 고용정책을 소극적 노동시장정책(실업보험)과 적극적 노동시장정책(공공고용서비스, 직업능력개발, 고용보조금)으로 분류한 뒤에 각 정책들의 시기별 형성과 변화를 소개한다. 특히 미국의 실업보험제도에 초점을 맞추면서 여기에 고용정책과 최저임금제도 등을 추가적으로 살펴볼 것이다.

미국의 노동(고용)정책은 시기별 법제도의 형성과 변화를 통해서 다음과 같이 대별해 볼 수 있다.

먼저 미국의 노동(고용)정책이 기본적인 틀을 갖추게 된 시기는 1930년 대 공황을 계기로 관련 법들이 제정되면서부터다. 이 시기는 노동조합의 활동이 상대적으로 활기를 띠었으며 민주당이 1933년부터 20년간 집권하던 시기이기도 하다. [1] 대공황에 따른 대량실업문제의 해소를 위해 제정된 1933년 〈와그너-페이서법〉(Wagner-Peyser Act)에 따라 전국적인 고용서비스망이 구축됨으로써 적극적 노동시장정책 가운데 하나인 공공고용서비스(PES)가 본격화되었다. 1935년에는 〈전국노사관계법〉(National Labor Relation Act: NLRA. 일명 와그너법)의 제정으로 단결권과 단체교섭권이 확대되었다. 이 밖에도 1935년에는 〈사회보장법〉(Social Security Act: SSA)의 제정과 함께 실업보험제도가 도입됨으로써 소극적 노동시장정책이 공식화되었다. 1938년에는 〈공정근로기준법〉(Fair Labor Standards Act: FLSA)의 제정과 함께 그동안 위헌 판결을 받아 왔던 연방최저임금제도가 처음으로 실시되었다.

이후 1960년대에는 고용상의 차별이 규제되기 시작한 시기이다. 1964년에는 인권법 7편(고용기회균등법)의 제정과 함께 고용상 차별이 금지되

---

1) 미국의 노동부는 1913년 설립되었으며, 초기에는 제1차 세계대전으로 인한 전시노동정책이나 이민문제를 다루었다. 미국 노동부의 역사에 대해서는 http://www.dol.gov/oasam/programs/history/main.htm을 참고하길 바란다.

었으며, 1965년에는 고용차별로 인한 피해 구제를 위해 고용기회균등위원회가 설립되었다. 또한 1967년에는 고용상 연령차별금지법이 제정됨으로써 연령에 따른 고용상의 차별이 금지되었다.

1962년에 〈인력개발훈련법〉(Manpower Development and Training Act)이 제정됨으로써 적극적 노동시장정책 가운데 직업능력개발 사업이 본격화하기 시작했다. 이후 이 법은 1973년에 〈종합고용훈련법〉(Comprehensive Employment and Training Act)으로, 다시 1982년에 〈직업훈련파트너십

〈표 8-1〉 미국 고용정책의 네 가지 부문과 법제도 변화과정

| 연방정부<br>프로그램 | 고용정책의 네 가지 부문 | | | |
|---|---|---|---|---|
| | 취업 알선<br>및 중개 | 노동시장<br>정보 제공 | 직업능력 개발 | 실업급여 |
| 〈와그너-페이서법〉<br>(1933) | 공공-민간 부문<br>취업 알선 공식 출범 | | | |
| 〈사회보장법〉<br>(1935) | | | | 실업보험 도입,<br>수급자격 및<br>지급의 결정 |
| 제 2차 세계대전<br>이후 변화 | 퇴직군인, 실직<br>노동자, 청년, 노령,<br>장애인들에 대한<br>취업 알선 우선 | | | |
| 〈지역재발전법〉<br>(1961) | | 노동시장 정보<br>수집 역할 확대 | 침체된 지역에<br>훈련프로그램 제공 | |
| 인력개발 및<br>훈련 프로그램<br>(1962) | 취약계층에 대한<br>재강조 | | 직업훈련 및<br>인적자원개발 사업<br>역할 확대 | |
| 〈종합고용훈련법〉<br>(1973),<br>〈직업훈련<br>파트너십법〉(1982) | 주정부에<br>사업 양도 시작 | | | 노동자<br>프로파일링과<br>재고용서비스제도<br>수립(1994) |
| 〈노동력투자법〉<br>(1998) | 핵심재고용서비스에<br>대한 총체적 접근 | 노동시장 정보<br>제공 기능 강화 | 재고용프로그램과<br>훈련프로그램 통합 | |

주: 〈와그너-페이서법〉: Wagner-Peyser Act, 〈사회보장법〉: Social Security Act Title III,
   〈지역재발전법〉: Area Redevelopment Act, 인력개발 및 훈련 프로그램: Manpower Development
   and Training Program, 〈종합고용훈련법〉: Comprehensive Employment and Training Act,
   〈직업훈련파트너십법〉: Job Training Partnership Act, 〈노동력투자법〉: Workforce Investment Act
자료: Eberts & Holzer, 2004.

법〉(Job Training Partnership Act)으로 개편되었다. 1998년에는 〈노동력투자법〉(Workforce Investment Act: WIA)이 제정됨으로써 현재와 같은 직업능력개발 사업의 기본 틀이 확립되었다.

2008년 경제위기는 고용위기로 전화됨으로써 그동안 누적되었던 미국의 고용문제들을 더욱 심화시켰다. 이에 대규모 일자리 창출을 위해 2009년에 약 8천억 달러 규모의 〈경기회복과 재투자법〉(American Recovery and Re-investment Act: ARRA)이 제정되었으며, 녹색일자리사업(Green Jobs)들이 추진되었다. 최근에는 다시 일자리 창출을 위해 2010년에 380억 달러 규모의 〈새로운 일자리법〉(New Jobs Bill: NJB)이 제정되었으며, 2011년에는 인력개발사업 혁신을 위해서 노동력혁신기금(Workforce Innovation Fund), 청년혁신기금(Youth Innovation Fund)이 추진되었다.

이상의 시기별 법제도 변화를 고용정책별로 구분하여 보면 〈표 8-1〉과 유사하다. [2] 이러한 분류에 따라 '2. 미국의 소극적 노동시장정책'에서는 실업보험제도에 대해 살펴보고, '3. 미국의 적극적 노동시장정책'에서는 공공고용서비스, 직업능력개발, 그리고 고용보조금사업을 법제도 변화와 함께 소개한다. 마지막으로 '4. 미국의 최저임금제도'에서는 고용정책의 핵심 가운데 하나인 최저임금제도에 대해 소개한다.


## 2. 미국의 소극적 노동시장정책

고용정책은 실업자들에 대한 사후적 소득지원을 목적으로 하는 소극적 노동시장정책과 실업자들에 대한 취업지원과 일자리 창출, 직업능력개발 등

---

2) 〈표 8-1〉에는 고용보조금사업이 빠져 있고, 공공고용서비스사업이 취업알선 및 중개와 노동시장 정보제공으로 나뉘어 있다. 본문에서는 고용보조금사업들을 소개하였다.

을 목적으로 하는 적극적 노동시장정책으로 구분할 수 있다. 이 글에서는
대표적인 소극적 노동시장정책으로서 실업보험제도를 '2. 미국의 소극적
노동시장정책'에서 소개하고, '3. 미국의 적극적 노동시장정책'에서는 공
공고용서비스(PES), 직업능력개발, 고용보조금 사업 등을 소개한다.

## 1) 실업보험제도 주요 내용

### (1) 실업보험제도의 기원

실업보험급여는 노동시장에서 발생하는 실업위험으로부터 노동자들을 보
호하는 역할을 한다. 재직노동자에 대한 사용자들의 임의적 해고를 어렵게
하는 고용보호법규와는 달리 실업급여는 실업상태에 있는 사람들에게 대
체소득을 제공하는 역할을 담당한다.

미국의 실업보험제도[3]는 대공황에 따른 대량실업과 빈곤문제를 해소하
고자 제정된 1935년 〈사회보장법〉(Social Security Act)으로부터 시작된다.
일반적으로 미국의 사회보장 프로그램들은 연방정부에 의해 운영되는 데
반해 실업보험은 연방정부와 주정부의 상호 역할 분담하에 실시되고 있다.

연방정부와 주정부가 실업보험제도에서 역할분담을 하게 된 이유, 그리
고 사회보장과 실업보험이 초기에 다른 모델로 출발하게 된 이유는 매사추
세츠, 오하이오, 위스콘신 등과 같은 몇몇 주에서 SSA를 통한 연방 차원의
실업보험제도 이전에 이미 제한된 형태의 실업보험(Unemployment Insur-
ance: UI)을 실시하고 있었기 때문이다.

당시 미 의회는 좀더 많은 주에서 실업보험이 실시되기를 원했으며, 그
결과 SSA의 제정과 더불어 단일한 연방 차원의 사회보장프로그램을 확립
하였다. 그리고 각 주들이 자신만의 실업보험 프로그램을 수립하도록 독려

---

3) http://www.workforcesecurity.doleta.gov/unemploy, 2012. 10. 6. 인출.

하였다(Baicker, Goldin, & Katz, 1998). 연방정부는 실업보험의 운영과 관련된 기본 사항들을 담당하며, 주정부는 실업급여의 지급 등 실업보험제도를 자체적으로 운영한다. 따라서 주정부마다 실업급여 징수액과 지급액에는 차이가 난다.

## (2) 실업보험제도의 기본 틀[4]

기본적으로 미국의 실업보험제도의 운영 및 실업보험급여 지급은 사용자로부터 징수하는 연방실업세(Federal Unemployment Tax)와 주실업세(State Unemployment Tax)를 재원으로 하고 있다. 원칙적으로 실업보험급여의 지급은 주실업세에 의해 충당된다. 이에 비해 연방실업세는 일반실업보험급여가 아닌 경기후퇴기 등에 제공되는 연장실업보험급여와 관련된 연방정부 부담분, 재정난으로 인해 실업보험급여를 제공할 수 없게 된 주정부에 대한 융자, 연방·주의 실업보험에 관련된 행정비용 등에 사용된다. 연방실업세 및 주실업세의 징수부터 급여지급에 이르기까지의 전 체계는 〈그림 8-1〉과 같다.

이제 미국의 실업보험제도에서 특징적인 실업세의 부담구조부터 살펴보자. 미국 실업(보험)세의 납부부담 주체는 전적으로 사용자이다. 실업세를 사용자와 종업원들 간에 분담하는 한국, 일본과 달리, 미국에서는 대부분의 주에서 사용자들만 실업세를 부담한다. 2015년 기준, 예외적으로 알래스카, 뉴저지, 펜실베이니아주에서는 피용자도 실업세를 부담해야 한다.

연방정부는 연방실업세 대상이 되는 노동자의 연급(7천 달러까지)의 6.0%[5]를 사용자로부터 징수한다. 연방실업세는 경기후퇴기에 이루어지는 연장급여에 관련된 연방정부 부담분, 실업보험급여를 지급할 수 없게 된

---

4) 이 부분은 獨立行政法人 勞動政策硏究·硏修機構(2016b)를 주로 참조하여 작성하였다.
5) 2008년부터 연방실업세가 6.2%에서 6.0%로 변경 조정되었다.

## 〈그림 8-1〉 연방실업세/주실업세의 틀

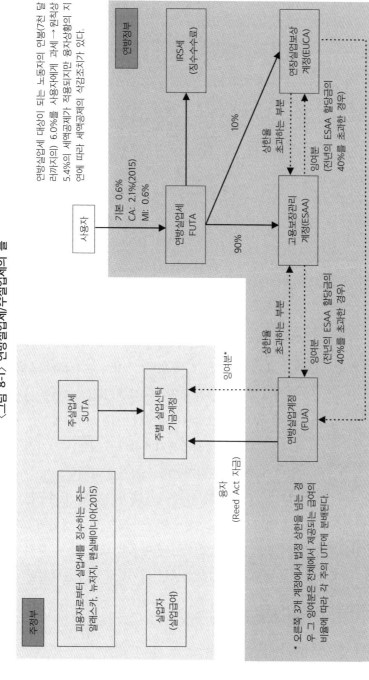

연방실업세 대상이 되는 노동자의 연봉(7천 달러까지의) 6.0%를 사용자에게 과세 → 원칙상 5.4%의 세액공제가 적용되지만 용자상황이 지연에 따라 세액공제의 삭감조치가 있다.

연방정부

IRS세
(징수수료)

사용자

기본 0.6%
CA: 2.1%(2015)
MI: 0.6%

연방실업세
FUTA

10%

90%

연방실업보상
계정(EUCA)

상한을
초과하는 부분

잉여분
(전년의 ESAA 할당금의
40%를 초과한 경우)

고용보장관리
계정(ESAA)

상한을 초과하는 부분

잉여분
(전년의 ESAA 할당금의
40%를 초과한 경우)

연방실업계정
(FUA)

주정부

피용자로부터 실업세를 징수하는 주는
알래스카, 뉴저지, 펜실베이니아(2015)

실업자
(실업급여)

주실업세
SUTA

주별 실업신탁
기금계정

잉여분*

융자
(Reed Act 자금)

* 오른쪽 3개 계정에서 법정 상한을 넘은 경
우 그 잉여분은 전체에서 제공되는 급여의
비율에 따라 각 주의 UTF에 분배된다.

자료: 獨立行政法人 勞動政策研究 · 研修機構(2016b).

주에 대한 융자, 연방·주의 실업보험에 관련된 행정비용에 사용된다.

주실업세는 각 주별로 준비되어 있는 실업신탁기금계정(Unemployment Trust Fund Account)에 예치되어, 통상 실업보험급여 지급에 사용된다. 이에 비해 연방실업세는 국세청의 수수료를 차감한 뒤, 최종적으로 세 가지 계정(고용보장관리계정, 연장실업보상계정, 연방실업계정)에 배분된다. 이 중 고용보장관리계정(Employment Security Administration Account: ESAA)은 주로 연방정부 및 주정부의 실업보험프로그램 관리비를 대상으로 한 것이다 (주정부의 관리비도 100% 연방부담). 둘째, 연장실업보상계정(Extended Unemployment Compensation Account: EUCA)은 연장급여의 연방정부 부담분을 주에 상환하기 위한 기금이 된다. 마지막으로 연방실업계정(Federal Unemployment Account: FUA)은 주의 실업신탁기금계정이 부족해 급여지급이 곤란한 주에 융자하기 위한 계정이다.

모든 연방세수는 일단 고용보장관리계정에 예탁되며, 매월 세납의 10분의 1은 자동적으로 연장실업보상계정으로 이행한다. 그런데 고용보장관리계정의 수지 상태에 따라 잉여가 발생하게 되면 이 잉여는 〈사회보장법〉에 의거해 연장실업보상계정 및 연방실업계정에 각 계정의 법정상한을 넘지 않는 한에서 이체된다. 여기서 고용보장관리계정의 잔액이 의회에 의한 전년 할당금의 40%를 초과할 경우, 고용보장관리계정의 수지에 흑자가 있다고 한다. 매년 9월 30일에 고용보장관리계정의 수지가 확정된다.

고용보장관리계정과 연방실업계정의 수지가 흑자가 되면 잉여부분은 이들 계정 간에 이체가능하다. 끝으로 이 세 계정이 모두 법정 상한에 도달할 경우, 잉여분은 모든 주 보험 대상이 되는 급여총액 대비 각 주 보험 대상이 되는 급여총액의 비율에 따라 주별 실업신탁기금계정에 분배된다.

① 연방실업세와 주실업세의 세율 구조

연방실업세법에 따르면 사용자가 대상이 되는 각 노동자의 연급(최대 7천 달러까지)의 6.0%를 연방실업세로 납부해야 한다. 단 주실업세를 기일까지 납부한 사용자에 대해서는 5.4%의 세액공제(credit)를 부여하기로 되어 있다. 따라서 주실업세를 낸 사용자는 연방정부에 0.6%(6.0% − 5.4%)를 연방실업세로 납부하면 된다. 이에 따라 사용자는 원칙적으로 각 노동자마다 0.6%(최대 42달러)의 연방실업세를 내면 된다. 단 각 주의 실업보험기금이 부족해 연방정부로부터 융자를 받을 경우, 이를 2년 내에 전액 상환하지 못하면 세액 공제가 감액된다. 공제의 감액은 융자를 받은 2년 후부터 0.3%가 발생하며, 융자 상환이 완료되기까지 매년 0.3%씩 가산된다. 2007~2009년 금융위기를 계기로 많은 주들이 연방정부로부터 융자를 받고 상환을 하지 못하자, 공제감액이 이루어진 주가 급격히 늘어났다. 2009년 미시건주를 위시하여 2011년에는 21개 주가 공제감액의 대상이 되었다. 그 이후 경기회복이 이루어지면서 2015년에는 공제감액의 대상이 되는 주가 9개 주에 그칠 것으로 전망된다.

한편 주실업세는 각 주의 실업세법에 의해 규정되어 있으며 주마다 상이한 산출법에 의거하여 각 사용자의 세율이 정해진다. 사용자는 대상이 되는 노동자에 대해 주의 과세임금 기준과 사용자마다의 과세율을 이용하여 산출된 금액을 지불한다. 주의 최대 과세임금 수준은 연방실업세의 기준(7천 달러)보다 훨씬 높게 설정(최대 4만 달러)되어 있다.

여기서 중요한 것은 각 사용자에게 적용되는 과세율의 산출방법이다. 이 산출방법은 주마다 다른 경험평가(experience rating)의 방식이 채택된다. 실업보험급여를 받는 실업자를 창출한 경험과 지금까지의 납세 등이 주요하게 고려된다. 실업자를 많이 양산한 사용자일수록 경험평가의 수치가 높아져 주 실업세율이 높아진다. 요컨대 연방실업세가 주 내의 사용자에게 모두 동일한 세율로 부과되는 데 비해 주실업세는 각 사용자마다 세율이 다르며 필연적으로 업종에 따라 평균적인 세율이 크게 다르다.

미국의 실업보험세의 징수 방법을 보면, 국세청(Internal Revenue Service: IRS)이 사용자에 대해 세금으로 과세하는 형태를 취한다. 일정한 고용기간에 대해 일정 이상의 임금이 지불되었다면 사용자가 실업보험에 의무적으로 가입해야 한다. 가입 요건을 충족했을 경우, 사용자는 종업원 한 명 한 명에게 지불했던 임금의 일정액에 대해 세를 지불할 의무가 생긴다. 세율은 과거의 해고 실적에 따라 사용자마다 달리 결정된다. 과세 대상이 되는 임금액과 세율, 그리고 가입 요건은 주마다 다르다.

② 실업세의 대상자

연방실업세의 대상이 되는 사업주는 당해 연도 혹은 그 이전 해 1인 이상 노동자를 20주 이상 고용한 사업주이다. 또는 당해 연도 혹은 그 이전 해 중 어느 한 사분기에 합계 1,500달러 이상의 임금을 지불한 사용자이다.[6]

주 실업보험제도는 주정부에서 근무하는 자, 일부 비영리단체, 인디언 부족을 대상으로 하도록 강제하고 있다. 이미 앞에서 지적한 바와 같이, 연방실업세의 대상이 되는 사용자가 주의 실업세를 지불함으로써 연방세의 5.4%가 공제되기 때문에, 많은 주에서 연방실업세를 납부하는 사용자는 주 실업보험제도의 대상사업주가 된다.

현재 자영업자는 실업보험의 대상에서 제외되고 있으며, 퇴직군인과 공무원은 연방실업보험제도의 적용을 받는다.

---

6) 농업 부문과 가사서비스에서는 이와 다른 기준이 적용된다. 10인 이상 노동자를 20주 이상 고용, 당해 연도 또는 그 이전 해 중 어느 한 사분기에 20,000달러 이상 임금 지불한 사용자, 가사서비스에서는 당해 연도 혹은 전년도 중 어느 한 사분기에 1,000달러 이상 임금을 지불한 사용자가 실업세의 대상이 된다.

③ 실업보험의 급여체계

미국의 실업보험은 항구적으로 존재하는 제도와 잠정 법안을 통해 기한부로 유지되는 제도의 두 가지 종류로 구성된다. 전자의 대표적인 것으로 일반 실업급여(Regular Benefit: UB)와 주의 실업상황에 따라 적용 가능한 연장실업급여(Extended Benefit: EB)가 있다. 후자의 경우로 심각한 경기불황기에 실시되는 긴급실업보상프로그램(Emergency Unemployment Compensation: EUC)이 있다. 2007~2009년 금융위기 직후 실업자의 급속한 증대와 실업의 장기화에 대해 2008~2013년 사이 한시적으로 긴급실업보상프로그램이 대규모로 활용되었다.

이 세 가지 프로그램에 의해 제공되는 실업보험급여를 종합해 보면 일반 실업보험급여(기본 26주), 긴급실업보상프로그램(14~47주), 연장실업급여(13 또는 20주)로 대별된다. 한 실업자가 이런 실업급여제도를 최대한 사용할 경우, 실업자 한 명이 최소 40주에서 최대 93주까지 수급 가능하다. 2009~2010년 사이에는 다른 모든 종류의 실업보험을 수급하고 있는 자에 대해 주당 25달러의 추가 실업급여를 제공한다. 이 밖에도 연방직원과 퇴직군인을 대상으로 하는 실업보상프로그램(UCFE & UCX), 외국으로부터의 수입과 공장의 해외 이전으로 직장을 잃은 노동자에 대해 직업지원 및 수당지급이 제공되는 무역조정지원프로그램이 있다.

미국에서는 1억 3천만 명이 실업보험의 대상인 것으로 추정된다. 실업보험급여의 수급자 수는 매주 200만~300만 명에 이른다. 이들이 받는 급여 수준을 보면, 연방 평균으로 2014년 제4사분기 주 수급액이 318달러, 수급기간이 16주였다. 같은 기간 주별 평균수급액을 보면, 202달러에서 443달러, 수급기간은 10.4주에서 21.6주까지 편차가 꽤 크게 나타났다. 이런 차이가 발생하는 것은 미국의 실업보험급여가 연방법을 최저의 가이드라인으로 하면서도 각 주법이 정한 급여 기준에 따라 급여의 대상자, 급여기간, 급여액이 달리 결정되기 때문이다.

그렇다면 어떤 사람들이 실업보험급여를 받게 될까? 우선 다음의 조건을 충족시키는 실업자여야 한다. 첫째, 자신의 과실에 의하지 않고 직장을 잃은 경우여야 한다. 둘째, 신체적으로 또한 시간적으로 취업이 가능해야 한다. 셋째, 적극적으로 구직하고 있을 것 등이다. 주정부는 이 세 가지 기본요건과 기본기간의 임금소득으로부터 지급 여부와 지급액을 결정한다. 노동자는 이 결정에 기초하여 실업보험급여를 청구하며, 최초의 청구로부터 1년(52주)의 급여년(Benefit Year)이 부여된다. 이 기간 중 개인은 실업 전의 근로에 의거하여 급여를 받을 수가 있다.

지급 여부 및 지급액 산출에는 기본기간에서의 임금 또는 근로기간이 사용된다. 여기서 기본기간(Base Period)이란 급여액 결정에 이용되는 기간, 통상 실업 5사분기 중 최초의 4사분기를 지칭한다. 이때까지 이 기준을 충족시키지 못하는 실업자를 위해 직전 4사분기 기간을(대체기본기간) 사용하기도 하며, 나아가 소급된 근로기간(연장기본기간)을 사용하기도 한다. 즉, 어느 주에서도 이 기본기간에 일정 임금 이상을 벌고, 일정 기간 이상 근로할 것, 또는 이 두 가지 조건 모두를 충족해야 실업급여가 지급된다. 이 조건을 충족하면, 기본기간의 근로에 따른 소득에 따라 각자의 실업보험급여의 수령액이 결정된다.

수령액으로서는 매주 수령할 수 있는 주 수령액과 급여년도의 기간 중 수급 가능한 수급총액이 결정된다. 일반적으로 주 수령액에 최대수급기간을 곱하면 수급총액이 나오지만 많은 주에서는 기본기간의 임금과의 비율(30~50%)도 고려하여, 그중 낮은 쪽을 선택한다. 수급기간은 8개 주를 제외하면 최대 26주로 정해져 있지만 기본기간 임금에 따라 최대 수급기간을 정하는 주가 대부분이다.

④ 실업급여의 감액 대상

미국 실업보험은 기본적으로 완전 실업상태의 노동자를 대상으로 하지만 부분적 실업상태에 처한 노동자, 구직 중이지만 단기 취업 중인 노동자도 실업보험급여의 대상이 된다. 모든 주에서 부분적 실업에 처한 노동자에 대해 실업보험급여가 인정된다. 그중 대부분의 주에서 주급여액 또는 주급여액＋알파소득을 부분적 실업으로 인정할 수 있는 최대 임금소득으로 설정하고 있다. 이 임금소득은 최초의 수십 달러를 제한 나머지 전액이 급여액에서 감액된다.

임금 이외의 소득이 있는 경우에도 결정된 실업보험급여에서 차감이 이루어진다. 감액될 가능성을 갖는 주된 소득으로 해고보상금/해고고시 없는 해고보상금, 노동재해보험, 휴가수당, 휴일임금, 체불임금(backpay), 퇴직금, 연금 등을 들 수 있다. 끝으로 사적 연금은 대부분의 주에서 기본기간에 해당하는 사용자의 연금부담, 노동자의 연금부담을 고려하여 감액이 이루어진다. 이에 비해 사회보장 공적 연금(OASDI)은 일리노이주와 미네소타주를 제외하면 감액 대상이 되지 않는다.


⑤ 연장실업급여프로그램

미국에는 일반실업급여 외에 연장실업급여(Extended Benefit : EB)가 있다. 미국에서 지난 반세기 동안 실업기간이 점차 장기화하였는데, 이는 미국 실업보험제도에 적지 않은 문제를 야기했다. 특히 실업기간이 장기화하자 일반실업급여프로그램만으로는 실업의 위험에 대처하기에는 턱없이 부족했다. 의회는 처음에는(1958년) 실업급여의 연장지급을 한시적으로 실시하는 것으로 대처했지만 결국 1970년 연방-주 연장실업보상법에 의해 연장실업급여프로그램을 제정하였다.

연장실업급여프로그램에 따르면 모든 가능한 실업급여프로그램, 긴급실업보상프로그램까지 다 사용한 후에도 실업상태에 처한 노동자에 대해

주의 실업상황에 기초하여 최대 13~20주까지 실업보험의 연장급여를 제공할 수 있게 해놓았다. 즉, 개별 주에서 급여를 받는 실업자의 비율 (Insured Unemployment Rate: IUR) 또는 전체 실업률이 일정 수준에 달할 경우, 연장실업급여프로그램이 적용된다. 원칙적으로 앞선 13주 IUR이 5% 이상이고, 직전 2년 중 어느 연도의 동기간(13주) IUR의 기간평균보다 120% 이상 높을 경우, 주는 최대 13주 연장실업급여를 지급해야 한다.

연장실업급여금은 연방정부와 주정부가 50%씩 출자하는 것을 기본으로 한다. 2009년에는 일시적으로 금융위기 상황을 반영하여, 〈미국부흥재투자법〉에 의거하여 연방정부가 100% 출자하도록 했다. 하지만 이는 금융위기로 인한 잠정조치에 불과했다. 금융위기 이후 경기회복이 완연한 2014년에 원래대로 돌아갔다.

연장실업급여의 수급자격을 보면 통상의 주 수급 요건 이외에 부가적 요건이 추가되는데 다음과 같다. 첫째, 일자리 탐색을 계속해야 한다. 둘째, 실업자가 소개된 상응 직을 거부할 경우 급여를 받을 수 없다. 셋째, 실업자는 기본기간에 있어서 보험의 대상이 되는 20주 이상 풀타임노동 또는 그에 상응하는 임금을 받아야 한다. 넷째, 실업자의 급여년의 기간 내 연장급여프로그램이 실시되기 시작한 경우에만 급여를 받을 수가 있다.

### (3) 실업보험과 다른 사회복지제도와의 연계구조

실업보험은 사업주 측의 경제적 이유로 직장을 잃은 노동자 생활의 어려움과 빈궁함을 일정하게 구해 주기 위한 제도이다. 이 제도는 특히 저소득층과 빈곤세대에게 더 중요한 의미를 갖는다. 실업보험은 미국 사회안전망 중의 하나로, 실업보험급여가 없을 경우 2010년 기준, 수급자의 가족 포함 500만 명이 추가적으로 빈곤선을 하회할 것으로 추계된다.

그러나 미국에서는 저소득층에 대해서는 여러 가지 복지프로그램이 제공된다. 저소득층 노동자가 실직했을 경우, 그와 그의 가족이 이용할 수 있는 사회보장으로 실업보험뿐만 아니라 여러 복지프로그램의 조합에 의해 개인 및 가족보상이 이루어진다. 고령자가 실직할 경우 실업보험급여뿐만 아니라 연금급여도 동시에 수급 가능하다.

그렇다면 실업보험과 공적 연금(OASDI), 근로소득 세액공제(EITC), 식품보조(SNAP), 보충소득보장(SSI), 빈곤가정한시지원(TANF) 등 사이에 어떤 연관이 있는지를 살펴보자.

### ① 실업보험과 OASDI

주지하는 바와 같이, 미국에는 특수한 직종과 업종을 제외하면 원칙적으로 정년제도가 없다. 이 때문에 고령 노동자의 경우에도 퇴직이 자발적 이직인가 아니면 비자발적인 해고인가로 나누어진다. 이에 대응하여 미국에서는 실업보험의 상한연령이나 고령층만을 대상으로 한 실업보험제도는 존재하지 않는다. 그렇다면 공적 연금급여와 실업보험 급여 간에 어떤 관계가 있는가?

연방노동부의 주 실업보험법의 비교(2015년)에 따르면, 2개 주를 제외하면 공적 연금이 실업보험수급액에서 감액되지 않는다. 예외적으로 일리노이주와 미네소타주에서는 공적 연금 수급액의 50%가 실업보험으로부터 감액된다. 기업연금 등의 사적 연금의 경우 별도의 원칙이 적용되어, 많은 주에서 실업보험의 기본기간의 사용자와 동일한 자의 경우, 노동자가 연금 부담을 하지 않는 경우, 기본기간 중의 근로가 연금급여와 관련될 경우 감액이 이루어진다.

연령별 노동력 인구, 실업률, 실업보험수급자 비율을 보면, 공적 연금 수급자 연령과 겹치는 55~64세와 65세 이상 연령층의 경우, 젊은 층에 비해 실업률은 낮으나, 실업보험수급자비율이 높다. 특히 55~64세층의 경우 이런 현상이 현저하다. 향후 베이비부머세대가 고령화될 경우, 실업보험급여수급자 중 고령층의 비율이 앞으로도 계속 상승할 것으로 예상된다.

② 실업보험과 근로장려세제

근로장려세제(EITC)는 기본적으로 저소득 취업자 가정을 보조하고 지원하는 제도로 본래의 목적은 취업자를 대상으로 한 것이지 실업자를 상정한 것은 아니다. 하지만 1년 중 연소득이 내려갈 경우 EITC가 적용된다. EITC는 장기 실업자 대책은 아니지만 실질적으로 실업자에 대한 일시적인 소득보조로 기능한다.


③ 실업보험과 보충영양지원제도

보충영양지원제도(Supplemental Nutrition Assistance Program: SNAP)은 과거 식품구입권(Food Stamp)의 후신이다. 미국 인구 7명당 1명꼴로 이 제도의 혜택을 받고 있다. 2014년도 SNAP 참가자는 약 4,600만 명, 1인당 평균 수급액은 125달러이다. 식품을 지원하는 프로그램에는 다른 제도도 있지만 SNAP이 최대 규모이다.

2009년에는 실업보험수급자의 약 10%가 어느 시점에서 SNAP도 수급했다. 실업자 전반을 포함하면 SNAP 수급자 비중은 더 늘어날 것이다. 한편 2013년 상하 양원에서 SNAP 예산을 삭감하는 법안이 통과되어 향후 SNAP은 약화·위축될 것으로 예상된다. 지금까지 SNAP 프로그램은 연방정부의 농무부가 급여금의 100%를 재정적으로 부담해 왔으며, 주정부가 관리 및 급여지급을 담당해 왔다. 2021년 이후 일괄보조금제도(*block grant*)가 도입되면 보조금 사용에 대한 주정부 재량권이 커지겠지만, 전반적으로 재정지원이 억제되어 빈곤지원제도는 더 약화될 전망이다.

SNAP의 주된 수혜 대상자는 저임금 노동자, 파트타임 노동자, 저소득 고령자 장애인, 홈리스 등이다. 급여는 개인이 아니라 세대 단위로 이루어지며, 세대 전체로 소득제한이 설정되어 있다. 18~50세 비장애 성인의 경우 근로 요건이 부과된다. 즉, 주 20시간 근로, 근로 및 훈련프로그램 참여가 요구된다. 자녀를 부양할 경우 이 의무가 면제된다. 만약 이 근로 훈런프로그램 참여 요건이 충족되지 않을 경우, 수급기간은 3년간에 3개월까지로 제한된다. 2007~2009년 금융위기로 이 제한 조치가 일시적으로 해제되었지만 최근 경기회복으로 제한조치가 부활되었다.

## (4) 실업보험개혁방안

최근 미국에서는 금융위기 이후 실업률이 낮아지고 고용이 어느 정도 회복되고 있지만, 종래와 같은 안정적인 일자리가 늘어나는 것이 아니라 고용기간이 짧은 저임노동, 고용되지 않고 일하는 청부 형태의 노동이 증가하고 있다. 이에 따라 실업보험제도도 개혁해야 한다는 목소리가 커지고 있다.

불안정 고용 비중이 커지는 현재적 조건하에서 실업보험제도는 어떻게 개혁되어야 할까?

우선 실업의 장기화를 막아야 한다. 실업률이 낮아졌지만 핵심 노동자층인 25~54세층 인구의 취업률이 상승해야 한다. 이와 함께 불안정 고용이 장기화하는 문제도 해결되어야 한다.

저임금 노동자로 실업보험 수급 대상을 확대해야 한다. 현행 기준을 확대하여 파트타임 노동자도 실업보험수급이 가능하게 해야 한다. 부분적 실업에 대한 보험적용의 규칙을 강화함으로써 불안정 고용상태 노동자들이 안정적인 삶을 살 수 있게 해야 한다. 이 밖에 기간제 노동자에 대한 실업보험급여신청에서 자의적 자격 박탈을 중단해야 할 것이다.

끝으로 장기실업 상태에 있는 구직자에 대한 지원을 강화하는 것이 필요한데, 실업보험급여기간이 끝난 장기실업자와 그 가족에 대한 소득지원이 중요하다. 아울러 실업보험의 인프라를 강화하는 차원에서 실업보험의 예상 재정기간을 더욱더 탄탄하게 해야 할 것이며 이를 위한 안정적인 세수 확보가 그 무엇보다 중요하다.

## 2) 주요 OECD 국가들과의 비교

전반적으로 미국의 실업보험제도는 1935년 이후 노동시장의 많은 변화에도 불구하고 큰 변화 없이 유지되어 왔다. 이에 따라 수급자격이 너무 엄격해서 수혜율이 낮고, 급여 수준도 낮은 문제를 안고 있다. 또한 주마다 실업급여 수준이 달라서 실업보험의 하향경쟁 문제가 대두될 수 있다. 기본적으로 실업세를 사용자 측이 납부하기 때문에 실업세를 높일수록 기업들의 반발이 있어 기업유치에 부정적 영향을 미칠 수 있기 때문이다. 미국의 실업급여 수준은 OECD 국가들 가운데 매우 낮은 수준이다. 〈그림 8-2〉는 OECD 주요 국가들의 실업급여 순소득대체율을 보여 주고 있는데, 미국의 경우 2010년 현재 47%로서 주요국 중 가장 낮은 수치를 보여 주고 있다.

실업급여는 실직 초기에 비해 시간이 지나면 지날수록 대체로 소득대체율이 낮아지는 구조를 가지고 있다. 시간이 경과함에 따라서 지급되는 실업급여가 작아지도록 하여 실직노동자는 자신의 인적 자원 가치가 낮아지기 전에 적극적으로 구직활동에 참여하도록 유도하기 위한 것이다. 다만 낮아지는 정도는 국가마다 편차가 있다. 미국은 다른 국가들에 비해 시간 경과에 따른 소득대체율 감소가 빠르다. 5년 동안의 평균 순소득대체율을 보면 미국이 12.3%로서 다른 국가들에 비해 매우 낮은 수준임을 알 수 있다(〈표 8-3〉 참조).

## 〈표 8-2〉 미국 실업급여제도 주별 현황

(단위: 달러, %)

| 주 이름 | 1주당 지급 가능 최대액수 | 최소세율, 최대세율 | 주 이름 | 1주당 지급 가능 최대액수 | 최소세율, 최대세율 |
|---|---|---|---|---|---|
| 앨라배마 | 230 | 0.44, 6.04 | 네브래스카 | 288 | 0.39, 6.76 |
| 알래스카 | 248~320 | 1.21, 5.40 | 네바다 | 362 | 0.25, 5.40 |
| 애리조나 | 240 | 0.02, 5.04 | 뉴햄프셔 | 372 | 0.01, 6.50 |
| 아칸소 | 395 | 0.10, 10.0 | 뉴저지 | 521 | 0.18, 5.50 |
| 캘리포니아 | 450 | 1.30, 5.40 | 뉴멕시코 | 312~360 | 0.03, 5.40 |
| 콜로라도 | 435 | 0.30, 5.40 | 뉴욕 | 405 | 0.90, 8.90 |
| 코네티컷 | 465~540 | 0.50, 5.40 | 노스캐롤라이나 | 457 | 0.00, 5.70 |
| 델라웨어 | 330 | 0.30, 8.20 | 노스다코타 | 351 | 0.40, 9.44 |
| 플로리다 | 359 | 1.30, 6.60 | 오하이오 | 343~462 | 0.50, 10.0 |
| 조지아 | 275 | 0.32, 5.40 | 오클라호마 | 317 | 0.20, 7.40 |
| 하와이 | 320 | 0.03, 6.21 | 오리건 | 445 | 1.20, 5.40 |
| 아이다호 | 459 | 0.00, 5.40 | 펜실베이니아 | 497~505 | 0.30, 9.20 |
| 일리노이 | 322 | 0.48, 5.40 | 로드아일 | 492~615 | 1.40, 5.40 |
| 인디애나 | 350~475 | 0.30, 8.10 | 사우스캐롤라이나 | 303 | 1.24, 6.10 |
| 아이오와 | 390 | 1.10, 5.60 | 사우스다코타 | 274 | 0.00, 7.00 |
| 캔자스 | 386 | 0.00, 8.00 | 테네시 | 275 | 0.15, 10.0 |
| 켄터키 | 401 | 0.07, 7.40 | 텍사스 | 350 | 0.40, 7.64 |
| 루이지애나 | 258 | 0.10, 6.20 | 유타 | 383 | 0.40, 9.40 |
| 메인 | 320~480 | 0.53, 5.40 | 버몬트 | 394 | 0.80, 6.50 |
| 메릴랜드 | 340 | 0.60, 9.00 | 버지니아 | 347 | 0.10, 6.20 |
| 매사추세츠 | 551~826 | 1.12, 10.96 | 워싱턴 | 496 | 0.47, 6.12 |
| 미시간 | 362 | 0.06, 10.3 | 웨스트버지니아 | 391 | 1.50, 7.50 |
| 미네소타 | 350~515 | - | 위스콘신 | 341 | 0.00, 8.90 |
| 미주리 | 210 | 0.40, 5.40 | 와이오밍 | 349 | 0.54, 9.04 |
| 몬태나 | 270 | 0.00, 6.00 | | | |

자료: Kletzer & Rosen, 2006.

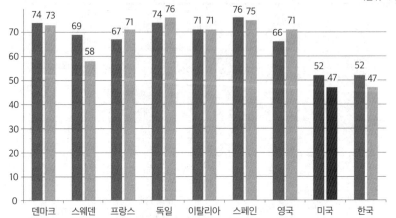

〈그림 8-2〉 미국의 실업급여 순소득대체율 국제비교

(단위: %)

주: * 자녀가 2인이고, 부부 중 한 사람만 소득이 있으며, 평균 수준의 임금을 받았던 실업자의
실업급여순소득 대체율.
** 각 국가별 두 그래프 중 왼쪽은 2006년, 오른쪽은 2010년도 수치.
자료: OECD, 2011c.

〈표 8-3〉 실업기간별 실업급여 수준(순소득대체율) 국제비교

(단위: %)

|  | 1년 | 2년 | 3년 | 4년 | 5년 | 5년 평균 |
|---|---|---|---|---|---|---|
| 덴마크 | 72.6 | 73.4 | 73.4 | 73.4 | 9.7 | 60.5 |
| 스웨덴 | 60.9 | 59.7 | 56.5 | 19.4 | 7.7 | 40.9 |
| 프랑스 | 67.3 | 67.3 | 30.0 | 30.0 | 30.0 | 44.9 |
| 독일 | 64.9 | 49.4 | 43.3 | 37.1 | 37.1 | 46.4 |
| 이탈리아 | 46.7 | 1.6 | 1.6 | 1.6 | 1.6 | 10.6 |
| 스페인 | 67.7 | 63.7 | 23.5 | 23.5 | 12.6 | 38.2 |
| 영국 | 33.0 | 32.6 | 32.6 | 32.6 | 32.6 | 32.7 |
| 미국 | 44.9 | 16.5 | 0.0 | 0.0 | 0.0 | 12.3 |
| OECD(중위값) | 58.6 | 40.4 | 15.5 | 12.9 | 9.3 | 29.9 |

자료: OECD, 2011a.

# 3. 미국의 적극적 노동시장정책

적극적 노동시장정책(Active Labour Market Policies: ALMPs)의 목적은 노동시장의 이동을 원활히 함으로써 노동시장의 기능을 개선시키는 데 있다. 이에 따라 적극적 노동시장정책은 크게 세 가지 사업으로 구성·시행된다. 첫째는 공공고용서비스(Public Employment Services: PES), 둘째는 직업능력 개발사업(Training), 마지막으로 고용보조금(Subsidized Employment) 프로그램이다.

기본적으로 공공고용서비스는 직업진로 지도, 일자리 상담, 실업급여의 지급 및 관리 등을 주요 사업 내용으로 한다. 둘째, 직업능력개발사업은 실업자들, 일자리를 잃을 우려가 있는 노동자들 그리고 현직 노동자들에게 직업훈련을 제공하는 것을 골자로 한다. 끝으로 고용보조금프로그램은 민간 부분의 일자리 창출이나 고용 유지에 대한 지원, 취약계층에 대한 고용보조금 지급 등을 사업의 주요 내용으로 한다.

미국의 적극적 노동시장정책은 〈와그너-페이서법〉(Wagner-Peyser Act) 제정 이후 본격화되었다. 그럼에도 불구하고 전체 노동시장정책 가운데 적극적 노동시장정책의 비중이 다른 OECD 국가들에 비해 상대적으로 작았다. 미국의 적극적 노동시장정책의 특징으로는 공공고용서비스와 직업능력 개발사업이 중심축을 이루었다는 점을 들 수 있다. 그러나 클린턴 대통령 시대의 〈노동력투자법〉(Workforce Investment Act: WIA) 제정 이후 고용정책에서 많은 변화가 생기고 있다. 이 절에서는 미국의 공공고용서비스와 직업능력개발사업 그리고 고용보조금 사업을 소개하고자 한다.

## 1) 공공고용서비스

미국의 공공고용서비스제도는 대공황 극복을 위해 1933년에 제정된 〈와그너-페이서법〉에 의해 시행되기 시작하였다. 시행 초기 공공고용서비스는 실업자들을 뉴딜 정책하에 수립된 광범위한 공공근로프로그램들에 연결시켰다. 공공고용서비스제도는 연방정부와 주정부 공동에 의해 수행되나 연방정부가 보다 주된 역할을 담당한다.

1998년 제정된 〈노동력투자법〉이 공공고용서비스제도의 활성화에 크게 기여했다. 우선 각 주와 각 지역에 노동력투자위원회(Workforce Investment Board: WIB)가 창설되었다. 각 지역의 노동력투자위원회는 각 주에 설치된 노동력투자위원회가 수립한 취업지원, 직업훈련계획에 기초하여 각 지역에 맞는 프로그램의 관리운영을 담당한다. 더 중요한 것은 이 〈노동력투자법〉에 의해 각 주로 하여금 구직자가 한 장소에서 직업소개, 실업보험, 교육 직업훈련 정보 등의 서비스를 받을 수 있는 원스톱직업센터를 정비하도록 규정되었다는 점이다. 2015년 12월 말 기준, 이런 직업센터가 전국에서 2,479개 운영되고 있다. 이 중 모든 서비스가 제공되는 종합형 직업센터가 1,650개, 일부 서비스만 제공되는 제휴형 센터는 829개이다.

공공고용서비스 정책을 주관하는 부서가 바로 연방노동부 고용훈련청 (Employment and Training Administration: ETA)으로 고용 및 직업훈련에 관한 정책과 법령을 총괄한다. 공공고용서비스센터 직원은 대부분 주 노동부 공무원이다. 이 밖에도 주정부 타 부문 직원, 훈련기관 관계자, 심지어 민간인이 근무하는 경우도 있다.

공공사업서비스기관은 일차적으로 주의 재원에 기반을 두고 운영된다. 연방정부는 〈와그너-페이서법〉에 의거하여 각 주에 대해 공공사업서비스 기관 운영에 대해 지원금을 제공한다. 2015년 연방노동부 예산에서는 주 사업서비스업무 취급 사무비로 약 6억 6,418만 달러가 책정되었다.

종합원스톱센터에서 수행하는 12개 사업은 다음과 같다.

• 성인, 실직노동자, 청년, 원주민, 계절적 농업노동자, 퇴직군인을 위

한 〈노동력투자법〉 사업

- 〈와그너-페이서법〉의 고용서비스 사업
- 성인교육 및 국어교육
- 〈재활법〉(Rehabilitation Act)
- 복지에서 고용(Welfare-to-work) 사업
- 고령자 고용촉진사업
- 청소년 직업교육
- 무역피해 노동자 지원사업
- 퇴직군인과 퇴직장애군인 지원사업
- 지역보조금 고용 및 훈련사업(Community Services Block Grant)
- 주택 및 도시개발(Housing and Urban Development) 고용 및 훈련사업
- 주정부 실업보상법에 의한 사업

이 밖에 아래 5개의 사업을 추가할 수 있다.

- TANF 사업
- 1977년 〈식품구입권법〉(Food Stamp Act)에 의한 고용 및 훈련사업
- 1977년 〈식품구입권법〉에 의한 일자리사업
- 1990년 〈전국 및 지역사회 서비스법〉(National and Community Service Act) 사업
- 기타 적절한 연방정부, 주정부, 지역의 사업들

## 2) 직업능력개발사업

미국의 직업능력개발사업은 1935~1942년 루스벨트 정부의 고용촉진청 (Works Progress Administration: WPA)에 의해 본격 시행되었다. WPA는

대공황 당시의 대량실업을 해소하기 위해 연방 차원의 기관으로 고용 및 훈련 기회 제공을 목적으로 했다.

미국에서 직업능력개발사업은 1962년 〈인력개발 및 훈련법〉(Manpower Development and Training Act: MDTA)이 제정됨으로써 본격화하였다. MDTA는 기술변화에 따라 실직한 노동자들에 대한 재훈련과 취약계층 노동자들에 대한 훈련에 초점을 맞췄다. 1973년에 제정된 〈종합고용훈련법〉(Comprehensive Employment and Training Act: CETA)은 빈곤퇴치 프로그램(anti-poverty program)에 역점을 두었다. 이 법에서 특히 장기실업자와 저임금 노동자들을 대상으로 한 직업훈련이 아주 중요했다. 1982년에는 CETA가 개정되어 〈직업훈련파트너십법〉(Job Training Partnership Act: JPTA)이 되었다. 여기서는 숙련이 부족한 청년층들이 훈련 대상으로 추가되었다.

2016년 현재 미국의 직업능력개발사업들의 기본 틀은 1998년의 〈노동력투자법〉(Workforce Investment Act: WIA)의 제정에 의해 확립되었다. 따라서 현재의 미국 직업능력개발사업은 주로 1998년 제정된 WIA에 기초해 이루어지고 있다. 동법을 기준으로 공급자 위주의 직업훈련사업이 수요자 위주의 직업훈련사업으로 전환하게 된다. 직업훈련사업은 주로 연방정부에 의해 이루어지는데, 연방정부는 가이드라인을 제공하고 주정부는 사업의 집행을 담당하는 역할 분담을 한다.

WIA를 통해 수행되는 직업능력개발사업에는 실직노동자들을 대상으로 3단계 서비스[7])를 제공하는 구직포기자 고용 및 훈련 사업 (Dislocated work-

---

7) 실직자 전체를 대상으로 구직활동 지원 및 상담 등을 제공하는 1단계 핵심사업(core service), 1단계를 통해 일을 구하지 못한 사람들을 대상으로 상담 등 취업지원 서비스를 제공하는 2단계 중점집약사업(intensive service), 2단계를 통해서도 일을 구하지 못한 사람들을 대상으로 직업훈련 등을 제공하는 3단계 일반직업훈련사업(training service)로 구분되어 있다.

ers employment and training), 저소득층 취업지원 및 직업훈련을 제공하는 성인 고용 및 훈련 사업(Adult employment and training) 등이 있다.

비록 미국의 고용정책이 실업자, 빈곤층에 보다 집중함으로써 재직자를 대상으로 하는 직업능력개발사업은 주로 주정부에 의해 이루어지고는 있으며 그조차도 미약한 것은 사실이다. 그러나 1980년대 이후 구조조정에 따른 실직이 광범위해짐에 따라 소득 수준에 관계없이 적용 대상을 설정하여 범위를 확대하기도 하였다(황준욱, 2003). 그러나 그 이후 전통적인 정책기조에서 다소간의 변화(AFL-CIO Working for America Institute, 2012)[8]가 있었다. 즉, WIA가 과거처럼 특정 목적을 위해 특정 계층을 대상으로 하기보다는 더 보편적인 접근을 강조하는 차원에서 재직노동자에 대한 직업훈련사업도 확대하고 있다. 최근에는 2003년부터 실시한 고성장직종의 훈련(High Growth Job Training Initiatives)과 2005년부터 시작한 지자체 설립 직업전문대학(Community College) 훈련보조금사업(Community Based Job Training Grants), 2006년부터 추진 중인 WIRED(Workforce Innovation Regional Economic Development)사업 등을 통해서 기업의 재직자들에 대한 지원 역시 강화하고 있다(이재홍, 2010)

〈와그너-페이서법〉을 계기로 직업 알선을 위해 전국에 설치되어 있었던 공공고용서비스센터가 1998년 WIA 제정에 의해 직업훈련과 관련된 직업상담과 카운슬링을 통합한 원스톱센터로 변모했다.

WIA는 2014년 〈노동력혁신기회법〉(Workforce Innovation Opportunity Act: WIOA)으로 개정·보완되었다. 오바마 대통령은 2014년 7월 22일에 직업훈련과 직업알선에 관한 법률, WIA를 개정하는 WIOA의 성립에 서명했다.

---

8) http://www.workingforamerica.org/documents/workforce.htm, 2012. 3. 6. 인출.

### 3) 고용보조금(Subsidized Employment) 프로그램

미국은 다른 OECD 국가들에 비해서 고용보조금사업의 비중이 크지 않으나 최근 빠른 증가세를 보이고 있다. 미국의 대표적인 고용보조금사업에는 취업취약계층의 고용에 보조금을 지급하는 고용기회 세액공제(Work Opportunity Tax Credit: WOTC)와 '복지에서 고용' 세액공제(Welfare to Work Tax Credit: WWTC) 프로그램 그리고 근로빈곤층(*working poor*)에게 소득을 지원해 주는 근로장려세제(EITC) 등이 있다.

고용기회 세액공제제도는 취업이 곤란한 집단에 속하는 구직자(법에서 정해 놓은 9개의 취약계층 집단)를 새로 고용했을 경우, 사용자에게 법인세의 공제혜택을 주는 제도이다. 이 제도는 1996년에 시작되어 한시입법에 의해 여러 차례 기한이 연장되어 왔다. 이 제도는 2014년을 끝으로 기한종료를 맞이했지만 〈2015년 미국인을 증세로부터 구하는 법률〉(Protecting Americans from Tax Hikes Act of 2015)에 의거하여 적용기간이 2019년 말까지 더 연장되었다.

세액공제는 일반적으로 최대 6,000달러의 임금 한도 내에서 새로 고용된 노동자에 한해서 첫해에 120시간 이상에서 400시간 미만 일했을 경우에는 첫해 임금의 25%를 세액공제해 주고, 400시간 이상 일했을 경우에는 임금의 40%를 세액공제해 준다. 예를 들면 최대치인 6,000달러의 임금을 받고 400시간 이상 일했을 경우에 2,400달러를 보조해 준다. 다만 신입직원이 퇴직장애군인일 경우 최대 임금한도가 12,000달러로 증가하는 등 일부 대상은 지급조건에 차이가 있으며, 적용 대상 노동자 수에는 제한이 없다.

EITC는 자녀가 있는 일정 수준 이하의 저소득 취업자 가정(근로빈곤가정)을 대상으로 소득세액 공제혜택을 제공하는 제도이다. EITC는 일을 통한 소득을 가지고 있는 사람에게만 지원되기 때문에 소득재분배 역할뿐만 아니라 취업 인센티브까지 제공하고 있다. 이 점에서 EITC는 근로연계복

### 〈표 8-4〉 2016년 EITC 지표들

| | credit rate(%) | 최대세액공제에 대한 최대소득 | 최대세액공제 |
|---|---|---|---|
| 자녀가 없는 경우 | 7.65 | 6,610 | 506 |
| 자녀 1명 | 34.0 | 9,920 | 3,373 |
| 자녀 2명 | 40.0 | 13,931 | 5,572 |
| 자녀 3명 이상 | 45.0 | 13,930 | 6,269 |

자료: Tax Policy Center, 2016. http://www.taxpolicycenter.org/statistics/eitc-parameters, 2016. 10. 6. 인출.

지(Workfare) 정책에 충실한 사업이다.[9]

EITC는 1975년 〈감세법〉(Tax Reduction Act)을 통해 잠정조치로 도입된 이후, 1978년 〈세입법〉에 의해 항구적 제도로 자리 잡았다. 특히 1990년대 클린턴 정부하에서 복지수급자의 취업 촉진을 위해 복지수급 제한과 함께 EITC가 크게 확대되었다. EITC는 장기적으로 실업자 대상은 아니지만 실질적으로는 실업자에게 일시적인 소득보조의 기능을 수행하고 있다.

EITC는 확정신고 시에 소득세액으로부터 공제되어 세액을 초과하는 부분이 환급된다. EITC의 대상이 되는 소득과 그에 대응하는 공제액을 표로 정리하면 〈표 8-4〉와 같다.

세액공제 수준은 기본적으로 부양 아동의 수와 소득 수준에 의해 결정된다. 2016년 기준, 자녀가 없는 싱글과 커플에 대한 보조(세액공제)는 최대 506달러의 소액이지만 자녀가 있는 싱글과 커플에 대한 지원(세액공제)은 자녀 1명인 경우 3,373달러, 자녀 2명인 경우 5,572달러, 자녀가 3명 이상인 경우 최대 6,269달러가 제공된다(〈표 8-4〉참조). 공제액의 산출방식이 대상소득 구간 중 하위소득 구간에서는 감면액의 크기가 소득증가에 따라 커지다가 중간소득 구간에서는 정체되며 상위소득 구간에서는 감면액이 감소되는 특성을 갖는다. EITC와 함께 세액공제의 또 다른 축으로

---

9) http://www.irs.gov/eitc, 2012. 3. 6. 인출.

아동세액공제(Child Tax Credit: CTC)가 있다. 이것은 자녀 1인당 최대 1,000달러의 세액공제가 제공된다.

EITC가 근로빈곤층의 소득지원을 목표로 빈곤층 노동자가구를 지원하는 반면, 고용기회 세액공제(WOTC)는 취업취약계층의 고용촉진을 목표로 사용자를 지원하기 때문에 두 정책은 상호보완적인 역할을 담당한다.

### 4) 주요 OECD 국가들과의 비교

미국의 적극적 노동시장정책의 비중은 OECD 국가들에 비해 매우 낮은 편이다. 〈그림 8-3〉은 미국의 GDP 대비 적극적 노동시장정책의 지출 비율을 다른 국가들과 비교하여 정리한 것인데 2009년 현재 전체 GDP 가운데 적극적 노동시장정책의 비중은 0.16%로서 가장 낮다. 특히 덴마크의 1.62%에 비해 10분의 1밖에 되지 않는다. 이것은 국가의 노동시장 개입을 최소화하려는 미국의 작은 정부 정책기조와 맞물려 나타난 결과이다.

〈그림 8-3〉 미국의 GDP 대비 적극적 노동시장정책 지출

(단위: %)

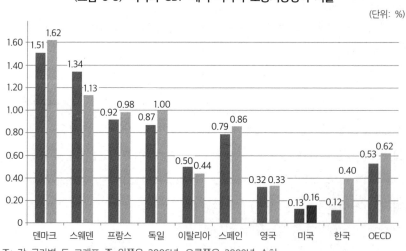

주: 각 국가별 두 그래프 중 왼쪽은 2006년, 오른쪽은 2009년 수치.
자료: OECD, 2011a.

## 4. 미국의 최저임금제도

미국에서 최저임금제도는 연방 차원의 관련 법 제정 이전에 1912년 매사추세츠주에서 여성 및 어린이에 대해 최소한의 임금지급을 권고한 데서부터 시작된다. 이후 1920년까지 10여 개 주에서 최저임금법을 제정하였다. 그러나 연방대법원에서는 최저임금법이 임금에 대한 자유로운 계약의 권리를 제약한다 하여 위헌판결을 내렸으며, 1933년 최저임금을 규정한 〈전국산업부흥법〉(National Industrial Recovery Act) 역시 독점자본의 반대에 의해 같은 이유로 위헌판결을 받았다.

미국의 최저임금제도는 1938년 제정된 〈공정노동기준법〉(Fair Labor Standards Act of 1938: FLSA), 그리고 이에 대한 연방대법원의 합헌 결정과 함께 공식적으로 출범했다. FLSA 제정 당시 적용 제외대상을 폭넓게 규정하였지만, 이후 진행된 최저임금제도의 개정들을 통해서 적용 대상의 확대와 최저임금 수준의 증가를 도모했다. 미국에서 연방최저임금(Federal Minimum Wage)의 결정은 연방의회에서 비정기적으로 이루어지며 다른 국가들과 달리 최저임금액 결정 기준에 대해 특별한 규정을 두고 있지 않다.

연방최저임금의 적용 범위 및 대상은 FLSA 제정 이후 지속적으로 확대되어 왔다. FLSA 제정 당시 소매업, 농업, 정부 부문 노동자들이 제외되었으나 몇 차례의 개정을 통해 적용 대상이 확대되었다. 최저임금 적용 대상은 기업 적용(enterprise coverage)과 개인 적용(individual coverage)으로 구성된다. 우선 기업 적용의 경우, 2인 이상 노동자가 있고 연간 매출이 50만 달러 이상인 기업이 최저임금 적용 대상이다. 이 밖에도 병원, 입원과 간호를 제공하는 법인, 학교·유치원·보육원, 정부기관 등도 최저임금 적용 대상이다. 개인 적용의 경우 교통 운수, 우편, 통신 등 주 간 상거래(interstate commerce)에 종사하거나 이를 위한 재화의 생산에 종사하는 노동자가 대상이 된다. [10] 이 밖에도 1년 동안 1,700달러 이상의 임금을 받거나 주 8시간 이상 노동하는 가사노동자도 최저임금의 적용을 받는다.

하지만 미국에는 최저임금이 적용되지 않는 예외경우가 매우 많다. 우선 사무직 노동자 최저임금 적용 제외 규정(*white collar exemption*) 11)의 대상이 되는 사람들, 일정한 조건을 충족하는 계절영업의 오락시설에서 일하는 사람, 외국 국적의 선박에서 일하는 선원, 어업종사자, 신문배달원, 소규모 농원에서 일하는 농업노동자, 임시적인 베이비시터 등은 최저임금의 적용에서 제외된다.

연방최저임금은 1938년 FLSA가 제정된 첫해의 0.25달러에서부터 2016년 현재 7.25달러(2009년 7월 24일부터 시행)까지 지속적으로 조정되어 왔다. 이처럼 명목최저임금은 꾸준히 증가하였음에도 불구하고 물가상승분을 고려한 실질최저임금은 반드시 그렇지는 못하다. 〈표 8-5〉는 연방최저임금의 장기추이를 의회에서 결정하는 명목값과 소비자물가지수를 고려한 실질값을 비교한 것이다. 실질최저임금의 추이를 보면 1938년 연방최저임금이 처음 결정된 이래 60년대 말까지 지속적으로 상승(1968년에 최고 정점에 달함)하다가 70년대 이후 정체되고 있음을 볼 수 있다.

최저임금의 인플레 조정 이후의 실질가치는 1968년 피크 때와 비교하여 2013년 12월 말 기준으로 약 3분의 1로 감소했다. 나아가 최저임금의 평균임금에 대한 비율은 2014년 1월 현재 36%에 불과, 1968년 피크 때의 54%에 크게 못 미치는 수준이다.

---

10) 주 외부로 보내지는 편지를 작성하는 비서, 주 외 사람에게 정기적으로 전화를 거는 사람, 주 간 상거래의 기록을 관리하는 자, 업무 사정상 타 주에 출장을 가는 자, 타 주에 출하하는 상품을 생산하는 건물에서 관리 용무를 담당하는 자는 모두 대상이 된다.

11) white collar exemption이란 기본적으로 관리직과 전문직에 대해서는 최저임금과 할증임금의 규정이 적용되지 않는다는 것을 의미한다. 관리직(*executive*), 행정사무직(*administrative*), 전문직(*professional*), 컴퓨터 관련직(computer employee) 등에 대해서는 최저임금 적용이 제외된다. 여기에 공통되는 주요한 요건으로 첫째, 블루칼라 노동자가 아닐 것, 둘째, 봉급 기준으로 주당 455달러 이상의 임금이 지불되고 있을 것 등이다.

더욱이 1990년대 이후에는 실질최저임금이 하락함으로써 빈곤층의 생활 안정에 기여하려는 취지를 무색케 하고 있다. 〈표 8-5〉의 '비율' 항목들은 제조업 생산직 노동자들의 시간당 실질평균임금과 시간당 실질최저임금의 비율이다. 이 추이를 보면 지난 60여 년 동안 이 비율이 정체 또는 하락(특히, 1990년대 이후) 해 왔음을 볼 수 있다. 민주당은 2007년 이런 추세를 반전시키기 위해 최저임금 인상개혁을 추진했다. 민주당은 최저임금을 2009년까지 3단계에 걸쳐 5.15달러에서 7.25달러로 인상하는 데 주도적

〈표 8-5〉 연방 최저임금(시급)의 장기 추이

(단위: 달러, %)

|      | 명목최저임금 | 실질최저임금(A) | 제조업 생산직 실질임금(B) | 비율(A/B) |
|------|------|------|------|------|
| 1938 | 0.25 | 3.30 | - | - |
| 1939 | 0.30 | 3.96 | 6.60 | 60.0 |
| 1945 | 0.40 | 4.09 | 8.69 | 47.1 |
| 1950 | 0.75 | 5.89 | 9.97 | 59.1 |
| 1956 | 1.00 | 6.89 | 12.47 | 55.3 |
| 1961 | 1.15 | 7.08 | 13.55 | 52.3 |
| 1963 | 1.25 | 7.52 | 14.15 | 53.1 |
| 1967 | 1.40 | 7.87 | 15.00 | 52.5 |
| 1968 | 1.60 | 8.68 | 15.29 | 56.8 |
| 1974 | 2.00 | 7.62 | 16.16 | 47.2 |
| 1975 | 2.10 | 7.45 | 16.19 | 46.0 |
| 1976 | 2.30 | 7.64 | 16.34 | 46.8 |
| 1978 | 2.65 | 7.85 | 17.33 | 45.3 |
| 1979 | 2.90 | 7.85 | 17.27 | 45.5 |
| 1980 | 3.10 | 7.36 | 16.25 | 45.3 |
| 1981 | 3.35 | 7.12 | 16.18 | 44.0 |
| 1990 | 3.80 | 5.55 | 15.60 | 35.6 |
| 1991 | 4.25 | 5.93 | 15.42 | 38.5 |
| 1996 | 4.75 | 5.68 | 15.32 | 37.1 |
| 1997 | 5.15 | 6.05 | 15.51 | 39.0 |
| 2004 | 5.15 | 5.15 | 16.47 | 31.3 |

자료: Cashell, 2005에서 재구성.

## 〈표 8-6〉 주요국 정규직 평균임금 대비 최저임금의 비율

(단위: %)

| | 2000 | 2001 | 2002 | 2003 | 2004 | 2005 | 2006 | 2007 | 2008 | 2009 | 2010 | 2011 | 2012 | 2013 | 2014 | 2015 |
|---|---|---|---|---|---|---|---|---|---|---|---|---|---|---|---|---|
| 호주 | 0.50 | 0.50 | 0.50 | 0.50 | 0.50 | 0.49 | 0.46 | 0.45 | 0.45 | 0.44 | 0.45 | 0.45 | 0.44 | 0.44 | 0.44 | 0.44 |
| | 0.58 | 0.59 | 0.58 | 0.58 | 0.58 | 0.57 | 0.54 | 0.54 | 0.52 | 0.54 | 0.54 | 0.54 | 0.53 | 0.54 | 0.53 | 0.53 |
| 벨기에 | 0.46 | 0.45 | 0.45 | 0.45 | 0.44 | 0.44 | 0.43 | 0.43 | 0.44 | 0.44 | 0.43 | 0.43 | 0.43 | 0.44 | 0.42 | 0.42 |
| | 0.53 | 0.52 | 0.52 | 0.51 | 0.51 | 0.51 | 0.50 | 0.50 | 0.51 | 0.52 | 0.51 | 0.51 | 0.51 | 0.52 | 0.49 | 0.49 |
| 캐나다 | 0.38 | 0.37 | 0.36 | 0.36 | 0.36 | 0.36 | 0.36 | 0.36 | 0.37 | 0.38 | 0.39 | 0.40 | 0.40 | 0.39 | 0.40 | 0.40 |
| | 0.41 | 0.40 | 0.40 | 0.40 | 0.39 | 0.40 | 0.40 | 0.41 | 0.42 | 0.42 | 0.44 | 0.45 | 0.45 | 0.44 | 0.45 | 0.44 |
| 칠레 | 0.39 | .. | .. | 0.44 | .. | .. | 0.41 | .. | .. | 0.44 | 0.44 | 0.43 | 0.43 | 0.45 | 0.45 | 0.46 |
| | 0.64 | .. | .. | 0.71 | .. | .. | 0.65 | .. | .. | 0.71 | 0.71 | 0.67 | 0.67 | 0.67 | 0.68 | 0.66 |
| 프랑스 | 0.50 | 0.51 | 0.51 | 0.52 | 0.53 | 0.54 | 0.51 | 0.51 | 0.51 | 0.51 | 0.50 | 0.50 | 0.51 | 0.51 | 0.51 | 0.50 |
| | 0.62 | 0.63 | 0.63 | 0.64 | 0.66 | 0.67 | 0.63 | 0.63 | 0.63 | 0.63 | 0.62 | 0.62 | 0.63 | 0.63 | 0.63 | 0.62 |
| 독일 | .. | .. | .. | .. | .. | .. | .. | .. | .. | .. | .. | .. | .. | .. | .. | 0.43 |
| | .. | .. | .. | .. | .. | .. | .. | .. | .. | .. | .. | .. | .. | .. | .. | 0.48 |
| 그리스 | 0.37 | 0.36 | 0.36 | 0.34 | 0.32 | 0.31 | 0.31 | 0.31 | 0.33 | 0.33 | 0.38 | 0.36 | 0.30 | 0.31 | 0.32 | 0.32 |
| | 0.47 | 0.46 | 0.46 | 0.45 | 0.44 | 0.45 | 0.45 | 0.46 | 0.48 | 0.48 | 0.48 | 0.52 | 0.44 | 0.46 | 0.47 | 0.47 |
| 일본 | 0.28 | 0.28 | 0.29 | 0.29 | 0.30 | 0.29 | 0.30 | 0.30 | 0.30 | 0.32 | 0.33 | 0.33 | 0.33 | 0.34 | 0.34 | 0.35 |
| | 0.32 | 0.32 | 0.33 | 0.33 | 0.34 | 0.33 | 0.34 | 0.34 | 0.35 | 0.36 | 0.37 | 0.38 | 0.38 | 0.39 | 0.39 | 0.40 |
| 한국 | 0.24 | 0.26 | 0.27 | 0.27 | 0.28 | 0.30 | 0.31 | 0.33 | 0.34 | 0.36 | 0.36 | 0.36 | 0.34 | 0.35 | 0.36 | 0.38 |
| | 0.29 | 0.32 | 0.33 | 0.34 | 0.35 | 0.37 | 0.39 | 0.43 | 0.44 | 0.45 | 0.45 | 0.45 | 0.43 | 0.44 | 0.46 | 0.48 |
| 룩셈부르크 | 0.45 | 0.46 | 0.45 | 0.46 | 0.45 | 0.45 | 0.45 | 0.46 | 0.45 | 0.46 | 0.46 | 0.47 | 0.47 | 0.47 | 0.45 | 0.45 |
| | 0.52 | 0.53 | 0.52 | 0.53 | 0.52 | 0.52 | 0.54 | 0.55 | 0.54 | 0.55 | 0.56 | 0.56 | 0.56 | 0.56 | 0.56 | 0.55 |
| 멕시코 | 0.33 | 0.31 | 0.31 | 0.30 | 0.30 | 0.30 | 0.29 | 0.28 | 0.29 | 0.28 | 0.27 | 0.27 | 0.27 | 0.27 | 0.29 | 0.29 |
| | .. | .. | .. | .. | .. | 0.38 | 0.38 | 0.37 | 0.36 | 0.37 | 0.35 | 0.36 | 0.36 | 0.37 | 0.37 | 0.37 |
| 네덜란드 | 0.47 | 0.48 | 0.43 | 0.43 | 0.42 | 0.41 | 0.42 | 0.42 | 0.42 | 0.42 | 0.41 | 0.40 | 0.40 | 0.40 | 0.39 | 0.38 |
| | 0.53 | 0.53 | 0.48 | 0.48 | 0.47 | 0.46 | 0.50 | 0.49 | 0.49 | 0.50 | 0.47 | 0.47 | 0.47 | 0.47 | 0.46 | 0.46 |
| 뉴질랜드 | 0.45 | 0.45 | 0.46 | 0.46 | 0.47 | 0.47 | 0.49 | 0.49 | 0.51 | 0.51 | 0.51 | 0.50 | 0.51 | 0.51 | 0.51 | 0.52 |
| | 0.50 | 0.51 | 0.52 | 0.53 | 0.53 | 0.54 | 0.56 | 0.57 | 0.59 | 0.59 | 0.59 | 0.59 | 0.59 | 0.59 | 0.60 | 0.60 |
| 폴란드 | 0.33 | 0.34 | 0.34 | 0.35 | 0.35 | 0.34 | 0.34 | 0.32 | 0.35 | 0.37 | 0.37 | 0.37 | 0.39 | 0.40 | 0.41 | 0.41 |
| | 0.40 | 0.42 | 0.42 | 0.43 | 0.43 | 0.42 | 0.42 | 0.40 | 0.43 | 0.46 | 0.45 | 0.45 | 0.48 | 0.50 | 0.51 | 0.51 |
| 스페인 | 0.29 | 0.29 | 0.28 | 0.28 | 0.28 | 0.30 | 0.31 | 0.32 | 0.32 | 0.32 | 0.32 | 0.32 | 0.32 | 0.32 | 0.31 | 0.31 |
| | 0.36 | 0.36 | 0.35 | 0.35 | 0.35 | 0.37 | 0.39 | 0.39 | 0.39 | 0.39 | 0.38 | 0.38 | 0.38 | 0.38 | 0.37 | 0.37 |
| 영국 | 0.34 | 0.33 | 0.35 | 0.35 | 0.36 | 0.37 | 0.37 | 0.38 | 0.38 | 0.38 | 0.38 | 0.38 | 0.39 | 0.39 | 0.40 | 0.41 |
| | 0.41 | 0.40 | 0.43 | 0.42 | 0.43 | 0.45 | 0.45 | 0.47 | 0.46 | 0.46 | 0.46 | 0.47 | 0.47 | 0.47 | 0.48 | 0.49 |
| 미국 | 0.29 | 0.27 | 0.26 | 0.26 | 0.25 | 0.24 | 0.24 | 0.23 | 0.25 | 0.27 | 0.28 | 0.28 | 0.27 | 0.27 | 0.27 | 0.25 |
| | 0.36 | 0.34 | 0.34 | 0.33 | 0.32 | 0.32 | 0.31 | 0.31 | 0.34 | 0.37 | 0.39 | 0.38 | 0.38 | 0.37 | 0.37 | 0.36 |

자료: OECD, 2016. 각 국의 두 수치 중 위는 평균값, 아래는 중간값.

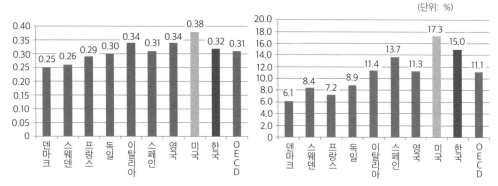

〈그림 8-4〉 미국의 소득불평등과 빈곤

(단위: %)

주: 왼쪽은 지니계수, 오른쪽은 상대적 빈곤율. 상대적 빈곤율은 중위임금의 50% 이하 비율.
자료: OECD, 2011c.

인 역할을 담당했다. 그 이후 오바마 대통령은 여러 차례 연방최저임금을 인상하고자 했지만 공화당과 재계의 반대에 봉착해 소기의 뜻을 달성하지는 못했다.

이러한 변화는 미국의 소득불평등 심화와 맞물려 있다. 〈그림 8-4〉는 미국의 지니계수가 0.38로서 주요 OECD 국가들 가운데 가장 높으며, 상대적 빈곤율 역시 17.3%로 가장 높음을 보여 준다.

〈표 8-7〉은 연방최저임금의 적용범위(*coverage*)를 정리한 것으로서 청년층과 여성이 상대적으로 취약한 계층임을 보여 준다. 2010년 연방최저임금이 7.25달러였을 때 전체 시급노동자 가운데 6.0%가 최저임금 이하의 임금을 받고 있다. 이를 연령별, 성별로 구분하여 보면 16~24세의 청년층의 경우 최저임금 이하의 임금을 지급받는 경우가 15.2%로서 25세 이상의 3.8%에 비해 매우 높다. 최저임금 이하의 비율을 성별로 보면, 남성이 4.5%인데 비해 여성은 7.3%로 여성이 더 높음을 알 수 있다.

미국 최저임금제도의 특징 가운데 하나는 연방 차원의 최저임금과 주 차원의 최저임금이 이원화되어 있다는 점이다. 〈공정근로기준법〉(FLSA)을 통해서 연방최저임금이 시행되기 이전에 이미 몇몇 주들에서 주최저임금

<표 8-7> 연방최저임금 이하 임금노동자 수(2010년)

(단위: 천 명, %)

| | | 전체 시급 노동자 (A) | 연방최저임금 미만 노동자 (B) | 연방최저임금 수준 노동자 (C) | 연방최저임금 이하 노동자 (B + C) | 비율 [(B + C)/A] |
|---|---|---|---|---|---|---|
| 전체 | 16세 이상 전체 | 72,902 | 2,541 | 1,820 | 4,360 | 6.0 |
| | 16~24세 | 14,061 | 1,180 | 955 | 2,135 | 15.2 |
| | 25세 이상 | 58,842 | 1,360 | 865 | 2,225 | 3.8 |
| 남성 | 16세 이상 전체 | 35,498 | 943 | 669 | 1,612 | 4.5 |
| | 16~24세 | 6,913 | 438 | 413 | 850 | 12.3 |
| | 25세 이상 | 28,585 | 505 | 257 | 762 | 2.7 |
| 여성 | 16세 이상 전체 | 37,404 | 1,598 | 1,151 | 2,748 | 7.3 |
| | 16~24세 | 7,148 | 743 | 543 | 1,285 | 18.0 |
| | 25세 이상 | 30,256 | 855 | 608 | 1,463 | 4.8 |

자료: 미국 BLS, ftp://ftp.bls.gov/pub/special.requests/lf/aat44.txt, 2012. 2. 1. 인출.

이 시행되고 있었다. 1990년대 들어 클린턴 정부 이후 주정부는 연방정부의 최저임금보다 높은 최저임금을 결정할 수 있게 되었다. 일반적으로 연방정부와 주정부의 최저임금에 차이가 있을 경우에 높은 쪽의 최저임금이 적용된다.

최저임금에 대한 규정은 주마다 다양하다. 연방최저임금이 주최저임금보다 높을 경우 연방최저임금을 자동으로 새로운 주최저임금으로 규정하는 곳이 있다. 또한 최저임금수준을 소비자물가지수에 연동하여 결정하는 주들(애리조나, 콜로라도 등)도 있다.

2016년 11월 기준, 22개 주 및 워싱턴DC에서 연방법(시간당 7.25달러)보다 높은 수준의 최저임금이 적용되고 있다. 또 13개 주와 괌 미국령 버진군도에서는 법적 최저임금이 연방최저임금과 동일하다. 이 밖에 2개 주(조지아, 와이오밍)와 사모아, 푸에르토리코에서는 법정 최저임금이 연방 수준을 하회하고 있다. 끝으로 5개 주(앨라배마, 루이지애나, 미시시피, 사우스캐롤라이나, 테네시)에서는 최저임금이 주법에 규정되어 있지 않아 연방최저임금이 적용된다(<표 8-8> 참조).

최저임금 수준이 가장 높은 지역은 워싱턴DC로 시급 10.50달러이다. 주 중에서는 캘리포니아와 매사추세츠의 최저임금이 시급 10.00달러로 최고 수준이다.

이렇듯 각 주정부들의 상황에 따라 연방최저임금을 상회하는 주최저임금이 일반화되고 있어 연방최저임금의 영향이 적어지는 듯 보일 수 있다. 그러나 연방최저임금은 주마다 주최저임금을 결정하는 데 있어서 중요한 기준이 되고 있다. 1990년대 이후 실질최저임금이 지속적으로 하락한 가운데 미국의 소득불평등 역시 심화된 점을 감안한다면, 연방최저임금 인상이 미국의 소득불평등 완화에 상당한 영향을 미칠 수 있을 것으로 생각된다.

〈표 8-8〉 2016년 11월 기준 주별 최저임금과 입법개정

(단위: 달러)

| 주 | 현재 최저임금 | 미래 최저임금 인상 입법 | 물가지수 연동 |
|---|---|---|---|
| 앨라배마 | 없음 | | |
| 알래스카 | 9.75 | | 물가지수 연동에 따른 매년 증가는 2017년 1월부터 시작(2014년 투표) |
| 아메리칸사모아 | 가변적 | | |
| 애리조나 | 8.05 | | 생계비에 의거하여 매년 상승(2006년 투표) |
| 아칸소 | 8.00 | 8.50(2017. 1. 1) | |
| 캘리포니아 | 10.00 | 10.50(2017. 1. 1) 11.00(2018. 1. 1) 12.00(2019. 1. 1) 13.00(2020. 1. 1) 14.00(2021. 1. 1) 15.00(2022. 2. 2) | |
| 콜로라도 | 8.31 | | 생계비에 의거하여 매년 변동 (2006년 주법 개정) |
| 코네티컷 | 9.603 | 10.10(2017. 1. 1) | |
| 델라웨어 | 8.25 | | |
| 워싱턴DC. | 11.50 | 12.50(2017. 1. 1) 13.25(2018. 1. 1) 14.00(2019. 1. 1) 15.00(2020. 1. 1) | |

### 〈표 8-8〉 2016년 11월 기준 주별 최저임금과 입법개정(계속)

| 주 | 현재 최저임금 | 미래 최저임금 인상 입법 | 물가지수 연동 |
|---|---|---|---|
| 플로리다 | 8.05 | | 생계비에 의거하여 매년 증가(2004년 주법 개정) |
| 조지아 | 5.15 | | |
| 괌 | 8.25 | | |
| 하와이 | 8.50 | 9.25(2017. 1. 1)<br>10.10(2018. 1. 1) | |
| 아이다호 | 7.25 | | |
| 일리노이 | 8.25 | | |
| 인디애나 | 7.25 | | |
| 아이오와 | 7.25 | | |
| 캔자스 | 7.25 | | |
| 켄터키 | 7.25 | | |
| 루이지애나 | 없음 | | |
| 메인 | 7.504 | | |
| 메릴랜드 | 8.75 | 9.25(2017. 7. 1)<br>10.10(2018. 7. 1) | |
| 매사추세츠 | 10.005 | 11.00(2017. 1. 1) | |
| 미시간 | 8.50 | 8.90(2017. 1. 1)<br>9.25(2018. 1. 1) | 2019년 1월 1일부터 최저임금이 CPI에 연동되어 매년 증가. 하지만 증가율은 3.5%를 초과하지 않음(2014년 입법) |
| 미네소타 | 9.50/<br>7.756 | | 물가연동에 따른 매년인상이 2018년 1월 1일부터 시작(2014년 입법) |
| 미시시피 | 제도 없음 | | |
| 미주리 | 7.667 | | 최저임금이 생계비에 의거하여 2008년 1월부터 변동하기 시작(2006년 투표) |
| 몬태나 | 8.05/<br>4.008 | | CPI에 의거 매년 증가. 그리고 그다음 해 1월 1일부터 발효(2006년 투표) |
| 네브래스카 | 9.00 | | |
| 네바다 | 8.25/<br>7.259 | | 연방최저임금과 CPI에 따라 변동. 7월 1일부터 발효(2004년/2006년 주법 개정) |
| 뉴햄프셔 | 폐기(2011) | | |
| 뉴저지 | 8.38 | | CPI에 연동되어 매년 인상. 2014년 1월 1일부터 시행(2013년 주법 개정) |
| 뉴멕시코 | 7.50 | | |
| 뉴욕 | 9.00 | 11.00(2016. 12. 31)<br>13.00(2017. 12. 31)<br>15.00(2018. 12. 31) | |
| 노스캐롤라이나 | 7.25 | | |

| 주 | 현재<br>최저임금 | 미래 최저임금<br>인상 입법 | 물가지수 연동 |
|---|---|---|---|
| 노스다코타 | 7.25 | | |
| 오하이오 | 8.10/<br>7.25,11 | | CPI에 연동하여 매년 인상(2006년 주법 개정) |
| 오클라호마 | 7.25/<br>2.00,12 | | |
| 오리건 | 9.75 | 10.25(2017. 7. 1)<br>10.75(2018. 7. 1)<br>11.25(2019. 7. 1)<br>12.00(2020. 7. 1)<br>12.75(2021. 7. 1)<br>13.50(2022. 7. 1) | CPI에 연동한 최저인금인상이<br>2023년 7월 1일부터 시행(2016년 입법) |
| 펜실베이니아 | 7.25 | | |
| 푸에르토리코 | 7.25/<br>5.08,14 | | |
| 로드아일랜드 | 9.60 | | |
| 사우스캐롤라이나 | 없음 | | |
| 사우스다코타 | 8.55 | | 2016년 1월 1일부터<br>물가연동에 의거하여 인상(2014년 투표) |
| 테네시 | 없음 | | |
| 텍사스 | 7.201625 | | |
| 유타 | 7.25 | | |
| 버몬트 | 9.60 | 10.00(2017. 1. 1)<br>10.50(2018. 1. 1) | 2019년 1월 1일부터 최저임금이 연 5% 혹은 CPI 중 작은 쪽 비율로 인상. 인하는 불허. 버몬트주는 2007년에 물가연동을 개시. 2014년에 추가인상을 단행(2014년 입법) |
| 버진 군도 | 7.25/<br>4.30,15 | | |
| 버지니아 | 7.25 | | |
| 워싱턴 | 9.47 | | 2001년 1월 1일부터<br>매년 물가연동 인상(1998년 투표) |
| 웨스트버지니아 | 8.75 | | |
| 위스콘신 | 7.25 | | |
| 와이오밍 | 5.15 | | |

주: '미래 최저임금 인상 입법' 항목에서 괄호 안은 적용 시점.

자료: U.S. Dept. of Labor, http://www.dol.gov/esa/minwage/america.htm; and state web sites. http://www.ncsl.org/research/labor-and-employment/state-minimum-wage-chart.aspx#1, 2016. 12. 6. 인출.

# ■ 참고문헌

## 국내 문헌

김소영(2005). "적극적 노동시장정책을 위한 실업보험제도의 변화와 시사점". 〈노동정책연구〉, 5권 2호, 119~142.

이재흥(2010). 《미국의 고용·훈련 정책》. 한국노동연구원.

장지연(2005). 《실업보험제도 개편 및 역할 변화 국제비교》. 노동연구원

채구묵(2011). OECD 주요국 실업급여제도 유형별 비교. 〈한국사회학〉, 45권 1호, 1~36.

황준욱(2003). 《미국·프랑스의 고용창출지원 프로그램 연구》. 한국노동연구원.

## 해외 문헌

笹島芳雄(2009. 12). アメリカ合衆國の最低賃金制度の經緯, 實態と課題. 日本勞動研究雜誌, No. 593.

岩澤總(2014). アメリカにおける最低賃金引上めぐる動向. 外國の立法261, 國立國會圖書館調查及び立法考查局.

獨立行政法人·勞動政策研究·研修機構(2016a). 2105年海外勞動報告: 北米地域にみる厚生勞動政策の概要と最近動向(米國).

_____(2016b). 米國の失業保險制度. 5월 31일.


Baicker, K., Goldin, C., & Katz, L. F. (1998). A distinctive system: Origins and impact of U.S. unemployment compensation. In M. D. Bordo, C. D. Goldin, & E. N. White(Eds.), *The Defining Moment: The Great Depression and the American Economy in the Twentieth Century*, 224~263, University of Chicago Press.

Baker, D., Glyn, A., Howell, D., & Schmitt, J. (2004). Unemployment and labor market institutions: The failure of the empirical case for deregulation, *ILO Working Paper*, No. 43, 1~43, Geneva.

Boeri, T., & Ours, J. V. (2008). *The Economics of Imperfect Labor Markets*. Princeton University Press.

Cashell, B. W. (2005). Inflation and the real minimum wage: Fact sheet. Federal

Publications, Paper 220, Cornell University ILR School.

Dolado, J., Kramarz, F., Machin, S., Manning, A., Margolis, D., & Teuling, C. (1996). The economic impact of minimum wages in Europe. *Economic Policy*, *23*, 317~372.

Eberts, R. W., & Holzer, H. J. (2004). Overview of labor exchange policies and services. In D. E. Balducchi, R. W. Eberts, & C. J. O'Leary(Eds.), *Labor Exchange Policy in the United States*, 1~32, W. E. Upjohn Institute for Employment Research.

Kletzer, L. G., & Rosen, H. F. (2006). Reforming unemployment insurance for the twenty-first century workforce. Discussion Paper 2006-06, The Brookings Institution.

Neumark, D. (2016). Policy levers to increase jobs and increase income from work after the Great Recession. *Journal of Labor Policy*, *5-6*, 1~38.

OECD(2011). *OECD Employment Outlook*. OECD Publishing, Paris.

_____(2011). *Society at a Glance*. OECD Publishing, Paris.

_____(2011). *Benefits and Wages*. OECD Publishing, Paris.

_____(2016). Labor force Statistics Data.

O'Leary, C. J., & Eberts, R. W. (2008). The Wagner-Peyser Act and U.S. employment service: Seventy-five years of matching job seekers and employers. W. E. Upjohn Institute for Employment Research.

OXFAM & Economic Policy Institute(2016). *Few Rewards: An Agenda to Give America's Working Poor a Raise*. 1~38.

Stewart, M. B. (2004). The employment effects of the national minimum wage. *Economic Journal*, *114*, 110~116.

Tax Policy Center(2016. 1. 5). *EITC Partners*, *1975~2016*.

U.S. Bureau of Labor Statistics(2016. 4). *A Profile of the Working Poor*, *2014*.

U.S. Department of Health and Human Services(2016). 2016 Federal Poverty Level Chart. https://www.parkviewmc.com/app/files/public/1484/2016-Pov-erty-Level-Chart.pdf

Wegner, J. B., & Boushey, H. (2010). Triggers that work-redesigning and effective unemployment insurance extended benefits program for American progress. www.americanprogress.org.

# 산재보험제도*

## 1. 미국 산재보험 개요

일반적으로 산재보상의 발전 역사는 근로자의 산업재해 보상에 대하여 국가의 개입이 없던 시기, 즉 과실책임의 원칙에 입각한 민법에 의한 손해배상 시기(사업주 책임보험의 임의가입 시기), 특정 산업분야에 대해 무과실책임원칙을 도입하여 손해를 배상하는 시기(이와 병행하여 사업주의 보험가입 강제, 즉 책임보험을 도입한 시기)를 거쳐 사회보험으로서 〈산재보험법〉이 입법되었다. 한국의 경우도 민법에 의한 배상 시기, 1953년 〈근로기준법〉에 근거하여 무과실책임주의에 의한 사용자의 보상책임 시기를 거쳐 1964년 책임보험적 성격을 갖는 사회보험법인 〈산재보험법〉이 도입되었다.

미국의 산재보상은 민법(보통법)에 근거한 보상시기 이후 임의가입 시기를 거쳐 강제가입의 형태를 갖춘 산재보상법이 입법되어 있다는 점에서 유

---

* 이 글은 2012년 《주요국의 사회보장제도: 미국》(한국보건사회연구원, 2012)에서 필자가 작성한 "제 2부 제 3장 재해보험"을 그대로 유지한 것이다.

사한 경로를 거쳤지만 가장 큰 차이는 첫째, 연방정부가 일반 근로자의 산재보상에 대해서는 개입하지 않아 주별로 크게 차이가 나는 산재보상프로그램을 갖추고 있으며, 둘째, 사회보험이 아닌 사용자 무과실책임주의에 의한 보험가입 강제(예외 허용)에 의한 재해보상이 대다수의 주에서 나타나고 있다는 점이다. 사회보험적 성격을 갖는 산재보험, 즉 보험가입 강제와 함께 공공에서 운영하는 보험체계를 갖춘 경우는 소수의 주에서만 나타나고 있다. 미국 산재보상보험의 경우 사용자 과실 여부와 관계없이 재해에 대한 보상은 하되 사용자의 태만이나 과실에 대한 책임은 제한한다는 취지에서 입법되었기 때문에, 즉 산재보상의 대상이 되는 상해, 질병, 사망 등의 손해와 관련하여 사용자의 책임과 무관하게 근로자에게 보상은 하되 대신 근로자는 사용자를 상대로 '사용자 책임'에 대한 소송을 제기할 수 없게 되어, 사용자는 통증이나 고통 등 비경제적 손실이나 징벌적 부담금에 대한 소송을 피하게 된 것이다(Szymendera, 2011: 2).[1]

이러한 특징을 바탕으로 미국 산재보험의 특징과 역사적 발전에 대해 살펴보자.

## 1) 미국 근로자 재해보상보험 특징

미국의 민간 일반 근로자에 대한 근로자 재해보상제도는 각 주의 의회에 의해 입법된 주법에 따라 주정부의 기관에 의해 관장되고 있다. 각 프로그램은 산재나 직업병을 당한 근로자에게 손실 임금, 치료 및 재활서비스를

---

[1] 사용자의 책임은 묻지 않지만 사용자의 고의나 제삼자의 책임이 있는 경우 당연히 소송을 제기할 수 있다. 또한 사용자 책임에 대한 소송이 불가능하다고 해서 소송이 적다는 의미도 아니다. 산재보상의 대상이 되느냐 그리고 (특히 부분장해와 관련하여) 보상금에 대하여 사용자나 근로자가 납득하지 못할 경우 판단 주체가 되는 행정기관이나 위원회를 넘어 소송으로 가기도 하며, 보통 일시금으로 분쟁이 해결된다.

제공한다. 모든 주에서 근로자 재해보상에 대한 법규를 도입하기는 하였지만 누가 보험전달자가 되는가, 보상 대상이 되는 산재나 직업병은 무엇인가 그리고 급여 수준 등에서 차이가 있다(Sengupta et al., 2011: 5).

먼저 유의해야 하는 사항을 살펴보자. 첫째, 무과실책임과 함께 보험 가입강제가 존재하는 대부분의 주와 달리 텍사스주에서는 예외적으로 산재보상보험 가입의무가 존재하지 않는다.[2] 둘째, 사업주가 일정한 요건을 갖추었을 경우, 즉 산재보상을 위한 재원을 스스로 마련할 수 있다고 인정되는 경우 산재보상을 위한 보험에 가입하지 않고 '자가보험자'(self-insurer)가 될 수 있도록 허가하는 주들이 대다수이며 노스다코타와 와이오밍만 자가보험이 금지되어 있다(Sengupta et al., 2011: 5, 59).

보험 주체의 관점에서 미국의 산재보상보험제도는 크게 세 가지의(순수 공공, 공공과 민간 혼합, 순수 민간) 유형으로 구분될 수 있다.

첫째, 산재보험을 사회보험으로 입법한 주로서 주에서 기금 또는 보험관리자를 지정 또는 설립하고 민간보험을 배제하여 운영하는 경우이다. 이 경우는 현재 노스다코타, 오하이오, 워싱턴, 와이오밍 등 4개 주에 해당하며, 민간보험을 배제하고 주정부에서 운영하는 산재보상프로그램과 주 독점 기금을 가지고 있다. 다만 민간보험이 불가능한 이 4개 주 중 오하이오와 워싱턴에서는 자가보험이 가능하다.

산재보상을 민간보험회사가 공급하는 것이 가능하도록 산재보상체계를

---

2) 1913년 텍사스주의 〈산재보상법〉은 사업주에게 산재보상보험 가입강제를 부여하지 않았으며, 이 조항은 아직 유효하다. 1995년 현재 텍사스 사업주의 44%가 보험 미가입 사업주였으며, 2001년에는 약 35%였다(http://en.wikipedia.org/wiki/Workers%27_compensation#United_States, 2012. 3. 10. 인출). 비가입 사업주들은 스스로 산재보상프로그램(텍사스 비가입 사업주 연합)을 만들어 재해 예방이나 재해 보상에 대한 지원을 받고 있다. 이는 산재보험체계에서 벗어난 것이지만, 보상프로그램 자체는 산재보상의 대체가 아닌 대안 중 하나라 주장된다(http://www.txans.org/questions.htm, 2012. 3. 10. 인출).

갖춘 주들이 47개 주(워싱턴DC 포함)로 대다수를 차지하고 있다. 이 체계는 다시 두 유형으로 나눌 수 있는데, 둘째 유형으로 시장을 보완하기 위한 공공 기금을 마련하는 경우와 셋째 유형으로서 공공의 보험자가 없이 순수 민간체제로 유지하는 경우가 그것이다. 둘째 유형에서는 사업주가 민간보험에 가입하는 것을 의무화하되(자가보험은 가입한 것으로 봄) 민간보험에 가입하지 않거나 높은 위험률로 인해 민간보험에서 가입을 거부하는 사업장, 즉 '고위험(assigned risks) 사업장'에 종사하는 근로자를 보호하기 위해 공공기금(보험자)을 운영한다.[3] 이 경우에도 주 기금은 시장 왜곡을 막기 위해 고위험 사업장만을 가입시키거나 최후 보험자 역할만을 수행하고 있다.

## 2) 미국 재해보상의 역사

먼저 산재보험의 전사에 해당하는 사용자 책임에 대한 법을 간략하게 살펴보자. 1855년 조지아주와 앨라배마주에서 사용자 책임법이 입법되었으며 1907년까지 26개 주에서 이러한 법을 입법하였는데, 이 법은 단순히 재해를 입은 근로자가 사용자를 상대로 소송을 제기하여 과실이나 무위를 입증하여 보상받는 것을 허용한 것이다. 문제는 이러한 법에 의해 산재를 입은 근로자가 보상 받은 비율이 17%에 불과하였다는 것이다. 사용자는 기여 부주의(근로자의 부주의가 조금이라도 있다면 사용자가 면책된다는 원칙), 동료근로자 원칙(동료근로자가 책임이 있다면 사용자가 면책된다는 원칙) 그리고 위험 가정

---

3) 2009년 현재 주 기금이 설치된 주는 주 독점 4개 주, 주 기금이 존재하다가 민영화된 웨스트버지니아(아직 주 기금에서 급여 지급) 그리고 공존기금 21개 주를 합하여 26개 주이다(Sengupta et al., 2011: 59; SSA, 2011: 67). SSA(2010: 187)는 주 독점 6개, 공존 14개로 서술하지만 잘못된 것으로 보인다. 주 산재보상 기금은 산재보상과 관련된 보험계약만을 취급한다. 이에 반해 민간보험사는 다른 책임보험이나 자연재해 관련 보험을 취급하여 주기금보다 가입자 유치에서 유리한 위치에 있다고 볼 수 있다(http://en.wikipedia.org/wiki/Workers%27compensation#United_States, 2012. 3. 20. 인출).

의 원칙(해당 근로자가 사업장의 위험을 알고 있었다면 손실 보상이 제한된다는 원칙) 등을 내세워 소송에서 근로자에 대한 그들의 책임을 면할 수 있었던 것이다. 예를 들어 사망 재해의 경우 사망 근로자의 가족들 중 절반 정도만 평균 1년 치의 소득을 보상받았다(Elgie, 1998, Clayton, 2004: 8 재인용).

이러한 과실책임주의를 없애고 무과실책임주의를 도입하여 보다 많은 근로자가 산재보상을 받도록 하는 법이 미국에서 최초로 입법된 것은 1902년 매릴랜드주에서였고, 1906년 철도근로자에 대한 산재보상을 위해 〈연방 사용자 책임법〉(FELA)이 통과되었다(Clayton, 2004: 8).

미국에서 강제가입 방식의 산재보상 관련 법이 처음 입법된 것은 1911년 위스콘신주였다(박찬임 외, 2003: 25; 이현주 외, 2003: 88).[4]

이처럼 미국에서 산업화에 비해 강제가입 방식의 산재보상 관련 법이 늦게 입법된 배경은 강제 방식이 미국 수정헌법 14조의 '적절한 절차' 규정을 위반했다는, 즉 사용자에 대한 재산권을 침해한다는 인식 때문이었다.[5] 이 인식은 1917년 미국 최고법원에서 산재보상이 사용자의 재산권을 침해하지 않는다는 판결을 내린 이래 해소되어, 대다수의 주에서 강제가입 방식의 근로자 보상법이 입법되었으며(http://en.wikipedia.org/wiki/Workers%27_compensation#United_States, 2012. 3. 20. 인출), 1921년에는 산

---

4) 1882년 〈재해보상법〉이나 1908년 〈연방 근로자 보상법〉이 입법되었으나 대상자가 적고 의료서비스가 없는 등 급여가 제한적이어서 실효성이 없었고, 1910년 뉴욕주에서 〈근로자 산재보상법〉이 입법되었으나 주 법원에 의해 위헌으로 판정되었다. 그 때문에 1911년 위스콘신주에서 입법된 〈근로자 산재보상법〉이 미국 최초의 강제가입식 산재보상 입법으로 인정된다(Szymendera, 2011: 2; Sengupta et al., 2011: 4). 1916년 〈연방 근로자 보상보험법〉에 의해 현대적인 급여체계와 포괄적인 대상자(일반 공무원)들을 포함하는 산재보상법이 연방 차원에서 입법되었다(Szymendera, 2011: 5).
5) 이러한 인식은 전혀 근거 없는 것이 아니었다. 1906년의 〈연방 책임보험법〉도 위헌으로 판정되어 1908년 〈연방 근로자 보상법〉으로 다시 입법되었다(http://en.wikipedia.org/wiki/Workers_compensation#cite_note-12, 2012. 3. 20. 인출).

재보상에 대한 법을 입법하지 않은 주가 6개에 불과하였다. 1949년에는 모든 주에서 일정한 형태의 근로자 산재보상 체계를 갖추게 되었다(Clayton, 2004: 8).

재해보상보험의 도입 당시 논란이 되었던 사항은 누가(근로자 또는 사용자) 이러한 보험의 도입으로 혜택을 볼 것인가 그리고 누가(민간 또는 공공) 보험행정을 담당해야 하는가의 문제였다. 즉, 사용자는 보험회사에서 가입을 받지 않을 경우 사업장의 강제 폐쇄와 과도한 보험료로 인한 기업 운영의 부담을 우려하였던 것이다. 일부 주는 이 문제를 주정부의 재해보상보험 기금을 설치하여 민간보험사에서 회피하는 사업장을 가입시키고자 하였다(Clayton, 2004: 9).

산재보상에 대한 법이 각 주에 입법됨으로써 사용자의 산재보상을 위한 보험 가입은 의무화되었으며, 따르지 않을 경우 벌금이 부과되었고, 업무상 재해(이후에 직업병)를 입은 근로자는 어떤 형태의 산재에 대해서도 의료서비스 및 일시적 또는 영구적 장해 시 현금급여에 대한 권리를 가지게 되었다.

산재보상에 대해 연방정부가 관할권을 갖지 못하는 이유는 역사적 발전과정에서 산재보상의 필요성이 제기된 시기에 연방정부에서 대응하기 전 주정부에서 먼저 산재보상법 등으로 대응하였기 때문이다(Clayton, 2004: 9). 즉, 1910년대 당시 산재보험에 대한 연방정부의 개입이 위헌으로 판정되었을 가능성이 크고 연방정부의 개입능력(행정체계)도 제한적이었다는 점을 들 수 있다(박찬임 외, 2003: 24). 1930년대 이후 연방정부는 더 이상 산재보험을 연방 프로그램화하려고 시도하지 않는데, 이미 주정부의 관할체계가 제도화되어 주정부기관, 민간보험사, 사용자 및 근로자 단체 등 관련 행위자의 반대 우려가 그 이유로 거론된다(Howard, 2007).

## 2. 산재보상에 대한 연방정부의 역할

연방에서 직접 운영하는 4개의 산재보상프로그램을 제외하고, 주정부에서 관할권을 갖는 일반 근로자에 대한 산재보상에 대한 연방정부의 개입은 극히 제한적이다. 연금보험이나 일부 인구에 대한 의료보험은 연방정부에 의해 운영되는 데 비해, 실업보험이나 산재보상보험은 주정부에서 제도를 관장하고 있다. 다만 실업보험의 경우 연방의 실업보험법에 의해 기준이 제시되고 주정부에서 이를 시행할 경우 연방의 세금이 주정부로 지원된다는 점에서 이런 개입이 없는 산재보상제도와 차이가 있다.

먼저 주정부가 관할하는 산재보상제도에 대한 연방정부의 개입을 살펴보자.

연방정부가 산재보상제도에 대해 표준을 제시하고자 하는 노력 중 대표적인 것은 1972년 연방하원에 의해 설치된 '주 재해보상법에 대한 국가 위원회'의 권고이다. 이 위원회는 그 최종보고서에서 산재보험의 연방 프로그램화를 반대하며 적용, 현금급여, 의료서비스 등이 포함된 60여 개의 권고를 마련하였고, 이 중 19개를 필수 권고로 제시하면서 주정부가 이 권고를 수용하도록 연방정부의 감독이 필요하다고 주장하였다. 6) 이로 인해 주

---

6) 필수 권고의 내용은 다음과 같다(http://www.workerscompresources.com/National_Commission_Report/National_Commission/1-2004/Jan2004_nat_com.htm, 2012. 3. 20. 인출).

권고 2.1. 산재보상법의 적용은 강제적이어야 하며 면제가 허용되어서는 안 된다. 권고 2.2. 근로자 수에 의해 사업주에 대해 산재보상(법) 적용이 면제되어서는 안 된다. 권고 2.4. 농업근로자의 적용은 두 단계 방식으로 접근 가능하다. 첫째, 1973년 7월 1일부터 연 급여가 총 1,000달러를 초과하는 사업주는 모든 근로자에 대해 산재보상(법) 적용을 받아야 한다. 둘째, 1975년 7월 1일부터 다른 근로자와 동일하게 농업근로자도 적용받는다. 권고 2.5. 1975년 7월 1일부터 가사근로자와 비정규근로자 중 사회보장(노령연금) 적용을 받는 사람은 산재보험의 적용을 받아야 한다. 권고 2.6. 산재보상 범위는 모든 정부 근로자에게 강제로 적용되어야 한다. 권고 2.7. 어떤 계층의 근로자, 예를 들어 프로

정부 차원에서 다수의 재해 보상 관련 법이 수정되었으나 모든 주에서 수용한 것은 아니었고, 연방의 감독을 시행하고자 하는 추가적인 조치가 취해진 것도 아니다(Clayton, 2004: 9). [7]

운동선수나 자선 조직의 근로자도 적용 면제를 받아서는 안 된다. 권고 2. 11. 근로자나 그 유족은 산재보상 신청을 할 때 상해나 사망이 발생한 주, 주된 근로가 이루어진 주 또는 고용이 된 주 중 하나를 선택할 수 있어야 한다. 권고 2. 13. 모든 주는 직업병에 대하여 완전히 보상하여야 한다. 권고 3. 7. 주의 주당 최고급여의 적용을 받더라도 일시적 전체장해에 대한 급여는 최소한 근로자의 주당 총임금의 2/3가 되어야 한다. 권고 3. 8. 1973년 7월 1일부터 일시적 전체장해에 대한 주당 최고급여는 최소한 해당 주의 주당 평균임금의 2/3는 되어야 하고 1975년 7월 1일 이후에는 주당 평균임금의 100%가 되어야 한다. 권고 3. 11. 대부분의 주에서 사용되는 영구적 전체장해의 개념은 유지되어야 한다. 실질적으로 소득 능력을 갖는 근로자에게 영구적 전체장해급여의 지급을 허용하는 소수의 주에서는 대다수의 주에서처럼 영구적 전체장해의 검증을 통과하는 경우에만 영구적 전체장해급여를 지급하여야 한다. 권고 3. 12. 주의 주당 최고급여의 적용을 받더라도 영구적 전체장해에 대한 급여는 최소한 근로자의 주당 총임금의 2/3가 되어야 한다. 권고 3. 15. 1973년 7월 1일부터 영구적 전체장해에 대한 주당 최고급여는 최소한 해당 주의 주당 평균임금의 66과 2/3는 되어야 하고 1975년 7월 1일 이후에는 주당 평균임금의 100%가 되어야 한다. 권고 3. 17. 전체장해급여는 근로자의 장해가 지속되는 한 또는 평생 동안 금액이나 시간제한 없이 지급되어야 한다. 권고 3. 21. 주의 주당 최고급여의 적용을 받더라도 사망 시 급여는 최소한 근로자의 주당 총임금의 2/3가 되어야 한다. 권고 3. 23. 1973년 7월 1일부터 사망에 대한 주당 최고급여는 최소한 해당 주의 주당 평균임금의 2/3는 되어야 하고 1975년 7월 1일 이후에는 주당 평균임금의 100%가 되어야 한다. 권고 3. 25. a) 사망 시 급여는 유족인 처나 남편에게 평생 또는 재혼 시까지 b) 재혼 시에는 2년 치의 급여를 일시금으로 지급하고 c) 피부양 아동에 대해서는 아동이 18세에 도달하거나 실제 부양이 필요할 경우 18세를 넘어서도 지급하고 d) 공인된 교육기관에 전업학생으로 등록했을 경우 최소 25세까지 지급하여야 한다. 권고 4. 2. 근로 관련 손상에 대해서는 의료 보장이나 물리적 재활에 대하여 시간이나 금액에 대한 법적 한도가 있어서는 안 된다. 권고 4. 4. 의료 및 물리적 재활 급여에 대한 권리는 시간이 경과함으로 인해 종료되어서는 안 된다.

필수 권고가 아닌 권고에 대한 사항은 박찬임(2002: 26)을 참조하라.

7) 2004년 연방 노동부는 필수 권고가 주에 의해 어느 정도 수용되었는가를 조사하여 보고서를 제출하였는데, 52개 주 또는 관할구의 평균은 67.5%였다. 즉, 적용, 현금급여, 의료에 대해 권고안에서 제시한 수치를 모든 주나 관할구에서 달성한 경우 총점 988점(19개 필

이처럼 연방정부의 산재보상에 대한 개입은 주정부에서 관장하는 산재보험에 대해(연방의회에서 개입하는 경우에만) 간헐적으로 이루어졌으며, 주 산재보상제도에 대한 자료를 제공하는 데 국한되고 있다. 연방정부(노동부)에서는 1949년부터 1998년까지 주정부의 통계를 취합하여 직접 산재보험 통계를 발간하였으나 이후 비영리 민간단체인 전국사회보험학회(National Academy of Social Insurance: NASI)에서 발간하고 있다. 8)

연방정부의 산재보상에 대한 또 다른 개입은 연방정부 피용자나 주요 산업 근로자에 대한 산재보상체계를 관장 또는 운영하는 것이다. 연방노동부 근로기준청(Employment Standards Administration: ESA)의 근로자 산재보상실(Office of Workers' Compensation Programs: OWCP)은 4개의 연방 프로그램을 관리 또는 집행하고 있는데, 에너지근로자 직업병 보상프로그램(EEOIC. 연방자원부의 원자력 관련 근로자나 도급계약자 등의 직업병에 대한 보상, 2001년부터 시행), 연방 근로자 산재보상프로그램(FEC. 〈연방 근로자 산재보상법〉, 1916년 입법), 9) 해안 항만 근로자 산재보상프로그램(LHWC.

---

수권고 × 52개 주 또는 관할구)이 되며 100%로 계산되는데, 모든 항목에 대해 52개 주의 실제 평균은 667. 25로 나타났다(http://www. workerscompresources. com/National_ Commission_Report/National_Commission/1-2004/Jan2004_Tbl1. htm, 2012. 3. 20. 인출). 권고안 발표 당시 낮았지만 이후 급속히 개선된 수치와 비교할 때 1980년 이후 수치는 정체된 것으로 볼 수 있다(Howard, 2007: 175).

8) 연방 노동부 홈페이지에서는 각 주정부의 담당기관에 대한 정보를 제공한다(http:// www. dol. gov/owcp/dfec/regs/compliance/wc. htm#OR, 2012. 3. 20. 인출). 각 주정부의 산재보상프로그램에 대해서는 사업주를 위해 소기업청(SBA)에서 보다 자세한 정보를 제공한다.

9) 연방 근로자(공무원) 산재보상법의 내용을 살펴보면 다음과 같다.

급여는 하원에서 승인한 예산에서 충당되는 연방 산재보상 기금에서 지출되며, 재해를 당한 근로자가 근무하는 해당 기관에서 일부 부담한다. 운영비는 연방 예산에서 노동부로 지급된다. 적용 대상은 연방의 입법, 사법, 행정부에 근무하는 모든 민간(비군인) 근로자이며 자원봉사자나 배심원도 포함된다. 연방과 같이 대규모인 주나 지방자치단체의 법 집행 공무원도 포함되며, 평화봉사단, 예비군 훈련프로그램에 참여하는 대학생 등도 대

〈해안항만근로자 산재보상법〉, 1927년 입법), 10) 탄광근로자 보상 또는 진폐

상이 된다. 급여는 3일간의 대기기간이 있으며 임금계속지불의 형태로 임금의 100%가 지급된다. 장해 후 45일이 넘는 경우 부분 또는 전체장해로 분류된다. 부분장해의 경우에도 독신이면 장해 이전 급여와 장해 후 급여 차액의 3분의 2인 금액이, 피부양자가 1인 이상이면 차액의 75%가 지급된다. 최고금액은 GS-15호봉의 기본급이며, 소득세 부과 대상이 아니며 매년 자동 조정된다. 근로자가 소득이 없으면 직업 요인과 물리적 손상을 결합하여 산정한 소득능력에 따라 급여가 결정된다. 이 밖에 영구적 부분장해가 있다면 법정 장해목록(scheduled)에 따라 손상에 대한 보상을 별도로 받게 된다. 전체장해의 경우 독신이면 장해 전 월 임금의 2/3, 피부양자가 1인 이상이면 75%를 받게 된다. 전체장해가 지속되는 기간 동안 지급되며 최고급여액 등은 부분장해 시와 같다. 사망 시 급여는 아동이 없는 배우자는 월 급여의 50%, 아동이 있는 경우 배우자는 45%, 아동 1인당 15%를 지급하며 최고 75%까지 지급된다. 배우자가 55세 이전에 재혼할 경우 24개월분의 일시금을 받게 되며, 그 이후의 재혼 시에는 사망 시까지 지급된다. 아동은 18세 또는 재학 시 23세까지 지급된다. 최고 금액은 장해급여와 동일하게 적용된다. 이 밖에 200달러의 정부와의 사무 처리비, 800달러의 장제비 및 실비의 이송비가 지급되며, 군과 관련된 업무에서 사망한 경우 100,000달러까지의 보상이 별도로 지급될 수 있다. 의료 장비, 치료, 의약품 등 모든 의료비는 연방정부에 의해 지급되며, 일반적으로 본인이 선택한 의료공급자에게 서비스를 받을 수 있다. 간병이 필요한 경우 월 최고 1,500달러의 간병급여를 받을 수 있다. 노동부 장관은 수급자에게 직업재활에 참여할 것을 지시할 수 있으며 그 비용은 연방정부에서 부담한다. 참여 시에 수급자는 월 200달러까지의 추가급여를 받을 수 있으며, 불참 시 직업재활서비스를 받아 증가될 것으로 추정되는 근로능력만큼의 급여가 감소된다(Szymendera, 2011: 2). 신청기한은 3년이다.

연방정부 근로자 산재보상에 대한 추가적인 사항은 http://www.dol.gov/owcp/dfec/regs/compliance/DFECfolio/CA-810.pdf를 참조하라.

10) 〈해안 항만 근로자 산재보상법〉은 미국 영해 및 연안에서 하역, 선박 건조 및 수리 시에 발생한 상해나 직업병으로 인해 장해를 입은 근로자에게 현금급여와 의료서비스를 제공하기 위해 입법되었다. 이 법에서 제외되는 근로자는 선원, 연방정부나 주 또는 외국정부의 공무원이나 근로자 그리고 주 산재보상법이 적용되는 근로자이다. 이 법은 다른 법에 의한 특정 형태의 근로자(예를 들어 도급계약에 의해 해외 기지에 종사하는 근로자 등)도 대상이 되고 있다. 장해 시 근로자는 해당 기간 동안 주당 평균임금의 2/3를 보상받으며, 최고 및 최저급여의 적용을 받는다. 특정 영구장해에 대해서는 별도의 보상이 있다. 근로자 사망 시 유족인 배우자에 대해서는 주당 평균임금의 50%가, 아동이 있을 경우 추가적으로 16과 2/3%가 지급된다. 근로자는 합리적인 범위에서 모든 관련 의료비를 사용자에게 청구할

급여 프로그램(CMWC. 1969년 〈연방 광산근로자 보건안전법〉 및 1973년 〈진폐 보상급여법〉) 등이 해당한다. 해안항만근로자 산재보상 프로그램이나 진폐 급여 프로그램의 경우 주정부에서 관장하는 산재보상체계와 유사하게 사업주는 민간보험에 가입하거나 자가보험을 설치하도록 되어 있다(http://www.dol.gov/owcp/).

## 3. 주정부의 프로그램

미국의 일반 근로자 대상 산재보상체계를 정확하게 살펴보기 위해서는 개별 주의 제도를 살펴보아야 한다.[11] 모든 주에서 재해보상보험을 통해 손실임금 지급과 의료서비스 그리고 직업재활서비스 등이 제공되지만 주정부에 따라 적용과 보상에 대한 규정이 다르기 때문에 여기서는 지면 관계상 산재보상제도의 주요 공통사항에 대해 개략적으로 서술하면서 주별 차이를 언급하고자 한다.[12]

---

수 있고 또한 직업재활서비스를 받을 수 있다. 사용자는 급여와 의료비 지급을 보장하기 위해 노동부가 승인한 해안항만근로자 산재보상 프로그램을 공급하는 영리보험자에게 보험을 가입하든지 노동부로부터 자가보험자로 승인받아야 한다. 노동부에 의해 관리되는 특별 기금으로 급여가 지출되는 특별한 경우를 제외하고는 승인된 보험자나 자가보험자가 급여비를 부담한다(http://www.dol.gov/owcp/, 2012. 3. 20. 인출).

11) 각 주나 시/군의 공무원에 대한 산재보상제도는 연방 공무원 재해보상과 같이 각 주나 지방자치단체에 별개로 또는 주 기금으로 존재하지만 여기서는 다루지 않는다.

12) 지면 관계로 인하여 각 주의 구체적인 프로그램에 대해서는 서술하지 않는데, 국내 선행 연구를 참조하기를 바란다. 미국의 산재보상제도에 대한 선행연구들은 대상이 되는 주가 다르거나 초점이 되는 분야가 상이하다. 참조할 수 있는 도서들을 정리해 보면, 제도 일반에 대한 사항이나 연방프로그램에 대하여 서술한 박찬임(2002. 특히 부록)은 총론적 입문서로 적절하다. 다만 10년 전의 연구로 제도 변화가 다소 있어 주의가 필요하다. 미국 재해보상에 대해 통계를 이용한 접근은 김장기(2009)를 참조할 수 있다. 미국 재해보

## 1) 적용 대상과 보상 대상

많은 주에서 특정 사용자는 산재보험 가입이 면제되는데, 주에 따라 소규모 사업장(3인에서 5인 미만), 농업근로자, 가사근로자, 종교단체의 근로자 등이다.[13] 주나 지방정부 공무원을 위해 별개의 산재보상체계를 운영하는 주도 있다. 2009년 현재 실업보험의 적용을 받는 근로자의 97% 정도가 산재보상의 적용을 받는 것으로 추정된다(Sengupta et al., 2011: 55).

산재보상의 대상이 되는 요건은 고용 과정에서 발생하는 상해, 질병, 사망이다. 이는 일반적으로 재해나 질병, 사망이 발생했을 때 근로수행 중이었거나 근로자의 업무와 관련되는 상황에 의해 재해, 질병, 사망이 발생되어야 함을 의미한다. 업무시간 외에나 통근재해, 사업장 내에서라도 개인 업무 처리와 관련되는 경우 일반적으로 산재보상의 대상이 되지 않는다 (Szymendera, 2011: 3).[14]

---

상 보험의 적용 및 징수에 대해서는 박찬임 외(2003), 재해 신고 및 급여 승인에 대해서는 이현주 외(2004), 급여체계에 대해서는 이현주 외(2003), 직업재활에 대해서는 윤조덕 외(2005), 최근 동향에 대해서는 최영훈(2009)을 참조할 수 있다. 선행연구를 주별로 구분할 경우 박찬임 외(2003)와 이현주 외(2003; 2004)는 워싱턴의 사례를, 김장기 (2009)는 캘리포니아의 사례를 제시하고 있다. 추가적인 사항에 대해서는 Sengupta et al.(2011)의 부록에서 주 산재보상급여 제도 비교표를 참조할 수 있다.

13) 3인 미만 사업장을 제외하는 주는 아칸소, 조지아, 미시간, 뉴멕시코, 노스캐롤라이나, 버지니아, 웨스트버지니아, 위스콘신 등이며, 4인 미만 사업장을 제외하는 주는 플로리다와 사우스캐롤라이나, 5인 미만 사업장을 제외하는 주는 앨라배마, 미시시피, 미주리, 테네시 등이며 나머지 37개 주(워싱턴DC 포함)는 소기업도 적용한다(Sengupta et al., 2011: 5). 39개 프로그램은 농업근로자의 일부를 적용하며, 25개 프로그램은 가사근로자의 일부를 적용하고 있다(SSA, 2010: 186).

14) 산재보상에 대한 구체적 기준이나 급여 제한에 대해서는 워싱턴의 사례를 연구한 이현주 외(2004: 56 이하)를 참조하라.

308

## 2) 급여

산재보상에 대한 각 주의 법률은 다르지만 일반적인 급여 종류는 유사한데, 치료나 통증 경감을 위한 의료나 재활서비스, 장해 시 손실임금에 대한 보상, 사망 시 장제비나 피부양자에 대한 급여 등이 규정되어 있으며, 다수의 법에서는 영구적 물리적 장해가 있을 경우 직업재활서비스가 제공되도록 규정하고 있다. 다만 주정부에 따라 급여의 수준이나 기간에서 상당한 차이를 보이고 있다.

### (1) 현금급여

① 일시적 장해급여(휴업급여)
산재나 직업병에 의해 근로가 전체 또는 부분적으로 제한되는 경우 상실임금에 대한 보상으로 일시적 장해급여(휴업급여)가 지급된다. 미국에서는 일시적 부분장해에 대한 급여(부분 휴업급여)가 가능하도록 한 주가 대부분이다.

대기기간은 3~5일 또는 7일이며 이 기간 동안 근로자는 근로를 하든지 병가를 사용한다. 또한 급여는 소급 지급되기도 하는데, 주에 따라 없는 주도 있으며, 6주까지로 규정되어 있다(SSA, 2010: 186; Sengupta et al., 2011: 86 이하). [15]

주 재해보상법에 대한 국가위원회의 권고에서 일시적 장해의 급여 수준은 전체장해 시 총임금의 2/3(순임금의 80%)인데, 이에 따라 대부분의 주에서는 산재 전 임금 또는 평균임금의 2/3에 준하여 지급하고 있다(SSA, 2010:

---

15) 여기서 소급 지급기간은 보험 신청을 하기 전 상해나 직업병에 의한 증상이 있을 경우 보상해 주는 기간을 의미한다.

186). 모든 주에서는 최고급여를 정하며 때로 최저급여도 정하고 있는데, 최고급여는 2009년 현재 주당 1,413달러(아이오와, 주 평균임금의 200%)에서 422달러(미시시피, 주 평균임금의 2/3)에 걸쳐 있고 일반적으로 주 평균임금의 100%이다(SSA, 2011: 67; Sengupta et al., 2011: 86). 약 20%의 주에서는 피부양자에 대한 추가급여를 지급하는데, 일부의 경우 일시금으로도 지급한다(SSA, 2010: 186).

일시적 부분장해에 대해 살펴보자. 육체적 제약(예를 들어 10파운드 이상 사물을 반복적으로 들지 못할 경우)이 있지만 근로할 수 있는 근로자는 회복 중 '합리적인 장비'를 가지고 복귀하든가 물리적 능력에 맞는 업무를 담당할 수 있다. 이때 근로자는 이전과 다른 직무를 찾게 되는데, 만약 근로자가 합리적 장비로 인하여 또는 의사 지시에 의하여 근로시간 감소로 인하여 임금이 낮아지면, 지속적으로 임금손실이 있다고 판정되어 일시적 부분장해급여를 받게 된다. 즉, 이는 근로자가 근로를 하되 의사가 진단한 물리적 제약이 있고 임금손실이 발생함을 전제로 한다(Clayton, 2004: 11). 일시적 장해급여도 영구적 부분장해와 같이 주에 따라 근로능력, 임금 손실, 장해 등에 의해 차등화되는 일시적 장해급여를 받게 된다.

일시적 전체장해와 일시적 부분장해는 일반적으로 근로자가 진료 중에 있고 상해로부터 회복하는 기간에 지급되며 다음에 해당하는 기간까지 지속된다(Clayton, 2004: 11).

- 어떤 물리적 제약도 없이 근로 복귀가 지시되는 경우
- 상해 당시와 동일한 임금을 받을 경우
- 근로자가 법적으로 정해진 한도의 급여를 모두 받았을 경우
- '장해 판단권한을 가진 주체'(사실 판단자)가 근로자가 더 이상 급여 수급자격이 없다고 결정하는 경우

한도와 관련하여 2009년 현재 일부 주에서는 일시적 장해급여를 104주로 제한하고(캘리포니아, 플로리다, 노스다코타, 펜실베이니아, 텍사스, 웨스트버지니아, 와이오밍 등) 어떤 주에서는 700주로 제한하기도 하며(뉴멕시코), 상당수가 제한을 두지 않고 있다(Sengupta et al., 2011: 86). 근로자가 근로로 복귀하거나 근로자 산재보상법규에 따른 일시적 급여를 최대로 소진한 경우 영구장해의 다른 급여 수급자격을 가질 수 있다.

② 영구적 장해급여
대부분의 주에서 추가적인 치료를 통해서도 더 이상의 물리적 회복이 가능하지 않다고 의사가 진단한(의료적 회복의 최고점 또는 치료기 종료) 후에는 물리적 기능의 영구 손상과 미래 소득의 영구적 손실을 추정하여 새로이 급여수준을 결정하는 기제를 갖추고 있다. 일시적 장해와 같이 영구적 장해에 대해서도 영구적 부분장해와 영구적 전체장해에 대한 급여가 존재한다.

영구적 전체장해는 심각한 상해나 물리적 제약이 심각한 상태인 경우에 해당하며 대부분의 주 법규는 특정 상태, 예를 들어 양다리, 양팔, 양 눈 등의 손상 등을 열거하여[법정 목록에 의거한(scheduled)] 전체장해로 인정하고 있다. 법규에 정해지지 않은(unscheduled) 장해에 대해서는 의사가 장해율을 인정하여 대상이 된다.[16] 다수의 주에서 영구적 전체장해에 대한

---

16) 일반적으로 개별 주들은 (특정 장해는 법규에 정리되어 있지만) 법규에 정해지지 않은 영구적 부분장해에 대한 급여를 다음의 네 방식 중 하나를 사용하여 처리하는데, 물리적 손상(생리적 및 심리적 손상), 장해(경제적 및 사회적 결과) 또는 양자를 기초로 한다 (Clayton, 2004: 12; Sengupta et al., 2011: 13).
- 손상기초방식(19개 주에서 사용): 상해나 질병으로 인한 물리적 및 심리적 실제 손상만을 기준으로 한다. 손상 비율은 미국의사협회의 영구손상 평가에 대한 가이드북을 참조하여 의사가 결정한다.
- 소득능력손실방식(13개 주에서 사용): 근로자의 미래 임금손실을 근로자의 연령, 교육, 훈련, 기술 및 손상의 정도, 현재의 노동시장 조건 등과 같은 요인을 사용하여 평가

급여율은 일시적 전체장해에 대한 급여와 동일하지만 상이한 주도 있으며, 최대 급여가 정해져 있다(Sengupta et al., 2011: 86). 영구적 전체장해는 현금급여가 지급되는 사례의 1%를 차지한다(Sengupta et al., 2011: 12).

약 80%의 주에서는 임금 인상에 따라 급여가 자동적으로 증가하는 체계를 갖추고 있다(SSA, 2010: 186).[17]

급여기간은 장해가 존재하는 한 사망 시까지 지급되는 경우가 대부분이지만, 일부 주에서는 정해진 금액까지(예를 들어 2009년 현재 캔자스 125,000달러), 정해진 기간까지(예를 들어 인디애나 500주) 또는 정해진 연령(예를 들어 몬태나는 정년 시, 플로리다는 75세)까지만 지급된다(Sengupta et al., 2011: 86 이하). 영구적 전체장해로 인한 급여를 받더라도 급여는 기능 손상과 추정 손실임금에 따라 정해지기 때문에 많은 주에서는 수급자의 고용 상황에 대해 심사하며, 대부분의 보험사들도 매년 1~2회 근로자가 근로를 하거나 근로를 할 수 있는지를 심사하고 있다(Clayton, 2004: 12). 일부 주에서는 피부양자 추가급여를 지급하기도 한다(SSA, 2010: 186).

특히 영구적 부분장해급여는 그 설계나 적용에서 복잡하고 다양하여 주별로 수급자격이나 급여액 등에서 많은 차이가 있다. 예를 들어 어떤 주에

---

한다.

- 임금손실방식(10개 주에서 사용): 근로자의 실질적 주당 임금손실을 계산한다. 이는 근로자가 영구적 장해로 인해 벌 수 있는 금액과 상해 당시 벌 수 있었던 금액과의 차액으로 산출된다.
- 혼합방식(10개 주 또는 관할구): 근로자의 상태가 안정된 후 근로자가 근로에 복귀했는가에 따라 손상기초방식과 소득능력상실방식을 혼합하여 사용하고 있다. 근로에 복귀하여 상해 당시의 임금과 비슷한 수준의 임금을 받을 경우 근로자는 손상에 기초한 보상을 받으며, 복귀하지 못한 근로자는 소득능력상실에 기초한 급여를 받게 된다.

이러한 구분 외에 비경제적 손상에 대한 급여를 지급하는 주도 있다. 매사추세츠, 몬태나, 로드아일랜드, 오리건 등에서 산재를 입은 근로자는 영구적 부분장해에 대해 소득능력상실에 대한 급여 외에 비경제적 손상에 대한 급여를 받을 수 있다.

17) 다른 주에서는 입법에 의해 상승시키기도 한다(Clayton, 2004: 12).

서는 의료적 회복의 최고점이 지난 다음 지급되기도 하고, 어떤 주에서는 근로자가 근로에 복귀할 때까지 일시적 장해급여의 연장으로 지급되기도 한다(Sengupta et al., 2011: 12). 또한 각 주에서 미래의 손실임금에 대해 얼마나 보상할 것인가가 다르게 결정되는데, 영구적 부분장해급여 수준을 합리적으로 정하는 데 어려움이 있기 때문이다. 이 때문에 영구적 부분 급여에 대한 수급자격이나 급여는 분쟁의 소지가 다분하다. 근로자와 사용자는 보통 합의에 의해 일시금으로 분쟁을 해결하는데, 어떤 기준에 의해 그 금액이 산출되는가는 불명확하다(Clayton, 2004: 12).

③ 유족 급여

산재나 직업병에 의해 사망한 근로자의 가족에게는 유족급여가 지급된다. 급여 수준은 주에 따라 다르지만 2009년 현재 통상 재해 전 임금(순임금)의 약 35%에서 70%이며, 아동이 있을 경우 60~80%가 된다. 일부 주에서는 피부양자 범위를 피부양 부모나 형제자매를 포함하기도 한다(SSA, 2010: 186). 유족급여에도 최고급여액이 정해져 있으며, 보통 전체장해급여와 유사하거나 약간 낮은 수준이다. 유족급여의 지급기간이나 총액도 정해진 경우가 많은데 대체로 아동은 만 18세(상시 학생의 경우 연령이 상승)에 달할 경우 그리고 배우자의 재혼 후 2년이 경과한 경우 수급자격이 종료된다. 상당수의 주에서 재혼하지 않을 경우 배우자 급여는 지속되지만 총액으로 제한되기도 한다(Sengupta et al., 2011: 86 이하). 장제비는 대부분 일시금으로 지급되며 주별로 차이가 있다(SSA, 2010: 187).

## (2) 의료서비스와 간병급여

의료서비스의 경우 응급조치, 진료나 검사, 처치 및 수술, 입원, 간호, 처방 의약품 및 의료적 보장구도 대상이 되며, 일부 주에서는 이송비도 지급된다. 거의 모든 주에서 근로자는 의료서비스 비용에 대해 비용을 부담하지 않아도 되지만(Szymendera, 2011: 3), 일부 주에서는 병원이나 진료비에 명목적인(근로자) 본인 부담을 규정하고 있다(SSA, 2011: 67). 다수의 주에서 피재(被災) 근로자가 이용 가능한 병원은 보통 보험사가 계약한 병원들이며, 이는 주정부의 승인을 필요로 한다.[18]

직업병의 경우 산재보상 대상이 되는 범위가 주정부에 따라 다른데, 예를 들어 대부분의 주에서는 수근관증후군(손목 통증)을 직업 관련 질병으로 인정하는 데 반해 버지니아의 경우 '생활상의 정상적 질병'으로 규정해 보상하지 않고 있다. 또한 대부분의 주에서는 질병이 근로가 아닌 활동에 의해 발생할 개연성이 있는 경우 행정기관이나 법원(테네시나 앨라배마)에서 근로 관련성을 판단하도록 하고 있다.

연방정부의 통계에 의하면 2009년 현재 의료서비스만 받은 근로자, 즉 대기기간 중 산재보상이 종결되는 비율이 77%이다(Sengupta et al., 2011: 9). 2009년 현재 의료서비스지출액은 산재급여 총지출액의 49.6%이며, 사상 최고치였던 2008년의 50.4%에서 감소한 것이다.

일부 주에서는 근로자가 일상적 기능을 수행하기 위해 타인의 지속적 간병을 필요로 할 경우 간병급여를 지급하고 있다. 간병급여가 있는 대다수의 주에서 간병급여는 장해가 지속되는 기간 동안 지급되며, 일부 주에서는 104주에서 500주까지를 한도로 지급하기도 한다(SSA, 2010: 186).

---

18) 의사 선택권도 주별로 차이가 있는데, 오하이오의 경우 근로자가 임의로 선택 가능하지만, 펜실베이니아의 경우 사용자에 의해 승인된 의사를 선택하여야 하며(Howard, 2007: 155), 캘리포니아의 경우 사용자(보험자)의 허가를 받아 본인의 주치의에게 진료를 받을 수 있다(김장기, 2009: 42). 장해 판정이나 추가진료에 대한 사항도 누구의 소견에 따르는가가 주별로 다르게 규정되어 있다. 캘리포니아의 경우 근로자 본인(변호사)과 보험사가 합의하는 의사의 소견을 따른다(김장기, 2009: 42).

## (3) 직업재활서비스

대다수의 주에서는 직업재활서비스를 제공하고 있는데, 여기에서는 주 프로그램의 표준이 될 수 있는 연방 노동부의 연방 근로자 산재보상프로그램의 직업재활서비스에 대해 먼저 살펴본다.

법적으로 연방정부는 산재 발생 후 1년까지 피재근로자가 전체적으로 또는 부분적으로 근로능력이 회복된 후 이전의 업무나 유사한 업무에 복귀할 수 있을 경우(직무 변경) 근로유지권을 보장한다. 이를 위해 직업재활서비스가 제공되는데, 근로자의 상태를 고려하여 작업치료, 파트타임 고용 등의 서비스를 제공하며, 이전 사업주(소속 기관)에게 복귀 가능한 경우 복귀시키고, 복귀가 불가능한 경우 다른 적절한 일자리에 알선하며, 적절한 일자리에 알선하지 못할 경우 의료 재활, 훈련, 알선서비스를 계속하게 된다 (http://www. dol. gov/owcp/dfec/regs/compliance/DFECfolio/FECA-PT2/ #208132, 2012. 3. 20. 인출). [19]

이러한 연방정부의 프로그램을 표준으로 각 주별로 상이한 재활서비스를 제공하고 있다. 예를 들어 캘리포니아의 경우 원직장에 복귀하지 못하는 근로자에 대해 일괄적으로 훈련 바우처를 지급한다(김장기, 2009: 45). 직업재활서비스에 적극적으로 참여하지 않거나, 특별한 사유 없이 근로자를 복귀시키지 않는 사업주에게는 급여의 삭감이나 벌금이 부과될 수 있으며, 근로자의 직장 복귀를 위해 비용이 필요한 경우 사업주는 보조금을 받을 수 있다(김장기, 2009: 45). 재활서비스에 적극 참여하지 않는 근로자 또한 급여가 중지되거나 삭감당하는 것이 일반적이다(이현주 외, 2003).

산재장해 근로자의 재취업을 위해 대다수의 주에는 후속 상해기금(*second-injury fund*)이 설치되어 있다. [20] 이는 사용자/민간보험자 또는 자가보

---

19) 미국 연방정부의 직업재활에 대한 서술은 윤조덕 외(2005: 232 이하)를 참조하고, 워싱턴주의 직업재활에 대해서는 이현주 외(2003: 111 이하)를 참조하라.

20) 보다 자세하게는 박찬임 외(2003: 35), 이현주 외(2003: 96 이하)와 이현주 외(2004:

험자(또는 주정부)가 비용을 부담해 설치되는 기금으로 이전 산재로 인해 영구적 부분장해를 가진 근로자가 다시 산재를 당할 경우(일정한 요건을 갖춘), 해당 근로자에 대한 보상비용의 전부 또는 일부를 사용자나 보험자에게 지급한다(http://www.laworks.net/Downloads/OWC/sibbrochure.pdf, 2012. 3. 20. 인출).

## 3) 전달체계

### (1) 민간보험사와 행정기관

주정부에서 기금을 설치하는 경우 이는 주정부의 부서에서 관리하거나 독립적인 비영리기관 또는 법원에서 관리를 하고 있다.[21] 이를 통해 산재보상 관련 비용을 낮추고자 하는 것이다.

주 기금을 설치하지 않는 경우 사업주는 영리보험사나 허가된 비영리보험조직에 가입할 수 있다. 특별한 요건에 의해 자가보험이 허가된 경우 개별 회사나 단체 단위로 자가보험을 운영할 수 있는데, 자가보험의 경우 재해보상을 위하여 정해진 금액을 금융기관 등에 예치하도록 하는 경우가 대부분이다.

모든 주에서 산재보상법은 주 노동부의 산재보험국 또는 노동 관련 위원회(예를 들면 산업위원회)에서 법규의 개정, 사업주의 보고 및 심판이나 협의 관리 등의 기능을 수행하고 있다(http://www.dol.gov/owcp/dfec/regs/

---

69) 를 참조하라.

21) SSA(2010: 187)에 의하면 주 기금이 설치된 경우 산재보상 기관(비영리 또는 독립기관)에서 운영하는 경우가 50%이며, 주 노동부가 직접 운영하는 경우가 37.5%, 법원에서 운영하는 경우가 3개 주이다. 대부분의 주 기금은 민간보험사와 같이 잉여금이나 유보금에 대한 규제 요건을 따라야 하며, 독립 회계사들이 재정 상황을 확인한다(http://www.aascif.org/index.php?page=operations, 2012. 3. 20. 인출).

316

compliance/wc. htm#FL, 2012. 3. 20. 인출).

민간보험사가 주체가 되어 운영하기 때문에 나타나는 독특한 현상은 다음과 같다. 첫째, 민간의 운영으로 인해 보험자가 파산할 경우를 대비하여 보증기금이 설치되어 있다. 예를 들어 재정이 부실한 민간보험사가 지급하지 못한 보험청구 비용을 충당하기 위하여 보험보증기금이, 자가보험자가 지급하지 못한 청구 비용을 충당하기 위하여 자가보험 보증기금이 설치되어 있다. 둘째, 민간보험자는 보상 공제금액(사고 발생 시 피보험자가 직접 부담하는 금액)을 제공할 수 있는데, 사업주는 공제금액을 둠으로써 보험료를 낮출 수 있지만, 산재 발생 시 본인이 부담해야 하는 금액이 증가하게 된다(Sengupta et al. , 2011 : 59). [22]

## (2) 분쟁과 해결

대다수의 주에서는 재해보상에 대한 분쟁 발생 시 법률에 의해 소송의 전심절차로서 우선적으로 특별행정기관(위원회 형태)이 처리하도록 하고 있다. 이 기관에서 분쟁은 비공식적으로 행정법 판사들에 의해 처리되기도 한다(캘리포니아의 사례는 김장기, 2009 : 31). 이에 대한 이의 제기는 상급위원회나 주의 법원체계에서 담당한다(Clayton, 2004 : 10). 소수의 주에서만 근로자가 사용자를 상대로 전심절차 없이 소송을 제기할 수 있도록 허용하고 있다(en. wikipedia. org/wiki/Workers%27_compensa-tion#United_States, 2012. 3. 20. 인출). [23]

다수의 소송이 발생할 수 있는 부분을 생각해 보면 첫째, 적절한 보상금액을 정하는 문제이다. 특히 영구적 또는 일시적 장해를 가진 개인에 대해 상당수의 주에서는 개인의 미래 소득능력을 파악하여 미래 임금손실을 계

---

[22] 공제금액을 두는 방식은 산재당, 총액당, 또는 양자를 결합한 형태로 나타난다. 각 주에서 규정한 최대 공제금액은 상당한 차이가 있다(Sengupta et al. , 2011 : 13).

[23] 자세한 내용은 위스콘신의 이의 제기 과정을 서술한 최영훈(2009 : 5)을 참조하라.

산하고자 하는데, 보상금액의 비과학성으로 인해 소송이 빈발하고 합의를 통해 해소되고 있다. 둘째, 재해보상체계에서 모든 산업재해와 직업병에 대해 규정이 존재하는 것은 아니다. 이러한 법규에 정해지지 않은 장해나 질병에 대해서는 소송이 제기되며, 이 경우도 보통 합의에 의해 일시금 지급으로 해결된다(Clayton, 2004: 7). 24)

합의의 경우 대부분의 주에서는 행정법 판사, 청문 공무원, 산재보상 담당기관장 또는 심사기관에 의해 승인을 받거나 산재보상 담당기관에 신고하도록 되어 있다(Clayton, 2004: 13).

## 4) 재정부담과 지출

소수의 주에서 근로자가 명목적인 보험료를 납부하는 경우가 있으나, 거의 모든 주에서 산재보상 비용은 사용자가 부담한다(SSA, 2010: 196). 주정부는 산재보상 비용을 부담하지 않는다. 25)

---

24) 소수의 예외(예를 들어 텍사스)를 제외하고 대부분의 주에서는 재해보상에 대한 합의 (*settlements*)를 인정하고 있다. 이러한 합의는 타협과 면제 합의(*compromise-and-release agreements*), 보상(*commutations*) 또는 면책(*washouts*) 등으로 불린다. 대부분의 경우 보험사는 의료비를 포함하여 모든 미래급여에 대해 합의하고자 한다. 12개 주를 대상으로 한 2004년의 한 조사결과에 의하면(Telles, Wang, & Tanabe, 2004, Clayton, 2004: 13 재인용) 3년간의 청구권 만기 시를 기준으로 7일 이상의 상해에 대한 청구권 중 평균 25% 가 일시금 지급으로 합의되었는데, 이 비율은 일리노이의 경우 52%, 텍사스의 경우 11% 였다. 소송이 제기될 경우 산재를 입은 근로자는 산재보상에 대한 경험을 가진 변호사에게 상담을 받는데, 많은 주에서는 보상금의 일정 비율로 자문 비용을 제한하고 있고, '조건부 수수료'는 보상이 이루어질 경우에 지불된다. 수수료는 주별로 11%에서 40%에 달한다 (http://en.wikipedia.org/wiki/Workers%27_compensation#United_States, 2012. 3. 20. 인출).
25) 물론 주정부 기금에 주정부 근로자가 포함될 경우(사우스캐롤라이나) 이들에 대한 보험료는 주정부에서 부담한다.

보험에 가입하는 사업주들은 보통 산업(업종)과 근로자의 직업 그리고 임금을 기준으로 책정되는 보험료를 납부한다. 많은 사업주들은 경험요율에 따라 보험료를 납부하는데, 이는 산재 발생빈도와 보험급여지급액으로 산정된다(Sengupta et al., 2011: 5). 대다수의 주에서는 업종별 보험료율을 통제하는데, 일부 주(예를 들면 캘리포니아)에서는 산재보험료율을 자율화하여 보험회사에서 책정할 수 있도록 허용하기도 한다(김장기, 2009: 31; 최영철, 2009: 3). 2009년 현재 전체 사업주의 총임금 대비 산재보상 관련 비용의 비율은 1.58%이다(SSA, 2010: 186).[26]

2009년 현재(연방정부의 기금을 포함한) 총 급여지출액은 583억 3,270만 달러이며, 보험주체별 급여지출액 비중은 민간 보험회사가 52.2%, 주 기금이 17.3%, 자가보험이 24.4%이다[연방 기금의 비중은 6.1%(Sengupta et al., 2011: 14)]. 이 밖에 앞서 언급한 대로 사용자 부담의 공제비용이 있는데, 이는 민간보험회사와 주 기금의 급여지출액 합계의 약 13.8%에 달하는 것으로 추정된다(Sengupta et al., 2011: 18).

2009년 현재 전체 지출 중 의료서비스에 대한 지출이 약 49.5%이고, 이를 제외한 현금급여지출액 중 66%는 영구적 부분장해에 대한 지출이고, 17%는 영구적 전체장해 및 유족급여에 대한 지출이며, 나머지 17%는 일시적 장해에 대한 지출이다. 지급 건수로는 일시적 장해가 62%, 영구적 부분장해가 37%이며, 영구적 전체장해와 유족급여가 1%이다(Sengupta et al., 2011: 12).

---

26) 이와 달리 센굽타(2011: 31)는 2009년 산재와 관련하여 사용자가 부담하는 금액을 임금 100달러에 대해 1.30달러로 추정하였다. 이는 연방노동부의 노동통계실(BLS)에서 추정하는 연방 소속이 아닌 근로자의 1.92달러에 비해 낮은 것이다. 센굽타(2011: 34)에 의하면 사용자 부담 1.30달러 중에서 1.03달러만 급여로 지출되었다.

## 4. 최근 동향과 시사점

### 1) 최근 동향

#### (1) 산재와 보상지출 동향

미국에서 산재 발생 건수나 재해율은 1980년대 이후 지속적으로 감소하는 추세다. 전일 근로자 환산 재해율은 2009년 현재 3.6%이다. 재해율을 조금 상세히 살펴보면 근로자가 단순히 근로를 할 수 없는 상태인 비율은 1980년대 이후 지속적으로 감소한 데 비해, 산재나 직업병으로 일자리를 바꾸거나 장해를 갖게 되는 비율은 90년대 후반까지 증가하다가 정체된 후 2000년대 중반 이후 감소하는 추세에 있다(Sengupta et al., 2011: 39). 사망 재해의 경우 1990년대 초반 감소하다가 2000년대 중반 약간 상승하는 추세를 보인 후 다시 감소하는 추세에 있다(Sengupta et al., 2011: 37).[27]

1980년대 중반 이후 산재보상지출에서 의료서비스에 대한 비중은 지속적으로 증가하는 추세인 반면, 현금급여의 비중은 감소하는 추세다. 또한 공제금액에 의한 지출이나 자가보험에 의한 지출 모두 90년대 초 급속히 그 비중이 증가하였고 2000년대 후반에는 정체하는 현상을 보이고 있다(Sengupta et al., 2011: 19).

---

27) 연구자들의 조사에 의하면 각 주의 산재보상 통계는 실제 재해 발생건수의 약 60% 정도만을 반영하고 있다. 연방의 노동통계는 이보다 더 축소 보고된다는 주장도 있다. 근로자가 산재급여를 신청하지 않는 이유도 보상이 있는지 몰라서, 신청절차가 까다로워서, 사용자의 보복이 두려워서 또는 민사상 손해배상을 신청하기 위해서 등으로 보고되었다(Sengupta et al., 2011: 40).

## (2) 보험제도상의 변화

### ① 재활서비스의 강화

최근 장애에 대한 새로운 시각, 즉 장애는 인간 경험의 자연적 및 정상적 과정의 일부로 파악되면서 장애인의 노동시장에 대한 접근을 지원하고자 하는 프로그램이 강화되고 있다. 즉, 장애인에 대한 여러 지원 프로그램을 조정하는 데 대한 관심이 커지고 있으며, 특히 그 관심에 대한 범위는 여러 현금급여를 어떻게 조정하는가에 대한 관심에서부터 얼마나 빨리 근로로 복귀시키는가에 대한 관심까지 걸쳐 있다(Clayton, 2004: 8).[28] 재활서비스 강화에 대한 다른 배경으로는 장해급여가 소득능력 상실에 의해 정해지는 주의 경우 근로자의 직장 복귀를 통해 비용을 낮추고자 하는 노력을 들수 있다(최영훈, 2009: 4 참조).

### ② 지출 증대에 따른 대응

1980년대와 1990년대 초에 재해보상 비용 증가에 대한 대책들이 나타났는데, 의료비용의 제한, 산재급여 대상(상당한 요인에서 주된 요인)의 보다 엄격한 적용, 보험요율제도의 개편, 보험사기에 대한 근절 노력 등을 통해 사용자의 비용을 감소시키고자 하였다(Clayton, 2004: 9; 최영훈, 2009: 3). 또한 일부 사용자들은 자가보험으로부터 벗어나 산재보상보험에 가입하거나 보험공제금액을 높임으로써 산재 관련 비용을 절감하고자 하였다(www. maine. gov/wcb/departments/mae/Highdeductiblepolicies. htm, 2012. 3. 20. 인출).

　주정부 차원의 다른 정책적 노력으로는 민영화를 들 수 있다. 2000년 전

---

28) 연금보험의 장해급여와의 병급 조정방식을 보면 2004년 현재 어떤 주에서는 산재보험의 급여로 인해 연금보험의 장해급여를 삭감하며, 다른 주에서는 장해급여로 인해 산재보험의 급여를 삭감하고 있다(Clayton, 2004: 8; Sengupta et al. , 2011: 44).

후로 웨스트버지니아주와 네바다주에서는 상호부조회사를 통하여 근로자 보상프로그램을 민영화시켰는데, 이는 채무에 비해 기금이 부족한 상황을 벗어나기 위한 노력으로 볼 수 있다(en. wikipedia. org/wiki/Workers%27_compensation# United_States, 2012. 3. 20. 인출).

## 2) 한국에 대한 시사점

### (1) 미국 제도의 단점

① 주정부 간 과도한 급여 차이

앞서 살펴본 바와 같이 연방의 개입 없이 주 법률에 따라 산재보험이 운영됨으로 인하여 급여 수준이나 기간의 차이가 상당히 크며, 산재라는 사회적 위험에 대한 보상의 형평성이나 적절성 등에서 문제가 되고 있다(Howard, 2007: 176).[29]

② 소송과 합의 그리고 과도한 관리운영비

미국에서는 보험급여 산정에 대한 이견이 많으며, 이로 인해 분쟁이 상당히 많이 존재한다. 주정부에서 급여에 대한 사항을 정함에도 불구하고 수급자격이나 급여 수준 등에 대한 불만이 많으며, 이에 따라 소송과 상호합의가 많이 발생하고 있다. 합의는 근로자의 입장에서는 일시금을 받음으로써 당장의 경제적 압박을 면하자는 취지에서, 사업주와 보험회사는 일시금을 통해 치료비를 포함한 급여를 감소하자는 취지에서 이루어지는데, 장기적으로는 근로자에게 불리하게 작용하여 향후 발생하는 치료비나 소득상

---

29) 하워드(2007: 157)는 연방정부가 산재보험을 직접 관장하지 못했기 때문에 주정부가 장해연금과 산업안전을 통해 간접적으로 산재보험을 관장하여 산재보상의 폐해를 개선하고자 하였다고 주장한다.

실이 생활상의 궁핍을 초래할 가능성이 크며, 변호사 선임 등을 통해 근로자 몫의 급여가 감소하는 것도 문제점으로 볼 수 있다.

이러한 소송과 합의에 의한 사회적 비용의 발생 이외에 높은 관리운영비로 인해 사회적 비용이 발생하고 있다. 센굽타(2011: 60)의 통계에 의하면 민간보험회사 직접 부담 비용 대비 관리운영비 비율은 주의 산재보상 관련 관리운영비를 제외하고 2005년 18.7%, 2006년 최고치인 19.9%였으며, 2009년 16.1%였는데, 이는 상당히 높은 수준이다.

## (2) 시사점

### ① 사용자 책임의 면책

한국의 경우 산재보험과 별도로 근로자 재해보험(근재보험)이 필요한 이유는 사업주의 책임 부분에 대한 소송이 가능하기 때문이다. 미국은 과실에 대하여 사업주의 책임을 묻지 않는 조건으로 산재보상을 지급하기 때문에 산재보험에 가입한 사업주는 근재보험에 대한 가입과 같은 별다른 조치를 필요로 하지 않는다.[30] 사업주의 과실에 대한 책임을 물을 수 있게 하는가는 산재보험의 주요 쟁점이 될 수 있는데, 한국의 경우 영국과 같이 사업주의 책임을 별도로 물을 수 있게 하여 산재보험체계에 대한 사업주의 불만이 제기되고 있다. 독일이나 미국과 같이 사용자 과실에 대한 책임을 산재보험으로 통합하고, 현재 지출되는 과실책임에 대한 비용은 급여지출로 포함시키는 것이 바람직할 수 있다.

---

30) 미국에서도 사업주가 산재보상 보험에 가입하지 않았을 경우 근로자는 사업주가 산재보험에 가입한 경우와 달리 '사용주 책임'에 근거한 보상을 요구할 수 있다(Sengupta et al., 2011: 5). 그러나 산재보험에 가입하지 않은 사업주가 사용자 책임을 위해 근재보험에 가입한다고 보기는 힘들다.

② 직업재활에 대한 강조

미국에서는 장해 후 근로소득을 기준으로 영구적 부분장해급여를 지급하는 경우가 많아 지출액을 줄이기 위해서라도 보험사는 직업재활에 관심이 많고, 사업주는 보험사가 제안한 장해근로자 고용이나 근로에 대한 사항을 수용하지 않으면 보험료가 증가하기 때문에, 그리고 근로자는 보험사가 제안한 직업재활서비스에 따르지 않을 경우 급여 삭감이나 지급 중지 등의 벌칙이 적용되기 때문에 직업재활서비스가 한국에 비해 활성화되어 있다. 한국에서도 이해 당사자들이 직업재활에 대한 관심을 가질 수 있도록 인센티브를 강화할 필요가 있다.

# ■ 참고문헌

## 국내 문헌

김장기(2009). 《국내외 산재보험제도의 비교연구: 한・미・일을 중심으로》. 근로복지공단 노동보험연구원.

박찬임(2002). 《산재보험제도의 국제비교연구》. 한국노동연구원.

박찬임・이정우・원종학(2003). 《주요국의 산재보험 적용징수체계》. 한국노동연구원.

윤조덕・윤순녕・김희결・김상호・박수경(2005). 《산재보험제도 발전방안에 대한 연구(재활・복지)》. 한국노동연구원.

이현주・정홍주・김창섭・이홍무・에자와 마사히코・김도훈(2003). 《주요국의 산재보험 급여체계 비교연구》. 한국노동연구원.

이현주・정홍주・이홍무・오창수・정호열・석승훈(2004). 《외국의 산재보험제도 연구: 선보장 후정산 제도를 중심으로》. 한국노동연구원.

최영훈(2009). "미국 산재보험의 제도 개편과 실천". 〈노동보험포럼〉, 2권 2호, 1~7.

## 해외 문헌

Clayton, A. (2004). Workers' compensation: A background for social security professionals. *Social Security Bulletin*, 65(4), 7~15.

Howard, C. (2007). *The Welfare State Nobody Knows Princeton*. Princeton University Press.

National Commission on State Workers' Compensation Laws(1972). The report of the National Commission on State Workmen's Compensation Laws Washington DC.

Sengupta, I., Reno, V., & Burton, J. F. (2011). *Workers' Compensation: Benefits, Coverage, and Costs*. Washington DC: National Academy of Social Insurance.

Social Security Administration(SSA & ISSA)(2010). *Social Security Programs Throughout the World: The Americas*. Washington: SSA.

Social Security Administration(SSA)(2011). *Annual Statistical Supplement to the Social Security Bulletin*. Washington: SSA.

Szymendera, S. (2011). Reviewing workers' compensation for federal employees. U. S. House of Representatives Committee on Education and the Workfare Subcommittee on Workfare Protection. http://edworkforce.house.gov/UploadedFiles/05.12.11_szymendera.pdf. 2012. 3. 20. 인출

# 10

# 가족수당제도*

## 1. 가족수당제도

### 1) 가족수당의 개념

오늘날 산업구조의 변화와 도시화의 진행으로 말미암아 가족이나 지역사회의 상호부조적인 관계망이 약화되었다. 그리고 이러한 변화와 함께 아동양육 의식도 변화함으로써 무자녀가정이 늘어나게 되고 출생률의 저하 현상도 나타났다. 전통적으로 아동양육은 가업을 전수하고, 부모의 노후생활을 책임지며, 장래의 노동력을 배양한다는 사회적 의미를 지니고 있다. 그러나 전통적인 자녀양육의 환경 변화와 의식의 변화는 아동양육을 전적으로 가정에게만 위임할 수 없는 상황을 초래하였다. 그리하여 20세기 초 복지국가의 중요한 요소 중의 하나로서 아동을 위한 정책을 도입하게 되었

---

* 이 글은 2012년 《주요국의 사회보장제도: 미국》(한국보건사회연구원, 2012)에서 필자가 작성한 "제1부 제4장 가족수당"을 그대로 유지한 것이다.

다. 그리고 이들 정책을 둘러싼 주요 쟁점 중의 하나는 아동에게 현금부조를 지급할 것인가, 아니면 가족 단위로 현금부조를 지급할 것인가 하는 문제였다.

각국에서는 가족이 그들의 아동을 위하여 적절한 원조를 제공해 줄 수 없을 때 가족의 기능을 강화하거나 보충하는 정책과 프로그램들에 대해 끊임없는 관심을 가져 왔다. 즉, 국가 및 사회는 가정의 지원 및 아동의 건전한 육성을 위하여 종합적인 대책으로서 가족복지정책을 추진해 나가는 것이 필요하게 되었다. 그러한 가족복지정책 중에서도 아동을 양육하는 가정에 대하여 국가가 양육비의 일부를 제공하는 대표적인 제도가 가족수당(아동수당) 제도이다. '가족수당'(family allowance) 이라는 용어는 국가마다 달리 사용되고 있으며, 아동의 생활보장을 구체화시키는 현금급여로서 '아동수당'(child allowance) 이라는 용어로도 통용되고 있다. 가족수당이 흔히 아동수당으로도 통용되는 것은 대부분의 국가에서 아동 수에 따라 수당이 지급되기 때문이다. 1952년 ILO(사회보장 최저 기준에 관한 협약: 제102호 조약)에서 아동수당은 아동을 양육하는 자에게 정기적으로 지급되는 현금급여, 현물급여, 또는 이 양자의 혼합을 의미한다고 하였다.

아동수당과 가족수당의 차이는 다음과 같다. 아동수당은 아동만을 대상으로 아동의 생활비를 충족시키기 위해 일정 기간 지급되는 현금을 가리키는 것이다. 가족수당은 그 대상을 부양이 필요한 가족으로 확대하고 또한 현금급여 이외의 현물이나 서비스 급여도 포함하는 통합적이고 포괄적인 사회보장제도로 볼 수 있다. 즉, 가족수당은 아동뿐만 아니라 요부양자와 가족법상의 관계에 따라 해당 요부양자를 부양해야 할 의무가 있는 자에게 보장이 필요한 사고에 대한 예방과 사후적 대책으로서 국가가 급여를 제공하는 사회보장제도의 하나라고 말할 수 있다. ILO의 가족수당에 관한 최초 문건인 1994년의 〈소득보장권고〉에서 언급되었던 가족수당은 원칙적으로 소득을 보장하기 위한 현금급여를 받을 수 있게 되어 있지만, 현금급여의 가족수당만이 아니라 학교급식 등의 현물급여도 권고하고 있다. 따라서 가족수당은 각각의 국가 사정에 따라 유연한 급여형태를 취하면서 아동 양육의 사회화에 기여했다.

일찍부터 가족수당을 도입한 프랑스 정부가 ILO에 제출한 1951년의 가족수당에 대한 견해를 보면 다음과 같다. 즉, 가족수당의 목적은 자녀에게 수당금 또는 현금급여를 주는 것보다 가족에 대해서 최저한도 이상의 생활 수준을 보장하는 것이어야 한다. 그러므로 급여는 자녀가 아니라 가족에 대해서 지급되어야 하고, 이것은 가족의 집단적 욕구를 반영하여 결정해야 한다. 이와 같이 프랑스에서는 사회보장 자체에 가족을 중시하는 관점이 강하게 내포되어 있다. 스웨덴 정부도 가족수당은 자녀가 있는 가정과 자녀가 없는 가정 간에 생활수준 차이를 줄이기 위한 급진적인 수단이라고 하였다. 이와 같이 스웨덴에서는 가족수당의 주요 목적인 자녀 간 생활상의 기회평등을 촉진하는 것이라고 하는 ILO의 지적처럼 무자녀세대와 유자녀세대의 생활수준 격차가 문제시되었다. 즉, 스웨덴에서 가족수당의 목적은 유자녀세대의 빈곤선 이하의 절대적 궁핍을 구제하는 것이 아니라, 무자녀세대와의 상대적 생활수준의 차이를 줄이는 것이었다. 동시에 스웨덴 정부는 아동복지를 위해서 부모들의 빈부 격차가 아동들의 성장에 영향을 미치지 못하게 하는 것이 중요하다고 생각했다.

가족수당제도는 각 국가의 사회적 배경에 따라서 독자적 특징을 형성해 나가면서 현재에 이르렀지만, 공통된 것은 동일한 경제사회적 상황에서 피부양가족인 아동이 있는 노동자세대는 무자녀세대와 비교해 볼 때 생활수준이 떨어진다는 사실이다. 가족 수는 각 사정에 따라서 다르지만 노동의 대가인 임금은 각 노동자세대의 가족 수와 부양의 내용과는 무관하게 직종이나 업무에 따라서 지급된다. 그 때문에 가족 수가 많으면 당연히 생계가 어려워지게 된다. 이처럼 임금수입과 가계지출의 차이를 메우기 위해서 유자녀세대에 주어지는 경제적 보조가 가족수당이다. 따라서 가족수당은 유자녀세대나 무자녀세대와 관계없이 사기업과 일부 공무원에서 임금보충 수단으로서 실시되는 가족급여가 아니다. 가족수당은 유자녀세대 모두에게 공평하고 광범위하게 실시하는 것이 합리적이고 또한 아동의 존재가 유자녀세대만의 사유물이 아니라 사회적 존재라는 인식을 바탕으로 하고 있기 때문에 사회보장의 하나로서 가족수당이 발전하게 되었다.

이와 같이 다자녀 빈곤세대의 빈곤예방정책으로 시작한 가족수당은 다자녀세대 자체가 적어지게 됨에 따라 유럽 국가들에서도 이 제도가 개혁되고 있다. 또한 세계 각국이 각기 다른 내용으로 가족수당을 실시하고 있으므로 가족수당을 한마디로 정의하는 것은 어려운 일이다. 하지만 이 장에서는 '가족수당'이라는 용어로 통일하여 사용하고자 한다. 왜냐하면 프랑스를 위시한 가족정책이 발달된 국가에서는 한부모를 위해서도 수당이 지급되고 있으므로, 사실상 아동만을 대상으로 한 정책이라기보다는 전체 가족을 위한 복지정책의 관점에서 '가족수당'이라는 용어를 사용하고 있기 때문이다. 또한 우리나라에서도 일부 공무원 계층이나 기업체에서 부가임금의 성격으로 현재 이 명칭을 사용하고 있다. 영국과 프랑스에서는 입법 시에 '가족수당'이라는 명칭을 사용하였고, 일본도 초기 가족수당 도입의 논의과정에서 이 명칭이 제안되었다.

가족수당은 사회수당 중에서도 일반 아동을 대상으로 자산조사(means test)를 요건으로 하지 않고 거의 정형적인 급여가 무갹출에 의해 행해지는 소득보장제도로서 그 위치를 차지하고 있다. 가족수당은 무갹출 비자산으로서, 첫째, 급여를 하나의 권리로서 제공받기 때문에 인간의 존엄성과 국민의 연대의식을 고양하며, 둘째, 기본 조사만 하므로 프로그램 운영비가 적게 들고, 셋째, 경제적 욕구가 더 많은 가족에게 더 많은 급여를 지불하므로 수직적·수평적 형평성이 높고, 넷째, 가족 해체의 유발 가능성이 적은 것을 장점으로 들 수 있다(박경일, 2008).

## 2) 사회보장제도상 가족수당의 위치

사회보장제도는 사회보험과 공적부조 그리고 사회복지서비스와 관련 공공정책으로 구성된다. 오자와(Ozawa)는 소득보장방법으로 사회보험, 공적부조, 데모그란트(Demogrant : 고용상태나 소득 수준과 관계없이 한 국가의 국민 전체 또는 어떤 집단에 속하는 사람들에게 정액의 급여를 제공하는 것)로 분류하고, 가족수당을 데모그란트로 분류하였다. 또한 각국의 사회보장제도를 분석하여 보면, 협의의 사회보장은 연금과 의료보험을 포함한 사회보험을 중심으로 사회보장, 공적부조, 사회복지서비스로 구성되어 있다. 개인적 돌봄(*personal care*)을 목표로 하는 사회복지서비스를 제외하면, 사회보장은 사회보험, 사회수당과 공적부조로 구성된다. 오늘날 선진국가에서는 가족수당이 사회보장의 보급 충실과 함께 사회보장 가운데 공적부조보다 더 높은 비중을 차지하고 있기도 한다.

그러나 한국의 수당제도(기초노령연금, 장애아동부양수당, 출산수당)는 사회보장체계 가운데 사회복지서비스나 공공부조에 포함되어 있다. 그리하여 사회보장제도 내의 사회수당으로서 가족수당의 위치는 아직 정립되지 않았다. 한국의 사회보장기본법에서는 '사회보험, 공공부조, 관련 복지제도의 합이 사회보장'으로 인식되고 있다. 일본에서 사회보장의 소득보장은 사회보험, 공적부조, 가족수당(아동수당)의 세 가지에 의해 구성되어 있다. 일본의 사회보장제도가 국제 수준에 도달한 것은 1971년 아동수당이 입법되고 난 이후로 본다.

가족수당은 '국고 또는 사용주 부담에 의해 공급되고, 일부 국가에서 소득제한은 있어도 대부분의 국가에서 자산조사 없이 무갹출에 의한 정형적인 소득보장급여'이다. 일부 학자들은 공적부조와 사회보험의 결함을 보충하는 중간 형태로서 '제3의 형'의 사회보장을 광의로 해석하여 '사회수당'이라고 하고, 사회수당의 대표적인 것으로서 가족수당을 들고 있다. 이러한 사회수당의 핵심인 가족수당은 보충성의 인식과 필요적응의 원칙 등이 없고 정형화된 급여라는 점에서 사회보험과 유사하다. 그러나 사고에 대한 보험원리를 사용하지 않는다는 점에서 사회보험과는 다르고, 그 비용이 조세(사회보험형은 사업주)에 의해서 부담되고 있다는 점에서 공적부조와 유사하다.

그런데 각국의 사회보장제도 가운데 가족수당제도는 고용의 중단, 노동 불능을 그 수급 요건으로 하지 않는다는 점에서 사회보험과 다르며, 소득제 한이 있는 경우에도 자산조사를 행하지 않는다는 점에서 공적부조와 다르고, 또한 욕구조사를 행하지 않는다는 점에서 사회복지서비스와 다르다. 더욱이 사회보장의 다양한 현금급여가 소득의 상실 또는 감소에 대한 소득보장적 기능을 갖고 있는 데 반하여, 가족수당은 소득의 지출 증대에 따른 소득보충적 기능을 갖는 현금급여로서 사회보장제도 가운데 독자적 영역을 구축하고 있다는 점에서 사회보험과 공적부조와 다르다. 일반적으로 ILO의 소득보장권고(1944)는, 다자녀세대의 생계원조를 목적으로 하는 경우는 현금급여가 타당하고, 아동의 건전 육성을 목적으로 하는 경우에는 현물급여가 타당하다고 서술하고 있다. 또한 가족수당을 사회보험과 공적부조의 중간 형태로 보는 견해나 '제3의 형'으로 보는 견해는 역사적 전개상에서 볼 때 급여와 재원부담의 방법에만 초점을 맞추고 있는 것이다.

일반적으로 생활을 저해하는 요인으로서 수입의 중단, 감소 등의 외적 요인과 가계부담 등의 지출 증대라는 내적 요인이 있다. 이들 중 육아나 가족의 돌봄이라는 생활저해의 내적 요인은 가계에 의해 어느 정도 해결이 가능하기 때문에 사적인 부분으로 인식되고 사회보장사고라고 인식되기는 어렵다. 그러나 다음 세대를 담당할 아동의 육성이나 차세대 구성원의 사고에 대한 대응은 충분히 사회성을 지니게 된다. 즉, 육아나 돌봄에 따라 과중한 가계의 부담이 방치되면, 가계의 부담은 생활위험이나 생활불능으로도 이어질 수 있다. 이 때문에 육아나 아동 돌봄이 사회보장사고로 취급될 수 있는 것이다. 그러므로 육아와 아동 돌봄이라는 요보장사고가 초래한 지출을 국가나 사용자가 정형적(평균 수준)으로 보충해야 한다는 논리가 성립되는 것이다. 요약하면 아동양육은 사회보장사고로 볼 수 있으므로 아동양육비의 일부를 보충하는 가족수당은 빈곤을 사전 예방하는 사회보장제도의 역할의 일부분을 담당할 수 있다.

한편 아동양육이나 돌봄에 의한 생활저해의 내적 요인은 다른 소득보장제도의 요보장사고와 차이가 있다. 가족수당의 보장사고를 생활위험(재해), 생활불능(폐질)의 보장사고와 구별하여 아동의 양육에 수반되는 생활부담(양육비의 지출)과 연결하는 것이 타당하다. 가족수당은 이와 같이 생활부담사고에 대하여 사회적으로 보장하는 제도로서의 역할을 담당한다. 오늘날 핵가족화의 진행하에서 부모는 자녀 부양에 대해 무책임한 경향을 볼 수 있다. 한편 부모의 자녀에 대한 사적 부양책임은 어떤 의미에서 강제성을 증가시키고 있다.

따라서 부양이라는 관점에서 가족수당을 파악하여 사회보장제도상의 위치를 분석할 필요가 있다. 사회보장제도를 부양의 측면에서 파악해 볼 때, 가족수당은 현금급여이므로 경제적 부양의 형태이며, 국가의 제도에 의한 지급이므로 공적 부양으로 볼 수 있다. 우리나라의 경우 장애인이나 노인의 부양에 대해서는 오늘날 선진국과 유사한 형태로 사적 부양에서부터 공적 부양으로 변해 가는 추세이다. 그런데 일반 아동에 대한 국가의 경제적 부양은 거의 없는 실정이므로, 우리나라는 아동에 대해서 사적 부양 우선의 정책을 전개하고 있다고 볼 수 있다.

## 3) 가족수당제도의 유형

### (1) 도입 시기

제2차 세계대전 후부터 가족수당제도를 채택한 국가가 증가해 2006년에는 92개국에 이르고 있다. 특히 역사적으로 볼 때 1926년 가족수당법을 제정한 뉴질랜드, 벨기에, 프랑스를 비롯하여 유럽권 국가들이 다른 나라들보다 일찍 공적인 가족수당제도를 실시하였다. 유럽에 한정되어 있던 가족수당제도는 제2차 세계대전 후부터 1960년까지 다른 유럽이나 남미의 국가들, 그리고 아프리카의 신흥독립국으로 보급·전개되었다. 1949년 이전까지 불과 11개국이었던 가족수당제도를 1949년까지 유럽대륙 국가에서만 15개 국가가 도입하였고, 특히 1940년부터 1949년까지 불과 10년 사이에 아프리카 대륙에서는 17개국이나 도입하였다.

### (2) 보편주의적 시스템과 고용 관련 시스템

일반적으로 가족수당은 조직상으로 두 가지 유형, 즉 보편주의 시스템과 고용 관련 시스템으로 나누어진다. 보편주의 시스템은 거주를 요건으로 하여 아동이 있는 모든 가정에 수당을 지급하는 것이다. 이 체제는 국가가 부담한다는 점에서 '서비스형' 또는 모든 아동에게 무차별 평등이라는 점에서 '국민형'이라고도 한다. 이 유형에 속하는 국가로는 북유럽 국가들, 영국, 캐나다, 뉴질랜드, 오스트레일리아 등이 있다. 이에 반해 고용 관련 시스템은 정해진 소수의 아동이 있는 임금생활자, 어떤 경우에는 자영업자에게 수당을 지급하는 것으로 대부분의 국가에서는 사회보험 수급자로서 피부양아동이 있다는 것만으로도 가족수당을 지급하고 있다. 이 체제는 대개 피용자의 아동만을 대상으로 한정하고 임금의 보충급여 행태로서 사용자 부담에 의해서 지급되므로 '수당형' 또는 '피용자형'이라고도 한다. 이 체제를 채용하고 있는 국가는 벨기에, 콜롬비아, 멕시코 등 23개 국으로 현재

94개국 중 4분의 1이 이 유형에 속한다.

　가족수당제도의 형태는 고용 관련 시스템이 지배적이며, 유럽의 경우 서부유럽은 보편주의 시스템 그리고 동부유럽은 고용 관련 시스템이 지배적이다. 그러나 이 두 가지 형태 중 하나를 채택한 국가에서도 사회부조제도나 특별제도를 병용하고 있다. 특히 가족수당의 재원 조달을 위한 갹출방식에서 일본을 비롯한 27개 국가는 정부와 고용주, 고용주와 피용자, 정부와 피용자의 2자 부담방식이나 정부, 고용주, 피용자의 3자 부담방식, 즉 보편주의 시스템과 고용 관련 시스템을 병행하는 혼합형 시스템으로 분류할 수 있다.

## (3) 적용 대상 아동별 유형

가족수당의 적용 대상별 유형은 첫째 자녀, 둘째 자녀, 셋째 자녀 등으로 구분하여 살펴볼 수 있다. 또한 아동 수에 따라 가족수당액을 증액하여 지급하고 있는가, 아니면 자녀 수에 관계없이 동일한 액수로 지급하는가, 즉 정책급여방식인가 누진급여방식인가로 구분할 수 있다.

　일반적으로 첫째 자녀부터 가족수당을 지급하는 국가가 대부분이며, 프랑스는 가족수당제도 도입 당시 둘째 자녀부터 지급하던 제도를 그대로 유지하고 있고, 키프로스는 넷째 자녀부터 지급하고 있다.

　한편 자녀 수에 따라 가족수당액의 지급방식과 국가별 유형은 다음과 같이 구분된다. 첫째, 적용 대상에게 일률적으로 정액급여방식을 취하는 국가와 아동 수에 따라 누진급여방식을 취하는 국가가 있다. 일률 정액급여방식을 취하는 국가는 제2차 세계대전 후 이 제도를 채택하였던 신흥 아프리카 국가들, 남미 국가들, 소수의 유럽 국가들이다. 둘째, 아동 수에 따라 누진급여방식을 채용하는 국가는 거의 모든 유럽 국가들로서 가족수당제도를 오래전부터 실시한 국가들이다.

## (4) 적용 대상 아동의 연령별 유형

가족수당의 수급자격은 첫째 자녀부터 지급하는 국가가 대부분이며, 이들 국가는 일반적으로 14세에서 18세 미만의 아동에게 가족수당을 지급하고 있다. 이 가운데에서도 16세 미만의 아동에게 가족수당을 지급하는 국가가 52개 국가로 전체의 3분의 2 정도를 차지하고 있고, 대부분의 유럽 국가와 일부 아프리카 국가들이 포함되고 있다.

한편 아동의 수급연령을 제한하는 국가(일본의 경우 9세까지)도 있다. 예를 들어, 일본의 경우 1972년 아동수당 도입 당시에는 5세 미만 셋째 자녀 이후부터 적용하였지만, 1985년 2세 미만 둘째 자녀 이후, 1991년 1세 미만 첫째 자녀 이후, 그리고 2004년에는 지급 대상 아동의 연령을 확대하여 첫째 자녀 이후 9세까지 지급하고 있다. 일반적으로 선진국은 공적인 의무교육 종료 시까지를 지급 제한연령으로 하고 있다. 그러나 학생이나 장애 아동의 경우 국가에 따라 수급연령을 20세에서 21세까지 연장하여 지급하기도 한다.

## (5) 적용 대상 아동의 재원조달형 유형

재원조달방법은 전액 국고부담방식을 채용하는 국가와 갹출방식을 취하는 국가로 구분할 수 있다. 그리고 갹출방식도 제도에 따라 상당한 차이를 보이고 있다. 전액 국고부담방식을 취하는 국가는 보편주의 시스템을 취하는 영국과 같이 국민서비스형 사회보장제도를 채용하고 있는 국가들이며, 또는 북유럽 국가, 사회주의국가 등이다. 그러나 고용 관련 시스템을 취하는 프랑스와 같이 사회보험방식을 취하는 국가의 갹출은 고용주의 부담이 중심이 되고 있다. 사회보험방식에서 정액의 보조금 또는 초과수당금에 대해서만 국고부담이 이루어지는 것이 일반적이다. 사회보험방식을 취할 경우 피용자의 고용 상태와 연계되어 있다는 점에서 고용주 부담이 일반적 현상이며, 자영업자인 경우 자영업자 본인이 갹출하는 경우도 있다.

이처럼 각국의 가족수당정책은 급여를 포함하여 그 구조와 내용이 일률적이지 않다. 그리고 이 구조도 가족수당제도의 사회적 필요성에 따라, 또는 사회경제적 제반 조건에 따라 다르게 규정되고 있다. 그러나 오늘날 가족수당정책은 모든 아동을 포함한 가족의 인간다운 생존권의 보장을 전제로 하여 비교적 완화된 지급 요건과 함께, 가능한 한 최저생활비 보장에 입각한 급여를 지급하는 방식으로 유형화되고 있다. 또한 그 방향도 가족복지정책과의 통합적 관점에서 가족수당과 기타 사회보장 관련급여와의 상호 조정과 연계되는 방향으로 나아가고 있다.

## 2. 아동수당제도

### 1) 아동수당제도의 개념

아동수당제도는 학자에 따라 또는 국가에 따라 상이한 용어를 사용하고 있기 때문에 통일된 개념적 정의를 찾기가 어렵다. 이는 그 나라의 경제적, 사회문화적 여건과 사회복지에 대한 해결방법과 주체에 대한 인식의 차이가 다양한 모습을 보이기 때문이다. 대부분의 국가에서는 아동 수에 따라 수당이 지급되기 때문에 아동수당이라고 부르며, 일부 국가에서는 가족에게 지급되므로 가족수당이라고 부른다. 일반적으로 아동의 생활보장을 구체화시키는 현금급여로서 아동수당이라는 용어로 통용되고 있다.

아동수당(*child allowance*)이라는 용어는 1952년 ILO 협약 제 102호에 따라 아동을 양육하고 있는 자에게 정기적으로 지급되는 현금급여, 현물급여, 또는 이 양자의 혼합을 의미한다. 역사적으로는 아동수당은 19세기 말 유럽에서 자녀를 많이 두어 같은 임금을 받는 근로자에 비해 더 많은 생계비를 필요로 하는 근로자의 아동양육비를 정부가 지원하는 노동계의 캠페인에서 시작되었다. 이러한 관념이 확대되어 1920년대와 1930년대에 현실화되기 시작했는데, 현재의 아동수당제도는 대부분 제2차 세계대전 이후에 만들어진 것이다.

아동수당제도가 각국에서 출현한 배경을 보면, 초기에는 저임금 보조라는 성격이 강했으며, 아동수당제도를 도입한 정부의 의도가 임금정책, 즉 인플레이션 억제와 밀접한 연관을 가지고 있었다. 그러나 아동수당을 임금보조가 아니라 사회문제의 해결이라는 사회정책적 시각에서 국가에 의해 지급되는 서비스 또는 소득보장으로 파악할 수 있다. 임금을 둘러싼 노동과 자본의 대립구도 속에서 바라보는 관점만으로는 사회보장 일반에 대한 이해뿐만 아니라 아동수당제도에 대해서도 정확하게 파악할 수 없게 된다. 오히려 개별기업의 차원을 뛰어넘어 국가에 의한 노동력의 재생산 보장, 나아가 사회문제에 대한 해결책의 의미로 파악하는 것이 사실에 가까울 뿐아니라 문제해결 지향적인 태도에 부합하는 것이다.

아동수당은 1926년 뉴질랜드에서 최초로 도입되었고 현재 90여 개 국가에서 실시되고 있다. 프랑스는 1932년, 영국은 1945년, 일본은 1971년 아동수당제도를 도입하였다. 아동수당은 크게 볼 때 두 가지 유형이 있다. 하나는 보편주의제도(Universal Scheme)로서 원칙적으로 자녀를 둔 전체 국민들에게 지급된다. 이러한 제도는 일반적으로 선진산업국가에서 채택하고 있으며, 벨기에, 캐나다, 덴마크, 프랑스, 독일, 영국, 이스라엘, 네덜란드, 소련 등이 이에 해당된다. 다른 하나는 고용 관련 제도(Occupational Scheme)로서 임금근로자(자영자)를 대상으로 한다. 이러한 제도는 일반적으로 개발도상국가에서 채택하고 있으며, 카메룬, 콜롬비아, 코스타리카, 코트디부아르, 폴란드, 스페인 등이 이에 해당된다. 근로자가 퇴직, 실업, 질병, 산재, 장애 등의 이유로 자녀를 부양할 수 없을 때 지급하는 것이 보통이다. 보험료는 대개 고용주만이 부담하는데, 임금총액의 일정률로 정해진다. 그 비용의 일부를 정부가 지원하는 국가도 있다. 그런데 후자는 법정급여가 아니라 기업이 자체적으로 운영하는 근로자 복지프로그램의 하나이기 때문에 일반적으로 아동수당이라 하면 전자만을 지칭한다.

　아동수당제도는 아동을 양육하고 있다는 사실을 조건으로 하여 자산조사나 욕구의 확인을 실시하지 않고 보호자에 대해 평등하게 양육비의 일부를 지원하고 가족의 생활수준 유지를 도모하는 제도이다. 아동수당의 수혜대상은 어디까지나 자녀이지만, 자녀는 미성년자이므로 자녀를 키우는 부모에게 수당이 지급된다. 따라서 아동수당은 자녀를 양육하는 부모의 노동에 대한 보호가 아니라 자녀인 아동에 대한 공적인 보장인 것이다. 아동수당은 자녀의 부양에 착목하여 양육비 부담의 경감을 위해 현금을 지급하는 정기적인 사회보장급여이다. 아동수당은 공공부조와 사회보험의 중간 행태로 무갹출에 의한 정형적 소득급여의 형태인 사회수당의 일종이다. 따라서 아동수당의 재원은 조세 또는 사업주 부담으로 조달되게 된다.

　아동수당제도는 보편성, 국가책임의 강화, 아동복지권의 실현, 수요자의 선택성, 사회적 연대감의 조성이 확보될 수 있는 기본 이념을 내포하고 있다. 아동수당제도는 자녀가 있으면 누구나 대상이 될 수 있는 보편적인 제도이다. 따라서 평등성을 기반으로 하여 자녀가 있는 경우이면 누구나 수당을 받는 제도를 지향해야 한다. 즉, 아동복지권의 실현을 기본 이념으로 한다. 아동수당제도는 많은 재원이 소용되는 복지제도라는 점에서 추진 주체에 부담이 되고 있다. 따라서 사회 제 관련 주체들 간의 사회적 연대를 통해 아동수당비용을 확보하면 재정을 안정적으로 확보하고 지속적인 수당 제공 체제를 확립할 수 있다(이재완·최영선, 2006).

## 2) 아동수당제도의 관점

아동수당제도는 각 국가의 수당제도가 성립될 때 그 목적과 의도한 바에 따라 차이가 있다. 아동수당에 관한 관점으로는 임금정책적 관점, 인구정책적 관점, 아동복지적 관점, 사회보장적 관점이 있다.

### (1) 임금정책적 관점

임금에는 노동력의 공급 측면에서 파악할 경우 노동력의 재생산비로서 성립하는 '생활임금의 원칙'과 수요 측면에서 파악할 경우 노동의 대가로서 성립하는 '동일노동 동일임금의 원칙'의 두 가지가 성립한다. '생활임금의 원칙'에서 임금은 노동력 가격이며 수급관계에 의한 단기적인 변동은 있지만 장기적으로는 노동력의 재생산비 등으로 이해되고 있다. 노동력의 재생산비를 구성하는 것은 일정한 숙련과 지식을 획득함에 필요한 육성비 등이다. 이러한 생활임금의 원칙이 관철됨에 의해서 비로소 노동력의 공급은 순조로이 행해질 수 있고 산업의 정상발전이 가능하게 된다. 그러나 생활임금의 원칙은 국민경제 전체 혹은 동일산업에서 평균적으로 성립하는 것이기 때문에 개개 노동자의 개별적인 임금결정의 원칙은 결코 아니다. 이러한 원칙에서 볼 때, 아동수당은 노동력 재생산비의 구성요소인 자녀의 재생산비로서 노동자가 임금의 일부로서 당연히 지급받아야 하는 것으로 본다.

이에 반해 '동일노동 동일임금의 원칙'은 동일한 노동에 대해서 동일한 임금이 지불되는 것을 말한다. 역으로 다른 노동에 대해서는 임금의 차이가 있어야만 한다는 것이다. 이 원칙에 의해서 개별적인 자금 배분이 행해진다면 가족이 많은 노동자뿐만 아니라 평균적인 가족 규모의 노동자에게도 빈곤화가 이루어질 수밖에 없다. 개개 노동자의 임금과 다자녀 가족 욕구 간의 괴리를 조정하기 위해서는 임금원칙을 별도의 차원에서 정할 수밖에 없다. 따라서 아동수당을 임금론의 관점에서 접근한다면 개별임금을 가족임금으로 전환하기 위한 수단으로서 아동수당이 필요하게 된다.

## (2) 인구정책적 관점

21세기 구미 각국에서는 급속하게 자녀의 출생률이 감소하였다. 특히 노동자 가족의 경우 경제적으로 부담이 되어 자녀 수가 감소되었다. 또한 가족의 형태가 핵가족으로 변화하면서 임금의 저하 경향과 아울러 부모의 생활이 불안해지고, 자녀들도 생활이 비참해지기 때문에 스스로의 노후 부양을 자녀에게 기대할 수 없게 되었다. 그러한 여러 가지의 사정을 전제로 산아제한이나 가족계획의 수단이 보급되자 출생률은 급속하게 감소했다. 한편으로는 사망률도 감소함으로써 인구구조가 '다산다사형'(多産多死形)에서 '소산소사형'(少産少死形)으로 변해 갔다. 따라서 태어난 자녀가 마침내 성인이 되었을 때, 이전보다 더 많은 노령인구의 생활을 부담하지 않을 수 없게 되었다. 그리하여 취업구조의 노령화가 나타나게 되고, 그것은 산업사회 국가에 있어 미래의 노동력 부족, 민족의 위기로 인식되게 되었다.

인구정책적 관점에서 볼 때, 저출산율로 인한 절대 인구의 감소는 1인당 자원소비량의 증가보다도 신규노동력의 공급부족, 노동력의 여성화, 노령화에 따라 생산성의 저하 등으로 오히려 경제성장을 둔화시킬 것이며, 늘어나는 노인인구에 대한 사회적 부양부담의 증가와 경제·사회 발전의 저해 요인으로 작용할 우려가 있다. 이러한 관점에서 프랑스와 영국에서 아동수당제도를 도입하게 된 것이다.

## (3) 아동복지적 관점

아동복지적 관점은 아동의 권리를 확립하고 아동의 복지를 적극적으로 향상시키는 관점에 기초해서 이것을 경제적으로 보장한다는 관점이다. 원래 아동의 부양의무는 부모에게 있지만, 아동의 노동 금지 등 사회와 경제의 복잡화에 따라 부모의 부양의무를 각종 수단으로 원조하는 사회적 책임이 요구되었다. 그리하여 아동수당은 아동복지의 기본 이념에 입각하여 아동의 생계비를 보조하고 보호육성을 사회적으로 보장하는 제도로 위치 지워져 부모의 부양의무와 조정할 필요가 생기게 되었던 것이다. 이러한 아동복지의 관점에서는 모든 아동을 평등하게 취급한다는 평등주의의 원칙이 당연히 요청되고, 아울러 아동의 권리나 이익은 직접 그 아동에게 주어져야 하는 것이다.

오늘날 선진국에서는 모든 아동의 생활권을 존중한다는 차원에서 소득보장이라는 형태로 아동수당을 파악하고 있다. 아동복지는 아동의 권리 측면에서 최소한의 인간적인 삶을 영위할 수 있는 생활 수준을 포괄하는 것이다. 즉, 아동권리의 차원에서 아동이 누려야 할 기본적인 생활조건에 대한 검토와 지금까지의 요보호아동 중심의 정책에서 탈피하여 전체 아동을 대상으로 하는 보편적인 서비스의 제공에 관점을 두는 것으로 아동의 권리를 확립하고 아동의 복지를 적극적으로 향상시켜야 한다. 이러한 관점에서 보편적인 아동수당제도를 도입하는 것이 필요하게 되었다.

## (4) 사회보장적 관점

아동수당을 사회문제의 사회적 해결이라는 사회보장정책의 시각에서 국가에 의해 지급되는 소득보장급여로서 파악할 수 있다. 이 관점은 다자녀는 빈곤의 원인이므로 가족 수와 소득과의 불균형은 부양가족의 생활비를 보장하는 아동수당에 의해 해결될 수 있다는 것이다. 베버리지(Beveridge)는 '사회보험 및 연관 서비스' 보고서에서 사회보장의 성공을 위해 반드시 필요한 전제조건으로 아동수당, 보편주의 보건서비스 및 재활서비스, 완전고용 등 세 가지를 제시하였다.

베버리지는 아동수당이 필요한 이유로 다음의 세 가지를 제시하였다. 첫째, 일을 하여 소득이 있을 때 소득보장을 충분히 해주지 않고 실업자나 장애인이 되어야 소득을 보장해 주는 것은 불합리하다. 사회보험은 국민최저생활보장을 하기 위한 정책의 한 부분이다. 그러나 모든 가족을 위한 국민최저생활은 실제로 임금체계만으로는 보장되지 않는다. 임금체계에 기초한 사회보험은 가족의 크기와는 무관하다. 빈곤은 부양해야만 하는 가족의 수가 많은 것과 직접적인 관계가 있다.

둘째, 실업자와 장애인에게 주는 급여가 근로소득과 같아지는 것은 위험하다. 아동수당이 없다면, 근로소득과 사회보장급여가 비슷해지는 위험을 피할 수 없다. 완전고용을 노동력의 자유로운 이동이 전제되어야만 달성될 수 있는데, 근로소득과 사회보장급여 간의 차이가 커질수록 노동력의 자유로운 이동을 보장할 수 없다. 실업급여와 장애급여의 수준을 불충분하게 만들거나, 아니면 소득이 있을 때나 소득이 없을 때나 동일한 수준의 아동수당을 제공해야만 한다.

셋째, 국가의 적정 인구 규모의 유지를 위해서도 아동수당이 필요하다. 즉, 출생률을 높이기 위해서도 필요하다는 것이다. 아동수당은 가족의 아동양육비를 보존해 주어 자녀 출산을 장려한다. 아동수당은 부모의 자녀양육 책임을 도와준다는 점에서 정당화될 수 있는 것이다. 즉, 아동수당은 같은 소득을 갖고 있다 하더라도 부양자녀 수가 많아 생계비 지출이 많고 그로 인해 최저생계비에 미달하는 빈민근로자가 되는 것을 방지하기 위한 보편주의제도인 것이다.

## 3) 세계의 아동수당제도

세계 주요 국가의 아동수당제도는 복지국가의 이념과 체계에 따라 다양한 형태로 운영되고 있으며, 한국, 미국, 터키를 제외한 대다수 OECD 국가에서 아동수당제도를 실시하고 있다. 스웨덴과 영국은 모든 국민에게 동일한 아동수당을 지급하는 보편주의체계로서 국가 부담의 재정으로 운영하고 있고, 독일은 보편주의체계를 기초로 저소득 가정에 대해 자산조사에 기초를 둔 아동수당을 지급하는 사회부조체계를 혼합한 형태로서 국가 부담으로 운영한다. 프랑스는 보편주의체계이면서 출생수당, 기초수당, 자녀질병수당, 한부모수당 등 자산조사를 통한 다양한 목적과 형태의 수당을 지급하며, 고용주와 국가가 재정을 부담하는 형태이다. 이탈리아는 고용과 연계된 아동수당체계로서 자산조사가 실시되며, 재정은 고용주와 국가가 부담한다. 일본도 고용과 연계된 아동수당체계이면서 사회부조체계가 혼합되어 있다.

## 3. 미국의 가족수당제도

미국에는 연방정부나 지방정부 차원에서 가족수당이나 아동수당이 존재하지 않는다. 따라서 여기서는 미국의 피부양 아동을 양육하고 있는 빈곤가정에 대한 소득 지원 프로그램의 내용을 살펴보고자 한다.

### 1) 빈곤가족한시지원(TANF)

이 프로그램의 목적은 수급자격 요건을 갖춘 가정에 한정된 기간 동안의 지원을 통하여 복지에 대한 의존상태를 종식하고 자활이 가능하도록 하며 혼외 임신 및 출산을 감소시키고 양부모 가족을 유지해 나가도록 돕는 것이다. 따라서 빈곤가족한시지원(TANF)에 의거하여, 미취업상태의 근로가능한 성인은 급여 개시 2개월 후부터 지역사회 공공근로에 참여해야 하며 2년이 지나면 반드시 취업을 해야 하고, 수급기간이 일생에 통산 5년을 초과할 수 없도록 제한하고 있다. 모든 주(state)는 2002년까지 복지수혜자의 50%를 일하게 하거나 복지로부터 탈피할 수 있도록 요구되었다. 이러한 목표를 달성하기 위해 주정부들은 2005년까지 해당 주의 복지수혜자 수를 어느 수준까지 감소시킬 것인지를 정하고 이를 수치화된 연간 목표량으로 제시해야 하였다.

TANF의 수급자격 요건은 AFDC(Aid to Family with Dependent Children)의 조건과 같다고 볼 수 있다. 즉, 부모의 사망, 가출, 정신적 또는 신체적 무능력, 실업 등에 의하여 부모로부터 부양받지 못하는 18세 미만의 아동이 있는 가정 중 법정공제액을 제외한 소득이 주에서 정한 표준생계비(standard need)의 85% 이하여야 하며, 재산액이 1,500달러 이하여야 한다. 수혜자들은 주당 20∼35시간을 노동해야 하는데, 한부모의 경우 첫 해 동안은 주당 20시간을 그리고 2000년까지는 30시간을 노동해야 하며, 부부의 경우는 주당 35시간을 노동해야 한다. 다만 6세 미만의 피부양아동이 있으면서 적절한 아동양육서비스를 찾지 못하거나, 1세 미만의 피부양아동을 가진 한부모의 경우에는 예외가 적용된다. 미혼모 청소년들의 경우 부모와 함께 거주하거나 또는 성인의 감독이 가능한 주거환경에서 생활하는 경우에 한하여 TANF 프로그램의 수급자격이 주어지도록 규정하고 있다(오정수 외, 2007).

## 2) 식품구입권(Food Stamp)

소득과 자산을 기준으로 저소득 가정에 대해서 식품교환권을 지급함으로써 저소득 가정으로 하여금 생활에 필요한 식품을 구입할 수 있게 하는 제도이다.

## 3) 모자보충영양프로그램(WIC)

저소득층 임산부, 출산 직후의 여성, 영유아 및 5세 이하의 아동들을 대상으로 식품, 영양, 상담 및 의료지원을 목적으로 하는 공공부조 프로그램이다.

## 4) 학교 급식 프로그램(School Breakfast and Lunch Program)

학교 급식 프로그램은 TANF 수급가정의 아동, 식품교환권의 혜택을 받고 있는 가정의 아동, 저소득층 아동에게 학교에서 저렴한 비용 혹은 무료로 아침과 점심 급식을 제공함과 동시에 국내 농산물 소비를 촉진하기 위한 목적을 가진 공공부조 프로그램이다.

## 5) 공공임대주택(Public Housing Program)

저소득층(노인, 장애인 및 인디언을 포함)을 위한 공공임대주택을 건설하여 저소득층에게 주택을 보급하는 프로그램이다.

## 6) 섹션 8 프로그램(Section 8 Program)

연방정부가 극빈층을 대상으로 주택임대 증서(*rental voucher*) 또는 주택임대 권리증(*certificate*)을 지급함으로써, 저소득가정, 노인 및 장애인의 주택임대를 보조하는 프로그램이다.

## 7) 저소득가정 에너지 지원(LIHEAP)

1970년대의 연료비 급등 이후에 연방정부가 저소득가정의 에너지 비용 및 에너지 절약을 목적으로 주택을 보수하는 데 드는 비용을 보조한다.

## 8) 메디케이드(Medicaid)

저소득층에게 의료 및 보건서비스를 제공하기 위해 만들어진 제도이다.

## 9) 일반부조(General Assistance)

연방정부의 재정지원하에 운영되는 공공부조 프로그램의 혜택을 받을 자격이 없거나, 또는 혜택을 받고는 있지만 그것만으로는 기본적인 욕구를 충족시키기에 부족하여 별도의 지원을 필요로 하는 저소득 개인 혹은 가구를 지원하기 위해서 주정부 또는 지방자치단체가 독립적으로 운영하는 제도이다.

## 10) 근로장려세제(EITC)

EITC는 단순히 소득세 체계를 통해서 세금을 거두는 것이 아니라, 일을 하면서도 소득 수준이 낮아 어려운 생활에서 벗어나기 힘든 계층을 지원하기 위한 복지적 성격의 조세제도이다. 피부양 아동이 있는 저소득층의 세금 부담을 덜어 주고 더 나아가 근로소득이 일정 수준 이하인 근로빈곤층 가구에 대해 현금급여를 제공하는 제도이다. 저소득가정이 내야 할 세금보다 공제돼야 할 금액이 많은 경우 단순히 세금을 면제하는 데 그치지 않고 차액만큼 현금으로 지급하는 제도이다.

## 11) 보육 프로그램(Day Care Program)

빈곤한 가정의 아동들은 그들의 부모에게만 양육을 맡기면 학교에서 성공하거나 노동시장에서 취업하기 위해 필요한 특성들을 얻지 못하기 때문에, 이러한 불리한 환경에 처한 아동들을 위한 보상적 프로그램이 가정 밖에서 이루어질 필요가 있다. 이러한 배경에서 나온 프로그램이 보육 프로그램(Day Care Program 또는 Child Care Program)과 헤드스타트(Head Start)이다. 이러한 프로그램을 통하여 정부가 빈곤층의 아동양육을 도움으로써 빈곤층 여성들의 취업이 용이하도록 지원하고 있는 것이다. 빈곤가정의 아동을 위한 보육 프로그램은 정부의 지원에 의하여 빈곤가정의 부모들에게서는 적절히 받을 수 없는 교육, 사회화 그리고 정서적 안정을 위한 양육방법들을 제공하고 있다.

## 12) 헤드스타트(Head Start)

이 프로그램은 빈곤층 자녀들의 인적 능력을 개발하는 데 주로 초점을 맞추어, 이들이 정규 학교교육을 받을 시점에서 일반 아동들에 비해 뒤떨어지지 않게 학교 준비(*school readiness*)를 시키는 데 주된 목적이 있다. 이 프로그램의 특징 중 하나는 이 프로그램에 참여하는 아동의 부모를 이 프로그램의 보조교사로 참여시켜 취업을 시키고, 부모로 하여금 아동 교육에 대한 관심을 높이고 또한 아동 양육방법에 관한 상담도 제공하고 있다.

## 13) 시사점

피부양아동을 가진 빈곤가정에 대한 미국의 소득지원 프로그램의 특징은 다음과 같다. 첫째, 보편적 프로그램인 가족수당이나 아동수당이 없다. 아무런 낙인 없이 제공하는 보편적 프로그램은 아동수당이 빈곤층의 복지의존을 강화시킨다고 보고 있기 때문에, 미국은 선진 산업국가 중에서 유일하게 현재까지 보편적인 가족수당이나 아동수당제도를 도입하지 않고 있다.

둘째, 아동양육과 관련된 조세 관련 프로그램인 EITC가 발달하였다. EITC는 개인주의와 자유주의적 시장논리를 복지와 연결시키고자 하는 미국 복지정책의 이념적 지향을 가장 잘 반영하는 것으로 노동의욕 고취와 깊은 관계가 있다.

셋째, 현물지원이 많다. 이는 미국의 산업 구조적 특징과 빈곤층에 대한 불신이 결합되어 나타난 형태이다. 이는 현물을 지급하여 과잉 생산물의 소비를 촉진하면서 동시에 빈곤층이 현금을 생활비 이외의 다른 용도로 전용하는 것을 막기 위한 하나의 방편인 것이다. 이러한 특징은 피부양아동을 가진 빈곤여성 가구주에 대한 소득지원에도 그대로 적용되고 있다.

넷째, 빈곤여성 가구주들에 대한 정책은 모성보호가 약화된 기회보장형 빈곤정책이다. 1990년대 중반까지 피부양아동이 있는 여성가구주에 대한 정책은 남성빈곤자와 동일하게 교육과 훈련을 조건으로 생계비를 지원하는 형태였다. 이는 공공부조를 받는 여성가구주들에 대한 불신으로 이들의 근로의욕을 고취시키려는 과정에서 진행된 정책일 뿐이고, 양성평등과는 상관없이 빈곤여성의 모성을 거의 무시하는 형태로 진행되었다. 그 결과 빈곤여성 가구주들에게 남은 것은 노동능력이 있는 남성빈곤층과 동일한 교육과 훈련 그리고 의무적인 노동이었다. 아울러 1996년 이후에 모성보호와 관련된 소득지원이 더욱 악화되면서, 기회보장형 빈곤정책에 노동유인이 더욱 강화된 형태로 미국의 피부양아동을 가진 빈곤가정에 대한 소득지원 정책이 진행되고 있다.

결론적으로, 미국과 마찬가지로 우리나라에서도 아직까지 가족수당제도나 아동수당제도를 도입하지 않고 있다. 근로자의 급여에서 가족수당의 명목으로 지급되는 것은 근로자의 임금의 일부로 보아야지 엄밀한 의미의 보편적인 프로그램인 가족수당제도나 아동수당제도라고 보기 어렵다. 물론 미국과 유사하게 우리나라에서도 국민기초생활보장제도를 통하여 빈곤가정의 아동과 가족에 대한 경제적 지원을 하고 있다. 또한 최근에는 우리나라에서도 미국과 유사한 EITC를 도입하여 시행해 오고 있다. 그러나 우리나라에서도 장기적으로는 보편적인 프로그램으로서 아동의 양육을 국가가 지원하는 아동수당제도를 도입하는 것이 바람직할 것이다.

## ■ 참고문헌

국내 문헌

박경일(2008). 《가족수당정책론》. 양서원.

오정수·이혜원·정익중(2007). 《세계의 아동복지서비스》. 나눔의 집.

이재완·최영선(2006). 《세계의 아동수당제도》. 양서원.

# 11

# 공공부조제도

## 1. 머리말

### 1) 특성 및 발전과정

공공부조(*public assistance*)는 스스로의 힘으로 생활을 유지하기 어려운 사람에게 기본적인 인간다운 생활을 영위할 수 있도록 국가가 지원하는 제도를 말한다. 사회보장의 한 유형으로서 공공부조제도는 두 가지 핵심적인 특징을 가진다. 하나는 소득과 재산을 조사하여 일정한 기준 아래의 저소득층에게만 급여를 제공한다는 것이고, 다른 하나는 급여에 필요한 재정을 국가의 일반예산(조세)으로부터 충당한다는 것이다. 특히 수급자격 판단을 위해 소득·재산조사를 거친다는 점이 공공부조제도를 규정하는 결정적인 특성인데, 바로 이 때문에 미국에서는 공공부조를 흔히 자산조사제도(*means-tested programs*)라고 부른다.

공공부조는 사회보장제도의 여러 유형 중에서 가장 오래된 제도이다. 미국에서도 마찬가지로, 그 역사를 거슬러 올라가면 멀리 식민지시대부터

존재했던 공공구호(*public relief*) 사업에까지 이른다. 중앙정부의 통제력이
미약했던 이 시기부터 국가의 역할과 기능이 매우 중요해진 오늘날에 이르
기까지 미국의 공공부조제도는 면면히 이어져 내려오는 기본 가치에 근거
해 있다. 간단히 말하자면 개인의 책임과 자립을 강조한다는 것이다. 이는
보다 근본적으로 빈곤문제의 책임이 사회구조보다는 주로 개인에게 있고
평등이나 사회적 연대보다는 자유와 경쟁을 중시하는 미국 주류사회의 가
치관을 반영하고 있다.

　개인의 자립을 강조하는 미국 공공부조제도의 특성은 구체적으로 두 가
지로 발현된다. 하나는 국가, 특히 연방정부의 개입을 가급적 억제하고 부
득이한 경우에는 민간이나 지방정부의 역할을 강조하는 것이다. 건국 초부
터 20세기에 이를 때까지 구빈사업은 주로 민간 및 종교기관의 자선활동에
의존해 왔으며, 공공의 역할은 극히 제한적이었다. 카운티(*county*) 단위에
서 산발적으로 시행된 공공구호사업은 자격조건 및 급여 내용, 재정 조달
에 이르기까지 운영 전반을 지방자치단체가 관할하였다. 20세기 초반 민
간자선이 위축되면서 공공부조사업이 점차 증가하고 운영책임도 카운티
범위를 넘어서 주정부에까지 확대되었다. 대공황으로 인해 주정부의 재정
이 어려움을 겪자 1935년 〈사회보장법〉 제정을 계기로 연방정부도 공공
부조사업에 관여하게 되었다(Ziliak, 2016). 하지만 이때에도 연방정부의
역할은 일반적인 지침을 제시하고 주로 재정적인 지원을 하는 데 그칠 뿐
공공부조사업의 집행은 여전히 주정부의 관할에 속했다.

　이렇게 국가의 적극적인 역할과 책임이 방기되는 동안 빈곤과 불평등, 그
리고 이로 인한 사회적 갈등은 점점 더 심각해졌다. 마침내 1960년대에 이르
러서는 빈곤문제가 미국 사회에서 가장 시급히 해결되어야 할 국민적 관심
사가 되고 이를 해결하기 위한 국가의 노력을 촉구하는 목소리가 커졌다. 이
에 따라 존슨(L. B. Johnson) 대통령은 1964년 1월 의회에 보낸 연두교서에
서 '빈곤과의 전쟁'(War on Poverty)과 '위대한 사회'(Great Society) 건설을

선포하였다(Haveman et al., 2015: 594). 미국에서 국가 주도의 공공부조가 본격적으로 시작된 것은 사실상 이때부터라고 볼 수 있다. 연방정부가 전면에 나서서 각종 공공부조제도를 도입·확대하였고, 이에 따라 정부의 공공부조지출액도 크게 증가하였다.

이후 50여 년간 공공부조제도에는 많은 변화가 있었다. 구체적인 제도 내용의 변화에 대해서는 뒤에 언급하기로 하고 우선 지출액을 중심으로 공공부조제도의 변화를 개괄해 보자. 〈그림 11-1〉과 〈그림 11-2〉는 1970~2010년 사이 공공부조 전체 지출액과 주요 프로그램별 지출액의 변화 추이를 보여 준다. 전체적으로 보면 이 기간 동안 공공부조지출액은 실질가치로 3배 이상 증가하였다. 그러나 시기별로, 그리고 프로그램별로 나누어 보면 지출액의 변화 양상이 상당히 다르게 나타난다.

공공부조지출의 변화는 대략 4~5개의 시기로 나누어 설명할 수 있다 (Haveman et. al., 2015; Moffitt, 2016). 먼저 ① 1960~1970년대 중반까지 빈곤과의 전쟁 초기에는 공공부조제도가 대폭 확충되고 지출액도 크게 증가하였다. 부양아동가족지원(Aid to Families with Dependent Children: AFDC)과 식품구입권(Food Stamp), 보충소득보장(Supplemental Security Income: SSI) 등 주요 제도들이 이 시기에 도입되거나 전국적으로 확대되었다. 이 같은 직접적인 소득보장 외에도 의료, 교육, 주거, 인적 자본 및 지역사회 개발 등 다양한 부문의 빈곤정책들이 등장하였다.

이어지는 ② 1970년대 중반~1980년대 후반에는 전반적으로 공공부조지출이 정체를 보였다. 이 시기는 경제가 침체하면서 정부의 재정부담이 증가하고 인구·사회구조 및 가치관의 변화에 따라 공공부조에 대한 비판이 제기된 때이다. 이 시기에 EITC가 새롭게 도입되었으나 규모가 크지 않았고, 식품구입권과 주거보조(*housing aid*) 지출은 다소 증가했으나 SSI와 AFDC의 지출이 감소하여 이를 상쇄하였다.

③ 1980년대 후반~1990년대 중반에는 공공부조지출이 다시 한 번 크게

〈그림 11-1〉 미국 공공부조지출액의 변화 추세(1970년~2010년)

주: 위의 실선은 공공부조제도 전체 지출액, 아래의 점선은 메디케이드를 제외한 10개 주요
프로그램의 지출액 합계임. 지출액은 실질가치(2009년 달러)로 환산된 금액으로서, 해당 연도의
총인구로 나눈 인구 1인당 지출액을 나타냄. 1969~1973년은 자료가 존재하지 않는 까닭에
1970년 지출액은 1968년과 1974년의 자료를 이용하여 선형으로 추정한 수치임.
자료: Haveman et al., 2015: 623, Figure 2.

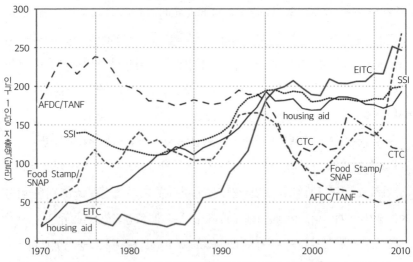

〈그림 11-2〉 주요 제도별 지출액의 변화 추세(1970년~2010년)

주: 각 제도의 지출액은 실질가치(2009년 달러)로 환산된 금액으로서, 해당 연도의 총인구로 나눈
인구 1인당 지출액을 나타냄. TANF 지출액은 서비스를 제외한 현금급여만 계산한 것임.
자료: Haveman et al., 2015: 624, Figure 3.

증가하였다. 지출증가를 주도한 것은 EITC로서 이 기간 동안 지출액이 약 10배 이상 폭증하였다. 그뿐만 아니라 AFDC를 제외한 SSI, 식품구입권, 주거보조 등 주요 제도들의 지출이 모두 큰 폭으로 증가하여, 전체적으로 보면 첫 번째 시기와 맞먹거나 이를 넘어서는 증가율을 보였다.

④ 1990년대 중반~2007년까지는 전체적으로 공공부조지출이 정체되었다. EITC와 SSI, 주거보조 등의 지출이 소폭 변동을 반복하면서 전반적으로는 현상 유지에 머물렀으며, 식품구입권 지출은 처음 큰 폭으로 감소했다가 후반부에 반등하여 거의 원상을 회복하는 수준에 이르렀다. 아동세액 공제(Child Tax Credit: CTC)가 도입되어 지출 증가의 요인으로 작용하였지만, 복지개혁(welfare reform)으로 인해 AFDC가 TANF로 바뀌면서 지출 규모가 4분의 1로 대폭 축소되었다.

끝으로 ⑤ 2007~2011년 사이에는 공공부조지출액이 다소 증가하였다. 특히 식품구입권이 SNAP으로 이름을 바꾸면서 지출액이 크게 증가하였고, 그 외 EITC, SSI 등의 지출도 증가하여 주요 10개 프로그램을 합하면 지출액이 15%가량 증가하였다. 이 시기에 지출이 증가한 것은 제도 내용이 크게 바뀐 것보다는 주로 대침체(Great Depression)로 인해 경제가 크게 악화되었기 때문으로 볼 수 있다.

이러한 과정을 보면 미국 공공부조의 또 하나의 특성이 드러난다. 그것은 바로 국가의 지원보다는 개인의 노력, 특히 근로를 통해서 스스로의 삶을 영위하는 것을 목표로 하고 있다는 점이다. 이를 위해 소득/자산이라는 공공부조의 전형적인 기준 외에 근로능력이라는 또 다른 기준이 수급자격을 결정하는 중요한 근거가 되었다. 초기부터 공공부조 급여는 노인과 장애인, 아동 등 근로능력이 없는 사람들, 이른바 자격 있는 빈민(deserving poor)만을 대상으로 했다. 근로능력이 있는 사람들에게 급여를 제공하는 것은 근로의욕과 자립정신을 해친다고 생각해서 가급적 이를 지양하되, 불가피한 경우에만 현금 대신 현물이나 서비스, 특히 취업 및 근로활동을 도울 수 있는 방법으로 지원하려 하였다.

이후의 공공부조제도 변화과정에서도 근로동기(*work incentives*) 문제가
중요하게 고려되었다. 그간 규모가 확대된 제도들을 보면 현금급여보다는
식품, 의료와 같은 현물급여가 중심을 이루고 있고 대부분 근로능력이 없
는 인구집단을 대상으로 하는 제도들이다. 이에 비해 근로능력이 있는 집
단을 대상으로 하는 제도인 AFDC/TANF는 규모가 크게 축소되었다. [1]
EITC는 근로능력이 있는 사람들을 대상으로 함에도 불구하고 그 규모가
크게 확대되었는데, 이 제도는 전통적인 공공부조제도와는 달리 근로동기
를 저해하기는커녕 오히려 근로를 많이 할수록 혜택이 커지는 방식으로 짜
인 제도이다.

## 2) 미국 공공부조제도의 구조

앞서 본 것처럼 미국 공공부조제도의 발전과정에는 소득보장이라는 본연
의 목적뿐만 아니라 자립, 의존성 탈피, 근로동기 등이 중요한 요소로 고
려되었다. 그 결과 오늘날 공공부조제도는 대상과 자격 요건, 급여 내용이
서로 다른 수많은 프로그램들이 복잡하게 얽힌 구조로 되어 있다. 자산조
사 프로그램들의 수만 해도 80개가 넘고, 연방정부의 지출액(2012년 기준)
은 8천억 달러에 육박한다. 공공부조지출에서 연방정부와 주정부가 약 3

---

1) AFDC는 '부양아동'을 위한 급여이고, 이 점에서 보면 근로능력이 없는 집단을 대상으로 하
는 제도라고 할 수 있다. 그러나 실제로 급여를 받는 사람은 부양아동의 부모, 즉 근로능력
이 있는 사람이다. 처음 이 제도가 시작될 때는 한부모가구만을 대상으로 하였는데, 부모가
한 사람일 경우에 아동양육과 소득활동 두 가지를 동시에 하기는 어렵다고 인정되었다. 즉,
신체적으로는 근로능력이 있으나 가구 여건상 근로능력이 없는 것으로 간주되었다고 볼 수
있다. 그러나 시간이 흐르면서 여성 경제활동 참여가 크게 증가하고 양(兩) 부모가구에서
도 부모 모두가 소득활동에 종사하는 경우가 보편화되었다. 이에 따라 한부모가구의 어머
니도 소득활동에 참여하는 것이 마땅하다는 쪽으로 사회적 인식이 바뀌게 되었다.

대 1의 비중을 차지하고 있다는 점을 감안하면(Rector, 2012), 연방정부와 주정부를 합한 총지출액은 1조 달러를 넘을 것으로 추산된다.

공공부조 가운데 지출이 가장 많은 분야는 보건의료 부문이다. 연방정부만 보면 지출액의 3분의 1이 넘고 주정부를 합한 총지출액에서는 거의 절반을 차지한다. 보건의료 부문에는 8개의 프로그램이 있지만, 그중에서 메디케이드가 지출의 95%를 차지할 만큼 압도적으로 비중이 높다. 보건의료 다음으로 비중이 높은 분야는 현금지원인데, 이 부문을 구성하는 주요 프로그램으로는 EITC와 CTC, SSI, TANF 등이 있다. 세 번째를 차지하는 것은 식료품지원 부문의 17개 프로그램으로서, 이 중 4분의 3 이상은 SNAP이 차지하고 있다. 그 뒤를 이어 교육 및 직업훈련, 주택, 보훈, 사

〈표 11-1〉 공공부조제도의 구성

| 분야 | 프로그램 수 | 연방정부 지출액 (2012년) | | 주요 프로그램 |
|---|---|---|---|---|
| | | 억 달러 | 구성비(%) | |
| 현금지원 (Cash Aid) | 5 | 2,200 | 27.5 | 근로장려세제(EITC), 아동세액공제(CTC), 보충소득보장(SSI), 빈곤가족한시지원(TANF) |
| 교육 및 직업훈련 (Education & Job Training) | 24 | 944 | 11.8 | 대학학자금지원(Pell Grants), Head Start, TANF 근로활동 및 훈련 지원 (TANF Work Activities and Training) |
| 에너지(Energy) | 2 | 39 | 0.5 | 저소득가정 에너지 지원(LIHEAP) |
| 식품 지원 (Food Aid) | 17 | 1,050 | 13.1 | 보충영양지원제도(SNAP), 학교급식(School Lunch & Breakfast), 산모/영·유아 영양지원(WIC) |
| 보건의료 (Health Care) | 8 | 2,913 | 36.5 | 메디케이드(Medicaid) |
| 주택 (Housing) | 20 | 496 | 6.2 | 주거지원(Section 8 Housing), 공공주택(Public Housing) |
| 사회서비스 (Social Service) | 8 | 130 | 1.6 | TANF 정액 교부금 서비스 (TANF Block Grant Services) |
| 보훈(Veterans) | 2 | 218 | 2.7 | |
| 계 | 86 | 7,990 | 100.0 | |

자료: U.S. House Budget Committee Majority Staff, 2014의 내용을 토대로 작성.

회서비스, 에너지 부문이 공공부조제도를 구성하고 있다.

80개가 넘는 수많은 프로그램들을 여기에서 세세하게 소개하기는 어렵다. 그러므로 이 장에서는 공공부조의 핵심이라고 할 수 있는 소득보장을 중심으로 미국 공공부조제도를 설명하고자 한다. 직접적인 현금급여 프로그램들(EITC 및 CTC, SSI, TANF)이 이에 해당한다. SNAP은 현금은 아니지만 거의 현금에 가까운 형태로 급여가 제공되고 공공부조제도에서 차지하는 비중이 상당히 크기 때문에 설명에 포함될 필요가 있을 것이다. 규모면에서는 역시 메디케이드가 압도적으로 크지만 이에 대해서는 의료보장을 다루는 부분(제 13장)에서 논의된다. 그 외 주택, 교육 및 직업훈련 등

〈표 11-2〉 주요 공공부조 프로그램의 수급자 및 급여액

| 제도 | 대상 | 연방정부 급여총액<br>(연간, 억 달러) | 수급자 수[1]<br>(천 명/가구) | 1인당 급여액[2]<br>(월평균, 달러) |
|---|---|---|---|---|
| 근로장려세제<br>(EITC) | 근로소득자 | 667 | 27,500 | 200 |
| 아동세액공제<br>(CTC) | 부양아동 있는<br>근로소득자 | 570 | 35,000 | 83 |
| 보충소득보장<br>(SSI) | 노인, 장애인 | 543 | 8,162 | 528 |
| 빈곤가족한시지원<br>(TANF) | 한부모가족 | 166 | 1,627 | 382 |
| 보충영양지원제도<br>(SNAP) | (저소득) 가구 | 697 | 45,767 | 127 |

주: 1) 월평균 수급자(CTC와 TANF는 수급가구) 수를 나타낸다(EITC와 CTC는 연간).
　　2) TANF는 한 가족당, SSI와 SNAP은 1인당, EITC는 세금신고자 1인당, CTC는 아동 1인당 월평균
　　　　급여액을 나타냄(EITC와 CTC는 연급여액을 12로 나눈 수치).

자료:

EITC, 2014. Internal Revenue Service(IRS). EITC and other refundable credits. https://www.eitc.irs.gov/EITC-Central/abouteitc, 2016. 10. 28. 인출.
CTC, 2013. Committee for a Responsible Federal Budget(CRFB). The Tax Break-Down: Child Tax Credit. http://crfb.org/blogs/tax-break-down-child-tax-credit, 2016. 10. 28. 인출.
SSI, 2014; SSA, 2015
TANF, 2013; CBO, 2015
SNAP, 2015. United States Department of Agriculture(USDA). SNAP Participation and Costs. http://www.fns.usda.gov/sites/default/files/pd/SNAPsummary.pdf, 2016. 10. 28. 인출.

의 프로그램들은 이 책의 관련된 장에서 다루어진다.

이 장에서 설명되는 공공부조프로그램 중 가장 규모가 큰 것은 SNAP이다. SNAP의 수급자 수는 4,500만 명이 넘고 연간 연방정부 급여총액은 697억 달러에 이른다. 그다음으로 규모가 큰 것은 EITC와 CTC이다. EITC의 수급자는 2,750만 명, 급여총액은 667억 달러이며, CTC는 3,500만 가구가 총 570억 달러를 받고 있다. 이 프로그램들은 많은 사람들을 대상으로 하기 때문에 총액에 비해 1인당 급여액은 그다지 많지 않다. SNAP이 1인당 월평균 127달러, EITC는 1인당 월평균 200달러(연간 2,400달러) 정도이다.

앞의 프로그램들이 보편적 공공부조제도로서 대상범위가 넓은 데 비해, SSI와 TANF는 이른바 범주적 공공부조제도이다. 이들 프로그램은 소득/자산 기준뿐만 아니라 인구학적 특성에 따라 수급자격이 제한된다. 따라서 상대적으로 수급자 수가 적은 대신 급여 수준은 높은 편이다. SSI는 노인 및 장애인을 대상으로 하는데 수급자 수 816만 명, 급여총액 543억 달러를 기록하고 있다. TANF 급여를 받는 가구는 163만가량으로 대부분이 한부모가구이며, 급여총액은 166억 달러이다.

## 2. 근로장려세제와 아동세액공제

### 1) 개요 및 발전과정

근로장려세제(EITC)와 아동세액공제(CTC)는 주요 공공부조프로그램 가운데 가장 늦게 등장한 제도이다. 그 명칭에서부터 드러나듯이 이 제도는 세금(소득세)을 감면해서 환급해 주는 조세제도의 일환으로 시행된다. 소득세를 감면받으려면 우선 소득이 있어야 하기에, 이 제도는 소득이 전혀 없는 극빈층을 적용 대상에서 배제한다. 그뿐만 아니라 일반적으로 공공부조제도에서는 소득이 높아질수록 급여액이 감소하는 데 비해, 이 제도는 일정 수준까지는 소득이 높아질수록 급여액이 오히려 증가하는 구조로 만들어졌다.

이와 같이 특이한 제도가 등장하여 오늘날 중요한 위상을 차지하게 된 것은 앞 절에서 언급한 미국 공공부조제도의 특성과 관련이 있다. 1960년대 빈곤과의 전쟁 초기부터 정책결정자들은 공공부조제도가 근로동기와 자립정신을 해칠 수도 있을 것이라고 우려하였다. 근로동기 저하의 부작용을 줄이면서 소득을 보장하는 대안으로 제시된 것이 이른바 부의소득세(Negative Income Tax: NIT)이다. NIT는 모든 국민에게 일정한 액수의 기본급여액(*baseline*)을 지급하고 소득이 높아질수록 급여액을 삭감하는 구조로 되어 있다. 프리드먼(Milton Friedman)을 비롯하여 램프먼(Robert Lampman), 토빈(James Tobin) 등 당대의 대표적인 경제학자들이 이 제도를 지지하였으며 닉슨대통령이 1969년에 제안한 가족지원계획(Family Assistance Plan: FAP)도 이와 같은 방식을 담고 있다(Nichols & Rothstein, 2016). 하지만 부의소득세는 모든 국민을 대상으로 하는 제도로서 막대한 예산이 소요된다는 등의 이유로 인해 최종적으로 채택되지는 못했다.

EITC는 NIT 입법을 논의하는 과정에서 우연히 제기되었다. 반대파의 선봉에 서 있던 민주당 출신 상원의원 롱(Russell Long)은 가족지원계획(FAP)의 대안으로 수차례에 걸친 수정안을 제출하는데, 1972년 수정안이 오늘날의 EITC와 매우 흡사하다. 이 안은 의회의 논의와 일부 수정을 거쳐 마침내 1975년 〈조세감면법〉(Tax Reduction Act)의 일부로 법제화되었다. 처음에는 연간 근로소득 4천 달러 이하인 사람에게 근로소득의 10%를 지급하고, 소득이 4천 달러를 넘을 경우 10%씩 급여를 삭감하는 구조로 짜였고 1년만 시행하기로 되어 있었다. 그러다가 1978년부터 한시제도에서 영구제도로 바뀌고 급여구조에도 다소 변동이 있었다(Nichols & Rothstein, 2016).

1978년 이후에는 한동안 제도 변화가 없었으나, 급여액이 고정되어 있었기 때문에 물가가 상승함에 따라 급여의 실질가치가 점차 하락하였다. 1986년에 제도 개편을 하면서 급여의 실질가치를 1975년 수준으로 회복시키고 향후에는 물가에 연동되도록 하였다. 이후에도 수차례에 걸쳐서 대상을 확대하고 급여 수준을 증가시켰다. 그 결과 1980년대 중반까지 다른 주요 공공부조제도에 비해 미미한 수준이던 지출액이 크게 증가하여 1996년 이후에는 메디케이드를 제외하면 지출규모가 가장 큰 제도가 되었다. 최근에도 2009년 〈경제부흥 및 재투자법〉(American Recovery and Reinvestment Act: ARRA)에 따라 급여액이 다소 인상되었다.

한편 CTC는 1997년 〈납세자 지원법〉(Taxpayer Relief Act)으로 도입되었다. CTC의 급여는 EITC와 비슷한 구조로 되어 있으나, 급여액이 그보다 적고 적용 대상(소득계층)은 훨씬 넓다는 차이가 있다. 두 제도 모두 국세청 (Internal Revenue Service)이 담당하는 소득세제의 일환으로 시행되지만, 중요한 차이가 있다. EITC는 급여액이 소득세액을 초과할 경우 전액 환급받을 수 있는 데 비해 CTC는 초과액 가운데 일부만 현금으로 돌려받을 수 있다. 그러므로 소득세액이 많은 고소득층은 아동공제액만큼 소득세를 덜 내게 되어 전액 혜택을 받는 셈이지만, 소득세액이 아동공제액보다 훨씬 적은 저소득층의 경우에는 공제혜택의 일부만 받게 되는 경우도 있다.

## 2) 대상 및 급여 내용

### (1) 수급자격

EITC의 수급자격은 국세청에 소득세신고서를 제출한 납세자 중 근로소득이 상한액에 미달하는 사람에게 주어진다. 소득상한액은 아동 수와 소득세 신고 자격에 따라 달라지며, 물가를 반영하여 매년 조정된다. 〈표 11-3〉의 마지막 열은 2015년 단독신고자의 소득상한액을 보여 준다. 예를 들어 아동

<표 11-3> EITC 급여표(단독가구주, 2015년 기준)

| 아동 수 | 급여율 (%) | 최대급여액 | 평탄구간 시작소득 | 급여삭감률 (%) | 폐지구간 | |
|---------|-----------|-----------|-----------------|---------------|----------|----------|
| | | | | | 시작소득 | 소득상한 |
| 0 | 7.65 | 503 | 6,580 | 7.65 | 8,240 | 14,820 |
| 1 | 34.00 | 3,359 | 9,880 | 15.98 | 18,110 | 39,131 |
| 2 | 40.00 | 5,548 | 13,870 | 21.06 | 18,110 | 44,454 |
| 3인 이상 | 45.00 | 6,242 | 13,870 | 21.06 | 18,110 | 47,747 |

자료: IRS, 2016a와 Nichols & Rothstein, 2016: Table 1에서 발췌하여 정리.

이 2인일 때 근로소득이 44,454달러 이하이면 수급자격을 갖는다. 부부가 합산으로 소득세신고를 할 경우에는 소득상한액이 이보다 약간 높아진다. 근로소득이 상한액 미만이더라도 근로 외 소득이 많을 경우에는 수급자격을 갖지 못한다. 이자, 임대, 배당소득 등 자본소득이 3,300달러를 넘거나 조정총소득(Adjusted Gross Income: AGI)[2]이 근로소득상한액을 초과하면 수급자격이 없다.

아동이 없어도 EITC 급여를 받을 수 있지만, 아동이 있는 경우에 비해 급여 수준이 매우 낮다. 부양아동으로 인정되려면 다음 네 가지 조건을 충족해야 한다(IRS, 2016a).

① 납세자와의 관계: 자녀(양자녀 포함) 또는 형제와 그 직계비속.
② 연령 또는 장애 기준: 19세(학생인 경우 24세) 미만이거나 충분한 소득활동(Substantial Gainful Activity: SGA)이 불가능한 장애인.
③ 동거조건: 연중 6개월 이상 납세자와 동거하여야 함.
④ 해당 연도에 소득세 납부 실적이 없어야 하며, 다른 사람의 부양아동으로 중복 신청할 수 없음.

---

2) 총소득에서 일정한 공제액을 제한 금액으로 한국의 과세표준소득과 거의 같은 개념이다.

CTC는 그 명칭에서도 나타나듯이 부양아동이 있어야만 급여를 받을 수 있다. 부양아동의 자격은 EITC와 대체로 같지만, 보다 엄격하게 제한된다. 아동의 자격이 17세 미만으로 제한되고, 학생이나 장애인에 대한 예외는 인정되지 않는다. 그 외에도 실제로 아동을 부양해야 하며, 아동이 미국 시민권자여야 하는 등의 조건을 충족해야 한다(IRS, 2016b). CTC는 EITC보다 소득상한이 훨씬 높아서 수급자가 더 많다. 근로소득 대신 AGI만을 기준으로 하는데, 부양아동이 3명이고 부부가 공동으로 소득세 신고를 할 경우 연간소득 165,000달러까지 수급자격을 가질 수 있다.

## (2) 급여

〈표 11-3〉은 EITC의 급여구조를 보여 준다. 여기에서 가장 중요한 지표는 급여율(*subsidy rate*) 및 급여삭감률(*benefit reduction rate*)인데, 이는 아동 수에 따라 다르며 물가에 관계없이 일정하게 정해져 있다. 그 외 평탄구간 시작소득과 폐지구간 시작소득도 급여구조를 결정하는 데 중요한 역할을 한다. 이 소득 기준들은 매년 물가변동률을 반영하여 조정된다. 이상 4개의 지표가 정해지면 나머지 둘(최대급여액과 소득상한액)은 자동적으로 결정된다. 이해를 돕기 위하여 아동 2명인 단독가구주의 예를 그림으로 설명한다.

〈그림 11-3〉의 X축은 납세자의 근로소득, Y축은 EITC 급여액을 각각 나타낸다. 그림에서 보는 것처럼 급여구조는 세 구간으로 나누어진다. 도입구간(*phase-in range*)에서는 근로소득이 증가하는 데 비례하여 급여액이 증가한다. 아동 2인인 경우 급여율은 40%로 정해져 있으므로 근로소득이 1천 달러인 납세자는 4백 달러를 받고, 1만 달러인 사람은 4천 달러를 받는다. 근로소득이 13,870달러가 될 때까지 급여액은 계속 증가하여 최대급여액 5,548달러(13,870 × 0.40)에 이른다. 근로소득이 13,870달러를 넘으면 소득이 증가해도 급여액은 더 이상 증가하지 않는다. 근로소득 13,870

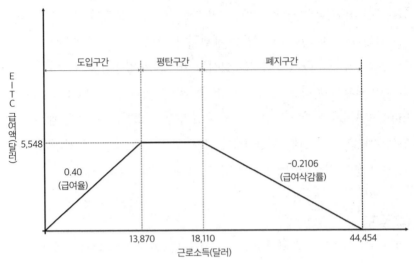

〈그림 11-3〉 EITC의 급여구조(아동 2인 단독가구주, 2015년 기준)

자료: 〈표 11-3〉의 수치를 이용하여 작성.

~18,110달러까지는 급여액이 5,548달러로 동일하게 유지된다. 이 구간을 평탄구간(*plateau range*)이라 부른다.

근로소득이 18,110달러를 넘는 때부터 폐지구간(*phase-out range*)이 시작된다. 이 구간에서는 도입구간과 반대로 근로소득이 증가하면 급여액이 감소한다. 급여삭감률은 21.06%로 설정되어 있다. 예를 들어 근로소득이 20,000달러인 사람은 초과분(20,000－18,110 = 1,890달러)의 21.06%인 398달러를 삭감하여 5,150달러(5,548－398)를 받는 것이다. 이 방식대로 계산하면 소득이 44,454달러가 되면 급여액이 0달러가 된다. 그러므로 근로소득이 44,454달러를 넘어서면 수급자격이 없어지는 셈이다.

EITC는 원래 소득세 감면제도이다. 그러므로 급여액은 우선적으로 소득세액을 감면하는 데 쓰인다. 그런데 만약 소득세를 상계하고도 급여액이 남는 경우에는 현금으로 환급받을 수 있다. 바로 이 점, 즉 환급가능(*refundable*)하다는 것이 EITC가 보통의 조세공제제도와 다른 점이다. 또한 세액

'공제'를 넘어서 '급여'가 이루어진다는 점에서 통상적인 공공부조제도와 같다고 할 수 있다. 그러나 공공부조급여가 대부분 월 단위로 제공되는 것과 달리 EITC는 1년에 한 번 소득세 정산 때만 급여(환급)가 실시된다.[3]

지금까지 설명한 EITC 급여 내용은 연방정부에 대한 것이다. 연방급여에 더하여 일부 주에서는 자체 재원으로 부가급여를 제공하기도 한다. 2014년 국세청 조사에 따르면 콜롬비아특별구와 24개 주에서 연방정부 급여액의 4~40%를 부가 급여하고 있다. 이들 대부분(20개 주)은 연방정부와 마찬가지로 전액 환급 가능하며, 1개 주에서는 일부만 환급 가능하고, 나머지 4개 주에서는 환급이 불가능한 방식으로 운영하고 있다. 이 밖에도 뉴욕시와 몽고메리카운티(메릴랜드주)에서는 카운티 단위의 EITC를 시행하고 있다.

CTC도 EITC와 유사한 급여구조를 갖고 있다. 다만 최대급여액이 아동 1인당 1,000달러로 고정되어 있는 대신 소득 기준이 훨씬 높다는 차이가 있다. CTC의 폐지구간은 부부합산신고자는 조정총소득 11만 달러(부부가 각각 소득 신고하면 각자 55,000달러)부터, 단독신고자 등은 조정총소득 75,000달러부터 시작된다. 또한 CTC는 EITC와 달리 급여액이 소득세액을 초과하더라도 초과분 전액을 환급받을 수 없다. 급여액 중 환급 가능한 부분은 추가아동세액공제(Additional Child Tax Credit)으로 불리는데, 이는 대략 근로소득에서 일정 부분을 제한 나머지 금액의 15% 이내로 정해진다(Nichols & Rothstein, 2016).

### (3) 관리운영

EITC와 CTC의 운영은 국세청에서 담당한다. 납세자가 매년 제출하는 소득세신고서에 따라 자격 여부와 급여액이 결정되므로 행정절차가 다른 공

---

3) 1979년부터 2010년까지 EITC 환급예상액을 매월 혹은 매주 급여에 포함시켜 받을 수 있는 선불제도(Advanced EIC)를 운영했으나 이용률이 저조하여 2011년부터 폐지되었다(Nichols & Rothstein, 2016).

공부조제도에 비해 훨씬 간소하고 참여율이 높다. 다만 홍보 부족으로 인해 제도에 대해서 잘 모르는 사람들이 있고(Bhargava & Manoli, 2015), 근로소득이 적은 사람은 급여액이 얼마 되지 않는 데다 소득세신고를 할 필요가 없기 때문에 아예 급여신청을 하지 않을 수도 있다(Jones, 2014).

국세청은 납세자 소득에 대해서 다방면으로 정보를 축적하고 있기 때문에 부정수급의 여지도 적다. 불법청구의 대부분은 아동의 자격 문제와 관련되어 있는데, 특히 연중 6개월 이상 동거 조건을 위반한 경우가 많다.[4] 불법청구의 다른 예로서는 맞벌이부부가 각자 단독가구주로 신고하거나 자영업자가 근로소득을 부풀려서 급여를 많이 받아 가는 경우 등이 있다. 그러나 EITC의 부정수급은 다른 공공부조제도나 탈세에 비해서 적은 수준이다(Nichols & Rothstein, 2016).

## 3) 성과 및 평가

1975년 도입 이래 EITC는 놀라운 성장을 보였다. 특히 1988~1996년 사이에는 수급자 수와 급여액이 폭발적으로 증가하였다. 그 이후에도 성장세가 꾸준히 이어져 2014년에는 수급자 수 2,750만 명, 연간 급여총액 667억 달러에 이른다. 도입 당시와 비교하면 수급자 수는 약 4배, 급여총액은 실질가치로 10배 이상 늘어났다. CTC도 1997년에 도입된 이래 2003년까지 크게 성장하였다. 그 이후에는 성장세가 주춤하지만, 2014년 3,500만 가구가 연간 570억 달러의 급여를 받고 있다.

EITC의 급여는 주로 저소득층에게 귀속된다. 소득계층별 수급현황을 보면 수급자의 60% 이상이 연소득 2만 달러 이하이며, 급여액으로 봐도 이들이 받는 비중이 60% 이상인 것으로 나타나고 있다. 그러나 근로소득

---

4) 소득세제의 일반적인 피부양자 공제에는 동거조건이 붙지 않는 것이 보통이다.

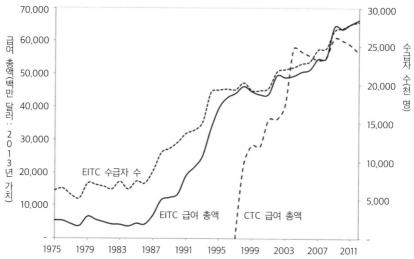

〈그림 11-4〉 EITC 수급자 수 및 지출액과 CTC 지출액 추이(1975년~2012년)

자료: Nichols & Rothstein, 2016: Figure 5.

이 많을수록 급여액이 증가하는 특성상 소득이 아주 적은 사람들은 급여를 많이 받지 못한다. 예를 들어 연소득 1만 달러 이하의 계층은 수급자 수로 는 27%를 차지하지만, 급여액 비중은 15%에 못 미친다. 결국 EITC의 급 여혜택은 연소득 1만~2만 달러 사이의 계층에게 집중된다고 할 수 있다. 한편 CTC는 EITC에 비해 대상 범위가 넓다. 급여액 점유 비중을 보면 연 소득 1만 달러 이하 계층만 4% 미만이고, 나머지 96%는 1만~10만 달러 소득계층에 비교적 고르게 배분되고 있다. 연소득 10만 달러가 넘는 계층 도 급여액의 8% 이상을 점유하고 있다.

EITC와 CTC는 빈곤을 완화하는 데 상당한 기여를 하는 것으로 평가된 다. 공공부조 급여의 빈곤 완화 효과는 통상 급여 전후의 빈곤율을 비교하 는 방법으로 측정된다.[5] 이 방법으로 2013년 자료를 분석한 결과 EITC와

---

5) 미국의 공식 빈곤율은 세전 소득을 기준으로 계산하는데, 이때 공공부조 급여 등은 소득 에 반영되지 않는다. 공식 빈곤율 측정방법의 문제점을 보완하기 위해 미국 통계청(U. S.

CTC는 빈곤율을 18.8%에서 15.5%로 3.3%p 감소시키는 것으로 나타났다. 아동인구만을 대상으로 빈곤율을 계산하면 22.8%에서 16.4%로 무려 6.4%p가 감소한다. 인구수로 보면 아동 470만 명을 포함하여 총 910만 명이 두 세제의 급여를 통해 빈곤에서 벗어난다는 것이다. 이와 같은 빈곤 완화 효과는 연금제도를 제외하고는 가장 큰 것이고, 아동빈곤 완화 효과는 다른 어느 사회보장제도보다 큰 것이다(Nichols & Rothstein, 2016).

급여를 통한 직접적인 효과 외에도 EITC는 저소득층의 근로활동을 증가시킴으로써 소득을 향상시키는 효과를 거둘 수 있다. EITC의 취지를 생각할 때 어쩌면 이 간접적인 효과가 더 중요할지도 모른다. 이론적으로 EITC가 노동공급에 미치는 영향은 간단치만은 않다. 근로소득이 증가할수록 급여액이 많아지는 도입구간에서는 노동공급을 증가시킬 것으로 예상되지만, 평탄구간이나 특히 폐지구간에서는 반대로 노동공급을 감소시킬 가능성이 있다. 소득 수준뿐만 아니라 가구 구성과 배우자의 경제활동 상태에 따라서도 노동공급효과가 복잡하게 바뀔 수 있다. 이처럼 이론적으로도 복잡하지만 실증연구 역시 명확한 결론에 이르지 못하고 있다.

실증연구들의 공통된 결론 중 하나는 EITC가 한부모가구 여성가구주의 경제활동 참여를 상당히 증가시켰다는 것이다. 이로 미루어 보면 EITC는 이 인구집단의 빈곤 탈피에 어느 정도 기여한 것으로 짐작된다. 특히 1990년대 중반부터 2000년 사이에는 복지개혁으로 한부모가구에 대한 공공부조 급여(AFDC/TANF)가 엄청나게 줄어들었음에도 아동빈곤이 증가하기는커녕 오히려 감소하였다. 물론 이때는 경제호황기였기 때문에 이것이 빈

---

Census Bureau)은 보충적 빈곤측정방법(Supplementary Poverty Measures: SPM)을 개발하였다. 이는 기본적으로는 세후 가처분소득을 기준으로 빈곤을 측정하는 방법인데, 세후 가처분소득을 계산하기 위해서 소득을 항목별로 구분하고 각각 그 금액을 측정한다. 이 자료를 이용하면 공공부조 급여를 제외했을 때와 포함했을 때를 비교하여 빈곤 완화 효과를 측정할 수 있다(Short, 2014).

곤 감소에 큰 영향을 미쳤을 것이다. 하지만 이 시기에 EITC가 크게 확대되었고 여성 한부모가구주의 고용률이 크게 상승하였다는 점 또한 간과되어서는 안 된다.

EITC가 한부모가구를 비롯한 저소득층의 근로활동을 증가시켰다고 해서 그 혜택이 순전히 이들에게만 돌아가는 것으로 생각해서는 안 된다. 예를 들어 EITC로 인해 노동공급이 증가하면 임금이 하락할 것이고 임금 하락의 이익은 주로 고용주에게 귀속된다.[6] 물론 최저임금제도가 효과적으로 작동하면 노동공급 증가가 임금 하락으로 이어지지 못하고 그 결과 근로활동 증가의 이익은 대부분 노동자에게 귀속될 수 있다(Lee & Saez, 2012). 하지만 한편으로 최저임금제도는 노동수요를 감소시켜서 저소득 노동자의 일자리를 줄이는 효과를 낼 수도 있다. EITC와 최저임금제도 간에는 이처럼 때로는 보완적이고 때로는 대체적이기도 한 복잡한 관계가 있다(Nichols & Rothstein, 2016).

전반적으로 EITC와 CTC는 소득지원과 근로유인을 통해 저소득층의 소득 향상 및 빈곤 완화에 상당히 기여한 것으로 평가할 수 있다. 전통적인 공공부조방식과는 달리 소득지원을 하면서도 근로동기를 저해하지 않는다는 것은 EITC의 큰 매력이다. 이러한 점으로 인해 이 제도는 일관된 정치적 지지 속에 성장을 거듭하여 오늘날 공공부조의 중추로 자리 잡게 되었다. 하지만 이 제도가 제대로 효과를 거두려면 노동시장과 거시경제 환경이 잘 뒷받침되어야 한다. 일자리가 충분하지 못한 상태라면 근로동기를 유인해 봐야 별 소용이 없기 때문이다. 그러므로 EITC의 성공을 위해서는 경제·노동시장 구조의 변화에 발맞추고 최저임금제 및 다른 공공부조제도와 조화를 이루는 노력이 필요하다.

---

6) 일부는 가격 변동(하락)을 통해 소비자에게 귀속될 수도 있다.

## 3. 보충소득보장

### 1) 개요 및 발전과정

SSI는 노인과 장애인에 대한 공공부조제도이다. 이 제도는 1935년 〈사회보장법〉(Social Security Act)에 그 뿌리를 두고 있다. 〈사회보장법〉은 노인과 장애인에 대해 연방정부가 주관하는 사회보험방식의 연금제도(OASDI)와는 별도로 공공부조방식의 급여를 주정부가 실시하도록 규정하였다. 이에 따라 각 주정부와 지방행정 단위에서는 자체적으로 노인부조(Old Age Assistance), 시각장애인 지원(Aid to the Blind), 영구중증장애인 지원(Aid to the Permanently and Totally Disabled) 등의 제도를 도입하였고, 1960년대부터는 이들 프로그램에 대해 연방정부가 재정을 지원하기 시작하였다. 1970년대 초반에 이르면 주정부와 지방행정 단위에서 시행하는 프로그램들의 수가 무려 1,350여 개로 증가하는데, 프로그램마다 자격 기준과 급여 수준이 서로 달라서 많은 문제를 노출하였다.

주정부가 산발적으로 운영하는 방식에 대한 비판의 목소리가 높아지자 이를 통합하는 방안이 추진되었고, 마침내 1972년 개정 〈사회보장법〉에 이 내용이 반영되었다. 골자는 주/지방 단위로 시행되던 프로그램들을 연방정부의 사회보장청(Social Security Administration: SSA)이 관할하는 SSI 제도로 통합하는 것이었다. 의회는 통합의 목적을 자격 및 급여 기준을 통일하여 제도의 효율성과 경제성을 도모하고, 타 공공부조 프로그램과의 연계하에 저소득 노인과 장애인에게 적절한 소득을 보장하며, 근로 및 재활이 가능한 수급자의 자립을 촉진하는 것으로 명시하였다(SSA, 2015). SSI 제도의 급여는 1974년 1월부터 개시되었는데, 제도 개편으로 인해 수급자격을 잃는 사람이 없도록 기존 수급권이 자동 승계되도록 하고 급여액이 줄어드는 수급자에게는 주정부의 보충급여를 통해 불이익을 보전해 주도록 의무화(*mandatory state supplementation programs*) 하였다.

첫 시행 이후 40년간 SSI제도는 변화와 발전을 거듭해 왔다. 1975년부터는 급여액을 물가에 연동시켜(*cost-of-living-adjustment*: COLA) 실질가치를 보장하고자 하였다. 수급자격에서도 의료적·신체적 측면뿐만 아니라 기능적·정신적 측면까지 반영하도록 장애 기준을 점차 확대·완화해 왔다. 이에 따라 수급자 수와 급여지출이 크게 증가하였다. 2014년 기준 수급자는 816만, 연방정부 급여지출은 542억 달러에 달하고, 수급자 1인당 월평균 541달러의 급여를 받는다.

SSI제도는 미국 공공부조제도에서 중요한 위상을 차지하고 있다.[7] 무엇보다 현금급여이고 1인당 급여액이 다른 공공부조제도에 비해 월등히 많으며 수급기간에도 제한이 없다. 가급적 급여를 제한하고 개인의 자립을 강조하는 미국 공공부조제도의 특성에 비추어 볼 때 SSI의 급여는 상당히 후한 것이라고 볼 수 있다. 미국의 환경에서 이처럼 관대한 제도가 가능한 이유는 근로능력이 없다고 인정되는 집단을 대상으로 하므로 근로동기나 자립의지를 저해할 여지가 별로 없기 때문이다. 하지만 노인이나 장애인이라고 해서 무조건 근로능력이 없다고 할 수 없고 연령이나 장애를 기준으로 근로능력 유무를 이분법적으로 구분할 수는 없기 때문에 근로동기 문제로부터 완전히 자유로운 것은 아니다.

---

7) EITC나 SNAP이 규모 면에서는 더 크지만, EITC는 전통적인 공공부조라기보다는 세제에 가깝고 SNAP은 현물급여라는 점에서 한계를 가진다.

## 2) 대상 및 급여

### (1) 수급자격: 연령 및 장애 기준

SSI의 자격 기준은 연령/장애 기준과 소득/자산 기준으로 나뉜다. 연령/장애 기준을 보면 우선 65세 이상인 사람은 장애 여부와 관계없이 수급자격을 갖는다. 65세 미만인 사람은 장애 기준을 충족해야 한다. 시각장애일 경우 양쪽 눈 중 시력이 좋은 쪽의 교정시력이 20/200 이하이거나 20도 이하의 터널시(*tunnel vision*)이면 장애인으로 인정된다. 시각장애 외의 신체·정신장애에 대해서는 12개월 이상 지속되거나 사망에 이르게 하는 장애를 가졌을 경우에 장애인으로 인정한다.

구체적인 장애 판정 기준은 연령에 따라 약간 다르다. 18세 이상의 성인인 경우 사회보장 장애연금(Social Security Disability Insurance: DI) 제도와 동일한 기준을 적용하는데, 기본적으로 장애로 인해 '충분한 소득활동'(*Substantial Gainful Activity*: SGA)을 할 수 없는 상태를 기준으로 한다.[8] 또한 장애가 알코올 또는 약물 남용으로 인해 발생하였다면 수급자격을 가질 수 없다(SSA, 2015). 사회보장청은 이에 해당하는 구체적인 장애 목록을 제시하고 있는데, 만약 목록에 포함되어 있지 않으면 근로능력 검사를 시행한다. 근로능력 판정은 단지 신체기능뿐만 아니라 연령, 교육 수준, 경력 등 여러 요소를 감안하여 장애 발생 이전에 종사했던 직업 또는 다른 직업에서 일할 수 있는지를 평가한다. 이 판정절차는 복잡한 데다 담당자의 주관적인 판단이 많이 작용하기 때문에 판정에 불복하여 이의신청을 하거나 행정심판 및 행정소송으로 이어질 때도 많다(Duggan et al., 2016).

18세 미만의 아동은 SGA 기준을 적용할 수 없으므로 제도 초기에는 주로

---

8) SGA 기준은 임금 또는 이윤을 획득하기 위한 활동(*gainful activity*)을 할 수 있을 정도로 충분한(*substantial*) 신체적·정신적 능력을 의미한다. 시각장애인에게는 이 기준이 적용되지 않는다(SSA, 2015).

의료적 기준으로만 장애 여부를 판정했다. 그러나 이것이 위법이라는 법원 판결[9] 이후 의료적 기준 외에 기능적인 측면을 포함시켰다. 이를 위해 개인 기능평가(Individual Functional Assessment: IFA) 제도를 도입하였는데, 이는 주로 또래 아이들과 비교하여 얼마만큼 학교생활을 잘 할 수 있는지를 판단하는 것이었다. 이 제도로 인해 아동 수급자가 급증하자 1996년 복지개혁 때에 상대적 기준에 따른 평가제도는 폐지하였지만, 오늘날에도 기능적인 측면은 여전히 중요한 기준으로 남아 있다. 현재 18세 미만의 아동에 대해서는 '장애로 인하여 현저하고(marked) 심각한(severe) 기능상의 제한(functional limitations)이 따를 것'을 조건으로 하고 있다(SSA, 2015: 8).

일단 장애판정을 받더라도 주기적 재심사(Continuing Disability Review: CDR)가 뒤따른다. 재심사 주기는 장애상태가 나아질 가능성이 어느 정도인가에 따라 달라진다. 호전 가능성이 상당히 높으면 6~18개월마다 재심사를 받아야 하고, 가능성이 희박하면 주기가 5~7년으로 길어진다. 특히 장애아동이 18세에 도달하면 성인 장애 기준에 따른 재심사를 받게 되는데, 이때 거의 절반 정도가 수급자격에서 탈락되는 것으로 알려져 있다(Hemmerter & Gilby, 2009; Duggan et al., 2016).

### (2) 수급자격: 소득/자산 기준

급여를 받기 위해서는 연령/장애 기준 외에 소득 기준과 자산 기준을 모두 충족해야 한다. 자산 기준은 보유자산이 2,000달러(부부인 경우 합계 3,000달러)를 초과해서는 안 된다. 보유자산을 계산할 때 현재 거주 중인 주택, 자동차 1대, 사용 중인 가재도구, 자립을 위해 필요한 자산, 생명보험가입액

---

9) 1990년 연방대법원은 설리번 대 제블리(Louis Wade Sullivan, Secretary of Health and Human Service versus Brian Zebley) 사건에서 아동에 대해 목록에 명시된 의료적 기준으로만 장애 여부를 판정하는 것은 〈사회보장법〉에 규정된 '상대적 심각성'(comparable severity) 기준에 위배된다고 판결하였다(Duggan et al., 2016).

일부 등은 공제한다. 장애아동인 경우에도 성인과 동일한 기준이 적용되지만, 아동 본인뿐만 아니라 부모 명의의 자산도 포함된다는 점에서 차이가 있다. 부모의 자산 가운데 부모 몫의 기본금액(개인 2,000달러, 부부 3,000달러)을 제외한 나머지가 아동의 자산으로 계산된다.

소득 기준은 한마디로 인정소득(countable income)이 연방 급여기준(Federal Benefit Rate: FBR)에 미달할 것으로 정의할 수 있다. 인정소득이라 함은 근로소득과 비근로소득을 합한 총소득에서 일정한 부분을 공제한 나머지를 말한다. 공제되는 항목과 금액은 소득원(근로소득, 비근로소득)에 따라 다르다. 근로소득인 경우 기본적으로 월 65달러를 공제하고 나머지에 대해서는 50%를 공제한다. 그 외에도 장애인이 근로활동을 하는 데 쓰인 비용(work expenses)과 자립계획(Plan to Achieve Self-Support: PASS)을 위해 지출한 비용,[10] 그리고 비정기적 근로소득(분기당 30달러 한도) 등이 공제된다.

SSI 수급자 대부분은 근로소득이 없으므로,[11] 현실적으로는 비근로소득이 훨씬 더 중요하다. 비근로소득의 주된 소득원은 노인·장애연금과 산재보험, 실업보험 급여, 공공부조 급여 등 공적 이전소득과 개인연금, 사적 이전소득 등이다. EITC를 비롯한 세금환급액과 주거보조, SNAP 등의 비현금급여, 그리고 주정부 및 지방정부가 자체예산으로 시행하는 공공부조 급여는 인정소득 산정에서 제외되지만 그 외의 사회보장 급여는 모두 포함된다. 배우자나 부모의 소득도 일정한 '인정'(deeming) 과정을 거쳐 신청자의 비근로소득으로 산정한다. 비근로소득에 대해서는 월 20달러의 기본공제 외에 PASS 지출액과 비정기적 소득(분기당 60달러 한도) 등을 공제한다.

---

10) 장애인이 PASS를 위해 지출한 비용이란 특정 직업에서 일하거나 사업을 시작하기 위해 사용된 비용, 교육 또는 직업훈련을 받는 데 지출한 비용, 근로에 필요한 장비를 구입한 비용 등을 말한다.

11) 수급자 중 근로소득이 조금이라도 있는 사람 비율은 5% 이하이다(Duggan & Kearney, 2016).

## (3) 급여

SSI 급여액은 FBR과 신청자의 인정소득(근로소득＋비근로소득－공제액) 간의 차액이 된다. 즉, 인정소득이 하나도 없으면 FBR 전액을 받고, 인정소득이 높아질수록 그만큼 급여액이 차감된다.[12] FBR은 소비자물가지수(CPI-W)를 반영하여 매년 조정되는데(COLA), 2015년 기준 개인 월 733달러, 부부 1,100달러이다. 이 기준은 연령에 관계없이 모든 수급자에게 동일하게 적용되지만, 연령대별로 소득이 다르기 때문에 실제 급여액은 연령에 따라 다소 차이가 난다. 월평균 급여액은 아동(17세 이하)이 633달러로 가장 많고 성인(18~64세)이 550달러, 그리고 노인(65세 이상)이 426달러로 가장 적다(Duggan et al., 2016). 노인의 급여액이 가장 적은 이유는 사회보장연금을 비롯한 소득이 많기 때문이다.

소득이 많을수록 급여액이 줄어드는 급여구조는 근로동기를 저해할 가능성이 있다. 근로동기 저하에 대한 대책으로 SSI제도에서는 인정소득 계산 시 기본 월 65달러와 초과분 50%의 근로소득을 공제한다. 그러므로 65달러까지는 근로소득이 있어도 급여액에는 전혀 영향을 미치지 않으며, 그 이상이더라도 소득증가액만큼 급여액이 감소하지는 않는다. 즉, 근로소득 1달러가 증가하면 급여액은 50센트 줄어드는 데 그치는 것이다. 그런데 SSI의 수급자는 노인 또는 장애인으로 거의 근로능력이 없는 사람들이고 실제로도 수급자 대다수가 근로소득이 전혀 없는 상황에서 근로소득공제가 얼마나 근로유인 효과를 발휘할지는 의문스럽다.

전국적으로 통일된 연방정부의 급여에 더하여 주정부에서 자체 기준에 따라 지급하는 SSI 급여도 있다. 2015년 현재 44개 주와 컬럼비아 특별구에서 주정부 보충소득보장(State SSI) 급여를 시행하고 있는데, 소득 기준과 급여 수준은 주에 따라 차이가 매우 크다. State SSI제도라도 행정운영

---

12) 그러므로 연방 급여기준(FBR)은 곧 최대급여액이라고도 할 수 있다.

은 연방정부의 사회보장청이 위탁받아서 하는 경우가 많다. State SSI제도의 총 급여액은 연방정부 급여지출액의 8~9% 정도로 추산된다(Duggan et al., 2016).

## 3) 성과 및 평가

제도 시행(통합) 이후 10여 년간 350만~380만 사이에 머무르던 SSI 수급자 수는 1980년대 중반부터 증가하기 시작하였다. 특히 1990년대 전반에는 수급자가 크게 늘어났는데, 이는 주로 아동을 중심으로 장애 기준이 대폭 완화되었기 때문이다. 1996년 복지개혁으로 잠깐 수급자가 감소하였으나 이후에는 꾸준히 조금씩 늘어나고 있다. 2014년 수급자 수는 816만 명으로, 전체인구의 2.51%에 해당한다. 수급자가 늘어난 만큼 급여지출도 지난 40년간 실질가치로 3배 이상 증가하여, 2014년에는 543억 달러에 이르렀다.[13]

수급자를 유형별로 보면 장애인이 707만 명, 노인이 109만 명이다.[14] 제도 초기에는 노인의 비율이 56%로 오히려 많았으나, 이후 연금제도의 성숙 등으로 노령층의 소득이 증가하면서 노인 수급자는 그 수가 절반 가까이 줄어들었다. 이에 비해 장애인 수급자의 수는 4배 이상 증가한 결과, 근래에는 장애인의 비중이 87%를 차지하게 되었다. 급여액 면에서는 장애인에게 급여되는 비율이 총액의 90% 이상을 점유하고 있다. 이처럼 오늘날의 SSI는 주로 장애인에 대한 공공부조제도로서의 기능을 수행한다고 볼 수 있다.

사회보장제도의 빈곤 완화 효과를 분석한 연구에 따르면 SSI는 빈곤율을 1.4%, 빈곤갭은 8.4% 감소시키는 것으로 나타나고 있다. 이러한 빈곤 완

---

[13] 이 수치들은 연방정부 제도만을 계산한 것으로, State SSI까지 포함하면 다소 늘어난다.
[14] 장애인 707만 명 가운데는 65세 이상의 노인이 94만 명 포함되어 있다. 이들은 대부분 65세가 되기 전에 이미 장애인으로서 SSI 수급자격을 가지고 있던 사람들이다.

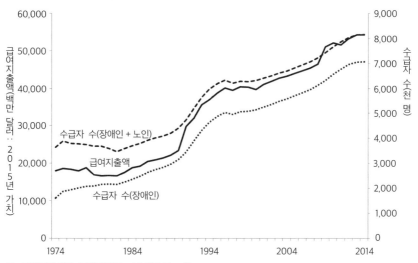

〈그림 11-5〉 연방정부 SSI 수급자 수 및 지출액 추이(1974년~2014년)

주: 급여지출액은 연방정부의 지출액만을 포함.
자료: SSA, 2015: Table 4.B6, Table 4.C1로부터 작성.

화 효과는 노령연금(OASI)이나 의료보장(메디케어, 메디케이드)에 비해서
는 많이 뒤지지만, 공공부조제도 중에서는 가장 높은 편에 속한다(Ben-
Shalom et al., 2012). 이는 〈표 11-2〉에서 보는 것처럼 SSI가 다른 공공부
조제도들에 비해 수급자 수는 적지만 급여 수준이 훨씬 높기 때문이다. 또한
많은 주에서 SSI 수급자에게 자동적으로 메디케이드 수급자격을 인정하고
있다는 점 등을 고려하면 장애인에 대한 사회보장제도로서 SSI의 역할과 중
요성은 매우 크다고 할 수 있다.

SSI는 근로능력이 없다고 인정되는 장애인과 노인을 대상으로 하므로
근로동기 저해나 복지의존성 문제가 제기될 소지가 적은 편이지만, 그렇다
고 해서 이러한 문제들로부터 완전히 자유롭지는 않다. 그중 가장 논란이
되는 것은 자격 요건을 통해 근로능력을 판단하는 문제이다. SSI에서는 연
령이 65세 이상이거나 장애로 인해 충분한 소득활동(SGA)을 할 수 없을 경
우에 근로능력이 없다고 인정하고 수급자격을 부여한다. 그런데 사실 근로

능력이라는 개념은 '정도'의 문제이지 '여부'(유무)를 양분할 수 있는 것이 아니다. 따라서 어떠한 자격 요건도 근로능력 '여부'를 구분하는 명확한 기준이 될 수는 없는 것이다.

이러한 점은 연령 기준도 마찬가지로서, 65세 이상이라고 해서 무조건 근로능력이 없다고 볼 수는 없다. 하지만 연령이라는 조건은 그나마 주관이 개입될 여지가 전혀 없는 객관적이고 분명한 기준이라고 할 수 있다. 그에 비해 장애라는 기준은 상당히 주관적이고 가변적인 것이다. 기준 자체도 주관적인 여지가 많지만, 장애로 인해 근로활동이 제약되는 정도는 사람에 따라 매우 다를 수 있다. 특히 장애의 범위를 정신적·주관적인 부문까지 확대하면서 장애 기준으로 근로능력을 판정하는 것은 더욱 어려운 문제가 되었다.

결과적으로 SSI에서는 장애라는 기준 외에도 실제 소득이 근로능력을 판별하는 역할을 하게 된다. 근로소득을 포함한 실제 소득이 기준을 초과하면 수급자격을 가질 수 없고, 소득이 높아질수록 급여액이 감소한다. 이러한 급여구조에서는 어쩔 수 없이 근로동기 문제가 제기될 수밖에 없다. 현행 제도하에서는 50%의 근로소득 공제를 통해 근로동기 저하를 줄이려 하지만, 수급자 가운데 근로활동을 하는 사람의 비율은 미미한 수준에 불과하다. SSI에서 근로동기 문제의 핵심은 얼마나 더 일하도록 할 것인가가 아니라 근로능력 자체를 판별하는 데 있다. 자격 요건을 구체적이고 명확하게 규정하여 근로능력을 정확하게 판단하고 제도의 대상효율성을 높이는 노력이 필요하지만 쉽지 않은 과제이다.

## 4. 빈곤가족한시지원제도

### 1) 개요 및 발전과정

빈곤가족한시지원제도(TANF)는 아동을 양육하는 저소득가정에게 현금급여와 기타 서비스를 제공하는 제도이다. 이 제도는 지금은 그 위상이 많이 축소되었지만 전형적인 공공부조제도로서 오랜 역사를 가지고 있다. 20세기 초부터 각 지방에서는 아동을 양육하는 빈곤한 미망인에게 공공부조를 제공하기 시작하였다. 흔히 모자연금(Mothers' Pensions)이라고 불리던 이 프로그램은 1920년에는 40개 주에서 시행할 정도로 널리 퍼졌다(Skocpol, 1995). 대공황으로 인해 주정부의 재정이 어려움에 처하자 연방정부가 이 프로그램을 지원하기 시작하였다. 1935년 〈사회보장법〉 제정으로 도입된 부양아동지원(Aid to Dependent Children: ADC)제도가 바로 그것이다. 1962년에는 부양아동가족지원(Aid to Families with Dependent Children: AFDC)으로 이름을 바꾸면서 수급 대상을 한부모가족뿐만 아니라 부모가 실업(또는 불완전고용) 상태인 양부모가족에게까지 확대하였다.

이후 AFDC는 사회복지를 둘러싼 논란의 중심에 선다. 자립정신을 해치고 의존심만 키울 뿐이라는 전통적인 비판은 물론, 이혼과 가정 해체 심지어는 혼외 출산과 미혼모가 급증한 것도 다 이 제도 때문이라는 주장까지 나타났다. 1970~1980년대 수차례에 걸쳐 근로 요건을 강화하는 등 변화를 모색하던 AFDC는 결국 복지개혁(*welfare reform*)을 통해 폐지된다. 1996년 제정된 〈개인책임 및 근로기회 조정법〉(PRWORA)은 AFDC와 긴급지원(Emergency Assistance), 일자리 창출 및 기술훈련(Job Opportunity and Basic Skills Training: JOBS) 등 세 가지 프로그램을 폐지하고 이를 대체하여 TANF를 시행하는 내용을 담고 있다.

AFDC이 TANF로 대체되면서 제도에 큰 변화가 있었다. 연방정부의 재정지원방식이 대응보조금(matching grant)에서 포괄정액보조금(block grant)으로 바뀌고 수급자격과 급여방식 및 급여 수준에서 주정부의 재량권이 확대되었다. 무엇보다 중요한 변화는 현금급여를 받을 수 있는 수급기간이 제한되고 근로 요건을 비롯한 수급자격이 더욱 엄격해진 것이다. 이러한 변화는 현금급여 수급자 수와 급여액이 격감하는 결과를 초래하였다. 복지개혁 이후에도 최근까지 10여 차례의 관련 법 제·개정으로 제도의 세부내용에 변화가 있었다. 2013년 기준으로 약 163만 가구가 월평균 382달러의 현금급여를 받고 있는데, 복지개혁 이전과 비교하면 수급가구 수는 3분의 1 이하로 줄어들었고 급여 수준은 대략 3분의 2 정도에 불과한 것이다.

## 2) 목적 및 재정

이 장에서 설명되는 다른 주요 공공부조제도와는 달리, TANF는 연방정부가 수급 대상자에게 직접 소득을 지원하는 제도가 아니다. PRWORA는 TANF의 목적을 ① 아동양육 저소득가정에 대한 지원, ② 취업, 근로, 결혼 장려 및 복지의존성 감소, ③ 혼외 출산 예방과 감소, ④ 양(兩)부모가정의 형성 및 유지 등 네 가지로 명시하고 있다(PRWORA Section 410(a); 김환준, 2003). 여기에서 연방정부의 역할은 이러한 목적을 달성하기 위한 주정부의 활동을 감독하고 주로 재정적으로 주정부를 지원하는 것이다.

과거 AFDC에서 연방정부의 재정지원은 대응보조금, 즉 주정부가 지출하는 금액만큼 연방정부가 주정부에 대해 교부금을 지원해 주는 방식이었다. 1996년부터 TANF가 도입되면서 이 방식은 포괄정액보조금을 중심으로 하고 소규모의 보조교부금과 긴급교부금을 더하는 방식으로 바뀌었다. 포괄보조금은 이전(1992~1995)에 연방정부가 지원했던 금액을[15] 기초로

---

15) TANF가 대체한 세 가지 프로그램, 즉 AFDC, EA 그리고 JOBS에 대한 연방정부의 교

산정되었는데, 전체 주 합계 165억 달러 규모로 정해졌다.[16] 재정지원방식이 바뀌면서 불이익을 보게 된 17개 주에 대해서는 보조교부금을 지원하였고, 별도로 20억 달러 규모의 긴급자금을 조성하여 재정상태가 어려운 주에 지원하도록 하였다(Ziliak, 2016).[17]

연방정부의 보조금과 주 자체 예산을 합하여 만들어진 TANF 기금은 앞에서 언급한 네 가지 목적을 달성하기 위해 사용하여야 한다. 그러나 이 목적에 부합되는 한 구체적인 사용방법은 주정부 자율에 맡겨져 있다. 현금 또는 이에 준하는 것을 정기적으로 지급할 수도 있고 일회성 급여, 개인개발계정(Individual Development Account: IDA) 입금도 가능하다. 보육, 통근, 근로 관련 활동 지원, 고용주에 대한 보조, 교육훈련, 상담 등의 서비스를 제공하는 데 사용할 수도 있으며, 주정부의 EITC를 위해 지출할 수도 있다. 또한 TANF 포괄보조금의 30%까지는 보육 및 아동발달 포괄보조금(Child Care and Development Block Grant)이나 사회서비스 포괄보조금(Social Services Block Grant)으로 전환할 수 있다(Ziliak, 2016). 전체 자금을 어떤 부문에 얼마만큼 사용할지는 주정부가 결정할 일인데, 다만 한 가지 조건이 있다. 즉, 예전(1994)에 AFDC, 긴급지원(EA), JOBS에 지출하던 금액의 75% 이상을 이 세 부문에 사용하여야 한다는 조건이다. 이를 노력 유지 의무(Maintenance of Effort)라고 하는데, 만약 이 조건을 지키지 못하면 차년도 포괄보조금이 삭감된다.

---

부금을 말한다.

[16] 165억 달러는 고정된 액수여서 물가에 따라 조정되지 않는다. 따라서 실질가치로 보면 계속 하락하고 있다.

[17] 2007년 대침체로 인해 이 긴급자금은 2010회계연도에 고갈되었다. 이는 포괄보조금방식이 경제상황 악화에 대응하기에는 취약함을 드러낸 예라고 할 수 있다. 자금 고갈에 따라 의회는 2012~2014년에 걸쳐 연방정부 출연자금을 6억 달러 증액하고, 별도로 50억 달러의 긴급기금을 조달하여 각 주에 배분하였다(Falk, 2012).

## 3) 대상 및 급여

TANF는 하나의 프로그램을 지칭하는 것이 아니라 앞의 네 가지 목적을 달성하기 위한 다양한 프로그램들을 통칭하는 것이다. 주별로 이 명목하에서 시행하는 프로그램의 종류와 내용이 워낙 다양하기 때문에 대상자와 급여를 명료하게 제시하기가 매우 어렵다. 따라서 여기에서는 현금급여를 중심으로 수급자격과 급여액을 설명하고자 한다.[18]

현금급여는 18세 미만의 아동이 있는 한부모가구를 대상으로 한다. 과거 AFDC에서는 부모가 실직한 양부모가구도 급여를 받을 수 있었으나 (AFDC-UP), TANF로 전환된 이후 몇 개 주에서는 이를 완전히 폐지하였고 나머지 주들도 실업부모의 자격 요건을 더욱 엄격하게 제한하였다. 현금급여를 받기 위해서는 또한 소득/자산 기준을 충족하여야 한다. 소득과 자산의 기준은 주에 따라 천차만별이다. 유동성 자산인 경우 기준 자체가 없는 주도 있고, 상한선이 있을 경우 1,000달러에서 10,000달러까지로 정해져 있다. 자동차는 자산 계산에서 제외하는 주도 있고 자동차 1대만 혹은 일정가액만을 공제하는 주도 있다.

현금급여 액수는 기본적으로 최대급여액과 소득 간의 차액으로 산정된다. 소득이 최대급여액을 넘으면 급여를 받을 수 없기 때문에 최대급여액은 급여액을 산정하는 기준이 되는 동시에 수급자격을 판정하는 기준이 된다. 최대급여액은 주정부가 정하는데, 부모 중 1인과 아동 2명으로 구성된 3인 가구의 경우 월 170달러(미시시피)에서 923달러(알래스카)까지 5배 이

---

[18] 정기적인 현금급여 외에도 여러 주에서 일회성 급여를 제공하고 있다. 예를 들어 32개 주에서 시행 중인 전환프로그램(*diversion program*)은 노동시장 진입이 비교적 쉬운 사람들에게 정규적인 현금급여 수급권을 주는 대신 3개월분 급여액을 한 번만 받도록 하는 제도이다. 보통 전환프로그램 급여는 일생 동안 2~3회만 받을 수 있으며, 전환급여를 받은 이후 3~12개월간은 정규 현금급여를 받을 수 없다(Ziliak, 2016).

상 차이를 보이고 있다. 다수의 주에서는 아동 수에 따라 최대급여액을 다르게 하지만, 가구당 급여상한제를 채택하여 아동 수가 많아져도 급여액은 더 이상 증가하지 않도록 하는 주도 있다.

소득계산 시 근로소득공제도 주정부의 재량에 속하므로 주에 따른 차이가 크다. 기본공제액은 0달러에서부터 최대 250달러까지 인정하는 주가 있고, 그 이상의 근로소득에 대한 공제율도 0~100%까지 다양하다. 근로소득공제가 많을수록 수급자에게 유리한데, 복지개혁 이후 각 주에서는 근로소득공제를 확대하였다. 이에 따라 AFDC제도하에서 60~70% 수준이던 전국 평균 실효공제율[19]은 2000년 이후에는 87~88%까지 올라갔다(Ziliak, 2007).

TANF 시행으로 인한 제도 변화 가운데 중요한 것은 근로 요건이다. 수급자격, 급여 내용 등 거의 모든 부분에서 주정부의 재량이 넓어졌지만 근로 요건만큼은 상당히 세세한 부분까지 연방정부가 규제하고 있다. 이에 따라 한부모가구의 어머니는 주당 30시간(아동이 6세 미만일 때는 20시간) 이상, 양부모가구의 부모는 두 사람이 합해서 주당 55시간(육아서비스를 받지 않을 경우에는 35시간) 일하거나 근로 관련 활동을 해야 한다. 근로 관련으로 인정되는 활동으로는 직업교육 및 훈련, 직업탐색 및 준비, 지역사회 서비스, 취업과 직접 연관되는 교육 등이 있는데 각 활동별로 참여시간 또는 인정기간에 제한이 있다. 이러한 근로 요건들을 이행하지 않으면 제재를 받게 된다. 제도 초기에는 근로 요건 불이행에 대해 제재하는 주가 많지 않았으나 위반사례가 늘어남에 따라 제재를 강화하여 지금은 대부분의 주에서 급여를 정지 또는 중단시키는 조치를 하고 있다(Ziliak, 2016).

근로 요건 강화 못지않게 중요한 변화는 수급기간 제한이다. TANF에서 원칙적으로 한 사람은 일생 동안 통산 60개월 이상 현금급여를 받을 수 없게

---

19) 실효(*effective*) 공제율이란 실제 근로소득에 대한 소득공제액의 비율을 말한다.

되었다. 이 제한기간은 주정부가 조정할 수 있으나, 60개월을 넘어서 급여할 경우에는 연방정부 보조금을 이를 위해 사용할 수 없다. 이에 따라 컬럼비아특별구와 3개 주에서만 자체 예산으로 기간 제한 없이 현금급여를 할 뿐, 다른 주들은 연방정부 기준과 같은 60개월(34개 주) 혹은 더 짧게 수급기간을 제한하고 있다(Kassabian et al., 2013).

## 4) 성과 및 평가

1994년 AFDC 급여를 받는 가구는 500만에 육박했으나, TANF로 제도가 바뀌면서 수급자가 매년 큰 폭으로 감소하여 2000년에는 223만 가구로 줄어들었다. 이후에도 대침체시기에 잠깐 증가한 것을 제외하면 대체로 감소 추세가 이어졌다. 2013년 수급가구는 163만으로, 이는 복지개혁 이전과 비교하면 3분의 1 이하로 줄어든 수치이다.[20]

총지출액도 감소했지만 수급자에 비하면 감소폭이 훨씬 작다. 복지개혁 직전과 직후에는 지출액이 상당히 감소했으나, 2000년 이후에는 대체로 안정적인 추세를 보였다. 대침체시기에 잠깐 지출액이 반등했지만 곧 다시 감소하여 이전의 수준으로 돌아갔다. 이와 같이 총지출액은 약간 감소한 데 그쳤지만 현금급여액은 크게 줄어들었다. 2013년 연방과 주정부를 합한 총지출액은 316억 달러인데, 이 가운데 94억 달러만이 현금급여에 쓰이고 나머지는 다양한 종류의 비현금 서비스를 위해 지출되었다. 복지개혁 이전에는 총지출의 90% 이상이 현금급여에 사용되었으나, 근래에는 현금급여 비중이 30% 이하로 줄어들었다.

이처럼 현금급여 수급자와 급여액이 크게 감소함에 따라 TANF의 빈곤

---

20) 이 수치들은 현금급여 수급자에 대한 것이다. 복지개혁 이후 비현금·서비스 급여의 비중이 커졌으나 이는 급여 내용과 대상이 워낙 다양해서 주정부는 현금급여 수급자 수만 연방정부에 보고할 의무가 있다.

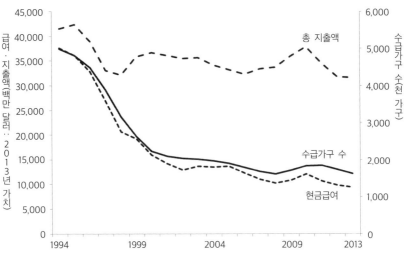

〈그림 11-6〉 TANF 수급자 수 및 지출액 추이(1994년~2013년)

주: 지출액은 연방정부지출액과 주정부지출액을 합한 금액.
자료: CBO, 2015: Figure 3, Figure 4, Figure 5로부터 작성.

완화 기능은 크게 약화되었다. TANF의 직접적인 빈곤 완화 효과는 빈곤
율을 0.3%, 빈곤갭을 2.5% 감소시키는 것으로 나타나고 있는데, 이는
다른 공공부조제도에 비해 매우 미약한 것이다(Ben-Shalom et al., 2012).
특히 소득이 빈곤선의 50%에도 미치지 못하는 극빈층 한부모가구의 경우
TANF의 급여를 받기가 어려워지면서 극빈상태에서 벗어나기가 난망하게
되었다(Moffitt & Scholz, 2010; Shaefer & Edin, 2013).

앞서 언급한 것처럼 TANF의 목적은 네 가지이다. 이 가운데 ③ 혼외 출
산 감소와 ④ 양(兩)부모가정의 형성 등 두 가지 목적을 보자면, 과연 어느
정도 달성되었는지를 판단하기 어려울 뿐만 아니라 이를 통해 장기적으로
빈곤 완화와 아동복지에 얼마나 영향을 미칠지는 더더욱 불분명하다. ①번
목적, 즉 저소득가정 지원과 관련해서 직접적인 현금지원은 오히려 대폭
줄어들었다. 결국 〈개인책임 및 근로기회 조정법〉(PRWORA)의 명칭 자
체가 드러내는 것처럼 가장 중점을 두고 있는 목적은 ② 일을 통한 자립이

라고 할 수 있을 것이다.

복지개혁 직후에는 한부모가구의 경제활동 참여와 근로소득이 증가하고 빈곤율은 감소하였다(김환준, 2003). 이는 외형상 TANF가 이룩한 성과로 보였다. 하지만 이때(1990년대 후반)가 경제환경이 매우 좋았던 시기임을 고려하면 이를 온전히 TANF의 성과로 받아들이기는 어렵다.[21] 복지개혁 이후 최근까지의 연구결과를 보면, 전체적으로 고용과 근로소득은 증가하였지만 저소득층 한부모가구의 가처분소득은 오히려 감소하였다는 쪽으로 무게가 기울고 있다(Ziliak, 2016).

TANF가 한부모가구의 소득에 미친 영향은 소득계층별로 다소 다르게 나타난다. 일부 상위소득계층의 소득은 증가하였지만 하위소득계층은 대체로 소득감소를 경험하였다(Ziliak, 2016). 특히 수급기간 제한과 근로 요건 강화로 인해 수급탈락자가 늘어나는 가운데 이들 중 상당수가 노동시장 참여에 심각한 애로를 겪고 있는 것이 문제이다. 이들은 공공부조 급여와 일을 통한 복지(workfare) 양쪽으로부터 모두 배제된 계층으로서, 수가 점점 증가하는 추세이다(Blank & Kovak, 2008). 경제불황으로 인해 일자리가 줄어들면 이들은 더욱 심각한 어려움에 처하게 된다. 2008년 대침체로 인해 빈곤이 심화되었을 때 TANF가 완충역할을 거의 해내지 못한 것은 일을 통한 자립이라는 목적에 분명한 한계가 있음을 보여 준다(Bitler & Hoynes, 2016).

---

21) 2001~2002년의 불황기와 2008~2009년의 대침체기에 고용이 감소하고 빈곤이 증가한 것은 고용, 소득, 빈곤이 거시경제와 밀접하게 관련되어 있다는 점을 말해 준다.

# 5. 보충영양지원제도

## 1) 개요 및 발전과정

보충영양지원제도(SNAP)는 저소득층이 식품을 구입할 수 있도록 지원하는 농무부(Department of Agriculture: USDA) 소관 연방정부 프로그램이다. 이 역시 소득/자산조사를 거쳐야 함은 물론 소득이 높아질수록 급여액이 감소하는 전형적인 공공부조제도이다. 그러나 현금을 직접 급여하는 대신 식품을 구매할 수 있는 상품권(voucher)을 지급한다는 점에서 다른 제도와 차이가 있다. 또한 다른 제도들이 노인, 장애인, 아동 등 특정한 인구집단을 대상으로 하는 데 비해 SNAP은 소득/자산 기준 이외에 다른 인구학적 제한이 없다는 점에서 미국 공공부조에서 특별한 위상을 가진다.

이 제도의 기원은 1960년대로 거슬러 올라간다. 1961년 8개 카운티에서 식품구입권(Food Stamp) 시범사업이 실시되었다. 시범사업이 확대되고 성과를 거둠에 따라 1964년 〈식품구입권법〉(Food Stamp Act)이 제정되어 제도 시행권한은 카운티에 두되 연방정부에서 재정을 충당토록 하였다. 연방정부가 재정을 부담함에 따라 이 제도를 도입하는 카운티가 꾸준히 증가하였다. 마침내 1975년부터는 연방정부가 주관하여 전국적으로 시행하는 제도가 되었다(Hoynes & Schanzenbach, 2016).

1996년 복지개혁으로 이민자를 비롯한 일부 대상에 대해 급여를 제한하고 소득공제 강화를 통해 급여 수준을 다소 낮추었지만, 그 외의 제도내용은 그대로 유지되었다. 이후 2008년에 'Food Stamp'라는 명칭을 'SNAP'으로 변경하고 급여액을 물가에 연동시켰으며 자산 기준을 다소 완화하였다. 대침체 후 〈경제회복 및 재투자법〉(ARRA)에 따라 근로능력 있는 성인에 대한 수급기간 제한이 일시적으로 폐지되는 한편 최대급여액이 대폭 인상되었다. 2015년 기준 수급자는 4,577만 명, 총급여액은 697억 달러이다.

## 2) 대상 및 급여

### (1) 수급자격

SNAP의 수급자격과 급여 수준은 연방정부가 결정하므로 주 간에 차이가 없다.[22] 수급자격은 소득/자산 기준만 있을 뿐 인구학적 조건 등 다른 기준은 적용되지 않는다. 소득/자산 기준은 ① 가구의 총소득(*gross income*)이 공식빈곤선의 130% 이하일 것, ② 순소득(*net income*)이 공식빈곤선 이하일 것,[23] ③ 인정자산(*countable resources*)이 2,250달러 이하일 것(가구원 중 1인 이상이 60세 이상이거나 장애인일 경우 3,250달러) 등 세 가지이다. 가구원 전원이 SSI 또는 TANF 수급자일 경우 소득/자산조사를 면제한다.

총소득은 가구 전체의 모든 소득을 뜻하며,[24] 순소득은 총소득에서 일부를 공제한 나머지이다. 공제항목으로는 ① 근로소득의 20%, ② 가구원 수에 따라 157~168달러의 기본공제, ③ 근로, 교육, 훈련에 필요한 보육비, ④ 노인과 장애인의 의료비, ⑤ 아동양육비(*child support*) 등이 있고, 주에 따라 주거비의 일부를 공제해 주기도 한다. 인정자산을 계산할 때 거주하고 있는 주택과 퇴직연금저축은 제외하며, 자동차 공제는 주에 따라 다소 차이가 있다. 최초로 수급자격이 인정된 후에도 매 6~24개월마다 자격 여부를 재심사 받아야 한다.

### (2) 급여

급여는 가구 단위로 주어지는데, 가구원 수와 가구 순소득에 따라 급여액이 달라진다. 농무부(USDA)에서는 식품비 산출자료를 이용하여 가구 규

---

22) 알래스카와 하와이는 소득 기준이 더 높다.

23) 2016년 10월 기준 공식빈곤선은 4인 가구인 경우 월 2,025달러이다.

24) 사회보장 급여도 모두 총소득에 포함되지만, 현금이 아닌 현물급여와 세제환급금은 제외된다.

모(가구원수)별 최대급여액을 책정한다.[25] SNAP에서 가구당 급여액은 '할당액'(*allotment*)이라고 불리는데, 이는 다음과 같은 간단한 공식을 통해 계산된다. 순소득에 0.3을 곱하는 이유는 식품비가 가구지출의 약 30%를 점하기 때문이다.

$$\text{할당액} = \text{최대 급여액} - (\text{순소득} \times 0.3)$$

예전에는 금액이 명시된 상품권의 형태로 급여를 지급했으나 지금은 전자급여이체(Electronic Benefit Transfer: EBT) 카드를 통해 지급한다. 수급자는 승인된 판매처에서 식품을 구입한 후 이 카드로 결제하면 된다. 이 카드로는 조리된 식품을 제외한 모든 종류의 식품을 결제할 수 있다. 그러나 세제, 휴지 등 비식품은 물론 약품, 비타민류와 술, 담배 등은 구입할 수 없다.

SNAP은 원칙적으로 모든 사람을 대상으로 하기 때문에 근로동기 저해 문제가 더욱 심각할 수 있다.[26] 따라서 근로동기 저하를 줄이기 위하여 20%의 근로소득 공제라는 유인책 외에도 강력한 근로강제 장치를 두고 있다. 부양아동이 없고 근로능력이 있는 18~49세의 성인(*able-bodied adults without dependents*: ABAWD)은 월 80시간 이상 일하거나 교육/훈련을 받는 등 근로활동에 참여하여야 한다. 만약 이 조건을 이행하지 않을 경우 3년(36개월)간 3개월 이내로 급여가 제한된다.

---

25) 가구 규모별 최대급여액은 대략 공식빈곤선의 3분의 1 수준으로 정해져있다. 예를 들어 4인 가구인 경우 최대급여액은 649달러인데, 이는 빈곤선의 32%에 해당한다. 다만 1~2인 가구의 최대급여액은 빈곤선 대비 20~26%로 낮게 책정되어 있다.

26) 현금급여가 아니고 식품에 구입만 가능하며 급여액이 비교적 적은 편이기 때문에 실제로 근로동기 저하 효과는 크지 않을 수 있다.

## 3) 성과 및 평가

〈그림 11-7〉은 SNAP의 수급자 수 및 급여총액 추이를 보여 준다. 수급자 수와 급여액의 추이는 자격 조건과 급여 수준 등 제도내용의 변화와도 관계 있지만, 그보다는 경기변동에 더 큰 영향을 받는 것으로 보인다. 예를 들어 1990년대 후반 경기가 호황이었을 때 수급자 수와 급여액이 감소하였고, 1990년대 초와 2000년대 초의 경기침체 시에는 수급자 수와 급여액이 증가하였다. 특히 2008~2010년에는 대침체로 인해 수급자 수와 급여액이 엄청나게 증가하였다. 수급자 수에 비해서 급여총액의 증가폭이 더 큰데, 이는 2009년 〈경제회복 및 재투자법〉(ARRA)으로 최대급여액이 인상되었기 때문이다.

한편 수급자 수의 추이에는 잘 눈에 띄지 않는 또 하나의 요인이 적지 않은 영향을 미쳤다. 그것은 바로 수급률(take-up rate)의 변화이다. 추산에 의하면 1994년에는 자격이 있는 사람 가운데 75%가 급여를 받았으나, 복지개혁 이후 수급률이 하락하여 2002년에는 54%까지 떨어졌다. 이후에는 수급률이 꾸준히 상승하여 2011년에는 79%에 이르렀다(Cunnyngham, 2002; Cunnyngham et al., 2014). 수급률의 변화에는 여러 가지 원인이 있겠지만 2000년 이후에 신청절차 간소화, 전자신청, 재심사기간 연장 등 행정절차를 간소하게 한 것이 어느 정도 영향을 미쳤을 것으로 보인다.

대침체로 인한 폭발적인 증가에 이어 2013년부터는 수급자 수와 급여액이 약간 감소하는 추세를 보이고 있지만, 이제 SNAP은 수급자 수와 급여총액 면에서 공공부조 가운데 최대 규모가 되었다. 이에 따라 빈곤 완화를 위한 그 역할 또한 중요해졌다. 보충적 빈곤측정방법(SPM)을 활용한 추산 결과에 따르면 SNAP 급여는 빈곤율을 17.6%에서 16.1%로 감소시키는 것으로 나타난다. 이를 인구수로 계산하면 약 460만 명이 빈곤에서 벗어나는 셈이 된다(Tiehen et al., 2013). 특히 대침체로 인해 빈곤이 심화되

〈그림 11-7〉 SNAP/FS 수급자 수 및 급여총액 추이(1974년~2014년)

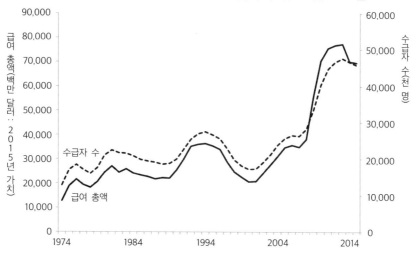

주: 자료(http://www.fns.usda.gov/sites/default/files/pd/SNAPsummary.pdf, 2016. 10. 28. 인출)와
   소비자물가지수(CPI)를 이용하여 작성.
자료: 미국 농무부 식품영양서비스 홈페이지.

었을 때 SNAP의 급여를 늘림으로써 빈곤 완화에 적지 않게 기여한 것으로
평가된다(Bitler & Hoynes, 2016).

정확하게 말해서 SNAP의 목적은 빈곤 완화라기보다는 기본 식생활을
보장하고 영양상태를 개선하는 데 있다고 할 것이다. 이러한 목적이 어느
정도 달성되는지에 대해서는 아직까지 자료와 연구가 부족하여 제대로 평
가하기 어렵다. 하지만 SNAP 급여로 인해 가구예산이 늘어나고 식품비와
다른 소비지출이 증가한 것은 분명하다. SNAP 급여는 현금에 가깝고 선
택 범위가 넓기 때문에 소비지출 변화에 미치는 영향이 현금급여와 거의
동일한 것으로 평가된다(Hoynes & Schanzenbach, 2009). 그 외에 근로동
기 효과나 시장에 미치는 영향, 영양 및 건강상태에 미치는 영향 등에 대해
서는 더 많은 연구가 필요하다.

# 6. 맺음말

사회수당제도가 존재하지 않는 미국의 사회보장체계에서 공공부조는 빈곤에 대한 마지막 안전장치로서 각별히 중요한 위상을 가지고 있다. 1960년 대 빈곤과의 전쟁 이후 반세기 동안 미국 공공부조제도는 여러 변화를 거치면서 확대, 발전되어 왔다. 이 변화 과정에서도 굳건히 유지되어 온 이념이 있다면 바로 노동과 자립이라고 할 수 있을 것이다. 물론 이는 자유와 개인책임을 강조하는 미국 사회의 전통적 가치관에 근거해 있다.

이러한 까닭에 미국 공공부조제도에서는 언제나 근로와의 연계가 중요한 관심사였다. 심지어 저소득층의 기본생활 보장이라는 본연의 목적보다도 복지의존성 감소와 근로동기 고취가 더 중요시되는 게 아닌가라는 느낌마저 줄 정도이다. 근로동기 저하를 막기 위해 현금급여를 지양하는 대신생존을 위한 필수재화인 식품(SNAP), 의료(Medicaid), 주택(*housing aid*) 등은 현물급여를 위주로 제공한다. 그 결과 공공부조 전체 지출 가운데 현금급여가 차지하는 비중은 4분의 1 정도에 불과하다.

현금급여인 경우에는 주로 근로능력이 없는 인구집단을 대상으로 한다. 노인과 장애인을 대상으로 하는 SSI가 대표적이다. AFDC는 원래 근로능력이 없는 아동을 부양하기 위한 제도였지만, 실제 수급자는 부양아동의 한부모로서 근로능력이 있는 성인이다. 근로능력이 있는 사람에 대한 현금급여는 근로동기를 저해하고 의존성을 키운다는 비판이 커지면서 이 제도는 TANF로 개편되어 현금급여가 대폭적으로 제한, 축소되었다.

TANF가 축소되면서 아동빈곤을 해소하기 위한 방편으로 부각된 것이 EITC이다. 전통적인 공공부조제도와는 달리 이 제도는 근로소득이 많을수록 급여액이 늘어나는 구조로 되어 있다. 근로동기를 저해하기는커녕 오히려 근로를 장려하는 효과를 거둘 수 있는 것이다. 이 같은 매력으로 인해 EITC는 정치인들과 여론의 전폭적인 지지 속에 급속히 확대되었다. 그러나 아동 있는 가구에 비해 아동이 없는 가구가 받을 수 있는 급여액은 아직까지 매우 낮은 상태에 머물러 있다. 또한 근로소득이 거의 없는 극빈층에게는 아무런 도움이 되지 못한다는 것도 문제이다.

미국에서 공공부조제도는 빈곤정책의 핵심으로서 중요한 기능을 수행해왔다. 특히 2008년 대침체와 같이 경제가 매우 어렵고 빈곤문제가 심각해질 때 공공부조의 빈곤 완화 기능은 더욱 중요해진다. 많은 미국 공공부조제도들은 수급자격에 대한 소득 기준이 정해져 있고 자격을 갖추면 곧바로 급여가 제공되기 때문에(*entitlement program*), 경제악화로 인해 소득이 감소하면 수급자와 급여지출액이 증가하게 된다. 하지만 TANF와 같은 포괄정액교부금 방식의 제도는 예산액이 정해져 있어 경제침체라는 상황에 제대로 대응하기 어렵다(Haveman et al., 2015).[27]

이제 미국경제는 대침체로부터 회복되고 있지만 장기적인 경제구조의 변화는 공공부조제도에 피할 수 없는 과제를 안기고 있다. 당면한 문제는 일자리가 점점 더 부족해지고 소득불평등이 증가한다는 것이다(Autor, 2014). 교육·훈련 프로그램 및 노동시장정책의 중요성이 강조되지만, 일자리가 부족한 상황에서 일을 통한 복지는 한계를 가질 수밖에 없다. 근로능력이 있다는 이유로 공공부조 급여를 받을 수 없고 일을 하려 해도 제대로 된 일자리를 구할 수 없는 사람들이 점차 늘어나고 있다. 전통적으로 자립과 개인책임을 강조해 온 미국 공공부조제도는 이러한 사회구조적 변화를 반영하여 변화의 길을 모색할 필요가 있다.

---

27) 이러한 한계 때문에 2009년 〈경제회복 및 재투자법〉(ARRA)은 대침체에 대응하여 공공부조 예산을 증액하는 가운데, TANF 자금을 일시적으로 증액하는 조치를 취하였다.

# ■ 참고문헌

국내 문헌

김환준(2003). "미국 복지개혁의 성과와 한계". 〈한국사회복지학〉, 53호, 129~153.


해외 문헌

Autor, D. H. (2014). Skills, education, and the rise of earnings inequality among the other 99 percent. *Science*, *344*, 843~851.

Ben-Shalom, Y., Moffitt, R. A., & Scholz, J. K. (2012). An assessment of the effectiveness of anti-poverty programs in the United States. In P. Jefferson (Ed.), *Oxford Handbook of the Economics of Poverty*, 709~749, New York: Oxford University Press.

Bhargava, S., & Manoli, D. (2015). Psychological frictions and the incomplete take-up of social benefits: Evidence from an IRS field experiment. *American Economic Review*, *105*(11), 1~42.

Bitler, M., & Hoynes, H. (2016). The more things change the more they stay the same? The safety net and poverty in the Great Recession. *Journal of Labor Economics*, *34*(1), S403~S444.

Blank, R. M., & Kovak, B. (2008). *The Growing Problem of Disconnected Single Mothers*. NPC Working Paper no. 07-28. Ann Arbor, MI: National Poverty Center, University of Michigan.

Congressional Budget Office(CBO) (2015). Temporary assistance for needy families: Spending and policy options. https://www.cbo.gov/sites/default/files/114th-congress-2015-2016/reports/49887-TANF.pdf. 2016. 10. 28. 인출.

Cunnyngham, K. (2002). *Trends in Food Stamp Program Participation Rates: 1994 to 2000*. Washington DC: Mathematica Policy Research.

Cunnyngham, K., Sukasih, A., & Castner, L. (2014). *Empirical Bayes Shrinkage Estimates of State Supplemental Nutrition Assistance Program Participation Rates in 2009-2011 for All Eligible People and the Working Poor*. Washington DC: Mathematica Policy Research.

Duggan, M., Kearney, M. S., & Rennane, S. (2016). The supplemental security income program. In R. Moffitt(Ed.), *Economics of Means-Tested Transfer Programs in the United States*, *vol.* 2, 1~58, Chicago, IL: The University of

Chicago Press, forthcoming.

Falk, G. (2012). *The Temporary Assistance for Needy Families (TANF) Block Grant: A Primer on TANF Financing and Federal Requirements*. CRS Report for Congress. Washington DC: Congressional Research Service.

Fox, L., Wimer, C., Garfinkel, I., Kaushal, N., & Waldfogel, J. (2015). Waging war on poverty: Poverty trends using a historical supplemental poverty measure. *Journal of Policy Analysis and Management*, *34*(3), 567~592.

Haveman, R., Blank, R., Moffitt, R., Smeeding, T., & Wallace, G. (2015). The war on poverty: Measurement, trends, and policy. *Journal of Policy Analysis and Management*, *34*(3), 593~638.

Hemmerter, J., & Gilby, E. (2009). The age 18 redetermination and post-redetermination participation in SSI. *Social Security Bulletin*, *69*(4), 1~25.

Hoynes, H. W., & Schanzenbach, D. W. (2009). Consumption responses to in-kind transfers: Evidence from the introduction of the Food Stamp Program. *American Economic Journal: Applied Economics*, *1*(4), 109~139.

_____(2016). U.S. food and nutrition programs. In R. Moffitt (Ed.), *Economics of Means-Tested Transfer Programs in the United States*, vol. 1, 219~301, Chicago, IL: The University of Chicago Press.

Internal Revenue Service (IRS) (2016a). Earned Income Credit. https://www.irs.gov/pub/irs-pdf/p596.pdf. 2016. 10. 28. 인출.

_____(2016b). Child Tax Credit. https://www.irs.gov/pub/irs-pdf/p972.pdf. 2016. 10. 28. 인출.

Jones, M. R. (2014). *Changes in EITC eligibility and participation, 2005-2009*. CARRA Working Paper no. 2014-04. Washington DC: U.S. Census Bureau.

Kassabian, D., Huber, E., Cohen, E., & Giannarelli, L. (2013). *Welfare Rules Databook: State TANF Policies as of July 2012*. OPRE Report No. 2013-27. Washington DC: U.S. Department of Health and Human Services.

Lee, D., & Saez, E. (2012). Optimal minimum wage policy in competitive labor markets. *Journal of Public Economics*, *96*(9), 737~749.

Moffitt, R. (2016). Introduction. In R. Moffitt (Ed.), *Economics of Means-Tested Transfer Programs in the United States*, vol. 1, 1~19, Chicago, IL: The University of Chicago Press.

Moffitt, R. A., & Scholz, J. K. (2010). Trends in the level and distribution of income support. In J. Brown (Ed.), *Tax Policy and the Economy*, *vol. 24*, 111 ~152, Chicago, IL: University of Chicago Press.

Nichols, A., & Rothstein, J. (2016). The earned income tax credit. In R. Moffitt (Ed.), *Economics of Means-Tested Transfer Programs in the United States*, *vol. 1*, 137~218, Chicago, IL: The University of Chicago Press.

Rector, R. (2012. 4. 17). Examining the means-tested welfare state: 79 programs and $927 billion in annual spending. *Testimony Before Committee on the Budget, United States House of Representatives*. http://budget. house. gov/uploadedfiles/ rectortestimony04172012. pdf. 2016. 10. 1. 인출.

Shaefer, H. L., & Edin, K. (2013). Rising extreme poverty in the United States and the response of federal means-tested transfer programs. *Social Service Review*, *87*(2), 250~268.

Short, K. (2014). *The Supplemental Poverty Measure 2013*. Washington DC. : U. S. Census Bureau.

Skocpol, T. (1995). *Protecting Soldiers and Mothers: The Political Origins of Social Policy in the United States*. Cambridge, MA: Harvard University Press.

Social Security Administration (SSA) (2015). *Annual Report of the Supplemental Security Income Program*. Washington D. C. : SSA.

Spar, K. (2006). *Cash and Noncash Benefits for Persons with Limited Income: Eligibility Rules, Recipient and Expenditure Data, FY2002-FY2004*. Washington DC: Congressional Research Service.

Tiehen, L., Jolliffe, D., & Smeeding, T. (2013). *The Effect of SNAP on Poverty*. *IRP Discussion Paper No. 1415-13*. Madison, WI: Institute for Research on Poverty, University of Wisconsin-Madison.

U. S. House Budget Committee Majority Staff (2014). *The War on Poverty: 50 Years Later*. A House Budget Committee Report. Washington DC: Committee on the Budget, United States House of Representatives. March.

Ziliak, J. P. (2007). Making work pay: Changes in effective tax rates and guarantees in U. S. transfer programs, 1983-2002. *Journal of Human Resources*, *42*(3), 619~642.

_____ (2016). Temporary assistance for needy families. In R. Moffitt (Ed.), *Economics of Means-Tested Transfer Programs in the United States*, *vol. 1*, 303~ 393, Chicago, IL: The University of Chicago Press.

# 12

# 보건의료제도*

## 1. 미국 의료제도의 특성

### 1) 미국 의료제도의 일반적 특성

미국을 생각할 때, '선진국', '자본주의의 종주국', '연방국가'라는 단어들이 연상된다. 세계 제일의 경제적·군사적 강국이며, 자본주의 국가의 상징으로서 수요와 공급에 의한 자율적 조정이라는 시장적 가치가 국가와 사회를 움직이는 핵심을 이루고 있다. 국가의 역할은 제한적이고 잔여적인 것을 특징으로 하고 있다. 이와 함께 연방국가로서 중앙정부와 지방정부의 관계는 여타 국가와는 확연히 다른 차원을 보이고 있다는 것을 들 수 있다. 대부분의 국가들에서 중앙과 지방정부의 관계가 국가 형성 이후 지방분권의 확대 차원에서 이루어진 것이라 한다면 연방국가로서 미국은 주정부가

---

* 이 글은 2012년 《주요국의 사회보장제도: 미국》(한국보건사회연구원, 2012)에서 필자가 작성한 "제3부 제1장 의료제도"를 수정 보완한 것이다.

그들의 권력 일부를 양도하는 상향적 방식으로 국가 형성이 이루어졌다는 것을 특징으로 한다. 이로 인해 연방정부에 대해 주정부는 폭넓은 자율성을 가지고 있다.

이와 같은 미국의 제도적 특성은 의료제도에도 그대로 반영되고 있다. 그 특징으로 세 가지를 들 수 있다. 첫째, 의료부분의 양적 그리고 질적 부문에 있어서 타국을 압도하고 있다. 최첨단 의료시설과 장비 그리고 서비스 수준을 자랑하고 있으며, 의료비의 총지출과 투자에 있어서 타국을 압도하고 있다. 미국의 의료체제는 한국의 의료서비스 종사자들로 하여금 모든 면에서 의료경험과 기술을 도입하고자 희망하는 모델이다(김경희, 2007: 404). 둘째, 시장지향적 의료제도가 형성·성장하였다. 미국에서 민간의료기관과 민간건강보험은 의료체계의 중추를 담당하고 있으며, 정부 차원의 공공의료 부문 역할은 상대적으로 취약성을 면치 못하고 있다.1) 영리의료기관의 존재 역시 시장지향적 의료제도의 또 다른 단면이라 할 것이다. 셋째, 연방국가적 특성에 의해 의료체제에 있어서 주정부의 자율성이 크다는 것을 들 수 있다. 의료제도의 핵심이라 할 수 있는 의료인력의 자격에 대한 권한은 연방정부가 아닌 주정부에서 관장하고 있다. 따라서 각 주별로 면허의 기준과 의료인력의 기능 그리고 진료영역 등이 다양하게 규정되어 있다. 예를 들어 침사(acupuncturist)에 대한 면허에 있어서 2002년 현재 전체 주(state)에서 41개 주만이 면허제도를 운영하고 있다. 또한 의사의 침술 자격도 다양하

---

1) 김경희(2007)는 미국 의료체제의 특성을 크게 공적 의료체계의 잔여성과 분절성 그리고 개별기업에 의한 민간보험체계를 들고 있다. 첫째, 공보험이 전 국민을 대상으로 하는 보편적인 의료체계가 아니라 특정한 범주의 인구 약 25%만을 대상으로 하는 잔여적인 의료체제이다. 둘째, 의료체계가 통합되어 있지 않고 매우 복잡한 체계를 이루고 있어 분절화되어 있다. 민간 및 공공 부문의 다양한 출처로부터 재원이 조달되며, 관리운영에 있어서도 민간과 공공 부문 내의 다양한 주체들이 다양한 방식으로 개입되고 있으며, 의료재정이 다양하게 충당되고 있다. 셋째, 고용 의존적 기업복지 차원에서의 의료보장이 의료체계의 중추를 담당하고 있다.

게 정의되고 있다. 31개 주에서는 의사가 침을 시술할 수 있는 반면, 11주에서는 별도의 훈련 혹은 시험을 요구하고 있다. 4개 주에서는 특별한 규정이 없는 반면 2개 주에서는 침 시술을 금지하고 있다(김창엽, 2006: 57).

이와 같은 미국 의료체계의 특성은 긍정적 시각의 대상이기보다는 부정적 혹은 극복의 대상으로 지목되고 있다. 미국의 진보적 의사인 렐만(Relman, 2007, 조홍준 역, 2008: 23)은 그의 저서 서문에서 "미국 보건의료는 엄청나게 비싸며 그 비용이 지속 불가능할 속도로 증가하고 있다. 더구나 의료서비스를 가장 필요로 하는 사람 가운데 많은 사람이 이를 이용할 수 없으며, 비효율적이고, 질의 편차 역시 매우 크다"라고 그들의 의료체계가 가진 한계를 고백하고 있다.[2] 2014년 무보험자는 전국민의 10.4%에 달하며 약 3,300만에 이르고 있다(U. S. Census bureau, 2015).[3] 그러나 2010년 3월 오바마 행정부의 의료개혁입법인 〈환자보호 및 적정의료법〉(Patient Protection and Affordable Care Act: ACA)의 통과, 그리고 일련의 위헌논쟁을 거쳐 2012년 미연방대법원에서의 합법판결로 새로운 전기를 마련하였다. ACA의 주요한 핵심은 건강보험의 강제가입과 미가입 시 이에 상응하는 부담금의 부과, 메디케이드의 가입 확대, 저렴한 건강보험 상품과 보조금 지원 그리고 '건강보험거래소'(insurance exchange)의 운영 등을 들 수 있다(김성수, 2011; 이우영, 2014; 조현구, 2014). 이에 따라 미국의 고질적 의료한계로 지적되었던 무보험자의 문제를 해결할 전기를 마련함으로써 의료에 대한 접근성이 크게 강화될 것이 예상되고 있다.

2) "미국의 고소득층의 경우 다른 나라에서 받기 어려운 양질의 의료서비스를 받을 수 있는 반면, 의료 혜택의 사각지대에 놓여 있는 계층은 의료서비스에 대한 접근이 어려움을 겪는 의료서비스의 양극화 문제가 심각하게 발생하고 있다"(김태현, 2015: 454).
3) 이와 같은 수치는 전년도(2013)에 비해 2.9%p가 감소한 수치이다.

## 2) 미국 의료서비스의 위상

〈표 12-1〉과 〈표 12-2〉는 주요 OECD 회원국의 총 의료비 및 'GDP 대비 전체 의료비 비중'을 나타낸 것이다. 2015년 현재, 미국의 총 의료비는 3조 350억 달러에 이르고 있으며, GDP 대비 16.9%로 확인되고 있다. 이와 같은 수치는 그 의료비의 지출 규모와 비중에 있어서 여타 OECD 35개 회원국을 압도하는 것으로 확인되고 있다. 미국의 총 의료비는 두 번째로 많은 일본이 약 5천억 달러를 지출하는 것에 비교할 때, 약 6배가 많은 수치이다. 또한 GDP 대비 비중에 있어서도 스위스 11.5%, 일본 11.2%, 스웨덴 11.1%, 독일 11.1% 그리고 프랑스 11.0% 등으로 이어지는 비중 규모에 있어서도 크게 앞선 것으로 나타나고 있다. 참고로 우리나라 2015년도 총 의료비는 1,259억 달러로서 미국이 24배 많은 것으로 확인되며, GDP 대비 의료 비중 역시 7.2%를 기록하여 미국과 현격한 차이를 보이는 것으로 확인되고 있다.

〈표 12-3〉은 주요 OECD 회원국의 1인당 의료비 지출현황을 나타내고 있다. 2015년 현재 미국의 '1인당 의료비지출'은 약 8,715달러에 이르고 있으며, 스위스 9,144달러를 제외하고는 가장 많은 의료비를 지출하는 것으로 확인되고 있다. 이는 NHS방식의 의료제도를 채택하고 있는 영국의 3,767달러 그리고 노령화가 가장 많이 진행된 일본의 3,930달러와 비교하였을 때 미국의 1인당 의료비지출이 얼마나 많은지를 알 수 있게 한다. 참고로 우리나라는 2015년 2,480달러를 기록하여, 미국 1인당 의료비의 약 28.5%를 지출하는 것으로 확인되고 있다.

그러나 미국 의료의 양적인 규모에도 불구하고 미국민에 대한 전반적인 의료서비스는 상대적으로 낮은 것으로 평가되고 있다. 미국 의료의 질과 관련한 연구결과를 따르면, 첫째 환자의 절반 정도만이 적정한 치료를 받고 있으며 또한 환자들이 가입하고 있는 건강보험형태가 의료의 질적 측면에 영향을 주지 않고 있다. 둘째, IOM(Institute of Medicine)의 보고서에

## 〈표 12-1〉 주요 OECD 회원국의 총의료비

(단위: 백만 달러)

| | 1970 | 1980 | 1990 | 1995 | 2000 | 2005 | 2010 | 2015 |
|---|---|---|---|---|---|---|---|---|
| 캐나다 | 6,252 | 18,785 | 46,852 | 58,641 | 74,323 | 105,834 | 144,262 | 165,221 |
| 프랑스 | 9,931 | 35,880 | 81,517 | 121,072 | 150,944 | 195,362 | 250,170 | 292,705 |
| 독일 | 15,773 | 57,925 | 108,804 | 178,478 | 214,783 | 271,907 | 356,434 | 427,679 |
| 일본 | 14,772 | 63,755 | 138,037 | 184,527 | 243,044 | 314,785 | 410,417 | 527,477 |
| 한국 | 522 | 3,191 | 13,073 | 20,650 | 34,038 | 58,732 | 96,416 | 125,932 |
| 뉴질랜드 | 562 | 1,529 | 3,298 | 4,566 | 6,199 | 8,782 | 13,141 | 16,499 |
| 스페인 | 2,994 | 13,151 | 32,453 | 45,575 | 60,018 | 93,389 | 135,909 | 146,455 |
| 스웨덴 | 2,140 | 7,202 | 12,468 | 14,644 | 19,319 | 25,660 | 33,232 | 50,958 |
| 스위스 | 2,135 | 6,368 | 13,216 | 18,037 | 23,146 | 29,862 | 42,031 | 57,126 |
| 영국 | 8,232 | 25,170 | 50,832 | 73,901 | 101,213 | 155,139 | 190,566 | 259,695 |
| 미국 | 67,046 | 235,475 | 674,070 | 958,175 | 1,286,365 | 1,904,813 | 2,452,928 | 3,035,690 |

자료: http://stats.oecd.org, 2016. 8. 10. 인출.

## 〈표 12-2〉 주요 OECD 회원국의 GDP 대비 전체 의료비 비중

(단위: %)

| | 1970 | 1980 | 1990 | 1995 | 2000 | 2005 | 2010 | 2015 |
|---|---|---|---|---|---|---|---|---|
| 캐나다 | 6.4 | 6.6 | 8.4 | 8.6 | 8.3 | 9.1 | 10.7 | 10.2 |
| 프랑스 | 5.2 | 6.7 | 8.0 | 9.8 | 9.5 | 10.2 | 10.7 | 11.0 |
| 독일 | 5.7 | 8.1 | 8.0 | 9.5 | 9.8 | 10.2 | 11.0 | 11.1 |
| 일본 | 4.4 | 6.4 | 5.8 | 6.4 | 7.4 | 8.1 | 9.5 | 11.2 |
| 한국 | 2.7 | 3.5 | 3.7 | 3.4 | 4.0 | 5.0 | 6.4 | 7.2 |
| 뉴질랜드 | 5.2 | 5.7 | 6.7 | 6.9 | 7.5 | 8.3 | 9.7 | 9.4 |
| 노르웨이 | 4.0 | 5.4 | 7.1 | 7.3 | 7.7 | 8.3 | 8.9 | 9.9 |
| 스페인 | 3.1 | 5.0 | 6.1 | 7.0 | 6.8 | 7.7 | 9.0 | 9.0 |
| 스웨덴 | 5.5 | 7.8 | 7.3 | 7.3 | 7.4 | 8.3 | 8.5 | 11.1 |
| 스위스 | 4.9 | 6.6 | 7.4 | 8.8 | 9.3 | 10.3 | 10.5 | 11.5 |
| 영국 | 4.0 | 5.1 | 5.1 | 6.0 | 6.3 | 7.4 | 8.5 | 9.8 |
| 미국 | 6.2 | 8.2 | 11.3 | 12.5 | 12.5 | 14.5 | 16.4 | 16.9 |

자료: http://stats.oecd.org, 2016. 8. 10. 인출.

<표 12-3> 주요 OECD 회원국의 1인당 의료비지출 현황

(단위: 달러)

|  | 1970 | 1980 | 1990 | 1995 | 2000 | 2005 | 2010 | 2015 |
|---|---|---|---|---|---|---|---|---|
| 캐나다 | 1,295.8 | 1,773.2 | 2,595.9 | 2,720.3 | 3,058.2 | 3,619.5 | 4,288.0 | 4,293.8 |
| 프랑스 | 923.0 | 1,604.7 | 2,300.9 | 2,965.8 | 3,249.0 | 3,629.2 | 3,859.5 | 4,035.4 |
| 독일 | 1,219.4 | 2,282.4 | 2,774.7 | 3,122.1 | 3,536.4 | 3,787.1 | 4,358.6 | 4,772.3 |
| 일본 | 623.4 | 1,235.1 | 1,683.0 | 1,963.3 | 2,330.9 | 2,692.1 | 3,204.9 | 3,930.7 |
| 한국 | 66.8 | 177.2 | 429.0 | 571.1 | 831.8 | 1,287.7 | 1,951.3 | 2,480.3 |
| 뉴질랜드 | 964.0 | 1,176.6 | 1,511.9 | 1,698.2 | 2,009.2 | 2,525.5 | 3,020.4 | 3,184.0 |
| 노르웨이 | 846.9 | 1,737.9 | 2,519.8 | 2,863.4 | 4,004.0 | 4,822.7 | 5,240.4 | 5,926.4 |
| 스페인 | 448.7 | 913.8 | 1,444.2 | 1,773.4 | 2,049.6 | 2,515.3 | 2,917.9 | 2,896.9 |
| 스웨덴 | 1,168.3 | 1,953.6 | 2,182.6 | 2,203.5 | 2,656.4 | 3,318.3 | 3,543.6 | 4,906.9 |
| 스위스 | 2,522.3 | 3,778.4 | 4,904.4 | 5,959.6 | 6,553.1 | 7,487.8 | 8,102.0 | 9,143.9 |
| 영국 | 656.1 | 1,018.0 | 1,344.1 | 1,709.2 | 2,044.2 | 2,712.3 | 3,036.1 | 3,767.4 |
| 미국 | 1,452.6 | 2,363.7 | 4,093.4 | 4,835.6 | 5,635.3 | 7,092.7 | 7,929.4 | 8,714.9 |

주: * 2010년 U.S. 달러 불변가격 기준.
자료: http://stats.oecd.org, 2016. 8. 10. 인출.

의하면 약 400만~500만 명의 환자들이 매년 의료과실로 피해를 보고 있으며, 이러한 결과로 44,000~98,000명이 사망에 이르고 있다. 셋째, 전자의무기록이 아닌 수기 처방전에 의한 잘못된 약·분량 등의 사고가 발생하고 있다(정영호, 2008: 25). 이와 같은 결과는 국제적으로 한 국가의 의료수준을 나타내는 지표로 확인되는 영아사망률, 기대수명 등과 같은 수치에서도 확인되고 있다.

　〈표 12-4〉는 OECD 주요 회원국의 영아사망률이다. 미국의 영아사망률은 비교 대상 국가들에 비해 크게 뒤처지는 것으로 확인되고 있다. 2014년 현재 미국의 '신생아 1천 명당 영아사망률'은 5.8명으로 프랑스 3.5명, 독일 3.2명 그리고 일본 2.1명, 영국 3.9명과 비교하였을 때 상당히 취약한 것으로 확인되고 있다. 이는 2010년 기준 조사 대상 OECD 35개 회원국 중 슬로바키아와 함께 32위를 기록하는 것으로 확인되고 있다. 멕시코(12.5명)와 터키(11.1명)를 제외하고는 가장 열악한 신생아사망률을 기록하고

<표 12-4> 주요 OECD 회원국의 신생아 1천 명당 영아사망자 수

(단위: 명)

| | 1960 | 1970 | 1980 | 1990 | 1995 | 2000 | 2005 | 2010 | 2014 |
|---|---|---|---|---|---|---|---|---|---|
| 캐나다 | 27.3 | 18.8 | 10.4 | 6.8 | 6.1 | 5.3 | 5.4 | 5.0 | - |
| 프랑스 | 27.7 | 18.2 | 10.0 | 7.3 | 5.0 | 4.5 | 3.8 | 3.6 | 3.5 |
| 독일 | 35.0 | 22.5 | 12.4 | 7.0 | 5.3 | 4.4 | 3.9 | 3.4 | 3.2 |
| 일본 | 30.7 | 13.1 | 7.5 | 4.6 | 4.3 | 3.2 | 2.8 | 2.3 | 2.1 |
| 한국 | - | 45.0 | - | - | - | - | 4.7 | 3.2 | 3.0 |
| 뉴질랜드 | 22.6 | 16.7 | 13.0 | 8.4 | 6.7 | 6.3 | 5.0 | 5.5 | - |
| 노르웨이 | 16.0 | 11.3 | 8.1 | 6.9 | 4.0 | 3.8 | 3.1 | 2.8 | 2.4 |
| 스페인 | 43.7 | 28.1 | 12.3 | 7.6 | 5.5 | 4.4 | 3.7 | 3.2 | 2.9 |
| 스웨덴 | 16.6 | 11.0 | 6.9 | 6.0 | 4.1 | 3.4 | 2.4 | 2.5 | 2.2 |
| 스위스 | 21.1 | 15.1 | 9.1 | 6.8 | 5.1 | 4.9 | 4.2 | 3.8 | 3.9 |
| 영국 | 22.5 | 18.5 | 12.1 | 7.9 | 6.2 | 5.6 | 5.1 | 4.2 | 3.9 |
| 미국 | 26.0 | 20.0 | 12.6 | 9.2 | 7.6 | 6.9 | 6.9 | 6.1 | 5.8* |

주: * National Center for Health Statistics et al., 2016.
자료: http://stats.oecd.org, 2016. 8. 10. 인출.

<표 12-5> 주요 OECD 회원국의 기대수명

(단위: 세)

| | 1960 | 1970 | 1980 | 1990 | 1995 | 2000 | 2005 | 2010 | 2014 |
|---|---|---|---|---|---|---|---|---|---|
| 캐나다 | - | - | 75.3 | 77.6 | 78.0 | 79.0 | 80.1 | 81.2 | - |
| 프랑스 | 70.3 | 72.2 | 74.3 | 76.9 | 77.9 | 79.2 | 80.3 | 81.8 | 82.8 |
| 독일 | 69.1 | 70.6 | 72.9 | 75.3 | 76.6 | 78.2 | 79.4 | 80.5 | 81.2 |
| 일본 | 67.8 | 72.0 | 76.1 | 78.9 | 79.6 | 81.2 | 82.0 | 82.9 | 83.7 |
| 한국 | 52.4 | 62.1 | 65.9 | 71.4 | 73.5 | 75.9 | 78.5 | 80.6 | 82.2 |
| 뉴질랜드 | - | 71.5 | 73.2 | 75.5 | 76.8 | 78.4 | 79.8 | 80.8 | 81.6 |
| 노르웨이 | 73.8 | 74.4 | 75.9 | 76.7 | 77.9 | 78.8 | 80.3 | 81.2 | 82.2 |
| 스페인 | 69.8 | 72.0 | 75.4 | 77.0 | 78.1 | 79.4 | 80.3 | 82.4 | 83.3 |
| 스웨덴 | 73.1 | 74.8 | 75.9 | 77.7 | 79.0 | 79.7 | 80.7 | 81.6 | 82.3 |
| 스위스 | 71.4 | 73.1 | 75.7 | 77.5 | 78.7 | 79.9 | 81.4 | 82.6 | 83.3 |
| 영국 | 70.8 | 71.9 | 73.2 | 75.7 | 76.7 | 77.9 | 79.2 | 80.6 | 81.4 |
| 미국 | 69.9 | 70.9 | 73.7 | 75.3 | 75.7 | 76.7 | 77.4 | 78.6 | 78.8 |

자료: http://stats.oecd.org, 2016. 8. 10. 인출.

있는 것으로 확인되고 있다.

〈표 12-5〉는 OECD 주요 회원국의 기대수명이다. 미국민의 기대수명은 1960년 69. 9세에서 2010년 78. 6세, 2014년 78, 8세로서 지속적으로 증가하였다. 그러나 이와 같은 수치는 2014년 기준으로 프랑스 82. 8세, 독일 81. 2세 그리고 일본 83. 7세와 영국 81. 4세 등 대부분의 OECD 회원국들이 80세 이상을 보이는 것과 비교되는 수치라 할 것이다. 더욱이 OECD 회원국을 대상으로 한 연도별 기대수명에서도 그 순위가 점진적으로 하향추세임을 확인할 수 있다. 1960년 조사 대상 26개국 중 12위로 상대적으로 상위권을 기록하였던 미국민의 기대수명은 2010년 35개 중 26위, 2014년 34개국 중 28위로 점차 낮아지고 있다. 〈표 12-5〉에서도 1960년과 2014년을 비교하였을 때, 독일, 일본, 한국, 스페인 등의 국가들은 그 순위에 있어서 미국을 추월한 것으로 확인된다.

더욱이 높은 의료비용은 상당수 미국민으로 하여금 의료서비스 구입에 곤란을 겪게 하는 것으로 확인된다. 〈표 12-6〉에서 보듯이 2014년 현재 전체 국민 중 약 10%의 인구가 의료서비스 구입에 곤란을 겪고 있다. 구체적으로 보면 전체 국민 중 질병치료 구입곤란자는 8. 2%, 의약품 구입곤란자는 5. 6% 그리고 치아치료 구입곤란자는 10. 0%를 기록하고 있다. 2010년 ACA 통과 이후 전체적으로 감소하였음에도 불구하고 아직도 상당수의 국민들이 의료서비스 구입에 곤란을 겪고 있다. 특히 연방빈곤선 (FPL) 400% 이하의 저소득층 국민들이 의료서비스 구입에 부담을 강하게 느끼고 있는 것으로 확인된다. 특기할 것은 건강보험가입자들 역시 의료서비스 구입에 있어서 상당한 부담을 느낀다는 것이다. 민간건강보험가입자 중 약 6% 그리고 메디케이드 가입자 중 20%의 국민이 의료비용으로 인해 서비스 구입에 곤란을 겪고 있는 것으로 확인된다. 그러나 ACA가 시행된 2010년 이후 의료서비스 구입 곤란자가 감소하였다는 것은 주목할 필요가 있다. 2010년과 2014년을 비교하였을 때, 질병치료 구입 10. 9%에서

<표 12-6> 의료비용 부담으로 인한 의료서비스 구입곤란 계층 현황

(단위: %)

| | 질병치료 구입 | | | | 의약품 구입 | | | | 치과치료 구입 | | | |
|---|---|---|---|---|---|---|---|---|---|---|---|---|
| | 1997 | 2000 | 2010 | 2014 | 1997 | 2000 | 2010 | 2014 | 1997 | 2000 | 2010 | 2014 |
| 전체 | 8.3 | 7.4 | 10.9 | 8.2 | 4.8 | 5.1 | 8.3 | 5.6 | 8.6 | 8.1 | 13.5 | 10.0 |
| 19세 이하 | 4.5 | 4.7 | 4.5 | 2.9 | 2.1 | 2.4 | 2.8 | 1.6 | 6.0 | 6.2 | 6.6 | 4.3 |
| 65세 이상 | 4.6 | 4.5 | 5.0 | 4.3 | 2.8 | 3.9 | 4.7 | 3.7 | 3.5 | 3.4 | 6.9 | 7.2 |
| FPL 100% 이하 | 19.6 | 18.4 | 23.4 | 20.2 | 14.8 | 16.0 | 21.5 | 16.1 | 19.4 | 18.7 | 30.4 | 23.7 |
| FPL 100~199% | 17.9 | 15.8 | 24.0 | 17.9 | 11.6 | 12.2 | 18.4 | 12.5 | 18.3 | 16.7 | 29.2 | 20.6 |
| FPL 200~399% | 10.5 | 9.6 | 15.2 | 11.5 | 5.5 | 6.3 | 11.4 | 7.0 | 10.2 | 10.6 | 17.3 | 12.6 |
| FPL 400% 이상 | 4.6 | 4.0 | 6.8 | 4.3 | 1.7 | 2.1 | 3.9 | 2.5 | 4.5 | 4.0 | 7.0 | 4.5 |
| 보험자 | 6.8 | 5.7 | 9.1 | 7.5 | 3.7 | 4.2 | 7.3 | 5.7 | 7.2 | 6.5 | 11.8 | 9.6 |
| 민간건강보험 | 6.0 | 5.0 | 8.2 | 6.4 | 2.9 | 3.4 | 6.0 | 4.1 | 6.2 | 5.6 | 9.2 | 6.9 |
| 메디케이드 | 11.9 | 12.7 | 12.5 | 11.6 | 11.1 | 12.1 | 13.5 | 11.6 | 14.8 | 15.6 | 24.2 | 20.3 |
| 무보험자 | 27.6 | 24.7 | 34.5 | 30.4 | 18.0 | 17.0 | 25.7 | 17.6 | 26.1 | 24.0 | 37.7 | 28.2 |

자료: National Center for Health Statistics et al., 2016: 230~231 재구성.

<표 12-7> 주요 OECD 회원국의 전체 의료비에서 공공 부문 지출 비중

(단위: %)

| | 1970 | 1980 | 1990 | 1995 | 2000 | 2005 | 2010 | 2015 |
|---|---|---|---|---|---|---|---|---|
| 캐나다 | 70.3 | 76.1 | 74.3 | 70.9 | 70.0 | 69.9 | 70.1 | 70.8 |
| 프랑스 | 74.9 | 79.6 | 76.0 | 79.1 | 78.9 | 78.7 | 78.1 | 78.6 |
| 독일 | 71.4 | 77.8 | 75.4 | 82.1 | 79.6 | 76.5 | 83.7 | 85.0 |
| 일본 | 69.8 | 71.3 | 77.6 | 81.8 | 80.4 | 81.2 | 81.9 | 84.9 |
| 한국 | 9.2 | 20.2 | 40.2 | 42.2 | 54.0 | 57.1 | 59.1 | 55.6 |
| 뉴질랜드 | 80.3 | 88.0 | 82.4 | 77.2 | 78.0 | 79.7 | 80.6 | 79.7 |
| 노르웨이 | 90.8 | 98.2 | 82.8 | 83.9 | 81.7 | 83.1 | 84.7 | 85.2 |
| 스페인 | 64.0 | 80.0 | 78.4 | 72.0 | 71.4 | 71.9 | 74.8 | 69.9 |
| 스웨덴 | 83.8 | 92.0 | 79.6 | 86.6 | 85.5 | 81.8 | 81.9 | 83.7 |
| 영국 | 86.4 | 89.5 | 84.3 | 84.1 | 79.1 | 81.1 | 82.9 | 79.0 |
| 미국 | 37.2 | 42.0 | 40.2 | 46.2 | 44.2 | 45.4 | 48.4 | 49.4 |

자료: http://stats.oecd.org, 2016. 8. 10. 인출.

8.2%, 의약품 구입 8.3%에서 5.6% 그리고 치과치료 구입 13.5%에서 10.0%로 각각 감소하였다.

한편, 미국 의료제도의 특징 중 하나는 공공 부문의 역할이 상대적으로 취약하다는 것이다. 〈표 12-7〉에서 확인되듯이 미국 의료분야에서 공공 부문은 1970년대 이후 지속적으로 그 역할을 확대하여 왔다. 그럼에도 불구하고 2015년을 기준으로 하였을 때, 조사 대상 35개 OECD 회원국 중 전체 의료비에서 공공 부문이 차지하는 비중이 50%를 하회하는 경우는 미국이 유일한 것으로 확인된다. 멕시코 51.5% 그리고 한국 55.6% 등이 미국을 이어 공공 부문의 역할이 상대적으로 낮게 나타났다(OECD, 2016. 8. 10. 인출).

공공 부문의 낮은 의료비지출 비중은 역으로 개인을 포함한 민간 부문이 담당하는 비중이 높다는 것이고, 이는 국민들의 의료비 부담이 만만치 않음을 다시 한 번 확인하게 한다. 물론 이와 같은 결과는 미국 의료체제의 시장친화적인 제도적 특성을 반영하고 있는 것이기도 하지만, 의료 부문의 낮은 공공성과 접근성 등은 지속적으로 문제점으로 지적되고 있다.[4]

결과적으로 미국의 의료는 경제적인 측면에서 강국으로서의 위상과 민간 주도적 특성을 잘 보여 주고 있다. 전체 의료비, GDP 대비 의료비 비중 그리고 1인당 의료비지출 규모에 있어서 여타 국가들과 비교하였을 때 압도적인 규모를 특징으로 하면서도 공공 부문의 비중은 크게 낮음을 알 수 있다. 그러면서도 영아사망률, 기대수명 등과 같은 국민 전체 의료서비스 질적 수준은 상대적으로 낮게 나타나고 있다. 그러나 ACA로 대표되는 오바마 행정부의 의료개혁 이후 의료서비스의 구입곤란 계층이 감소하였다는 것은 주목할 요인이라 할 것이다.

---

4) 이근정(2010)은 미국의 의료보장체제의 문제점으로 취약한 의료접근성, 높은 의료비용 그리고 낮은 건강성과를 지적하고 있다. 김성수(2011)는 미국의 건강보장체계의 특징을 건보예외주의, 민간 주도·국가 보완, 보충적 자유주의 등을 지적하고 이의 문제점으로 의료비용의 과다, 낮은 의료의 질, 의료의 접근성 제한 등을 지적하고 있다.

## 2. 미국의 의료제도 현황

### 1) 의료인력

미국 내에서 의료인력에 대한 자격 여부는 주정부의 소관이라는 연방정부적 특성을 반영하고 있다. 이와 같은 특성으로 인해 보건의료인력의 양성과 직종 분화가 다양하게 확인되고 있다. 경우에 따라서 의료인력 간의 기능상 중복과 진료 영역의 구분이 모호한 것을 특징으로 한다(김창엽, 2006: 56).

〈표 12-8〉에서 보듯이 2013년 현재 전체 의사는 104만 5천여 명이며, 이 중 현업에서 활동하는 의사는 약 84만 5천 명이다.[5] 이 중 자국 내에 의사면허를 취득한 사람은 약 63만 7천 명이며, 외국 이민자 의사는 약 21만 8천 명에 달한다. 참고로 의료의 접근성을 나타내는 인구 1,000명당 의사면허 소지자는 2013년 현재 3.30명으로 나타나 OECD 26개 회원국 중 다섯 번째로 낮다. 아이슬란드 7.21명, 이탈리아 6.37명, 그리스 6.28명 등의 순으로 높은 반면, 칠레 1.87명, 한국 2.61명, 캐나다 2.74명, 뉴질랜드 3.29명 그리고 미국이 3.30명으로 상대적으로 낮다. 〈표 12-9〉는 주요 OECD 회원

〈표 12-8〉 의사인력 현황

(단위: 명)

| | | 1975 | 1985 | 1995 | 2000 | 2005 | 2010 | 2013 |
|---|---|---|---|---|---|---|---|---|
| 전체 의사 | | 393,742 | 552,716 | 720,325 | 813,770 | 902,053 | 985,375 | 1,045,910 |
| 현업 의사 | | 340,280 | 497,140 | 625,443 | 692,368 | 762,438 | 794,862 | 854,698 |
| 현업 출신 | 미국 의대 | | 392,007 | 481,137 | 527,931 | 571,798 | 595,908 | 636,707 |
| | 타국 | | 105,133 | 144,306 | 164,437 | 190,640 | 198,954 | 217,991 |

자료: National Center for Health Statistics et al., 2016: 282 재구성.

---

[5] 약 84만 명의 현직 의사 중 개업의(*office-based practice*)는 약 60만 명이며, 봉직의(*hospital-based practice*)는 21만 명인 것으로 확인되고 있다(National Center for Health Statistics et al., 2016: 283).

<표 12-9> 주요 OECD 회원국의 1,000명당 의사 면허소지자 수

(단위: 명)

| | 2000 | 2005 | 2006 | 2007 | 2008 | 2009 | 2010 | 2011 | 2012 | 2013 |
|---|---|---|---|---|---|---|---|---|---|---|
| 캐나다 | 2.29 | 2.34 | 2.36 | 2.40 | 2.44 | 2.51 | 2.55 | 2.63 | 2.69 | 2.74 |
| 덴마크 | 4.28 | 4.87 | 5.02 | 5.16 | 5.28 | 5.41 | 5.55 | 5.67 | 5.78 | 5.87 |
| 핀란드 | 3.66 | 4.09 | 3.51 | 3.56 | 3.60 | 3.65 | 3.79 | 3.85 | 3.90 | 3.94 |
| 독일 | 4.48 | 4.84 | 4.92 | 5.01 | 5.11 | 5.23 | 5.35 | 5.47 | 5.68 | 5.81 |
| 그리스 | 4.37 | 5.06 | 5.41 | 5.63 | 6.12 | 6.21 | 6.23 | 6.25 | 6.27 | 6.28 |
| 이탈리아 | 6.07 | 6.05 | 6.10 | 6.23 | 6.21 | 6.22 | 6.27 | 6.40 | 6.38 | 6.37 |
| 한국 | 1.80 | 2.09 | 2.15 | 2.23 | 2.30 | 2.38 | 2.44 | 2.50 | 2.56 | 2.61 |
| 네덜란드 | 3.03 | 3.41 | 3.49 | 3.58 | 3.67 | 3.75 | 3.83 | 3.93 | 4.07 | 4.17 |
| 뉴질랜드 | 2.56 | 2.80 | 2.84 | 2.92 | 2.99 | 3.06 | 3.08 | 3.20 | 3.24 | 3.29 |
| 포르투갈 | 3.08 | 3.36 | 3.43 | 3.52 | 3.61 | 3.72 | 3.85 | 3.98 | 4.10 | 4.26 |
| 스페인 | 4.45 | 4.56 | 4.57 | 4.60 | 4.66 | 4.72 | 4.80 | 4.84 | 4.89 | 4.99 |
| 스웨덴 | 4.18 | 4.89 | 5.05 | 5.23 | 5.39 | 5.53 | 5.66 | 5.82 | 5.98 | 6.14 |
| 영국 | 3.43 | 3.96 | 3.95 | 3.99 | 4.00 | 3.51 | 3.61 | 3.68 | 3.71 | 3.72 |
| 미국 | 2.88 | 3.05 | 3.09 | 3.12 | 3.14 | 3.17 | 3.19 | 3.22 | 3.27 | 3.30 |

자료: http://stats.oecd.org, 2016. 8. 10. 인출.

국의 인구 1, 000명당 의사 면허소지자를 나타낸 것이다(OECD. 2016).

〈표 12-10〉은 주요 의료인력 양성과 관련한 대학 및 연간 졸업생 수이다. 1980년에 비하여, 의학(정골요법 D. O), 약학, 검안(Optometry) 등과 관련한 의대 및 연간 졸업생은 크게 증가한 데 비해, 치의학, 발 전문의 그리고 의학(대중요법) 등의 의대 및 졸업생은 소폭 증가했다. 이때 특이한 것은 의대의 구성이 우리와 달리 매우 복잡하다는 것이다. 두 가지 유형의 의대가 존재하고, 이 밖에도 검안의(optometrist), 발 전문의(podiatrist)라는 별도의 의료전문의를 배출하는 대학이 존재한다. 검안의는 최소 3년 이상의 대학 교육 이후에 4년제 전문대학원 졸업과정을 거치도록 하고 있으며, 안과 영역에서 수술 이외의 진단과 치료, 안경과 콘택트렌즈 처방 및 수술 전후 치료 등을 담당한다. 발 전문의는 주로 발, 발목, 무릎 이하를 주로 진료하는 의사와 비슷한 자격의 전문직으로서 일반적으로 일반 대학 졸업 이후에 4년제

<표 12-10> 주요 의료 관련 대학 수 및 졸업생 현황

(단위: 개소, 명)

| | | 1980~1981 | 1990~1991 | 2000~2001 | 2010~2011 | 2013~2014 |
|---|---|---|---|---|---|---|
| 의대 | 치대 | 60 | 56 | 55 | 58 | 65 |
| | 의대(대중요법) | 125 | 125 | 124 | 135 | 141 |
| | 의대(정골요법, D.O)* | 14 | 15 | 19 | 34 | 40 |
| | 검안의대(Optometry) | 13 | 17 | 17 | 20 | 21 |
| | 약대 | 72 | 74 | 82 | 123 | 133 |
| | 발 전문의대(Podiatry) | 5 | 7 | 7 | 9 | 9 |
| | 보건대 | 21 | 25 | 28 | 46 | 56 |
| 졸업생 | 치대 | 5,356 | 5,550 | 4,367 | 5,070 | 5,491 |
| | 의학(대중요법) | 15,632 | 15,427 | 15,796 | 17,341 | 18,078 |
| | 의학(정골요법, D.O) | 1,151 | 1,534 | 2,510 | 4,159 | 4,997 |
| | 검안의(Optometry) | 1,092 | 1,224 | 1,310 | 1,308 | 1,541 |
| | 약학 | 7,323 | 7,122 | 7,000 | 12,719 | 13,838 |
| | 발 전문의(Podiatry) | 597 | 591 | 531 | 543 | 564 |
| | 보건 | 3,168 | 3,995 | 5,747 | 9,717 | 11,052 |

주: * 공식적으로는 'doctor of osteopathy'(D.O)라고 표현하는 의사들로 일반의(doctor of medicine: MD)와 자격이나 훈련, 전문화의 정도 등에서 차이가 거의 없으며 전체 의사의 약 5% 정도를 차지하고 있음(김창엽, 2006).
자료: National Center for Health Statistics et al., 2016: 287 재구성.

전문대학원을 졸업하고 1~3년의 수련을 받도록 하고 있다(김창엽, 2006).

의사 이외의 주요한 의료 관련 인력은 <표 12-11>에서 확인할 수 있다. 2014년 현재 의료실무와 관련한 주요 인력은 간호사 269만 명, 약사 28만 명, 치위생사 20만 명, 물리치료사 20만 명 등이다. 의료지원을 담당하는 치위생조무사는 30만 명, 가정간호보조사는 80만 명 등이다. 특기할 것은 의료실무인력의 경우 세분화·전문화가 이루어지고 있다는 사실이다. 예를 들어 간호사의 경우 2012년부터 종래의 일반간호사(Registered nurse: R.N)와 실무간호사(Licensed practical and licensed vocational nurse: L.P.N) 이외에 전문간호사(Nurse practitioner: N.P), 마취전문간호사, 간호조산사 등으로 세분화·전문화되어 통계조사되었다.[6] 이 밖에도 호흡기 관련 의료실무인력 역시 호흡기치료사(Respiratory therapists)와 호흡기치료기사(Respiratory therapy technicians) 등으로 구분되는 것을 확인할 수 있다. 시간당 급여는 마취전문간호사가 76.40달러, 약사 56.96달러, 전문간호사 47.11달러 등의 순으로 나타났다.

〈표 12-11〉 주요 의료 관련 인력 및 시간당 급여 현황

| | | 종사자(명) | | | | 급여(달러) | | | |
|---|---|---|---|---|---|---|---|---|---|
| | | 2000 | 2009 | 2012 | 2014 | 2000 | 2009 | 2012 | 2014 |
| 의료실무 | 치위생사 | 148,460 | 173,900 | 190,290 | 196,520 | 24.99 | 32.63 | 33.99 | 34.60 |
| | 영양사 | 43,030 | 53,220 | 58,240 | 59,490 | 18.76 | 25.59 | 27.00 | 27.62 |
| | 응급구조사 | 165,530 | 217,920 | 232,860 | 235,760 | 11.89 | 15.88 | 16.53 | 16.88 |
| | 간호사 | 2,189,670 | 2,583,770 | 2,633,980 | 2,687,310 | 22.31 | 31.99 | 32.66 | 33.55 |
| | 전문간호사 | - | - | 105,780 | 122,050 | - | - | 43.97 | 47.11 |
| | 실무간호사 | 679,470 | 728,670 | 718,800 | 695,610 | 14.65 | 19.66 | 20.39 | 20.87 |
| | 마취전문간호사 | - | - | 34,180 | 36,590 | - | - | 74.22 | 76.40 |
| | 간호조산사 | - | - | 5,710 | 5,110 | - | - | 43.78 | 46.97 |
| | 작업치료사 | 75,150 | 97,840 | 105,540 | 110,520 | 24.10 | 33.98 | 36.73 | 38.46 |
| | 안경사 | 66,580 | 60,840 | 64,930 | 73,110 | 12.67 | 16.73 | 16.83 | 17.43 |
| | 약사 | 212,660 | 267,860 | 281,560 | 290,780 | 33.39 | 51.27 | 55.27 | 56.96 |
| | 약제사 | 190,940 | 331,890 | 353,340 | 368,760 | 10.38 | 13.92 | 14.63 | 14.95 |
| | 물리치료사 | 120,410 | 174,490 | 191,460 | 200,670 | 27.62 | 36.64 | 38.99 | 40.35 |
| | 방사선치료사 | 13,100 | 15,570 | 18,230 | 16,380 | 25.59 | 37.18 | 38.66 | 40.25 |
| | 방사선기사 | 172,080 | 213,560 | 194,790 | 193,400 | 17.93 | 26.05 | 27.14 | 27.65 |
| | 호흡기치료사 | 82,670 | 107,270 | 116,960 | 119,410 | 18.37 | 26.06 | 27.50 | 28.12 |
| | 호흡기치료기사 | 28,230 | 15,100 | 13,460 | 10,610 | 16.46 | 21.96 | 22.84 | 23.46 |
| | 언어병리사 | 82,850 | 111,640 | 121,690 | 126,500 | 23.31 | 32.86 | 34.97 | 36.01 |
| 의료지원 | 치위생조무사 | 250,870 | 294,020 | 300,160 | 314,330 | 12.86 | 16.35 | 16.86 | 17.43 |
| | 가정간호보조사 | 561,120 | 955,220 | 839,930 | 799,080 | 8.71 | 10.39 | 10.49 | 10.77 |
| | 의료조무사 | 330,830 | 495,970 | 553,140 | 584,970 | 11.46 | 14.16 | 14.69 | 15.01 |
| | 간호조무사 | 1,273,460 | 1,438,010 | 1,420,020 | 1,427,740 | 9.18 | 12.01 | 12.32 | 12.62 |
| | 작업치료조무사 | 15,910 | 26,680 | 29,500 | 32,230 | 16.76 | 24.44 | 25.52 | 27.53 |

자료: National Center for Health Statistics et al., 2016: 286 재구성.

---

6) 이러한 현상은 높은 의료비에 따른 간호사의 역할이 확대되고 있는 것으로 해석할 수 있다.

## 2) 의료 · 요양 시설

미국병원협회(American Hospital Association)에 의하면, 병원은 최소 6병상 이상을 보유하고 있으면서 의사와 간호사의 감독, 간호서비스에 의해 진단과 치료서비스가 이루어지는 기관을 의미한다. 특기할 것은 우리와 달리 미국에서는 별다른 언급이 없는 경우에, 병원은 30일 이하 입원환자를 대상으로 하는 의료기관을 의미한다.

〈표 12-12〉에서 보듯이 2013년을 기준으로 그 소유형태를 분류하였을 경우, 전체 병원 5,686개 중에서 연방병원이 213개, 비연방병원이 5,473개소로 확인된다. 비연방병원 중 5,473개의 공동체병원[7]은 다시 비영리병원 2,904개와 영리병원 1,060개 그리고 주-지방정부병원 1,010개로 구분된다. 이때 주목되는 것은 미국 내에서 민간병원이 영리(for-profit)와 비영리(nonprofit)로 구분되어 있다는 것이다. 1975년 이후 영리병원은 증가한 반면, 비영리병원은 일부 감소한 것으로 확인된다. 영리와 비영리를 구분하는 핵심은 병원 투자주체의 이익배당과 같은 이윤 추구가 허용되느냐 하는 문제이다.

〈표 12-13〉에서 보듯이 비영리병원과 영리병원은 그 투자 및 운영목적, 투자배분, 조세혜택 등과 관련하여 구별된다. 영리병원은 이윤 추구와 이익 배분 그리고 법인 청산 등에서 자율성이 높은 한편, 연방정부 혹은 주정부에 의해 주어지는 각종 세제해택은 받을 수 없다. 이에 반해 비영리병원은 연방정부 소득세 면제와 개인 및 기업 등으로부터의 면세혜택이 부여되는 기부금을 받을 수 있고, 주정부에 따라서는 지방세, 재산세, 소비세 등에 대한 추가적인 면세혜택도 부여받을 수 있다.

---

[7] 공동체병원(community hospital)은 비연방정부 소속이면서 일반인을 대상으로 단기입원 (30일 이하)의 서비스를 제공하는 기관을 지칭한다.

비영리병원이 되기 위해서는 미국 국세청(Internal Revenue Services)에 의해 '자선 목적'(*charitable purpose*)의 비영리조직으로 자격을 인정받아야 한다. 이때 '자선 목적'을 어떻게 정의할 것인가의 문제에서 국세청은 1969년 이후에 구체적으로 자선활동의 범위를 정하지 않고 있다. 현재는 넓은 범위의 '지역사회 편익'을 비영리 병원의 운영 목적으로 인정하고 있으며, 주정부에 따라 명확한 규정을 마련한 곳과 그렇지 않은 곳 등이 존재한다(김창엽, 2006: 61~62).

현재까지 병원의 영리성과 관련하여 상반된 연구결과들이 존재하고 있

〈표 12-12〉 미국 병원현황(1975년~2013년)

(단위: 개소)

| | | 1975 | 1980 | 1990 | 2000 | 2005 | 2010 | 2012 | 2013 |
|---|---|---|---|---|---|---|---|---|---|
| 전체 병원 | | 7,156 | 6,965 | 6,649 | 5,810 | 5,756 | 5,754 | 5,723 | 5,686 |
| 연방병원 | | 382 | 359 | 337 | 245 | 226 | 213 | 211 | 213 |
| 비연방병원[1] | | 6,774 | 6,606 | 6,312 | 5,565 | 5,530 | 5,541 | 5,512 | 5,473 |
| 공동체[2] | | 5,875 | 5,830 | 5,384 | 4,915 | 4,936 | 4,985 | 4,999 | 4,974 |
| | 비영리 | 3,339 | 3,322 | 3,191 | 3,003 | 2,958 | 2,904 | 2,894 | 2,904 |
| | 영리 | 775 | 730 | 749 | 749 | 868 | 1,013 | 1,068 | 1,060 |
| | 주-지방병원 | 1,761 | 1,778 | 1,444 | 1,163 | 1,110 | 1,068 | 1,037 | 1,010 |

주: 1) 정신병원, 결핵과 호흡기질환 병원, 장기 및 단기 병원, 기타 전문병원.
　　2) 30일 이하의 단기입원환자 중심의 병원.
자료: National Center for Health Statistics et al., 2016: 288 재구성.

〈표 12-13〉 영리법인병원과 비영리법인병원의 법적·경제적 차이

| 구분 | 영리법인병원 | 비영리법인병원 |
|---|---|---|
| 투자 및 운영 목적 | 이윤 극대화 및 투자자 부 극대화 | 이윤 추구가 아닌 특정하게 주어진 다양한 임무 수행, 교육 연구의 수행 목적으로 운영 |
| 투자분배 가능여부 | 이윤의 일정 부분 투자자 분배 가능 | 이윤 배분 불가 |
| 조세혜택 | 일반 기업과 동일하게 재산세, 소득세, 판매세 지불, 세금혜택 없음 | 다양한 조세혜택 있음 |
| 병원 해산 시 재산 처분 | 자유로움 | 제약 있음 |

자료: 정영호·고숙자, 2005: 67.

다. 비용 및 효율성, 수익성, 의료의 질적 측면, 병원 자본금 및 투자 등에서 영리병원과 비영리병원의 성과를 비교한 연구들은 다양한 측면에서 상반된 결과들을 도출하고 있다. 따라서 어느 한 형태가 지배적으로 높은 성과를 제시하는 것은 아니다(정영호·고숙자, 2005: 73).[8] 한 가지 간과해서는 안 되는 것은 2013년 현재 전체 병원 중 영리병원은 18.6%에 그치고 있다는 사실이다. 미국 내 영리병원의 허용에도 불구하고 아직까지 절대다수의 병원이 비영리병원의 형태로 존재한다는 것은 주목할 일이다.[9]

한편 2016년 9월 현재, 미국의 의료 관련 종사자는 비농업 부문 고용인구 중 10.8%를 차지하는 것으로 확인된다. 전체 비농업 부문 취업인구 약 1억 4,500만 중 보건의료 분야 취업인구는 1,560만여 명에 이르는 것으로 나타났다. 보건의료 분야 중 취업인구가 가장 많은 기관 유형은 외래의료서비스 부문으로 46.0%이며 다음으로 병원이 32.7% 그리고 요양 및 주거보호시설이 21.3%를 차지하고 있다. 개별 의료기관 형태에 있어서는 내과 관련 시설이 약 260만 명이 근무하여 전체 보건의료 종사자 중 16.8%를 차지하고 있고, 그다음으로 요양보호시설이 약 170만 명이 종사하여 10.6%를 차지하고 있다.

이 중 특기할 시설로 요양보호시설을 들 수 있다. 이들 기관은 메디케어와 메디케이드 대상자 중 장기요양을 필요로 하는 사람에 대한 요양보호를 담당하고 있다. 요양기관의 종류는 크게 요양시설(*nursing home*)의 형태와 요

---

8) "병원의 공공성을 측정하는 지표 중의 하나인 수익 대비 무료진료의 비중에서 비영리병원의 약 45%가 수익의 단 3% 혹은 그 이하를 무료진료하는 데 쓰고 있다. 비영리병원과 영리병원 간의 무료진료 비중의 차이는 고작 0.6%밖에 되지 않는다. 영리병원이 제공하는 무료진료와 그들이 납부하는 법인세가 공익에 기여하는 부문을 합치면, 오히려 비영리병원보다 사회에 더 많은 기여를 한다고 주장한다"(김태현, 2015: 457).
9) 이와 관련하여 김창엽(2006: 63)은 미국 내의 민간병원들의 출발이 대부분 지역사회에 기반을 둔 것이고 현재도 지역사회와의 연계가 크다는 것, 그리고 비영리에 의한 실질적인 세제혜택이나 기부 등의 무시할 수 없는 조건 등을 지적하고 있다.

양기관 인증(*certification*) 수준에 따라 다음과 같이 분류할 수 있다(National Center for Health Statistic et al. , 2011: 515). 2014년 현재 전체 요양시설은 15,643개소이며, 입소자는 약 137만 명에 이른 것으로 확인된다.

① 요양시설 형태에 따른 분류
- 요양보호시설(*nursing care home*): 1명 이상의 간호사 혹은 실무간호사 (LPNs)가 근무하면서 입소자의 절반 이상에게 간호서비스를 제공.
- 개별보호시설(*personal care home with nursing*): 입소자의 절반 이하에 게 간호서비스를 제공. 이 시설에는 간호사 혹은 실무간호사가 1명 이

### 〈표 12-14〉 2016년 9월 비농업 부문 고용인구 중 보건의료 관련 시설 종사자 및 비중

(단위: 천 명, %)

| 취업유형 | 취업인구 | 비중 |
|---|---|---|
| 비농업 부문 총 취업자 | 144,747 | 100.0 |
| 보건의료 분야(Health care) | 15,629 | 10.8* |
| 외래의료서비스(Ambulatory health care services) | 7,187 | 46.0 |
| 내과 관련 시설(Offices of physicians) | 2,631 | 16.8 |
| 치과 관련 시설(Offices of dentists) | 944 | 6.0 |
| 기타 건강 관련 시설(Offices of other health practitioners) | 868 | 5.6 |
| 외래 진료센터(Outpatient care centers) | 789 | 5.1 |
| 의료 및 진단 검사실(Medical and diagnostic laboratories) | 259 | 1.7 |
| 가정간호서비스(Home health care services) | 1,402 | 9.0 |
| 기타 외래의료서비스(Other ambulatory health care services) | 295 | 1.9 |
| 병원(Hospitals) | 5,110 | 32.7 |
| 요양 및 주거보호시설(Nursing and residential care facilities) | 3,332 | 21.3 |
| 요양보호시설(Nursing care facilities) | 1,659 | 10.6 |
| 주거 정신건강시설(Residential mental health facilities) | 613 | 3.9 |
| 노인 관련 공동체 보호시설(Community care facilities for the elderly) | 897 | 5.7 |
| 기타 거주시설(Other residential care facilities) | 164 | 1.0 |

주: * 전체 비농업 부문 취업자 중 보건의료 분야 취업자 비중. 이하 비중들은 모두 전체 보건의료 분야 취업자 중 관련 의료기관 취업자 비중.
자료: http://www.bls.gov, 2016. 10. 22. 인출, 재구성.

상 근무하고 있거나 혹은 의사의 처방에 의해 투약 및 치료를 받고, 세 가지 이상의 개별 서비스를 제공받음.

- 준개별보호시설(*personal care home without nursing*): 간호서비스를 받을 입소자는 없고, 의사의 처방에 의한 투약 및 치료를 제공받고, 세 가지 이상의 개별서비스를 제공받음.
- 가택간호시설(*domiciliary care home*): 1∼2명에 대한 보호(*supervisory care*) 및 한 가지 이상의 개별서비스를 제공받음.

② 요양시설 인증형태에 따른 분류

- 전문요양시설(*skilled nursing facility*): 메디케어와 메디케이드에서 인증된 기관으로 병원 이외의 시설에서 전문적 요양보호서비스 제공. 메디케이드의 전문요양시설로 인증되기 위해서는 반드시 메디케어 인증기관이 되어야 함.
- 중간보호시설(*intermediate care facility*): 메디케이드에서 인증된 기관으로 병원 혹은 전문요양서비스를 필요로 하지 않지만 요양시설에 의한 보호가 필요한 사람들에게 보호서비스 제공. 이의 인증은 주정부에서 함.
- 비인가시설(*not certified facility*): 메디케어 혹은 메디케이드에서 인증되지 못한 비인가시설에 의한 보호서비스.

이 밖에 미국의 의료시설 중 주목할 기관으로는 연방정부인가보건센터(Federally Qualified Health Center: FQHC)와 농촌진료소(Rural Health Clinic: RHC)를 들 수 있다. 이 두 기관은 상대적으로 의료서비스의 접근이 취약한 지역 혹은 계층에 대한 의료서비스를 담당한다. FQHC는 지방정부 혹은 비영리조직 소유로 운영되면서 일정한 요건을 갖추어 연방정부의 지원을 받아 메디케어와 메디케이드 환자를 진료하고 진료비를 보상받을 수 있는 기관을 말한다. 이들 기관이 연방정부의 지원을 받기 위해서는 지역주민 다수가 차지하는 이사회 구조, 연방정부가 인정한 취약지역, 비영리조직, 포괄적 서비스 제공, 무료 혹은 소득 수준에 따른 진료비 부담 등의 요건을 충족하여야 한다. 그 핵심적 기능의 하나는 무보험자, 빈곤층, 노숙자, 불법체류자 등 의료접근권이 제한된 사람들에 대한 의료서비스를 제공하는 것이다. 농촌진료소는 연방정부가 인정한 취약한 농촌지역에서 특수집단에 대한 특정 서비스만을 제공하는 기능을 수행한다(김창엽, 2006: 75~76).

## 3) 의료재정

미국의 분절적 의료체계는 의료재정에 있어서도 그 특징을 보여 주고 있다. 의료재정은 민간 및 공공 부문 등 다양한 출처로부터 재원이 조달되며, 관리운영에 있어서도 민간과 공공 부문 내의 주체들 간의 다양한 방식으로 개입되고 있다. 의료재정은 크게 사회보장세, 민간보험료, 본인부담금 등에 의해 충당되고 있다(김경희, 2007: 405).

〈표 12-15〉에서 보듯이 2014년 현재 미국의 전체 GDP는 17조 3,480억 달러에 이르고 이 중 의료비 관련 비용은 3조 310억 달러에 달한다. 1인당 의료비는 9,523달러이다. 의료 부분에 대한 투자는 1,540억 달러에 달한다. 미국 의료비가 GDP에서 차지하는 비중은 17.5%에 이른다. 그 비중은 1960년대 이후 지속적으로 증가했다. GDP 대비 의료 비중은 1960년 5.0%, 1970년 7.0%, 1980년 8.9% 등 지속적으로 증가하였으며, 1990년에는 10.0%를 상회하는 12.1%를 기록하였다. 이후 2000년 13.3% 그리고 2009년 이후 17.0%를 상회하여 오늘에 이르고 있다. 〈표 12-15〉를 분석하면, 1960년 대비 2014년에서 의료 부문의 지출과 투자는 GDP 성장을 상회하는 것으로 나타난다. 동 기간에 GDP는 3,095% 증가한 반면 국민 총 의료비는 11,126%, 1인당 총 의료비는 6,423% 증가하여 이들 의

〈표 12-15〉 미국 GDP 대비 국민 총 의료비 및 1인당 의료비 항목별 현황

| | 1960 | 1970 | 1980 | 1990 | 2000 | 2009 | 2013 | 2014 |
|---|---|---|---|---|---|---|---|---|
| GDP | 543 | 1,076 | 2,863 | 5,980 | 10,285 | 14,419 | 16,663 | 17,348 |
| 국민 총 의료비 | 27 | 75 | 255 | 721 | 1,370 | 2,496 | 2,880 | 3,031 |
| 의료구입비 | 25 | 67 | 236 | 674 | 1,286 | 2,358 | 2,727 | 2,877 |
| 의료비 | 23 | 63 | 217 | 615 | 1,162 | 2,116 | 2,441 | 2,564 |
| 행정비용[1] | 1 | 3 | 12 | 39 | 81 | 168 | 210 | 235 |
| 공중보건 | 0 | 1 | 6 | 20 | 43 | 74 | 77 | 79 |
| 투자[2] | 3 | 8 | 20 | 47 | 83 | 139 | 153 | 154 |
| 1인당 총 의료비 | 146 | 355 | 1,108 | 2,843 | 4,857 | 8,147 | 9,115 | 9,523 |
| 의료구입비 | 133 | 319 | 1,022 | 2,657 | 4,562 | 7,693 | 8,632 | 9,040 |
| 의료비 | 125 | 300 | 942 | 2,425 | 4,121 | 6,905 | 7,727 | 8,054 |
| 행정비용[1] | 6 | 13 | 52 | 153 | 288 | 546 | 663 | 738 |
| 공중보건 | 2 | 6 | 28 | 79 | 153 | 242 | 242 | 248 |
| 투자[2] | 13 | 36 | 86 | 187 | 295 | 453 | 483 | 483 |

주: 1) 정부-민간 부문 행정비용.
    2) 연구 및 장비 구입 등.
   * 'GDP'와 '국민 총 의료비'의 단위는 10억 달러, '1인당 총 의료비'의 단위는 달러.
자료: Nation Center for Health Statistic et al., 2016: 293 재구성.

료분야의 부담이 크게 증가한 것으로 확인되고 있다. 의료 부문에 대한 투자 역시 5,033%가 증가하여 GDP 증가를 추월하고 있다.

국민 총 의료비를 보다 구체적으로 분석하면 〈표 12-16〉과 같다. 2014년 국민 총 의료비 3조 313억 달러 중 민간 부문이 1조 6,726억 달러, 정부 부문이 1조 3,587억 달러를 기록하고 있다. 민간과 정부 부문의 비중은 각각 55.2%와 44.8%이다. 이때 전체 의료비의 증가에서 민간 부문의 비중은 점차 감소한 반면 정부 부문은 증가한 것으로 확인된다. 특히 연방정부의 역할이 크게 강화된 것으로 보인다. 1987년에서 2014년의 비중 추이를 확인하여 보면, 민간 부문은 68.5%에서 55.2%로 13.3%p가 감소했다. 반면, 정부 부문은 31.5%에서 44.8%로 증가하였다. 특히 연방정부는 1987년 16.5%에서 27.8%로 증가한 반면, 주-지방정부는 15.0%에서 17.0%로 증가하였다. 전반적으로 정부 부문의 역할이 확대되는 가

<표 12-16> 미국 전체 국민 총 의료비 중 민간-정부 부문별 의료비 및 비중 추이 현황

(단위: 10억 달러, %)

| | 1987 | 1990 | 1995 | 2000 | 2010 | 2012 | 2013 | 2014 |
|---|---|---|---|---|---|---|---|---|
| 국민 총 의료비 | 516.5 | 721.4 | 1,021.6 | 1,369.7 | 2,595.7 | 2,799.0 | 2,879.9 | 3,031.3 |
| 민간 부문 | 353.6 | 488.2 | 640.5 | 883.6 | 1,444.6 | 1,581.0 | 1,618.3 | 1,672.6 |
| 정부 부문 | 162.9 | 233.2 | 381.2 | 486.1 | 1,151.1 | 1,218.0 | 1,261.6 | 1,358.7 |
| 연방 | 85.2 | 124.1 | 215.4 | 260.5 | 731.1 | 730.0 | 755.5 | 843.7 |
| 주-지방 | 77.7 | 109.1 | 165.7 | 225.5 | 420.0 | 488.0 | 506.0 | 515.0 |
| 국민 총 의료비 | 100.0 | 100.0 | 100.0 | 100.0 | 100.0 | 100.0 | 100.0 | 100.0 |
| 민간 부문 | 68.5 | 67.7 | 62.7 | 64.5 | 55.7 | 56.5 | 56.2 | 55.2 |
| 정부 부문 | 31.5 | 32.3 | 37.3 | 35.5 | 44.3 | 43.5 | 43.8 | 44.8 |
| 연방 | 16.5 | 17.2 | 21.1 | 19.0 | 28.2 | 26.1 | 26.2 | 27.8 |
| 주-지방 | 15.0 | 15.1 | 16.2 | 16.5 | 16.2 | 17.4 | 17.6 | 17.0 |

자료: National Center for Health Statistics et al., 2016: 310~311 재구성.

운데, 연방정부 차원의 지출 증가가 이를 견인하는 것으로 나타났다. 특기할 것은 2014년 본격적으로 ACA의 메디케이드 확대에 따른 영향이 나타나고 있다는 사실이다. ACA는 2014년부터 연방빈곤선 133% 이하인 개인 및 가정에 메디케이드 가입 자격을 부여하고 연방빈곤선 400% 이하 개인 및 가정이 건강보험 가입 시 연방보조금을 지급하기 시작했다. 이러한 조치로 인해 연방정부의 비중이 확대되고 주정부의 역할은 축소된 것으로 보인다.[10]

이와 같은 의료비 상승의 원인은 크게 네 가지를 지적할 수 있다(Giaimo, 2002, 송호근, 2003 재인용). 첫째, 수요의 폭증을 지적할 수 있다. 인구의 고령화가 진행되면서 의료수요가 증가하였다. 둘째, 행위별 수가제가 물가와 연동됨으로써 의료비의 자연 상승분이 발생하였다. 셋째, 의료기술이 발전

---

10) 메디케이드 가입 자격 확대에 따른 재원을 연방보조금 형태로 주정부에 지원하도록 했다. 2014~2016년에는 확대에 따른 비용 100%를 연방정부가 부담하고, 이후 단계적으로 축소하여 2020년부터는 90%를 연방정부에서 부담하도록 하고 있다(이우영, 2014: 103).

하면서 새로운 의료서비스의 수요가 창출되었다. 넷째, 메디케어와 메디케이드의 확대 실시에 따라 공공의료서비스가 증가하였다.


## 3. 의료전달체계와 진료비 보상방식

일반적으로 미국에서의 의료전달과정은 크게 두 가지를 상정할 수 있다. 먼저 가벼운 질병환자의 경우, 1차 진료의를 통해 의료서비스를 제공받을 수 있다. 만약 간단한 외과적 수술이 필요한 경우, 1차 진료의의 추천을 받아 해당 전문의를 통해 외래 수술센터(Ambulatory Surgery Center)에서 통원수술을 받는다. 그 후에는 외래 재활시설(Outpatient Rahab Center) 혹은 가정간호[Home Health Care(Acute)]를 받는다. 다음으로 비교적 무거운 질병으로 입원을 요하는 경우에는 병원(Acute Hospital)에서 수술을 받고, 아급성 치료시설(Sub Acute Facility)에서 회복기를 거쳐 입원 재활시설(Inpatient Rehab Center)에서 재활치료를 받는다. 이후 환자의 상태가 호전되면 요양시설(Nursing Home)이나 가정간호[Home Health Care(chronic)] 등을 이용하며, 말기환자 혹은 치매성질환자는 호스피스(Hospice)를 이용한다. 이와 같은 의료전달체계에서의 기능 분화는 미국 의료제도의 큰 특징이다(국민건강보험공단, 2001: 285).

2013년 현재 1차 진료의(*primary care physician*)는 약 41만 명이며, 현업 의사 중 약 48%에 이르고 있다.[11] 1차 진료는 제2차 세계대전 이후 하나 혹은 둘 이상의 전문의들과 공동으로 개업하는 집단개업(*group practice*) 형

---

11) 41만 명의 1차 진료의 중 가정의학, 내과, 산부인과 및 소아과 등을 담당하는 1차 일반의 (*primary care generalist*)는 약 39만 명이며, 당뇨, 혈액, 간, 노인 관련 질환, 종양 등 전문적인 분야를 담당하는 1차 전문의(*primary care specialist*)는 약 9만 명에 이르고 있다 (National Center for Health Statistics et al., 2016: 284, 424).

태로 핵심을 이루고 있으며, 이들에 의해 외래환자에 대한 의료서비스 제공이 이루어지고 있다. 병원 입원이 필요한 환자의 경우, 우리와 달리 1차진료의와 연계된 개방형(open) 병원에 입원시켜 환자를 직접 진료하는 형태로 운영한다(김창엽, 2006: 58). 12)

미국의 의료공급은 민간의료시장 중심으로 형성되어 있으며, 환자는 원칙적으로 자신이 원하는 의료기관을 선택할 수 있다(김경희, 2001: 587). 그러나 1970년 이후, 관리의료(managed care) 방식인 HMO(Health Maintenance Organization)가 민간건강보험을 중심으로 대세를 이루면서 환자의 의료기관 선택권이 제한되고 있다. HMO는 병원이나 의사와 계약을 통한 네트워크를 형성하고, 가입자는 이들 네트워크 내의 의료기관 및 의사들을 통한 의료서비스를 제공받는다. HMO는 가입자에게 주치의를 정해 주고, 이들은 환자의 상태에 가장 적합한 의료서비스를 제공받도록 하고 있다(정영호, 2008: 21). 13)

한편 의료서비스에 대한 진료비 지불방식 역시, 건강보험가입자의 가입유형 혹은 의료서비스의 형태에 따라 다양하게 이루어지고 있다(이진이 외, 2014; 한국보건산업진흥원, 2011). 〈표 12-17〉은 의료서비스 및 건강보험가입형태에 따른 진료비지출체계이다. 의료수가는 자원 기준 상대가치체계(Resource Based Realtive Value Scale: RBRVS)에 기반을 두어 결정되며, 의사의 자원점수에 CMS(Centers for Medicare & Medicaid Services)에 의해 결정된 환산지수(conversion factor)를 곱하여 결정된다(AMA, 2012, 이진이 외, 2014: 73 재인용). 14)

---

12) 개방형 병원은 개업의가 병원시설을 활용하여 수술 등을 시술할 수 있게 함으로써 의료시설 활용 면에서 효율성을 확보할 수 있다는 장점이 있다(김경희, 2001: 587).

13) 그러나 모든 의료기관 이용자에게 의료기관 선택권이 제한되는 것은 아니며, 보험가입자의 보험유형에 따라 달라질 수 있다.

14) 이때 환산지수는 지속적 성장률(sustainable growth rate: SGR)을 기반으로 조정된다(이

미국에서 가장 흔히 사용되는 지불방식은 행위별 수가제, 인두제 그리고 포괄수가제를 들 수 있다(김창엽, 2006; Fried & Gaydos, 2002, 지역보건연구회 역, 2003). [15] 먼저 행위별 수가제 방식은 의료서비스, 약품, 재료 등의 항목별로 가격을 책정하여 보상하는 방식으로 시장적 거래관행에 가장 부합하는 전통적 지불방식이다. 의학기술의 발달과 고급의료서비스의 제공 등에 있어서 긍정적일 수 있으나, 과잉진료와 의료비용의 증가 등을 가져올 수 있다는 한계를 가지고 있다. 다음으로 포괄수가제 방식은 항목에 대한 가격 책정이 아닌 사례(case), 기간, 방문 등 일정한 서비스 단위를 기초로 보상하는 방식으로 이는 의료비의 억제방식의 일환으로 도입되었다. 현재 메디케어, 메디케이드 그리고 민간건강보험 등의 병원 입원

〈표 12-17〉 의료서비스에 대한 진료비 지불제도

|  | 메디케어 | 메디케이드/칩 | 민간보험 | 보험가입자 | 무보험자 |
|---|---|---|---|---|---|
| 입원서비스 | 포괄수가제 | 포괄수가제, 일당제, 비용변제 | 행위별 수가제, 일당제 | 정액요금제, 정률요금제 | 본인 부담 |
| 의사서비스 | 행위별 수가제 | 행위별 수가제, 인두제 | 행위별 수가제, 인두제, 봉급제 | 정액요금제, 정률요금제 | 본인 부담 |
| 처방약 | 보험료 보조금제 | 할인 도매가격제 | 처방목록 요금제 | 정액요금제, 정률요금제 | 본인 부담 |
| 장기요양보험과 홈헬스 | 한정 사전지불제 | 사전지불제, 비용변제 | 한정 일당제 | 본인 부담 | 본인 부담 |

주: 비용환급(cost reimbursement: CR), 할인 도매가격제(discounted average wholesale price: DAWP), 포괄수가제(diagnosis-related group: DRG), 행위별 수가제(fee for service: FFS), 사전지불제(prospective payment system: PPS), 정액요금제(copayment), 정률요금제(coinsurance), 일당제(Per diem), 인두제(Capitation), 처방목록 요금제(Formularies), 보험료 보조금제(Subsidies for premiums).

자료: United States of America system review, Health System in Transition, 2013, 이진이 외, 2014: 72 재인용.

진이 외, 2014: 73).

15) 진료비 지불방식에서 가장 핵심인 것은 인두제와 포괄진료비 보상이지만, 의료보장 플랜, 입원치료, 외래진료 등에 따라 인두제, 일당정액제, 할인된 행위별 수가제, 행위별 수가제 등 다양하다(김지윤, 2004: 7).

환자에 대한 지불체계로 활용되는 '진단명 기준 질병군'(Diagnosis Related Groups) 방식이 대표적이다. 이 방식은 효율적인 의료서비스의 제공과 의료비의 억제 등에 있어서 장점을 가지고 있으나, 의료서비스의 질 저하 가능성과 특정 환자 기피 등과 같은 단점이 발생할 수 있다. 마지막으로, 인두제는 실제 의료서비스의 제공과 상관없이 의사 혹은 의료기관에 소속된 사람 수에 따라 진료비 보상이 이루어지며, 주로 일차 의료기관 혹은 장기 요양 시설 등에서 활용된다. 이 방식은 의료비 통제에 대해서는 상당한 장점을 가지고 있으나, 양질의 의료서비스 제공에 대한 유인이 약하다는 한계를 가지고 있다.

## 4. 미국 의료제도의 평가

한 국가의 제도적 특성은 그 나라의 역사적 진화의 산물이다. 미국의 의료제도 역시 그들의 제도적 결과물이라 할 수 있다. 시장적 가치가 핵심을 이루는 제 1의 경제 강국이며, 연방국가라는 특성은 미국 의료제도의 토대를 이루고 있다.

미국 의료제도의 특징으로 크게 세 가지를 지적할 수 있다. 첫째, 의료제도의 다양성이 높다. 의료인력의 양상과 기능 분화, 의료기관 유형 등에 있어서 다양한 제도들이 혼재되어 있는 것을 들 수 있다. 의사의 유형과 의료 실무 및 의료지원 인력이 세분화·전문화되어 있는 것을 확인할 수 있다. 특히 간호인력의 세분화·전문화 추세는 새롭게 관찰된 현상이며, 이와 같은 현상은 의료의 보완적 역할로서 간호사의 영역 확대가 이루어지는 것으로 추정된다. 또한 연방정부가 아닌 주정부를 중심으로 민간의료 부문의 자율적 성장으로 국가적 통일성보다는 개별적 성격이 강하다는 것을 들 수 있다. 둘째, 의료비용의 지출이 높다. 총 의료비의 양적 규모뿐만 아니라 GDP에서 의료비용이 차지하는 비중 그리고 1인당 의료비 지출이 다른 주요 선진국들에 비해 압도적으로 높은 것으로 확인되고 있다. 이와 같은 추세는 ACA 시행으로 인해 의료접근성이 강화되면서 더욱 증가할 것이 예상된다. 셋째, 의료서비스 수준이 낮다. 의료서비스에 대한 접근성과 질적 측면에서 상대적으로 낮게 평가된다. 국가 간 의료서비스의 수준을 평가하는 영아사망률과 기대수명 등의 지표들이 OECD 회원국들에 비해 낮게 평가되고 있는 것은 높은 의료비에 비추어 볼 때 의료의 효율성이 떨어진다고 비판될 수 있다. 그러나 이와 같은 의료접근성의 문제는 오바마 행정부의 의료개혁으로 ACA 가 통과되면서 개선될 것으로 평가된다.

다양성 혹은 자율성을 기반으로 한 의료와 의료제도의 발전에 강점을 발휘하고 있다면 과도한 의료비의 지출과 의료서비스의 낮은 평가지표 등은 미국 의료제도가 가진 비효율성의 한계를 여실히 드러내는 것이라 할 수 있다. 어느 면에서 미국 의료제도의 다양성과 비용의 문제는 동전의 앞과 뒤라 할 것이다. '정보의 비대칭성'이 존재하는 의료적 특성으로 인하여 높은 민간 자율성 혹은 다양성은 양질의 의료서비스에 의한 과도한 비용의 문제를 발생시킬 수 있다. 그러나 다양성이 곧 비용 유발의 의미로 해석될 필요는 없다. 오히려 미국 의료기관과 진료수가 등의 다양성은 비용 절감이라는 과제의 해결로서 등장하였음을 인식할 필요가 있다. 비용에 대한 적절한 통제하에서 다양성의 추구는 의료 전반의 발전을 가져오는 계기가 될 것이다. 의료인력의 기능 분화는 전문성 심화에 의한 의료서비스의 질적 향상을 가져올 수 있고, 의료기관의 다양성은 경쟁을 통한 효율성의 제고로 이어질 수 있음을 고려할 필요가 있다.

결국 미국 의료제도의 다양성 추구와 의료비용의 문제를 어떻게 양립하게 할 것인가의 문제는 의료제도의 변화 혹은 발전의 모색에 있어서 시사하는 점이 크다 할 것이다. 특히 오바마 행정부의 의료개혁으로 전 국민 의료보장체제는 미국 의료제도의 커다란 변화를 가져올 것이 예상되고 있

다. 무보험자로 대표되는 의료사각지대가 축소되면서 '영아사망률', '기대
수명' 등과 같은 의료서비스 수준지표들이 어떻게 변화하는지 그리고 의료
수요의 증가에 따른 의료비용 등의 문제를 어떻게 해결하는지 주목할 필요
가 있다.

## ■ 참고문헌

국내 문헌

국민건강보험공단(2001). "외국의 건강보험제도 비교조사".

김경희(2001). "영국과 미국의 의료체계 비교 연구: 제도적 특성, 정치적 상호작용과
　　　의료체계". 한국정책학회 발표논문.

＿＿＿(2007). "미국의 생산레짐과 의료정책의 다이나믹스". 〈한국행정학보〉, 41권 3
　　　호, 399~420.

김성수(2011). "미국 오바마 행정부의 건강보험개혁에 관한 복지정치학적 연구". 제주
　　　대 박사논문.

김원식(2010). "미국의 건강보험개혁과 시사점: 재정을 중심으로". 〈HIRA 정책동향〉,
　　　4권 3호, 23~27.

김주경(2010). "건강보장의 보편적 실현, 미국 의료개혁". 〈이슈와 논점〉, 45호.

김지윤(2004). "우리나라와 미국의 진료비 지불방식 차이에 따른 진료행위 변이". 연
　　　세대 박사논문.

김창엽(2006). 《미국의 의료보장》. 서울: 한울아카데미

김태현(2015). "미국 의료공급체계가 우리에게 주는 시사점". 전국보건의료산업노동조
　　　합(편), 《대한민국 의료혁명》, 454~471, 살림터.

김홍식(2003). "미국 medigap의 발달과 민간의료보험의 활용문제에 대한 정책적 함
　　　의". 〈한국정책학회보〉, 12권 2호, 32~57.

박미숙(2001). "우리나라 건강보험 수가제도의 개편방향에 관한 연구". 숙명여대 석사
　　　논문.

송호근(2003). 《복지국가와 의료정책: 영국, 독일, 미국의 의료보험 구조조정 연구》.

의료정책연구소.

이근정 (2010). 《미국의 건강보험 개혁》. 건강보험심사평가원 심사평가정책연구소.

이우영 (2014). "미국 건강보험제도 관련 헌법적 쟁점의 분석: 미연방대법원의 2012년
Sebelius 판결을 중심으로". 〈서울대학교 법학〉, 55권 2호, 73~121.

이진이・백종환・나영균・변진옥 (2014). 《주요국의 건강보장제도 현황과 개혁방향》.
국민건강보험 건강보험정책연구원.

정영호 (2008). "미국의 의료개혁과 시사점". 〈국제노동브리프〉, 6권 5호, 20~35.

정영호・고숙자 (2005). "비영리병원과 영리병원의 성과차이 분석: 미국을 중심으로".
〈보건복지포럼〉, 통권 109호, 65~75.

조도현 외 (2011). 《미국 보건의료개혁과 보건산업의 영향》. 한국보건산업진흥원.

조현구 (2014). "미국 보수진영의 논리: 오바마 정부의 의료개혁을 중심으로". 〈민족연
구〉, 통권 57호, 4~21.

한국보건사회연구원 (2012). 《주요국의 사회보장제도: 미국》.

한국보건산업진흥원 (2011). "2010 해외 보건의료 현황조사 보고서".


해외 문헌

Fried, B., Gaydos, L. M. (2002). *World Health Systems*: *Challenges and Perspec-
tives*. 지역보건연구회 역 (2003). 《세계 각국의 보건의료체계: 도전과 전망》.
계축문화사.

National Center for Health Statistics (2011). Health, United States, 2010: With
special feature on racial and ethnic health disparities. DHHS Publication.
http://www.cdc.gov/nchs/hus/index.htm

_____ (2016). Health, United States, 2015: With special feature on racial and ethnic
health disparities. DHHS Publication. http://www.cdc.gov/nchs/hus/index.
htm.

Relman, A. S. (2007). *A Second Opinion*: *Rescuing America's Healthcare*. 조홍준
역 (2008). 《시장과 이윤을 넘어선 미국의 전 국민 의료보장을 위한 계획》. 아
르케.

The Henry J. Kaiser Foundation (2008). Kaiser Commission on Medicaid and the un-
insured. http://www.kff.org/medicaid/upload/8248.pdf. 2012. 2. 10. 인출.

_____ (2009). Health care costs a primer. http://www.kff.org/insurance/upload/
7670_02.pdf. 2012. 2. 10. 인출.

The Henry J. Kaiser Family Foundation and Health Research & Educational Trust (2001). Employer health benefits: 2011 annual survey. http://ehbs.kff.org/. 2012. 2. 12. 인출.

U.S. Census Bureau(2015). Health insurance coverage in the United States: 2014 current population reports. http://www.bls.gov. 2016. 10. 22. 인출.

기타 자료

OECD, http://stats.oecd.org. 2016. 8. 10. 인출.

# 의료보장제도*

## 1. 머리말: 미국 의료보장제도의 발전 과정 및 특성

미국은 선진국 중에서 유일하게 전 국민 의료보장제도가 없는 나라이다. 전 국민의 15%가 보험이 없고 다른 선진국들보다 더 많은 의료비를 쓰지만 건강 수준은 그에 미치지 못하고 국민들의 의료제도에 대한 만족도 또한 낮다(Davis et al., 2014). 접근성 뿐 아니라 효과성, 효율성 등에서 모두 성과가 좋지 않은데, 1940년대 후반 트루먼 정부, 1970년대 닉슨과 카터 정부, 1990년대 클린턴 정부 등은 전 국민 의료보장 제도 도입으로 이러한 상황을 개선하고자 했다. 하지만 2010년 오바마 정부에서 〈적정의료법〉(Affordable Care Act: ACA)이 통과될 때까지 이러한 시도들은 성공하지 못하였다(김창엽, 2006: 15~22).

전 국민 의료보장 제도 도입이 지속적으로 실패한 가운데 미국의 의료

---

\* 본문에서 'section'으로 시작되는 참고문헌은 ACA에서 각 법안의 번호를 의미한다. 이를 참고문헌에 별도로 기술하지는 않았다.

보장 제도는 몇 가지 특성을 가지며 발전했다. 우선 민간 주도·정부 보완의 역할 분담이 기본구조를 이루게 되었다. 민간이 자발적으로 여러 의료보장 프로그램을 개발하면서 전반적인 의료보장체계는 민간 부문 위주로 정착되었고,1) 정부는 민간 부문의 역할이 없거나 약한 영역에서만 보완적인 역할을 한다. 노인을 위한 메디케어와 저소득층을 위한 메디케이드 제도 (1965년 도입) 도 크게 보면 민간 부문 위주의 의료보장체계를 보완하는 역할을 한다 (김창엽, 2006: 33~36).

다음으로 연방정부가 의료보장제도의 전반적인 방향을 정하기는 하지만 주정부가 상당한 자율성을 가지고 정책을 수립하고 집행한다. 연방정부가 전적으로 관리하는 메디케어를 제외하면 메디케이드나 민간보험은 주별로 다른 법과 행정체계하에서 관리된다. 예를 들어 메디케이드의 대상자 선정, 무보험자에 대한 대책, 민간보험의 규제 등은 대부분 주정부의 권한에 해당한다 (김창엽, 2006: 37~39). 이와 같은 특성들은 미국 의료보장제도의 모순을 심화시켜 개혁을 불가피하게 만들었지만 동시에 오바마 의료보장개혁의 방향과 내용을 결정짓는 요인으로 작용하였다.

민간 주도의 의료보장제도, 분절적인 의료시스템은 무보험자 집단의 증가와 의료비 상승을 나았고 이러한 문제들은 미국사회를 위협할 정도로 악화되었다. 예를 들어 1인당 의료비는 2000년과 2010년 사이에 4,878달러에서 8,402달러로 증가했는데 이는 연간 5.6% 증가한 것으로 연간 1인당 GDP 증가율 2.9%보다 훨씬 높고 다른 선진국들에 비해서도 높은 수준이

---

1) 민간보험회사들은 전 국민 의료보험 도입에 관한 논의가 시작되는 시점부터 전 국민 의료보험 운동을 민간보험의 유지나 성장을 막을 우려가 있는 정책이라고 판단했고 이에 대한 조직적인 반대운동과 함께 민간보험을 확대하기 위한 활동을 전개하였다. 민간보험의 보험료 징수와 보험가입자의 역선택 문제를 해결하기 위해 단체보험 방식을 도입하였고 1930년대 중반 노동관계법의 제정으로 고용과 의료보장의 관계가 강화되는 과정에서 고용에 기초한 집단적 의료보장 방식과 병원과 의사에 의해 조직된 민간의료보험이 등장하게 되었다 (김창엽, 2006: 89).

다(〈표 12-2〉 참조). 의료비의 증가는 민간의료보험료의 상승으로 이어지고 이는 가구의 부담뿐 아니라 피고용인들에게 의료보험을 제공해야 하는 기업들의 부담을 증가시켰다. 빌 클린턴 정부의 전 국민 건강보험제도 도입 실패 이후 미국의 의료제도에 대한 우려가 더욱 확산되면서 2008년 미국의 대통령 선거과정에서 건강보험 개혁은 주요 이슈가 되었다. 결과적으로 그 간 의료보장 개혁 시도들을 좌초시켜온 주요한 이해세력인 민간보험사들 또한 개혁을 피하기는 어렵고 협상을 통해 가능한 이익을 지키는 것이 보다 현실적이라는 판단을 하게 되면서 의료보장제도 개혁의 새로운 국면이 열리게 되었다(McDonough, 2011: 19~34).

오바마 정부는 집권 이후 전 국민 의료보장제도 도입의 기본원칙만 제시하고 그 외 세부사항에 대한 논의를 의회에 일임하였다(Morone, 2010; Tanne, 2009). 그 과정에서 의사 및 병원, 보험업계 등 주요 이해집단들이 협상에 참여하도록 하면서 이들의 조직적 반대를 약화시켰다(Brown, 2011; Tanne, 2009). 이와 함께 2006년 매사추세츠 의료개혁은 민주당과 공화당 양 정당의 합의로 의료개혁이 가능할 수 있음을 보여 주었고 (McDonough, 2015),[2] 민간 주도의 의료보장제도를 유지하면서 거래소 (*marketplace*)의 설립을 통해 전 국민 의료보장 달성이 가능하다는 하나의 정책 대안을 보여 주었다.[3] 정리하면, 의료개혁의 필요성에 대한 공감대 확산, 이해관계자들을 포섭해간 정치적 과정, 매사추세츠 경험을 통한 정책대안 형성 등이 복합적으로 오바마 정부하에서 건강보험개혁을 가능하

---

2) 민주당의 상원의원 케네디(E. M. Kennedy)와 공화당 주지사 롬니(M. Romney), 전직 대통령 부시(G. W. Bush)의 합의로 매사추세츠 의료개혁이 이루어졌다. 하지만 결과적으로 티파티의 압박과 함께 공화당과의 합의에 실패하면서 민주당 단독으로 법안을 통과시키게 되었다.

3) 매사추세츠 의료개혁은 거래소 설립을 통해 의료보험시장에 대한 규제를 강화하고, 미가입자에 대해서는 과태료를 부과하되 소득이 낮은 계층에게는 보조금을 지급하는 방식으로 의료보험 가입을 확대하였다(Long, 2008).

게 하였다.

다음 절들에는 건강보험개혁의 구체적인 내용과 함께 미국 의료보장제도가 어떻게 구성되어 있는지, 건강보험개혁으로 변화한 내용이 무엇인지를 살펴본다. 더 나아가 현재까지 나타난 개혁의 성과들을 검토한다. 마지막으로 맺음말에서는 미국 의료보장제도를 평가하고 우리나라에 주는 시사점을 논의한다.

## 2. 건강보험개혁 이후의 의료보장제도

### 1) 〈적정의료법〉(ACA)의 전반적인 내용

오바마 정부에서 통과된 ACA는 총 10개의 표제와 61개의 소제목, 487개의 세부내용으로 구성된다. 몇몇 조항들은 법안이 통과된 2010년에 바로 효력을 발휘하였지만 민간의료보험 규제 강화, 메디케이드 확대, 건강보험 거래소 설치 등과 같은 대부분의 핵심조항들은 2014년 1월에 시행되었다(McDonough, 2015).

법안의 내용을 순서대로 살펴보면 크게 첫 번째와 두 번째 항목은 접근성 개선과 관련된다. 첫 번째 항목은 민간보험 시장 규제와 보조금 지급 등을 통해 개인 가입을 확대하기 위한 조치들을 담고 있으며, 두 번째 항목은 저소득층을 위한 메디케이드 가입자 확대 관련 내용을 담고 있다. 법안의 세 번째 항목은 65세 이상 노인 대상 의료보험제도인 메디케어와 주로 관련되는데 메디케어에서 제공하는 서비스에 대한 급여 수준 개선, 서비스의 질 개선 및 비용 절감을 위한 방안들을 담고 있다. 네 번째와 다섯 번째 항목들은 보건의료 인력을 확대·강화하기 위한 계획과 예방서비스 및 공중보건서비스를 개선하기 위한 내용을 담고 있다. 여섯 번째 항목은 공보험에서의 의료사기와 부당청구(fraud and abuse)를 줄이기 위한 방안들과 장기적인 의료비 절감을 위해 임상효과 비교연구를 활성화시키는 것과 같은 내용들을 포함하고 있다. 일곱 번째 항목은 특허 만료 생물의약품에 대한 복제약(biosimilar)의 제조, 마케팅, 판매를 허용하는 연방규제과정을 담고 있다. 여덟 번째 항목은 장애인들을 위한 현금지원프로그램에 대한 내용을 담고 있었지만 시행되지 않고 2013년 1월에 폐기되었다. 아홉 번째 항목은 건강보험개혁법안 시행에 소요될 것으로 예상되는 향후 10년의 비용 중 약 절반을 조달하기 위해 새로운 세금을 도입하는 것과 같은 내용을 담고 있다. 캐딜락세(Cadillac Tax)로 알려진 고액의료보험세금(high-cost plan tax: HCPT)(개인에 대해 연간 10,200달러, 가족에 대해 27,500달러를 초과하는 고용관계에 기반을 둔 보험상품)은 2018년 도입이 예정되어 있었으나 2020년으로 유예되었다(〈표 13-1〉참조, McDonough, 2015).

건강보험에 대한 접근성 확대 측면에서 본다면 건강보험개혁이 그간의 민간의료보험 중심의 의료보장제도의 구조를 바꾼 것은 아니다. 민간의료보험에 대한 규제를 강화하여 과거 병력 등으로 인해 보험에 가입할 수 없거나 과다한 보험료를 납부해야 했던 사람들을 위해 보험 가입의 접근성을 개선시켰고, 고용관계를 통해 보험에 가입하지 못하는 사람들을 위해 의료보험 거래소(Health Insurance Marketplace)를 설치하여 쉽게 민간의료보험을 찾을 수 있도록 도왔으며, 메디케이드에 가입하기에는 소득이 높지만 민간의료보험을 구입하기에는 소득이 충분하지 않은 저소득층에게 보조금을 지급하였다. 이와 함께 ACA는 부모의 건강보험에 편입가능한 연령을 26세로 상향조정하였다. 결과적으로 법안 통과 이후 〈표 13-2〉와 같은 다섯 가지 경로를 통해 보험 가입이 가능하게 되었다(Blumenthal & Collins, 2014).

다음으로 ACA는 의료보험 가입을 모든 사회 구성원들의 책임으로 규정하였다.[4] 모든 개인 및 가족들은 의료보험에 가입해야 하며 의료보험에 가입하지 않은 경우 과태료를 부과하게 된다. 5) 과태료는 정해진 금액과 소득 대비 비율 중 더 높은 것을 지불하는데 2014년에는 95달러 혹은 소득의 1.0%가 그 기준이었고 점차 상승하여 2016년에는 695달러 혹은 소득

〈표 13-1〉 ACA 표제와 주요 내용

|  | 표제 | 주요 내용 |
|---|---|---|
| 1 | 양질의 감당할 수 있는 보장<br>(Quality Affordable Health Care<br>for All Americans) | 민간의료보험 확대와 의료보험산업에 대한<br>연방규제 강화 |
| 2 | 공공프로그램의 역할<br>(Role of Public Programs) | 저소득층 성인들과 가족들을 위한<br>메디케이드 확대 및 개선 |
| 3 | 의료의 질과 효율성 향상<br>(Improving the Quality and Efficiency<br>in Health Care) | 의료서비스(특히 메디케어)의<br>질, 효율성, 효과성 향상 |
| 4 | 만성질환 예방과 공중보건 향상<br>(Prevention of Chronic Disease and<br>Improving Public Health) | 건강 증진과 질병 예방 강화, 공중보건 강화 |
| 5 | 보건의료인력<br>(Health Care Workforce) | 의료인력의 양적 증대와 질적 향상 |
| 6 | 투명성과 프로그램의 무결성<br>(Transparency and Program Integrity) | 의료사기와 부당청구 관리 및 투명성 강화,<br>비교효과연구 강화 |
| 7 | 혁신적인 의학적 치료<br>(Improving Access to<br>Innovative Medical Therapies) | 복제생물의약품의 제조, 마케팅, 판매 허용 |
| 8 | 지역사회 생활지원서비스와 지원<br>(Community Living Assistance Services<br>and Supports) | 장애인에게 현금보조를 제공하기 위한<br>보험프로그램 수립(2013. 1. 1.에 폐기됨) |
| 9 | 세입규정<br>(Revenue Provisions) | 법안 시행을 위한 예산 마련 및<br>새로운 세금도입 |
| 10 | 보건의료 강화<br>(Strengthening Quality, Affordable Health<br>Care for All Americans) | 1~9 항목들에 대한 수정이나 새로운 추가사항 |

자료: Office of the Legislative Counsel, 2010; McDonough, 2015.

---

4) 과태료를 지불하고 보험 가입을 면제받을 수 있다는 점에서 '의무'(*mandate*) 보다는 '책임'
   (*responsibility*)이라는 용어를 사용한다(McDonough, 2011).
5) 불법이민자들은 이러한 적용에서 제외되며 종교상의 이유로 건강보험에 가입하지 않는
   것은 가능하다.

<표 13-2> 건강보험개혁법안 시행 이후 의료보험가입 경로

| 경로 | 대상 및 내용 |
|------|-------------|
| 거래소 | 개인들이 소득 수준에 따라 지급되는 보조금을 이용하여 의료보험 가입 |
| 직접 가입 | 개인들이 직접 보험자를 선택하고 가입할 수 있음 |
| 부모 | 26세까지 자녀들은 부모의 보험에 함께 가입할 수 있음 |
| 고용주 | 대부분의 대기업들은 보험 가입을 제공하며 소규모 사업장들에 대한 거래소는 별도로 설치됨 |
| 메디케이드 | 메디케이드에 대한 자격이 각 주별로 확대됨. |

<표 13-3> 의료보장형태에 따른 건강보험 가입비율(2015년)

(단위: %)

|  | 가입자 | 민간보험 | 고용주 | 개인 | 공공보험 | 메디케어 | 메디케이드 | 군인 | 미가입 |
|------|------|------|------|------|------|------|------|------|------|
| 비율 | 90.9 | 67.2 | 55.7 | 16.3 | 37.1 | 16.3 | 19.6 | 4.7 | 9.1 |

자료: U.S. Census Bureau, 2016.

의 2.5%를 과태료로 지불하도록 하였다. 가족들은 보험이 없는 자녀들에 대해서도 가족상한선(*family cap*)인 최대 2,250달러까지 성인에 대한 과태료의 절반에 해당하는 금액을 지불하게 된다(McDonough, 2011: 115).

2015년 시점에 보험을 갖지 못한 인구는 약 9%로 감소하였고, 약 56%는 고용관계를 통해 민간의료보험에 가입하였으며, 16%는 직접 가입이든 거래소를 통한 가입이든 개인 가입인 것으로 나타났고, 또 16%는 메디케어에, 그리고 약 20%는 메디케이드에 가입되어 있는 것으로 나타났다(<표 13-3> 참조).

## 2) 민간의료보험

### (1) 일반적 특성

민간의료보험은 건강보험개혁 이전은 물론 그 이후에도 가장 많은 사람이 가입되어 있는 의료보장제도이다. 건강보험개혁 이전에는 고용관계를 통해 민간의료보험에 가입하지 못한 개인 및 가족들은 개별적으로 의료보험에 가

## 〈표 13-4〉 가입경로별 민간의료보험 가입 추이

(단위: 천 명, %)

| 연도 | 민간의료보험(전체) | | 고용관계 기반 | | 직접 가입 | |
|------|------------|------|-----------|------|-----------|------|
| | 가입자 수 | 비율 | 가입자 수 | 비율 | 가입자 수 | 비율 |
| 2001 | 204,142 | 72.4 | 179,984 | 63.8 | 28,398 | 10.1 |
| 2003 | 201,989 | 70.1 | 177,362 | 61.5 | 28,826 | 10.0 |
| 2005 | 203,205 | 69.2 | 178,391 | 60.7 | 28,980 | 9.9 |
| 2007 | 203,903 | 68.2 | 178,971 | 59.8 | 28,500 | 9.5 |
| 2009 | 169,245 | 64.5 | 170,762 | 56.1 | 29,098 | 9.6 |
| 2011 | 197,323 | 63.9 | 170,102 | 55.1 | 30,244 | 9.8 |
| 2013 | 201,038 | 64.1 | 174,418 | 55.7 | 35,755 | 11.4 |
| 2015 | 214,238 | 67.2 | 177,540 | 55.7 | 52,057 | 16.3 |

자료: U.S. Census Bureau, 2016. 고용관계 기반과 직접 가입은 중복자를 포함.

입하였는데 ACA는 이러한 개별 가입자들이 보험을 찾는 데 도움을 주기 위해 각 주별로 의료보험 거래소를 설치하였다. 거래소를 통해 의료보험에 가입하는 경우 소득 수준에 따라 보험료 세액공제(*premium tax credit*)를 제공받게 된다. 이와 함께 일반적으로 대기업보다 높은 수준의 보험료를 지출해야 하는 소기업들의 의료보험 구입을 돕기 위해 소기업 건강보험 선택프로그램(Small Business Health Options Program: SHOP) 거래소(Market place)가 설치되었다(Blumenthal & Collins, 2014).

민간의료보험 전체 가입자 수는 2009년까지 감소하다가 다시 증가하기 시작하였는데 고용관계에 기반을 둔 가입자 수보다는 직접 가입(거래소 혹은 개별가입)에서의 증가 정도가 좀더 뚜렷하다(〈표 13-4〉 참조).

## (2) 가입경로 및 보험료

민간의료보험 가입 경로는 고용관계를 통한 가입, 소기업 근로자들의 거래소를 통한 가입, 거래소를 통한 개인 가입, 직접 가입으로 크게 분류해 볼 수 있다.

① 고용관계를 통한 보험 가입

고용주들은 근로자들을 위해 의료보험을 제공한다. 개혁 이후 이러한 방식은 크게 변화하지 않았으나 고용주의 보험 제공에 대한 규제가 강화되었다. 우선 200명 이상의 근로자를 고용한 기업은 새로운 상근직(*full-time*) 근로자를 고용 시 이들을 보험에 자동적으로 가입시켜야 한다. 만약 고용주가 보험을 제공하지 않거나 보험의 보장률이 60% 이하일 경우 고용주는 거래소를 통한 보험 구입에 관해 근로자에게 알려야 한다. 만약 50인 이상 상근직 근로자를 둔 고용주들이 적절한 의료보험을 제공하지 않아 근로자가 거래소에서 보험료 보조금(*exchange premium subsidies*)을 받고 보험을 구입하는 경우, '무임승차' 관련 조항('*free rider*' *provision*)에 따라 고용주들은 상근직 근로자 1인에 대해서 2천 달러의 과태료를 부담해야 한다 (sections 1511, 1512, 1513).[6] 다만 가구소득이 연방빈곤선의 400% 미만인 근로자가 고용주 제공 보험에 대해서 가구소득의 8.0~9.8%에 해당하는 금액을 보험료로 납부해야 하는 경우, 근로자들이 고용주의 기여분(*the employer contribution*)을 이용해 차액을 부담하고 거래소에서 보험을 구입할 수 있다['자유선택' 바우처('*free choice*' *voucher*)](section 1515).

② 소기업 근로자들의 거래소를 통한 가입

소기업은 대기업보다 평균적으로 약 18%가량 보험료를 더 지불해야 한다 (Gabel et al., 2006). 각 주는 보험을 제공하는 고용주에게 세액공제를 제공하는 것과 함께 소기업들을 위한 거래소를 설치하여 보다 저렴하게 보험을 구입할 수 있도록 도왔다(Blumenthal & Collins, 2014).[7]

---

6) 2015년에는 100인 이상 사업장에 적용되었고 2016년에 50인 이상 사업장으로 확대되었다.
7) 1인당 연평균 5만 달러 미만(2014년 기준)의 임금을 지불하고 25인 미만의 상근직 근로자를 고용한 소기업이 50% 이상의 근로자보험료를 지불하고 SHOP 거래소를 통해 의료보험을 구입한 경우 지불한 보험료의 최대 50%까지 세액공제를 받게 된다.

주별 SHOP 거래소는 준비과정이 늦어지면서 2015년부터 본격적으로 설치되었다. 2016년에 18개 주와 컬럼비아 특별구(District of Columbia: DC)가 주정부 차원의 소기업건강보험거래소를 운영하였고 나머지 주들은 연방정부 차원의 거래소를 운영하였다. SHOP 거래소는 아직까지는 활발하지 않은데 주정부가 SHOP 거래소를 운영하는 18개 주 중에서 5개 주에서는 보험자 수가 1~2개, 8개 주에서는 3~4개, 2개 주에서는 5~6개, 3개 주에서만 7개 이상인 것으로 나타났다(Curran et al., 2016).

뉴욕과 캘리포니아에서는 각각 3,600개가 넘는 기업의 42,000명 이상이 SHOP 거래소를 통해 보험에 가입하였지만 몇몇 주들은 200개 미만의 기업이 SHOP 거래소를 통해 보험에 가입하였다. 전체적으로 보면 주 단위와 컬럼비아 특별구에서 운영하는 16개의 SHOP 거래소에서 대략 144,000명이 보험을 구입한 것으로 나타났는데, 평균 사업장 규모는 10인 이하로 개혁 이전에 건강보험 가입이 저조했을 것으로 예상되는 매우 작은 사업장들에서 SHOP 거래소가 주로 이용되는 것으로 나타났다(Curran et al., 2016).

③ 거래소 통한 개인 가입

2014년부터 매해 정규 가입(open enrollment) 기간 동안 고용관계를 통해 보험에 가입하지 못한 개인들은 연방정부 혹은 주정부가 운영하는 거래소를 통해 보험을 구입할 수 있게 되었다. 가구소득이 연방빈곤선 100~400%인 개인 및 가족은 거래소에서 보험을 구입하는 경우 소득 대비 일정 비율을 초과하는 보험료에 대해서 세액공제를 받게 된다(section 1401)(〈표 13-5〉 참조).

거래소에서 판매되는 보험상품은 보장 수준에 따라 5개 등급으로 나뉜다. 브론즈등급은 급여비용의 60%, 실버등급은 80%, 골드등급은 80%, 플래티늄등급은 90%를 보장한다. 브론즈등급보다 본인부담 정도가 더 높은 재난성 보험상품(Catastrophic plan)은 30세 이하 개인 중 경제적 어려움으로 건

(단위: 달러)

| 연방빈곤선 대비 소득 | 1인 빈곤선 | 4인 가구 빈곤선 | 보험료 기준금액 |
|---|---|---|---|
| 133% 이하 | 15,800 | 32,319 | 소득의 2.03% |
| 133~150% | 17,820 | 36,450 | 소득의 3.05~4.07% |
| 150~200% | 23,760 | 48,600 | 소득의 4.07~6.41% |
| 200~250% | 29,700 | 60,750 | 소득의 6.41~8.18% |
| 250~300% | 35,640 | 72,900 | 소득의 8.18~9.66% |
| 300~400% | 47,520 | 97,200 | 소득의 9.66% |

자료: Obama Care Facts Homepage. https://obamacarefacts.com, 2016. 10. 25. 인출.

강보험 가입의무에서 제외된 사람만이 가입할 수 있다(sections 1311, 1321).

전체 주에서 평균적으로 2014년에는 35개, 2015년에는 40개의 상품이 거래소에서 판매되었는데 2015년 2월에 신규가입과 재가입을 포함하여 총 1,200만 명가량이 거래소를 통해 보험을 구입한 것으로 나타났다(Domestic Policy Council, 2015).

## (3) 서비스 제공 및 이용

① 서비스 제공 방식

고용관계를 통한 가입이든 개인적 가입이든, 보험유형에 따라 서비스 이용 방식은 달라진다. 크게 관리의료방식과 전통적인 이용방식으로 나누어진다. 건강유지조직(Health maintenance organizations: HMO), 독점제공자조직(Exclusive provider organizations: EPOs), 서비스선택권상품(Point of Service: POS), 선호제공자조직(Preferred provider organizations: PPO) 이 대표적인 관리의료조직들이다. [8]

HMO는 일차진료의가 문지기 역할을 하며 필요시 전문의에게 가입자를

---

8) HMO가 소비자의 선택을 제한한다는 문제가 제기되면서 여러 가지 변형이 개발되었다.

<표 13-6> 각 유형별 서비스 조직 방식의 특성

|  | 일차진료의 | 전문의 | 네트워크 밖 제공자 이용 |
|---|---|---|---|
| 건강유지조직(HMO) | 문지기 역할 | 일차진료의 의뢰 | 제한적 |
| 독점제공자조직(EPO) | 문지기 역할 없음 | 의뢰 없이 이용 가능 | 불가능 |
| 서비스선택권상품(POS) | 문지기 역할 | 일차진료의 의뢰 | 추가부담 |
| 선호제공자조직(PPO) | 문지기 역할 없음 | 의뢰 없이 이용 가능 | 추가부담 |

의뢰한다. 네트워크에 속한 공급자가 아닌 경우 서비스를 보장하지 않는다. EPOs는 일차진료의의 의뢰 없이도 네트워크에 속한 전문의 진료를 받을 수 있다. 하지만 네트워크 외부 공급자의 서비스를 보장하지 않는다. POS는 일차진료의가 진료를 조종하고 전문의에게 의뢰하는 역할을 하지만 추가부담을 할 경우 원하는 제공자로부터의 진료 및 네트워크를 벗어난 제공자로부터의 진료도 가능하다[네트워크 외부 공급자인 경우 일정액 전액 본인 부담제(*deductible*)가 적용된다]. PPO는 일차진료의의 문지기 역할이 없으며 환자 스스로 의사를 선택하여 진료를 받는다. 추가부담을 할 경우 네트워크 외부 제공자에게 진료를 받을 수 있다. 관리의료조직이 아닌 전통적인 방식의 상품들은 가입자가 원하는 제공자를 방문하여 진료를 받고 민간보험회사가 진료비의 일정 비율을 부담한다(<표 13-6> 참조).[9]

고용관계를 통해 민간보험에 가입한 사람들을 비교하면 15%는 HMO, 48%는 PPO, 9%는 POS, 29%는 HDHP, 그리고 1% 미만이 전통적인 상품에 가입한 것으로 나타났다(Kaiser Family Foundation and Health Research & Educational Trust, 2016).

---

9) 이러한 상품들 외에도 본인 부담이 일정 수준에 도달할 때까지는 본인이 전액 부담하는 고액의 일정액 전액 본인부담 상품(High Deductible Health Plans: HDHP)이 있는데 상대적으로 보험료는 저렴하지만 본인 부담 수준이 높다.

② 급여서비스 범위 및 본인 부담

서비스 전달방식에 상관없이 거래소에 판매되는 상품들은 의료공급자 네트워크의 적절성(*provider network adequacy standards*) 기준에 부합해야 하고 연방정부가 정의한 필수급여서비스(*essential health benefits*)를 제공해야 한다(section 1301). [10] 이러한 급여서비스는 다음과 같다(section 1302).

- 외래(*ambulatory patient services*)
- 입원(*hospitalization*)
- 응급(*emergency services*)
- 모성과 신생아 서비스(*maternity and newborn care*)
- 정신건강과 약물 남용 서비스(*mental health and substance abuse services*)
- 처방의약품(*prescription drugs*)
- 재활 및 회복서비스와 관련 기구(*rehabilitative and habilitative services and devices*)
- 검사 관련 서비스(*laboratory services*)
- 예방 및 만성질환 관리(*preventive services, wellness services, and chronic disease treatment*)
- 소아과 서비스(*pediatric services*)

저소득층이 거래소에서 보험을 구입하는 경우 실버등급 상품에 한해서 이용자 일부 부담(*cost-sharing*) 감면혜택을 받을 수 있다. 즉, 소득 수준에 따라 보험계리적 가치(*actuarial value*)가 달라진다(section 1402). 이와 함께 보험상품에 관계없이 소득 수준별로 최대 본인부담 한도(*maximum out-of-*

---

10) 과거의 상품들을 제외한 모든 민간의료보험과 메디케어, 메디케이드를 포함한 모든 의료보험상품들은 이러한 열 가지 서비스를 보장해야 한다.

<표 13-7> FPL 대비 소득 수준별 보장률(실버등급 상품)과 본인부담 한도(2015년)

(단위: 달러)

| 소득 기준 | 보장률(%) | 본인부담 상한급액(개인) | 본인부담 상한금액(가족) |
|---|---|---|---|
| 100~150% FPL | 94 | 2,250 | 4,500 |
| 150~200% FPL | 87 | 2,250 | 4,500 |
| 200~250% FPL | 73 | 5,200 | 10,400 |
| 250% FPL 이상 | 70 | 6,600 | 13,200 |

자료: Obama Care Facts Homepage. https://obamacarefacts.com, 2016. 10. 25. 인출.

pocket limits)가 다르게 설정되어 있다. 연도별로 본인부담 한도 금액은 조종되는데 2015년 기준으로 소득이 연방빈곤선(FPL) 150% 이하인 개인과 가족에 대해서 각각 2,250달러와 4,500달러로 상한선이 설정되었다(<표 13-7> 참조).

## (4) 민간의료보험 관련 규제

민간보험에 대한 규제와 감독은 전통적으로 주정부 관할이었고 이는 <맥캐런-퍼거슨법>(the McCarran-Ferguson Act)에 의해 재차 확인되었다. 주정부는 보험회사의 재정 관련 사항, 보장되는 서비스 및 제공자에 관한 사항, 판매 관련 사항 등 보험상품에 대한 전반적인 규제를 담당한다. 그럼에도 몇몇 사항은 연방정부가 규제하는데 1974년에 연금법 개혁을 위해 제정된 <피고용인 퇴직 소득 보장법>(the Employee Retirement Income Security Act of 1974)은 근로자에 대한 급여혜택 제공을 규제하고, 1996년에 제정된 <의료보험 이동성 및 책임에 관한 법>(the Health Insurance Portability and Accountability Act: HIPAA)은 고용관계에 기반을 둔 보험상품들이 건강상태에 따라 가입 자격을 제한하거나 보험료 수준을 달리하는 보험사들의 '위험고르기'(risk selection) 관행을 금지한다(Jost, 2009).

ACA는 민간의료보험에 대한 규제를 크게 강화하였다. 우선 생애급여한도(lifetime benefit limits)와 연간급여한도(annual benefit limits) 규정이 폐지되었다. 11) 다음으로 아동에 대해서는 2010년부터, 성인에 대해서는 2014년부터 민간보험회사들의 가입자 과거 병력 정보 요청을 금지하였다(section 1101). 12) 이와 함께 민간보험회사가 보험 가입을 소급적으로 취소하는 관행(recession)을 금지하였다. 연방정부 혹은 주정부가 보험료를 통제하지는 않는 대신 보험자가 의료 관련 지출로 보험료의 85%(50인 이상 사업장) 혹은 80%(소기업들과 개인)보다 낮게 지출할 경우(medical loss ratios) 보험계약자에게 차액을 환불하도록 하였다. 이와 함께 비합리적인 보험료 인상을 주정부와 함께 연방정부가 조사하도록 규정하였다. 13)

소비자 권익 강화를 위해 민간보험회사들이 4페이지 이내 12포인트 이상으로 보장에 관한 요약파일을 가입자들에게 제공하도록 했고 소비자들이 보험회사의 서비스에 대한 급여 제공 거부를 항소할 수 있는 기준을 마련했다(McDonough 2011: 101~139).

---

11) 2009년에 고용주가 제공하는 보험에 가입한 사람들의 약 60%, 개인가입자의 약 90%가 생애급여한도가 설정된 보험상품을 가졌고 매해 약 2만 명의 사람들이 생애급여한도에 도달했다. 2010년 9월 연간급여한도를 75만 달러보다 낮게 설정하지 못하게 하는 것을 시작으로, 2014년 1월 1일에 생애급여한도와 연간급여한도는 전면적으로 금지되었다(Domestic Policy Council, 2015).

12) 고위험군 환자에 대한 보험 가입 거부 및 과도한 보험료 책정이 2014년부터 금지되었다. 그 전까지는 한시적으로 (최소한 6개월 동안 보험이 없고 과거 병력이 있는 사람들을 대상으로) 고위험군 위험분산 프로그램(the Pre-existing Condition Insurance Program: PCIP)이 운영되었는데 이러한 프로그램에 가입되었던 사람들은 2014년에 다른 보험으로 이전하였다.

13) 주별 허용치가 정해져 있지 않은 경우에 이를 제한하지는 않는다.

## 3) 메디케어

### (1) 특성

메디케어는 연방정부가 관할하는 건강보험 프로그램으로 1965년에 65세 이상 성인을 대상으로 도입되었고 1972년에 영구적인 장애를 가진 사람까지 확대되었다. 현재 약 5,500만 명가량이 메디케어의 보장을 받고 있다 (Kaiser Family Foundation, 2016). 사회보험 방식이지만 일반예산에서 상당한 재정지원이 이루어지는데 2015년에는 연방정부 지출 중 15%가 메디케어 관련 지출이었다(Congressional Budget Office, 2016).

메디케어는 4개의 부문으로 구성된다. 병원서비스를 보장하는 파트 A, 외래서비스를 보장하는 파트 B, 민간보험회사가 관리하는 파트 C, 외래처방의약품을 보장하는 파트 D로 나누어진다. 초기에 도입된 파트 A와 파트 B는 오리지널 메디케어로도 불리는데, 파트 A는 모든 메디케어 가입자들에게 기본적으로 제공되며 나머지는 별도의 절차를 통해 가입한다.

### (2) 가입 대상 및 보험료

① 가입 대상

65세 이상 성인을 위한 의료보장제도이지만 사회보험 방식으로 10년 이상 사회보장세를 납부한 사람 혹은 그 배우자가 65세가 될 경우 메디케어의 혜택을 받을 수 있다. 65세 이상이더라도 사회보장 급여를 받을 수 있는 기준이 되지 않는 경우에는 별도의 보험료를 납부해야 메디케어 혜택을 받을 수 있다(Kaiser Family Foundation, 2016).

65세 이하 성인이 다음과 같은 특정 조건에 부합하는 경우 메디케어 가입자격이 부여된다. 사회보장장애보험(Social Security Disability Insurance: SSDI) 급여를 받는 65세 이하 성인은 2년간의 대기기간을 가진 후 메디케어

<표 13-8> 메디케어 파트 B, D 소득 수준에 따른 월별 보험료

(단위: 달러)

| 개인소득 | 부부소득 | 파트 B 보험료 | 파트 D 보험료 |
|---|---|---|---|
| 85,000 이하 | 170,000 이하 | 121.80 | 약정보험료 |
| 85,000~107,000 | 70,000~214,000 | 170.50 | 12.70 + 약정보험료 |
| 107,000~160,000 | 214,000~320,000 | 243.60 | 32.80 + 약정보험료 |
| 160,000~214,000 | 320,000~428,000 | 316.70 | 52.80 + 약정보험료 |
| 214,000 이상 | 428,000 이상 | 389.80 | 72.90 + 약정보험료 |

자료: Centers for Medicare & Medicaid Services. 2016. Medicare 2016 costs at a glance. https://www.medicare.gov, 2016. 10. 30. 인출.

자격을 얻게 되며 말기신장질환(*end-stage renal disease*) 환자와 근위축성 측색경화증(*amyotrophic lateral sclerosis*) 환자들은 대기기간 없이 바로 메디케어에 대한 자격을 얻게 된다. 2011년에 메디케어 가입자의 17%는 장애가 있는 65세 이하였다(Kaiser Family Foundation, 2016).

② 보험료

파트 A는 모든 메디케어 가입자에게 기본적으로 제공되는 서비스지만 구입할 경우 보험료는 월 최대 411달러(2016년 기준)이다. 파트 B는 보험료를 내고 가입하는데 보험료는 소득 수준에 따라 다르며, 가입자 특성에 따라서도 달라질 수 있다. 대부분의 메디케어 가입자는 사회보장급여(Social Security benefits)를 받으므로 급여에서 파트 B 보험료가 공제된다. 2016년 파트 B의 보험료는 2015년에 비해 올랐지만 사회보장급여에서 2016년 생계비가 2015년과 같은 수준으로 유지되어 파트 B의 보험료 또한 전해와 같은 수준으로 유지되었다. 파트 C · D의 보험료는 상품마다 다르고, 파트 D는 소득 수준에 따라 일정 수준의 보험료가 추가로 보조된다(<표 13-8> 참조), Centers for Medicare & Medicaid Services, 2016).

## (3) 서비스 제공 및 이용

① 서비스 유형

입원서비스에 대한 급여를 보장하는 파트 A는 병원입원, 전문 요양기관 (*skilled nursing facilities*) 입소, 호스피스(*hospice care*), 가정치료(*home health care*) 등에 대한 급여를 제공한다. 파트 B는 의사 방문진료, 병원의 외래서비스, 임상 검사, 의료보장구 등에 대한 급여를 제공한다. 파트 C는 급여종류에 따라 나눈 분류가 아니라 민간보험회사를 통한 별도의 관리 방식을 의미하는데, 메디케어 어드밴티지(Medicare Advantage) 상품이라고도 불린다. 원하는 대상자들에 대해 연방정부가 보험료를 부담하고 민간보험 (HMO, PPO)에 등록시키는데 메디케어가 보장하는 파트 A, 파트 B, 파트 D의 모든 급여를 보장한다. 2015년 메디케어 가입자의 31%인 1,700만 명이 메디케어 어드밴티지에 가입했다(Kaiser Family Foundation, 2016).

파트 D는 외래처방약에 대한 급여를 제공하는데 2003년 처방의약품에 대한 접근성을 개선하기 위해 시행된 〈메디케어 현대화법〉(Medicare Modernization Act) 하에 도입되었다. 메디케어와 계약을 맺은 민간보험을 통해서 외래처방약에 대한 급여를 보장한다.[14] 2015년 3,900만 명이 파트 D에 가입되어 있었다(Kaiser Family Foundation, 2016).

② 본인 부담

파트 A의 병원 입원서비스는 일정액 전액 본인 부담(*deductibles*)과 정률부담 (*coinsurance*) 방식으로 본인 부담이 정해진다. 각 급여기간(*benefit period*) 동안 1,288달러(2016년 기준)까지는 직접 부담해야 한다. 급여일 1~60일에는 본인 부담이 없으나 61~90일에는 하루당 322달러의 본인 부담이 발생

---

14) 독립된 처방약 보험상품(*prescription drug plans*)과 메디케어 어드밴티지 의약품 보험상품(*Medicare Advantage Prescription Drug plans*: MA-PD plans).

## 〈그림 13-1〉 메디케어 파트 D 급여공백(coverage gap) 축소

| | 개혁 이전 | | 예) 2017년 | | 개혁 이후 2020년 | |
|---|---|---|---|---|---|---|
| | 가입자 | 그 외 | 가입자 | 그 외 | 가입자 | 그 외 |
| 고액보장 | 5% | 15% 보험회사 80% 메디케어 | 5% | 15% 보험회사 80% 메디케어 | 5% | 15% 보험회사 80% 메디케어 |
| 급여공백 | 100% | | 브랜드약 40% | 50% 제약회사 10% 보험회사 | 25% | 브랜드약 50% 제약회사 25% 보험회사 |
| | | | 복제약 51% | 49% 보험회사 | | 복제약 75% 메디케어 |
| 초기보장 | 25% | 75% 보험회사 | 25% | 75% 보험회사 | 25% | 75% 보험회사 |
| 전액 본인 부담 | 100% | | 100% | | 100% | |

주: 2017년에 일정액 전액 본인 부담은 400달러, 초기보장부분(initial coverage period) 한도는 3,700달러, 고액보장부분(catastrophic coverage period) 시작은 8,071달러.

하고, 90일이 넘는 경우 하루당 644달러의 본인 부담이 발생한다. 60일의 생애예비기간(*lifetime reserve days*)을 모두 사용한 경우에는 모든 비용을 직접 부담해야 한다.[15] 파트 B는 일정액 전액 부담제도로 연간 166달러까지는 본인이 부담해야 하고 이 금액을 넘는 경우 메디케어에서 승인된 금액(Medicare-approved amount)의 20%를 본인이 지불한다. 파트 C의 본인 부담과 급여 정도는 상품마다 다르고 파트 D는 소득 수준에 따라 다르다.

메디케어 파트 D의 본인 부담에서 독특한 특성은 급여공백 부분(*dough-nut hole*)이다. 2010년 기준으로 일정액 본인 부담 금액으로 310달러까지 지불해야 하고 총 2,830달러에 도달할 때까지 처방당 25%는 본인이 부담한다. 그 금액이 넘게 되면 전체 약제비가 6,440달러에 도달할 때까지는 본인이 모든 의약품 비용을 지불한다(Q1Medicare 2010). 건강보험법개혁안은 이러한 급여공백 부분의 본인 부담을 2020년까지 25%로 줄이는 것을 목표로 한다. 이에 따라 2011년에 가입자가 급여공백 부분에 속했을 때 제약회사들은 브랜드약에 대해 50% 할인을 제공했고 보험회사들은 복제

---

15) 연간 한도일을 초과한 경우 전 생애에 걸쳐 60일의 예비기간을 사용할 수 있다.

약 비용의 7%를 지불했다. 이러한 비율은 점진적으로 증가하는데 2017년에 보험회사는 기존의 급여공백 부분에서 브랜드약에 대해서는 비용의 10%, 복제약에 대해서는 비용의 49%를 지불하게 된다. 2020년까지 보험회사가 부담해야 하는 비용은 브랜드약에 대해 25%, 복제약에 대해 75%까지 증가한다(〈그림 13-1〉 참조, Kaiser Family Foundation, 2016).

③ 보충형 보험(Medicare supplemental coverage)

높은 일정액 전액 본인 부담을 비롯해 장기요양서비스와 치과서비스 등은 메디케어에서 급여되지 않으므로 전반적인 본인 부담 수준이 높다. 이로 인해 대부분의 메디케어 가입자들은 보충형 보험에 가입한다. 2011년 기준으로 메디케어 어드밴티지에 가입하지 않은 메디케어 가입자는 약 70%였는데 이 중 약 40%는 고용관계에 기반을 둔 퇴직자 보험상품(employer-sponsored retiree health plans)을 보충형 보험으로 가지고 있었으며, 약 20%는 메디케어 파트 A와 파트 B의 본인 부담을 보장하는 메디갭(Medigap)을 민간보험회사로부터 구입하였고, 약 20%는 저소득층으로 메디케이드 가입자였다. 나머지 20%는 어떠한 보충형 보험도 갖고 있지 않았다. 2011년에 메디케어 가입자들의 평균 본인 부담지출은 5,400달러였는데 이 중 50%는 보험료에 대한 지출이었고 나머지 50%는 서비스에 대한 지출이었다(Kaiser Family Foundation, 2016).

### (4) 의료의 질 개선 및 비용 통제를 위한 규제

제공되는 서비스의 질 관리, 제공자 관리, 보장성 확대 관련 정책 수립 및 모니터링 등 메디케어에 대한 전반적인 운영 및 관리는 연방정부 보건복지부 산하의 메디케어·메디케이드서비스센터(Centers for Medicare & Medicaid Services: CMS)에서 담당한다. CMS는 서비스 질 관리를 위해 1982년 메디케어 질 향상 조직(The Medicare Quality Improvement Organization: QIO)

프로그램을 도입하였고, 품질 관련 전문가, 임상인, 소비자들로 자료 수집과 분석, 교육사업, 조직 및 운영체계 개선 관련 활동을 전개하는 조직을 구성하였다. 건강보험개혁 법안에서도 메디케어의 서비스 질과 효율성 향상은 중요한 사업으로 제시되었다. 이에 따라 성과 및 결과에 기반을 둔 지불보상체계 및 새로운 형태의 공급자 조직을 도입하려는 시도가 이루어지고 있다. 우선 재입원율이나 병원 내 감염률 자료를 활용하여 의료기관에 연방정부 차원의 재정적 패널티를 부과하였다. 2015년부터 원내발생사고(hospital-acquired conditions)가 많은 상위 25% 병원들에 대해서 메디케어 보상을 삭감하였고 2012년 10월부터 퇴원 후 30일 이내 재입원율이 높은 병원들에 대해서도 보상 수준을 삭감하였다. 다음으로 다양한 분야 이해관계자들과의 논의를 통해 질 평가 지표를 개발하고 있으며 이에 기반을 두어 질 관련 정보를 대중들에게 공개하고 요양기관에 인센티브를 지급하는 것을 계획하고 있다(sections 3001, 3002, 3004, 3005). 최근 요양시설(nursing home)의 질에 대한 정보를 제공하기 위해 5등급 질 평가체계(Five Star Quality Rating System)를 도입했고, 환자가 수술 전 항생제를 받았는지, 의사와 간호사가 환자와 의사소통을 잘했는지 등과 같은 평가에 근거해서 지불보상하는 병원 가치기반 구입 프로그램(The Hospital Value-Based Purchasing Program)이 도입될 예정이다. 행위별 수가제로 지불보상이 이루어지는 메디케어 가입자들에 대해 메디케어 비용절감 공유프로그램(Medicare Shared Savings Program)도 도입하였다. 제공자, 병원, 공급자들은 네트워크 조직인 책임 의료조직(Accountable Care Organization)을 구성하고 환자들에게 제공되는 전반적인 의료서비스의 질과 효율성에 기반을 두어서 보상받게 된다(Domestic Policy Council 2015). [16]

---

16) 비용절감 공유프로그램은 행위별 수가제로 미리 산정한 총 의료비와 실제 발생한 의료비의 차이(성과급 혹은 손실금)를 지불자와 공급자 네트워크가 나누는 지불보상 방식이다. 공급자 네트워크는 성과급 혹은 손실금을 미리 정해진 배분방식에 따라 네트워크 참여 공

메디케어에서 의료사기와 부당청구(*fraud and abuse*) 감시 또한 중요한 문제이다. 17) 2009년 5월 미 법무부와 보건복지부가 메디케어와 메디케이드에서의 의료 부정행위를 줄이기 위해 통합기구로 의료부정 방지 및 행동 집행팀(Health Care Fraud Prevention and Enforcement Action Team: HEAT)을 신설하였다. 의료사기와 부당청구 방지는 건강보험개혁법안 내용 중 하나로도 포함되었으며 2010년 4월에는 CMS에 투명성센터(Center for Program Integrity: CPI)가 설치되었다(CMS & CPI, 2011).

ACA의 시행과 함께 메디케어와 계약하에 메디케어 가입자들에게 의료서비스를 제공하는 민간의료보험에 대한 관리도 강화되었다. 민간의료보험을 통해 가입자 관리가 이루어지는 메디케어 파트 C는 민간보험회사들이 비용의 85%를 환자 치료와 질 개선을 위해 사용할 것을 요구한다. (section 3201). 최근 정부보고서는 메디케어 파트 C의 비용이 전반적으로 감소하면서 보험료가 2010년과 2015년 사이에 약 6%가 감소하였다고 보고하였다(Domestic Policy Council, 2015).

---

급자 간에 배분한다.

2015년에 405개의 책임의료조직들이 비용절감 공유프로그램에 참여했고 720만 명 이상의 가입자들에게 서비스를 제공했다. 2012년에 프로그램에 참여했던 책임의료조직들은 처음 두 해 동안 33개 질 지표 중 환자와 임상의료진의 의사소통 점수, 환자의 담당의사에 대한 점수, 고혈압 검사 등 30개 지표에서 개선된 것으로 나타났다. 집단진료(*group practices*) 관련 22개 지표 중에서는 17개에서 개선된 것으로 나타났다. 이러한 결과 메디케어에서 4억 1,700만 달러를 절감했다고 보고됐다(Domestic Policy Council, 2015).

17) 메디케어 및 메디케이드에서 의료사기와 부당청구는 진료비 청구를 목적으로 하는 허위진단, 제공하지 않은 서비스의 청구, 리베이트의 요구 및 수수, 제공, 의학적으로 필요하지 않은 서비스에 대한 청구, 서비스와 재료 등에 대한 과도한 비용 청구, 청구코드의 상향 조정 및 진료비를 쪼개서 청구하는 것(*upcoding or unbundling codes*)과 같은 잘못된 의무기록(*misuse codes on a claim*) 등을 포함한다(Medicare Learning Network, 2014).

## 4) 메디케이드/아동건강보험[18]

### (1) 특성

메디케이드는 빈곤층에게 의료서비스를 제공하는 연방정부와 주정부의 공동프로그램으로 1965년 메디케어와 같이 시작되었다. 연방정부는 법령, 규칙, 정책, 지침 등을 정하고, 주정부는 실제 프로그램을 운영하는데, 연방정부 법안에 특례조치(Medicaid waiver)를 두고 있어서 구체적인 운영에 있어서는 주 정부의 역할이 크다. 대상자의 기준, 급여되는 서비스의 유형, 양, 기간, 범위 등을 주정부가 결정한다. 메디케이드와 밀접하게 연관된 제도가 아동건강보험(Children's Health Insurance Program)이다. 아동건강보험은 메디케이드와 마찬가지로 연방정부와 주정부가 공동으로 운영하는데, 1997년 가구 소득 수준이 낮지만 메디케이드 혜택을 받지 못하는 어린이와 청소년을 위해 도입되었다.

메디케이드의 재정은 연방정부와 주정부의 공동기금(*matching fund*)으로 이루어지는데 연방정부가 부담하는 예산의 비율은 각 주의 1인당 소득을 고려하여 정해진다. 이론적으로는 전체 예산의 50~82%를 연방정부가 부담하게 되는데 실제 범위는 50(가장 소득이 높은 주)~75%(가장 소득이 낮은 주)이고 평균 예산비율은 57%이다. 연방정부의 아동건강보험에 대한 분담금은 메디케이드보다 15%p가 높게 책정된다[19]. 전체 주에서 평균적으로 연방정부의 예산비율은 71%이다. 건강보험개혁 이후 연방정부가 부담하는 비율은 더 증가하였다. 2015년 10월부터 아동건강보험에 대한 재정지원이 확대되면서 연방 매칭률이 23%p 증가하였고 이로 인해 평균 연

---

18) 제도와 관련된 내용은 Center for Medicaid & CHIP Services(CMCS) 홈페이지를 참조하여 작성하였다(https://www.medicaid.gov/, 2016. 10. 25. 인출).

19) 'enhanced' federal matching rate for CHIP: 연방정부의 메디케이드 분담률이 50%인 주라면 아동건강보험에 대한 연방정부의 분담률은 65%가 된다.

<표 13-9> 메디케이드 수혜자

| 연도 | 가입자 수(천 명) | 비율(%) |
|---|---|---|
| 2001 | 30,166 | 10.7 |
| 2003 | 34,326 | 11.9 |
| 2005 | 38,191 | 13.0 |
| 2007 | 39,685 | 13.3 |
| 2009 | 42,847 | 15.7 |
| 2011 | 50,835 | 16.5 |
| 2013 | 54,919 | 17.5 |
| 2015 | 62,384 | 19.6 |

자료: U.S. Census Bureau, Current Population Survey, 1998 and 2012 Annual Social and Economic supplements; U.S. Census Bureau, Current Population Survey, 2014 and 2016 Annual Social and Economic supplements.

방 매칭률은 93% 정도가 될 것으로 예상된다. 이러한 강화된 매칭률은 2019년 9월까지 유지될 예정이다(CMCS, 2016).

메디케이드 가입자 수는 2000년 이후 지속적으로 증가했다. 건강보험 개혁이 일어난 이후 메디케이드 가입자 비율이 보다 빠르게 증가한 것을 알 수 있다(<표 13-9> 참조).

## (2) 대상자 및 가입과정

### ① 대상자

메디케이드 수급자격 중 소득 수준은 각 주별로 다양한데 건강보험 개혁 이전에는 소득 수준이 낮더라도 범주적 필요군(*categorically needy*), 의학적 필요군(*medically needy*), 특수집단(*special group*)이라는 세 가지 범주에 해당되지 않으면 자격이 부여되지 않았다.[20] ACA 시행으로 대상집단이 확대

---

20) 범주적 필요군: 부양이 필요한 어린이를 가진 가족에 대한 지원 프로그램(AFDC)의 대상자, 가구 소득이 연방빈곤선의 133%보다 낮은 가구의 임신 여성과 6세 이하 어린이, 가구소득이 연방빈곤선의 100% 보다 낮은 가구의 6~19세 어린이와 청소년, 18세 이하

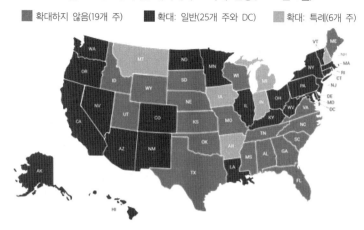

〈그림 13-2〉 각 주별 메디케이드 확대 현황(2016년 1월)

■ 확대하지 않음(19개 주)   ■ 확대: 일반(25개 주와 DC)   ■ 확대: 특례(6개 주)

자료: Medicaid and CHIP Payment and Access Commission(MACPAC).

되었는데 자산 및 다른 요소들에 대한 자격제한이 없어졌고 소득 기준은 연방빈곤선의 138%까지로 확대되었다. 하지만 대법원의 결정에 따라 메디케이드 확대는 주정부의 선택사항이 되었다. 2016년에 컬럼비아 특별구를 포함하여 32개 주가 메디케이드를 확대하였고 19개 주는 확대하지 않았다(〈그림 13-2〉 참조). 한편 기존에 의학적 필요군으로 메디케이드 수혜자였던 사람들은 소득 수준이 메디케이드 자격 요건보다 높더라도 과거와 동일하게 메디케이드에 가입할 수 있다.

　메디케이드를 확대한 주의 새로운 가입자에 대한 비용은 2016년까지는

---

　어린이나 청소년을 간병하는 친척 혹은 법적 보호자, 보충소득보장(Supplemental Security Income: SSI) 수혜자, 의료기관에 수용 중이면서 소득이 보충소득보장 수입 기준 300% 이내인 개인이나 부부를 말한다.

　의학적 필요군: 소득이 기준보다 다소 높더라도 임신한 여성(산후 60일까지), 18세 이하의 어린이와 청소년, 일부 신생아(출생 후 1년), 일부 시각장애인 등.

　특수집단: 메디케어 대상자로서 빈곤선 100% 이하 소득자, 노동가능 장애인으로서 빈곤선 200% 이하 소득자, 유방암이나 자궁경부암을 가진 여성, 보험에 가입하지 않은 자로서 결핵이 발병한 경우 등.

연방정부가 전액 부담하며, 이러한 기여는 점진적으로 감소하여 2020년에는 90%의 비용을 보조한다(sections 2201, 2202). [21] 메디케이드 확대로 2018년까지 비노인의 17%(4,600만 명)가 메디케이드/아동건강보험에 가입할 것으로 예상된다(Domestic Policy Council, 2015).

아동건강보험은 메디케이드 소득 제한에 해당되지 않는 가구의 어린이들을 위한 의료보험 보장을 제공한다. 소득상한선 및 자격 조건은 주마다 다양하다. 컬럼비아 특별구를 비롯해 46개 주들은 연방빈곤선의 200% 소득 수준까지 아동들에 대한 보험을 제공한다. 이러한 주들 중 24개는 빈곤선의 250% 혹은 그 이상의 소득을 갖는 가구의 아동들에 대해서까지 보험을 제공한다(CMCS, 2016). [22]

② 보험료

메디케이드가 빈곤층을 위한 프로그램이지만 각 주별로 일부 집단에게는 보험료를 부과할 수 있다. 연방빈곤선 기준 소득이 150% 이상인 가구의 임산부와 영유아, 연방빈곤선 기준 소득이 150% 이상인 노동가능 장애인, 〈노동인환권 및 노동유인증진법〉(the Ticket to Work and Work Incentives Improvement Act of 1999: TWWIIA)에 따라 노동가능 장애인, 의학적 필요군 등에게 제한적으로 보험료와 가입료를 부과할 수 있다. 소득이 150%를 넘는 다른 유형의 가입자들에 대해서도 보험료를 부과할 수 있다.

---

21) 메디케이드를 확대하지 않은 주의 거주자들 중 연방빈곤선 100%를 넘는 소득을 가진 경우 민간보험 가입을 위한 보조를 요청할 수 있다. 하지만 연방빈곤선보다 소득이 낮은 사람들은 현재의 개혁법안에서 메디케이드 자격이 있는 것으로 간주하므로 보조금을 요청할 수 없다.
22) 건강보험개혁으로 메디케이드 가입 소득 수준이 연방빈곤선 133%로 확대되면서 아동건강보험에 가입되어 있던 어린이 및 청소년은 대부분 메디케이드로 옮겨갈 것으로 예상된다.

## (3) 서비스 제공 및 이용

① 급여서비스

각 주의 메디케이드 프로그램은 다음과 같은 서비스를 의무적으로 보장하도록(Mandatory Benefits) 연방법으로 정해져 있다. 이 외에 주별로 처방의약품, 클리닉서비스, 물리치료(physical therapy), 작업치료(occupational therapy), 검안서비스(optometry services), 안경, 치과서비스(dental services), 의치(dentures) 등은 선택적으로 보장한다(optional benefits).

- 입원병원서비스
- 외래병원서비스
- 조기의 주기적인 검사, 진단, 치료
- 요양시설서비스(nursing facility services)
- 가정건강서비스(home health services)
- 의사 진료(physician services)
- 농어촌 진료소서비스(health clinic services)
- 연방정부 의료센터(Federally qualified health center)
- 검사(laboratory) 및 엑스레이서비스
- 가족계획서비스
- 조산사서비스
- 소아 및 가족임상간호사서비스(certified pediatric and family nurse practitioner services)
- 자율적인 출산센터서비스(freestanding birth center services)
- 의료 위한 수송(transportation to medical care)
- 임신여성 금연상담(tobacco cessation counseling for pregnant women)

〈표 13-10〉 메디케이드 가입자 최대 허용 이용자 일부 부담(2013년)

(단위: 달러)

| 연방빈곤선 기준 소득 | 100% | 101~150% | 150% 이상 |
|---|---|---|---|
| 시설서비스(Institutional Care) (입원, 중독치료 등) | 75.00 | 10% | 20% |
| 시설 외 서비스(Non-Institutional Care) (의사 방문 및 치료 등) | 4.00 | 10% | 20% |
| 응급실의 비응급상황 이용 (Non-emergency use of the ER) | 8.00 | 8.00 | 제한 없음 |
| 선호 의약품 | 4.00 | 4.00 | 4.00 |
| 비선호 의약품 | 8.00 | 8.00 | 20% |

자료: CMCS, 2016.

② 본인 부담

각 주 정부는 메디케이드 가입자들에게 급여서비스에 대한 본인 부담을 부과할 수 있다. 최대 허용되는 이용자 일부 부담금은 소득 수준에 따라 다르다(〈표 13-10〉 참조). 하지만 응급의료, 가족계획서비스, 임신 관련 서비스, 아동에 대한 예방서비스, 위독한 환자(*terminally ill individuals*), 시설에 거주하는 개인들에게는 본인 부담을 부과할 수 없다.

주 정부는 복제약과 브랜드약에 대해서 그리고 주별로 정해지는 선호 의약품 목록(*preferred drug list*) 포함 여부에 따라서 본인 부담을 다르게 설정할 수 있다. 연방빈곤선 150% 이상에 해당하는 가입자가 선호 의약품 목록에 포함되지 않은 의약품을 이용하는 경우 본인 부담률을 20%까지 설정할 수 있고 연방빈곤선 150% 이하 소득을 가진 가입자들에 대해서 본인부담금은 명목상의 금액으로 제한된다. 우편 주문 의약품(*mail order drugs*)과 약국에서 판매되는 의약품에 대해서 본인부담금을 다르게 책정할 수 있다(CMCS, 2016).

**(4) 의료의 질 개선 및 비용 절감을 위한 규제**

메디케이드와 아동건강보험 관련 업무는 연방정부 차원에서는 CMS가 담당하고, 주정부에서는 각 보건의료 담당부서가 담당한다. 메디케어와 마찬가지로 CMS는 메디케이드에서 제공되는 서비스의 품질 관리와 의료사기 및 부당청구에 대한 통제를 강화하고 있다.

ACA가 시행되면서 메디케이드에서도 질 지표를 개발하고 책임의료조직 및 포괄보상(*payment bundling*) 제도를 도입하기 위한 시도가 이루어지고 있다. 이 밖에 메디케어와 메디케이드에 모두 가입된 사람들에 대한 프로그램 간 협력을 강화하기 위해 메디케어-메디케이드 협력실(Medicare-Medicaid Coordination Office)이 2010년에 신설되었다. 처방의약품 비용을 절감하기 위해 기존의 평균공장도가격(*average manufacturer price*)과 연방상한선(Federal upper limit)을 수정하였으며 급여되는 외래처방의약품에 대한 리베이트 비율을 증가시켰다. 중앙정부는 이러한 정책 시행으로 2013년과 2018년 사이에 메디케이드 처방의약품 비용 중 1,770만 달러 정도가 절감될 것으로 예상한다(Domestic Policy Council, 2015).

메디케이드에서 보장하는 장기요양서비스를 확대하였는데 노인과 장애인이 그들의 집이나 지역사회에서 서비스를 받을 수 있도록 제도를 개선하였다. 예를 들어 가정과 지역사회에 기반을 둔 서비스(*home and community-based services*)에 대한 접근성을 개선하기 위해 연방정부의 재정지원을 증가시키는 균형인센티브 프로그램(Balancing Incentive Program)을 도입하였고 지역사회 기반 간병인서비스를 제공하는 지역사회우선선택옵션(Community First Choice option)에 대한 연방정부의 재정적 지원을 강화하였다. 환자추적형재정지원프로그램(Money Follows the Person program)을 확대하여 만성질환과 장애를 가진 40,500명을 시설에서 지역사회로 돌려보냈다(Domestic Policy Council, 2015).

## 3. 의료보장제도 개혁의 성과

2010년 ACA가 도입된 지 6년이 경과하였지만 대부분의 정책은 2014년에 본격적으로 시행되었으므로 정책 시행 2년이 지난 시점에서 건강보험개혁의 성과를 포괄적으로 평가하기는 어렵다. 몇몇 연구가 의료보험 가입 인구, 의료 이용 접근성 및 서비스 품질의 변화를 평가하였지만 아직까지 건강보험개혁이 건강 수준에 어떠한 영향을 미쳤는가에 대해서는 자료가 제한적이다.

### 1) 접근성

2016년 첫 분기에 2,730만 명(8.6%)이 보험이 없었는데 이는 2015년보다는 130만 명, 2010년보다는 2,130만 명 더 적은 수치이다. 연령별로 보면 2016년 첫 분기 동안 18~64세 사이 성인에서 보험이 없는 비율은 11.9%였고, 19.5%는 공보험에 70.2%는 민간보험에 가입되어 있었다 (〈그림 13-3〉 참조). 0~17세 아동 및 청소년은 5.0%가 보험이 없었고, 42.1%가 공보험에 54.9%가 민간보험에 가입되어 있었다. 18~64세 성인에서 거래소를 통한 민간보험 가입률은 2015년 첫 분기에 4.4%(860만 명)였고 2016년 첫 분기에 4.7%(920만 명)였다. 65세 이하에서 고액의 일정액 전액 본인 부담 상품(*high-deductible health plan*: HDHP)에 가입된 비율은 2010년 25.3%에서 2015년 36.7%로, 2016년 첫 분기에 40.0%로 증가하였다. 즉, 무보험자 비율은 줄었지만 보장 수준이 낮은 보험에 대한 가입이 증가한 것으로 보인다. 여전히 보험에 가입하지 않은 10%의 인구 중 39%는 연방빈곤선 아래의 소득을 가지고 있는 것으로 나타났는데 이러한 보험 미가입의 주요한 이유는 지불능력과 관련되어 있었다 (Collins et al., 2016).

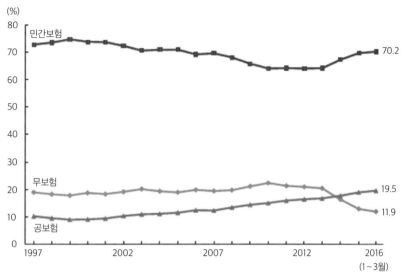

〈그림 13-3〉 18~64세의 성인의 민간보험, 공보험 가입률 및 무보험자 비율 변화

자료: Cohen, R.A, Martinez, M. E., Zammitti, E. P., 2016.

　구체적인 보험가입 경로를 살펴보면 연방정부 혹은 주정부가 운영하는 거래소를 통해 민간보험에 가입한 인구는 약 800만 명으로 이들 중 80%는 보험료 보조금을 받은 것으로 나타났다. 약 500만 명은 거래소 외의 경로로 민간의료보험에 가입했고 26세 이하 청년들 300만 명은 부모들의 건강보험에 남을 수 있게 되면서 보험을 갖게 되었다. 약 480만 명의 저소득층은 메디케이드에 가입할 수 있게 되었다(Domestic Policy Council, 2015). [23]

　메디케이드가 확대된 주와 그렇지 않은 주의 의료서비스 접근성을 비교한 연구들은 일차의료 접근성 및 외래서비스 이용, 의약품 접근성, 만성질환에 대한 정기적인 치료가 개선되었고, 비용으로 인해 의료 이용을 하지 못한 경험이 감소하였다고 보고하였다(Sommers et al., 2015; Sommers et al., 2016). 또 다른 연구에 따르면 기존에 보험이 없던 사람들이 민간보험

23) 거래소 외에서 판매되는 민간의료보험도 건강보험개혁법안의 규제를 받는다.

혹은 메디케이드에 가입하면서 처방률이 증가(각각 28%와 79%) 하고 본인 부담은 감소(각각 29%와 58%) 했으며(Mulcahy et al., 2016), 메디케어 처방약 비용으로 인한 의약품 복용 불순응도(nonadherence)는 8.3%에서 5.2%로 떨어졌다(Kennedy & Wood, 2016).

## 2) 효율성 및 의료의 질

의료보장 강화로 인한 급격한 의료비 증가는 정책 시행 전 크게 우려되었던 부분이다. 현재까지의 연구결과들은 최근 의료비 증가가 오히려 둔화되었다고 보고하였다. 하지만 이러한 의료비 둔화 경향이 건강보험개혁의 효과인지 경제위기의 여파로 소비가 위축되면서 나타난 현상인지에 대해서는 논란이 많다(Bauchner, 2016). 다른 국가들과 비교 시 경제위기로 인한 소비 위축과 의료비 감소가 보다 근거 있는 설명이라고 여겨지지만 그렇더라도 건강보장제도 개혁이 우려했던 급격한 의료비 증가를 가져오지는 않은 것으로 보인다(McDonough, 2015).

  의료비 증가 추이와는 별개로 건강보장제도 개혁 이후 몇몇 의료서비스 품질 지표가 개선되었다는 보고가 있다. 미국 보건복지부(the U.S. Department of Health & Human Services)는 2011년과 2012년 사이에 의약품 부작용, 감염, 낙상, 그 외 다른 병원 내 발생 사고가 9% 감소한 것을 비롯해 1만 5천 명의 원내 사망과 56만 명의 환자 부상이 감소하였고 이로 인해 4천만 달러의 비용 절감이 있었다고 보고하였다. 메디케어 재입원율은 2007년과 2011년 사이에 지속적으로 19%를 유지했지만 2012년과 2013년 사이에 16만 건가량의 메디케어 재입원이 감소하면서 2013년에 17.5%로 감소하였고 4천만 달러를 절감하였다고 보고하였다(Gerhardt et al., 2013). 2010년과 2013년 사이의 병원 내 감염과 재입원율 변화를 비교한 또 다른 연구도 2010년과 2013년 사이에 병원 내 감염이 17% 감소했고 30일 재입원율 또한 감소했다고 보고하였다(Blumenthal et al., 2015).

### 3) 건강 수준 개선 및 경제적 위험으로부터의 보호

ACA가 실질적으로 건강 수준 개선과 경제적 보호(*financial protection*)를 제공했는지에 대해서는 아직까지 많은 연구가 진행되지는 않았다. 우선 경제적 보호라는 측면에서 본다면 청년층에서 부모 보험에 대한 가입이 증가하면서 의료비 지출, 과부담의료비 발생이 감소하였다(Chen et al., 2016).

건강 수준 개선과 관련하여 자기보고 건강 수준(*self-reported health*)에서의 변화를 분석한 연구들은 메디케이드를 확대한 주와 그렇지 않은 주의 저소득층을 비교할 때 메디케이드가 확대된 주에서 자기보고 건강 수준이 개선되었다고 보고하였다(Sommers et al., 2015; Sommers et al., 2016).

## 4. 맺음말

ACA의 통과로 미국의 의료보장제도는 변화를 맞게 되었다. 민간의료시장에 대한 규제 강화와 함께 재정적 지원을 통해 의료보험에 대한 접근성을 개선시키고, 과태료를 도입하여 보험 가입에 대한 책임성을 강화하고자 하였다. 이와 함께 건강보험개혁법안은 일차의료에 대한 강조, 의료서비스의 질을 개선하기 위한 새로운 지불보상제도의 도입을 시도하고 있다. 개혁 이후 6년이 지난 시점(본격적인 법안 시행 2년이 지난 시점)에서 가장 눈에 띄는 변화는 무보험인구의 감소이다. 다른 한편에서 건강보험개혁이 의료비용에 어떠한 영향을 미쳤는지는 아직까지 확실하지 않다. 다만 개혁 전 우려했던 것과 같은 급격한 의료비 증가를 초래하지는 않은 것으로 보인다. 그 외 재입원율 감소, 원내 감염 감소와 같은 긍정적인 결과들이 보고되었지만 궁극적으로 건강 수준 향상에 미친 영향은 아직까지는 불확실하며 추후 살펴볼 필요가 있을 것이다.

ACA의 통과가 1965년 메디케어와 메디케이드 도입 이후 미국에서 50년 만에 성공한 의료개혁임에도 불구하고 낮은 접근성과 높은 의료비의 주된 원인이었던 민간보험 중심의 미국 의료보장제도를 근본적으로 바꾼 것은 아니다. 민간의료보험에 대한 규제를 강화하였지만 민간의료 보험과 경쟁하는 공보험의 도입은 폐기되었다. 소득 수준에 따라 제공되는 보험료와 의료비에 대한 보조금의 규모는 개혁 과정에서 삭감되었고 이로 인해 저소득층에게 지급되는 보조금이 향후 보험료와 의료비의 증가 수준을 따라잡지 못할 것으로 예상되고 있다(McDonough, 2015). 이는 한편으로 치열한 이해관계 속에서 근본적인 개혁이 쉽지 않음을 보여 주는 동시에 향후 개혁의 지속가능성, 그리고 의료보장법이 미국 의료보장제도가 안고 있던 문제들을 장기적으로 어느 정도 해결할 수 있을 것인가라는 궁금증을 갖게 한다. 24)

미국에서 시행된 오바마의 건강보험 개혁은 한국의 의료제도 개혁과 관련해서도 시사점을 제시한다. 한국과 미국의 의료제도는 중앙집권 수준이나 의료보장방식 등의 측면에서 상당히 다름에도 불구하고 민간 부문에 대한 의존성이 크다는 공통점을 갖는다. 미국의 경우 민간의료보험 중심의 의료보장체계가, 한국의 경우 민간 위주의 서비스 공급 구조와 지불보상방식이 의료공급의 시장적 특성을 강화시키고 효율성을 저해한다. 이로 인해

---

24) 2017년 10월 시점에서 트럼프 정부의 건강보험개혁법안 폐기 시도는 실패하였지만 저소득층의 본인 부담을 보조하기 위해 민간의료보험사에게 지급되는 보조금 중단(이는 장기적으로 거래소를 불안정화시킬 수 있음), 건강보험개혁법안의 규제를 받지 않는 단체의 료보험(association health plans) 허용 등이 추진되고 있다. 또한 2018년 상원 선거결과에 따라 의회에서 건강보험개혁법안 폐기 관련 논의가 다시 이루어질 수 있다.

한국에서 진료비 보상제도의 개편, 그리고 더 나아가 근본적으로는 공공부문의 직접적인 의료 제공을 강화하자는 논의도 있어 왔다. 오바마 정부의 의료개혁은 미국의 의료보장제도의 기본 구조는 유지하면서 민간의료보험에 대한 규제를 강화하고 저소득층에게 보조금을 지급하는 방식으로 시장논리에 기반을 둔 의료 공급의 문제를 해결하고자 하였다. 이와 같은 개혁이 장기적으로 접근성, 효율성, 효과성에 어떻게 영향을 미쳤는지를 검토하는 것은 향후 한국의 의료 보장제도를 개선시켜 감에 있어서도 중요한 함의를 제공할 것이다.

## ■ 참고문헌

국내 문헌

김창엽 (2006). 《미국의 의료보장》. 파주: 한울아카데미.

해외 문헌

Bauchner, H. (2016). The Affordable Care Act and the future of U. S. health care. *JAMA*, *316*(5), 492.

Blumenthal, D., Abrams, M., & Nuzum, R. (2015). The Affordable Care Act at 5 years. *New England Journal of Medicine*, *372*(25), 2451~2458.

Blumenthal, D., & Collins, S. R. (2014). Health care coverage under the Affordable Care Act: A progress report. *New England Journal of Medicine*, *371*(3), 275~281.

Brown, L. D. (2011). The elements of surprise: How health reform happened. *Journal of Health Politics*, *Policy Law*, *36*(3), 419~427.

Chen, J., Vargas-Bustamante, A., & Novak, P. (2016). *Reducing Young Adults' Health Care Spending through the ACA Expansion of Dependent Coverage*. Health Services Research.

CMS & CPI(2011). *New Strategic Direction and Key Anti-fraud Activities.* https://www.cms.gov/Medicare-Medicaid-Coordination/Fraud-Prevention/Medicaid IntegrityProgram/downloads/cpiinitiatives.pdf. 2015. 7. 22. 인출.

Cohen, R. A, Martinez, M. E., & Zammitti, E. P. (2016). Health Insurance Coverage: Early Release of Estimates From the National Health Interview Survey, January-March 2016. U.S. Department of Health and Human Services, Centers for Disease Control and Prevention, National Center for Health Statistics.

Collins, S. R., Gunja, M. Z., Doty, M. M., & Beutel, S. (2016). *Who Are the Remaining Uninsured and Why Haven't They Signed Up for Coverage?*. Commonwealth Fund.

Congressional Budget Office(2016). Budget and Economic Outlook: 2016 to 2026.

Curran, E., Corlette, S., & Lucia, K. (2016). *State-Run SHOPs: An Update Three Years Post ACA Implementation.* Commonwealth Fund.

Davis, K., Stremikis, K., Squires, D., & Schoen, C. (2014). *Mirror, Mirror on the Wall-How the Performance of the U.S. health care system compares internationally.* Commonwealth Fund.

Domestic Policy Council(2015). Accomplishments of the Affordable Care Act: A 5th year anniversary report. https://obamawhitehouse.archives.gov/sites/default/files/docs/3-22-15_aca_anniversary_report.pdf

Gabel, J., McDevitt, R., Gandolfo, L., Pickreign, J., Hawkins, S., & Fahlman, C. (2006). Generosity and adjusted premiums in job-based insurance: Hawaii is up, Wyoming is down. *Health Affairs, 25*(3), 832~843.

Gerhardt, G., Yemane, A., Hickman, P., Oelschlaeger, A., Rollins, E., & Brennan, N. (2013) Data shows reduction in Medicare hospital readmission rates during 2012. *Medicare & Medicaid Research Review, 3*(2). http://www.cms.gov/mmrr/Downloads/MMRR2013_003_02_b01.pdf

Jost, T. S. (2009). The regulation of private health insurance. National Academy of Social Insurance, National Academy of Public Administration, Robert Wood Johnson Foundation.

Kennedy, J., & Wood, E. G. (2016). Medication costs and adherence of treatment before and after the Affordable Care Act: 1999-2015. *American Journal Public Health, 106,* 1804~1807.

Kaiser Family Foundation (2016). An overview of Medicare. http://files.kff.org/attachment/issue-brief-an-overview-of-medicare

Kaiser Family Foundation and Health Research & Educational Trust (2016). 2016 Employer health benefits survey. http://kff.org/report-section/ehbs-2016-section-five-market-shares-of-health-plans/

Long, S. K. (2008). On the road to universal coverage: Impacts of reform in Massachusetts at one year. *Health Affairs*, *27*(4), 270~284.

McDonough, J. E. (2011). *Inside National Health Reform*. University of California Press.

_____ (2015). The United States health system in transition. *Health System and Reform*, *1*(1), 39~51.

Medicare Learning Network (2014). Medicare fraud & abuse: Prevention, detection, and reporting. www.cms.gov/Outreach-and-Education/Medicare-Learning-Network-MLN/MLNProducts/downloads/fraud_and_abuse.pdf

Morone, J. A. (2010). Presidents and health reform: From Franklin D. Roosevelt to Barack Obama. *Health Affairs*, *29*(6), 1096~1100.

Mulcahy, A. W., Eibner, C., & Finegold, K. (2016). Gaining coverage through Medicaid or private insurance increased prescription use and lowered out-of-pocket spending. *Health Affairs*, *35*(9), 1725~1733.

Office of the Legislative Counsel (2010). Compilation of Patient Protection and Affordable Care Act. housedocs.house.gov/energycommerce/ppacacon.pdf

Q1Medicare (2010). 2010 Medicare part D program information. www.q1medicare.com/PartD-The-2010-Medicare-Part-D-Outlook.php

Sommers, B. D., Blendon, R. J., Orav, E. J., & Epstein, A. M. (2016). Changes in utilization and health among low-income adults after Medicaid expansion or expanded private insurance. *JAMA Internal Medicine*, *176*(10), 1501~1509.

Sommers, B. D., Gunja, M. Z., Finegold, K., & Musco, T. (2015). Changes in self-reported insurance coverage, access to care, and health under the Affordable Care Act. *JAMA*, *314*(4), 366~374.

Tanne, J. H. (2009). Obama asks AMA to support his healthcare reform package. *British Medical Journal*, *338*: b2541.

## 기타 자료

Centers for Medicaid & CHIP Services Available: https://www.medicaid.gov/.

Centers for Medicare & Medicaid Services Available: https://www.cms.gov/.

Obama Care Facts Homepage: https://obamacarefacts.com.

Medicaid and CHIP Payment and Access Commission(MACPAC) Available: http://www.macpac.gov/.

U.S. Census Bureau(2016). Current Population Survey. http://www.census.gov/programs-survey/cps.html.

# 14

# 고령자 복지서비스

## 1. 머리말: 미국 노인 복지정책의 개요와 인구 고령화

### 1) 미국 노인 복지정책의 개요

본격적인 논의에 앞서 미국의 노인 복지서비스의 특징과 경향에 대해 살펴보면 다음과 같다.

첫째, 미국의 사회복지서비스 정책은 각 주정부마다 차별화가 심해지고 있는데 특히 노인 복지서비스 분야는 주정부별로 다양한 시범사업 및 특화사업으로 차이가 커지고 있다. 민영화와 지방분권화 흐름으로 연방정부의 정책집행력과 재원의 문제를 이미 주정부 소관으로 이전했기에 미국의 노인 복지서비스를 획일적으로 분석하는 데는 제한이 따른다. 연방 입법들은 주로 메디케이드나 메디케어 같은 주요 정책의 재원 확보와 지출에 대한 규정들이며 구체적인 운영지침이나 규제조항은 각 주와 카운티의 지역 법에 규정되어 있다. 따라서 이 글에서는 노인 복지서비스의 주요 재원과 관련된 연방 입법들과 주정부별 일부 특화 서비스를 중심으로 살펴보기로 하겠다.

둘째, 미국 노인 복지정책과 서비스는 1980년대 이후 공적 재원-민간운영의 원리 아래에서 전개되어 옴에 따라 미국 서비스 정책 변천 과정은 한마디로 공적 재정에 관한 입법사로 볼 수 있다. 따라서 이 장에서는 미국 노인 서비스 정책의 주요 재원과 재정운영 방식에 관련된 쟁점들을 시대별로 살펴보면서 논의하겠다. 1) 특히 의료서비스와 장기요양 및 재가복지서비스의 주요 재원인 메디케이드와 메디케어, 〈노인복지법〉(Older American Act: OAA) 이 주요 대상이 되겠다.

셋째, 미국의 장기요양과 노인 복지서비스의 기본 흐름은 지역사회 보호(community-based care)에 초점을 두고 있다. 이러한 흐름은 1965년 메디케이드의 요양시설 입소 지원 이후 발생해 온 '요양시설 입소 편향'(institutional bias) 2)에 대응하기 위한 정책으로 이후 1980년대 이후 '메디케이드 특례'(Medicaid waiver: 시설 입소 정도의 중증에 대한 지역사회 요양 지원 가능), 1990년 중반 이후 의료보장제도의 관리의료(Managed Care) 도입 후 나타난 통합적 케어 관련 케어 매니지먼트, 그리고 최근 2011년 오바마 정부의 〈적정의료법〉(Affordable Care Act: ACA) 이후 논란이 되고 있는 〈지역사회 거주 지원법〉(Community Living Assistance Services and Supports Act: CLASS) 의 제정과 폐지에서도 중요한 쟁점이 되고 있다.

넷째, 미국은 다른 어떤 국가보다 인종과 민족집단(ethnic group) 간의 상호작용이 정치, 경제, 사회 및 문화체계에 미치는 영향이 강하다. 전체적

---

1) 이와 관련하여 이 장은 미국의 노인 복지서비스 정책과 장기요양 정책을 동시에 논의할 것이다. 최근의 미국 연방 차원의 논의는 주로 장기요양 재원과 관련한 메디케어와 메디케이드의 지역사회 돌봄 및 장기요양 지원에 초점을 두고 있다. 별도의 공적 장기요양 보험이 없는 미국의 경우 노인 복지서비스와 장기요양의 구분이 실질적으로 어려운 면이 있어 함께 논의하겠다.

2) '요양시설 입소 편향'이란 메디케이드가 시설 입소를 한 경우만 지원이 되어 시설 입소를 유인하는 시설 지향적인 특성을 갖고 있는 문제점을 의미한다.

으로 아직 백인 노인이 차지하는 비율은 여전히 높지만(80.0%, 2010년 기준), 2000년 인구총조사(Census) 기준 84.3%에서 4.3%p가 감소하였으며, 특히 현재 노인 복지제도의 주요 대상 집단인 비백인 집단 노인은 2050년에 전체 65세 노인의 33.0%에 육박할 것으로 전망된다(U. S. Census Bureau, 2001; 2011). 이러한 다양한 인종 및 민족그룹의 존재는 미국 사회 복지제도에 다문화적 접근(multi-cultural approach)의 필요성을 부각하고 있으며 실제 많은 노인 복지서비스의 결과가 인종이나 민족 집단별로 다르게 영향을 끼치고 있다는 점은 미국의 노인 복지서비스를 이해하는 데 중요한 요소라 하겠다.

## 2) 미국 인구 고령화와 다문화 현상

노인 복지정책과 서비스에 대해 살펴보기 전에 복지제도와 관련이 있는 미국 노인들에 대한 인구고령화 특성과 다문화 현상을 우선 살펴보겠다.

### (1) 인구 고령화

미국 사회도 심각한 고령화 현상을 겪고 있으나, 이민자의 유입과 출산율의 안정 등으로 인해 다른 OECD 선진국에 비해서 고령화율이 낮은 편이다. 그러나 인구학자들은 이러한 미국도 2025~2030년 사이에 전 국민의 20% 이상이 65세가 될 것으로 전망하고 있다(U. S. Census Bureau, 2011). 특히 베이비부머세대가 65세에 진입한 2011년부터는 심각한 양상을 보이고 있다. 미국의 인구총조사 자료는 고령비가 2014년 기준 약 15%에서 2030년 21%, 2060년 24%에 달할 것으로 전망하고 있다(PRB, 2015).

특히 여러 가지 의료 및 복지 욕구가 강한 85세 이상의 인구도 크게 증가할 것으로 예측하는데 2000년에 대략 400만 명 정도였던 이 집단은 2050년경에 1,900만 명에 이르러 전체 65세 노인 인구 중 23%에 달할 것으로 예측된다.

<표 14-1> 미국의 주요 연도별 65세 노인 인구비율 변화

(단위: %)

| | | 1900 | 1920 | 1940 | 1960 | 1980 | 2000 | 2020 | 2040 | 2060 |
|---|---|---|---|---|---|---|---|---|---|---|
| 65세 이상 인구비 | | 4.1 | 4.8 | 6.8 | 9.2 | 11.3 | 12.4 | 16.5 | 20.5 | 20.8 |
| 10년 사이 증가율 | 전체 인구 | | 14.9 | 7.2 | 19.0 | 11.5 | 13.2 | 8.4 | 7.5 | 7.0 |
| | 65세 이상 | | 24.9 | 36.0 | 35.0 | 27.3 | 12.0 | 35.3 | 9.8 | 9.6 |

자료: U.S. Census Bureau, 2011.

## (2) 다문화 노인의 특징

앞서 언급되었듯이 미국 노인의 인종과 민족집단이 다양하다는 점은 미국의 노인 복지제도를 실행하는 데 중요한 쟁점이 되고 있다. 2010년 인구총조사 자료에 의하면, 백인 노인이 80.0%, 흑인 노인이 8.5%, 아시아 및 환태평양 출신 노인이 3.4%, 기타 인종 민족집단 1.6%, 그리고 히스패닉 노인3)이 6.9%로 나타났다. 인종과 민족집단에 대한 다양한 연구들의 결과를 대략적으로 정리하면 다음과 같다(U. S. Census Bureau, 2011).

첫째, 전반적인 삶의 지표에서 두 집단 간 차이가 나는데, 특히 이에 따른 노인 복지 혜택에 제한이 따른다(Hooyman & Asuman-Kiyak, 2011). 비백인 집단 노인은 사회복지 및 보건서비스 자원의 접근에 제한을 받고 있다. 백인과 비백인 집단 간의 건강과 기능상태, 사망률4)에서 차이를 보이는데, 비백인 집단은 사회경제적 지위에서 이미 차별을 받아 자원의 접

---

3) 인종과 민족집단 구성 통계는 실제로 명확하게 규정하기 어렵다. 특히 인종 간 결혼과 출산이 확대되고 있는 시점에 더욱더 문제가 된다. 또 히스패닉에 포함되는 민족집단도 조사에 따라 다르다. 인구총조사 자료는 대략적인 참고자료로 보면 된다.

4) 사망률 편차의 수렴화(crossover effect): 백인 여성과 흑인 여성의 기대여명(life expectancy)은 2000년 기준으로 5년의 차이가 났고, 남성의 경우는 7년이 났다(PRB, 2015). 그러나 65세 노인의 경우는 1.7년으로 좁혀지고, 85세에는 비슷해지며, 90세 이상의 경우 흑인이 더 오래 산다는 조사도 있다. 이러한 차이가 좁아지는 것은 흑인의 경우 청장년시절의 높은 사망 위험에도 불구하고 살아남은 집단은 백인보다 오히려 건강하고, 유전적으로 장수 기질이 있고, 사회경제적으로도 백인의 지위와 비슷하거나 높아서 일단 한번 노인이 되면 더 오래 살 수도 있다는 주장이 있다

근성이 떨어진 것으로 볼 수도 있다. 비백인 집단 여성의 경우 백인 여성보다 배우자와의 사별기간이 상대적으로 긴 것으로 보고되고 있다.

둘째, 노후생활에 있어 비백인 집단은 백인보다 가족/친족의 가치와 역할이 더 강조되고 있다. 따라서 보호시설보다는 재가서비스를 많이 이용하고 요양시설에 대한 이용률이 상당히 낮다. 공식적인 서비스보다 가족 중심의 비공식적 수발이 주요 지지수단으로 나타난다.

셋째, 보건지표와 관련하여 비백인 집단의 의료서비스 이용률과 보험 적용률이 낮다. 특히 예방서비스에 대한 접근성이 낮다. 저소득층이 많아 메디케이드(의료급여)의 적용은 상대적으로 약간 높을 수 있으나, 이민자의 경우 생산연령층 시기에 메디케어(노인 건강보험)에 기여가 없거나 낮아 보장에 제약이 따른다. 동시에 언어 및 문화적 장벽이 의료서비스 이용에 큰 부담이 되고 일부 민족집단은 비서양적 의술(한의학, 침술, 토속의료법 등)을 선호하는 경향이 있다.

이러한 다양한 집단의 공존과 상호작용은 미국 사회의 강점으로 나타날 수도 있는데, 국가적 차원의 강점으로 표출되기 위해서는 비백인 노인의 다양한 특성과 문화적 차이를 고려한 노인 복지적 개입이 요구되어야 한다. 최근 미국 노인 복지에서 중요한 이슈로 부각되고 있으나 아직 제도적으로 충분히 반영되지는 못하고 있다.

## 2. 미국의 노인 복지정책과 행정기관

### 1) 미국 노인 복지제도의 역사

#### (1) 1930∼1950년대

1900년대 이전까지 사회복지의 주 대상인 노인과 장애자들에 대한 공적 복지서비스는 거의 전무하였다. 영국의 〈빈민법〉(Poor Law)에 영향을 받아 미국도 초기에 시설보호 위주의 서비스가 있었다. 저소득 노인 보호시설(*almshouse, poorhouse*) 같은 보호시설 중심의 입소시설서비스(*indoor-relief*)가 노인 복지 관련 주된 서비스였고, 이러한 시설은 오늘날 너싱홈이나 정신장애 및 발달장애인 시설보호서비스의 전신이 된다. 이 시기에는 악화된 건강이나 빈곤 등의 이유로 자립생활이 불가능한 일부 노인들의 시설화에 초점을 둔 잔여적 복지(*residual welfare*)적 접근이 주로 이루어졌다.

미국 노인 복지정책의 역사는 1935년 〈사회보장법〉(Social Security Act: SSA)이 제정되면서 시작된다. 이 당시 대공황은 빈곤층을 사회적으로 양산하였고, 정부 차원에서 대책이 필요하게 되면서 오늘날 여러 사회복지제도의 모태가 되는 SSA가 제정된다. 초기 최초의 제안서는 보편주의적 프로그램의 특성을 반영하고 있었으나, 제정될 시점에 저소득층 위주의 선별주의적 성격으로 변한다(Hooyman & Asyman-Kiyak, 2011). 트루먼 대통령 시기에 미국에서는 강력한 경제를 바탕으로 영국의 의료체계와 유사한 전 국민건강보험제도(National Health Insurance: NHI)의 도입이 시도되었으나 미국의사협회(American Medical Association)의 반대로 실패하였다.

1950년대에 제정되거나 개정된 법들은 노인 복지 및 보건의료정책 수요와 서비스 공급을 촉진시켰다. SSA의 노인공적부조(Old Age Assistance) 조항은 노인에게 개인적 또는 간호적 케어(*personal and nursing care*)의 구매에 대한 공적 지원을 약속했다. 하지만 이 당시 고령인구비는 낮았으며,

<표 14-2> 노인 대상 주요 사회보장(노인 복지서비스 및 장기요양)정책의 발달사

| 연도 | 주요 입법 및 제도의 등장 |
|---|---|
| 1935 | 〈사회보장법〉(Social Security Act) |
| 1960 | 연방정부 차원의 노인 복지 자문 위원회 활동 시작(Advisory Commission on Aging) |
| 1965 | 메디케어, 메디케이드, 〈노인복지법〉(Older American Act) 제정, 노인청(AoA) 설치 |
| 1974 | SSA의 20장 제정: 포괄보조금(Block Grant) 형태의 노인 복지 지원<br>노화 및 노인정책 연구소(National Institute on Aging) 설립 |
| 1981 | 사회복지 서비스 포괄보조금(Social Service Block Grant) 프로그램<br>메디케이드 특례(Medicaid waiver program enacted: 지역사회 장기요양 기관 지원 가능) |
| 1987 | 요양시설 질적 기준 강화(Nursing Home Reform Act) |
| 1999 | 연방법원 옴스테드(Olmstead) 결정: 지역사회 보호 강화에 대한 정부 책임 명확화 |
| 2000 | 미국 〈가족지원법〉 통과(American Act Caregiver Program) |
| 2006 | 〈노인복지법〉(OAA) 개정: 장기요양 계획, 시설 입소 위험노인에 대한 지원 등의 원칙 |
| 2010 이후 | 〈적정의료법〉(Affordable Care Act) 제정에 따른 〈지역사회 거주 지원법〉(Community Living Assistance Services and Support Act: CLASS) 제정과 폐지(2013년 원안폐지안 통과했으나 기준 조정 등 찬반 논란 지속) |

수요가 아주 적었고 구체적인 서비스도 개발되지 않아서 그 조항의 영향력은 크지 않았다.

미국 〈사회보장법〉 아래 〈장애인 공적부조법〉(Disability Assistance Act)도 제정되어 장애인들까지 공적 복지 수혜 대상자로 간주되었으며, 개정된 노인 지원 조항을 통해 장기요양을 제공하는 의료서비스 제공자에게 직접적으로 요양비를 지원할 수 있게 되어 요양시설의 공급자가 증가하는 계기가 되었다. 또 병원이나 너싱홈에 재정 대출을 가능하도록 하는 연방 차원의 재원 설립과 관련되는 〈힐버튼법〉(Hill-Burton Act)이 이 시기에 제정되어 요양서비스 공급을 촉진하였다. 1956년에는 〈힐버튼법〉의 대상에서 제외된 소규모 케어가정 중심의 민간요양 제공자들까지도 중소기업 장려대출(Small Business Administration: SBA)의 지원을 받도록 하였다. 또 연방주택청(Federal Housing Authority)에서도 개인 운영 너싱홈에 대한 모기지 대출을 인가하도록 하였다(김찬우, 2005: 100 재인용).

## (2) 1960~1970년대

이 시기는 전반적으로 많은 노인복지법과 제도가 제정되고 실행되어 노인복지의 전성기로 볼 수 있다. 1965년 이전부터 제기되던 여러 복지제도 관련 논의는 1965년 메디케어(노인 건강보험)와 메디케이드(의료급여)의 법제화의 결실을 맺게 되고 오늘날까지 중요한 의료, 장기요양 및 복지 재원을 태동시켰다.

1960년대 초반에는 〈커밀즈법〉(Kerr-Mills Act)이 제정되어 고령자에게 의료지원이 확대되었다. 또 공적 지원의 수혜 계층도 의료적 부조 대상자 (medically-indigent) 계층(means-test 수준보다는 소득이 높으나 의료비 지출이 힘든 계층)과 지적장애인(mentally-retarded)까지로 지원범위가 확장되었다. 이 법은 메디케어와 메디케이드 법의 모태가 되었다. 비록 전 국민건강보험제도(NHI) 제정이 실패하였지만 노인에게만은 보편주의적 접근방식을 하자는 보수진영과 자유진영 사이의 타협이 가능했던 점이 두 법의 주요 탄생 배경으로 볼 수 있다(Hughes, 1999).

1965년에 제정된 메디케어와 메디케이드는 민간 의료보험의 후불상환제 (retrospective payment) 방식[5]을 도입해 노인층과 빈곤층의 의료재정으로 입법화되면서 장기요양제도 발전의 중요한 재원으로 등장하였다(Cox, 1993). 메디케어는 노인 건강보험 형태로 노인 의료 진료행위나 입원 등의 기본 재원이 되었으며 또 가정간호(home care)의 중요 재원이기도 하였다. 메디케이드는 〈커밀즈법〉을 확대하여 의료급여 대상자에게 의료지원을 해주었다. 이 중 특히 시설요양에 지불되는 메디케이드 재정은 1965년 이후부터 1980년대까지 나타나는 너싱홈 증가의 기폭제가 되었다.

동시에 한국의 〈노인복지법〉에 해당되는, 특히 재가노인을 위한 OAA가

---

5) 후불상환제는 진료 후 진료비 지불방식이다. 대비되는 개념으로는 진료 전에 진료비를 예측하여 일정액을 미리 지불하는 사전지불제(prospective payment)가 있다.

제정되어 이후 재가 노인 복지서비스에 대한 재정적 지원이 가능해졌다. 또 1975년 SSA의 제 20장(Title 20) 이 추가 제정되어 포괄보조금 형태로 재가 노인의 건강과 복지에 대한 연방정부의 재원을 주정부에서 지원하도록 하였다. OAA와 더불어 SSA 제 20장의 주요 대상은 지역사회에 거주하는 노인들로 오늘날 〈노인복지법〉이 되었다.

## (3) 1980~2010년

재정적자 감소 정책에도 불구하고 미국의 사회복지 및 의료서비스 지출이 급격히 늘어나는 1980년대 중반 이후, 자유경쟁과 개인책임윤리를 강조한 레이건 행정부는 복지예산의 대폭적인 삭감과 규제 완화, 지방분권화, 경쟁적 시장모델을 사회보장체계에 도입해 나갔다. 이후 노인 및 사회복지정책의 당면과제는 비용 억제(cost containment), 비용 공유(cost sharing) 및 혜택의 감소를 추진하는 쪽으로 전개되었다. 이러한 영향을 받아 노인 보건 및 복지제도들도 메디케어와 메디케이드 지출 증가로 인한 재정적자 감소를 위해 포괄보조금형의 예산 할당, 관리의료 및 사전지불제방식이 도입되었다. 본격적인 재가복지 및 요양(community care)의 도입이 활발해진 1990년대부터는 시설 위주의 서비스 제공이 감소되어 나갔다. 주정부는 요양시설의 허가와 관련된 시설 인가증(Certificate of Need: CON) 을 제한 발행해 나가며 시설 정원을 억제하였다. 반면 사회적 모델 돌봄 형태의 돌봄지원주거(Assist Living) 와 같은 공동주거와 공동돌봄을 겸한 복합서비스를 장려해 나갔다.

이러한 논쟁 속에서 미국 노인 복지 및 장기요양의 최대과제는 재가요양 및 복지서비스(Community-based Care) 의 '시설 대체성'을 통한 비용 절감에 맞추어졌다. 장기요양 관련 정책들이 보다 비용효율적인 케어를 제공하는 방안을 모색하게 되는 1990년대에는 여러 공적 및 사적 재원들을 통합 운용하는 재정방식이 정책 입안가들에게 주목받았다. 미국의 의료보험제도는 전통적으로 행위별 수가와 제삼자 지불방식을 특징으로 운영되었으나, 관리의료가 도입되며 다양한 재원의 풀(pool)을 중심으로 하는 인두제(capitated payments) 방식이 의료 체계에 보편화되었다. 특히 케어매니지먼트와 같은 재가 및 지역사회 중심 서비스들도 이러한 인두제 방식을 도입하며 비용 효율성이 강조되었다.

## (4) 2010년 ACA 개혁 이후

미국의 공적 장기요양 정책은 메디케이드와 메디케어의 장기요양 지원에 관한 개정과 논란이 30년간 지속되어 오다가 오바마 대통령의 ACA 통과 이후 일대 전환기를 맞게 된다. 즉, 증가하는 메디케어 및 메디케이드의 비용과 이 재원에서 혜택을 받기 어려운 고령자들의 장기요양 욕구에 대한 오랜 논의에서 〈지역사회 거주 지원법〉(Community Living Assistance Services and Support Act: CLASS)이 제정된다.

이 법은 자발적인 공적 보험의 형태로, 최소 5년 이상(3년 이상 직장근로) 월 보험료 평균 65달러를 납입하면, 5년 후부터 노인의 기능적 상태에 따라 하루 50~75달러 정도의 현금지원을 가능하도록 만든 것이다(ASA, 2014). 이 법은 의료개혁법과 유사하게 민간요양보험(private LTC insurance)에 가입이 어렵고 동시에 메디케이드 대상이 되기 어려운 노인들에 대한 지역사회 장기요양서비스 지원을 목적으로 만들어졌다. 하지만 실제 초기부터 재정적인 문제와 대상자 선정 기준 문제로 이 법의 실효성에 대한 논란으로 지속적인 비판이 존재하였다(Miller, 2011). 이후 2013년 원안은 폐지되었으나 여전히 지역 거주 장기요양 대상자에 대한 공적 재정 지원은 핵심적인 논란 주제이다.

## 2) 주요 노인 복지정책

메디케어나 메디케이드[6]가 주로 의료적 성향의 요양서비스들을 지원하며 미국 노인 의료 및 장기요양 재원의 대부분을 차지해 온 반면, OAA와 SSA 제 20장은 재가 노인에 대한 사회복지적 서비스의 재정 지원을 해왔다. OAA는 지역사회의 여러 노인 복지서비스에 대한 재정 지원을 골자로 재가 노인들의 삶의 질 향상이라는 목적으로 1965년에 제정되었다.

그 후 1973년 개정안을 통해 OAA는 지역사회 거주 독립생활이나 일상 생활 유지에 장애가 있는 노인들의 욕구를 충족하기 위한 지원을 우선순위로 삼았으며, 1987년에는 신체적 및 정신적으로 병약하거나 치매 및 신경 계통 질환을 가진 노인층을 위한 비의료적 성격의 재가노인 복지서비스 지원을 강화하도록 개정되었다(Burggraf & Barry, 1995). 이러한 일련의 개정안들을 통해, OAA는 노인 종합복지관(*multipurpose senior center*), 노인 급식서비스(*congregate meal*), 교통, 재가복지 및 법률 지원 프로그램 같은 지역노인 서비스들에 대한 재정적 지원을 제공할 수 있었다(Cox, 1993). 특히 저소득층 소수민족계(*minority*) 노인층에 대한 지원도 강화해 나갔다. 오늘날 OAA는 미국의 재가노인들의 비의료적 성향의 재가복지서비스를 지원하는 핵심 입법의 역할을 하고 있다.

또 다른 장기요양 재정 관련 법제로는 SSA 제 20장과 이후 이를 개정한 〈일괄예산조정법〉(Omnibus Budget Reconciliation Act: OBRA)이 있다. 이 법의 주요 목적으로는 노인 독립거주 기능 향상, 탈시설화, 그리고 재가복지 지원 강화 등을 들 수 있다. 실제로 이 법제를 통해 지원된 재정규모는 OAA의 규모보다 더 커졌으며, 연방재정의 주정부 이양이라는 지방분권화

---

6) 이 부분에 대한 자세한 설명은 미국의 의료보장제도를 논의한 13장을 참조하기 바란다. 이 장에서는 기본적으로 노인 복지와 장기요양에 대한 두 재원의 특징을 언급하고자 한다.

흐름 속에 SSA 제 20장은 OBRA로 개정되었다. OBRA는 각 주의 인구에 비례한 공식에 따라 연방정부의 재정을 포괄보조금 유형으로 주정부에 지원 할당할 수 있게 하였다. 특별한 지출명목에 상관없이 총액으로 제공되는 이 유형의 재정지원은 각 주 인구 구성의 특성에 근거하여 복지서비스들을 개발하도록 유인하였고, 노인 복지서비스들도 노인 인구 구성비에 따라 점차 주정부마다 차별화되기 시작했다.

### 3) 주요 공적 노인 복지행정기관

OAA는 연방정부 차원의 미국 노인청을 신설하였고, 각 주정부 및 카운티 정부의 복지정책에 노인을 주요 대상으로 포함시키도록 만들었다. OAA를 통해 연방, 주 및 지방정부 차원의 복지 네트워크를 구축하고 노인에 대한 지원을 체계적으로 실행하게 만든 것으로 볼 수 있다.

### (1) 미국 노인청

차관급이 청장을 맡고 있는 미국 노인청(Administration on Aging: AoA)는 미국 보건사회복지부 산하에서 국가적인 노인 복지서비스의 개발 및 조정을 맡고 있다. 실제로 구체적인 서비스나 프로그램은 주정부와 지방정부 차원에서 운용되지만, 연방노인위원회의 자문을 받아 기본적인 노인 관련 사회제도(연령차별, 노인 인권, 노인 복지 예산 조정)의 변화에 큰 힘을 갖고 있는 독립기구이다.

### (2) 주정부노인국

주정부 차원에서 노인 복지 업무를 담당하는 주무기관인 주정부노인국(State Units on Aging: SUA)은 연방정부와 지방정부 간의 예산을 조정하고 주정부의 노인 복지 방향에 대한 전반적인 관장을 하고 있다. 특히 지역노인사무국의 업무 감독 및 주에 있는 여러 노인 관련 비영리 단체에 대한 지원에서도 중요한 역할을 한다. 주정부 산하의 노인 부서(Department of Aging)와 더불어 주정부의 핵심적인 노인 복지 조직이다.

### (3) 지역노인사무국

지역노인사무국(Area Agency on Aging: AAA)은 각 시나 카운티를 중심으로 지역사회 노인에 대한 복지정책을 실행하고 있는 공적 기관이다. SUA가 주정부 차원이라면 AAA는 지역사회 노인들의 장기요양, 보건의료, 사회복지서비스에 대한 욕구 평가 및 옹호 기능을 하고 있다. 시나 카운티의 사회복지과(Department of Social Service)와 연계하여 특히 노인 담당 업무의 계획, 조정, 평가 등의 기능을 하고 있다.


## 3. 미국의 주요 노인 복지 및 장기요양서비스

### 1) 미국 노인 복지 및 장기요양서비스의 범주 및 특징

현재 미국에서 나타나는 노인 관련 사회복지, 보건 및 장기요양서비스를 구분해 보면, 서비스의 특성과 제공 장소에 따라 〈표 14-3〉과 같이 구분된다. 노인 관련 사회복지, 보건 및 서비스는 크게 의료적 성향(medically-oriented) 서비스와 사회복지적 성향(socially-oriented) 서비스들로 구분할 수 있다.

각각의 유형에 들어가는 서비스들의 특징을 살펴보면 다음과 같다.

첫째, 의료적 특성의 노인 관련 사회복지 및 보건서비스들은 미국의 의료보장(메디케어와 메디케이드)의 재원에서 재정적 지원을 받는다. 대표적인 서비스는 다음과 같다.

<표 14-3> 미국의 노인 보건, 복지 및 장기요양서비스의 범위

| 요양/양로 시설 | 의료적 특성의 재가서비스 | 사회적 특성의 재가 서비스 | 기타의료/복지서비스 |
|---|---|---|---|
| • 전문요양 시설 (Skilled nursing) • 일반요양시설 (Intermediate nursing) • 주정부병원 (state hospital) • 양로주거시설 (Residential care) • 발달장애노인 시설 (Developmental disability centers) | • 주가요양보호(Adult day health care) • 방문간호보조(Home health care aides) • 호스피스 • 재활서비스 • 숙련방문간호 서비스 • 물리치료, 언어치료, 작업치료 • 진단센터 • 예방 및 만성질환관리 서비스 | • 사례관리 • 재정관리 • 정보 및 의뢰(Information and referral) • 가사지원서비스 (Homemaker) • 활동지원(Personal Assistance) • 급식지원 (congregate meals) • 말벗서비스 (Senior companion) • 여가형 데이케어 • 교통지원 서비스 | • 청가 및 보청기 지원 서비스 • 구강 서비스 • 안과 및 검안 서비스 • 약 처방 지원 • 비응급 교통서비스 • 동양의학침술서비스 (Acupunture of oriental medicine) |

자료: National Institute of Aging. www.nia.nih.gov, 2016. 9. 30. 인출.

## (1) 주간요양보호 프로그램

주간요양보호 프로그램(Adult day health care: ADHC)은 앞서 언급한 메디케이드 특례(Medicaid waiver) 프로그램의 대표 서비스로 입소자의 자격은 65세 이상으로 메디케이드와 메디케어의 혜택을 동시에 받는 경우이다. 중요한 이용 자격은 '요양시설 입소 정도의 중증'이다. 이러한 판정은 각 서비스센터에서 자체적으로 초기 사정(initial assessment)을 통해 이루어지고 이 사정 결과가 SUA에 통보되면 최종 결정은 주정부에서 내리게 된다.

이 센터를 이용할 경우 기본적으로는 간호, 요양보호 및 여러 프로그램을 이용하고 특히 필요한 경우 물리치료(physical therapy), 작업치료(occupational therapy) 및 언어치료(speech therapy)를 받게 된다. 이 프로그램의 기본목적은 시설 입소의 지연에 있다. 의료적 서비스를 보다 강화하고 메디케이드에서 재정지원을 받는다는 측면에서 사회적 케어 특성의 노인 데이케어(senior day care)와는 다르다. 한국의 '주(야) 간보호서비스'는 미국의 ADHC와 여가형 노인 데이케어의 중간 형태를 취하고 있다.

## (2) 방문간호간병서비스

방문간호간병서비스(Home health care aides)는 재가에 방문하여 기본 간호 및 간병을 지원하는 서비스다. 이 서비스는 한때 메디케어에서 지원을 받게 되어 1990년대 후반 확대되었으나 2000년대 이후 지속적으로 메디케어 재정의 고갈 위험에 자격이 강화되고 있다.

이 밖에도 예방보건서비스(Preventive medical service), 재활 및 치료서비스가 제공되고 있는데 이 경우는 장기요양과 급성기 케어 및 의료적 재활 등의 구분이 모호하기도 하다.

둘째, 우리나라 지방자치단체 차원의 노인 복지서비스와 유사한 사회복지적 성격의 재가서비스들은 일부 메디케이드에서 지원되고 그렇지 않은 경우는 OAA나 OBRA를 통해 주정부의 사회복지 재원에서 지원을 받고 있다. OAA하에 지원되는 대표적 서비스로는 ① 정보 제공 및 의뢰, 사례 관리(Access 및 Referral service), ② 재가복지서비스, 가사 지원 및 전화상담(In-Home Service), ③ 노인 복지관(Senior Center), ④ 영양 및 식사 제공 서비스, ⑤ 법률자문서비스가 있다.

셋째, 실제 재가복지 및 요양서비스를 위해서는 다양한 인력들의 상호 협력이 필요하다. 의료적 특성의 서비스들의 주요 대상자들은 급성의료케어에서 치료 및 간호를 우선적으로 받은 경우나 의료적인 문제가 발생한 경우가 많다. 〈표 14-3〉의 의료적 특성의 요양의 범주에 들어가는 서비스들은 간호사나 재활전문가들이 핵심 서비스 제공 인력으로 활동한다. 반면에 사회복지적 특성의 요양서비스는 사회복지 인력이나 간병, 가사보조, 레크리에이션 담당자 등의 인력들이 주요 서비스 제공 인력이 된다.

마지막으로, 전통적으로 의료적 성향 서비스 유형은 시설이나 병원 등에서 제공되고 있으며 사회복지적 성향 서비스들은 재가요양에서 제공되어 왔다. 그러나 1990년대 이후 최근까지는 시설요양 대상자의 지역사회 및 재가요양서비스 지원을 통해 재가요양의 시설 대체효과를 강조하고 있다. 따라서 최근 미국에서는 의료적 특성의 재가요양 범주(*community care*)의 서비스들이 크게 증가하고 있다.

## 2) 미국 노인의 거주 형태 및 주거복지서비스

### (1) 노후의 이주 패턴

노후의 주거복지제도를 위해서는 노인들의 주거유형 및 이주 패턴에 대해 살펴보는 것이 필요하다. 오늘날 '에이징 인 플레이스'(Aging in Place, 자신의 지역사회에서 지속적으로 살며 삶을 마감하는 현상)의 강한 증가로 이주 패턴이 과거보다는 동일 지역사회의 지속거주 현상이 많이 나타나고 있다. 즉, 노후에 타 주나 도시로의 이주보다 같은 지역사회 내에서 다른 유형의 주거시설로 이주하는 경우가 많다. 노인의 이주는 은퇴, 건강, 기능 감퇴, 독립생활의 불안 등의 요인으로 발생한다. 한 연구에 의하면 미국 노인들의 이주는 단계별로 다음과 같이 일어난다(Hooyman & Asuman-Kiyak, 2011). 물론 최근에는 이러한 이주 패턴이 감소되고 있으나 여전히 몇몇 주에서는 노인의 이동이 주 경제에 핵심 이슈가 되고 있다.

**1단계** 막 은퇴한 사람이나 초기 노인에게서 나타나는데, 각 주에서도 은퇴자 적합 도시들로 이주를 시작한다. 특히, 미 전역의 경우 플로리다, 캘리포니아, 애리조나, 텍사스주에 위치한 은퇴촌으로 이주하게 되는 시기이다. 좀더 부유한 경우엔 계절에 따라 이동하기도 한다.

**2단계** 일상생활 동작〔ADL (Activities of Daily Living, 기본일상생활동작) 또는 IADL (Instrumental Activities of Daily Living, 도구적 일상생활동작)〕에 약간의 장애가 오기 시작하면 새로운 형태의 주거시설로 이주를 하려고 한다. 이 시기에는 주로 약간의 간호나 가사지원이 이루어지는 곳을 고려한다. 여전히 독립적인 생활은 유지하려고 한다. 노인 전용 아파트나 공동주거시설로 이주한다.

**3단계** 기능상태에 따라 차이가 있으나 건강이나 신체기능에 큰 무리가 있을 경우 요양시설 입소를 고려하고 이주한다.[7] 이때는 자신이 오랫동안 거주했던 지역이나 자녀가 거주하는 지역사회의 요양시설 또는 돌봄지원주거(Assiststed Living) 시설로 이주한다. 즉, 은퇴자촌이나 실버타운에서 더 나이가 든 경우 다시 고향으로 돌아가는 경우가 많다는 뜻으로 볼 수 있다〔은퇴자촌이 많은 플로리다는 미국 전체에서 고령화율이 가장 높은 주이나 85세 이상의 인구비는 24위다(Hooyman & Asuman-Kiyak, 2011)〕.

## (2) 주거유형

미국 인구통계사무국(Population Reference Bureau, 2015)에 의하면 2014년 기준 65세 이상의 78%가 주택을 소유하고 있는 것으로 나타났다. 하지만 집 소유 노인의 27%는 월 가구 소득의 30%를 주택 관련 지출에 소비하여 주택에 대한 부담은 상당한 것으로 보인다. 따라서 노인들의 주거 소유를 장려하는 방향으로 진행된 미국의 주거복지정책은 이러한 비용 부담을 억제하는 점에 초점을 두고 있다. 예를 들어 AAA의 한 주거지원 프로그램(*match-maker*)은 미국 노인이 집의 방 일부를 세 주고 그 대가로 간단한 가사 지원을 받는 내용을 담고 있다.

　미국의 연방 주택도시개발부(Housing and Urban Development: HUD)는 1989년부터 연방주택청(Federal Housing Authority: FHA)의 보증하에 집을 담보로 이전소득을 갖는 '역모기지'제도를 62세 이상 노인 소유 주택에

---

7) 미국노인의 요양시설 보호율은 통계에 따라 차이가 있으나 2000년에 대략 5.0% 정도로 볼 수 있다(Population Reference Bureau, 2015). 지난 15년간 이 수치는 요양시설 정원 관리 규제정책에 따라 크게 변화되지 않았고 어떤 주에서는 감소한 주도 있다.

실행하였다. 이러한 1개 주택 보존 정책은 노인들에게 큰 부담이 되고 있다. 과거에는 일부 노인이 자녀가 출가한 후 작은 규모의 새 주택으로 옮기기도 했으나 점점 많은 노인이 오래된 집에 그대로 살게 되어 노인 가구의 지출 중 주택 개조 관련 지출이 늘어났기 때문이다.

건강한 노인의 경우 자신의 주택 이외 선택할 수 있는 주거시설로 노인 전용 개별주택(planned housing)과 공동주택(congregate housing)[8]을 들 수 있다. 이 주택들은 장기요양서비스에 의한 거주시설과는 다르며 정부의 융자나 개인적 비용에 의해 거주하는 경우가 많다. 미국 은퇴자촌의 많은 주택들은 이와 같은 주거시설로 구성되어 있으며 건강이나 기능상태가 악화되기 이전에는 이러한 주거유형에 거주하며 노후를 보낸다.

앞서 언급했듯이 건강이나 기능상태가 악화되면 돌봄지원주거시설로 옮기기도 한다. 돌봄지원주거시설은 현재 미국의 요양시설(nursing home)을 대체하는 장기요양시설의 대안으로 여겨진다. 이곳에서는 기본적인 가사지원과 식사 제공 및 간단한 간호를 받을 수 있다. 1998년의 조사에 의하면 이 유형의 주택거주자는 평균적으로 75~85세, 여성, 2.25개의 ADL 장애(전체 6항목)라는 특징이 있는 것으로 밝혀졌다. 그러나 아직 많은 지역의 돌봄지원주거시설이 메디케이드와 메디케어에서 지원되지 않는다는 점이 문제점으로 볼 수 있다(Hooyman & Asuman-Kiyak, 2011).

## 3) 미국 장기요양 및 노인 복지서비스와 보건복지서비스 연속성

미국에서도 노인의 복합적인 욕구에 대응하기 위해 다양한 차원에서의 두 분야 간 서비스 연계가 추진되고 있다. 〈그림 14-1〉는 캘리포니아주의 여

---

8) 공동주택은 부엌, 거실, 식당 등을 공동으로 사용하고 가사지원을 받을 수 있다는 점에서 개별주택과 차이가 있다.

## 〈그림 14-1〉 미국 노인 복지 및 장기요양서비스의 신체상태별 서비스의 연속성

경증(輕症) ------------------------------------ 중증(重症)

1) 가사지원-가정간호(Home Health)
In-Home Support Service(IHSS) ------> Home Health Care ------------>
(가사보조, 제한된 개인 간호)                    (집중적 간호, 준의료서비스)

2) 데이케어(Day Care)
Senior Day Center ----> Adult Day Care ------------------------> Adult Day Health Care -->
                        Adult Day Care Support Center               (주간요양보호- 중증 대상)
                        (주간 보호, ADL 보조, 가족지지)
                        Alzheimer's Day Health Care
                        (중간 또는 중증치매, 주간보호,
                        가족지지, 교육 등)

3) 사례 관리

Linkage Program ------> Multipurpose Senior Service Program(MSSP) ------->
     (사례 관리)              (사례 관리 및 복합지역요양, 주택 개조, 교통)

4) 식사 및 영양
Congregate Meals -----> Home Delivered Meals ------->
(급식서비스)                  (배달서비스)

5) 교통
Public Transportation -> Dial-A-Ride -> Fixed Route Para-Transit -> Non-EmergencyMedical ->
                         (장애콜 택시) (노선 장애 전용 교통서비스)   (비응급 의료 교통 서비스)

6) 주거장소 변화
Independent Living -> Assisted Living -> Community Residential Care -> Skilled Nursing Facility
- 개인 주택 개조      - 직원 상주         - 집단거주 및 요양            - 장기요양입소 시설
- 개인별 거주        - 간호/생활보조      - 집단거주(식사, 프로그램)
                    - 식사, 간단한 가사

7) 기타
Caregiver Support Center(가족에 대한 상담, 교육, 정보 제공, 법률/재정서비스)

자료: 캘리포니아주 DHHS(Department of Health and Human Service).

러 노인 보건복지서비스를 신체기능 상태별로 살펴본 것이다. 이러한 케어의 연속망(continuum of care)은 노인 복지와 건강서비스를 상태에 따라 자연스럽게 연결시키는 전달체계를 의미한다. 실제 이용과 전달에서는 어려움이 존재하나 상태에 따른 서비스 수준이 높아짐을 볼 수 있다.

기본적으로 신체가 건강하거나 경증인 경우 개인 주택에 거주하며 대중교통을 이용하고, 노인 복지관(Senior Center)에 가서 복지프로그램에 참여하면 된다. 또 신체보조 및 가사지원이 필요한 경우 가사지원서비스[In-Home Health Service(IHHS) : 한국의 가사지원서비스에 해당]를 우선 받고 보다 중증이 되면 가정간호 또는 방문간호(Home Health Service)를 이용할 수 있다.

주간보호는 상태에 따라 경증주간보호(Adult Day Care)와 ADHC로 구분된다. 보다 중증인 경우 ADHC를 이용하며 간호와 재활서비스를 지역사회에서 받게 된다. 아직 많지는 않지만 알츠하이머 노인 주간보호(Alzheimer Day Health Care) 시설도 별도로 두고 있다.

재가요양 및 복지의 관점에서는 교통지원서비스가 아주 중요한 역할을 하고 있다. 일반 대중교통을 이용하다 기능상태가 악화되면 전화 요청을 통한 교통지원(Dial-A-Ride) 택시서비스로, 그 후에 지정된 노선을 갖고 있는 밴(Van) 차량서비스를 이용하게 된다.

주거의 경우 독립주택에서 돌봄주거지원시설이나 공동 그룹홈 성격의 공동주거 형태에서 일정한 가사지원, 간호 및 사례 관리 서비스를 받을 수 있다. 더 중증이 될 경우 장기요양 시설에 입소할 수 있다.

이러한 미국의 서비스 연속성이 〈그림 14-1〉에서 나타난 것처럼 잘 되고 있는 것은 아니다. 가장 큰 문제점 중 하나는 각 서비스 유형 간의 단절성(fragmentation)과 재정지원의 상이성에 의해 충분한 연계가 잘 이루어지지 못하고 있다는 점이다. 특히 일률적인 공적 노인 요양제도가 없어 각 서비스마다 지원하고 있는 재원, 전달체계, 서비스 주 인력 간의 차이로 대상 노인에게는 접근성이 떨어진다는 점이 큰 문제점으로 지적되고 있다.

다만 주정부 차원에서 서비스 연속망을 구축할 수 있는 다양한 수준의 서비스 유형은 제공되고 있음을 알 수 있다. 따라서 다양한 지역사회 케어 서비스들을 개발하고 보급하려는 시도와 서비스의 적절성을 높이려는 노력은 우리나라 노인 복지서비스 정책에 주는 주요 함의라 하겠다.


## 4. 지역사회 중심 및 재가요양 논의

### 1) 메디케이드 특례 정책과 지역사회 돌봄 및 요양

2000년대 이후의 최근 미국 노인 복지 및 장기요양 동향을 살펴보기 위해서는 지역사회 보호관련 논의와 쟁점에 대해 이해할 필요가 있다. 미국은 1980년대까지 저소득층 노인에 대한 시설서비스 중심으로 장기요양과 정신건강 영역의 복지제도를 운영했다. 중산층의 경우 일단 시설에 들어와 자신의 자산을 다 소진한 후(*spending down*) 자동적으로 메디케이드 급여 대상이 되게 만드는 점이 메디케이드 시설 입소 편향의 큰 제약점이었다(김찬우, 2005).

앞서 언급한 것처럼 전통적 시설 입소 중심 보호에 대한 메디케이드의 지출을 감소하고 재가노인들의 복지 욕구 지원을 강화하려는 노력의 일환으로 메디케이드 특례 정책이 추진되었다. 이는 너싱홈 케어 수준의 중증노인들 중 메디케이드 급여자들을 주요 대상으로 하여 장기요양 및 노인 복지정책의 기본 접근을 시설 중심에서 재가 중심 보호로 전환하고자 한 것이었다.

이 정책을 통해 의료성향의 재가요양서비스(Community Care)들이 주정부 메디케이드로부터 수가를 상환 받게 됨에 따라 미국 장기요양체계의 획기적인 변화가 나타났다. 이후 1990년대 개정된 OBRA는 재가 및 지역요양(Home and Community Based Services: HCBS)에 대한 메디케이드 특례 조항의 강화를 통해 주정부들이 재가요양서비스들에 더 유연한 재정 지원을 지속적으로 할 수 있도록 하였다(Leutz, 1999).

HCBS에 대한 메디케이드 특례 정책의 지원을 받는 프로그램들은 너싱홈 케어 수준의 중증노인들 중 메디케이드 급여자들을 주요 대상으로 하였다. 주정부가 메디케이드를 운영함에 따라 메디케이드 특례 정책프로그램의 범주는 각 주마다 또는 각 주 안의 지역별로 차이를 보이지만, 대체적으로 사례 관리, 주간보호(adult day care), 주간요양보호(adult day health care), 가정 간호보조(home health aid), 가사보조, 단기보호, 식사 지원 및 교통 등의 서비스를 포함한다. 또 HCBS와 노인 집단주택(congregate housing)이 함께 제공되는 시범사업을 전개하는 주들도 생겨났다. 이후 관리의료 방식의 의료 전달체계의 변화로 인한 재정과 서비스 통합 경향이 증가되었다.

## 2) 의료-요양 통합적 케어 등장

관리의료(managed care) 방식의 의료전달체계의 변화로 인한 재정과 서비스 통합 경향이 사회복지 및 장기요양서비스에서 증가되었다(김찬우, 2005). 관리의료 방식에서 주치의가 대상자의 의료서비스 이용을 관리하듯이 사회 서비스나 장기요양서비스에서도 케어 매니저가 대상자의 서비스 이용을 관리하고 전반적인 비용을 통제하는 것이다. 1980년대 후반부터 등장한 초기 통합체계 모델에서는 메디케어 재정을 기반으로 여러 복합적인 노인 요양서비스가 재정의 위험성을 부담하는 한 기관과 인두제 계약방식으로 이루어지게 되었다(Estes & Close, 1998). 전통적인 사례 관리 모형은 서비스, 자원 및 클라이언트를 연계해 주는 중계체계 모델의 예라고 할 수 있으며 SHMO (Social Health Maintenance Organizations)와 PACE(Programs of All-Inclu-sive Care)는 통합체계 모델의 구체적 사례이다.

미국은 여러 정책 환경에 차이가 있으나 급성기 의료와 장기요양 간의 통합 및 연계체계 구축을 위한 다양한 시도가 있음을 알 수 있다. 미국은 일단 관리의료라는 의료서비스 전달체계의 변화 속에서 장기요양 지역거점기관인 주간요양보호센터(ADHC center)를 중심으로 PACE라는 프로그램을 통해 필요한 경우 요양시설과 의료서비스 일부를 인두제 방식으로 제공하고 있다. 즉, 거점기관 이용자에게 메디케이드와 메디케어 재원을 총액예산제 방식으로 선지급(*pre-paid*)하는 방식으로 의료-요양 통합적 케어를 구축하여 일부 주에서 지원하고 있다.


## 5. 맺음말: 미국 노인 복지정책의 함의

오늘날 미국 노인 복지서비스와 장기요양 정책의 목표는 급성 케어와 장기요양의 통합, 재가노인의 삶의 질 향상, 돌봄의 연속적 케어망 구축으로 요약된다. 너싱홈 위주의 시설 중심 요양으로 전개된 미국의 장기요양서비스는 1990년대 이후 돌봄지원주거나 지역 노인 공동주거시설(Community Residential Care) 같은 케어와 주거 복합형의 '대안시설'(*alternative institution*)과 주간보호, ADHC, 가정간호보조 같은 '시설의 대안들'(*alternatives 'to' institution*)의 다양한 형태로 변화되었다. 재가노인의 복지 및 요양의 확대라는 목표와 방향 설정을 위해서 지금까지 미국은 지난 50년 이상 많은 정책들의 시행착오와 논의를 겪었다.

역사적으로 미국의 노인 돌봄과 장기요양은 통합된 재정의 부재, 단편적인 서비스 전달체계 및 의료성향 중심의 장기요양서비스 확산, 시설 입소 편향 등의 문제점들을 보였으며, 지금까지 노인 복지 및 장기요양 제도의 역사는 이러한 문제점들을 해결하려는 노력으로 볼 수 있다.

특히 의료 및 장기요양 전달체계는 여러 수준의 서비스와 케어들이 단편적으로 구분되어 운영되었다. 급성치료 중심의 병원들은 심각한 질병의 치료 중심으로, 너싱홈이나 재활시설 등은 만성질환이나 장애에 대한 요양서비스를 제공하며, 가정간호 및 재가복지 및 요양 등의 서비스는 경증 대상 노인 및 환자들의 돌봄을 분절적으로 담당해왔다. 서비스 제공자 중심의 분절적인 노인 복지서비스 전달구조와 더불어 각 서비스를 지원 및 상환해 주는 재원들도 서로 다른 방식으로 재정을 조달하고 운영되어 왔다. 이러한 문제점들로 인한 노인 복지와 장기요양서비스 간의 틈새(gap)와 재정들 간의 상이한 급여 자격(eligibility)은 대상자의 서비스 이용에 불편함을 주어 불필요한 재가노인들이 시설 입소 외의 다른 대안을 찾기 힘들게 하였다.

2011년 오바마 정부의 의료개혁의 주요 법안인 〈지역사회 거주 지원법〉 (CLASS)의 제정과 실패(2013년 1월 1일 폐지됨) 역시 지역사회 돌봄에 대한 새로운 재원 마련의 실패로 볼 수 있다. 하지만 옴스테드 판결 이후 정부의 지역사회 돌봄 및 보호의 책임이 명확해짐에 따라 이 부분에 대한 논란은 지속되리라고 본다.

동시에 미국 장기요양정책에서 1990년대 이후 지속적으로 대두되는 대안은 민간보험의 확산이다. 실제 미국은 의료보험의 민영화로 인해 장기요양에서도 주요 보험이 확대되고 있다. 하지만 미국 의료보험제도와 장기요양 대상 노인의 보험시장의 특성을 고려했을 때 미국 사회에서 장기요양 재원의 대안으로서의 보험제도 도입에는 많은 제한이 따른다. 고용 중심 민간의료보험제도의 문제점은 민간 장기요양보험제도 도입에도 커다란 영향을 끼쳤다. 특히 장기요양 대상 노인을 위한 지역 및 재가 요양복지서비스는 보험상품에 통합되기 어렵고, 환자의 건강상태 및 경제력에 영향을 끼칠 정도로 충분한 보험 혜택을 제공하기 어려운 단점이 지적되었다 (Miller, 2011). 고용 중심의 보험제도에 기반을 둔 보험업계와 현 의료보험 제도를 관장하는 관리의료 조직들은 장기요양시장에 적극적으로 개입하기를 꺼려 왔다.

가장 큰 문제점은 보험제도의 주요 딜레마인 '도덕적 해이'(moral hazard) 현상과 관련이 있다. 장기요양서비스는 그 특성상 시작 시기(entry point)

에 대해 전문적인 합의가 없으므로 현재와 같은 상태로는 보험혜택의 충분한 자격에 대한 판단을 둘러싼 보험 구입자와 보험사 간의 논쟁이 불가피하다.

지금까지 이야기한 미국의 노인 복지서비스나 장기요양 제도의 변화가 한국에 주는 함의를 간단히 살펴보면 다음과 같다. 첫째, 고비용의 시설 중심의 요양서비스 기간을 최소화하고, 둘째, 질 높고 비용효율적인 재가요양서비스를 제공하여 재가노인들의 복지와 요양욕구에 부합해 나갈 수 있어야 한다. 현재 노인 장기요양보험 출범 이후 여러 서비스가 제공되고는 있으나 우리나라의 현 시점에서는 요양시설 입소가 강조되고 있어 미국의 1960~1980년대처럼 시설 확산에 따른 문제가 크게 증가하는 추세이다.

따라서 우리나라도 너싱홈 위주의 시설요양을 제공함과 동시에 재가 중심의 케어 매니지먼트를 통해 서비스 및 재정의 단편성을 극복하고 비용효율적인 케어를 재가 노인들에게 제공해야 하겠다.

둘째, 장기요양제도가 노년층의 지나친 요양비 지출로 인한 소득의 감소 및 빈곤층으로의 전락을 방지해 주는 안전망이라는 점을 충분히 고려해야 하겠다. 앞서 논의되었듯이 미국도 시설 중심의 요양이 점차 재가 중심으로 전환됨에 따라 지역사회의 노인 복지시설을 활용하고 사회복지사들이 장기요양 관련 업무에 주요 전문직으로 참여할 수 있도록 제도적 장치를 마련해 주었다. 특히 케어 매니지먼트의 여러 실천 과정들은 사회복지사의 주요 업무의 일환이 되었다. 이러한 장기요양의 의료제도와 사회복지제도 간의 복합적 특성은 제도의 실행에 충분히 고려되어야 한다. 사회적 케어의 성격을 배제한 채 추가적인 의료서비스 위주로 제공되어 많은 문제를 일으켰던 과거 미국 장기요양제도의 시행착오를 중요한 교훈으로 삼아야 한다.

셋째, 한국은 미국과 달리 국민건강보험제도를 채택하고 있지만 의료공급이 주로 민간시장에 의해 제공된다는 점에서 미국과 유사한 부분도 있다. 한국의 여건상 장기요양 시장에서도 민간의 시설 제공이 높은데 이는 건강보험제도 운영에서 서비스 공급자, 소비자 및 정부 간의 지속적인 마찰을 불러일으킬 소지가 높다. 따라서 장기요양정책 전개에 있어 공적 재정-민간 운영의 원리를 효과적으로 지켜온 미국 정책들의 장단점을 살펴보면 한국의 제도가 갖는 문제점 해결에 대안이 될 수 있겠다.

## ■ 참고문헌

### 국내 문헌

김찬우 (2005). "미국 장기요양제도의 변천과 케어매니지먼트 등장에 관한 연구". 〈사회복지연구〉, 26권, 91~122.

한국보건사회연구원 (2004). 《OECD 국가의 사회보장제도》. 한국보건사회연구원.

### 해외 문헌

ASA (American Society of Actuaries) (2014). An overview of the U. S. LTC insurance market (Past and Present). http://www.actuary.org. 2016. 9. 30. 인출.

Burggraf, V., & Barry, R. (1995). Long-term care: Providing for those with disability and chronic illness. *Journal of Gerontological Nursing, 21* (10), 31~35.

Cox, C. (1993). *The Frail Elderly: Problems, Needs, and Community Responses*. Westport, CT: Auburn House.

Estes, C. L., & Close, L. (1998). Organization of health and social services for the frail elderly. In S. M. Allen (Ed.), *Living in the Community with Disability: Service Needs, Use, and Systems*, Ch 4, New York: Springer Publishing Company.

FIFA (Federal Interagency Forum on Aging) (2012). *Older Americans 2012: Key Indicators of Well-being*. Federal Interagency Forum on Aging.

Hooyman, N., & Asuman-Kiyak, H. (2011). *Social Gerontology* (9th ed.). Boston:

Allyn & Bacon.

Hughes, W. C. (1999). Managed care, meet community support: Ten reasons to include direct support services in every behavioral health plan. *Health & Social Worker, 24*(2), 103~111.

Leutz, W. (1999). Policy choices for Medicaid and Medicare Waivers. *The Gerontologist, 39*(1), 86~93.

Miller, E. A. (2011). The Affordable Care Act and long-term care: Comprehensive reform or just tinkering around the edges?. *Journal of Aging and Social Policy, 24*(2), 101~117.

OECD(2004). Reforms for an Aging Society: Social Issues.

PRB(Population Reference Bureau) (2015). Aging in the United States. *Population Bulletin, 70*(2), www. questia. com/magazine/1P3-3970861691/aging-in-the-united-states. 2016. 9. 30. 인출

U. S. Census Bureau(2011). Population projections of the United States by Age, Sex, Race 1999 to 2100.

# 15

# 장애인 복지서비스*

## 1. 머리말

미국에서 장애인을 위한 복지서비스는 제 1차 세계대전 후에 시작되었다. 전쟁이 끝난 후, 많은 사람들에게 사지 절단과 같은 장애가 남았다. 초기 참전용사들 중 일부는 노동자로 복귀하거나 가족을 돌보는 데 있어 큰 어려움을 겪었는데, 이것은 사회가 장애인에게 적합하게 형성되어 있지 않았기 때문이다. 많은 참전용사들이 여러 장애로 인하여 서비스를 필요로 함에 따라, 장애에 대한 보상과 직장 복귀를 돕는 등의 서비스들이 생기기 시작했다(Access & Ability Center, 2016).

　그러나 민간인 장애인들은 오랫동안 어떤 공적 서비스에 대해서도 접근하지 못하였다. 가족 구성원이 장애로 진단받았을 때, 그들은 집에만 그대로 머물러 있거나 시설에 보내졌다. 그러다 소수인종 집단이 1960년대 시민권

---

* 이 글은 2012년 《주요국의 사회보장제도: 미국》(한국보건사회연구원, 2012)에서 필자가 작성한 "제 3부 제 3장 고령자 및 장애인 복지서비스"를 수정 보완한 것이다.

운동에서 그들의 권리를 열정적으로 주장함에 따라 장애인들도 점점 더 그들의 권리를 옹호하기 시작하였고, 장애보다는 한 인간으로서 인식되고 싶은 열망이 이들 초기 옹호자들의 열정을 부채질하였다. 시간이 지남에 따라 장애인을 위한 서비스들이 보다 많아졌고, 법령들이 서비스의 유형을 계속적으로 다양화시켰다(Access & Ability Center, 2016).

다음은 미국의 주요 장애인 서비스 법률의 간단한 역사이다.

- 1956년 〈사회보장법〉(Social Security Act) 개정: 장애연금(Disability Insurance) 프로그램이 50세 이상의 근로자와 18세 이전에 장애가 시작된 성인 장애 자녀에게 적용되기 시작함.
- 1965년 〈사회보장법〉 개정: 장애인에게 의료보장을 제공하는 메디케어(Medicare)와 메디케이드(Medicaid)가 마련됨.
- 1968년 〈건축상 장애물법〉(Architectural Barriers Act): 건축물이 장애인에게 접근 가능하도록 요구함.
- 1972년 〈사회보장법〉 개정: 보충소득보장(Supplemental Security Income) 프로그램이 소득·자산 한도와 의료적 자격 요건을 충족시키는 노인·장애인에게 매달 현금급여를 제공함.
- 1973년 〈재활법〉(Rehabilitation Act): 연방정부의 재정 지원을 받는 프로그램에서 장애에 근거한 차별을 금지함.
- 1988년 〈기술 관련 지원법〉(Technology-Related Assistance Act): 장애인들의 보조기술 욕구에 부응하는 프로그램을 개발하기 위하여 재정 지원을 함. 1998년에 〈보조기술법〉(Assistive Technology Act)으로 재인가됨.
- 1990년 〈미국장애인법〉(Americans with Disabilities Act): 직장, 지역사회, 교통기관 등에서 장애인에게 동등한 접근권을 부여함.

이 밖에도 미국에는 많은 중요한 장애인 관련 법률들이 있고, 이에 근거하여 현재 미국에는 다양한 장애인 복지서비스들이 있다. 그러므로 이러한 다양한 서비스를 제한된 지면 안에서 모두 다룬다는 것은 불가능할 뿐만 아니라 실용적이지도 않다.

이에 이 장에서는 장애인 복지서비스에 있어서 다른 장에서 다루고 있는 의료, 주택·주거, 소득보장을 제외한 나머지 주제의 정보를 검색하여 각 주제별로 대표적인 서비스를 선택하였다. 그 결과 개별지원서비스(*personal assistance services*), 장애인 권리옹호체계, 교통에서 보조교통수단서비스(*complementary paratransit services*), 보조기술(*assistive technology*)이 각각 선택되었다. 특히 이 장에서는 이들 서비스 중에서도 개별지원서비스와 장애인 권리옹호체계에 보다 많은 지면을 할애하였다. 장애인 권리옹호체계의 경우에는 조한진(2010)을 주로 참고하였다. 마지막 절에는 한국의 관련 정책에 도움이 될 수 있도록 시사점을 포함하였다.

## 2. 개별지원서비스

### 1) 서비스의 배경

세계장애연구소(World Institute on Disability)의 '개별지원서비스에 관한 재활연구·훈련센터'(Rehabilitation Research and Training Center on Personal Assistance Service)는 개별지원서비스를 '행복, 외모, 안락, 안전 그리고 지역사회와 전체 사회와의 상호작용을 유지하는 데 목표를 둔 과업을 수행하도록 장애인을 돕는 것에 개인을 종사시키는 것'으로 정의하고 있다. 개별지원서비스는 '돌봄'을 받거나 '간호'를 받는 것으로의 장애인의 이미지에 대항하는 한 방편으로 '국립장애위원회'(National Council on Disability)가 발전시킨 용어였다. 여기에서 '돌봄'이란 용어는 장애인이 보조인의 원조를 수동적으로 받든다는 것을 암시한다(American Psychological Association, 2006).

## 2) 서비스의 내용

개별지원서비스는 장애인이 일상생활을 통하여 성취하고 일을 처리하며 이동하는 것을 돕도록 타인의 서비스를 활용하는 것이다. 이러한 서비스는 개인 관리와 위생, 지적(知的) 과제, 가사 관리, 아동 양육, 학교·직장 관련 업무, 지역사회 상호작용 활동에서의 보조를 포함한다. 개별지원서비스를 필요로 하는 활동으로는 개인서비스〔예: 식사, 보행, 의자에 앉고 서는 것, 대·소변보기, 약 복용, 월경 관리, '성 체위를 정하는 것'(*sexual positioning*)〕, 준의료서비스(예: 호흡 관리), 가사서비스(예: 음식 준비, 집 청소, 장보기), 의사소통서비스(예: 목소리 통역, 수화 통역, 낭독), 교통보조서비스(예: 집·학교·직장으로 오고 가는 것), 안전보장서비스(예: 대기서비스), 지적·정서적 지원서비스(예: 스케줄·시간 관리, 대인관계 설명, 상호작용) 등을 들 수 있다. 장애 종류와 그에 따라 필요한 개별지원서비스는 〈표 15-1〉과 같다.

또한 '직장 개별지원서비스'(Workplace Personal Assistance Services)가 ADA(Americans with Disabilities Act) 하에서 하나의 편의로서 고용주에 의

〈표 15-1〉 장애 종류와 필요한 개별지원서비스

| 장애 | 서비스 |
| --- | --- |
| 지체 | 개인, 교통, 준의료, 안전 보장, 가사 |
| 발달 | 지적·정서적, 의사소통, 안전 보장 |
| 감각 | 개인, 의사소통, 교통, 안전 보장 |
| 인지 | 지적·정서적, 의사소통 |
| 정신 | 지적·정서적, 의사소통 |
| 학습 | 지적·정서적, 의사소통, 교통 |
| 환경 | 개인, 준의료, 가사 |

자료: American Psychological Association, 2006. PAS information for psychologists.

하여 지불될 수도 있다. 감각 손상을 가진 사람에게 유용한 직장 개별지원 서비스 유형에는 유자격 낭독자, 필경사, 직무보조원, '의사소통 접근 실시간 통역'(Communication Access Real-time Translation) 서비스, 유자격 통역사 등이 있고, 인지 손상을 가진 사람에게는 유자격 낭독자, 필경사, 직무지도원, 운전기사 등이 유용할 수 있다. 정신장애인에게는 직장에서의 자연스러운 지원(직장에서 자연스럽게 나타나는 상사·동료의 지원), 유자격 낭독자, 운전기사 등이 유용할 수 있으며, 운동신경 손상을 가진 사람에게는 활동보조인, 여행 동반자, 직무지도원 등이 유용할 수 있다(Job Accommodation Network, 2010).

## 3) 서비스의 기금원

### (1) 연방 기금원

- 메디케어(〈사회보장법〉 제18장): 이론적으로는 메디케어 재택 건강 치료를 받는 사람에 대해서 개별지원서비스의 단기간 이용에만 기금을 제공한다. 그러나 실제로는 많은 사람들이 개별지원서비스를 위하여 메디케어에 의존한다.
- 메디케이드(〈사회보장법〉 제19장): 이 기금의 대부분은 소득이 낮은 사람의 병원·요양원·시설 보호에 충당된다. 그러나 메디케이드 기금은 또한 '메디케이드 개인 돌봄 옵션'(Medicaid Personal Care Option)과 '메디케이드 특례'(Medicaid Waiver) 기금을 통하여 개별지원서비스를 제공하는 주에 의하여 사용될 수도 있다.

메디케이드 개인 돌봄 옵션 프로그램은 권리적인 프로그램이므로 다수에게 도움이 된다. 또한 이 프로그램은 모든 연령과 장애를 가진 사람에게 도움이 되며, 빈곤 수준에 있거나 그 이하인 사람을 대상으로 한다. 26~ 34개 주가 이 프로그램을 가지고 있다(기준에 따라 숫자는 달라질 수 있다).

흔히 메디케이드 특례로 알려진 메디케이드 특례 프로그램〔가정과 지역사회에 기반을 둔 서비스 특례(Home and Community-Based Service Waiver)〕은 매우 소수의 사람들에게 도움이 되며, 중증장애인에게 요양원의 대안으로 쓰이고 있다. 이 프로그램은 가정 안팎 모두에서 다양한 서비스를 제공한다. 대략적으로 이 프로그램은 가장 후한 서비스 수당을 가지고 있다. 그러나 메디케이드 특례 프로그램은 대단히 의료적으로 감독되는 경향이 있으며, 기관 공급자를 사용한다. 특례 프로그램은 개인 돌봄 옵션 프로그램보다 소득 자격 한도가 다소 더 높지만, 노동 유인의 저해를 막을 만큼 높지는 않다. 특례의 매우 문제가 있는 측면 중의 하나는 특례가 매우 일시적이라는 것이다. 그래서 주들은 시간이 많이 소요되는 재신청 과정을 매 3년마다 거쳐야 한다. 모든 주는 적어도 한 가지의 메디케이드 특례 프로그램을 가지고 있다.

- 사회서비스 포괄보조금(Social Services Block Grants: SSBG) (〈사회보장법〉 제20장): 이 프로그램은 매우 대규모인 경향이 있다. 그러나 SSBG와 관련된 하나의 문제점은 주가 연방 기금에 더 보충하도록 요구받는다는 것이며, SSBG를 받는 주는 현재 점점 더 많은 보충을 요구받고 있다. SSBG 기금을 제공받는 개별지원서비스 프로그램은 주마다 엄청나게 다르기 때문에, 그것을 분류하기는 어렵다. 이 프로그램은 의료적 모델로부터 시작하여 모든 프로그램 중 가장 자립생활 지향적인 펜실베이니아주의 '보조인 프로그램'(Attendant Care Program)까지 전 범위에 미치고 있다.
- 〈미국 노인복지법〉(Older Americans Act: OAA) (제3장): 미국 곳곳에서 매우 소수의 OAA 프로그램이 실제로 개별지원서비스와 일시·단기서비스를 제공하고 있다. 서류상으로는 OAA가 연방 타이틀 프로그

램 중 가장 융통성 있는 프로그램 중 하나이지만, 사실 기금이 많지 않다. 이 프로그램은 이러한 한계 때문에 개별지원서비스 프로그램의 주원천은 아니다. 그러나 제3장 프로그램은 매우 적은 시간의 서비스만 필요로 하는 사람에게 도움이 된다. 이것은 메디케이드와 SSBG 프로그램의 저소득 기준을 충족시킬 수 없지만 자비(自費)로 서비스에 대해 지불하는 데는 어려움이 있는 사람을 대상으로 하고 있다. 이 프로그램은 60세가 넘는 사람들만을 위한 것이다.

- 재향군인국 원조와 보조 수당(Veterans' Administration Aid and Attendance Allowance) : '원조와 보조 수당'은 현역 복무 중 입은 장애에 대한 매월의 보상금에 더하여 재향군인에게 제공되는데, 재향군인은 개별지원서비스 소요에 대해 매월 2천 달러 정도를 받을 수 있다.
- 직업재활(Vocational Rehabilitation) : 몇몇 주에서 직업재활 기금이 일부 직업재활 클라이언트만을 위한 개별지원서비스를 지불하기 위하여 사용되어 왔다. 이 기금은 매우 단기간이고 일시적인 기간 동안의 개별지원서비스 이용자들에게 제공되고 있다.

## (2) 주(州) 기금원

1970년대 후반과 1980년대 동안 많은 주가 오로지 주 기금에 의해서만 제공되는 개별지원서비스 프로그램을 만들었다. 1988년에는 27개의 그러한 프로그램이 있었다.

이들 프로그램은 여러 가지 점에서 소비자 통제권을 북돋울 가능성이 크다. 예를 들면, 이들 프로그램은 개인 공급자를 이용하며 직장에서 개별지원서비스를 제공할 가능성이 더 많다. 이들 프로그램의 소득·자격 요건은 매우 다양하다. 1995년 현재, 35개 주 기금 프로그램 중 22개는, 개인이 재산을 가지고 있으면서도 여전히 프로그램을 통하여 개별지원서비스를 받을 자격을 가질 수 있는 재산 총액에 대한 한계가 아예 없다.

주가 기금을 제공하는 프로그램은 연방 기금프로그램의 사각지대에 해당되는 연령 집단과 장애 집단에 종종 목표를 두고 있다. 그러나 이들 프로그램은 빈번히 긴 대기자 명단을 가지고 있으며, 비용 절감이나 재정 위기의 시기에는 주에 의해 삭감되기가 쉽다.

### (3) 민간 기금원

서비스 패키지의 일부로서 개별지원서비스를 포함하고 있는, 소수의 실험적인 '사회적 건강관리 기관'(Social Health Maintenance Organizations: SHMO)이 존재한다. 하나의 기관이 일차·이차·장기(長期) 서비스를 한꺼번에 운영하게 함으로써 달성되는 비용 절약과 서비스의 질을 평가하기 위하여, 몇몇 주가 건강관리 자금조달국(Health Care Financing Administration)에서 기금을 대는 SHMO 시범사업에 참여해 온 것이다. 그러나 장기서비스에 적용되는 관리의료 시스템(*managed care system*)을 발전시키는 것은 아직까지는 매우 어려운 것으로 알려졌다.

### 4) 통계 자료

라플란트 외(LaPlante, Harrington, & Kang, 2002)가 추산하기로는, 미국에서 시설에 거주하지 않는 성인 1,320만 명이 일상생활활동(*activities of daily living*)과 도구적 일상생활활동(*instrumental activities of daily living*)에서 주당 평균 31.4시간의 개별지원을 받고 있는데, 320만 명의 사람들이 평균 17.6시간의 유급 지원을 받고 있고 1,170만 명이 평균 30.7시간의 무급 지원을 받고 있다. 개별지원서비스를 제공하는 프로그램별로 참여자를 보면, 2006년에 메디케이드 개인 돌봄 옵션은 881,762명, 메디케이드 특례는 349,500명, OAA 제3장 프로그램은 112,111명으로, 모두 약 130만 명이었다. 2006년 지원 비용은 메디케이드 개인 돌봄 옵션이 약 85억 달러, 메디케이드 특례가 약 42억 달러, OAA 제3장 프로그램이 약 2억 달러로, 모두 약 129억 달러이었다(Ng & Harrington, 2009).

## 5) 공급자 방식

미국의 개별지원서비스 프로그램에서 활용되는 보조인의 유형은 기관 공급자, 정부 공급자, 개인 공급자의 세 가지 범주로 분류될 수 있다. 각각의 방식은 서비스를 받는 사람에게 장·단점을 제공하지만, 대부분의 프로그램은 이들 방식 중 하나만을 사용한다.

### (1) 기관 공급자

기관 공급자는 비영리 혹은 영리기관을 통하여 보조인이 일하는 것이다. 이것은 가장 일반적으로 활용되는 공급자 방식인데, 기관 공급자를 활용함으로써 주(州)는 공급자에게 요금을 지불하고 소득세를 징수하는 법적 책임을 기관에게 위임하며 보조인의 과실에 대한 잠재적 책임을 최소한으로 줄인다. 기관 공급자를 활용하는 프로그램에서 흔히 언급되는 문제는 개별지원서비스의 전달에 있어 의료 전문가에 의한 비싼, 때로는 참견적인 수준의 관여가 요구되는 경향이 있다는 것이다.

### (2) 정부 공급자

정부 공급자는 지역정부나 주정부를 위하여 일하는 것인데, 가장 덜 일반적으로 활용되는 전달 방식이다. 몇몇 정부 공급자는 공무원으로 간주되어 다른 정부 직원들과 같은 임금과 급여를 받는다.

### (3) 개인 공급자

개인 공급자는 개인 계약자, 수급자의 피고용자, 혹은 (세금 징수의 목적에서) 좁은 의미로 주의 피고용자로서 일하는 보조인이다. 개인 공급자 고용의 실제 조건은 주마다 현저하게 다르다. 개인 공급자는 낮은 임금을 받으며, 급여가 적거나 없는 경향이 있다. 개인 공급자를 활용하는 프로그램은 아마도 단위당 낮은 비용 때문에 종종 더 많은 개별지원서비스 시간을 제공하곤 한다.

개인 공급자를 활용하는 프로그램에서, 세금 징수 과정과 법정 급여(즉, 사회보장, 실업, 노동자 재해 보상 등)의 제공은 전체 프로그램의 설계를 규정하는 중요한 문제이다. 이 문제는 몬태나주의 개별보호서비스(Personal Care Services) 프로그램이 주로 급여에 대한 법적 책임을 피할 목적에서 개인 공급자에서 기관 공급자로 전환하게 하였고, 시간제 노동자로 보조인을 규정하여 실업보험이나 노동자 재해 보상보험을 제공하는 요건을 제한할 목적에서 미시간주의 재가원조(Home Help) 프로그램이 개인 공급자가 제공할 수 있는 서비스 시간을 제한하도록 이끌었다. 그러나 미국에서 가장 큰 개별지원서비스 프로그램인 캘리포니아주의 재가보조서비스(In-Home Supportive Services)는 세금을 징수하면서 개인 공급자를 위하여 노동자 재해 보상을 제공하고 있다.

## 6) 서비스 모델

앞의 공급자 방식이 개별지원서비스 프로그램에서 활용되는 보조인을 누가 공급하느냐에 따른 유형이라면, 서비스 모델은 그 보조인을 누가 고용하느냐에 따른 유형이라 할 것이다.

### (1) 기관 주도 모델
민간기관이 보조인을 모집·심사·면접·고용·훈련·감독하고 요금을 지불할 책임을 진다. 민간기관은 행정구조상 직원에 대한 통합·조정의 여지가 더 크기 때문에, 다수의 사람에게 적은 시간 동안 서비스를 공급하기 위하여 종종 이용된다. 그러나 개별지원서비스를 스스로 관리하고 싶어 하지 않거나 할 수 없는 사람에게는 기관의 기능이 적절할 수 있지만, 그러한 개별지원서비스 관리를 스스로 수행하기를 원하는 장애인에게는 그 독립심을 제한하는 경향이 있다. 예를 들어, 기관 주도 모델은 누가 고용되는가, 하루 일과(日課), 수행되는 서비스의 종류, 또는 서비스가 어떻게 수행되는가에 대한 선택을 거의 제공하지 않는다. 또한 메디케이드 환급률의 약 30~40%가 행정 기능과 영리 목적으로 기관에 의하여 사용되는데, 이것은 많은 옹호자와 개별지원서비스 전문가가 믿기에는 너무 높은 비율이다.

### (2) 소비자 주도 모델

개별지원서비스에 자금을 조달하고 서비스를 전달하는 소비자 주도 모델은 공급자·보조인의 선택, 서비스 및 관련 지원의 선택, 서비스 계획과 스케줄, 진행 중인 서비스의 관리 등을 포함하여 서비스 제공의 모든 측면에 대해 상대적으로 더 많은 선택과 통제를 장애인에게 허용한다. 미국에서 장애인과 그 옹호자들은 이 소비자 주도 개별지원서비스의 사용을 증가시키도록 요구해 왔다. 한편 주의 메디케이드 프로그램은 전형적으로 소비자 주도 모델로 바뀔 때 비용이 절감되는 것으로 보고 있다. 또한 평균적으로 소비자 주도 개별지원서비스 프로그램은 기금을 행정적 목적을 위해서는 덜 사용하는 경향이 있다. 이러한 비용 절감은 개별지원 시간을 추가로 제공하기 위하여 소비자 주도 프로그램에 종종 재투자된다.

## 7) 급여 방식

### (1) 현물 급여

현재 미국의 대부분의 주(州) 프로그램은 현물로 서비스를 제공한다. 이것은 장애인이 몇 시간의 서비스를 받을 수 있는가를 그 프로그램이 결정하고 장애인은 단지 그 서비스를 받게 된다는 것을 의미한다. 또한 장애인은 서비스에 대하여 직접적으로 지불하지 않으며, 프로그램이 장애인을 대신하여 지불한다. 이들 프로그램 중 몇몇은 소비자 관리와 통제를 상당히 허용하도록 구성되기도 하지만, 대부분은 소비자 선택권을 수반하지 않는다.

### (2) 현금 급여

현물서비스 모델이 현재 지배적이라는 사실이 반드시 이들 서비스가 현물로 제공되어야 한다는 것을 의미하는 것은 아니다. 미국에서 소수의 프로그램이 실제로 장애인이 기금을 통제하는 것을 허용한다. 그런 프로그램 중 가장 두드러진 것은 재향군인 사무부(Department of Veterans Affairs)의 '원조와 보조 수당' 프로그램인데, 개별지원에 대한 요구를 평가한 것에 기초하여 퇴역 장애인에게 현금 급여를 제공한다. 이 프로그램은 유자격 퇴역 군인에게만 적용되며, 서비스가 현물로 제공되는 일반적 규칙에 대한 예외라 볼 수 있다.

그러나 이들 프로그램에 자금을 조달하는 납세자에 대한 책임이 있는 정책입안자의 관점에서 보면, 현금 급여는 납세자의 우려를 해소하는 방식으로 돈이 쓰일 것이라는 확신을 주지 않는다. 또한 수급자의 관점에서 보면, 첫째, 현물 급여를 통하여 서비스를 구입할 수 있을 것이라는 것을 현금 급여가 보장하는 것은 아니라는 우려가 있고, 둘째, 적절한 서비스를 얻기 위해 필요한 수준 이하에서 현금 급여가 설정되는 정치적 경향이 있을 것이라는 우려가 있다.

### (3) 현금 상당물로의 급여

몇몇 정책입안자들의 우려를 더 잘 해소할 수 있는, 엄격한 현금 접근법에 대한 대안은 '현금 상당물'에 기반을 둔 모델이다. 특정 서비스의 구입으로 제한된 현금 상당물을 제공하는, 바우처, '보건 저축 구좌'(Health savings account), 또는 세금 공제에 기반을 둔 시스템은 많은 정책입안자의 책임성 요구를 만족시킬 수 있을 것이다. 그러나 이러한 현금 상당물 접근이 실행 가능한가의 여부는 그것이 정책입안자뿐 아니라 수급자의 중대한 우려를 해소할 수 있게 구성될 수 있는가에 크게 달려 있다. 즉, 바우처 등이 장기간 동안 필요한 서비스를 얻는 데 충분하며 과도한 사기·남용의 영향을 받지 않을 것이라는 확신이 다소나마 있어야 할 것이다.


## 3. 장애인 권리옹호체계

연방법에 규정되어 다양한 연방 프로그램하에서 기금을 받는 '보호 및 옹호'(Protection and Advocacy: P&A) 시스템과 '클라이언트 원조 프로그램'(Client Assistance Program: CAP)은 모든 주, 워싱턴 DC, 미국 준주(準州)에서 법률에 기반을 둔 옹호를 통하여 장애인의 권리를 보호한다. 총괄적으로 P&A/CAP 네트워크는 미국에서 법률에 기초한 장애인 옹호 서비스의 최대 공급자이다. 많은 P&A의 클라이언트가 저소득이기는 하지만, 이 P&A 법령은 P&A 기관들이 어떤 소득 제한 규정 없이 모든 장애인을 위해 일하도록 허용한다.

첫 번째 P&A 프로그램인 '발달장애인을 위한 보호·옹호'(Protection and Advocacy for Individuals with Developmental Disabilities: PADD)는 일련의 텔레비전 보도가 지적 장애인을 위한 뉴욕주 대형시설인 윌로우브룩(Willowbrook)의 비참한 상태를 폭로한 후 1975년에 만들어졌다. 또한 정신보건시설 거주인의 학대와 방임에 대한 유사한 우려는 〈정신장애인을 위한 보호·옹호법〉(Protection and Advocacy for Individuals with Mental Illness: PAIMI)의 제정으로 이어졌다.

PADD와 그 후의 P&A 법령들의 처음의 초점은 시설에서 생활하는 사람들의 안녕을 도모하는 것이었고, 이것은 오늘날 P&A 활동의 주요 초점으로 남아 있다. 모든 P&A 기관들은 장애인들을 돌보는 크고 작은 공공·민간시설의 악조건을 개선하기 위해서 계속하여 감시와 조사를 한다. P&A 기관들은 또한 장애인들이 가능한 최소 제한적인 주거형태를 찾도록 돕는데, 사실 P&A 기관들은 탈시설화 운동의 최전선에 있어 왔다. 수년간 P&A 업무의 초점은 어디에 거주하든 모든 종류의 장애인들의 권리를 보장하는 것까지로 확대되었다. P&A 법령들은 P&A 기관들에게 추가의 권한을 부여하도록 확장되어서, 그 결과 P&A 기관들은 학대와 방임의 예방을 계속해서 추구할 뿐만 아니라 이제는 통합교육 프로그램, 금융상 권리, 의료, 접근하기 쉬운 주거, 교통기관, 생산적인 일자리 기회 등에 대한 전면적인 접근을 보장하는 데 상당한 자원을 기울이고 있다.

## 1) P&A/CAP 시스템 프로그램

8개의 단독의 P&A 프로그램이 있는데, 만들어진 순서로 아래에 간략히 기술하였다. 달러로 환산하여 가장 큰 것은 PADD, PAIMI, PAIR(Protection and Advocacy for Individual Rights: 개인의 권리를 위한 보호·옹호)이며, 대부분의 P&A 업무는 이들 프로그램하에서 행해진다. 그 밖의 P&A 프로그램은 상당히 작다. 몇몇 프로그램은 소수의 주에서 실험 프로젝트로서 시작된 후 확대되어 이제는 모든 주와 준주에서 서비스를 제공하고 있다. 많은 주에서 개별적인 CAP 프로그램을 제외한 모든 P&A 프로그램은 그 주와 준주 안에서 단 하나의 기관에 의하여 이행된다(National Disability

Rights Network, 2008; 2012; n. d.).

## (1) 발달장애인을 위한 보호 · 옹호

PADD는 1975년 〈발달장애 원조 및 권리장전법〉(Developmental Disabilities Assistance and Bill of Rights Act: DD Act) (2000년에 개정)에 의하여 만들어진 최초의 P&A 프로그램이다. P&A 기관들은 모든 적용 가능한 연방 · 주 법률하에서 발달장애인의 권리를 보호하고 옹호하기 위하여 법적, 행정적, 기타 적절한 구제책을 수행하도록 동법에 의하여 요구받는다. DD Act 는 각 주의 주지사가 P&A 기관이 될 기관을 지정하고 그 P&A 기관이 어떤 서비스 공급자로부터도 독립적이도록 보장할 것을 규정하였다. P&A 기관으로 지정된 대부분의 단체는 P&A 프로그램을 수행할 목적으로 특별히 만들어진 민간 비영리 단체이다. 그러나 몇몇 P&A 기관들은 주정부의 일부이고, 소수는 준공공기관이며, 소수의 P&A 기관들은 민간 법률서비스 프로그램 내에 존재한다. 단 하나(CAP)를 제외하고 후속의 P&A 법령들에서는 새로운 P&A 프로그램들이 PADD하에서 주지사에 의하여 지정된 동일한 기관 내에 입주하도록 규정하고 있다.

## (2) 클라이언트 원조 프로그램

CAP는 1973년 재활법의 1884년 개정에 의하여 법정 프로그램으로 수립되었다. CAP는 재활법하에서 주 재활기관으로부터 서비스를 받거나 얻으려고 하는 사람들에게, 그들의 권리 보호를 보장하기 위한 행정적, 법적, 기타 적절한 구제책을 추구하는 데 있어서의 원조를 포함하여, 정보와 원조를 제공해야 한다. CAP 기관은 클라이언트나 지원자를 위하여 고용에 직접적으로 관련된 서비스에 관하여 원조와 옹호를 제공할 수 있다. CAP는 PADD 하에서 P&A로 지정된 기관으로 가는 기금을 필요로 하지 않는 유일한 프로그램이다.

### (3) 정신장애인을 위한 보호 · 옹호

PAIMI 프로그램은 1986년 〈정신장애인을 위한 보호 · 옹호법〉(Protection and Advocacy for Individuals with Mental Illness Act)에 의해 수립되었다. P&A 기관들은 정신장애인의 권리를 보호 · 옹호하도록 그리고 정신장애인을 돌보거나 치료하는 시설에서의 학대와 방임의 보고를 조사하도록 위임받는다. 동법은 P&A 기관들이 시설에 거주하지 않고 지역사회에 거주하는 정신장애인을 위해서도 일하도록 허용하기 위하여 2000년에 개정되었다.

### (4) 개인의 권리를 위한 보호 · 옹호

PAIR 프로그램은 1993년에 재활법의 개정하에 전국적인 프로그램으로 의회에 의하여 수립되었다. PAIR 프로그램은 시각이나 청각 손상을 가진 사람 또는 성인이 되어 지체 장애를 얻은 사람과 같이, 이전에 수립된 세 가지 P&A 프로그램(PADD, CAP, PAIMI) 하에서는 서비스를 받을 자격이 없던 장애인의 법적 권리와 인권을 보호 · 옹호하기 위하여 만들어졌다. 그러므로 PAIR과 함께 P&A 기관들은 모든 종류의 장애인을 위해 일할 수 있도록 권한을 부여받은 것이다. PAIR이 PADD와 PAIMI보다는 낮은 수준에서 기금을 제공받기는 하지만, PAIR은 모든 장애인의 권리를 옹호하기 위한 포괄적 시스템의 중요 요소라는 의미가 있다.

### (5) 보조 기술을 위한 보호 · 옹호

PAAT(Protection and Advocacy for Assistive Technology) 프로그램은 1994년에 만들어졌다. 이때 의회가 〈장애인을 위한 기술 관련 원조법〉(Technology-Related Assistance for Individuals with Disabilities Act)을 확대하여 사례 관리, 법적 대변, 자기 옹호 훈련을 통해 장애인(그리고 그들의 가족 구성원, 후견인, 옹호자, 권한을 부여받은 대리인)이 보조기술장비나 보조기술서비스(예: 전동 휠체어, 발성 컴퓨터, 적응적 컴퓨터 소프트웨어)를 획득, 활용, 또는 유지하도록 돕는 P&A 기관들에 기금을 제공하는 것을 포함하도록 했다. 이 프로그램에 기금을 지원하는 현행법은 2004년의 〈보조기술법〉이다.

## (6) 사회 보장 수급자를 위한 보호 · 옹호

PABSS(Protection and Advocacy for Beneficiaries of Social Security) 프로그램은 〈노동 인환권 및 노동 유인 증진법〉(Ticket to Work and Work Incentive Improvement Act)이 제정된 1999년에 수립되었다. 이 법하에서 장애가 있는 사회보장 수급자들이 직업재활과 고용서비스를 받는 것에 대한 정보 · 조언을 얻고, 그들이 유급 일자리를 확보하거나 그러한 일자리에 복귀하는 데 필요할 수도 있는 옹호나 기타 관련 서비스를 제공받도록 하기 위하여 P&A 프로그램에 대한 보조금이 설정되었다.

## (7) 외상성 뇌 손상을 입은 사람을 위한 보호 · 옹호

PATBI(Protection and Advocacy for Individuals with Traumatic Brain Injury) 프로그램은 2000년 〈아동보건법〉(Children's Health Act)의 제 13장(Title 13)으로 승인된 〈외상성 뇌손상법〉(Traumatic Brain Injury Act)에 의해 만들어져서, 외상성 뇌 손상을 입은 사람에게 보호와 옹호서비스를 제공하기 위하여 2002년부터 시작되었다. P&A/CAP 네트워크가 종종 PAIR, CAP 또는 PABSS하에서 외상성 뇌손상을 가진 사람들을 위해 일하기는 하지만, 이 보조금은 이 사람들의 독특한 욕구를 다루기 위하여 특별히 더 많은 자원을 제공한다. 이 프로그램은 외상성 뇌손상의 직접적인 결과로 법적 권한의 상실에 직면한 개인에게 옹호서비스, 정보 · 위탁, 자기옹호 훈련을 제공하고 외상성 뇌손상에 의하여 영향을 받은 사람들을 위한 지원 시스템을 증가 · 개선시키기 위한 목적으로 운영된다.

## (8) 투표 접근성을 위한 보호 · 옹호

PAVA (Protection and Advocacy for Voting Accessibility) 프로그램은 2002
년의 〈미국 투표 원조법〉(Help American Vote Act)의 일부로서 2003년에
의회에 의하여 수립되었다. 의회의 폭넓은 권한을 위임받은 P&A 기관들
은 투표 등록, 투표, 투표소 접근을 포함하여 선거 과정에서의 장애인(정
신·감각·신체 장애인 모두 포함)의 완전한 참여를 보장하기 위하여 노력하
게 된다. 또한 P&A 기관들은 유권자 교육, 투표 공무원 훈련, 유권자 등
록 운동, 투표소 접근성 조사 및 이와 유사한 활동을 통하여 장애인들이 선
거 과정에 참여하도록 돕는 권한을 가지고 있다. 다만 P&A 기관들은 소
송을 위해서는 PAVA 프로그램 기금을 이용할 수 없다. 반면 다른 P&A
프로그램에는 이러한 제한이 없다.

## 2) P&A 기관의 권한과 책임

P&A 기관들은 자신을 변호할 수 없는 사람들을 포함하여 장애인을 보호하
고 옹호해야 할 책임을 가지고 있다. 의회는 이것을 하도록 P&A 기관들에
게 독특한 권한과 책임을 부여하였는데, 이는 여러 가지 특별한 점에서 전통
적인 법무법인들의 권한과 책임을 훨씬 넘어서는 것이다(Gross, 2001).

## (1) 일반적인 법적 권한

P&A 기관들은 장애인의 학대, 방임, 또는 권리의 침해 사건을 조사하기
위하여 특별한 권한을 부여받는다. P&A는 학대나 방임 사건이 발생하였
다는 상당한 이유가 있다고 믿는다면 조사를 시작할 수 있다. P&A 기관
들은 또한 장애인들의 헌법상·법률상 권리의 집행을 확실하게 하기 위하
여 장애인을 대신하여 법적, 행정적, 기타 적절한 구제책을 수행하도록 위
임받는다.

## (2) 접근 권한

앞에서 언급하였듯이, P&A 시스템의 초기와 그리고 여전히 지금까지도 중심적인 사명은 장애인, 특별히 시설에 거주하는 사람들의 학대와 방임을 예방하는 것이다. P&A 기관들의 권한이 효과적으로 수행될 수 있도록 보장하기 위하여, PADD와 PAIMI 법령들은 P&A 기관들에게 장애인들의 기록(치료, 퇴소 계획 및/또는 학대·방임 사건과 관련된) 및 그들이 거주하고 있는 시설(임상적 또는 기타 돌봄 활동에 지장을 주지 않는다면)에 대한 광범위한 조사 접근권을 부여하였다. 예를 들어 PADD하에서 P&A 기관들은,

① 서비스를 제공하는 시설에서 모든 발달장애인에 대해 일상적으로 접근할 수 있다.
② 다음의 경우에 발달 장애인의 모든 기록 그리고 조사를 수행하는 것과 관련된 기타 기록에 대하여 (요청 3일 내에) 접근할 수 있다.
　가. 그 개인이 P&A의 클라이언트이고 그 개인(또는 후견인)이 그러한 접근을 허용할 경우.
　나. P&A가 개인의 치료에 관한 불만을 접수한 경우, 또는 감시활동의 결과로 '그러한 개인이 학대나 방임을 받아왔다고 믿을 만한 상당한 이유'가 있고 정신적 혹은 신체적 상태 때문에 그 개인이 접근을 허용할 수 없으며 후견인이 없거나 후견인이 주(州)이거나 주가 아닌 후견인이 도우라는 P&A의 제안에 응답하지 않을 경우.
③ 사망의 경우 또는 P&A가 '개인의 건강이나 안전이 심각하고 당면한 위험에 처해 있다고 믿을 만한 상당한 이유'가 있다고 결정하면 모든 기록에 또 다른 관계인으로부터의 동의 없이도 (요청 24시간 내에) 즉각적으로 접근할 수 있다.

또한 이와 유사한 권한이 PAIMI 42 USC 10805 (a) (3)과 (4), 42 USC

10806 하에서도 제공된다. 다수의 주 법률들은 P&A 기관들에게 추가의 권한(예를 들어 사망이나 기타 종류의 사건들을 직접 보고하도록 P&A 기관들이 시설들에게 요구하는) 을 부여하고 있다.

P&A 기관들은 학대와 방임을 조사하려는 그들의 노력에 대한 저항에 종종 직면하는데, 이에 P&A 법령들하에서 생겨난 접근권을 집행하기 위하여 다수의 소송이 P&A 기관들에 의하여 제기되어 왔다. 또한 P&A 기관들은 학대와 방임의 조사 결과에 따라 다양한 조치를 취할 수 있고, 대개는 여러 수단들을 조합하여 시도한다. 즉, P&A 기관들은 개별적으로 또는 집단 소송으로 시설 거주인들의 헌법상·법률상 권리를 집행하기 위해 소송을 제기할 수도 있고, 그들의 조사 결과를 기술하고 개선 조치를 권고하는 공적 보고서를 발행할 수도 있으며, 감시하고 개선하기 위해 시설과 공동의 계획을 개발할 수도 있고, 시설들에게 기술 지원 및 장애인들을 위한 자기 옹호 훈련을 제공할 수도 있다.

### (3) 원고적격

P&A 기관들은 고용, 교육, 의료, 교통, 주거, 기타 서비스들에 대한 권리를 보장하기 위하여 본래의 권리로, 장애인을 대신하여 소송을 제기할, 즉 지정된 원고의 일을 맡을 원고적격(*standing*) 이 있다. P&A의 이 원고적격은 시설에 거주하는 많은 장애인들이 법적 절차를 시작할 경우 보복을 두려워하기 때문에 결정적으로 중요하다. 어떤 경우에는 후견인이 협조하지 않아서 장애인들이 때때로 소송에서 직접적인 역할을 할 수 없게 되기도 한다.

법원은 장애인들의 법률상·헌법상 권리를 보호하는 P&A 기관들의 특별한 법정 권한 때문에 이 기관들이 장애인들의 이익의 대표자로서 행할 수 있으며 따라서 장애인들의 권리를 주장하기 위하여 그 기관들이 소송을 제기할 수 있다고 결정해 왔다. 사실, 기관의 이사회와 자문회의가 부분적으로 장애인과 그들의 가족으로 구성되어야 하고 이들이 기관의 우선적인 서비스를 개발하는 데 중요한 역할을 해야 한다고 P&A 법률이 요구한다면, 상기한 원고적격은 주어져야 하는 것이다. 이에 법원은 P&A 기관들이 회원 협회와 마찬가지로 장애인들을 대신하여 소송을 제기할 수 있다고 평결을 내려 왔다. 한 법원은 실제로 각 주에서 장애인이 '그들의 공동의 관점을 표현하고 그들의 공동의 이익을 보호하는' 수단을 P&A 시스템이 제공한다고 진술한 바 있다.

### (4) 책임 기제

의회는 P&A 시스템이 지역 장애인들의 욕구에 민감하게 반응하도록 보장하는 많은 특징을 그 시스템에 짜 넣었다. 예를 들어, 가장 영향을 받는 사람들에 의한 국부적인 통제를 보장하기 위하여 P&A를 운영하는 데 직접적인 소비자 관여가 요구된다. P&A의 이사회는 P&A의 원조를 구하는 사람들의 욕구를 광범위하게 대표하고, 그 욕구에 대한 지식이 있는 사람들로 구성되어야 한다. 예를 들어, PAIMI 프로그램은 기관의 자문회의의 적어도 60%가 정신보건서비스를 받았거나 받고 있는 사람들 또는 이러한 사람들의 가족이어야 한다고 요구하고 있다. P&A 기관들은 또한 현재와 잠재적 클라이언트가 양질의 옹호서비스에 대해 전면적으로 접근하도록 보장하기 위하여 이들을 위한 내부의 고충처리 수단을 가져야 한다.

### (5) 우선순위

각 P&A 프로그램이 그 주에서 장애인들의 가장 중대한 욕구에 부응하도록 보장하기 위하여, P&A 법령들은 각 P&A가 소비자로부터의 투입을 극대화하는 과정을 사용하여 매년 우선순위를 개발하도록 요구하고 있다. 우선순위를 정하는 과정은 각 P&A가 그 주에 살고 있는 장애인들의 독특한 욕구에 부응하는 소기의 성과물을 선택하게끔 한다. 소비자 위주의 우선순위와 반응적인 우선순위는 장애인을 위한 P&A 서비스가 어떻게 구성되어야 하는가에 대하여 P&A가 주 수준에서 결정하도록 만든다.

### 3) 보다 광범위한 P&A 활동

앞의 권한과 책임 이외에도 P&A 기관들은 정보 제공 및 의뢰, 서비스 공급자, 주 의회 의원, 기타 정책 입안자 등에게 기술 지원의 제공, 자기 옹호 훈련의 실시, 대중의 인식의 제고 등과 같은, 장애인의 권리를 증진하기 위한 다른 폭넓은 노력에 또한 관여한다. 이렇게 P&A 기관들은 광범위한 권한을 가지고 있으며, 모든 P&A 옹호서비스는 개별적·전문적·체계적 옹호를 통하여 성취되는 자기결정, 동등한 접근, 동료지원의 철학에 기초를 두고 있다. 또한 서비스는 장애인의 지도력·독립·생산성·통합을 극대화하고자 의도된 방법으로 전달된다(National Disability Rights Network, 2012).

### 4) P&A 기관

P&A 기금은 대부분의 프로그램 법령하에서 인구에 기초한 포뮬러 보조금을 통하여 배분되지만, 가장 작은 주는 대부분의 프로그램에서 '최소한의 할당액'(*minimum allotment*)만 보장받는다. 몇몇 P&A 기관들은 연방 기금만을 사용하여 운영하고, 몇몇은 다른 연방 프로그램이나 주 프로그램을 통하여 추가의 돈을 받으며, 또 몇몇은 개별적인 모금 활동을 한다. 2015 회계연도에 발달장애인에 대한 P&A 프로그램을 위한 보건복지부 재정 지원은 약 3,900만 달러였고(Administration for Community Living, 2016a), 2015 회계연도에 지원을 받은 발달장애인 클라이언트 총수는 17,495명이었다(The Arc, n.d.).

2010년 현재, 57개의 P&A 기관(CAP만 제공하는 기관 제외) 중 32개가 전형적인 비영리 운영위원회를 가진 민간 비영리단체이고, 15개는 민간 법률 서비스 기관 내에 입주해 있다. 약 10개가 주 기관이거나 독립적(*independ-*

*ent*)인 주 기관인데, 뉴욕주 기관은 P&A 서비스를 다른 단체에게 하청을 주고 있다. 한편, '정당한 이유'로 인한 재지명이 때때로 발생하는데, 흔히 그것은 주정부에서 비영리로 옮기는 P&A 기관이었지만 한두 번은 다른 방향으로 이동하였다.

P&A 이사(*executive director*)의 약 절반은 변호사가 아니며, 모든 P&A 기관들은 변호사뿐만 아니라 비변호사 옹호자를 직원으로 두고 있다. 또한 보다 큰 몇몇 P&A 기관들은 독립된 조사 단위를 가지고 있기도 하다.

## 5) P&A 네트워크에 대한 기술 지원

시간이 지나면서 의회는 특별한 욕구에 맞추어진 훈련과 기술 지원을 규정하자는 P&A 시스템의 요청에 응답하였다. 이제 각각의 P&A 법령은 할당된 프로그램 기금의 작은 부분을 훈련과 기술 지원을 위하여 따로 떼어 놓도록 규정하고 있다. 이들 기금은 소책자, 기타 자료, 리스트서브(*listserv*), 개별화된 기술 지원의 개발을 통하여 매년 5~6개의 회의 및 진행 중인 훈련과 기술 지원을 후원한다. 훈련과 기술 지원 기금의 대부분은 '전국장애권리네트워크'(National Disability Rights Network: NDRN)의 한 부분인 '옹호와 지원 훈련센터'(Training Advocacy and Support Center)를 통하여 집행된다. NDRN은 P&A 기관들을 위한 임의회원단체이다(National Disability Rights Network, 2012).

## 6) 연방정부 관리부서

각각의 P&A 프로그램은 다음 목록에 나와 있는 연방기관에 의하여 독자적으로 집행된다. P&A 기관들은 8개의 프로그램 각각에 대하여 매년 실행보고서를 준비하며, 연방기관은 이들 보고서와 현지방문 감독을 통하여

P&A 기관들을 감독한다(National Disability Rights Network, 2012).

① PADD와 PAVA는 미국 보건복지부의 아동·가족국(Administration for Children and Families) 내에 위치한 발달장애국(Administration on Developmental Disabilities)에 의하여 집행된다.

② CAP, PAIR, PAAT는 미국 교육부(Department of Education) 특수교육·재활서비스실(Office of Special Education and Rehabilitative Services)의 재활서비스국(Rehabilitation Services Administration)에 의하여 집행된다.

③ PAIMI는 미국 보건복지부의 약물 남용 및 정신보건서비스국(Substance Abuse and Mental Health Services Administration) 정신보건서비스센터(Center for Mental Health Services)에 의하여 집행된다.

④ PABSS는 사회보장청(Social Security Administration)에 의하여 집행된다.

⑤ PATBI는 미국 보건복지부 내 보건자원 및 서비스국(Health Resources and Services Administration)에 의하여 집행된다.

## 4. 교통과 보조기술

### 1) 보조교통수단서비스

ADA는 장애 때문에 고정노선 버스·철도서비스를 이용할 수 없는 장애인에게 고정노선서비스를 제공하는 대중교통기관이 '보조교통수단서비스'를 제공할 것을 요구하고 있다(National Aging and Disability Transportation Center, 2016).

## (1) 서비스의 특징

일반적으로 ADA 보조교통수단서비스는 버스 노선이나 철도역의 4분의 3 마일 이내에서, 동일한 시간·요일에, 정기 고정노선 요금의 2배 이내에서 제공되어야 한다. 교통기관은 기점·목적지가 이처럼 노선/역의 4분의 3마일 이내인 이동을 위하여 보조교통수단을 제공하도록 요구되긴 하지만, 서비스 지역 밖에 있는 유자격 고객이 스스로 서비스 지역에 들어갈 수 있다면 여전히 그 서비스를 이용할 수 있다.

## (2) 서비스 자격

ADA 규칙은 보조교통수단 자격의 세 가지 범주(버스나 열차가 접근 가능하다 하더라도 장애 때문에 버스나 열차 여행을 할 수 없는 사람, 접근 가능한 버스나 열차를 필요로 하는 사람, 장애와 관련된 특정 요구조건이 있는 사람)를 규정하고 있다. 세 범주 모두 어떤 여행에서는 고정노선 교통기관을 탈 수 있지만 다른 여행에서는 탈 수 없는 사람들을 포함하며, 자격은 어떤 여행을 위하여 고정노선을 탈 수 있는 그 사람의 능력에 근거하여 조건부일 수 있다.

ADA 보조교통수단의 자격 결정 절차는 지역사회와 협의하여 교통시스템에 의하여 개발된다. 몇몇 교통시스템은 좀더 엄격한 절차를 가지고 있고, 기능적으로 고정노선서비스를 탈 수 없는 사람으로만 자격을 엄격히 제한한다. 다른 교통시스템은 덜 제한적인 자격기준을 가지고 있거나, 또는 다음에 기술된, 다른 종류의 수요 대응 서비스의 자격을 판정하기 위하여 ADA 보조교통수단 신청절차를 사용하기도 한다.

## (3) 다른 종류의 수요 대응 서비스와의 관계

지역사회는 고정노선서비스와 ADA 보조교통수단서비스에 더하여 또는 그들 서비스 대신에 다른 종류의 교통서비스를 제공할 수도 있다. 그러한 서비스는 일반 대중에 기초(예를 들어, 장애인, 노인, 일반 대중 모두에게 개방)해서 제공되거나 특정 사회서비스 프로그램에 참여하는 사람으로 제한될 수도 있다. 이 서비스의 특징은 지역사회마다 상당히 다르다. 때때로 이들 서비스는 ADA 보조교통수단과 합동으로 제공된다. 고객은 어떤 여행을 위하여 ADA 보조교통수단을 이용할 자격이 있지만, 다른 여행을 위해서는 다른 수요 대응 서비스를 이용하는 것이 필요하다고 여길 수도 있다. 예를 들어, ADA 보조교통수단은 고정노선 서비스의 4분의 3마일 내에서만 운영되는 데 반하여, 다른 서비스는 카운티 전역에서 이용 가능할 수도 있다.

## (4) 비용과 재정 지원

2013년 한 해 동안 보조교통수단의 운영비용은 51억 6천 달러였고, 서비스를 운영하는 데 필요한 시설·장비를 준비하기 위한 보조교통수단 자본비용은 6억 달러였다. 이에 비해 교통서비스에 대한 연방의 운영비용 지원은 2013년 한 해 동안 35억 9천 달러였고, 연방의 자본비용 지원은 70억 2천 달러였다(American Public Transportation Association, 2015).

## 2) 보조기술

### (1) 보조기술의 정의

보조기술은 장애인의 기능적 독립성을 향상시키기 위해 사용될 수 있는 모든 종류의 기술이다. 장애인에게는 종종, 친구와 이야기하는 것, 학교와 직장에 가는 것, 또는 여가 활동에 참여하는 등의 일과를 완수하는 것은 하나의 도전인데, 보조기술 장치는 이러한 도전을 극복하도록 돕고 장애인이 그들의 삶의 질을 향상시키고 보다 독립적인 생활을 할 수 있게 하는 도구이다. 보조기술은 확대경과 같은 단순한(저차원적) 도구로부터 컴퓨터화된 통신시스템과 같은 복잡한(고차원적) 도구까지 있을 수 있다. 또한 보조기술은 자기 목소리로 의사소통할 수 없는 아동에게 음성 출력을 제공하는 보완 의사소통 기구(*augmentative communication device*)와 같은 대체용품일 수 있다(Center on Technology and Disability, 2014).

## (2) 보조기술의 구체적인 사례

보조기술은 장애인에게 생활활동에 완전히 참여하는 방법을 제공함으로써 그들을 위한 공평한 경쟁의 장을 만드는 데 기여한다. 개인은 여행하고, 여가·사회활동에 참여하며, 배우고, 일하며, 다른 사람과 의사소통하기 위해 보조기술을 사용할 수 있다. 장애인이 지역사회에 참여하고 다른 사람과 상호작용할 수 있게 하는 보조기술의 몇 가지 사례는 다음과 같다(Center on Technology and Disability, 2014: 1~2).

- 이동과 여행의 보다 큰 독립성을 위하여 신체 장애인은 휠체어, 스쿠터, 보행 보조기와 같은 이동 보조기구를 사용할 수 있다. 개조된 카 시트와 차량 휠체어 안전장치는 안전한 여행을 도모하게 한다.
- 휴대용 위성위치파악시스템(*global positioning system*) 장치는 시각 장애인이 붐비는 시내 거리를 돌아다니고 대중교통을 이용하도록 돕는다.
- 경사로, 자동문 개폐기, 가로 막대, 넓은 출입구 같은 작업장에서의 건물 개조는 고용, 사업, 그리고 도서관·교회·쇼핑몰과 같은 지역 사회 공간에 대한 장벽이 보다 적음을 의미한다.
- 음성인식프로그램과 화면확대프로그램 같은 특수한 컴퓨터 소프트웨어와 하드웨어는 이동·감각 손상이 있는 사람들이 교육이나 작업 관련 과업을 수행할 수 있게 한다.
- 자동 페이지 넘김 장치, 독서대, 개조된 연필 그립과 같은 교육·작업 보조 기구는 아동들이 교실활동에 참여할 수 있게 한다.

- 손잡이가 있는 볼링공과 한 손 낚시 릴은 기술이 어떻게 스포츠활동을 위해 맞춰질 수 있는지를 보여 주는 예이다. 경량 휠체어는 농구, 테니스, 경주와 같은 단체 스포츠를 위해 디자인되었다.
- 가변 스위치는 제한된 운동 기능을 가진 아동이 장난감과 게임을 가지고 노는 것을 가능하게 한다.
- 접근 가능하게 디자인된 영화관은 청각·시각 손상을 가진 관객을 위해 폐쇄 자막과 음성 해설을 제공한다.
- 요리, 옷 입기, 몸단장과 같은, 개인의 매일의 생활 과업을 돕는 장치는 특별한 욕구가 있는 사람들에게 이용 가능하다. 예를 들어, 경보기가 있는 의약품 디스펜서(dispenser)는 매일 약을 복용하도록 아동에게 알려 주게끔 설정될 수 있다. 한 손만 사용하는 사람은 향상된 독립성과 안전성을 가지고 식사 준비를 하기 위하여 한 손 도마와 찬장 고정 깡통따개를 사용할 수 있다.

## (3) 기금원

① 주·지역 기금원
- 주의 보조기술 금융대출 프로그램(Assistive Technology Financial Loan Program)이나 대체금융 프로그램(Alternative Finance Program)이 저금리 대출 또는 보조기술 비용을 지불하는 다른 방법을 찾는 것을 도울 수 있다.
- 업무상 또는 직업훈련 목적으로 보조기술을 필요로 한다면, 주의 직업재활 기관이 보조기술 비용을 지불하는 것을 도울 수 있다.
- 지역 자립생활센터가 보조기술 장치나 장비의 비용을 지불하는 것을 돕거나 비용을 지불할 수 있는 프로그램에 의뢰할 수 있다.
- 이스터 실즈(Easter Seals)나 뇌성마비연합(United Cerebral Palsy)의

지역 지부가 보조기술을 찾거나 비용을 지불하는 데 도움을 제공하거
나 또는 적합한 다른 조직에 의뢰할 수 있다. 뇌성마비연합의 보조기
술기금 지원 정보는 보조기술과 맞춤형 장비를 위한 기금을 찾기 위해
취해야 할 단계들을 포함하고 있다.
- 보조기술의 재사용과 재활용은 보조기술이나 맞춤형 장비를 필요로
하는 장애인이 무료나 절감된 비용으로 그것을 찾는 것을 돕는다. 나
누어쓰기센터(Pass It On Center) 웹사이트는 미국 도처에서 무료나
절감된 비용으로 재활용 보조기술을 찾을 수 있는 곳의 지도뿐만 아니
라 보조기술교환네트워크(AT Exchange Networks)의 목록을 가지고
있다(U. S. Department of Labor, 2016).

② 정부 프로그램
- 메디케어 또는 메디케이드: 메디케어는 어떤 상황하에서 보조기술이
나 맞춤형 장치의 비용을 지불할 수 있다. 또한 주의 메디케이드 프로
그램으로부터의 특례를 통하여 보조기술 비용을 지불할 수도 있다.
- 사회보장청: 사회보장청의 보충소득보장 프로그램은 자활달성계획
(Plan Achieve Self-Support: PASS) 프로그램을 제공하는데, 그것은 장
애인이 고용 목표와 관련된 물품이나 서비스의 비용을 지불하는 것을
돕는다. PASS 참여자가 직장 관련 과업을 수행하기 위하여 보조기술
을 필요로 하면, 사회보장청은 그 비용을 지불하는 것을 도울 수 있다.
- 미국 재향군인 사무부: 재향군인 사무부의 자동차 및 특수맞춤형장비
보조금(Automobile and Special Adaptive Equipment Grants)은 병역 관
련 장애를 가진 재향군인들이 그들의 욕구에 부응하는 차량을 구입 또
는 개조하는 비용을 지불하거나 다른 맞춤형 장비 또는 보조기술에 따
르는 비용의 지불을 돕는다. 재향군인 사무부의 21-4502 서식을 작성
하여 재향군인 사무부 지역급여사무소(Regional Benefits Office)에 그

것을 제출함으로써 그 보조금을 신청할 수 있다(U.S. Department of Labor, 2016).

③ 기금 배분

지역사회생활국(Administration for Community Living)이 보조기술 지원을 위하여 주나 준주에 배분한 보조금은 2016 회계연도에 약 2,700만 달러였다(Administration for Community Living, 2016b).

## 5. 맺음말

이 장에서는 미국의 장애인 복지서비스로 장애인이 거주시설 대신에 지역사회에서 계속 생활할 수 있도록 또 직장에 고용될 수 있도록 돕는 개별지원서비스를 비롯해 법정 대리와 기타 옹호서비스를 제공하는 P&A/CAP 시스템의 구조와 권한, ADA 하에서 요구되는 보조교통수단서비스, 장애인의 학습·노동·일상생활을 향상시키는 보조기술 등에 관하여 소개하였다.

한국에서는 2007년 5월부터 장애인 활동보조서비스가 본격적으로 시행되었으나, 낮은 서비스 단가, 충분하지 않은 월 제공시간, 높은 판정 기준 점수, 부담스러울 수도 있는 본인부담금, 서비스 이용자 수의 제한, 서비스 제공기관에 대한 책임 전가, 활동보조인과 이용자 간의 갈등 등 문제가 산적해 있다. 무엇보다도 기관 공급자 방식과 기관 주도 모델로 제공되고 있는 현실이 가장 문제이다. 그러나 미국에서 장애인이 보조인을 고용·해고·훈련하는 것을 허용하는 거의 모든 프로그램은 개인 공급자를 활용하고 있고, 또한 소비자 주도 프로그램의 참여자들이 기관 주도 프로그램의 집단과 비교하여 역량 강화와 만족이 더 큰 것으로 보고되고 있다. 그러므로 한국에서도 다양한 요구와 능력을 가진 장애인에게 소비자 주도 개별지원서비스에 대한 접근을 증가시키는 한편, 자립과 소비자 통제를 극대화하기를 원하는 장애인에게 개별지원서비스 관리를 허용할 가능성이 큰 개인 공급자 방식을 활용할 필요가 있다. 이와 더불어 근로지원인 제도도 잘 정착시켜 중증장애인의 고용이 확대·유지되는 계기도 마련해야 할 것이다.

전술한 바와 같이 미국의 P&A/CAP 프로그램에는 8개의 단독 프로그램이 있는데, 이들 프로그램은 한국이 이와 같은 P&A 프로그램을 도입하고자 할 때 참고가 될 수 있다. 다만 미국의 8개 프로그램 모두를 한꺼번에 도입하기는 힘들 것이고, PADD와 PAIR에 추가하여 우선 PAIMI와 같은 프로그램을 도입할 수 있을 것이다. 물론 사회복지서비스법의 모법이 되는 사회복지사업법에 P&A 시스템을 도입하여 동법을 개정할 수도 있을 것이다. 그러나 이 법에는 장애인 외에도 훨씬 많은 이해당사자가 얽혀 있으므로, 이에 손익을 엄밀히 따져 보는 전략적 사고가 필요하리라 본다. P&A 기관에 관해서는 미국의 예처럼 17개 광역 지방자치단체에서 각각 한 기관씩을 지정하는 방식을 택할 수 있다. 다만 그 기관의 운영주체에 있어서 그동안 우리나라에서는 적지 않은 논란이 있어 왔다. 한편에서는 미국의 P&A 기관과 같은 광범위하고도 막강한 권한을 가진 민간조직의 선례가 한국에는 거의 없으니 P&A 기관을 중앙정부나 지방정부가 운영해야 한다고 주장해 왔고, 다른 한편에서는 기관의 독립성을 유지하기 위해서는 민간조직에서 운영해야 한다고 주장해 왔다. 물론 민간조직이 P&A 기관이 된다 할지라도 중앙정부는 그 기관에 충분한 예산을 뒷받침해 주어야 할 것이다. P&A 기관을 관리하는 중앙부서에 관해서도 한국 내에 논란이 있어 왔다. 미국의 P&A 기관과 유사한 업무를 해왔던 국가인권위원회가 관리부서가 된다면 명분상 적절할 수 있으나, 현재 한국의 국가인권위원회는 그 행정조직과 예산에 비추어 볼 때 역부족인 것 같다. 이에 반해 보건복지부는 행정조직과 예산 면에서 유리하나, 장애인 복지시설을 확충·지원하는 것이 그 업무의 일부로 되어 있기 때문에 P&A의 전통적인 업무 중인

하나인 사회복지시설의 감시 업무와 이해가 충돌될 여지가 있다. 어쨌든 어떤 부서가 P&A 기관에 대한 감독 기능을 수행한다 하더라도 어디까지나 P&A 기관의 자율성을 보장하는 선에서라야 한다. 그래야만 중앙정부와 P&A 기관의 긴장 관계가 유지될 것이고, 이것은 장애인의 권리를 증진하는 데 있어서 중요한 요소임이 분명하다.

보조교통수단서비스와 관련해서는, 2003년부터 국내에서도 특별교통수단이 '장애인 콜택시'라는 이름으로 운영되기 시작하였다. 그러나 한국보다 20여 년이 앞선 미국에서는 차량이 택시와 미니버스 등 여러 형태로 운영되고 있고, 다른 종류의 수요 대응 서비스의 경우에 이용 대상자도 장애인으로 제한되지 않고 노인과 임산부도 탑승할 수 있다. 물론 우리나라에서도 서울시의 경우 한 대의 리프트형 미니버스가 운행되고 있고 일부 지방자치단체에서 휠체어를 이용하는 65세 이상 노인도 장애인 콜택시를 이용할 수 있으나, 모든 지방자치단체에서 일반화되어 있는 것은 아니다. 이에 한국도 특별교통수단과 더불어 좀더 다양하고 유연한 대안을 제공하는 서비스 전략에 관심을 가질 필요가 있다. 무엇보다도 예산을 확충하여 차량의 수를 늘려 차를 이용하려고 기다리는 시간을 줄여야 한다.

미국의 보조기술법과 유사하게, 한국에서도 2015년 12월에 〈장애인·노인 등을 위한 보조기기 지원 및 활용 촉진에 관한 법률〉이 제정되어 2016년 12월부터 시행되고 있다. 그러나 2016년 12월에 공포된 시행령·시행규칙이 동법의 실효적 시행을 담보하지 못하고 있다. 무엇보다도 지원 보조기기 종류의 협소함 및 장애인 소비자가 지불하기 어려운 실구입 비용을 포함하여 보조기기 구입에 따른 경제적 어려움 등은 동법의 한계이다. 따라서 미국의 예처럼 지원 보조기기의 종류를 확대하고, 국가와 지방자치단체의 다양한 기금원을 통하여 충분한 예산을 확보함으로써 보조기기 구입 시 조세를 감면하고 비용에 있어 본인부담금 상한제를 도입하며 보조금을 제공하는 등 구입비용을 지원할 필요가 있다.

# ■ 참고문헌

## 국내 문헌

조한진(2010). "미국 장애인 권리옹호체계의 현황과 그 함의". 〈인권이론과 실천〉, 8
　　호, 17~34.

## 해외 문헌

Access & Ability Center(2016). The birth of services for persons with disabilities
　　in the United States. https://www.cos.edu/StudentServices/StudentSupport
　　Services/AAC/Documents/Newsleter%20Fall%202016.pdf. 2016. 10. 20. 인출.

Administration for Community Living(2016a). Individual clients served. http://www.
　　acl.gov/programs/aidd/Programs/PA/Data/2015/PA_ClientsServed.aspx.
　　2016. 11. 6. 인출.

_____(2016b). ACL state grants for assistive technology awards for the states/ter-
　　ritories. http://www.acl.gov/About_ACL/Allocations/docs/SGAT-2016.pdf.
　　2016. 11. 7. 인출.

American Psychological Association(2006). PAS information for psychologists.
　　http://www.apa.org/pi/disability/pas.html. 2006. 4. 2. 인출.

American Public Transportation Association(2015). *2015 Public Transportation Fact
　　Book*. Washington DC: Author.

Center on Technology and Disability(2014). *Assistive Technology 101*. Washington
　　DC: Author.

Gross, G. P. (2001). The protection and advocacy system and collaboration with le-
　　gal services programs. http://www.heart-intl.net/HEART/Legal/Comp/The-
　　protection&adsystem.htm. 2016. 10. 21. 인출.

Job Accommodation Network(2010). *Accommodation and Compliance Series: Personal
　　Assistance Services(WPAS) in the Workplace*. Morgantown, WV: Author.

LaPlante, M. P., Harrington, C., & Kang, T. (2002). Estimating paid and
　　unpaid hours of personal assistance services in activities of daily living
　　provided to adults living at home. *Health Services Research*, 37(2), 397~415.

National Aging and Disability Transportation Center(2016). What is ADA comple-
　　mentary paratransit?. http://www.nadtc.org/about/transportation-aging-dis-

ability/ada-and-paratransit/. 2016. 10. 20. 인출.

National Disability Rights Network(2008). *Federal Grant Programs Supporting the National P&A/CAP System*. Washington DC: Author.

_____(n. d.). *Protection & Advocacy system programs*. Washington DC: Author.

Ng, T., & Harrington, C. (2009. 11). Personal care services for the disabled: National trends in programs and policies. Paper presented at the annual meeting of the American Public Health Association, Philadelphia, PA.

## 기타 자료

National Disability Rights Network(2012). P&A/CAP network. http://www.ndrn. org/about/paacap-network.html. 2016. 10. 21. 인출.

The Arc(n. d.). Funding for Federal disability-related programs. http://www.the-arc. org/what-we-do/public-policy/funding. 2016. 11. 06. 인출.

U. S. Department of Labor, Office of Disability Employment Policy(2016). How can I get help finding & paying for Assistive Technology?. https://www.dis-ability. gov/can-get-help-finding-paying-assistive-technology/. 2016. 10. 20. 인출.

# 16

# 아동 및 보육서비스

## 1. 아동복지서비스

### 1) 관련 법률 및 전달체계

#### (1) 관련 법률

미국의 아동복지 관련 법은 체계적으로 제정되었다기보다 당대의 요구와 사회적 상황에 따라 논의되고 절충적으로 제정되었다는 특징을 가지고 있다. 더불어 미국은 전체 아동을 대상으로 법을 제정하거나 아동수당을 실시하지 않고 있는 대표적인 국가이다. 미국은 여러 법률에서 정부가 국민의 개인 생활을 침해하지 않아야 한다는 원칙과 각 주정부의 자율권을 보장하고 강화해야 한다는 원칙을 고수해 왔다(한국보건사회연구원, 2012). 또한 아동복지서비스의 경우 법의 제정이나 국가적 서비스의 개발을 정부가 주도하기보다는 자발적인 민간기관이나 시민단체가 서비스를 제공하는 주체로서의 역할을 수행하여 왔다고 볼 수 있다(최윤영, 2013).

미국의 아동복지법령은 각 시대마다 발생하는 아동의 복지욕구와 사회문제에 대응하기 위해서 아동의 욕구에 따른 특성별 지원을 중점적으로 마련하여 관련 법안도 그에 따라 제정되어 왔다. 미국은 사회적 관심이 국가의 정책적 지지로 이어질 때 법을 제정하고 실행하는 국가이다(한국보건사회연구원, 2012). 성인의 세기에서 아동의 세기로 변하게 된 큰 계기는 1909년 제1차 백악관회의일 것이다. 이 회의는 아동에 대한 국가적·법적 보호의 필요성을 공식화했으며, 1912년 아동국의 설립을 위한 법이 제정되어 아동노동, 학대, 착취와 관련된 조사를 보고하였다. 하지만 1970년대에 이르러서야 체계적인 법의 제정이 이루어졌다(오정수·이혜원·정익중, 2006).

미국에서 최초로 제정된 아동 관련 법률은 1875년 뉴욕주에서 제정된 〈아동법〉(Children's Act)이고, 1935년에 제정된 〈사회보장법〉(Social Security Act: SCC)은 아동을 보호하고 가족을 지원하는 국가 차원의 포괄적 법령이라고 할 수 있다. 이 법에 의거해 부양아동가족지원(Aid to Families with Dependent Children: AFDC)을 만들어 아동이 있는 빈곤여성 가구주를 지원하도록 하는 가족부조 정책의 기초를 세웠다. 1970년대에 이르러 여성운동, 시민권운동과 더불어 아동권리운동이 전개되었고, 아동학대, 청소년비행, 가출, 노숙, 장애아동 등 요보호아동의 특성별로 다양한 법령체계가 이루어졌다. 1974년 〈아동학대예방 및 치료법〉(Child Abuse Prevention and Treatment Act), 〈가출 노숙 및 미아보호법〉(Runaway, Homeless, Missing Children Protection Act), 〈청소년 사법 및 비행방지법〉(Juvenile Justice and Delinquency Prevention Act), 그리고 1980년 〈입양부조와 아동복지법〉(Adoption Assistance and Child Welfare Act)이 제정되면서 요보호아동에 대한 국가적 개입이 활발하게 이루어졌다(오정수·이혜원·정익중, 2006). 그러나 1980년대 이후 연방정부의 복지재정이 감축되면서 주정부나 지방정부가 개입하도록 하는 새로운 정책 방향에 따라 아동복지에 대한 국가적 지원이 약화되었다(오정수·이혜원·정익중, 2006).

따라서 아동정책은 사회복지 예산 삭감, 적절한 통계자료의 미비, 관련

## 〈표 16-1〉 미국 아동복지와 관련된 법률

| 법률 | 목적 |
|------|------|
| Child Abuse Prevention and Treatment Act(1974) | 아동학대와 방임의 발견 · 치료 · 예방을 위한 프로그램에 재정을 지원한다. 각 주는 아동학대와 방임의 사례를 보고해야 한다. |
| Juvenile Justice and Delinquency Prevention Act(1974) | 불필요하게 비행청소년을 구금하는 것을 감소시키고 청소년비행의 치료와 예방을 위한 프로그램의 개발을 촉진시킨다. |
| Title XIX of the Social Security Act(1965) | 수급자격이 되는 개인과 가족에게 의료보호를 제공한다. 이는 임산부와 어린 아동에게 비용 효율적인 의료보호를 제공하는 데 목적이 있다. |
| The Educational of All Handicapped Children Act(1975) | 장애아동의 교육과 사회서비스를 제공하고 지원하는 법이다. |
| Title XX of the Social Security Act(1981 개정) | 연방정부의 총괄보조금을 통해 각 주는 다양한 사회서비스 프로그램을 제공할 수 있다. |
| The Indian Child Welfare Act(1978) | 가족으로부터 미국 인디언 아동을 분리하는 기준을 강화시킨다. 아동을 위한 서비스와 아동 관리를 위한 다양한 메커니즘을 제공한다. |
| Adoption Opportunities Act(1978) | 이는 입양의 장애물을 제거하고 특별한 욕구를 가진 아동들에게 영구적인 입양가정을 제공하는 프로젝트를 위해 자금을 제공하였다. |
| The Adoption Assistance and Child Welfare Act(1980) | 영구계획(permanency plan)과 배치 예방을 증진시키기 위한 절차상의 요구조건과 재원 인센티브를 사용하는 아동복지 개혁입법이다. |
| Preschool Amendments to the Education of the Handicapped Act(1986) | 태어날 때부터 특별한 욕구를 가진 아동들에 대한 사회적 서비스와 교육, 재활, 건강에 관한 것을 규정한다. |
| Family Support Act(1990) | 저소득가정을 위한 재정적 지원을 위한 새로운 입법이다. |
| Personal Responsibility and Work Opportunity Reconciliation Act(1996) | 이 법을 통해 AFDC는 TANF로 대체되었다. 각 주는 프로그램 참여자에 대한 노동의무조건을 더욱 강화할 수 있는 재량권을 가지고 있었다. |
| Foster Care Independence Act(1999) | 이 법은 ETV 프로그램을 승인한 법이다. 위탁보호에서 벗어난 청소년들의 자립을 위하여 상위교육, 직업교육 등 기타 교육적 지원을 받을 수 있도록 하였다. |
| Keeping Children and Families Safe Act(2003) | 주정부 아동복지 기관, 시범 프로그램, 가족지지 및 강화를 위한 지역사회 기반 프로그램 등 아동학대와 방임 예방과 치료를 위한 서비스를 지원하도록 하였다. |
| Runaway, Homeless, and Missing Children Protection Act(2003) | 18세 이하의 노숙 및 가출아동에게 쉼터서비스, 성학대 또는 기타 학대로부터 보호 및 상담 등의 서비스를 제공하는 센터의 운영과 설립을 위해 재정을 투자했다. |
| LEGACY Provision in the American Dream Downpayment Act(2003) | 아동을 양육하는 친척이나 조부모를 위해 주거를 제공하거나 임대료를 지원하는 프로그램의 시범사업을 진행하였다. |
| Protect Act(2003) | 아동의 유괴를 신속하게 일반인에게 알리는 국가적 체계인 앰버경보 시스템이 2004년 4월에 승인되었다. |

## 〈표 16-1〉 미국 아동복지와 관련된 법률(계속)

| 법률 | 목적 |
|---|---|
| Safe and Timely Interstate Placement of Foster Children Act(2006) | 아이들의 보호를 촉진하고, 각 주에서 아이들의 안전과 적절한 배치를 위한 책임을 다하기 위해 제정되었다. |
| Adam Walsh Child Protection and Safety Act(2006) | 아동을 성적 착취와 폭력 범죄로부터 보호하기 위해서 연방, 주, 지역 사회에서 포괄적인 전략에 대한 강조와 함께 아동 학대와 아동 포르노를 예방하고 성범죄자의 아동에 대한 접근을 방지하며 인터넷 안정을 촉진한다. 아담 월쉬와 다른 아동 범죄 피해자들을 기리기 위해서 〈아동보호안전법〉이 제정되었다. |
| Child and Family Services Improvement Act(2006) | 안전하고 안정된 가족 촉진(Promoting Safe and Stable Families: PSSF) 프로그램을 재보장하기 위하여 〈사회보장법〉 IV장 파트 B 개정. |
| Fostering Connections to Success and Increasing Adoptions Act(2008) | 부양자의 연결과 지원, 위탁 아동을 위한 결과의 개선, 입양 인센티브의 개선과 인종적으로 동일한 가정에서의 위탁과 양육이 가능하도록 IV-E 펀드의 접근을 위한 〈사회보장법〉 IV장의 파트 B, E 개정. |
| Patient Protection and Affordable Care Act(2010) | 서비스가 불충분한 지역의 헬스케어서비스의 개선과 보다 나은 헬스 케어 범위를 모든 미국인들에게 제공하기 위한 〈공중보건서비스법〉의 개정. |
| Reauthorization of the CAPTA(2010) | 가정폭력예방과 서비스 법안, 아동학대예방과 치료와 입양 개정 법안 (1978), 〈아동학대예방 및 치료법〉(Child Abuse Prevention and Treatment Act: CAPTA) 재승인 법안. |
| Child and Family Services Improvement and Innovation Act(2011) | 아동과 가족서비스 프로그램을 연장하기 위한 〈사회보장법〉 IV-B 장을 개정하였다. 각 주는 위탁아동 보호를 위한 헬스케어서비스의 감독과 조정을 위한 다음과 같은 계획을 수립해야 한다.<br>- 아동의 폭행과 관련된 트라우마의 치료와 모니터링, 가정과의 격리.<br>- 항정신성 약물의 적절한 사용 및 모니터링을 위한 초안 정립. |
| Preventing Sex Trafficking and Strengthening Families Act(2014) | 위탁 아동의 성매매를 방지하고 해결하는 〈사회보장법〉의 규정을 개정하고 위탁 아동이 연령에 적합한 활동에 참여하는 합리적이고 신중한 부모 표준을 개발하며, 입양 인센티브와 다른 목적들을 개선하고 확장하기 위한 법안이다. |
| Justice for Victims of Trafficking Act(2015) | 성매매 피해자를 위해 아동 학대 조사와 보호 프로그램의 지원금을 제공하고 아동 포르노, 국내 아동 성매매 억제 프로그램 서비스를 제공하는 법률이다. 또한 아동 성매매 행위자와 피해자를 식별하고 아동 성매매 피해자의 구조를 가능하게 하기 위해 법 집행관, 우선응답자(First responder) 건강관리, 아동 복지 공무원, 소년사법요원, 검찰, 사법부 직원을 위한 전문 교육 프로그램을 제공한다. |

자료: 오정수 · 이혜원 · 정익중, 2006; Child Welfare Information Gateway, 2016; Pecora, 2005.
   등의 표를 수정 · 보완.

법들의 상충으로 인해 아동학대나 비행 등 심각한 사례만을 대상으로 하는 사후복지서비스로 범위가 축소되었고 아동문제에 포괄적으로 대처하지 못하는 것으로 나타났다(김미숙 외, 2009; 오정수·이혜원·정익중, 2006). 하지만 1990년대부터 아동복지의 대상이 요보호아동에서 일반아동으로 확대되고, 보편주의적 아동정책이 도입되어 아동권리운동도 대두되었다. 〈아동 및 가족 안전법〉(Keeping Children and Families Safe Act of 2003) 은 주정부 아동복지기관, 조사와 관련 시범 프로그램, 가족지지 및 강화를 위한 지역사회 기반 프로그램 등 아동방임 예방과 아동학대 예방 및 치료를 위한 다양한 서비스를 지원하고, 가정폭력 예방 프로그램을 재승인하는 등의 내용을 담고 있다. 미국은 〈아동가족서비스 개선 및 혁신 법〉(Child and Family Services Improvement and Innovation Act 2011) 을 제정하여 회계연도 2016년까지 아동 및 가족서비스 프로그램을 확장하도록 하였다(최윤영, 2013).

## (2) 전달체계

미국의 아동복지는 연방정부와 주정부의 이중구조로 되어 있다. 주정부는 아동복지의 일차적인 책임과 구체적인 정책 시행을 담당한다. 연방정부는 보조금을 지원하면서 법적인 최저 기준을 마련하고, 개별제도 및 정책 평가 등을 통해 주정부의 법적·행정적 활동을 지원하는 역할을 담당한다.

① 연방정부

미국의 아동복지 전달체계에서 공공 부문은 예산, 입법, 제도에 의거하여 연방정부와 주정부, 지방정부 간에 유기적 관계를 맺고 아동정책을 실행하고 있는 것을 살펴볼 수 있다. 아동복지에 대한 중심 관할은 연방정부 보건복지부(Department of Health and Human Services: DHHS) 내 아동가족청(Administration for Children and Families: ACF) 에 의해 이루어진다.

아동을 담당하는 부처는 DHHS로, 모든 행정을 총괄하는 장관실(Office of the Secretary) 산하에 각 분야별로 실무를 담당하는 11개의 부서가 있다. 그 11개의 부서 가운데 총 책임을 담당하는 조직은 ACF이고, 이는 아동의 가족과 아동의 복지를 증진하기 위한 연방정부의 정책을 실행한다. 조직도를 살펴보면, ACF는 입양, 위탁보호, 소득보장, 보육, 헤드스타트 등 아동복지욕구에 따른 정책을 수립, 관련정책을 수행하고 있으며, 10개 지역사무소(10 Regional offices)로 구성되어 있다(Administration for Children and Families, 2016). 아동정책과 가장 큰 관련이 있는 부서는 헤드스타트실 (Office of Head Start: OHS), 가족지원실(Office of Family Assistance: OFA) 내에 있는 아동보육국(Child Care Bureau)과 TANF국(TANF Bureau), 아동청소년가족실(Administration on Children, Youth and Families) 내에 있는 아동국(Children's Bureau), 가족청소년국(Family and Youth Services Bureau)이다. 2015~2016년 ACF 계획에 따르면, 개인, 가족, 지역사회를 위한 경제, 건강 증진, 사회복지 촉진 및 건강한 발달과 어린이를 위한 학교 준비, 저소득 가정 대상 홍보 강화 및 안전, 그리고 어린이, 청소년, 가족의 복지 촉진 및 소외 또는 소수집단 지원, 가족과 지역사회를 위한 ACF의 능력 향상의 목표를 제시하고 있다(Administration for Children and Families, 2016).

## 가. 헤드스타트국(OHS)

교육, 보건, 부모 참여, 자원봉사라는 목표를 가지고 1965년부터 저소득층 가족의 0~5세 아동, 부모, 임신여성 등을 대상으로 종합적이고 통합적인 발달서비스를 국가적 차원에서 제공해 주고 있다. OHS는 헤드스타트 프로그램을 전적으로 담당한다. 연방정부 헤드스타트 기금(Head Start Fund)을 운영하며, 지역사회에 있는 정부와 민간 영리기관, 비영리기관을 지원하여 저소득층 가정의 아동과 가족에게 서비스를 제공하도록 한다. 카운티 (county), 마을(town), 인구조사표준지역(census tract)을 지역 단위로 구분하고, 실질적으로 프로그램을 수행하는 지역센터(Head Start Center)를 설립하여 센터에 상주하는 직원이 대상 아동을 선정하며 서비스 기관을 연계하고, 프로그램을 진행하는 역할 등을 담당한다.

### 나. 아동보육국(Child Care Bureau)

아동보육국은 TANF국과 함께 OFA에 소속되어 있다. 아동보육국의 정책 실행목표는 모든 가족에게 부담 가능하며 수준 높은 아동보육서비스를 제공하는 것으로 볼 수 있다. 아동보육국은 연방정부의 기금인 아동보육개발기금(Child Care and Development Fund)을 주정부와 지방정부에 지원하여 교육활동·취업 및 직업훈련을 하는 저소득층 부모에게 양질의 보육서비스를 제공할 수 있도록 재정적, 행정적 책임을 진다. 서비스의 질적인 측면을 보장하기 위하여 건강한 학습 환경, 돌보는 사람들을 위한 훈련, 부모의 참여, 단기간이 아닌 지속적인 보호를 목표로 두고 있다. 특히 서비스의 전체적인 균형을 유지하기 위하여 가족 지원, 보건, 기타 지역 사회 기관과 유기적인 협력 체제를 유지하도록 한다.

### 다. 아동국(Children's Bureau)

DHHS 내에서 가장 오래된 아동 전담 기구로 1912년에 처음 설립되었다. 아동국은 아동복지, 입양, 위탁보호, 가족 보존, 가족 지원 서비스에 관한 입법, 자문, 예산안, 실행계획 체제의 목표와 새로운 방안들에 대한 사업평가와 추천, 문제영역의 조사와 시범활동에 관여하며, 아동에게 영향을 주는 각 부서 간의 긴밀한 협조를 유지하며 소속 단위 기관들의 프로그램과 활동을 지도하고 조정을 도모한다. 아동국은 ACF 산하 아동청소년가족청(Administration on Children, Youth and Families: ACYF)에 소속되어 있다. 1909년 백악관 회의에 의해서 아동문제를 전담하기 위해 설치된 곳으로, 아동의 안전과 복지에 책임을 진다. 이 부서는 아동보호서비스, 가족보존과 지원, 입양, 위탁보호, 아동복지서비스 등 10대 아동의 독립생활 등에 관련한 입법과 예산 실행, 연구, 평가, 시범 사업 등을 담당한다.

### 라. 가족청소년국(Family and Youth Services Bureau)

가족청소년국은 청소년 문제에 대해 국가적인 지도력을 제공하고, 개인이나 기관이 어려운 상황에 처한 청소년과 그 가족에게 종합적이고 효과적인 서비스를 제공할 수 있도록 돕는다. ACYF에 소속되어 있는 가족청소년국은 가족 및 청소년 문제에 대한 국가적인 개입을 담당한다. 특히 청소년의 안전을 확보하기 위하여 가출청소년과 노숙청소년 및 그들의 가족에게 포괄적이고 통합적인 서비스를 제공하는 것을 목표로 한다. 전국적인 핫라인과 의뢰시스템을 갖추고, 교육을 제공하고, 효과적인 서비스를 정리하고 그 정보를 분배하는 등 네트워크를 구축하고 있다.

② 주정부

아동정책 프로그램 실행을 위하여 ACF는 미국 수도인 워싱턴에 총괄사무소(Headquarter Office) 1개소를 두며, 지리적으로 인접한 주를 묶어 10개의 단위행정으로 구분하여 각 구역마다 ACF 지역사무소를 두고 있다. ACF 지역사무소는 주정부와 지방정부의 ACF와 관련된 사업과 재정을 관리감독하고, 사업을 운영할 책임이 있는 공공과 민간기관들에게 지침을 제공한다. 또한 ACF 관련 사업과 재정적 관리감독을 받는 지역기관들에 사업 운영과 관련된 다양한 자원, 정보, 원조를 제공하는 기능을 가지고 있다. 그러나 직접적인 급여 전달은 주정부의 재량권이다. 따라서 ACF는 수혜 대상자들에게 직접 서비스를 제공하지 않고, 직접 서비스를 전달할 의무가 있는 주정부와 지방정부에게 총괄보조금 형태의 교부금을 지원하는 방식을 취한다고 볼 수 있다. 연방정부 예산은 총괄보조금 형태로 ACF 지역사무소를 통해 주정부에게 전달되고 있다. ACF 각 지역사무소에서 제공하는 서비스는 주정부 사업 및 지역사회 사업으로 구별할 수 있으며, 각 지역별로 큰 차이는 없다. 주정부 사업은 ACF 지역 사무소를 통하여 총괄 보조금 형태의 교부금이 지원되는 일반 아동복지, 아동보육, 보육료 지원, TANF, 발달장애아동 사업 등을 지칭하고, 지역사회 사업은 주정부의 재량에 크게 의존하는 헤드스타트 사업, 조기 헤드스타트 사업, 청소년 대상 가출 노숙 예방 사업 등이 해당된다(김미숙 외, 2009; 배화옥, 2008; 오정수·이혜원·정익중, 2006; 최윤영, 2013).

③ 지방정부

미국의 지방정부는 주정부 산하에 카운티, 시, 특구(special district), 교육구(school district)로 구성된다. 지방정부의 구성과 기능이 각 주마다 다르기 때문에 ACF 지역사무소가 단위행정구역 내 주정부들 사이에 공조체계를 유지할 수 있도록 조정역할을 수행하는 것은 중요한 의미를 갖는다. 연방정부의 재정지원과 주정부의 관리감독하에 직접적으로 사회복지서비스를 제공하는 것은 지역사회에 흩어져 있는 많은 아동복지기관들이다. 연방정부 차원에서 아동학대 예방을 위한 아동보호기관(Child Protective Services Agency), 아동이 있는 저소득 빈곤 가정을 지원하기 위한 TANF, 급여를 위한 지역아동복지사무소(Regional Operations Office), 헤드스타트 센터와 같은 현물급여기관 등은 아동복지정책 실행에 있어서 지역사회 보호를 대표하는 것이다. 1980년대 이후에 사회복지 예산 삭감과 함께 지역사회 보호도 지원범위가 축소되어 아동문제에 사회복지서비스를 포괄적으로 대처하지 못하는 것으로 나타나고 있으며, 특히 아동 및 가족이 가진 복합적인 욕구에 대해 통합적으로 대처하지 못하는 서비스 분절화와 전달체계 파편화 등은 여러 차례 지적되고 있다(배화옥, 2008; 최윤영, 2013; Downs et al., 2004).

④ 민간 부분

미국 정부가 주도하는 아동복지처럼 민간 차원에서도 오랜 역사를 가진 아동복지기관들이 전통을 지키면서 각종 사업영역을 개척해 왔다. 종교단체들이 운영하는 각종 양육시설들을 비롯하여 전문가들을 중심으로 아동, 청소년·가족사업이 지역사회마다 개발되고 있다. 미국의 아동복지서비스는 대부분 민간기관을 중심으로 제공되고 있으며, 연방정부와 주정부는 이를 재정적으로 지원하고 감독하는 체계로 구성되어 있다(오정수·이혜원·정익중, 2006). 주정부와 서비스 구매계약하에 아동복지기관이 제공하는 대표적인 서비스는 가족보존서비스, 부모교육, 가족 지원, 입양, 위탁보호 등인데, 아동정책 실행에 있어서 민간 부분의 역할은 지역사회에서 욕구가 있는 아동 및 가족에게 직접적인 사회서비스 전달을 책임지는 것이다. 또한 민간기관의 운영은 자격인정심의회(Council of Accreditation)와 같은 민간기관 협의체의 정책과 감독을 따르도록 되어 있다(김미숙 외, 2007). 기관에 따라서 전국적으로 조직을 가지고 있으면서 사업평가와 기관 간의 협조체제 구성, 정부시책과 정책자문, 아동정책과 서비스에 대한 연구 등의 활동도 한다. 민간 부문의 재원 조달은 종전에는 주로 독지가나 종교단체의 기부금에 의존했지만, 오늘날에는 보조금이나 위탁사업의 발주 등을 통해 정부가 주재원이 되고 있다(최윤영, 2013).

## 2) 세부 서비스 및 정책

### (1) 아동보호서비스

① 아동보호서비스의 철학과 실천

미국 사회에서 가족의 중요성은 국가적 역사와 전통의 중심이었다. 부모는 아동을 돌보는 기본적인 의무를 가지고 있다. 아동학대나 방임 등 부모가 아동의 기본적인 욕구를 충족시켜 주지 못할 때, 정부는 아동복지 차원과 건강 차원에서 보호를 위한 개입의 책임이 있다. 가정생활에서 아동의 이익을 위한 개입은 연방정부와 주정부의 법에서 보장과 철학적 토대가 마련되어야만 한다(Goldman, Salus, Wolcott, & Kennedy, 2003).

　미국은 아동보호의 주요 원칙(Goldman et al., 2003)인 안정성, 영구성, 아동과 가족의 행복에 따라 아동보호서비스(Child Protective Services: CPS)를 제공하고 있다. CPS의 기본은 아동보호에 대한 관심이고, 이것은 모든 주에 법적 근거가 마련되어 있다. CPS 제공자들은 아동학대의 위험에서 아동을 보호하기 위한 책무를 수행하기 위해 다음의 철학과 실천적 기반의 틀이 필요하다(DePanfilis & Salus, 2003).

　CPS의 철학은 다음의 내용을 포함한다. 첫째, 안전과 영속적인 가정은 아동의 성장에 최선이다. 둘째, 대부분의 부모들은 좋은 부모가 되기를 원하고, 적절한 지원이 되었을 때 부모들은 아동을 안전하게 지키고 보호하는 능력이 신장될 수 있다. 셋째, 아동보호기관의 도움이 필요한 가족은 다양한 구조와 문화, 인종, 종교, 경제적 수준, 가치, 생활방식을 갖고 있다. 넷째, 아동보호기관은 아동의 안전, 영속성, 가족의 건강을 보장하기 위해 지속적인 노력을 한다. 다섯째, 클라이언트가 개입과정에서 적극적으로 참여하고 함께했을 때, CPS는 더 성공적이게 될 것이다. 여섯째, 부모가 아동을 보호할 책임의식이 없을 때, CPS는 아동의 이익을 위하여 직접적인 개입을 할 수 있는 권리를 갖는다. 일곱째, 아동의 안전이 보장되지 않는 이유로 가정 외 보호로 배치된 아동이 있을 때, CPS는 빠르게 영구계획(*permanency plan*)을 수립해야만 한다. 여덟째, 아동의 전반적인 최적의 삶을 조호하기 위하여 아동보호기관은 영구성이 보장된 곳으로 대안을 찾아야 한다.

　CPS를 제공하는 실천가들은 일반적으로 아동복지실천의 기본 틀인 '아동 중심, 가족 중심 그리고 문화적 대응'에 동의한다. 아동복지실천을 위한 통합적 틀은 다음의 다섯 가지로 설명할 수 있다.

첫째, 생태학적 관점이다. 이 관점은 환경적 맥락에서 사회적 기능과 인간 행동을 개념화하는 것이다. 개인, 가족, 환경적 요소는 각각 가족에게 영향을 주며 상호작용을 한다. 아동학대는 개인, 가족, 지역사회, 사회 수준에서 보호요인과 위험요인의 복잡한 구조 사이의 결과물이라고 인식한다. 둘째, 강점 기반 관점이다. 이 관점은 아동, 가족, 지역사회의 강점이 있다고 전제하며, 실천적 방법과 전략을 세울 때 사용된다. 셋째, 발달론적 관점이다. 이 관점은 생애주기 관점에서부터 가족 발달과 개인의 성장과 발달을 이해하는 것으로, 개인과 가족이 전 생애에 걸쳐 서로 상호작용한다는 것이다. 넷째, 영구계획 지향이다. 아동복지서비스 전달체계는 아동의 집에서 안전하게 유지하는 것이지만, 가능하다면 다른 가족과 함께 영구적으로 배치되는 것에 초점을 맞춘다. 영구계획 지향에 기반을 둔 개입은 아동이 안전한 가족에서 생활하기 위한 목적 지향적인 활동을 포함한다. 다섯째, 문화적 역량 관점이다. 이 관점은 아동보호서비스 실천가들이 함양해야 하는 관점으로서 문화적으로 다양한 배경지식을 갖고 있고, 추가적으로 실천 영역에서 적용할 수 있는 클라이언트, 동료에 대한 관점을 이해하는 것이다.

② 아동보호서비스의 목적

주(state)와 지역사회서비스 차원에서 CPS는 모든 지역사회 아동보호의 노력의 중심이라고 할 수 있다(DePanfilis & Salus, 2003). 대부분의 관할구역에서 CPS는 아동학대와 방임의 조사보고와 초기사정을 기관에서 관여한다. 학대가 발생하거나 비슷한 경험을 했을 때, CPS 기관은 아동과 가족을 대상으로 서비스를 제공한다. CPS는 특정 한 사람만이 서비스를 제공하는 것이 아니다. 지역사회의 법원 관계자, 건강보호서비스 제공자, 정신건강 전문가, 보호서비스 제공자와 같이 많은 지역사회의 전문가들이 아동학대와 방임을 치료하고, 조사하고, 예방하는 역할로서 CPS를 제공한다. 전형적으로 CPS는 아동보호를 위해 여러 기관이 함께 협업하며, 아동학대와 방임의 문제에 대한 교육을 실시한다.

CPS의 영역은 아동학대와 방임이 발생할 수 있는 지역사회 안에서 서비스를 제공하는 것뿐만 아니라 서비스 제공 기관에 대한 재정적인 지원을 하는 것까지 포괄한다(Dodge & Coleman, 2009). 주마다 법적 체계, 재정적 체계가 다르지만, 대부분의 CPS 체계는 주마다 아동학대의 개입의 과정을 갖고 있으며, 서비스를 제공하고 있다. CPS는 다음의 세 가지 영역을 포괄한다(Dodge & Coleman, 2009). 구체적으로 신고(*reporting*), 검사/조사(*screening/investigation*), 배치/서비스 제공(*disposition/service provision*)이다.

CPS 기관의 미션은 아동의 안전을 사정하는 것, 위험한 상황에서부터 아동보호를 위한 개입을 하는 것, 아동을 보호하기 위해 가족의 능력을 강점화하는 것, 아동을 위해 가족의 안정과 대안 또는 통합하기 위한 서비스를 제공하는 것이다(DePanfilis & Salus, 2003). CPS는 각 지역사회의 중심기관이 있으며, 학대와 방임을 경험한 아동의 보고를 받는다. 또한 아동의 안전과 위험에 대하여 사정을 하며 아동의 안전을 달성하기 위한 서비스를 제공하고, 학대 또는 방임을 경험한 가족 또는 학대와 방임의 위험에 노출된 아동을 위한 영구적인 가정을 제공한다. CPS 기관은 지역사회와 협조를 하며, 공식적·비공식적인 지역사회 파트너로서 아동학대와 방임을 예방한다. CPS 기관의 미션을 수행하기 위하여 아동 중심, 가족 초점, 문화적 대응, 웰빙, 아동의 영구성을 고려한 서비스를 제공해야만 한다. 아동의 안전이 보장되지 못할 때, 소년법원 또는 가정법원에서 CPS의 신청서를 통해 가정에서 아동의 안전과 가정 외 보호 배치를 위한 전략을 수립해야 한다.

③ 차등적 대응

미국 내 모든 주정부는 아동보호기관을 갖고 있으며, 법원과 아동보호기관은 아동학대와 방임에 대한 조사와 보고를 위해 밀접한 관계를 맺고 있다(Abrams & Ramsey, 2007). 전통적인 아동보호 조사방법에서, 가족은 학대 혐의 또는 가족 상황을 위험 수준에 상관없이 '획일적인'(one-size-fit-all) 방식으로 조사 및 사정받았다(Slack, Jack, & Gjertson, 2009). 미국의 CPS의 제공은 다섯 가지의 주된 문제점이 있었다(Dodge & Coleman, 2009). 첫째, 과대포함(overinclusion)이다. 아동학대에 낮은 위험요소가 있는 가족의 경우 CPS로부터 불필요한 개입을 받는다는 것이다. 둘째, 과소포함(underinclusion)이다. 때때로 CPS가 필요한 가족은 포함되지 않는다는 것이다. 예를 들어 서비스가 필요한 어떤 가족은 아동보호체계에서 제외되고, 신고되지 않는 경향이 있었다. 셋째, 수용능력(capacity)이다. 너무 많은 가족들이 CPS에 포함되었으며, 서비스 체계 안에서의 수용능력을 초과하였다. 넷째, 전달체계(service delivery)이다. 많은 가족들은 필요한 서비스를 받지 못했고, 많은 다른 서비스 전달체계는 파편화되어 있었다. 다섯째, 서비스지향(service orientation)이다. 아동을 보호하고, 가족을 보존하는 이중 권한을 갖고 있는 CPS는 긴장감을 만들고, 개별 가족의 욕구에 부합하는 서비스 제공에 어려움을 갖고 있었다.

CPS는 새로운 접근이 필요했다. 이 새로운 접근의 변화가 차등적 대응이다. 차등적 대응(differential response)은 대안적 대응, 다중 대응, 듀얼 트랙이라고도 불린다(Children's Bureau, 2014). 차등적 대응의 장기적인 목적은 학대 발생의 낮은 위험률이 있는 가족을 대상으로 아동보호에 대한 지역사회 기반 체계를 발달시키는 것이다(Dodge & Coleman, 2009). 차등적 대응의 기본 전제는 같은 방식을 모든 사례에 적용하는 것보다는 CPS 기관이 다양한 조사와 더 많은 사정에 기반을 두고 맞춤형으로 대응하는 것에 장점이 있다는 것이다(Dodge & Coleman, 2009).

## (2) 가정위탁

① 가정위탁의 개요

가정에서 아동보호의 자원이 부족한 아동은 주정부 차원에서 배치되는데, 일반적으로 가정위탁으로 배치된다. 일시적인 보호가 필요하거나 부모에게 다시 돌아갈 수 없는 상황일 때 가정위탁에 배치되기도 한다. 만약 가정 복귀가 불가능하면 입양 또는 다른 영구적인 형태로 배치된다(Abrams & Ramsey, 2007).

아동을 보호하기 위한 목적으로 부모로부터 아동을 분리하는 것에 대한 실천은 오랜 역사를 갖고 있다(Abrams & Ramsey, 2007). 19세기에 아동 보호의 노력은 빈곤가정의 아동에 집중되어 있었다. 부모로부터의 아동의 분리는 빈곤가정에서 부모의 자립보다는 빈곤의 부정적인 영향으로부터 아동을 분리하는 것에 초점이 맞추어져 있었다. 그러나 20세기에 들어 주정부 차원에서 모성연금(Mothers' Pensions)이 지급되기 시작했고, 비슷한 형태로 아동이 있는 저소득층 가정에 원조가 있었다. 정책 차원에서는 이전과 다른 정책을 펼쳐 보았으나 비슷한 정책이 지속되었다. 1970년대 주정부에서는 분리정책에 찬성하는 정책으로 변화하였으며, 1980년 〈입양지원 및 아동복지법〉(Adoption Assistance and Child Welfare Act: AACWA)이 발의되었다. AACWA는 가족을 보존하고, 가정에서 아동을 돌봄으로써 가정위탁아동의 인구를 줄이는 것이 목적이다. 그러나 1997년 제정된 〈입양 및 가족안전법〉(Adoption and Safe Families Act: ASFA)은 이전과 달라졌다. 부모의 친권을 박탈하고 아동의 안전을 중시하는 관점의 법안이 생긴 것이다.

미국의 가정위탁 현황은 〈표 16-2〉와 같다(U. S. Department of Health and Human Services, 2015). 이는 매년 연방정부에서 발표하는 자료로, 가정위탁 현황은 2010년 404,878명에서 2011년 387,057명, 2012년 397,153명,

## 〈표 16-2〉 연방정부 기준 가정위탁 현황

(단위: 명)

|  | 2010년 | 2011년 | 2012년 | 2013년 | 2014년 |
|---|---|---|---|---|---|
| 가정위탁 현황 인원 | 404,878 | 387,057 | 397,153 | 400,989 | 415,129 |
| 가정위탁 입소 인원 | 256,092 | 251,958 | 251,850 | 255,080 | 264,746 |
| 가정위탁 퇴소 인원 | 357,806 | 247,607 | 240,987 | 240,392 | 238,230 |
| 입양 대기 인원 | 108,746 | 106,561 | 102,058 | 104,493 | 107,918 |

자료: U.S. Department of Health and Human Services, 2015.

## 〈표 16-3〉 아동의 가정위탁 배치유형

(단위: 명)

| 배치 유형 | 합계 |
|---|---|
| 입양 전 가정(Pre-Adoptive Home) | 15,554 |
| 친족 위탁가정(Foster Family Home, Relative) | 120,334 |
| 비친족 위탁가정(Foster Family Home, Non-Relative) | 190,454 |

자료: U.S. Department of Health and Human Services, 2015의 내용을 수정.

2013년 400,989명, 2014년 415,129명으로 점차 증가하는 추세다. 가정위탁 아동의 일반적 특징은 다음과 같다(U.S. Department of Health and Human Services, 2015). 이들은 2014년 기준 415,129명으로 평균 연령은 8.7세였으며, 남아(216,645명, 52%)가 여아(198,426명, 48%)보다 더 많이 가정위탁에서 보호를 받고 있었다.

한편 아동의 가정위탁 배치유형은 〈표 16-3〉과 같다(U.S. Department of Health and Human Services, 2015). 비친족 위탁가정의 수가 190,454명으로 가장 높았고, 친족 위탁가정, 입양 전 가정이 그 뒤를 이었다.

② 영구계획

1970년대 가정위탁은 '불확실한 상태'(*limbo*)라고 불렸고, 영구성이 보장된 가정은 없었다(Abrams & Ramsey, 2007). 다양한 배치와 영구적인 가정의 부족은 아동에게 부정적인 영향을 미쳤다. 그 결과 아동들이 영구적인 가정에서 가정위탁을 받을 수 있는 영구계획이 생겨났다. 가정위탁을 운영할 아동복지체계의 부족으로 인해 의회와 주의 입법부는 영구계획의 이행을 위하여 법원에 주요한 역할을 부여하였다. 연방정부와 주정부의 입법하에 요구되는 영구계획은 아동보호케이스에서 법원의 역할을 확장하여 재정의했다.

최근 〈위탁 연결 성공과 입양 증가에 관한 법〉(The Fostering Connection to Success and Increasing Adoptions Act, P. L. 110~351)은 사회보장법안 차원에서 2008년에 개정되었다(Child Welfare Information Gateway, 2016). 이 법안에서는 양육자와 관련된 지원, 입양의 인센티브를 제공하는 것에 대한 내용이 포함되었다. 이와 함께 가정 외 보호 청년에게 가정위탁서비스를 강화한다는 것과 아동과 청년을 돕기 위한 새로운 프로그램을 만드는 것 등이 포함되었다. 아동복지에서 영구성(*permanency*)은 가급적이면 아동이 집에서 생활하고, 아동보호를 유지하기 위해서는 기관과 전문가, 가족, 정책입안자와 연결하면서 정책을 입안하고 실천해야 함을 뜻한다.

아동복지전문가는 일시적 배치를 예방하기 위하여 가족의 안정을 지키고 지원하는 데 초점을 맞춰야 한다(Child Welfare Information Gateway, 2016). 아동이 안전을 보장받기 위하여 가족과 분리되었을 때, 영구계획은 아동을 법적으로 다른 형태의 영구적인 가족에 배치하거나 가능한 한 안전하게 가정에 돌아가도록 하는 데 초점을 둔다. 영구계획은 가족 안에서 아동을 유지하기 위하여 결정력, 시간제한, 목적-지향적 행동을 하거나 다른 영구가족에 배치한다.

③ 가정위탁의 관점
가정위탁체계에서 생활할 경우에는 아동과 가정위탁 부모 모두의 노력이 필요하다. 아동과 가정위탁 부모, 친부모, 사회복지사들 모두 분리과정에서 위탁아동에 대한 지지가 필요하며, 가정위탁은 당사자 관점에서 이들의 입장을 살펴볼 필요가 있다(Abrams & Ramsey, 2007; Crosson-Tower, 1999).

가정에서 분리되고 가정위탁에 배치된 아동은 장·단기적으로 부정적인 영향을 받을 수 있다(Abrams & Ramsey, 2007). 많은 연구에서 가정위탁아동은 가정위탁생활을 하면서 감정적·행동적 문제를 겪는 것으로 나타났다. 가정위탁에 입소하는 아동은 친부모와의 관계에서의 분리의 경험을 겪으면서, 아동은 새로운 환경에 적응하고 심리적·감정적인 부분의 문제를 직면하게 된다. 보통 3개월 안에 아동은 우울·공격성·위축, 애착장애, 불면장애 등의 징후를 보이기도 한다. 혹은 가정위탁아동은 교육적 성취가 낮고, 언어능력이 일정 수준 이하로 나타나기도 한다. 가정위탁 배치로 인해 아동은 전학을 자주 가게 되면서 주변 환경의 변화를 겪는데, 이 과정에서 또래네트워크, 지지체계 형성에 어려움을 겪을 수 있으며, 서비스의 연속성에도 어려움이 있을 수 있다. 즉, 가정위탁의 경험으로 아동은 감정적 외상을 겪을 수 있다(Crosson-Tower, 1999). 이는 발달 측면에서 부정적이며, 낮은 학업성취와도 관련이 있다.

가정위탁부모는 면허를 갖고 있는 기관에서 전문적 훈련을 받아야 한다(Stein, 2006). 이들은 한정적 지원을 받고, 아동보호에 있어서 복잡한 욕구가 있기 때문에 많은 도전에 직면한다(Abrams & Ramsey, 2007). 구체적으로 가정위탁아동은 그렇지 않은 아동에 비해 7배 정도 발달이 늦어지는 것으로 나타났다. 결과적으로는 가정위탁부모는 추가적 보호와 아동의 욕구에 더 민감할 필요성이 더 강조되고 있다. 과거 가정위탁 부모와 입양 전 부모(Pre-adoptive Parent), 양육자는 아동의 보호과정에 참여하는 것이 고려되지 않았다. 그러나 현대의 실천적 환경에서 양육자는 다양한 역할을 하고 있으며, 이와 함께 아동 양육과 건강한 성장과 발달을 촉진시키는 역할, 아동을 옹호하고, 친부모들의 멘토의 역할 등을 한다. 가정위탁부모들은 재정적 지원뿐만 아니라 사례 관리를 위한 지지도 필요하다. 사회복지사와 가정위탁부모 간의 신뢰감 부족은 서비스 통합 및 조합의 어려움을 조장할 수도 있다. 따라서 가정위탁부모가 의견을 적극적으로 개진하고 사레관리 과정에 그 의견을 반영하는 것이 필요하다. 가정위탁부모들의 역량 강화를 위하여 훈련은 필수적이며, 이를 위해 기관의 연계와 역할도 중요하다. 즉, 가정위탁부모는 아동의 특수욕구를 고려해야 하며, 경제적 지지를 받아야 한다. 이와 함께 아동양육과 관련된 훈련과 보호에 초점을 두어야 한다(Abrams & Ramsey, 2007; Stein, 2006). 한편 친부모로부터 학대를 경험하였더라도 아동들은 여전히 정서적으로 친부모와 긴밀하게 연결되어 있으며, 친부모와 함께 생활했던 아동의 경험은 개인적 성향과 습관에 영향을 미칠 수 있다. 또한 친부모는 가정위탁부모에게 비협조적으로 대하거나 일관성이 없는 태도를 보이기 때문에 아동을 양육하는 데 어려움이 있을 수 있다(Crosson-Tower, 1999).

④ 가정위탁의 배치유형

가정위탁의 배치 유형은 친족위탁(kinship care), 치료가정위탁보호(treatment foster care)로 구분할 수 있다.

친족위탁은 전일제로 아동보호, 양육을 할 수 있으며, 아동의 보호자는 친족과 유사한 관계를 갖고 있는 대부모(代父母), 의부모(義父母) 등으로 구성될 수 있다(Stein, 2006, Child Welfare Information Gateway, 2016 재인용). 친족위탁에서 보호자는 가족문화 가치의 기본과 감정적인 연결고리가 있다는 것을 전제한다. ASFA는 친족 위탁보호의 활성화를 강조하였으며(Stein, 2006), 아동학대와 방임으로 가정 외 보호에 배치된 아동에게 친족위탁은 아동보호에 있어서 가장 중요한 선택권이 되었다(Abrams & Ramsey, 2007). 친족위탁은 비공식적·공식적인 것으로 나뉠 수 있다(National AIA Resource Center, 2016; Stein, 2006). 비공식적 가정위탁(informal kinship care)은 부모와 친척 사이에 보호가 가능한 사람들이 포함된다. 아동복지 국가기관에서는 아동의 법적 친권을 박탈하거나 재정적 지원을 제공하지 않는다. 공식적 가정위탁(formal kinship care)은 아동복지 국가기관과 법원이 포함된다.

치료가정위탁보호는 청소년과 아동에게 특별한 훈련을 받은 가정위탁부모에 의한 가정 외 보호를 의미한다. 일반적으로 감정적·행동적·사회적 문제 또는 의학적 욕구를 기반으로 하며, 가정위탁부모는 전형적으로 추가적인 지원과 서비스를 받는다(Child Welfare Information Gateway, 2016). 배치된 아동과 유사한 문화권을 공유하는 위탁가정은 치료적 효과를 강화할 수 있을지도 모르며, 아동에게 긍정적인 영향을 줄 수 있다(Crosson-Tower, 1999). 치료가정위탁보호에서는 아동이 심리적 안정을 바탕으로 치료를 받을 수 있는 분위기가 제공되어야 하며, 다른 곳으로 배치될 때 집단적 스크리닝의 기회가 제공되어야 한다. 치료가정위탁보호는 전형적인 가정위탁보다 더 구조화된 전문적 가정환경에서 아동과 청소년에게 양육과 안전을 제공할 수 있도록 설계되어 있다(Child Welfare Information Gateway, 2016).

## (3) 입양

① 지원

부모로부터 친권이 포기되어 입양을 기다리는 아동들은 정부의 위탁보호체계 속에서 우선적으로 위탁가정에서 보호와 양육을 받게 된다(오정수·이혜원·정익중, 2006: 40). 특히 특별한 욕구(예를 들어 장애아, 특별한 욕구를 가지고 있어 입양되기 어려운 아동 등)를 지닌 아동이 좋은 입양가족에 적절히 잘 배정될 수 있도록 정부에서 보조금을 제공하고 있다. 〈사회보장법〉 IV-E에 따라 입양지원프로그램은 국민 1인당 소득수준에 따라 50~83%의 연방 매칭 예산을 제공한다. 자금과 프로그램의 관리감독은 국가계획의 승인에 달려 있다. 국가는 프로그램 지출의 연간 추정뿐만 아니라 예산과 실제 프로그램 비용의 분기보고서를 제출해야 한다. 예산은 아동의 입양비용뿐만 아니라 대상 아동의 양육을 돕기 위해 매달 입양가정에 보조금으로 지원되어 입양가정은 이 기금을 사용할 수 있다.

또한 보조금은 프로그램 관리, 관련 직원 교육과 입양부모 모집 및 교육 등의 비용으로 사용할 수 있다. 미국의 50개 주는 입양지원프로그램에 참여할 수 있는데, 2008년 회계연도 기준으로 월평균 약 381,000명의 아이들이 IV-E의 입양지원을 받았으며, 이 프로그램은 2008년 기준으로 21억 6천만 달러가 지원되었다(Administration for Children and Families, 2016).

② 사후관리

입양 이후 6개월에서 1년의 기간 동안 아동의 복지 상태에 대한 보고서를 입양부모가 거주하고 있는 가정법원에 입양전문 사회복지사가 제출해야 입양절차가 종결된다. 이처럼 입양절차가 공식적으로 종결되어야 입양부모의 성(*family name*)을 따르는 출생신고서가 법원에 의해 새롭게 발급된다. 법적으로 법원에 의한 입양절차가 모두 포함되어 있어 입양절차가 종결되기 위해서는 사후관리 과정이 철저할 수밖에 없다. 특히 영구적 배치(*permanent placement*)에 대한 관심이 최근 더욱 증가하면서 입양을 더욱 장려하고 있다. 장애를 가진 아동이나 연장아동, 특별한 욕구를 가지고 있어 입양되기에 많은 어려움을 겪는 아동들이 입양될 수 있도록 범정부적으로 특별보조금을 지급하고 있다(오정수·이혜원·정익중, 2006: 39).

③ 홍보

위탁가정에서 보호받고 있는 아이들이 새로운 가정으로 입양되는 것을 돕기 위하여 정부는 두 가지 노력을 하고 있다. 첫째, 위탁가정에 입양마케팅을 도입하여 수요를 증가시킨다. 정부는 관련 웹사이트(www.AdoptUSkids. org)를 통해 입양에 관심 있는 사람들에게 정보를 제공하고 있다. 또한 〈수요일의 아이〉(Wednesday's Child) 같은 TV와 라디오 프로그램 등을 통해 입양을 독려하고 있다. 사람들은 이러한 경로로 웹사이트에 방문하게 된다.

둘째, 입양지원 보조금과 입양 선행비용의 상환, 그리고 입양가정에 대한 세제혜택 등으로 위탁가정의 아이들이 더욱 빠르게 입양될 수 있도록 하고 있다(Hansen, 2007; National Center for Biotechnology Information, 2016).

④ 인식 개선 교육

2000년 10월 17일에 미국 의회는 공법 103-310에 따라, 〈아동 입양 인식 조항〉(Title 12, Subtitle A)에 관한 특정 활동 권한을 부여하기 위해 〈공중 보건서비스법〉을 개정하였다. 법안은 임산부에게도 다른 모든 과정과 대등한 입양정보를 제공하기 위해 보건센터의 지정 직원을 양성하고, 임산부를 위한 비지시적 상담도 포함하고 있다. 또한 법안은 보건센터 직원에게 제공할 DHHS 펀드 교육프로그램과 모범사례 지침의 확립을 위한 장관의

**〈표 16-4〉 아동 입양 인식교육프로그램에 대한 구체적 가이드라인 및 교육목표**

| 내용 |
|---|
| 1. 교육은 입양의 여러 유형을 포함하여 입양에 대한 최신 정보를 제공한다. |
| 2. 교육은 생모와 생부의 권리를 포함하여 입양과 관련이 되는 법적 문제에 대한 정보들을 제공해, 해당국가의 법률과 일치하게 된다. |
| 3. 교육은 연수생에게 〈다인종 배치법〉(Multiethnic Placement Act: MEPA), 〈인종 간 배치법〉(Interethnic Placement Act: IEPA)에 대한 정보를 제공하며, 특히 이런 상황에서는 아이를 위해 친생부모는 입양부모를 선택할 수도, 선택하지 않을 수도 있다고 알려 주게 된다. |
| 4. 교육은 연수생에게 〈인디언아동복지법〉(Indian Child Welfare Act: ICWA)에 대한 정보를 제공하고, 특히 친생부모와 함께 친자 여부를 가능한 한 빨리 확인하고, 입양을 진행하기 전에 ICWA의 대상이 될 것이라는 것을 설명한다. |
| 5. 교육은 가족과 생모의 커뮤니티가 그녀의 임신 결정 등의 과정에 영향을 줄 수 있는 방법에 대한 정보를 제공한다. |
| 6. 교육은 임신의 의사 결정에서 생부의 역할에 대한 정보를 부여한다. |
| 7. 교육은 다양한 입양 지역 사회 내에서 사용 가능한 서비스의 방법 및 그 서비스의 품질과 자신의 적합성을 평가하는 방법에 대한 정보를 제공한다. |
| 8. 교육은 노인 여성을 대상으로 상담할 때와 청소년을 대상으로 상담할 때의 차이점이 잘 고려되어야 한다. |
| 9. 교육을 통해 생모는 다양한 임신의 선택사항뿐만 아니라 결정의 과정들을 통해 경험할 수 있는 수치심, 슬픔, 상실, 죄책감, 우울증 등의 심리적, 감정적인 반응에 대한 정보를 제공한다. 또한 생부도 이러한 경험을 할 가능성이 높다. |

자료: Administration for Children and Families, 2016.

승인을 요구한다.

　이러한 법적 요구사항에 따라 보건복지부는 교육과정을 개발하고 유아 입양 인식 교육프로그램(Infant Adoption Awareness Training Program: IAATP)을 구현하는 교육을 제공하여 협력 협정을 받는 사람이 따라야 할 모범사례 지침을 개발했다. 이 지침은 임산부를 위한 비지시적인 상담 조치의 모든 과정과 더불어 입양 정보 및 추천을 동등하게 제공받을 수 있도록 보건센터 직원의 능력 향상 등을 목표로 하고 있다. 이는 29명의 전문가(입양, 아동복지, 의료서비스, 의료, 법률, 입양상담 분야 등) 및 입양부모들의 협의하에 개발되었다.

## (4) 시설보호

① 시설보호의 현황

고아, 학대아동, 입양 등은 역사적 문헌에서도 많은 사례를 찾아볼 수 있다. 공식적으로 정부의 지원을 받는 고아원과 위탁기관은 최근에 등장한 것이지만, 역사적 문헌에서 발견할 수 있듯 비공식적 위탁과 입양가정에서는 아이들을 하인처럼 다루었으며, 이들이 가족의 구성원으로서 보호 및 양육을 받기까지는 많은 어려움이 있었다. 특히 경제적인 어려움을 겪었던 시기에 버려진 아이들의 숫자는 비공식시스템(비공식적 위탁과 입양가정)을 통해 수용 가능한 범위를 초과하기도 했다. 이처럼 도시에 버려진 아이가 증가하면서 이탈리아에는 기아보호소(Foundling Homes)가 14, 15세기부터 증가하기 시작했지만, 북미와 유럽에서는 18세기에도 아동을 위한 시설보호가 보기 드물었다. 대신 고아들은 일반적으로 도제형식으로 양육되었다.

　1800년대에는 고아원이 설립되기 시작하였다. 이는 도시화, 남북전쟁 발발, 콜레라 등 전염병의 창궐, 종교단체 및 자선단체의 증가를 그 배경으로 한다(National Center for Biotechnology Information, 2016). 하지만 일리노이주의 경우 집단보호 형태의 시설보호를 받는 요보호아동이 12%에 불과하며, 나머지는 친인척위탁 혹은 일반가정에서 위탁보호를 받고 있었다(Stagner et al., 1990, 배태순, 1998 재인용). 더불어 12%의 집단보호형태에서 2%는 그룹홈에서 거주하고 있는 아동으로, 10%를 제외한 대부분의 아동이 위탁가정을 통해 보호 및 양육되고 있었다(오정수·이혜원·정익중, 2006: 44).

② 탈시설화 과정

제도화된 시설보호의 부정적 효과에 대한 보고가 꾸준히 있었고, 거의 모든 시설아동에게서 발달의 결손을 발견하게 되었다. 이에 1909년 백악관회의에 의해 처음으로 시설보호의 궁극적인 감소 등의 정책에 합의하면서 시설보호 감소가 가시화되기 시작하였다. 탈시설화를 통해 가족 형태의 위탁가정을 채택하면서부터 시설아동들에게서 많이 발견되었던 발달지연 및 행동문제가 많이 감소하였다고 보고되었으나, 한편으로는 이 또한 편향된 연구 결과라는 목소리가 동시에 나왔다. 그럼에도 불구하고 시설보호의 부정적 보고들로 인해 시설보호가 많이 감소하게 되었다(National Center for Biotechnology Information, 2016).

탈시설화 정책으로 시설의 소규모화를 지향하게 되면서 총 25명 이상인 공립아동시설에는 연방보조금을 지급하지 않는 등 적극적으로 소규모화를 추진하였다. 더불어 일반 수용시설은 감소하는 대신 정서장애아 시설, 청소년 교호시설 등 특수 욕구 아동 치료에 초점을 둔 시설은 늘어나는 현상을 보이게 된다(오정수·이혜원·정익중, 2006: 43).

③ 가족과 지역사회를 위한 지원체계

시설보호에 대한 계속된 중지 요청에도 불구하고, 시설보호가 가난한 아이들을 위한 적합한 대안으로 널리 알려져 많은 국가들에서 여전히 유지되고 있다. 이 때문에 가족이 아동을 양육하는 것에 대한 중요성과 더불어 시설에서 성장했을 때 발생할 수 있는 문제들에 대한 정보를 부모, 가족, 지역사회 구성원들이 공유해야 할 필요가 있다. 특히 요보호아동을 위한 지원시스템은 시설을 유지하기 위해 존재해 왔고, 지역사회에서 아이들을 돌보기 위한 지원조직시스템은 마련되지 않은 실정이다. 이처럼 시설보호에서 지역사회를 기반으로 한 보호로 전환할 때 우려되는 문제점들을 효과적으로 해결하여야 한다.

시설보호에서 지역사회에 기반을 둔 보호로 전환하려고 할 때 이를 어렵게 하는 여러 요인들이 있다. 우선 시설 운영은 일반적으로 기부자들의 자금으로 운영되는데, 시설에서 지역사회에 기반을 둔 프로그램으로 전환하는 것에 대한 가치 설득이 선행되지 않는다거나, 기존 시설에 고용되어 있는 사람들 혹은 시설보호와 재정적 이해가 있는 사람들의 저항이 있다면, 지역사회에 기반을 둔 보호로의 전환은 어려움에 부딪힐 수도 있다.

이처럼 시설보호에서 지역사회에 기반을 둔 보호로 전환할 때, 가족과 지역사회를 위한 지원 시스템을 개발해야 할 필요가 있다. 시설이 없어질 경우 이를 대신하는 지역사회 기반 시스템 구축이 절실히 필요하다. 따라서 가족지원을 통합하는 아동복지 인프라 구축과 친족관계, 위탁 시스템 구축이 아주 중요하다. 더불어 친부모에게는 정기적인 수당지원과 같은 재정적 가족지원이 더욱 필요하다(National Center for Biotechnology Information, 2016).

## (5) 일반아동육성

① 가정방문
임산부, 영유아 가정방문(Maternal & Infant and Early Childhood Home Visiting: MIECHV) 프로그램은 증거에 기반을 둔 프로그램으로서 위험에

처한 아이들의 건강 향상을 위한 연방, 주, 지역사회 수준의 협력을 통해 운영된다. 가정방문 프로그램은 임산부, 예비 아버지, 5세 미만 아동 보호자에게 제공되며, MIECHV는 ACF와 보건자원 및 서비스국(Health Resources and Services Administration: HRSA)에 의해 공동 관리되고 있다.

가정방문은 MIECHV를 위해 설계되었다. 첫째, 〈사회보장법〉 V에서 수행되는 프로그램 및 활동을 개선하고, 둘째, 위험에 처한 지역사회에 대한 서비스를 조정하며, 셋째, 위험에 처한 지역사회에 거주하고 있는 가족이 개선될 수 있도록 포괄적인 서비스를 제공한다(Administration for Children and Families, 2016).

② 아동안전

미국 NCMEC는 아동의 안전을 위해 다양한 프로그램을 운영하고 있다. 우선 온라인상에서의 안전을 위한 넷스마츠 워크숍(NetSmartz Workshop)과 넷스마츠(NetSmartz) 411 프로그램이 있다. 넷스마츠 워크숍은 5~7세 아동을 대상으로 온라인상에서 스스로를 보호할 수 있도록 비디오, 게임 등의 매체를 통해 온라인 안전교육과 디지털 시민교육을 무료로 제공하고 있다. 이와 비슷하게 넷스마츠 411에서도 온라인상에서 인터넷 안전 및 컴퓨터와 웹 관련된 질문에 답을 해주고 있다. 아동 유괴 및 실종을 예방하기 위해 키드스마츠(KidSmartz), 테이크25(Take 25), '영아 유괴'(Infant Abductions), 아동 ID(Child ID) 등을 실시하고 있다. 키드스마츠는 유치원생 및 초등학생에게 아동안전교육 프로그램을 통해 실제 안전행동을 연습하도록 하고, 아동 유괴 예방교육을 가족들에게 실시하고 있다. 테이크25는 유괴 예방에 대해 부모가 자녀에게 25분간 설명하게 하는 캠페인이다. '영아 유괴'는 전국 영아 유괴 통계 및 기술지원, 훈련자료 등을 제공한다. '아동 ID'는 아동이 실종되는 만일의 상황을 대비하는 키트를 가정에서 가지고 있기를 권장한다. 이 가정용 키트에서 제일 중요한 것은 아동의 최근 사진 확보이다(김종우 외, 2015: 256~257).

　더불어 아동용품 안전 관련 법을 살펴보면, 소비자제품안전위원회(Consumer Product Safety Commission)에서 발표한 규정에서 장난감 표면 코팅재와 아이들이 물고 빨거나 삼킬 수 있는 장난감 소재는 중금속 8종 검사를 완료해야 하며(Federal Register, 2016), 〈무독성 장난감법〉(Toxic Free Toys Act)에 따라 벤젠, 납, 수은, 안티모니, 비소, 카드뮴, 코발트 등이 함유된 어린이용 제품과 의류에 대해서는 제품 판매를 금지하고 있다. 이처럼 미국에서는 아동의 안전 문제에 잠재적 노출 위험이 있는 성분 및 제품에 대해서는 엄격한 기준들을 제시하고 있다(해외환경통합정보시스템, 2016).

③ 아동 실종 예방

미국의 실종아동과 관련된 연방법으로는 〈가출 및 노숙 청소년법〉, 〈부모에 의한 유괴 예방법〉, 〈실종아동 지원법〉, 〈전국 아동수색 지원법〉, 〈아동 안전법〉, 〈아동착취 종식을 위한 검찰 관련 법〉 등이 있다. 그 외에도 주법으로 실종아동 관련 법이 있다. 우선 〈가출 및 노숙 청소년법〉은 가출청소년과 부모의 의사소통을 돕고, 가출청소년이 귀가하기 전까지 쉼터와 상담, 교육을 제공하는 내용을 규정했다. 〈부모에 의한 유괴 예방법〉은 부모에 의한 유괴사건 수사 시 경찰이 활용할 수 있는 자원을 확대했다. 〈실종아동 지원법〉에 의해 아동실종 신고 무료전화가 개설되었고, 실종아동 수색을 기술적으로 지원하게 되었으며, 〈전국 아동수색 지원법〉에 의해 아동실종 발생 시 모든 법집행기관은 즉각적으로 사건 신고를 받아야 하고, 18세 미만의 실종아동을 국립범죄정보센터 시스템에 신고하여 정기적으로 정보를 최신화해야 한다. 〈아동 안전법〉은 부모에 의한 학대 위기에 놓인 아동이 안전한 환경 속에서 부모와 면회할 수 있도록 기관을 설치하도록 했고, 〈아동착취 종식을 위한 검찰 관련 법〉은 2003년에 개정되어, 〈수잔법〉, '코드아담', '앰버경보' 등으로 알려진 규정을 만들었다. 특히 〈수잔법〉은 18~21

세에 해당하는 성인이 실종되면 모든 법집행기관이 국립범죄정보센터 (National Crime Information Center: NCIC)의 실종인 DB에 정보를 입력해야 하는 법이다. 코드아담은 공공장소에서 아동이 실종되었을 때 대처해야 하는 절차를 규정하고 있다. 마지막으로 앰버경보는 심각한 상해 혹은 사망 위험에 처한 실종아동을 지원하는 것으로 전국의 경찰 및 방송국이 긴밀하게 협조하여 실종아동에 대한 긴급속보를 내도록 하는 규정이다(김종우 외, 2015: 249~253).

## 2. 보육서비스

### 1) 관련 법률 및 전달체계

미국의 아동보육지원정책은 저소득가정에 대한 선별적 프로그램이다. 미 연방정부는 아동보육 및 발달기금(Child Care and Development Fund: CCDF)을 통해 아동보육보조프로그램 예산을 주정부와 지방정부에 할당한다. 이는 아동보육보조금의 형태로 수급가구와 아동보육시설에 지급되는데, 아동보육보조프로그램은 저소득 근로가구에 한정적으로 수급권을 제한하고 있다. 동시에 아동보육시설에 대한 자격심사와 해당인력에 대한 교육 및 훈련 등을 통한 보육서비스의 질을 향상시킴으로써 궁극적으로 아동의 발달과 교육기회를 지원하는 것을 목표로 연간 60조 원 정도의 예산을 아동보육 및 발달기금으로 사용하고 있다(변호순·최정균, 2014).

미국은 연방정부 차원에서 아동을 대상으로 하는 기본법적 성격을 갖는 법령도 없고, 보육을 주된 내용으로 하는 법령도 없다. 이는 자유주의형 복지국가(Liberalist Welfare States)나 잔여형 복지국가(Residual Welfare States)로 지칭되는 미국의 복지레짐적 성격에서 비롯된 것이다. 미국의 아동복지정책은 보편적으로 전체 아동을 대상으로 하기보다는 선별적으로 저소득 가정의 아동과 같이 보호가 필요한 아동에 초점을 두고 있다. 육아는 각 가정에서 책임져야 할 부분이라는 인식이 강했기 때문이다. 따라서 미국의 아동복지 관련 법률은 시대적 상황의 변화에 따라, 그리고 지역의 주정부에 따라 입법이 임기응변으로 이루어졌고(오정수·이혜원·정익중, 2006), 아동 및 유아 보호에 관한 다양한 서비스는 각각 별도의 법률에 의하여 규정되어 있다. 요약하자면 미국은 아동 및 보육에 대한 하나의 통일된 아동복지 법률이 없으며, 더구나 지역적 편차가 크기 때문에 연방 차원에서는 기본적인 방향 및 근거로서의 법령만을 제정해 두고 있어 세부적인 사항은 주법을 따르는 경향이 많다(서문희 외, 2009).

## (1) 관련 법률

① 〈미국 교육개혁법〉(1994)

1994년을 전후하여 미국 연방정부는 교육개혁법을 시행하였다. 미국 교육 개혁의 역사상 유아교육에 관련된 내용이 포함된 것은 처음이었다. 이 법은 미국 교육목표에 언급된 주요한 법이며, 현재 미국을 휩쓸고 있는 pre-K운동(유치원 이전 양질의 유아교육 제공운동)의 정책적 기반을 마련한 법이라고 평가된다. 이 법안은 아동이 취학할 수 있도록 준비하는 양질의 유아교육 프로그램이 제공되어야 하며 가정에서부터 환경이 조성되도록 정부가 나서서 도와주어야 한다는 것이다. 또한 건강, 영양과 보호 측면에서도 관심을 기울여야 한다는 내용을 포함한다(조은경·김은영, 2008).

② 〈개인책임 및 근로기회 조정법〉(1996): 제1조 TANF

육아정책 관련 조항은 제1조의 TANF 조항이다. 이 조항에 따르면, 연방정부가 주정부 및 지방정부에 연방기금을 보내면, 지방정부에서는 저소득층 아동과 가족에게 필요한 서비스를 제공하는 곳에 연방기금을 사용하고 이를 연방정부에 보고하도록 되어 있다. 특히 저소득층에서 높은 비율로 발생하는 혼외임신 문제 및 그로 인해 파생되는 저소득층 아동과 편부모 가정의 문제 이외에 부가적인 사회문제에 대한 인식에서 나온 정책이다. 정부에서는 저소득층 부모가 자녀를 가정에서 올바르게 양육하고 경제적으로 자립할 수 있는 방안을 모색하고자 기존의 사회보장법을 개정하였다. 개정된 법의 두 가지 주요 내용은 수혜기간 제한과 의무적으로 직업 관련 활동을 해야 한다는 조건이다(조은경·김은영, 2008).

③ 〈낙제학생 방지법〉(2001)
이 법은 1965년 의회에서 토의된 〈초중등 교육법〉(Elementary and Secondary Education Act: ESEA (1965))의 개정법이다. ESEA는 미국 역사상 최초로 연방정부가 초중등 교육(유치원부터 12학년까지)을 위해 상당한 액수의 지원금을 제공하는 근거가 된 법이다. 과학적으로 검증된 효과적인 교육방법을 사용하며, 양질의 교사를 교육현장에 투입하여 학생들의 학업성취를 돕고, 이 과정에서 학교와 가정이 연계되어야 한다는 점을 강조하고 있다. 이는 유치원과 초등학교 저학년의 교육과정이 학습 위주, 평가 중심으로 흐르는 데 커다란 영향을 미치고 있는 법이다(조은경·김은영, 2008).

④ 〈헤드스타트법〉
이 법은 1964년 존슨(L. B. Johnson) 대통령이 '위대한 사회'(Great Society) 건설이란 기치 아래 빈곤과의 전쟁을 선포하고, 〈경제기회법〉(Economic Opportunity Act 또는 The Anti-Poverty Act(반빈곤법))을 제정하면서 그 토대를 마련하였다. 이는 저소득층 가정의 3~5세 유아에게 일반복지서비스, 교육, 보건, 영양공급을 제공하기 위해 제정되었다. 존슨은 정계에 입문하기 전에 학교에서 교사로 활동했는데, 빈곤한 아이들을 만난 경험이

〈헤드스타트법〉을 비롯한 다양한 교육복지법을 제정하는 중요한 동기가 되었을 것으로 보인다. 헤드스타트 프로그램의 운영 근거가 되었던 〈경제기회법〉은 1990년 〈헤드스타트 확대 및 질 개선법〉(Head Start Expansion and Quality Improvement Act)으로 독립적인 법률이 되었다. 2007년 〈헤드스타트법〉은 부시(G. W. Bush) 대통령이 〈학습준비도를 위한 헤드스타트 개선법안〉(Improving Head Start for School Readiness Act)으로 재인가를 받았다. 〈헤드스타트법〉의 목적은 저소득층 가정 아동의 사회적·인지적·정서적 발달을 고양하고 이들이 성공적인 학교생활을 하도록 지원하고 돕는 것이다. 헤드스타트 프로그램은 이 목적을 달성하기 위해 언어 및 문해 능력, 수학, 사회성 및 감성기능, 체육, 창작예술, 학습방법 등을 지원하는 학습환경을 조성하며, 해당 아동에게 건강, 영양, 교육, 사회적 서비스 등 부모의 자조능력을 지원한다. 0~3세 영아를 위한 조기 헤드스타트 프로그램과 3~5세 유아를 위한 헤드스타트 프로그램은 미국에서 영유아와 가족을 위한 가장 통합적이고 포괄적인 교육복지프로그램으로 볼 수 있다(염철현, 2008; 2010).

## (2) 전달체계

미국은 연방 영토 내의 모든 학교들에 공통적으로 적용되는 교육 시스템이 존재하지 않는다. 모든 학교에서 가르치는 내용의 틀을 제공하는 교육과정이 없고, '고도의 지방분권적 시스템'으로 운영되고 있다. 미합중국 헌법(1987)의 제10차 개정안(1791)을 살펴보면, 헌법에 의해 주어지는 권한은 연방정부가 아닌 각 주들과 주민들에게 있다고 명시되어 있다. 따라서 미국의 공립학교들은 연방정부가 아니라 각 주정부에 의해서 설립되고 관리된다. 만 5세 이상의 아동이 교육을 받는 공교육 관련 정책은 연방정부가 큰 국가 차원의 계획과 방향을 제시하고, 주정부, 지방정부가 그 제시된 테두리 안에서 크고 작은 정책들의 결정을 내리며 체계적으로 운영하는 모

〈표 16-5〉 공교육에 대한 연방정부, 주정부, 지방정부의 역할

| 정부 | 역할 |
|------|------|
| 연방정부 | - 연방 의회에서 교육 관련 법령 통과<br>- 연방 교육부에서 교육 관련 법령 시행<br>- 기타 연방정부 부처들을 통해 재정 지원 및 교육활동 지원 |
| 주정부 | - 교육과정 지침 및 수행평가 기준 마련<br>- 교사와 교육관료의 인준<br>- 주정부 및 연방정부의 재정지원금을 각 교육구로 분배 |
| 지방정부 | - 예산 의결, 각 학교 및 프로그램으로 지원금 분배<br>- 교육과정 실행<br>- 연간보고서 준비 및 발행 |

자료: 조은경·김은영, 2008.

습을 볼 수 있다. 연방정부는 교육에 있어서 중요한 역할을 담당하지만, 실제적으로 학교를 설립하고 인가하는 과정, 이를 관리하는 몫은 각 지방정부에 있다. 각 주정부는 미 연방 헌법과 법률에 벗어나지 않는 범위 내에서 각자의 주법과 규정에 따라 교육정책을 시행한다. 대부분의 경우 주 헌법에는 교육에 대한 내용이 명시되어 있고, 주의회 의원들이 교육정책 및 교육 관련 재정에 대한 결정 권한을 가지고 있다. 하지만 이러한 주의회의 권한 중 일부는 각 지역의 교육기관과 교육구(school district)로 위임되어 의사결정이 내려지며 실행에 옮겨진다. 만 5세 이상 아동이 교육을 받는 공교육정책에 있어서는 앞에서 살펴본 바와 같이 커다란 흐름 속에서 연방정부, 주정부, 지방정부가 크고 작은 정책결정을 내리고 각 단계별로 체계적으로 운영하는 모습을 볼 수 있지만, 만 4세 미만 아동들에 대한 유아교육 관련 서비스 및 정책은 저소득층 아동을 대상으로 한 헤드스타트를 제외하고 두드러지는 연방정책은 없다(조은경·김은영, 2008).

## 2) 세부 서비스 및 정책

### (1) 헤드스타트

① 헤드스타트의 개념

헤드스타트는 아동에 대한 투자를 통해 빈곤의 대물림을 차단하고 공평한 출발의 기회를 제공하고자 실시하는 예방적 조기개입 프로그램이다. 헤드스타트 정책은 빈곤층 아동에 대하여 집중적으로 공적 투자를 함으로써 이들을 미래의 핵심 인적자원으로서 양성하려는 목적을 가지고 있다(양재진, 2009). 헤드스타트는 아동을 위한 영구계획의 일환으로서 빈곤아동에 대한 학교 준비(school readiness)와 같은 보육서비스를 수행하고 있으며, 이는 일반아동과 비교하여 빈곤층 자녀들에게 발달상의 격차가 발생하는 것을 최소화하기 위한 대책으로 실행되고 있다(오정수·이혜원·정익중, 2006). 헤드스타트와 같이 빈곤아동에 대해 조기개입을 하는 것은 사회 전체적 측면에서 비용 감소의 효과가 있으며, 빈곤으로 인한 사회문제에 대한 사전예방적 계획이라는 의미가 있다(Barnett, 1992; 1995).

최근까지 헤드스타트는 국가 차원에서 신생아부터 5세 아동 100만 명 이상에게 초기학습서비스를 제공해 왔다(DHHS Administration for Children and Families, 2016: 1). 헤드스타트는 저소득층 아동-부모 중심의 2세대 접근을 통한 기회균등, 교육, 건강, 안전 및 가정행복 보장을 목표로 한다(보건복지부, 2010). 헤드스타트는 보육 및 교육 측면에서 사회투자정책으로 수행되기 시작하였으며, 궁극적으로는 빈곤아동에 대한 투자, 인적 자본 및 사회적 자본에 대한 투자를 통해 개인적 차원의 고용기회 증진과 노동시장 참여 확대, 경제적 기회의 재분배, 경제정책과 사회정책 간 시너지 고취 등을 꾀하고 있다(최영·박순우, 2007). 즉, 아동에 대한 적극적 투자사업을 통해 미래 사회의 책임감을 갖춘 시민근로자(citizen-worker)를 육성하고 지역사회를 중심으로 한 공동체에 대해 미래적 관점에서 투자하려는 것이다(최영·박순우, 2007). 이는 아동을 중심으로 국가정책을 수립하는 것이 비록 초기에는 재정 측면에서 비용 부담이 발생하더라도, 궁극적으로는 경제성장의 원동력으로서 작용할 수 있다는 관점에 근거한다(이재연·박영애·문혁준, 2010). 이는 시장에서의 고용량을 늘리는 동시에 고용의 질을 높여 개개인의 복지 증진은 물론 장기적으로는 경제 성장에 기여하는 역할을 하게 된다(양재진, 2009).

헤드스타트는 주로 저소득층 가정의 3~5세 아동에 대한 각종 사회서비스를 제공하고 있는데(오정수·이혜원·정익중, 2006: 50), 이는 지식 기반 사회에서 요구하는 학습능력 배양이 영유아기 때 집중적으로 이루어진다는 점과 관련 깊다. 지식 기반 사회에서는 직업 활동을 하기 위해서 고도의 학습능력을 갖추는 것이 필수적이며, 이는 영유아기 때의 보육의 질과 밀접하게 연관된다(양재진, 2009; 염철현, 2008). 즉, 산업사회에서와는 달리 오늘날의 급변하는 기술 환경은 누구에게나 고도의 학습능력을 요하는 직업구조인데, 연구결과에 의하면 지식 기반 사회에 필요한 학습능력은 영유아기 때 상당 부분이 결정되는 것으로 나타나고 있다. 실제로 여러 연구에 의해 유아시절에 어떤 교육혜택을 받았느냐에 따라 유아의 지적·인지적·언어적 발달에 큰 차이가 발생한다는 사실이 보고되고 있다(염철현, 2008). 하지만 영유아기 아동에 대한 보육 책임의 상당한 비중이 부모에게 있어 사회경제적 수준이 낮은 부모를 둔 아동의 경우 지적·인지적·언어적 측면에서의 발달이 일반 가정의 아동보다 저조할 가능성이 높다. 이는 아동에게 부모의 빈곤이 대물림될 가능성을 낮추고, 빈곤가정 영유아의 종합적인 발달을 도모하기 위하여 헤드스타트와 같은 사회정책의 수행이 중요함을 반증한다.

아동에게 사회적 투자를 확대하는 헤드스타트 정책은 보육적 지원을 통해 부모의 취업가능성을 증가시키는 동시에, 취약위기에 있는 빈곤아동에게 균등한 기회를 보장하고 아동의 인적 자원을 고도화함으로써 미래 성장 동력의 기반을 공고히 한다는 의미가 있다. 기존 보육프로그램이 대부분 부모의 취업을 지원하는 목적이었던 것에 반해, 헤드스타트는 영유아 보육에 대한 종합적 발달서비스를 제공하기 위하여 수행되고 있다는 점이 특징적이다(오정수·이혜원·정익중, 2006: 50). 이와 같은 포괄적 서비스는 국가적 차원에서 볼 때 초기비용의 부담이 존재하나, 경제개발과 사회개발의 상호보완적 관계를 증진하여 아동정책의 효율성 및 지속가능성을 제고하고, 동시에 아동정책의 생산적 기능을 강화함으로써 사회적 투자의 선순환 구조를 만들게 하는 긍정적 효과가 있다(정익중, 2008).

② 헤드스타트의 발달과정
미국은 미래투자를 위해 연방정부를 필두로 아동보육과 교육을 지원하고 있다. 1960년대 초 미국에서는 전체 인구의 4분의 1이 빈곤 상태에 처함에 따라, 성인기의 빈곤과 취약계층의 사회복지에의 의존도를 낮추기 위하여 영유아의 보육에 대한 집중적 투자의 필요성이 점차 대두되었다(이소라, 2014). 헤드스타트 제정 당시 아프리카나 아시아 인종의 아동 빈곤율이 상당히 높은 것으로 나타나 이들에 대한 정책적 개입이 시급하였다(염철현, 2008).

역사적으로 미국의 아동복지서비스의 주요 기조는 20세기 이전까지는 요보호아동을 시설에 수용하는 시설보호 차원이었으나, 이후 위험가정으로부터 아동을 격리하는 아동 분리, 아동을 원가정에서 보호하도록 하는 가족 보존, 아동의 권리 존중을 위한 제도 개선 및 확충을 주장하는 아동권리운동과 지역사회 보호의 차원으로 확대 및 발전하였다. 특히 개별 아동보다 가족 전체를 대상으로 하는 사례 관리 방식이 중요해짐에 따라, 저소득층 아동을 대상으로 조기개입을 실시하는 헤드스타트의 비중도 증가하였다(배화옥, 2008).

헤드스타트는 존슨 대통령의 '위대한 사회'를 위하여 '빈곤과의 전쟁'을 선포한 이래 설계된 연방정부 차원의 프로그램이다. 1964년 8월 빈곤을 추방하기 위한 '반빈곤법'인 〈경제기회법〉 제정을 통해 구체적인 실천계획이 마련되었다(염철현, 2008; 이소라, 2014). 해당 법은 빈곤계층 가정의 3~5세 영유아들에게 경제적 · 사회적 · 신체적 · 심리적 욕구에 부합하는 포괄적 의미의 취학 전 프로그램을 제공함으로써 빈곤의 세습화를 방지해야 함을 명시하고 있다(정은아, 2010). 초창기 헤드스타트 사업은 사회경제적 계층 차이로 인해 나타나는 불이익이 취학 전 아동에 대한 풍부하고 종합적인 프로그램의 제공을 통해 제거될 수 있다는 가정하에 빈곤 퇴치의 일환으로서 추진되었다(문성호 외, 2009; Zigler & Muenchow, 1992). 현재 헤드스타트는 영유아 대상의 보육 및 교육적 지원 효과를 높이기 위한 조기 프로그램 운영에 집중하는 것으로 정책의 방향성이 전환되어, 1994년부터는 3세 미만 아동을 위한 조기 헤드스타트 프로그램(The Early Head Start Program: EHS)을 운영 중이다(신미자, 2007).

미국의 헤드스타트 프로그램이 시작되기 이전 영유아보육 및 교육 관련 사회정책은 각 지역에서 산발적으로 시행되고 있었으나, 〈경제기회법〉 제정 이후 연방정부 차원에서 재원을 지원하고 프로그램도 전국적으로 통합하여 운영하면서 점차 빈곤아동에 대한 사회적 투자 및 지원에 있어 새로운 패러다임으로 자리 잡게 되었다. 헤드스타트 시행 초기인 1965년에는 전국 2,500여 개의 센터에서 561,000명의 아동이 8주에 걸친 단기프로그램에 참여하는 형식으로 운영되었으나, 점차 헤드스타트 프로그램의 성과가 가시화되면서 헤드스타트를 영유아에게까지 확대할 것이 제안되었다(염철현, 2008). 이에 따라 1994년 연방의회는 위원회의 제안에 따라 헤드스타트 프로그램을 재인증하였다. 당시 국회 재인준 과정에서 조기 헤드스타트 프로그램에 대한 제안이 이루어져 1995년부터 프로그램의 적용 대상을 0세에서 3세까지의 영유아로 확장하였다(신미자, 2007).

조기 헤드스타트는 1994년부터 68개 프로그램으로 시작하여 현재는 미국 전역에 걸쳐 아동과 가족의 2세대를 위한 프로그램으로서 운영되고 있다. 미국이 3세 미만의 영유아들에 대한 공공보육서비스로서 이러한 지원을 확대한 것은 저소득층 가족의 임신한 여성과 영아에 대한 프로그램의 제공이 아동의 발달을 도울 뿐 아니라, 자녀 양육의 질적 향상, 가족의 생활환경 및 삶의 질 개선을 가져올 수 있다고 보기 때문이다(신미자, 2007). 기존의 헤드스타트가 빈곤계층 유아를 대상으로 프로그램을 제공하여 아동 발달에 효과적 성과를 보였고, 조기 헤드스타트는 영아를 대상으로 하는 포괄적인 보육서비스로서 성공적이었다(김지은, 2005).

③ 헤드스타트의 수행 근거 및 운영체계

헤드스타트는 1965년 〈경제기회법〉 제정을 토대로 경제기회실(Office of Economic Opportunity)에서 프로그램을 고안하여 수행되다가, 1981년부터는 〈일괄예산조정법〉(Omnibus Budget Reconciliation Act) 하에 진행되었으며, 1990년부터 〈헤드스타트 확대 및 질 개선법〉을 제정하여 이에 의해 운영되고 있다. 한편 1994년에는 〈헤드스타트법〉의 재인증이 이루어졌으며, 1996년부터는 미 연방정부 차원에서 아동과 가족들을 대상으로 조기 헤드스타트 프로그램 서비스를 제공하기 시작하였다.

클린턴 행정부가 주도한 1994년 헤드스타트 재인증은 지원 아동의 양적 증가를 비롯하여, 조기 헤드스타트 실시를 통해 3세 미만의 아동에 대한 대대적 프로그램 확대라는 결과를 가져왔다(김용미, 2007). 조기 헤드스타트 프로그램은 초기 헤드스타트 프로그램이 빈곤선 이하의 아동에게만 적용되었던 것과 달리, 빈곤가정 출신 아동이 아니거나 장애아동인 경우에도 지원을 받을 수 있다는 차이점이 있다. 즉, 연방정부에서 설정한 저소득 기준을 초과하는 가정의 아동들을 10%까지 등록시킬 수 있고, 적어도 10%는 장애아동들에게 할당하고 있다는 특이점이 있다(염철현, 2008).

현재 헤드스타트 프로그램 내 양질의 개별화된 서비스와 서비스 전달을 보다 효율적으로 제공하기 위하여 '헤드스타트 프로그램 수행 표준'(Head Start Program Performance Standards)을 새롭게 만들었다(Office of Head Start, 2016). 헤드스타트 프로그램 수행 표준은 2007년 〈학습준비도를 위한 헤드스타트 개선법안〉이 개정되면서 시행되었다. 이는 오바마 정부에서 아동의 학습준비도를 개선하기 위한 노력이라고 할 수 있다. 헤드스타트 수행 표준(Head Start Program Performance Standards)은 프로그램의 질을 개선할 수 있으며, 프로그램에 대한 부담을 줄이고, 투명성과 명확성의 규제를 개선하기 위한 것이다(DHHS Administration for Children and Families, 2016).

헤드스타트의 운영체계를 살펴보면, 현재 헤드스타트 사업의 주관기관은 보건복지부(DHHS)의 부설기관인 아동가족청(ACF)이다. 이 아동가족청 산하에는 헤드스타트실(Office of Head Start: OHS)이 있어 헤드스타트 프로그램을 전적으로 담당하고 있다. 헤드스타트실 내 프로그램운영부(Program Operations Division)에서 전국을 12개 지역으로 나누어 각 지역별로 헤드스타트를 운영하고 있다(김순양·고수정, 2012). 특히 헤드스타트실에서는 헤드스타트센터를 각 주별로 전국에 걸쳐 운영하며, 빈곤아동을 비롯하여 장애아동에 대하여 건강검진, 영양관리, 사회서비스 등 종합적 지원을 제공하고 있다(염철현, 2008; 오정수·이혜원·정익중, 2006). 헤드스타트는 지역사회를 기초단위로 하여 운영되며, 아동들은 거주하는 곳에서 지리적으로 가장 가까운 곳의 헤드스타트센터에서 서비스를 이용하고 있다(김순양·고수정, 2012).

한편 미국 연방정부가 정책화한 대부분의 저소득층 가정을 위한 프로그램들이 주정부의 관할하에 간접적으로 운영되고 있는 데 반하여, 헤드스타트 프로그램은 연방정부가 직접 지방의 일선 기관들을 관리감독하고 있다(신미자, 2007). 미 연방정부에서는 헤드스타트 기금(Head Start Fund)을 통해 관련 기관들을 지원함으로써 저소득층 가정의 아동에게 해당 서비스가 제공되도록 하고 있다. 또한 카운티(county, sub-county), 마을(town), 인구조사 표준지역(census tract)을 단위로 분류하고 헤드스타트센터를 운영하고 있다. 헤드스타트센터에는 업무 전담 직원이 상주하여 대상아동 선정, 서비스 기관 연계, 프로그램 진행 등의 역할을 담당한다(배화옥, 2008). 이와 같이 헤드스타트는 연방정부로부터 서비스와 프로그램을 수행하는 기관들로 관련 재정이 직접 전달되는 체제를 유지하면서 운영되고 있다. 헤드스타트센터는 미국 전역에 설치되어 지역사회 부모들의 자원봉사활동 또한 매우 활발한 것으로 보고되었다(정은아, 2010). 특히 관련 인력 중 아동 부모의 상당수는 헤드스타트의 지원을 받은 적이 있으며, 헤드스타트 교사의 대부분이 아동 조기교육 관련 학위를 소지하고 있다(김미숙 외, 2007).

④ 헤드스타트의 서비스 내용

헤드스타트 프로그램은 저소득층 아동의 발달을 지원함으로써 0~5세 아동의 학습준비 능력 향상을 위한 프로그램이다(Office of Head Start, 2016). 헤드스타트와 조기 헤드스타트 프로그램은 다양한 서비스 모델을 제공하며, 지역사회의 욕구를 중심으로 접근한다. 많은 헤드스타트와 조기 헤드스타트 프로그램은 학교와 센터에서 제공하고 있다. 구체적으로 헤드스타드 프로그램은 조기교육, 건강 및 영양지원, 사회서비스, 부모 참여, 교사 양성을 목표로 운영된다(염철현, 2008; Office of Head Start, 2016). 헤드스타트 프로그램은 임산부와 0~3세 영유아에 대한 조기 헤드스타트, 3~5세 아동에 대한 헤드스타트, 노동자층 이민 자녀에 대한 이주자 헤드스타트, 인디언 자녀에 대한 원주민 헤드스타트, 장애아동에 대한 장애아동 헤드스타트 등으로 구분되어 운영되고 있다. 1,700개의 지역사회 기관의 전달체계를 통해 헤드스타트와 조기 헤드스타트 프로그램은 미국 주와 지역, 캠프, 155개 이상의 원주민 지역사회에서 매년 100만 명 이상의 아동들에게 서비스를 제공하고 있다. 헤드스타트 프로그램은 인종, 문화적, 언어적 차이를 보이는 개별적 아동과 가족에게 지속적으로 제공된다. 즉, 헤드스타트 프로그램은 수행되는 과정에서 지속적으로 서비스 대상과 프로그램 수행방식을 유연하게 재조정하고 수정해 가는 모습을 보이고 있다(염철현, 2008; Office of Head Start, 2016).

헤드스타트 프로그램의 서비스 내용을 간략히 살펴보면 다음과 같다(김미숙 외, 2007; Office of Head Start, 2016). 첫째, 장애 영역에서 장애 유형에 따른 교육 및 건강과 의료서비스를 제공한다. 둘째, 교육 영역에서 취약계층 아동에 대한 입학 전 학교생활 준비를 지원하며 교과목 영역에 따른 지식과 기술을 전수하도록 하고 있다. 셋째, 건강 영역에서 아동의 건강검진과 평가 및 안전교육을 강조한다. 넷째, 가족 삶의 질 영역에서 주택의 안정성, 교육의 지속성, 재정적 안정성을 부모와 가족을 대상으로 지원한다. 한편 개별아동의 발달단계에 맞는 교육프로그램, 의료서비스, 부모 교육프로그램, 자원봉사 등을 비롯하여 필요한 경우 공적부조서비스와 연계를 도모한다.

또한 조기 헤드스타트에서는 사회경제적 지위가 취약한 가정의 영유아를 대상으로 포괄적인 서비스를 제공하고 있다. 주로 임산부에 대한 서비스와 3세 미만의 아동에 대한 서비스가 수행되고 있으며, 산전 태아 건강, 영유아 발달, 건강한 가족기능 증진을 위한 서비스가 제공되었다. 조기 헤드스타트는 서비스 제공 후 매 3년마다 서비스 내용을 분석하고 프로그램을 평가하고 있는데, 평가 내용은 주로 프로그램에 참여하고 있는 아동 및 부모의 인구사회학적 특성, 프로그램에 참여하고 있는 아동 수와 다른 프로그램 수혜 실태, 장애아동의 수와 장애 유형, 아동 및 부모의 교육, 보건, 영양, 사회적 서비스 등 복지 욕구 실태, 프로그램 수행을 위해 활용될 수 있는 지역사회의 자원 등이 해당되었다(문성호 외, 2009). 조기 헤드스타트에서는 임신 초기부터 포괄적인 서비스를 제공하여 빈곤가정 아동의 건강 및 발달상의 문제를 예방하고 출생 전부터 아동의 건강한 성장과 발육을 도모하고 건강하게 기능하는 가족을 이루도록 지원하고 있다(김순양·고수정, 2012).

⑤ 헤드스타트의 운영 예산 및 질적 수준 관리

헤드스타트 운영 예산은 보건복지부와 아동가족청, 헤드스타트실에서 특정 서비스 지원 지역 또는 국가 차원에서 자금조달기회 공고(Funding Opportunity Announcements: FOA)를 토대로 확보한다(Office of Head Start, 2016). 헤드스타트 보조금은 직접적으로 공적 영역, 지역사회 기반으로 신뢰를 형성한 비영리 민간 조직, 또는 재원을 필요로 하는 지역사회 영리 기관에 직접 전달하는 체제를 유지하고 있다. 아동별 지원 단가를 기준으로 각 헤드스타트 프로그램에 대한 연방정부의 지원 수준이 결정되는 체계로, 1990년대 이후 헤드스타트에 대한 미국 연방정부의 지원은 지속적으로 증가하였다(김미숙 외, 2007; Office of Head Start, 2016). 최근 보고에 따르면 헤드스타트 운영의 약 75% 정도는 연방정부의 재정지원에 의존하며, 나머지는 지방단위의 사업 시행기관에서 부담하는 재정체계로 운영되고 있다(김순양·고수정, 2012). 헤드스타트의 지원 대상은 가구 총소득 조사를 통해 정부가 제시하는 빈곤선 이하 가정 아동이나 공적부조를 받는 아동이나 위탁가정의 보호를 받는 아동, TANF, 보충소득보장(Supplementary Security Income)을 받는 가정 아동이다. 또한 빈곤선 이하인 저소득층 아동이 90%, 장애아동이 최소 10%를 차지하도록 구성하고 있으며, 저소득층 아동이나 장애아동의 수가 충분하지 않을 경우 일반가정 아동도 프로그램에 참여할 수 있다(김순양·고수정, 2012).

한편 1990년대 이후 연방정부는 예산 증액을 통해 헤드스타트의 질적 수준을 높이기 위하여 노력하고 있으며, 품질 설정 기준(Quality Set-side)이 시행되는 등 정책의 질적 수준이 크게 증대되었다. 1990년 〈헤드스타트 확대 및 질 개선법〉의 제정 이후, 헤드스타트는 질적 수준 제고를 위한 재정 확보도 증가하였다(김순양·고수정, 2012). 헤드스타트가 50여 년 이상 전미 지역에서 운영될 수 있었던 것은 프로그램 운영에 대한 질적 수준 관리가 꾸준히 이루어졌기 때문이기도 하다(Zigler & Valentine, 1997). 현재 헤드스타트는 교육, 경제, 건강, 범죄 감소 등의 법적 안정성 측면에서 많이 기여한 것으로 간주되며, 대표적인 아동 대상 사회투자정책으로서 높은 성과를 인정받고 있다. 이는 질적 수준 관리에서와 같이 지속적으로 헤드스타트의 성과 측정이 이루어지고 있고, 이를 토대로 프로그램의 강점 및 약점에 대한 분석과 수정이 계속해서 수행되고 있기 때문이다(김순양·고수정, 2012).

또한 헤드스타트의 질적 수준 관리의 대표적인 예로서, 헤드스타트협회(National Head Start Association: NHSA)의 주도로 실버리본패널(Silver Ribbon Panel: SRP)이 구성되는 등 질적 검증이 수행되었으며, 품질 이니셔티브(Quality Initiative: QI)라는 헤드스타트 우수센터 인증제가 시행되는 것을 들 수 있다. 실버리본패널은 헤드스타트 출범 25주년에 구성되어 프로그램의 질적 검증을 비롯하여 헤드스타트 수행 기준에 대한 관리감독, 종사자 자격 강화, 관련 연구를 강조했다(이진희·윤은주, 2012; Lombardi, 1990). 이어서 1994년과 1998년 재인가를 통해 헤드스타트의 재정이 대폭 증가하면서 이에 대한 평가를 위한 수행척도(performance measure)가 마련되었으며, 헤드스타트국을 중심으로 헤드스타트 수행지표(performance indicators)에 따른 평가 자료들을 수집하여 질적 수행 관리가 이루어졌다(오정수·이혜정·정익중, 2006; 이진희·윤은주, 2012). 2003년부터 2007년에는 헤드스타트 국가보고체제(Head Start National Reporting System: HSNRS)를 통해, 국가적 차원의 보육서비스 제공의 가시적인 효과성 측정과 더불어 공적 자금 투입에 의해 운영되는 사회서비스에 대한 회계감사와 책무성 증진을 목적으로 질적 수준 관리가 수행된 바 있다(이진희·윤은주, 2012; Zill, 2007).

이 밖에 헤드스타트 운영기관 중 NHSA로부터 인증받은 QI 최우수 프로그램(Program of Excellence)들의 공통점을 토대로 헤드스타트 운영에 있어 중요한 기준을 살펴볼 수 있다. 헤드스타트 우수센터의 특징으로는, 첫째 기관 책임자 및 교직원 등 다수의 종사자가 높은 수준의 전문성과 지도력을 보이고 있고, 둘째 지역사회에서 발생한 이슈에 대해 협조적이고 체계적으로 대응하고 있으며, 셋째 직원들 간 존중 및 참여의 정도가 높고, 넷째 공동의 목표의식과 비전을 공유하며 이를 추구하고, 다섯째 아동과 가족에 대한 관심과 관리를 지속하고 이를 서비스에 반영하는 것 등을 들 수 있다(김순양·고수정, 2012; 김용미, 2007; Chafel & Sugioka, 2004).

⑥ 헤드스타트의 효과성 및 평가
1965년 헤드스타트가 최초 시행되고 50여 년이 흐르는 동안 프로그램의 효과와 관련한 정책적·학술적 연구도 활발히 이루어졌다. 김미숙 외(2007)는 헤드스타트가 교육 효과 측면에서 아동에게 조기교육을 실행함으로써 참여아동의 성취동기와 사회행동에 유의미한 영향을 미쳐 사회·정서적 발달에 효과적이었으며 학력 취득에도 효과적임이 보고되었다고 하였다. 또한 성장발달 측면에서도 헤드스타트의 보건의료서비스 제공이 아동의 운동신경, 보건상태, 정신건강, 인지력 및 언어력 향상에 효과적일 뿐만 아니라, 사회경제적으로도 헤드스타트로 인해 아동범죄율이 감소하고, 헤드스타트 아동 부모들의 역량이 강화되며 헤드스타트의 고용 창출로 빈곤아동이나 부모들이 빈곤을 탈출하는 기회를 갖는 효과를 보이기도 한다고 보고하였다. 그레이시즈의 연구에서도 헤드스타트 프로그램이 고등학교 졸업률, 대학 입학률, 소득, 비행 등의 측면에서 장기적 효과가 있다고 분석했다. 즉, 취약계층 아동의 헤드스타트 참여가 고등학교 졸업률을 28% 높이고, 대학 입학률을 27% 높이며, 소득은 100% 증가시키는 효과가 있다고 하였다(보건복지부, 2010 재인용).
이와 같은 효과성 보고를 토대로, 헤드스타트는 경제적으로 취약한 가정의 태아 및 영유아 발달, 건강한 가족생활 지원을 위한 서비스를 효과적이고 체계적으로 제공하고 있는 것으로 평가된다. 헤드스타트는 저소득층 아동의 취학 전 불이익을 최소화하려는 목적에서 종합적 보육서비스를 통해 개입하는 것이 바람직함을 보여 준다. 또한 헤드스타트는 미국 사회의 대표적인 영유아 보육 관련 포괄적 정책으로서 사회 통합의 가치를 수행한 것으로 긍정적인 평가를 받고 있다. 헤드스타트는 50여 년의 긴 시간 동안 대상의 다양성을 최대한 인정하고 존중하여 다양한 프로그램의 개발 및 지속적 수정을 토대로 운영되었으며, 프로그램의 성과가 나타나고 그 필요성이 증대되면서 정책 수혜 대상도 상황에 맞게 조정 및 확대되는 등 탄력적으로 운영되었다고 평가된다(염철현, 2008). 히스패닉, 흑인, 백인 등을 포함한 3~4세 아동을 대상으로 헤드스타트 프로그램의 영향을 경험적으로 증명한 연구(Puma et al., 2012: 13~37)에서는 헤드스타트 프로그램이 아동의 인지적, 사회정서적, 건강의 욕구를 충족시킬 뿐만 아니라 부모를 대상으로 하는 양육 실천에도 긍정적인 영향을 미치는 것으로 확인되었다.

## (2) 인증평가 제도

### ① 인증평가 제도의 도입 배경

미국의 보육서비스에 대한 규제는 서비스 제공자에게 정부가 정한 최소한의 기준을 따르도록 하고, 이를 충족하지 못할 경우 자격을 박탈하는 방식으로 이루어진다(김근세·김주희, 2011: 96). 대부분 아동과 교사의 비율, 교사의 자격 수준, 시설에 대한 안전과 위생에 대하여 최적의 상태라기보다는 최소한의 기준을 제공하여 이를 따르게 하는데, 미국에서는 주로 주정부 단위로 규제가 이루어지고, 보육시설의 유형에 따라 규제 기준도 달리 정하고 있다(김근세·김주희, 2011: 96).

　1980년대 미국은 질 높은 보육과 교육에 대한 요구가 높지만 국가적 수준의 지원체계가 미비한 상황에서 민간 전문단체인 유아교육협회(The National Association for the Education of Young Children: NAEYC)가 유아교육기관에 대한 자발적인 인증평가 제도를 시작하였다(최명희·김선영, 2007: 175). 그 외에 영리시설에 대한 규제는 아동보육협회(National Child Care Association: NCCA)가, 가정보육에 대한 규제는 가족보육협회(National Association for Family Child Care: NAFCC)가 담당하고 있다(김근세·김주희, 2011:96).

② NAEYC의 평가인증제도 개요

유아프로그램에 대한 NAEYC 평가인증제도는 유아교육의 질적 수준을 나타내는 대표적인 지표이다. 이 제도는 유아교육프로그램의 수준을 높일 수 있는 자격인정제도를 제공하기 위한 목적으로 1985년에 시작되었으며, 현재 7천 개가 넘는 프로그램이 NAEYC로부터 인증을 받았다(The National Association for the Education of Young Children, 2016).

NAEYC 평가인증을 받은 프로그램들은 유아교육에 대한 투자가 아동과 가족에게 이득이 된다는 전제하에 개발되었다. 태어나서부터 8세까지의 아동이 경험하는 것들은 아동의 평생교육에 매우 중요한 영향을 미치며, 그들의 건강과 발달에 긍정적으로 작용한다. 따라서 양질의 유아교육 프로그램은 아동의 성공적인 학교생활을 준비하는 데에 도움이 된다(The National Association for the Education of Young Children, 2016).

이러한 이유로 많은 아동의 부모와 가족들이 NAEYC 평가인증을 받은 프로그램들을 찾는 것이다. 즉, 유아교육 프로그램을 선택하는 부모들은 자신의 자녀들을 위하여 가장 높은 수준의 프로그램을 찾는 데 많은 시간과 노력을 할애하는데, NAEYC 평가인증제도는 이들이 찾고 있는 질적 수준의 지표가 될 수 있는 것이다. 따라서 이 제도는 부모가 자녀들을 위해 올바른 결정을 할 수 있도록 도울 것이다(The National Association for the

Education of Young Children, 2016).

　NAEYC 평가인증 획득의 장점은 다음과 같다. 첫째, 아동프로그램의 질을 향상하기 위하여 교사와 관리자, 그리고 가족이 함께 노력하기 때문에 조직력이 강화된다. 둘째, 이러한 노력의 결과로 프로그램의 전반적인 수준이 향상된다. 셋째, NAEYC 평가인증을 받은 프로그램은 NAEYC 홈페이지의 검색목록에 포함된다. 넷째, 매주 발행되는 NAEYC 유아교육 뉴스레터를 통해 프로그램이 홍보된다. 다섯째, 인증 받은 로고를 프로그램 또는 기관의 홍보를 위해 사용할 수 있다. 여섯째, 보다 많은 가족들을 프로그램에 참여시킬 수 있다(The National Association for the Education of Young Children, 2016).

③ NAEYC 평가인증제도의 평가지표

NAEYC 평가인증제도는 1985년 처음 시작한 이후 제도의 확대와 사회적 관심의 증가로 지금까지 여러 차례 평가지표를 개정해 왔다. 또한 2006년에는 어린이집을 통해 아동에게 제공되는 유아프로그램의 엄격한 기준과 더 많은 증거 및 우수사례의 전문지식 정렬의 기준을 포함하도록 개정되었다(The National Association for the Education of Young Children, 2016). 즉, 2006년에 10개의 범주에 걸쳐 총 413개 항목의 상세한 지표로 구성된 지표를 개발하였다(서문희 외, 2009: 15).

　2006년에 개정된 NAEYC 평가지표의 10개 범주는 과거의 기준을 재조직한 것으로, 관계, 교육과정, 강의, 아동발달 평가, 건강, 교사, 가족, 지역사회 관계, 물리적 환경, 리더십과 관리로 구성되어 있다. 이 10개의 범주는 네 영역으로 그룹 지을 수 있는데, 프로그램의 대상이 되는 아동을 중심으로 하여 프로그램과 관계된 교사, 가족, 그리고 프로그램의 품질을 위한 관리로 구분된다(The National Association for the Education of Young Children, 2016). 평가지표의 세부내용은 〈표 16-6〉과 같다.

〈표 16-6〉 NAEYC 평가지표

| 영역(Category) | 범주(Standard) | 주제영역(Topic Area) |
|---|---|---|
| Ⅰ. 아동<br><br>* 아동의 학습과 성장발달에 초점 | 1. 관계<br>(Relationships) | - 교사와 가족 간의 긍정적인 관계 형성<br>- 교사와 아동 사이의 긍정적인 관계 형성<br>- 아동의 친구관계 형성 지원<br>- 예측 가능하고, 일관성 있고, 조화로운 교실 형성<br>- 도전적인 행동 다루기<br>- 자기조절 증진 |
| | 2. 교육과정<br>(Curriculum) | - 교육과정: 필수적인 특징<br>- 발달영역: 사회-정서 발달<br>- 발달영역: 신체 발달<br>- 발달영역: 언어 발달<br>- 인지발달을 위한 교육과정: 초기 문해<br>- 인지발달을 위한 교육과정: 초기 수학<br>- 인지발달을 위한 교육과정: 과학<br>- 인지발달을 위한 교육과정: 과학기술<br>- 인지발달을 위한 교육과정: 창의적인 표현과 예술 감상<br>- 인지발달을 위한 교육과정: 건강과 안전<br>- 인지발달을 위한 교육과정: 사회 |
| | 3. 강의<br>(Teaching) | - 풍부한 학습환경 설계<br>- 교육을 위한 돌봄 공동체 형성<br>- 아동 관리<br>- 학습목표 달성을 위한 시간 배분, 조직, 일과 활용<br>- 아동의 관심과 요구에 대한 반응<br>- 모든 아동을 위한 교육의 의미 만들기<br>- 아동의 이해력 심화 및 기술과 지식 형성을 위한 교육 |
| | 4. 아동발달 평가<br>(Assessment of Child Progress) | - 평가계획 개발<br>- 적절한 평가도구 활용<br>- 아동의 욕구와 흥미 확인 및 아동 발달단계 정의<br>- 교육과정의 적용, 학습의 개별화, 프로그램 발달 안내<br>- 가족과의 의사소통 및 평가 과정에의 가족 참여 |
| | 5. 건강<br>(Health) | - 아동의 건강 보호와 전염병 예방을 위한 촉진<br>- 아동의 영양적인 복지 보장<br>- 건강한 환경 유지 |
| Ⅱ. 교사<br><br>* 프로그램 교사의 자격, 지식 및 전문적 약속 | 6. 교사<br>(Teachers) | - 교사의 준비, 지식, 기술<br>- 교사의 성향과 전문적 약속 |

| 영역(Category) | 범주(Standard) | 주제영역(Topic Area) |
|---|---|---|
| III. 가족, 지역사회 파트너<br><br>* 가족과 지역사회 협력에 초점 | 7. 가족 (Families) | - 가족에 대한 인지와 이해<br>- 교사와 가족 간 정보 공유<br>- 아동을 위한 대변인으로서 가족 양성 |
| | 8. 지역사회 관계 (Community relationships) | - 지역사회와의 연계<br>- 지역사회 자원의 활용<br>- 이웃과 유아교육 공동체 시민으로서의 행동 |
| IV. 프로그램 관리<br><br>* 프로그램의 물리적 환경과 운영에 초점 | 9. 물리적 환경 (Physical environment) | - 실내외 시설, 설비, 가구(비품)<br>- 실외 환경 조성<br>- 건축과 물리적 디자인<br>- 환경 위생 |
| | 10. 리더십과 관리 (Leadership and management) | - 리더십<br>- 관리 지침과 절차<br>- 재정 책임 지침과 절차<br>- 건강, 영양, 안전 지침과 절차<br>- 개인적인 지침<br>- 프로그램 평가, 책임, 지속적인 개선 |

자료: The National Association for the Education of Young Children, 2016.

④ NAEYC의 평가인증 절차

NAEYC의 평가인증 절차는 2010년 개정을 통해 기존의 3단계 절차인 자기학습(self-study), 확인(validation), 인증 결정(commission decision)에서 2010년 자기학습, 인증 지원, 인증 후보, 인증 결정의 4단계로 세분화되었다(최명희 · 김선영, 2007: 177). 이 4단계는 다음과 같이 이루어진다.

1단계는 등록/자기학습(enrollment/self-study)으로, NAEYC 인증을 시작하기 전에는 반드시 이 절차를 거쳐야 한다. 이 단계에서는 10개의 유아 프로그램 기준에 맞게 각 기관의 프로그램을 정렬하고, NAEYC에서 제공하는 자기학습 키트를 활용하여 프로그램의 질적 수준을 점검할 뿐만 아니라 자체적으로 개선할 수도 있다. 평가인증을 받기 위한 필수적인 단계이지만, 다음 단계를 진행하지 않고 자기학습과 프로그램 개선만을 위하여서도 이 단계를 활용할 수 있다. 즉, 자기학습 방식은 표준화된 것이 아니라 기관의 프로그램에 적합한 방식을 고안하도록 되어 있는데, 해당 프로그램의 변화와 개선을 위해 점검하는 용도로 1단계를 활용할 수 있는 것이다(서문희 외, 2009: 18~19; 최명희·김선영, 2007: 179; The National Association for the Education of Young Children, 2016).

2단계는 신청/자체평가(application/self-assessment) 단계로, 자기학습 완료 후 입후보 마감일까지 자격 요건의 준수를 입증할 수 있는 신청서를 제출함으로써 공식적인 인증절차가 시작된다. 또한 자체평가는 해당 기관의 프로그램이 10개의 NAEYC 평가지표인 인증기준에 부합한다는 것을 입증하기 위한 자료를 수집하는 것이다. 이러한 증거자료로는 관찰 가능한 기준, 프로그램 포트폴리오, 학급 포트폴리오, 가족 설문, 교사 설문 등이 있다(The National Association for the Education of Young Children, 2016). 자체평가는 교사와 가족이 함께 참여하며, 체계적이고 포괄적이며 공식적인 평가를 실시할 수 있도록 인증기준과 지표를 사용한다. 또한 자체평가 결과를 통해 현장방문 시 검토할 자체평가보고서를 작성한다(서문희 외, 2009: 18~19; 최명희·김선영, 2007: 180).

3단계는 입후보(candidacy) 단계이다. 이 단계는 양질의 프로그램의 핵심 구성요소와 현장방문을 위한 준비가 되었음을 입증하는 것으로, 프로그램 입후보 자료를 제출하면 NAEYC 인증 코디네이터는 그것들을 검토하여 현장방문을 할 것인지 결정한다. 제출한 자료에 대한 검증작업이 완료되어 현장방문을 결정하면, 그로부터 6개월 이내에 이를 실시한다(서문희 외, 2009: 18~19; 최명희·김선영, 2007: 180; The National Association for the Education of Young Children, 2016).

마지막 4단계는 기준충족(meeting the standards)과 기준유지(maintaining the standards)로 구분할 수 있는데, 기준충족 과정은 관찰 가능한 조사와 포트폴리오 증거자료를 통해 해당 프로그램이 평가기준에 충족된다는 것을 평가자에게 입증하는 단계이다. 먼저 현장방문을 통해 해당 프로그램이 NAEYC 유아프로그램 기준에 완전히 부합하는지 독립적인 평가가 이뤄지며, 현장방문 기간 동안 평가자는 제출된 증거를 관찰하고 평가에 근거한 자료를 수집한다. 현장방문이 끝나면 수집된 자료들은 NAEYC 아카데미가 채점하여 점수를 매긴다(The National Association for the Education of Young Children, 2016).

인증후보가 된 기관은 평가자로부터 현장방문이 이루어질 날짜를 15일 이내의 기간으로 통보를 받는다. 입후보 단계로부터 6개월 이내에 현장방문이 이루어지며, 방문 전에 일정을 통보 받게 되어 그 전까지 기관에서는 정확한 날짜를 알 수 없다. 또한 현장방문이 완료된 후 관련 자료가 NAEYC로 보내지면, 3개월 안에 해당 프로그램에 대한 인증 여부(인증, 지연, 거부)가 결정된다(서문희 외, 2009: 18~19; 최명희 · 김선영, 2007: 180; The National Association for the Education of Young Children, 2016).

평가결과 인증이 결정된 기관은 NAEYC 홈페이지 인증프로그램에 등록되어 공개된다. 인증 유효기간은 기존 3년에서 2006년에 5년으로 연장되었다. 인증이 결정되면 인증서와 관련 사실을 홍보할 수 있는 포스터와 로고, 학부모용 홍보자료 등이 제공된다(최명희 · 김선영, 2007: 181).

4단계의 두 번째 과정인 기준 유지는 NAEYC의 프로그램 기준인 10개의 지표를 지속적으로 준수하는 것을 입증하는 단계이다. 이는 사후관리 차원의 전략으로 2006년 개정된 평가인증제에 포함된 절차로, 인증을 받은 기관에서는 매년 연차보고서를 제출하여야 한다. 또한 주요 프로그램의 변경이나 허가 또는 규제 개정, 아동의 건강이나 안전을 위협할 수 있는 사건 등이 발생할 경우 NAEYC에 업데이트해야 하며, 추가적인 확인이나 임의 방문을 통해 프로그램이 지속적으로 기준을 충족하는지 확인받게 된다(서문희 외, 2009: 18~19; The National Association for the Education of Young Children, 2016). 이 과정에서 해당 프로그램이 인증 기준에 충족하지 못한 사실을 발견하면 인증 유효기간 내에도 프로그램에 대한 재평가를 실시하며, 재평가 결과 인증 기준에 부합하지 않는 것을 확인하면 인증 효력을 상실하여 리스트에서 삭제된다(최명희·김선영, 2007: 181).

NAEYC는 평가인증에 참여하는 기관이 활용할 수 있도록 TORCH(The Online Resource Center Headquarters)를 개발하여 지원한다. 인증을 받고자 하는 기관은 TORCH 프로그램에서 평가인증척도를 확인하여 신청하고, 그 과정에서 프로그램의 도움을 받을 수 있다(이미화 외, 2012: 23).

### (3) 보조금제도

① 보조금제도의 개요

대다수 선진국에서 아동수당을 지급하는 것과 달리, 저소득가정 아동보호에 초점을 두고 있는 미국은 보육서비스의 보편적 프로그램인 아동수당제도가 존재하지 않는다. 그 대신 아동양육과 관련된 세액공제(Tax Credit)와 현물지원이 많으며, 일부 정책들은 보육서비스의 지원조건에 부모의 소득활동을 포함함으로써 아동보육서비스 이용에 영향을 미치도록 한다(오정수·정익중, 2013: 84~85; 김근세·김주희, 2011: 90). 보조금제도는 소득 수준에 따라 세금공제 또는 환급혜택을 주는 것으로, 저소득층은 근로장려세제(Earned Income Tax Credit: EITC) 프로그램의 대상이 된다. EITC는 일정 한도 내에서 저소득층 근로자에게 소득 수준과 부양가족 수 등에 따라 세금공제 및 환급혜택을 주는 프로그램이다(조은경·김은영, 2008: 76).

한편 EITC 프로그램의 대상이 되는 기준보다 소득 수준이 약간 높은 가정은 자녀 및 부양가족 보육 세액공제(Child and Dependent Care Credit)를 통해 자녀의 수에 따라 세금감면을 받을 수 있다. 또한 부모를 위한 보육세액공제(Child Care Tax Credits for Parents)와 보육지원을 하는 고용주를 위한 세액공제(Tax Credits for Employers to Support Child Care) 등을 통해 보육에 대한 비용을 지원하고 있다(조은경·김은영, 2008: 77).

② 근로장려세제

근로장려세제(EITC)는 소득에 대한 세금공제 혜택을 통해 보조금을 주는 것과 동일한 효과를 얻도록 함으로써, 자녀가 있는 저소득가정의 근로의욕을 고취시키기 위하여 1975년에 시작된 재정적인 인센티브 프로그램이다(Noonan et al., 2007: 102). EITC 프로그램은 1990년대 복지개혁 이후 확대되어, 현재는 유자녀 저소득가정에 대한 미국에서 가장 큰 현금지원 프로그램이 되었다(Eamon et al., 2009: 919). EITC는 자녀를 양육하는 저소득층의 세금 부담을 완화하고 근로빈곤층 가정에 현금급여를 제공하는 복지적 성격의 조세제도로, 만약 EITC 프로그램의 대상이 되는 자가 납부해야 하는 세금보다 공제되어야 할 세금이 많은 경우에는 차액만큼 현금으로 지급한다(오정수·이혜원·정익중, 2006: 32).

EITC 프로그램의 대상이 되기 위해서는 자격 조건과 소득 수준이 모두 충족되어야 한다. 자격 조건에 부합하기 위해서는 본인과 배우자, 그리고 자녀에게 사회보장청(Social Security Administration)으로부터 발급받은 사회보장번호(Social Security Number: SSN)가 필요하며, 본인과 자녀의 관계, 자녀의 연령 및 거주지 등 적격 자녀에 대한 기준에 충족되어야 한다. 다음으로 2016년 기준 EITC의 소득한도는 〈표 16-7〉과 같으며, EITC에서의 근로소득은 스스로 또는 고용주를 위하여 일하고 얻은 소득을 말한다. 즉, 교육보조금과 같이 비과세 대상이 되는 직원 복지 혜택이나 연금, 위자료, TANF는 근로소득에 포함되지 않는다(Internal Revenue Service, 2016).

〈표 16-7〉 EITC 소득한도

(단위: 달러)

| 납세자 구분 | 청구 대상 적격 자녀 수 | | | |
|---|---|---|---|---|
| | 없음 | 1명 | 2명 | 3명 이상 |
| 독신자, 세대주 또는 한부모 | 14,880 | 39,296 | 44,648 | 47,955 |
| 부부 공동 신고자 | 20,430 | 44,846 | 50,198 | 53,505 |

자료: Internal Revenue Service, 2016.

EITC 프로그램의 혜택을 받기 위해서는 해당 연도의 투자 소득이 3,400 달러 이하여야 한다. 또한 2016 과세연도의 최대 세액공제액(Maximum Credit Amounts)은 적격 자녀가 없는 경우 506달러, 1명인 경우 3,373달러, 2명인 경우 5,572달러, 3명 이상일 경우 6,269달러이다(Internal Revenue Service, 2016).

③ 자녀 및 부양가족 보육 세액공제

자녀 및 부양가족 보육 세액공제(Child and Dependent Care Credit)는 근로 중이거나 구직 중인 자가 부양가족인 13세 미만의 자녀에 대해 보육서비스를 이용하였을 경우, 이에 대한 세액을 공제하여 주는 제도이다. 세액공제 금액은 보육비에 비례하며, 총소득에 따라 공제율이 결정되고, 총 공제액은 자녀가 한 명일 경우 3천 달러, 두 명 이상일 경우 6천 달러를 초과할 수 없다(Internal Revenue Service, 2016).

이 제도를 통해 공제받을 수 있는 항목은 보육이 주된 목적으로 지출되는 비용에 한정한다. 즉, 자녀를 위해 지출한 금액이라 하더라도 보육이 주된 목적인 비용과 그렇지 않은 비용을 구분하여, 보육을 위해 지출한 비용 중에서 총소득에 대한 공제금액만큼 차감하는 것이다. 또한 보호자 2인의 근로소득 중 적은 금액보다 더 많은 비용을 청구할 수는 없지만, 한쪽의 보호자가 정규학생이거나 소득이 없을 경우에는 특별 규칙이 적용된다(Internal Revenue Service, 2016).

④ 요보호가정 일시부조를 위한 정액보조금

1996년 〈개인책임 및 근로기회 조정법〉(PRWORA)의 제정으로 인해 기존의 AFDC, 긴급부조(Emergency Assistance) 및 JOBS의 세 가지 개별 프로그램이 TANF라는 통합적 부조프로그램으로 대체되었다(오정수·이혜원·정익중, 2006: 29).

요보호가정의 자립을 지원하기 위해 마련된 TANF 프로그램은 주정부가 연방정부에 정액보조금을 교부하여 TANF 프로그램의 목적 달성을 위한 프로그램을 기획하여 수행하도록 한다. TANF 프로그램의 목적은 다음과 같다. 첫째, 요보호가정에 대한 지원을 통해 아동들이 그들의 원가정에서 보호받도록 한다. 둘째, 부모의 복지의존성을 감소하여 자립할 수 있도록 취업 준비와 직장생활 및 결혼생활을 지원한다. 셋째, 혼외임신의 발생을 예방하고 감소시키며, 넷째, 양부모가족이 유지되도록 돕는다(Administration for Children and Families, 2016).

한편 TANF 프로그램은 고용을 통한 빈곤 탈출을 목표로 하기 때문에 수급자 중 미취업상태의 근로 가능한 성인에게는 엄격한 근로의무가 주어지고, 수급기간에 대한 제한을 가하는 등 노동시장에 적극적으로 유인한다. 이들은 수급 개시 2년이 지나면 주당 일정 시간 이상 근로에 종사하여야 하고, 수급을 받을 수 있는 기간은 생애기간 동안 5년(60개월)을 초과할 수 없다(오정수·이혜원·정익중, 2006: 29; 권구형, 2014: 22~24).


## 3. 시사점

미국의 아동 및 보육서비스는 우리나라의 아동복지서비스를 비롯하여 보육서비스 전반에 상당한 시사점을 제공하고 있다.

미국의 아동복지서비스와 법률체계는 아동의 욕구에 따라 발달되었고, 서비스 전달체계의 통합적인 방식으로 해결하려는 시도와 노력을 하고 있었다. 그러나 미국은 지방정부의 정책 재량으로 서비스 전달에 효율성과 효과성을 기하고자 하였다. 연방정부가 아동정책사업을 운영하고, 해당사업을 관리감독하면서 직접적인 서비스는 주정부와 지방정부, 민간기관에 의해 수행하는 방식으로 정책 수립과 사업 운영을 분리하는 특징을 살펴볼 수 있다. 이는 사업 운영이나 서비스 전달에서 주정부가 재량권을 가지고 있고, 사업 운영에서는 연방정부와 주정부의 예산이 투입되어 각 정부의 정책방향과 재정능력에 따라 시행되므로 아동복지서비스 혜택의 양과 질의 측면에서 편차가 커질 수 있다. 하지만 이러한 편차를 줄이기 위해 국가 최소기준(national minimum)을 통해 연방정부가 관리하고 있다. 우리나라에서도 아동복지 예산이 지방이양사업으로 편성되면서 지자체 상황에 따라 아동복지사업의 지역 격차가 점점 커지는 것을 볼 때, 국가 최소기준을 마련해야 할 것으로 보인다. 또한 현재 우리나라는 복합적인 문제나 욕구를 가진 아동에 대해 서비스 체계가 크게 학교, 사회복지관, 청소년상담복지센터, 지역아동센터, 아동보호전문기관, 가정위탁지원센터 등으로 나뉘어 수혜자 욕구 중심의 서비스가 아니라 공급 주체에 따라 분할된 서비스 체계 위주로 제공되고 있다. 그러한 서비스 체계에서 접하게 되는 전문가도 각기 문제 위주로 분할되어 개별적으로 접근하게 되어 있다. 이러한 서비스 체계는 서비스의 전문화나 다양화를 가져올 수 있지만 이들 간의 충분한 연계가 부족하다면 엄청난 자원의 낭비나 서비스 제공의 누락이 발생할 수 있다. 미국도 과거에 이와 똑같은 문제에 봉착했고 이를 서비스전달체계를 통합적으로 발전시키는 방법을 통해 해결해 나가고 있다(오정수, 이혜원, 정익중, 2006). 우리나라 아동복지서비스도 범주화된 체계에서 탈피하여 보다 통합적인 서비스체계를 지향해야 할 것이다.

입양서비스와 관련해서도 시사점을 살펴볼 수 있다. 현재 미국에서는 입양을 장려하기 위해 연방매칭펀드를 제공하고 있다. 이 펀드는 입양 시 사용하게 되는 입양비용과 아동양육을 위한 보조금으로 사용할 수 있으며, 개인소득 수준에 따라 50~83%의 예산을 제공하고 있다. 이러한 입양 지원보조금 및 입양 선행비용 상환, 입양가정의 세제혜택 등의 제공으로 위탁가정에서 아이들이 빠르게 입양될 수 있도록 장려하고 있는 것이다. 특히 활발한 입양 홍보를 위하여 여러 매체를 활용하고, 웹사이트를 통해 관련 정보를 손쉽게 얻을 수 있도록 노력하고 있음을 알 수 있다. 이처럼 국가적 차원에서 입양을 장려하는 다양한 노력들은 우리나라 입양서비스에 주는 시사점이 크다.

이와 함께 미국의 탈시설화는 긍정적인 평가와 부정적인 평가가 동시에 있다. 지역사회를 기반으로 한 요보호아동의 보호가 아동의 권리를 증진하였고, 지역사회보호제도를 정착하는 데 계기가 되었다는 것은 분명 긍정적 시사점이다. 반면 아동의 특성을 고려하지 않고 다른 형태의 보호에 강제 수용하는 결과를 도출했다고 평가되기도 한다. 하지만 이러한 평가는 탈시설화를 진행하는 과정 속에서 생긴 문제로 볼 수 있기에, 지역사회보호의 실현을 위한 기반이 먼저 조성되어야 함을 시사한다고 할 수 있다.

미국은 아동 양육을 개인과 가족의 문제로 보는 경향이 강하며, 따라서 보육정책 역시 보편적이 아닌 저소득층에 대한 지원 목적으로 한정적으로 추진되어 왔다. 지원방식 역시 현금을 직접적으로 지급하는 것이 아니라 소득에 대한 세금감면의 형태로 이루어지기 때문에, 소득 수준이 높은 가정이 그렇지 않은 가정에 비해 더 많은 금액을 지원받게 되기도 한다. 또한 부모의 취업을 장려하면서도 출산휴가나 육아휴직에 대한 정책적 지원이 미흡하여 일부 고소득 가정을 제외하고는 이러한 제도를 선택적으로 활용하는 데에는 사실상 한계가 존재한다(김젤나·최윤진, 2015: 34~35). 이러한 문제에 대한 해결책으로 보편적 지원정책인 아동수당 도입이 필요하다는 주장이 제기되기도 한다. 반드시 아동수당이 아니더라도, 소득 수준으로 인한 지원의 불평등을 수정할 수 있는 제도적 장치 마련이 필요할 것으로 보인다. 그리고 사업체에 주어지는 세금공제 혜택을 확대하거나 출산휴가와 육아휴직에 대한 임금을 보조하는 방식 등을 통해, 취업 중인 부모가 경력 단절의 위험 없이 자녀를 양육할 수 있도록 국가가 정책적으로 개입하여야 할 것이다.

또한 미국의 아동보육서비스와 관련하여 헤드스타트를 비롯한 평가인증제도를 중심으로 시사점을 고찰할 수 있다. 먼저 미국의 헤드스타트는 성공적인 사회공익 프로그램의 모델로서 시대 환경의 변화에 따라 그 적용 대상과

방식이 어떠한 형태로 변천하는지 보여 준다. 미국의 헤드스타트는 성공적인 유아교육정책이자 교육의 기회균등 정신을 실천한 대표적인 사회통합정책으로 평가받으며, 영국의 슈어스타트(Sure Start), 캐나다의 페어스타트(Fair Start), 호주의 베스트스타트(Best Start), 그리고 한국의 드림스타트(Dream Start) 등에 정책적 함의를 제공하고 있다. 미국의 헤드스타트 실행사례 분석을 토대로 공적 영역에서의 보육서비스 대상 확대방식에 있어 연도별, 지역별, 연령별로 다양한 방식을 채택할 수 있으며, 프로그램 및 서비스내용의 충실도 제고를 위한 질적 관리방안 마련에 대한 함의를 찾을 수 있다. 예컨대 헤드스타트의 기관 및 종사자의 책무성 강조를 위한 다양한 질적 관리방법 강구, 평가인증의 준거들에 대한 고심, 프로그램 이용 아동 및 가족이참여하는 평가과정의 개발 등 시행착오나 각종 성과는 우리나라 보육서비스의 공공성 제고를 위한 교훈이 될 수 있다(이진희·윤은주, 2012). 또한 헤드스타트는 오랜 기간에 걸쳐 사회구성원들의 협의와 합의를 바탕으로 수행되었다는 측면에서 아동보육서비스 운영에 함의를 제공한다. 특히 공공영역과민간영역 간 파트너십을 토대로, 사회구성원들의 욕구와 합의를 서비스에긴밀하게 반영하였다는 점은 참고할 만하다. 미국의 헤드스타트는 가족 해체, 여성의 사회 진출 증가, 핵가족화의 가속화 등의 상황 속에서 아동 조기개입 프로그램의 대상 확대, 빈곤아동에 대한 복지욕구와 조기개입의 질적개선 등을 구체적으로 강조한다는 함의를 제시한다.

한편 NAEYC 평가인증제도 부분에서도 미국의 경우를 바탕으로 우리나라의 아동보육서비스 전반에 질적 수준 향상의 노력이 시급함을 확인할 수있다. 1985년에 시작된 NAEYC 평가인증제도는 30년 동안 영유아 보육및 교육프로그램에 대한 질적 기준을 확립하였고, 가족들로 하여금 그들의자녀를 위한 좋은 교육환경을 판단할 수 있도록 정보를 제공하였다. 현재는 약 7천 개의 영유아 보육프로그램에 대한 인증을 통해 60만 명이 넘는아동들이 혜택을 받고 있다(The National Association for the Education of

Young Children, 2016). NAEYC 평가인증제도의 발전과 확대는 바람직한 일이지만, 공식적인 영유아 보육 및 교육서비스를 이용하지 않는 아동의 경우 여전히 열악한 환경에서 보호받고 있다. 따라서 어떠한 형태의 보육 서비스를 받더라도 수준 높은 프로그램의 혜택을 받을 수 있도록 가정 내 보육 제공자에 대한 교육을 강화하고, 질적 수준을 향상할 수 있는 인센티브 등을 마련해야 할 것이다. 또한 이러한 접근을 위하여 국가의 개입이 필요할 것으로 보인다.

## ■ 참고문헌

국내 문헌

권구형(2014). "미국의 근로 연계 복지제도(TANF)와 전달체계". 〈해외고용리포트〉, 가을호, 22~33.

김근세·김주희(2011). 《한국과 미국의 보육서비스 전달체계와 품질 비교분석》. 파주: 집문당.

김미숙·김성천·정익중·이혜원·오승환·이주연·신어진(2009). 《아동청소년복지 수요에 기반한 복지공급체계 재편방안 연구: 지역유형별 사례를 중심으로》. 서울: 한국보건사회연구원.

김미숙·조애저·배화옥·김효진·홍미(2007). 《한국의 아동빈곤실태와 빈곤아동지원 방안》. 서울: 한국보건사회연구원.

김순양·고수정(2012). "미국의 교육불평등(Educational Inequality)에 대한 조기 개입 정책: 헤드스타트의 분석 및 정책적 시사점 도출". 〈한국행정연구〉, 21권 2호, 103~136.

김용미(2007). "미국 헤드스타트 프로그램의 질적 수준 관리에 대한 고찰과 시사점". 〈아동교육〉, 16권 2호, 17~30.

김젤나·최윤진(2015). "영유아 보육실태의 국가 간 비교분석 연구: 스웨덴, 영국, 미국을 중심으로". 〈임상사회사업연구〉, 12권 1호, 25~38.

김종우·김성천·박은미·정익중·강병권(2015). 《아동실종의 이해》. 서울: 양서원.

김지은(2005). "미국 조기헤드스타트의 문헌고찰을 통한 한국의 영아보육에 관한 연구". 〈대한가정학회지〉, 43권 12호, 97~111.

문성호·임영식·문호영·김남정·한지연(2009). 《아동·청소년 역량개발을 위한 능동적 복지정책 추진방안: 저소득가정 아동·청소년의 역량 개발》. 서울: 한국청소년정책연구원.

배태순(1998). 《현대사회에서의 입양의 이해와 입양의 성공》. 경남대학교 출판부.

배화옥(2008). "미국의 아동정책". 《한국아동학회 학술대회 자료집》, 71~86.

변호순·최정균(2014). "미국 아동보육지원프로그램 수급과 보육서비스 이용, 보육서비스의 질, 모 양육행동이 아동의 인지사회발달에 미치는 영향". 〈한국아동복지학〉, 48권, 147~171.

보건복지부(2010). 《2011년도 드림스타트 사업 안내》. 서울: 보건복지부.

서문희·김온기·김명순·서영숙·이완정·서소정·나종혜·김은영·이계윤·이원선·송신영·신희연(2009). 《보육시설 평가인증 시행의 평가와 추진방안 연구》. 서울: 보건복지가족부.

서문희·안재진·이세원·유희정(2009). 《보육정책 개편방안 연구: 영유아 보육법을 중심으로》. 서울: 보건복지가족부 육아정책개발센터.

신미자(2007). "미국의 영아를 위한 헤드스타트 프로그램". 《한국유아교육·보육행정학회 춘계전국학술대회 자료집》, 40~54.

양재진(2009). "사회투자정책의 정책거버넌스와 전달체계 연구: 영국의 아동복지정책을 중심으로". 〈행정논총〉, 47권 3호, 309~333.

염철현(2008). "미국의 Head Start와 한국의 We Start 운동의 비교·분석 및 그 시사점". 〈비교교육연구〉, 18권 2호, 47~67.

＿＿＿＿(2010). "미국 연방 차원의 교육복지법 개관 및 시사점". 〈교육법학연구〉, 22권 1호, 71~92.

오정수·이혜원·정익중(2006). 《세계의 아동복지서비스: 미국, 영국, 일본을 중심으로》. 서울: 나눔의 집.

오정수·정익중(2013). 《아동복지론》. 서울: 학지사.

이미화·서문희·최윤경·엄지원(2012). 《보육서비스 품질 제고를 위한 어린이집 평가인증 발전방안 연구》. 서울: 보건복지부.

이소라(2014). "예방적 조기개입 프로그램이 빈곤아동발달에 미친 영향: 미국·영국·한국의 스타트사업을 중심으로". 〈지역정책연구〉, 25권 1호, 177~193.

이재연·박영애·문혁준(2010). "아동정책의 현재와 미래". 〈아동학회지〉, 31권 3호, 1~16.

이진희 · 윤은주(2012). "헤드스타트 국가보고체제 논쟁으로부터의 교훈". 〈유아교육학논집〉, 16권 1호, 115~133.

정은아(2010). "희망스타트 사업에 대한 복지정책적 분석". 〈사회복지실천〉, 9권, 59~79.

정익중(2008). "보편적 아동복지관점에서 본 아동서비스의 현황과 분석". 《한국아동복지학회 · 한국아동권리학회 춘계 공동학술대회 자료집》, 139~164.

조은경 · 김은영(2008). 《미국의 육아정책》. 서울: 육아정책개발센터.

최명희 · 김선영(2007). "NAEYC 평가인증제의 개정에 관한 분석: 1998년 개정된 인증제와 2006년 개정된 인증제를 중심으로". 〈교과교육학연구〉, 11권 1호, 173~194.

최영 · 박순우(2007). "사회투자전략으로서의 아동정책의 변화 양상: 영국과 캐나다를 중심으로". 〈아동권리연구〉, 11권 4호, 579~610.

최윤영(2013). "아동복지법제의 개선에 관한 연구: 권리와 전달체계를 중심으로". 이화여대 박사학위논문.

한국보건사회연구원(2012). 《주요국의 사회보장제도: 미국》. 서울: 한국보건사회연구원.


## 해외 문헌

Abrams, D., & Ramsey, S. (2007). *Children and the Law: Doctrine, Policy and Practice* (3rd ed). St. Paul, MN: Thomson/West.

Barnett, W. S. (1992). Benefits of compensatory preschool education. *Journal of Human Resources*, 27(2), 279~312.

_____ (1995). Long-term effects of early childhood programs on cognitive and school outcomes. *The Future of Children*, 5(3), 25~50.

Chafel, J. A., & Sugioka, H. L. (2004). Head Start: A decade of challenge and change. In E. Zigler & S. J. Styfco(Eds.), *The Head Start Debates*. 309~328, Baltimore, MD: Paul H. Brookes.

Crosson-Tower, C. (1999). *Understanding Child Abuse and Neglect* (4th ed). Boston, MA: Allyn and Bacon.

DePanfilis, D., & Salus, M. (2003). Child protective services: A guide for case-workers. U.S. Department of Health and Human Services Administration on Children and Families, Children's Bureau, Office on Child Abuse and Neglect.

Department of Health and Human Services Administration for Children and Families

(2016). Head Start program performance standards: Preamble-part1. U. S. Department of Health and Human Services Administration for Children and Families.

Dodge, K., & Coleman, D. (2009). Preventing child maltreatment community approaches. In J. Waldfogel (Ed.), *Differential Response*, 139~155, New York, NY: Guilford press.

Downs, S. W., Moore, E., McFadden, E. J., Michaud, S. M., & Costin, L. B. (2004). *Child Welfare and Family Services: Policies and Practice.* Boston, MA: Pearson Education, Inc.

Eamon, M. K., Wu, C. F., & Zhang, S. (2009). Effectiveness and limitations of the Earned Income Tax Credit for reducing child poverty in the United States. *Children and Youth Services Review, 31*, 919~926.

Federal Register (2016). https://www.federalregister.gov/. 2016. 9. 6. 인출.

Goldman, J., Salus, M., Wolcott, D., & Kennedy, K. (2003). A coordinated response to child abuse and neglect: The foundation for practice. U. S. Department of Health and Human Services Administration on Children and Families, Children's Bureau, Office on Child Abuse and Neglect.

Hansen, M. E. (2007). Using subsidies to promote the adoption of children from foster care. *Journal of Family and Economic Issues, 28*(3), 377~393.

Internal Revenue Service (2016). https://www.irs.gov. 2016. 9. 10. 인출.

Lombardi, J. (1990). Head Start: The nation's pride, a nation's challenge: Recommendation for Head Start in the 1990s. *Young Children, 45*(6), 22~29.

Noonan, M. C., Smith, S. S., & Corcoran, M. E. (2007). Examining the impact of welfare reform, labor market conditions, and the Earned Income Tax Credit on the employment of black and white single mothers. *Social Science Research, 36*(1), 95~130.

Pecora, P. J. (2005). Child welfare policies and program. In J. M. Jenson & M. W. Fraser (Eds.). *Social Policy for Children and Families: A Risk and Resilience Perspective*, 19~66, Newbury park, CA: Sage publications.

Puma, M., Bell, S., Cook, R., Heid, C., Broene, P., Jenkins, F., Mashburn, A., & Downer, J. (2012). Third grade follow-up to the Head Start impact study. Washington DC: Office of planning, research and evaluation, Administration for Children and Families, U. S. Department of Health and

Human Services.

Slack, K., Jack, K., & Gjertson, L. (2009). Child maltreatment prevention: Toward an evidence-based approach. State of Wisconsin Department of Children and Families.

Stein, T. (2006). *Child Welfare and the Law* (3rd ed.). Washington DC: CWLA Press.

U. S. Department of Health and Human Services (2015). The AFCARS (Adoption and Forster Care Analysis and Reporting System) report. U. S. Department of Health and Human Services, Administration for Children and Families, Children's Bureau.

Zigler, E., & Muenchow, S. (1992). *Head Start: The Inside Story of America's Most Successful Educational Experiment*. New York, NY: Basic Books.

Zigler, E., & Valentine, J. (1997). *Project Head Start: A Legacy of the War on Poverty*. Alexandria, VA: NHSA.

Zill, N. (2007). The Head Start National Reporting System as a model for systems aimed at assessing and monitoring the performance of preschool programs. Paper prepared for the Pew Foundation National Early Childhood Accountability Task Force.

## 기타 자료

해외환경통합정보시스템 (2016). https://www. eishub. or. kr/. 2016. 9. 6. 인출.

Administration for Children and Families (2016). http://www. acf. hhs. gov. 2016. 9. 6. 인출.

Child Welfare Information Gateway (2016). https://www. childwelfare. gov. 2016. 9. 20. 인출.

Children's Bureau (2014). https://www. childwelfare. gov. 2016. 8. 13. 인출.

National AIA Resource Center (2016). http://aia. berkeley. edu. 2016. 8. 13. 인출.

National Center for Biotechnology Information (2016). http://www. ncbi. nlm. nih. gov. 2016. 9. 20. 인출.

Office of Head Start (2016). http://www. acf. hhs. gov. 2016. 9. 21. 인출.

The National Association for the Education of Young Children (2016). http://www. naeyc. org. 2016. 9. 10. 인출.

# 17

# 주택 및 주거서비스*

## 1. 머리말: 미국의 주택·주거 현황

### 1) 개요

미국의 주택·주거서비스는 주택시장 기능에 바탕을 둔 자유경제체계에 입각하여 주거소비자 중심의 주택정책을 실시하고 있다. 정부 개입 초창기에는 주택 물량 공급정책으로 출발하였으나 제도적 발전을 거듭하여 오늘날의 주택 재정 지원정책으로 보완되어서, '주택 공급'보다는 '주거서비스' 개념으로 입주자의 주거지원과 홈케어 요구 해결을 통합적으로 지원하도록 제도화하였다.

미국은 저소득계층 주택·주거지원 정책으로 1960~1970년대 중반까지 공공임대주택을 대량 공급하였으나 슬럼화 및 우범지역 전락, 지역 발전

---

* 이 글은 2012년 《주요국의 사회보장제도: 미국》(한국보건사회연구원, 2012)에서 필자가 작성한 "제3부 제5장 주택 및 주거서비스"를 그대로 유지한 것이다.

저해문제가 제기되었다. 입주자 낙인, 일반사회와의 격리·소외·차별 방지 등의 이슈를 해결하고자 민간임대주택 입주를 허용하고, 그 임대비용을 정부가 지원하는 주택바우처제도로 발전시켰다. 임대주택 입주자 특성상 노인과 장애인 등 케어서비스 의존도가 높다는 실태를 반영하여 주택과 사회서비스를 통합지원체계로 보완하여 오늘날의 소비자 중심형 주거지원서비스로 발전되었다.

주거서비스와 통합지원되는 케어서비스가 차단되지 않고, 케어시설에서 퇴소하여 주택으로 돌아와도 그 케어서비스를 연속적으로 제공받도록 케어 연속망(continuum of care)을 보장하도록 하였다. 노인과 장애인, 질환자, 마약·알코올중독자, 노숙자 등에게는 '케어 연속망 사례 관리'를 유지하고, 사례 관리 범주에 주거지원을 통합하였다.

미국의 공공임대주택 대량공급정책을 주택바우처로 전환, 노숙자 지원, 입주자 케어 연속지원을 위한 사회서비스 통합정책 등 소비자 중심의 주거지원정책으로 발전되어 온 경험은 한국에도 시사하는 바가 있다. 미국의 주거지원정책이 소비자 중심지원제도로 발전되며 경험한 바와 같이 이제 한국은 공공임대주택 대량공급정책에서 전환하여 주거바우처 제도의 도입 필요성을 검토하고 입주자 삶의 질 향상을 위한 대응책을 강구해야 하는 시점에 있다. 미국의 주거지원정책의 발전경험을 검토하고 그 취약점과 시사점을 파악하여 향후 한국의 주택·주거지원정책 발전방안으로 제시하고자 한다.

## 2) 미국의 주택·주거 실태

미국의 2010년 인구센서스 기준,[1] 인구는 총 308, 745, 538명으로서 2000년(281, 421, 906명) 대비 9.7% 증가율을 보였고, 같은 해 주택조사[2] 결

---

[1] http://2010. census. gov/2010census/data/apportionment-data. php, 2012. 3. 10. 인출.

## 〈그림 17-1〉 자가주택* 소유율 증가 추이

(단위: %)

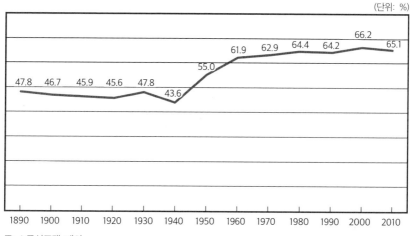

주: * 공실주택 제외.
자료: Mazur & Wilson, 2011.

## 〈그림 17-2〉 지역별 주택의 자가 및 임대 비율(2010년)

(단위: %)

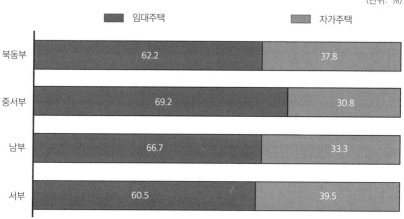

자료: Mazur & Wilson, 2011.

2) http://www.census.gov/prod/cen2010/briefs/c2010br-07.pdf, 2012. 3. 10. 인출.

과, 총 주택 수는 1억 3,170만 호로서 2000년 대비 13.6% 증가율로 보고되었다. 2010년 총 주택 1억 3,170만 호 중 공실률은 15.0%였다.

미국의 주택공급이 가구 수 대비 100% 이상인 공급과잉현상은 1980년부터 확인되며, 이후 지속되었다. 이는 주거환경과 입주자 삶의 질과 주거서비스 등 소비자 중심 정책으로 전환되는 계기가 되었다. 미국의 실제 사용하는 주택 중 자가주택 소유율은 1900년 46.7%에서 2010년 65.1%로 1.4배로 증가하였는데, 1960년대 이후 주택공급정책으로 인하여 자가주택 소유율 60% 이상이 지속되었고, 1980년대 이후에는 64% 이상 소유율을 보였다(〈그림 17-1〉 참조).

지역별로는 2010년 기준, 중서부(69.2%) 및 남부(66.7%) 지역에서 높은 자가소유율을 보였고, 서부는 임대주거율(39.5%)이 가장 높았다(〈그림 17-2〉 참조). 도시별로 비교하면3) 뉴욕시가 30% 이하인 최저 소유율과 상대적으로 최고 임대율을 보여 주거문제가 가장 심각한 지역으로 나타났다.

총인구 308,745,538명 중 주택거주자 수는 300,758,215명(97.4%)이고 사회복지 및 케어 등 생활시설 거주자 수는 3,993,659명(1.3%)이었다. 주택 이외의 생활시설도 아닌 기타·비주택 거주자 수는 3,993,664명(1.3%)이었다.4) 총 가구 수 116,716,292가구 중 18세 이하(33.4%) 및 65세 이상(24.9%) 등 의존적 가구구성원과의 동거율은 58.3%였고, 독거가구는 26.7%였다(〈표 17-1〉 참조).

주택은 총 131,704,730호 중 88.6%가 실제 거주하는 주택으로서 사저(65.1%) 중심이었고, 평균 2.65명이 동거하였다. 공실주택은 총 주택의 11.4%였고, 임대주택의 공실률(9.2%)은 사저 공실률(2.4%)보다 높아서 사저 중심의 주택정책의 영향을 보였다.

---

3) Mazur & Wilson, 2011.

4) http://factfinder2.census.gov/faces/tableservices/jsf/pages/productview.xhtml?pid=DEC_10_DP_DPDP1&prodType=table, 2012. 3. 10. 인출.

## 〈표 17-1〉 미국의 인구 및 가구 실태(2010년)

(단위: 명, %)

| 구분 | 인구 및 가구 실태 | |
| --- | --- | --- |
| | 인구 수 | 백분율 |
| 총인구 | 308,745,538 | 100.0 |
| 19세 미만 인구 | 83,267,556 | 27.0 |
| 65세 이상 인구 | 40,267,984 | 13.0 |
| 주택 거주 가구 인구 | 300,758,215 | 97.4 |
| 생활시설 거주 인구 | 3,993,659 | 1.3 |
| 비주택 거주 인구 | 3,993,664 | 1.3 |
| 가구 수 | 116,716,292 | 100.0 |
| 18세 이하 아동 동거가구 | 38,996,219 | 33.4 |
| 65세 이상 노인 동거가구 | 29,091,122 | 24.9 |
| 독거가구 | 31,204,909 | 26.7 |
| 평균 가족 수 | 3.14 | |

자료: 미국 인구 조사, 2010.

## 〈표 17-2〉 미국의 주택 점유 실태(2010년)

(단위: 호, %)

| 구분 | 주택 점유 실태 | |
| --- | --- | --- |
| | 주택 수 | 백분율 |
| 총 주택 수 | 131,704,730 | 100.0 |
| 입주주택 수 | 116,716,292 | 88.6(100.0) |
| • 사저주택 수 | 75,986,074 | (65.1) |
| 사저주택 입주인구 수 | 201,278,493 | |
| 사저주택 평균 동거자 수 | 2.65 | |
| • 임대주택 수 | 40,730,218 | (34.9) |
| 임대주택 입주인구 수 | 99,479,722 | |
| 임대주택 평균 동거자 수 | 2.44 | |
| 공실주택 수 | 14,988,438 | 11.4 |
| • 임대주택 수 | 4,137,567 | 3.1 |
| 재고 임대주택 | 206,825 | |
| • 분양(매매) 주택 수 | 1,896,796 | 1.4 |
| 미분양(재고) 주택 수 | 421,032 | |
| • 계절, 휴가, 간헐적 사용 주택 수 | 4,649,298 | 3.5 |
| • 기타 공실주택 수 | 3,676,920 | 2.8 |
| 사저 소유주 공실률 | 2.4% | |
| 임대주택 공실률 | 9.2% | |

자료: 미국 주택 조사, 2010.

## 3) 연방정부와 주정부의 지역개발계획 · 운영체계

미국 연방정부는 주정부로 재정배분과 주택바우처, 주택모기지, 연방주택 공사(Federal Housing Authority)를 운영하되 예산 배정과 재정정책으로 지방정부의 주택정책을 조정한다. 주정부는 중앙정부로부터 권한 이양을 받아서 지방주택공사(Local Public Housing Athority)를 설치하고 공공임대주택을 건설, 관리한다.

연방정부는 통합적 지역개발기구나 사업을 수행하기보다는 주정부의 정책 관리와 예산 배정, 중복투자 방지, 사업효과 제고를 위하여 지역개발을 조정하고 관리한다. 각 부처별로 내부에서 먼저 사업의 프로그램을 통합하거나 실적을 평가하여 계획을 수립하고, 그 계획이 지방정부에 전달된다. 주택 부문은 연방정부의 주택도시개발부(Housing and Urban Development : HUD)가 지방정부를 위한 4개의 통합지역개발계획(Consolidated Plan : CP)과 프로그램을 먼저 수립하고, 지역개발포괄보조금(Community Development Block Grant : CDBG)를 통하여 지역별 CP를 관리한다.

지방정부는 CDBG를 지원받아서 HUD의 각 프로그램을 운영하는데, HUD가 제공하는 4개 영역의 CP에 따라 그 지역에서 개발하고자 하는 사업을 신청하고, HUD는 각 지역으로부터 접수된 지원신청서를 검토하고 심의하여 선정된 사업의 CDBG를 지원한다. 지방정부에서는 CDBG 지원금으로 해당 지역에서 선정된 사업을 수행하고, 각 지역의 사업별 진행상황과 실적을 통합정보관리시스템(Integrated Disbursement and Information System : IDIS)으로 관리한다. HUD는 IDIS를 통하여 지역사업의 성과를 평가하고, 그 사업지역에 재반영하며, 다시 지원 신청, 조정 등 일련의 관리체계를 통하여 연방정부의 주택계획 및 지원정책에 맞추어 지방정부의 다양한 사업을 조정 · 관리한다.

각 지방정부는 지역발전 목표를 설립하고, 그 목표에 부합되도록 지역의 다양한 사업을 재배열하여 연방정부의 통합지역개발계획에 준하도록 조정, 연계, 성과평가 등을 체계화하여 연방정부 정책방침에 따라 지방정부의 다양한 사업을 재정비하고 비효율성 문제를 개선한다. 주택의 설립계획하에 은퇴자 마을 및 보호시설, 주택 등도 계획된 정비구간과 연계서비스 등의 중앙정부 및 지방정부 방침에 맞추어 설립·공급된다. 수혜자는 설립된 주택과 연계된 서비스를 반영하여 제공된 범위 내에서 선택하여 입주한다.

　수혜자가 노인, 장애인, 정신질환, 약물중독, 고아, 노숙자 등 케어서비스 요구가 있거나 해당 케어시설에서 퇴소하는 경우에는 지방정부의 책임하에 케어 연속망 개념으로 지역사회 임대주택이나 보호주택으로 이전되면서 맞춤형 케어관리가 지속된다. 주택은 교통, 교육, 공원, 상하수도, 케어, 재활 등 수요자 요구를 통합·관리한다.


## 2. 주택·주거지원정책의 발전과 변화

### 1) 연방정부의 공공주택정책

미국의 저소득, 취약계층 주거지원은 형평성 원칙에 근거한다. 인종, 경제수준, 국적, 장애, 종교 및 가족상황 등 그 어느 특성과 무관하게 누구든 형평하게 주거권(Fair Housing and Equal Opportunity: FHEO)을 보장받도록 법제화하고, 정부의 주거지원은 이에 근거한다. FHEO를 실현하기 위하여, 1968년 4월 11일 〈시민권법〉(Civil Rights Act, Title 8)이 수정되었다. 이후 〈주택형평법〉(Fair Housing Act)으로 칭해졌고, [5] 주택 형평성 지원사

---

5) http://portal.hud.gov/hudportal/HUD?src=/program_offices/fair_housing_equal_opp/aboutfheo/history, 2012. 3. 10. 인출.

업(Fair Housing Assistance Program)을 수행하게 되었다. 관련 법으로는 1964년 〈시민권법〉(Civil Rights Act, Title 6), 1974년 〈주택 및 지역개발법〉(Housing and Community Development Act, section 109), 1973년 〈재활법〉(Rehabilitation Act, section 504), 1990년 〈미국장애인법〉(Americans with Disabilities Act, Title 2), 1975년 〈연령 차별법〉(Age Discrimination Act), 1972년 〈교육 수정법〉(Education Amendment Act, Title 9), 1968년 〈건축상 장애물법〉(Architectural Barriers Act) 등이 있다.

주거권 보장을 위하여 정부 주도형 대규모 공공주택 공급정책에서부터 주택바우처와 주택시장형 민간자본 혼합정책으로 전환되었던 주요 변화를 시대별로 요약하면 다음과 같다.

### (1) 연방정부의 주택지원 기반 구축(~1960년대)

미국은 제2차 세계대전 이후 제대군인 주택문제를 정부 주관으로 대응하게 되면서 공공주택지원을 위한 제도적 기반을 마련하였다. 미국은 19세기 중엽부터 남부 노동자들이 북부도시로 이동하여 주택수요가 급증하였고, 이어서 제1차 세계대전 제대군인의 주거불안, 베이비붐세대 주택수요 등이 누적되어 심각한 주택문제로 표출되었다. 제2차 세계대전 직후 제대군인 주택문제를 정부재원으로 지원하면서 기존의 누적된 주택수요와 더불어 공공주택공급을 제도화하게 되었다.

〈주택법〉(Housing Act 1949)을 제정하여 빈민지역(*slums*) 개발근거를 마련하고, 연방정부가 주관하는 공공주택 공급 기반을 형성하였다.

### (2) 공공임대주택 공급(1960년대~1974년)

연방정부의 공공주택 공급량은 폭등하는 주택수요를 해결하지 못하였고, 1960년대 이후 주택불만은 사회·인종차별 이슈와 함께 사회문제로 표출되어 '주거 형평성 보장'을 법제화하게 되었다. 〈시민권법〉 수정안을 가결하여 〈주택형평법〉6) 으로 칭하고, 인종, 연령, 피부색, 질병과 장애 등으로 차별하지 않고 균등하게 주거권을 보장하는 공공임대주택(Public Housing Program) 의 공급 형평성을 마련하였다.

10개년 공공주택 600만 호 공급계획의 추진성과는 부진하였고, 공공임대주택단지는 지역슬럼화 문제로 비난받았다. 슬럼 개선책으로 도심지역 재개발, 고속도로 건설 등을 추진하였으나, 임대주택단지의 지역개발 제한 문제와 우범, 약물, 미관 불량 등 심각한 주거환경문제가 가시화되었다.

## (3) 민간임대주택과 주택바우처 도입(1974년~1980년대)

공공임대주택단지의 슬럼·낙후문제 해결대응책으로 민간임대주택 분야를 개발하기로 하였다. 민간임대주택에 입주하는 저소득자에게도 임대보조금을 지원하여 저소득입주자를 공공임대주택단지 이외의 일반 민간주택가로 분산하여 특정 지역 슬럼화 진전을 방지하고자 하였다. 공공임대주택 신축은 중단하고 대신 기존의 공공임대주택 공급량 결정 및 지역개발 민영화를 주정부 주도하에 추진하였다.

공공임대주택을 제한하고자 〈공공주택 건설 금지령〉(1973) 을 제정하고, 임대보조금 지원책으로 〈주택 및 지역개발법〉 109장(Housing and Community Development Act, section 1097) 1974) 을 제정해 주택바우처를 도입했다. 주택바우처는 연방정부(HUD) 에서 주관하고 민간임대주택의 저소득입주자에게 임대보조금을 지원하는 제도로, 1980년대에 걸쳐 민간주택바우처 (Private Housing Sector Program & Housing Choice Voucher) 로 발전했다.

공공임대주택단지 재개발 전략으로 교육, 교통, 근린, 의료시설을 민간

---

6) http://portal.hud.gov/hudportal/HUD?src=/program_offices/fair_housing_equal_opp/progdesc/title8, 2012. 3. 10. 인출.

7) http://portal.hud.gov/hudportal/HUD?src=/program_offices/fair_housing_equal_opp/FHLaws/109, 2012. 3. 10. 인출.

자본으로 유치하고, 주정부에게 지역개발계획 및 수행권한을 이양하여 지역실정에 적합한 단지 개발을 추진하였다.

## (4) 매입 전환 및 지역개발권 이양(1990~2000년대)

공공임대주택 중심 임대지원을 자가 소유 지원으로 전환하여 오늘날 미국이 높은 민간주택 소유율을 보이는 토대가 마련된 시기이다. 저소득층 세입자에게 자가 매입을 권장하고, 주택 및 저소득자 주택세금대출(Home & Low Income Housing Tax Credit: LIHTC 1992, 1993)을 개편하여 주택매입보조금을 증액하였다.

　민간주택 소유자와 건설사가 '저가 민간주택사업'에 동참하는 경우 임대주택기금과 세제혜택을 지원하여 정부는 59,000호[8] 민간주택을 확보하였다. 주택수요는 민간임대주택으로 대응하고, 공공임대주택 공급과 지역개발은 주정부에 이양하였다.

　주정부는 주택 마련 기회사업(Housing Opportunity Program, 1990)으로 연방정부의 주택보조금을 자율적으로 사용할 수 있게 되었고, 그 주택보조금으로 공공임대주택을 건설하거나 민간건설업자에게 대출지원 등 지역실정에 입각하여 공공임대주택 공급량을 결정하고 지역발전을 주관하였다. 주정부는 민간재원을 확보하기 위하여 공공임대주택·시설을 민간 소유·임대로 전환하도록 개방하고, 공공임대주택 세입자가 자가 매입 전환 시에는 연방정부의 주택보조금으로 주택매입자금을 지원하였다. 공공임대주택단지의 근린, 교육, 의료시설 등은 민간이 재개발·매입하도록 세제와 자금을 지원하였다.

　민간임대주택 세입자의 매입 전환에도 세제와 재원을 지원하여 공공임

---

[8] http://www.hud.gov/offices/cpd/affordablehousing/training/web/lihtc/, 2012. 3. 10. 인출.

대주택 매입자와 함께 민간주택 소유율 제고의 계기가 되었다. 민간임대주택 및 공공임대주택 매입전환자는 자가에 대한 애착으로 지역발전과 주거환경에 관심을 가지고 관리하게 되었다.

### (5) 장기임대보장 및 홈리스 예방(2010년대~)

2007년 경제위기 대응책으로 오바마는 〈주거·경제회복법〉(Housing and Economic Recovery Act: HERA 2008)을 통과시키고 이웃 정착 사업(Neighborhood Stabilization Program Grants)[9]으로 세입자가 살던 임대주택을 매입 전환하도록 지원하였다. 그러나 2010년대에 들어서면서 미국을 강타한 경제위기로 인하여 임대주택 매입전환자가 주택매입할부금을 지속적으로 납부하여야 하기 때문에 저소득계층에게는 주택은 보유하였으되 그 주거비 부담이 가중화되어 생계위협을 받는 가구(House-poor)와 홈리스가 증가하게 되었다.

따라서 연방정부는 임대 보조금법을 예방, 강화, 전환(Prevention, Enhancement, Transformation of Rental Assistance Act: PETRA 2010) 하도록 하였다.

가구당 수입의 50% 이상을 주거비로 지출하는 가구가 2009년 600만 가구[10]로 추정되었고 홈리스는 급증해 저가 임대주택 수요가 폭등하였다. 그러나 1990~2000년대 민간자본 유치정책으로 인해 지난 15년간 공공임대주택 15만 채가 민간 소유로 전환되었기 때문에 정부는 극빈가정과 홈리스의 주거지원에 필요한 공공임대주택 공급량을 확보하지 못하였다. 따라서 기존 연방정부 기금만으로 운영하던 주거지원정책을 LIHTC, 지방정부, 지역

---

9) http://portal. hud. gov/hudportal/HUD?src=/program_offices/commmunitydevelopment/programs/neighborhoodspg, 2012. 3. 10. 인출.

10) http://portal. hud. gov/hudportal/documents/huddoc?id=PETRAMythsvsFacts. pdf, 2012. 3. 10. 인출.

의 공익기관 및 단체, 기타 다양한 민간자본을 유치하여 재원을 '장기 혼합형'으로 확보하고, 저가(低價) 주택으로 전환하고 절대 지원 요구가 있는 극빈가구에 30년 이상 장기입주를 보장하기로 하였다. 임대보조금을 인상 지원하여 수혜자 주거비 부담을 가구소득의 30% 이하로 낮추고, 노인과 장애인에게 안전한 주거환경을 제공할 수 있게 되었다.

주정부는 공공주택을 세입자가 매입하도록 매입보조금을 지원하여 민간소유로 전환하고, 공공건물을 식료품점, 학교, 지역사회 사업자를 유치하였으며, 세입자는 다양한 주택의 선택권을 활용하여서 주민들이 지역개발에 동참할 수 있게 하였다.

## 3. 저소득계층을 위한 주택·주거지원정책

### 1) 공공임대주택(Public Housing Program)[11]

공공임대주택은 1960년대 전국적으로 대량 확산되었다. 1970년대 들어 연방정부가 지방정부에게 임대주택 관리권한을 이양하면서, HUD에서 지방주택공사(Local Housing Agencies: HA)에 보조금을 지원하고, 지방주택공사는 임대주택계약과 입주자 관리업무를 담당한다.

HUD의 보조금으로 노인(section 202)과 장애인(section 811)에게 임대주택을 맞춤형으로 제공하고, 저소득계층을 포함하여 임대주택세입자가 주택 매입을 할 수 있도록 보조금(homeownership section 235)을 지원하거나, 노후임대주택의 개보수를 지원(HOPE 6)하기도 한다.

---

11) http://portal. hud. gov/hudportal/HUD?src=/topics/rental_assistance/phprog,
   2012. 3. 10. 인출.

지방주택공사는 임대주택 건설, 계약, 개보수, 안전위생 관리, 보건의료, 직업재활, 교통편의 등 입주자 편의서비스와 주거환경을 관리하고, 그 비용도 보조받는다.

주택개발업자에게는 임대주택 보조사업(Rental Housing Assistance Program, section 236)을, 주택소유주에게는 저소득층 주택세금 대출(LIHTC) 등을 지원하여 민간임대주택 공급량을 확보한다.

지방주택공사는 입주신청자의 수혜 자격을 상담평가하고, 우선적으로 경제력과 가족구성원의 특성을 반영하여 맞춤형 주거사례 관리를 하여 주택을 접수순으로 배정한다. 가족구성원 중 노인이나 장애인 등에게 케어서비스가 필요한지를 판단하고, 임대계약 요건을 잘 이행하는지를 판단하며, 지방주택공사가 소유하거나 민간임대주택자가 건설한 주택에 수혜자의 맞춤형 입주를 관리한다.

## 2) 주택바우처(Housing Choice Voucher Program)

### (1) 운영체계

연방정부 정책으로서 지역개발포괄보조금(CDBG)을 지방정부에 배정하여 운영하게 한다.

극빈자, 노인, 장애인이 살기에 쾌적하고, 안전, 위생 수준을 갖춘 민간주택을 저렴한 가격에 구입하도록 지원하는 주택보조금(housing assistance) 제도이다. 수혜자는 개인주택이나 연립, 아파트 등 원하는 주택을 마음대로 선택할 수 있으며, 그 주택이 굳이 정부의 주택사업구역에 소재한 것으로만 제한되지는 않는다.

신청은 지역별 공공주택관(Public Housing Agencies: PHAs)에서 접수하고, PHAs는 HUD로부터 연방정부 기금을 지원받아 사업을 운영한다.

수혜자 가족이 임대주택을 모색하여 신청해야 하며, 신청하기 전에 주택주인이 PHA 임대주택사업에 동의하는지 여부를 확인하고, 그 주택 요건이 건강·위생상태가 PHA 최저 기준 이상을 충족시킨다는 것을 입증하여야 한다. 주택보조금은 집주인에게 직접 지급되고, 수혜자는 그 차액을 집주인에게 지급한다. 차액을 본인부담금으로 지급할 때 그 금액이 총수입의 40% 이하이어야 한다. 일반적으로는 임대주택 임대료가 바우처를 사용하고 차액이 가구당 총 월수입의 30% 이하일 때 바우처 지급이 허용된다. 특정상황에서는 PHA 허가를 받으면, 수혜자는 그 주택보조금으로 주택을 임대가 아니라 매입을 할 수도 있다.

### (2) 수혜 요건

영주권자로서 가족 수별 소득 수준과 부동산, 자산 등을 반영하여 수혜자를 선정하며, 일반적으로 도시 평균 가구소득의 하위 50%를 넘을 수 없으며 평균적으로 하위소득 30% 가구들에 혜택이 주어진다.

수혜자는 거주지역의 PHA에 신청 접수하는데, 일반적으로 수요자가 주택바우처 공급량을 초과하여 대기자 명단은 수년에 걸쳐 밀릴 정도로 적체되어 있다. 바우처 신청자뿐 아니라 부랑인, 불량주택 입주자, 임대료를 수입의 50% 이상 지급하는 빈곤층, 강제 배정된 주택에 거주하는 불만자 등을 공동 배정하여야 하기 때문에 대기자는 적체될 수밖에 없는 실정이다.

수혜 자격은 주택 이전 시에도 보장된다. 최초 바우처를 지원받고 시간이 경과하면서 가족 규모, 직장, 기타 사유로 이전을 하여야 하는 상황이 발생하면, 바우처 수혜 요건을 유지하면서 새로이 이전 희망지역으로 자격이 따라서 인계되고, 그 지역의 PHA에서 주택상담 및 이전을 안내한다.

### (3) 임대인, 임차인, PHA, HUD의 직무 및 역할

임차인이 희망주택을 골라서 PHA의 승인을 받으면, PHA는 임대인과 임대계약을 체결한다. 이후로는 PHA와 더불어 임대인, 임차인 모두 주택바우처사업의 원칙에 준수할 책임이 있다.

① 임차인 의무사항

계약이 성립되면 최소 1년 이상 거주하여야 하며, 1년 이후에는 월별 계약도 허용된다. 임차인은 바우처 차액 본인부담금을 매월 시간을 엄수하여 지불하고, 가옥의 시설, 설비 등 현상을 유지하여야 하며, 가족이나 거주구성원에 변동이 생기면 즉시 신고하여야 한다.

② 임대인 의무사항

임대인의 의무사항은 가옥의 설비, 위생, 안전성 등을 잘 관리하여 바우처 임차인이 생활하는 데 불편이 없도록 가옥 관리를 잘 하여야 한다. 임대인은 바우처 최저 요건 이상을 갖추어 승인을 받아야 하고, 계약이 성립된 이후에는 임차인이 거주하는 기간 동안 계약 조건에 준하여 가옥상태를 잘 유지하고 철저히 관리하여야 한다. 임대인은 임차인 및 PHA와 양측 계약조건을 준수한다.

③ PHA 직무 및 의무사항

PHA는 지역사회에서 주택바우처사업을 관리하며 임차인이 원하는 주택을 고르고 입주할 수 있도록 편의를 제공하고 안내하여야 한다.

다른 한편으로는 바우처사업에 동참할 임대인을 확보하며, 계약이 성립되고 임차인이 입주한 이후에는 주택보조금을 정시에 지급되도록 관리하고, 임대인과 임차인이 쌍방의 계약조건을 성실히 준수하는지를 확인한다. 만일 불이행자가 발생할 경우 계약을 파기할 수 있다. 매년 임대인과 임차인이 바우처 사업의 수혜 요건을 갖추었는지를 확인하기 위해 임차인에게는 수입 규모와 가족 구성원의 변동상황을 확인하고, 임대인에게는 주택의 설비 요건이 바우처 지급 기준의 최저 요건 이상을 충족하는지를 확인하고 관리한다.

④ HDA 직무

HUD는 PHA가 주택바우처사업을 운영할 수 있도록 재원을 확보하고, 바우처 지원금과 사업 운영비용을 지급하는 업무를 담당한다.

PHAs에서 주택바우처 지원수요가 증가하면 추가자금을 요청할 수 있도록 HDA는 신청기회를 제공하고, PHAs는 각 신청서를 접수하여 그동안의 운영실적과 관리태도 등을 반영하여 경쟁적으로 선발해 지급한다. 선정을 위해 평소에도 HDA는 PHAs 업무운영상황을 모니터링하고 확인, 평가 등의 업무를 수행하여 선정 점수로 반영한다.

## 3) 도시재생실연프로그램

도시재생실연프로그램(Urban Revitalization Demonstration Program, HOPE 6)은 공공임대주택의 단점으로 제기되는 저소득 취약계층 밀집지역이 자칫 우범지역 혹은 비위생적이고 불량한 주거환경이 된다는 등의 문제, 특히 임대주택 입주자들끼리 집중 거주하여 발생하는 낙오 및 고립 등의 문제를 해결하는 데 초점을 둔 정책이다. 즉, 저소득 계층의 고립을 방지하기 위하여 민간주택지역의 일반소득 주민들과 혼합거주할 수 있도록 민관 파트너십으로 일반 주민들과 공동주거환경을 제공한다.

혼합거주(mixed-income housing)를 하게 함으로써, 저소득층만이 아닌 일반 중산층 거주자들을 위한 민간서비스시설, 교통, 교육기관, 의료기관, 쇼핑센터 등을 유치하고 지역사회의 주거환경 발전을 위한 투자를 지속적으로 유치할 수 있게 되었다.

HOPE 6가 소득계층 혼합거주를 실행한 성과로서 범죄율, 실업률 저하

효과가 기대된다. 12)

## (1) 지역개발기금13)

지역개발기금(Community Development Bolck Grant Program : CDBG)은 도심주거환경 개선을 위하여 공공임대주택을 개인이 매입하도록 지원하여 지역에 대한 애착심과 개발의욕을 도모하고, 주택 사유화 및 민간시설 유치를 통해 지역개발을 추진하는 사업이다. 기존 공공임대주택 단지에 민간 근린편의시설을 확보하고, 교육 및 의료시설, 쇼핑시설을 개발하여 일자리와 지역 비즈니스 활성화를 도모하기 위한 제도이다.

　인구 5만 명 이상의 대도시 및 인구 20만 명 이상의 농촌도시에서 연방 기금을 지원받아 지방정부에서 추진한다. 지방정부는 세입자의 주택 매입 보조금 지원 이외에 의료 및 복지기관 확보를 위해 기금을 사용할 수 있고, 공공임대지역의 슬럼화 방지 및 우범지역 양성화 개발 목적으로 사용할 수도 있다.

## (2) 전 국민 주택소유권 및 기회보장사업14)

전 국민 주택소유권 및 기회보장사업(Homeownership and Opportunity for People Everywhere : HOPE 1)은 극빈자에게 공공주택 매입자금을 지원하는 제도로서, 가급적 기존 세입자들이 거주하고 있는 그 주택을 그대로 매입하도록 돕는다. 수리, 이전 등에 주택보조금을 사용할 수도 있다.

　지방정부는 연방정부에 기금을 청구하며, 공공단체, 기금 등으로 지방정

---

12) Ambrose & William, 1999, 천현숙 외, 2010: 9 재인용.

13) http://portal. hud. gov/hudportal/HUD?src=/program_offices/comm_planning/co-mmunitydevelopment/programs, 2012. 3. 10. 인출.

14) http://portal. hud. gov/hudportal/HUD?src=/programdescription/hope1, 2012. 3. 10. 인출.

부 자체의 보조금을 마련하기도 한다. 이는 〈국영 저가 주택법〉(National Affordable Housing Act: NAHA)에 근거한다.

### (3) 노인주택15)

노인주택(Hope for Elderly Independence: HOPE 4)은 극빈하고 병약한 노인과 장애인의 요양시설 조기입소를 방지하고, 지역사회 독립주거생활과 삶의 질 향상을 위해 주거보조금과 노인케어서비스를 제공한다. NAHCA (National Association of Health Care Assistants) 섹션 803에 근거한다.

임대료의 40%를 바우처로 보조받고, 노인은 50%만 지급한다. 나머지 10%는 노인주택 운영기관에서 보조하되, 기관의 총수익금 20% 이내에서 보조할 수 있도록 한다.

도시 평균소득 하위 50%인 저소득 노인과 장애인에게 수혜 자격이 주어지며, 지역의 주거사례 관리자에게 신청서를 접수하고 요구사정을 받아서 맞춤형 서비스와 함께 지원을 받게 된다. 위탁운영자는 임대료를 받아서 인건비, 훈련비, 주거요구 사정비용, 케어서비스 연계 및 모니터링 비용으로 사용하고, 의료를 제외한 사회서비스, 예를 들면 청소, 세탁, 교통, 식사, 여가, 상담, 홈케어 및 개인위생 등을 제공한다.

### 4) 자립프로그램

자립프로그램(Self Sufficient Program)은 가구주와 개인을 구분하여 지원하는데, 가정을 이룬 가구주에게는 가정자립사업(Family Self-Sufficiency Program: FSS)을 적용하며, 독거생활을 하는 개인에게는 개인발전기금

---

15) http://portal. hud. gov/hudportal/HUD?src=/programdescription/hope4, 2012. 3. 10. 인출.

(Individual Development Account: IDA) 으로 각기 적용한다.

FSS는 이용자들이 경제적으로 자립하는 데 필요한 관할 지자체의 지원사업으로 공공주택(Public Housing) 과 주거보조금(Section 8 Voucher) 을 지급한다. 보육, 교통, 고용, 개인복지, 가정관리, 상담 등을 포함한 해당 가구의 맞춤형 사회서비스도 함께 제공한다.

IDA는 개인 계좌에 매칭펀드로 특정 금액의 적금을 가입하게 하여, 정부 보조금과 수혜자 노력으로 입금한 금액 등이 모여 목표 금액을 충족하면, 그 적립금으로 주택 구입, 창업, 고등교육 등 약정 용도로 사용한다. 즉, 궁극적으로 수혜자 개인의 발전을 위해 사용된다.

## 5) 홈리스 주거 지원

홈리스정책은 연방정부가 예산 배정과 계획, 관리 등을 통해 지방정부의 홈리스사업을 지원하는 체계로 운영된다. 그 배정된 예산으로 지역홈리스지원사(*local homeless assistance agencies*) 에서 긴급서비스 및 보호, 쉼터, 음식, 주거 상담, 직업훈련, 정착 지원 등을 제공한다. 홈리스는 삶의 최고 위기에 처한 자로서 거주지가 부재할 뿐 아니라 삶의 고통과 질병, 장애, 정서적 상처를 겪을 수도 있다. 따라서 홈리스 문제는 이를 고려해야 하며, 홈리스가 어린이를 동반한 경우에는 그 어린이의 학교 문제와 건강 보호 등 복합적 케어 역시 제공해야 한다.

연방정부는 2011년 응급조치기금(Emergency Solutions Grants: ESR) 수정안을 발표하며, 2015년까지 만성 홈리스와 퇴역군인 홈리스에게, 2020년까지 가족·청소년 홈리스에게 거처를 제공한다는 목표를 내세웠다. 가족·청소년 홈리스는 총 홈리스의 37%[16] 에 해당된다. 홈리스문제 완결을 위

16) http://portal. hud. gov/hudportal/HUD?src=/program_offices/comm_planning/home

해 각 지방정부는 매년 1월 홈리스 실태조사를 보고할 의무가 있다. 지방정부가 노숙자, 쉼터 거주자, 친지·기타 동거 및 임시거처 숙박자 등 홈리스 취약자까지 포함하여 조사하고 그 예방과 단절을 위한 프로그램 진행예산을 연방정부에 신청하면, 연방정부는 보고된 홈리스 인원에 따라 예산을 배정하여 사업이 진행된다.

### (1) 홈리스 응급·신속 조치

오바마는 2009년 홈리스를 '응급상태'로 정의하고 신속한 〈주거지원법〉 (Homeless Emergency and Rapid Transition to Housing : HEATH ACT) [17] 에 서명하였다. 이로써 기존의 〈맥킨니-벤토(McKinney-Vento) 지원법〉[18] 보다 홈리스 정의가 확대되었다.

홈리스 지원 대상자로 장애가 있거나 진행되는 자를 포함하도록 범위가 확대되었다. 주거와 케어서비스를 함께 제공하는 '쉼터 + 케어'(Shelter Plus Care: S + C), '케어홈'(Supportive Housing Program: SHP)이 ESR 기금으로 수행된다. 장애홈리스로 발견되면 그 즉시 응급조치로 주거(Homelessness Prevention and Rapid Re-housing Program: HPRP)가 제공되고, 장애재활과 케어서비스가 맞춤으로 제공된다. 이후 지속적으로 주거 및 케어 내역이 기록 관리되어 지역을 이동하더라도 어느 지역에서나 연방정부 기금으로 보호받는 응급조치의 우선순위 대상이 된다.

---

less/familyyouthtestimony, 2012. 3. 10. 인출.

17) http://www.hudhre.info/documents/S896_HEARTHAct.pdf, 2012. 3. 10. 인출.

18) http://www.hudhre.info/documents/HomelessAssistanceActAmendedbyHEARTH.pdf, 2012. 3. 10. 인출.

## (2) 연속적 케어관리(Continuum of Care: CoC)[19]

주거지원 대상자는 누구나 케어관리자에게서 연속적 상담과 요구사정을 받고, 맞춤형 S + C 혹은 SHP를 배정받게 된다. 케어요구가 중증이면 케어시설과 케어홈, S + C, 응급쉼터기금사업(Emergency Shelter Grants: ESG), 스튜디오 홈리스 입주자를 위한 중증재활사업[Moderate Rehabilitation Program for Single-Room Occupancy Dwellings for Homeless Individuals(Section 8/SRO)] 등으로 배정하고, 각 시설 간 케어서비스가 연속적으로 연결되도록 보장한다.

연속적 케어관리체계 내에서 주거지원 담당자에게는 기술지원(Technical Assistance: TA)을 제공하고, 시설 간 이동기록을 공유하며, 수혜자에게는 홈리스관리정보체계(Homeless Management Information System: HMIS)에서 지원 가능한 시설 및 보조금 등의 정보를 활용하여 제공한다.

## (3) 지방정부의 홈리스 관리

지방정부의 예로서 페어팩스(Fairfax) 카운티[20]는 비영리기관과 종교기관, 기업, 민간인들로 구성된 홈리스예방위원회를 구성하고 10개년 계획으로 지역사회 네트워크를 구성하여 주민과 함께 홈리스 등록과 해결을 추진하며, 관련 사업은 비영리기관에 위탁 운영한다.

## 6) 노인 및 장애인 주거지원

연방정부 기금으로 재활서비스를 제공하는 주택(케어홈)과 그렇지 않은 독립형 주택을 건설하고, 저소득계층 노인과 장애인에게 주거보조금을 지급

---

19) http://portal. hud. gov/hudportal/HUD?src=/program_offices/administration/ grants/nofa11/2011 CoCNOFA, 2012. 3. 10. 인출.
20) http://www. fairfaxcounty. gov/homeless , 2012. 3. 10. 인출.

함으로써 저렴한 가격으로 거주를 지원한다(Hope for the Elderly Inde-pendence: Hope 4). 21)

노인(Hope 제 202장) 22) 및 장애인(Hope 4 제 811장) 23) 주택에서는 저렴한 주거 이외에 청소, 세탁, 요리, 교통 등을 제공한다. 즉, 주거지원은 주택만을 제공하기보다는 케어 연속상한에서 케어 중증도에 따라 시설 혹은 주택 등을 결정하고, 상응하는 케어서비스를 제공하게 된다.

정신장애인과 약물·알코올중독자, 에이즈환자, 기타 지원이 필요한 대상자는 CoC를 받아 케어홈에 배정되고, 지역사회에서 케어와 주거를 연속적으로 제공받을 수 있다.

## 7) 이웃정착사업24)

이웃정착사업(Neighborhood Stabilization Program)은 임대주택, 쉼터, 생활시설 등에서 계약이 만료 및 폐기되거나 퇴소된 자를 포함하여, 주택 모기지 고이율, 연체 등으로 수입의 50% 이상을 주거비로 지출하는 극빈계층이 저렴한 비용으로 안정된 주거를 마련하도록 지원하는 제도이다. 정부는 입주자들이 그 집에서 지속적으로 거주할 수 있도록 주택보조금을 지원한다.

보조금 지원방법으로는 연방정부가 지방정부에 기금을 지원하여 수혜자

---

21) http://portal. hud. gov/hudportal/HUD?src=/programdescription/hope4, 2012. 3. 10. 인출.
22) http://portal. hud. gov/hudportal/HUD?src=/program_offices/housing/mfh/prog-desc/eld202, 2012. 3. 10. 인출.
23) http://portal. hud. gov/hudportal/HUD?src=/program_offices/housing/mfh/prog-desc/disab811, 2012. 3. 10. 인출.
24) http://portal. hud. gov/hudportal/HUD?src=/program_offices/comm_planning/ community development/programs/neighborhoodspg, 2012. 3. 10. 인출.

에게 제공하거나(NSP 1), 25) 연방정부가 지방정부, 비영리기관, 혹은 비영리기관들이 모인 컨소시엄 등의 기금 신청을 받아 우수계획을 경쟁적으로 선정 지원하거나(NSP 2), 26) 연방정부가 〈도드-프랭크법〉에 의한 사업계획과 분기별 평가보고서를 받아 지원을 하는 방법(NSP 3) 27) 등이 있다.


## 4. 맺음말: 시사점

미국의 저소득계층 및 취약계층의 주택·주거지원은 제2차 세계대전 이후 정부가 주관하는 공공임대주택 공급정책에서 시작해 현재는 주택시장 기반의 소비자 요구해결형 주거지원정책으로 발전되었다. 소비자 요구는 가족의 수와 구성원 특성에 따라 맞춤형으로 사례 관리된다. 저소득계층에게는 주택바우처로 임대보조금을 지원하고, 노인과 장애인 등에게는 연속성 서비스 공급 원칙에 입각하여 주택과 케어서비스를 통합형식으로 지원한다.

우리나라의 주택·주거지원의 현주소는 미국이 1970년대 중반까지 추진했던 대규모 공공임대주택 공급정책을 추진하는 상황이어서, 미국의 경험에서 유추하여 공공임대주택단지 일대의 지역개발 제한과 슬럼화 및 우범화 예방대책, 입주자 요구해결을 위한 서비스 연계가 필요하다. 특히 주택바우처 제도는 시·도를 중심으로 그 필요성이 제기되어 미국의 주택바우처 발전과정에서 보이는 시사점을 다음과 같이 요약하였다.

---

25) 〈주거 및 경제 회복법〉(Title 3 of the Housing and Economic Recovery Act, Division B: HERA 2008).

26) 〈미국 회생 및 재투자법〉(America Recovery and Reinvestment Act: The Recovery Act 2009).

27) 〈도드-프랭크법〉(Dodd-Frank Wall Street Reform and Consumer Protection Act: Dodd-Frank Act 2010).

## 1) 중앙정부 계획에 준한 민영화 및 혼합재원

미국 연방정부가 주도적으로 공공임대주택을 공급한 결과 형성된 대규모 슬럼지역이 폐허와 우범지역으로 전락하였다. 이에 연방정부는 도심권 재개발 및 공공주택 민영화 권한을 지방정부에 이양하였다. 즉, 공공임대주택을 매입전환으로 사저(私邸)화하고, 학교와 쇼핑센터, 의료시설 등 민간기관을 유치하여 민간자본을 지역개발자금으로 유입시켰으며, 민간주택 소유자 및 민간건설사에도 세금 경감과 대출혜택을 통해 임대주택 공급 동참자로 포함시킴으로써 민간자본을 임대주택시장으로 유입시켰다. 결과적으로 임대주택 세입자는 일반주택가로 분산되었고, 공공임대주택단지에는 민간인들이 유입되고 사유화되었다. 소유권자가 된 세입자들은 애착과 관심을 가지고 지역 발전에 동참하고, 공공·민간 혼합재원으로 실수요에 근거한 지역개발을 계획할 수 있게 되었다.

연방정부는 지방정부에 지역 개발의 자율권을 이양하고 지역실정에 적합한 지역주민의 요구와 편의서비스 해결 및 정주권을 확보하도록 허용하였다. 그러나 각 지방정부의 자율권은 중앙정부의 총괄적 주택공급기금으로 조정되기 때문에 중앙정부 계획에 의거 지역개발계획서를 제출하여 사전에 개발내용과 규모, 자원 등을 승인받아야 하며, 집행은 자율적으로 수행하되 연말에 다시 집행결과를 중앙정부에 보고하여 평가와 조정을 받게 된다.

한국에서는 중앙·지방정부가 각기 공공임대주택을 대규모 공급하는 정책을 추진 중이다. 중앙·지방정부는 각자의 기금으로 각자의 관할지역 단위 내에서 각자 공급계획과 공급규모를 결정하기 때문에 총괄적 주택수요에 비하여 과잉공급의 문제가 발생한다. 한국의 중앙·지방정부 간 공공임대주택 공급정책은 서로 간의 역할 구분과 조정기능이 필요하다. 즉, 중앙정부는 전국적 주택공급계획을 수립하고 각 지방정부는 중앙정부의 공급계획에 입각해 그 지역의 주택공급계획을 수립하면 공급과잉의 문제를 예방할 수 있다.

미국의 경험에 의하면, 공공임대주택의 과잉공급은 20여 년 경과 후 다시 그 공공주택단지에 민간자본 유입과 세입자 분산정책으로 민간주택 활용이 불가피함을 보였다. 따라서 주택바우처 혹은 임대 보조금 지원정책을 개발함에 앞서 중앙·지방정부 간에 역할 구분과 기술·정보 공유를 체계화하고, 지역개발과 주택금융 간의 조정정책도 수반되어야 한다.

## 2) 주택바우처와 주거환경에 대한 최저 요건 보장

미국의 주택바우처는 저소득계층 주거지원을 위한 핵심제도로서 주택물량 중심 공급정책의 단점을 보완해 세입자 개인별 선호도와 요구를 반영하였다는 점에서 제도의 강점을 인정받고 있다. 임대주택 세입 계약기간 종료 시에는 주택바우처로 다시 보조금을 지원받아서 임대를 매입으로 전환하여 그 주택을 사유화할 수 있다. 현재는 자가주택 소유율이 총 주택의 65.1%로서 (〈그림 17-1〉 참조) 임대주택보다 선호되고 있다.

저소득계층 세입자들이 주택바우처로 민간임대주택을 이용하게 됨으로써 세입자가 원하는 주택을 선택할 수 있고, 정부는 민간임대주택의 등록 요건으로 주택의 질적 상태와 주거환경을 세입자를 위하여 보장할 수 있다. 바우처 기금은 주택 소유주에게 직접 지급하여 주택 요건을 표준화 기준으로 조정하고 직접 통제한다.

우리나라의 민간임대주택은 공공임대주택과 마찬가지로 중앙·지방정부가 각기 추진하되, 그 내용 면에서는 유사하고 공급량이나 주택 기준에 대하여는 서로 개입하지 않고 있다. 중앙·지방정부가 각기 관할구역에 소재하는 민간주택을 매입 혹은 임대하여 저소득 세입자에게 재임대하는 형식이다. 이 과정에서 주택의 질적 기준이나 사례 관리가 수행되지 않기 때문에 노인과 장애인에 대한 배려 없이 일괄 저소득계층 지원 기준으로 적용된다.

특히 우리나라에서 고려하는 주거환경은 부엌, 화장실 등 주택 내부 요건에 대한 최저 기준을 정한 것으로서, 주택단지나 마을에서 제공하는 안전한 주거환경은 아직 반영되지 못하고 있다. 반면에 공공임대주택단지는 이미 일반주거지와는 구분된 저소득 취약계층 밀집지역으로서의 문제와 황폐화 문제가 제기되고 있다. 한국의 정서상 우범화 문제는 표출되지 않았으나, 저소득 노인 및 장애인을 위한 주거안전장치의 미흡, 지적장애인 및 알콜중독자의 혼재로 인한 주민갈등 등의 문제가 지속적으로 제기되고 있다.

따라서 공공임대주택단지에는 교육, 의료, 근린시설에 대한 접근성을 용이하게 하고, 노인과 장애인에게는 케어서비스를 단지 내에서 제공하며 장애 제거장치가 필요하다. 그러나 별도의 케어지원이 필요하지 않은 경제적 취약계층에게는 민간임대주택을 활성화하고 임대보조금이나 주택바우처를 발전시킴으로써 이들이 일반인과 함께 쾌적한 주거환경을 누릴 수 있도록 만들어야 한다.

임대주택의 최저 요건을 보장받을 수 있도록 임대주택 허용 기준을 적용하여 계약 시 요건이 확인되어야 한다. 즉, 미국에서와 같이 민간임대주택 동참자는 정부에 주택임대 제공을 사전계약하고 그 이후 정부가 세입자에게 계약정보를 제공하는데, 그 과정에서 최저 주거 요건을 보장받을 수 있는 제도적 절차를 도입하여야 한다.

## 3) 소비자 요구 해결을 위한 연속성 케어와 주거사례 관리

미국의 임대주택 정책하에서는 주거사례 관리를 받고 맞춤형 주택과 케어서비스를 통합적으로 지원받을 수 있도록 안내된다. 특별히 노인과 장애인에게는 이들의 요양시설 조기 입소를 방지하기 위해 지역사회 케어홈 (*supportive house*)과 '주거＋케어'(*house plus care service*)를 제공하기 때문에, 이들에게는 맞춤형 주거사례 관리가 전제되고 케어서비스는 요양시설 혹은 생활시설과의 케어 연속망(*continuum of care*)을 유지한다. 케어 연속망 유지를 위해 사례 관리 및 케어서비스 제공기록은 주거사례 관리자가 공유하도록 하고, 연방정부는 사례 관리를 위한 정보와 기술을 지원한다.

우리나라에서는 아직 사례 관리 자체가 정립되지 않았다. 다만 2011년 7월 이후부터는 지자체로 주거복지사업 관리를 이양하고, 통합사례 관리체계로 주거관리를 포함하도록 하였다. 그러나 아직 실행되지 못하고 있으며, '연속성' 개념조차도 적용되지 못해서 의료시설-요양시설-생활시설-주·단기보호 및 주택에서의 재가서비스 등이 분절되어 있다.

공공임대주택단지에서의 주거사례 관리와 재가서비스 제공은 〈장기임대주택 입주자를 위한 삶의 질 향상 지원법〉에 의거하여 의무적으로 제공하도록 되어 있으나 실현되지 못하고 있다. 우선 중앙정부와 주거복지 관련 기관에서 주거사례 관리를 위한 기준 및 기술지원, 운영체계화 등을 선행 해결하여야 한다.

# ■ 참고문헌

## 국내 문헌

김근용 외(2010). 《외국의 장애인 주거정책연구》. 국토해양부.

진정수·전성제(2009). 《선진국의 저소득층 주택정책 동향》. 국토연구원.

천현숙 외(2010). 《주거안전망 구축방안 연구: 장기공공임대 입주자 삶의 질 향상을
위한 정책방향》. 국토연구원.

## 해외 문헌

Gyourko, J., & Grigsby, W. (1999). *Mixed-Income Housing Initiatives in Public Hous-
ing*. Real Estate Center, Wharton School of the University of Pennsylvania.

Hoffman, A. V. (2009). Housing and planning: A century of social reform and
local power, *JAPA*, 75(2), 231~244.

Mazur, C., & Wilson, E. (2011). Housing Characteristics: 2010 Census Briefs.
U.S. Department of Commerce, Economics and Statistics Administration,
U.S. Census Bureau.

## 기타 자료

http://2010. census. gov/2010census/data/apportionment-data. php.　2012.　3.　10.
인출.

http://factfinder2. census. gov/faces/tableservices/jsf/pages/productview. xhtml?pid=
DEC_10_DP_DPDP1&prodType=table. 2012. 3. 10. 인출.

http://portal. hud. gov/hudportal/documents/huddoc?id=PETRAMythsvsFacts. pdf.
2012. 3. 10. 인출.

http://portal. hud. gov/hudportal/HUD?src=/program_offices/administration/grants/
nofa11/2011CoCNOFA. 2012. 3. 10. 인출.

http://portal. hud. gov/hudportal/HUD?src=/program_offices/comm_planning/com-
munitydevelopment/programs. 2012. 3. 10. 인출.

http://portal. hud. gov/hudportal/HUD?src=/program_offices/comm_planning/com-
munitydevelopment/programs/neighborhoodspg. 2012. 3. 10. 인출.

http://portal. hud. gov/hudportal/HUD?src=/program_offices/comm_planning/home less/familyyouthtestimony. 2012. 3. 10. 인출.

http://portal. hud. gov/hudportal/HUD?src=/program_offices/fair_housing_equal_opp/aboutfheo/history. 2012. 3. 10. 인출.

http://portal. hud. gov/hudportal/HUD?src=/program_offices/fair_housing_equal_opp/FHLaws/109. 2012. 3. 10. 인출.

http://portal. hud. gov/hudportal/HUD?src=/program_offices/housing. 2012. 3. 10. 인출.

http://portal. hud. gov/hudportal/HUD?src=/program_offices/housing/mfh/progdesc/disab811. 2012. 3. 10. 인출.

http://portal. hud. gov/hudportal/HUD?src=/program_offices/housing/mfh/progdesc/eld202. 2012. 3. 10. 인출.

http://portal. hud. gov/hudportal/HUD?src=/programdescription/hope1. 2012. 3. 10. 인출.

http://portal. hud. gov/hudportal/HUD?src=/programdescription/hope4. 2012. 3. 10. 인출.

http://portal. hud. gov/hudportal/HUD?src=/topics/rental_assistance/phprog. 2012. 3. 10. 인출.

http://www. census. gov/. 2012. 3. 10. 인출.

http://www. census. gov/people/publications/sehsdworkingpapers. html. 2012. 3. 10. 인출.

http://www. census. gov/prod/cen2010/briefs/c2010br-07. pdf. 2012. 3. 10. 인출.

http://www. hud. gov/offices/cpd/affordablehousing/training/web/lihtc/. 2012. 3. 10. 인출.

http://www. ons. gov. uk/ons/rel/ghs/general-household-survey/2007-report/index. html. 2012. 3. 10. 인출.

# 주요 용어

| | |
|---|---|
| • Adoption and Legal Guardianship Incentive Program | 입양 및 법적 보호권 장려 |
| • Adoption and Safe Families Act (ASFA) | 〈입양 및 가족안전법〉 |
| • Adoption Assistance and Child Welfare Act (AACWA) | 〈입양지원 및 아동복지법〉 |
| • Adoption opportunities program | 입양 기회 프로그램 |
| • Adult Day Health Care (ADHC) | 주간요양보호 |
| • Affordable Care Act | 〈적정의료법〉 |
| • Affordable Housing | 적정주거 |
| • Aid to Families with Dependent Children (AFDC) | 부양아동가족지원 |
| • All-of-the-Above Energy Strategy | 전방위 에너지 전략 |
| • Alternative Finance Program | 대체금융 프로그램 |
| • Ambulatory health care services | 외래의료서비스 |
| • Ambulatory Surgery Center | 외래수술센터 |
| • American Hospital Association | 미국병원협회 |
| • American Recovery and Reinvestment Act (ARRA) | 〈경제회복 및 재투자법〉 |
| • American Taxpayer Relief Act (ATRA) | 〈미국 납세자의 세금감면법〉 |
| • annual benefit limits | 연간급여한도 |
| • Area Agency on Aging (AAA) | 지역노인사무국 |
| • asset test | 재산조사 |
| • assistive technology | 보조기술 |
| • Assistive Technology Act | 〈보조기술법〉 |
| • Assistive Technology Financial Loan Program | 보조기술 금융대출 프로그램 |
| • Attendant Care Program | 보조인 프로그램 |
| • augmentative communication device | 보완 의사소통 기구 |

| | |
|---|---|
| • Automobile and Special Adaptive Equipment Grants | 자동차 및 특수 맞춤형 장비 보조금 |
| • Average Indexed Monthly Earnings (AIME) | 조정 후 평균월소득액 |

## B

| | |
|---|---|
| • basic block grant | 기초 포괄보조금 |
| • benchmark | 기준지출금액 |
| • benefit period | 급여기간 |
| • Beveridge Curve | 베버리지 곡선 |
| • biopharmaceutical | 바이오의약품 |
| • biosimilar | 바이오시밀러 |
| • block grant | 포괄보조금 |
| • Brand drug | 브랜드약 |
| • Bronze | 브론즈 |
| • Brownfield Economic Development Initiative | 공휴지 경제개발 발의 |
| • Budget Control Act (BCA) | 〈예산통제법〉 |
| • Bush tax cuts | 부시 행정부의 감세정책 |

## C

| | |
|---|---|
| • Cadillac Tax | 캐딜락세 |
| • California Public Employee Retirement System (CalPERS) | 〈캘리포니아주 공무원연금기금〉 |
| • Capitation | 인두제 |
| • captioned telephone | 자막 전화기 |
| • Caregiver | 양육자 |
| • Catastrophic plan | 재난성 보험상품 |

| | |
|---|---|
| • Categorical Aid/Grant | 특정지원금, 특정보조금 |
| • census tract | 인구조사표준지역 |
| • Centers for Medicare & Medicaid Services (CMS) | 메디케어・메디케이드서비스센터 |
| • Center for Mental Health Services | 정신보건서비스센터 |
| • Certificate of Need (CON) | 시설 인가증 |
| • Chafee Education and Training Vouchers | 차피 교육 훈련 지원 |
| • child abuse prevention and treatment Act (CAPTA) | 〈아동학대예방 및 치료법〉 |
| • child abuse prevention and treatment Act Reauthorization | 〈아동학대예방 및 치료법〉 재승인 법안 |
| • Child Abuse Program | 아동학대 |
| • Child and Dependent Care Tax Credit | 자녀 및 부양가족 보육 세액공제 |
| • Child and Family Services Improvement and Innovation Act | 〈아동가족서비스 개선 및 혁신 법〉 |
| • Child Care and Development Fund | 아동보육 및 발달기금 |
| • Child Care Bureau | 아동보육국 |
| • Child Care Tax Credits for Parents | 부모를 위한 보육 세액공제 |
| • Child Protective Service (CPS) | 아동보호서비스 |
| • child support enforcement and family support | 자녀양육비 이행 및 가족 지원 |
| • Child Tax Credit (CTC) | 아동세액공제 |
| • Child Welfare Program | 아동 복지 |
| • Children and Family Services Programs | 아동・가족서비스 프로그램 |
| • Children's Bureau | 아동국 |
| • Children's Health Act | 〈아동보건법〉 |
| • Children's Health Insurance Program (CHIP) | 아동건강보험 |

| | |
|---|---|
| • Children's Research & Technical Assistance | 아동 연구 및 기술 지원 서비스 |
| • chiropractors | 척추교정 |
| • citizen-worker | 시민근로자 |
| • Civil Service Retirement System (CSRS) | 구(舊) 연방공무원퇴직제도 |
| • Client Assistance Program (CAP) | 클라이언트 원조 프로그램 |
| • coinsurance | 정률요금제, 정률부담 |
| • Communication Access Real-time Translation | 의사소통 접근 실시간 통역 |
| • Community Action Agencies | 지역사회행동기관 |
| • Community care facilities for the elderly | 노인 관련 공동체 보호시설 |
| • community hospital | 공동체병원 |
| • Community Living Assistance Services and Supports Act (CLASS) | 〈지역사회 거주 지원법〉 |
| • Community Opportunities, Accountability, and Training and Educational Services Act | 〈지역사회 기회, 책임성, 훈련과 교육서비스법〉 |
| • Community Service Discretionary Activity | 지역사회 임의 재량 활동 |
| • Community Service Program | 지역사회서비스 |
| • complementary paratransit services | 보조교통수단서비스 |
| • Comprehensive Employment and Training Act (CETA) | 〈종합고용훈련법〉 |
| • Congressional Budget Office (CBO) | 의회예산처 |
| • Consumer Confidence Index (CCI) | 소비자신뢰지수 |
| • Consumer Price Index (CPI) | 소비자물가지수 |
| • Consumer Product Safety Commission | 소비자제품안전위원회 |
| • contingency grant | 임시보조금 |
| • Continuum of Care | 케어 연속망 |

| | |
|---|---|
| • conversion factor | 환산지수 |
| • copayment | 정액요금제, 정액부담 |
| • cost of living adjustment (COLA) | 생계비용 조정 |
| • cost reimbursement (CR) | 비용환급 |
| • cost-sharing | 이용자 일부 부담 |
| • countable income | 인정소득 |
| • county, sub-county | 카운티 |

## D

| | |
|---|---|
| • deductibles | 일정액 전액 본인 부담 |
| • Defined Benefit (DB) | 확정급여형 |
| • Defined Contribution (DC) | 확정기여형 |
| • Dental assistants | 치위생조무사 |
| • Dental hygienists | 치위생사 |
| • Department of Education | 교육부 |
| • Department of Health and Human Service (DHHS) | 보건복지부 |
| • Department of Veterans Affairs | 재향군인 사무부 |
| • Diagnosis Related Groups (DRG) | 진단명 기준 질병군 |
| • diagnosis-related group (DRG) | 포괄수가제 |
| • Dietitians and nutritionists | 영양사 |
| • Disability Insurance (DI) | 장애연금보험 |
| • Disaster Human Services Case Management | 재난 복지 사업 사례관리 |
| • discounted average wholesale price (DAWP) | 할인 도매가격제 |
| • Discretionary spending | 재량지출 |
| • doctor of osteopathy (D. O) | 일반의 |
| • domiciliary care home | 가택간호시설 |

| | |
|---|---|
| • doughnut hole | 급여공백 부분 |

## E

| | |
|---|---|
| • Earned Income Tax Credit (EITC) | 근로소득 세액공제 |
| • Economic Opportunity Act | 〈경제기회법〉 |
| • Emergency medical technician and paramedics | 응급구조사 |
| • Emergency Unemployment Compensation (EUC) | 긴급실업보상프로그램 |
| • employer-based (sponsored) insurance | 고용관계를 통한 보험 |
| • Employment Security Administration Account (ESAA) | 고용보장관리계정 |
| • exchange premium subsidies | 거래소 보험료 보조금 |
| • Extended Benefit (EB) | 연장실업급여 |
| • Extended Unemployment Compensation Account (EUCA) | 연장실업보상계정 |

## F

| | |
|---|---|
| • Fair Labor Standards Act (FLSA) | 〈공정근로기준법〉 |
| • Fair Share Tax (FST) | 공정분배세 |
| • Family and Youth Services Bureau | 가족청소년국 |
| • Family Assistance Plan (FAP) | 가족지원계획 |
| • family support Act | 〈가족지원법〉 |
| • Federal Administration | 주정부 사업 |
| • Federal Benefit Rate (FBR) | 연방 급여기준 |
| • Federal Civilian and Military Retirement | 연방시민 및 퇴역군인 |
| • Federal Employee Retirement System (FERS) | 신(新) 연방공무원퇴직제도 |

| | |
|---|---|
| • federal relay service | 연방 중계서비스 |
| • Federal Reserve System (FRS) | 미국 연준 |
| • Federal Unemployment Account (FAU) | 연방실업계정 |
| • Federally Qualified Health Center (FQHC) | 연방정부인가보건센터 |
| • Fee for Service (FFS) | 행위별 수가제 |
| • Fiscal Federalism | 재정연방주의 |
| • Five Factor Formula | 5요인 공식 |
| • Fix-It-First | 수선우선 |
| • Food Stamp (FS) | 식품구입권 |
| • Formal Kinship Care | 공식적 가정위탁 |
| • Formularies | 처방목록 요금제 |
| • Foster care independence Act | 〈가정위탁 자립지원법〉 |
| • Foster Family Home, Non-Relative | 비친족 위탁가정 |
| • Foster Family Home, Relative | 친족 위탁가정 |
| • Fostering Connections to Success and Increasing Adoptions Act | 〈위탁 연결 성공과 입양 증가에 관한 법〉 |
| • Foundling homes | 기아보호소 |
| • 'free choice' voucher | '자유선택' 바우처 |
| • 'free rider' provision | '무임승차' 관련 조항 |
| • Full Retirement Age (FRA) | 전액퇴직급여 수령연령 |
| • Funding Opportunity Announcements (FOA) | 자금조달기회 |

## G

| | |
|---|---|
| • General Purpose Assistance | 일반지원금 |
| • General Revenue Sharing | 일반재원 공유제도 |
| • generic drug | 복제약 |
| • Grant-In-Aid | 특정사업 보조금 |
| • group practice | 집단개업 |

| | |
|---|---|
| • Head Start | 헤드스타트 |
| • Head Start Expansion and Quality Improvement Act | 〈헤드스타트 확대 및 질 개선법〉 |
| • Head Start Fund | 헤드스타트 기금 |
| • Head Start grant | 헤드스타트 보조금 |
| • Head Start National Reporting System (HSNRS) | 헤드스타트 국가보고체제 |
| • Head Start Program Performance Standards | 헤드스타트 프로그램 수행 표준 |
| • Health care | 보건의료 |
| • Health Care Financing Administration | 건강관리 자금조달국 |
| • Health consumption expenditures | 의료구입비 |
| • Health Insurance (HI) | 공적 의료보험 |
| • Health Maintenance Organization (HMO) | 건강관리조직 |
| • Health Resources and Services Administration (HRSA) | 보건자원 및 서비스국 |
| • Health savings account | 보건 저축 구좌 |
| • Help American Vote Act | 〈미국 투표 원조법〉 |
| • high-deductible health plan (HDHP) | 고액의 일정액 전액 본인부담 상품 |
| • Home and Community-Based Service Waiver | 가정과 지역사회에 기반을 둔 서비스 특례 |
| • Home and Community-Based Service | 가정과 지역사회 기반 서비스 |
| • Home health aides | 가정간호보조사 |
| • Home health care services | 가정간호서비스 |
| • Home Health Care (Acute) | 가정간호 |
| • Home Health Care (chronic) | 가정간호 |
| • Home Help | 재가원조 |

| | |
|---|---|
| • hospital-acquired conditions (HACs) | 병원 내 감염질환 |
| • hospital-based practice | 봉직의 |
| • Hospitals | 병원 |
| • House Formula | 하원공식 |
| • housing aid | 주거보조 |
| • Housing and Urban Development (HUD) | 주택도시개발부 |
| • Housing Market Index (HMI) | 주택시장지수 |

I

| | |
|---|---|
| • Improving Head Start for School Readiness Act | 〈학습준비도를 위한 헤드스타트 개선 법안〉 |
| • Income Security | 소득보장 |
| • Indian Child Welfare Act (ICWA) | 〈인디언아동복지법〉 |
| • infant abductions | 영아 유괴 |
| • Infant Adoption Awareness Training Program (IAATP) | 유아 입양 인식 교육프로그램 |
| • Informal Kinship Care | 비공식적 가정위탁 |
| • In-Home Health Service (IHHS) | 가사지원서비스 |
| • In-Home Supportive Services | 재가보조서비스 |
| • Institutional bias | 요양시설 입소 편향 |
| • insurance exchange | 의료보험 거래소 |
| • Interethnic Placement Act (IEP) | 〈인종 간 배치법〉 |
| • intermediate care facility | 중간보호시설 |
| • Internal Revenue Service (IRS) | 국세청 |
| • International Trade Date System (ITDS) | 국제무역데이터 시스템 |
| • Investment | 투자 |
| • IP relay | IP 중계 |

## J·K·L

| | |
|---|---|
| • Job Training Partnership Act (JPTA) | 〈직업훈련파트너십법〉 |
| • Justice for Victims of Trafficking Act | 〈인신매매 피해자 지원법〉 |
| • Juvenile justice and delinquency prevention Act | 〈청소년 사법 및 비행방지법〉 |
| • keeping children and families safe Act | 〈아동 및 가족 안전법〉 |
| • Kinship Care | 친족위탁 |
| • LEGACY Provision in the American dream downpayment Act | 〈아메리칸드림 다운페이먼트법〉에 있는 조손부모 지원 조항 |
| • Licensed practical and licensed vocational nurses (L. P. N) | 실무간호사 |
| • Lifetime benefit limits | 생애급여한도 |
| • lifetime reserve days | 생애예비기간 |
| • listserv | 리스트서브 |
| • Low-Income Home Energy Assistance Program (LIHEAP) | 저소득가정 에너지 지원 |

## M

| | |
|---|---|
| • Maintenance-of-effort Requirement | 유지 및 향상 조건 |
| • Major Health Care program | 주요 보건 프로그램 |
| • managed care | 관리의료 |
| • managed care system | 관리의료 시스템 |
| • managed competition | 관리된 경쟁 |
| • Mandatory Outlays | 필수지출 |
| • Manpower Development and Training Act (MDTA) | 〈인력개발 및 훈련법〉 |
| • Manufacturing Enhancement Act | 〈제조업 증강법〉 |
| • marketplaces | 거래소 |

| | |
|---|---|
| • matching grant | 대응보조금 |
| • Maternal, Infant and Early Childhood Home Visiting (MIECHV) | 임산부, 영유아 가정방문 |
| • maximum out-of-pocket limits | 본인부담금 한도 |
| • means test | 자산조사 |
| • Medicaid | 메디케이드 |
| • Medicaid PC-Option, Medicaid Personal Care Option | 메디케이드 개인 돌봄 옵션 |
| • Medicaid Waiver | 메디케이드 특례 |
| • Medical and diagnostic laboratories | 의료 및 진단 검사실 |
| • Medical assistants | 의료조무사 |
| • medical loss ratio (MLR) | 의료손실비율 |
| • Medicare | 메디케어 |
| • Medicareadvantage | 메디케어 어드밴티지 |
| • Medicare Modernization Act | 〈메디케어 현대화법〉 |
| • Medicare-Medicaid Coordination Office | 메디케어-메디케이드 협력실 |
| • minimum allotment | 최소한의 할당액 |
| • moral hazard | 도덕적 해이 |
| • Mothers' Pensions | 모성연금 |
| • Multiethnic Placement Act (MEPA) | 〈다인종 배치법〉 |

## N

| | |
|---|---|
| • National Association for the Education of Young Children (NAEYC) | 유아교육협회 |
| • National Association of Home Builders (NAHB) | 주택건설협회 |
| • National Crime Information Center (NCIC) | 범죄정보센터 |
| • National Head Start Association (NHSA) | 헤드스타트협회 |

- National health expenditures 국민 총 의료비
- National Health Insurance (NHI) 국민건강보험제도
- National Labor Relation Act (NLRA) 〈전국노사관계법〉
- National Prevention Strategy 국가예방전략
- Native American Program 원주민 지원
- Negative Income Tax (NIT) 부의소득세
- not certified facility 비인가시설
- Nurse anesthetists 마취전문간호사
- Nurse midwives 간호조산사
- Nurse practitioners (N. P) 전문간호사
- Nursing and residential care facilities 요양 및 주거보호시설
- Nursing assistants 간호조무사
- nursing care 요양보호
- nursing care facilities, nursing care home 요양보호시설

## O

- Occupational therapists 작업치료사
- Occupational therapy assistants 작업치료조무사
- Office of Community Services (OCS) 지역사회서비스실
- Office of Economic Opportunity 경제기회실
- Office of Family Assistance (OFA) 가족지원실
- Office of Head Start (OHS) 헤드스타트실
- Office of Management and Budget (OMB) 관리예산처
- office-based practice 개업의
- Offices of dentists 치과 관련 시설
- Offices of other health practitioners 기타 건강 관련 시설
- Offices of physicians 내과 관련 시설
- Old Age, Survivors Insurance (OASI) 노인·유족연금보험, 노령연금

- Old Age, Survivors, and Disability   노인·유족·장애연금보험제도
  Insurance(OASDI)
- Older Age Assistance   노인공적부조
- Older American Act(OAA)   〈(미국) 노인복지법〉
- Omnibus Budget Reconciliation Act   〈일괄예산조정법〉
- open enrollment period   정규가입 기간

- Opticians, dispensing   안경사
- Optometry   검안
- Other ambulatory health care services   기타 외래의료서비스
- Other residential care facilities   기타 거주시설
- Outpatient care centers   외래 진료센터
- Outpatient Rahab Center   외래 재활시설

## P

- Patient Protection and Affordable   〈환자보호 및 적정의료법〉
  Care Act
- patient-centered medical homes(PCMH)   환자 중심 메디컬홈
- pay-as-you-go(PAYGO)   페이고 원칙
- paying for outcomes   결과에 대한 보상
- paying for performance(P4P)   성과에 대한 보상

- Payment bundling   포괄보상
- Payments for Foster Care & Permanency   위탁가정 및 영구보호 지원
- Payments to States for Child Support &   주정부 자녀양육비 및 가족 지원 사업
  Family Supporting Program   비용 지원
- payroll tax   급여세

- Per diem   일당제
- performance indicators   수행지표
- performance measure   수행척도

| | |
|---|---|
| • Permanency | 영구성 |
| • Permanency Plan | 영구계획 |
| • permanent placement | 영구적 배치 |
| • personal assistance services | 개별지원서비스 |
| • personal care home with nursing | 개별보호시설 |
| • personal care home without nursing | 준개별보호시설 |
| • Personal Care Services | 개별보호서비스 |
| • Personal health care | 의료비 |
| • Personal Responsibility and Work Opportunity Reconciliation Act (PRWORA) | 〈개인책임 및 근로기회 조정법〉 |
| • Pharmacists | 약사 |
| • Pharmacy technicians | 약제사 |
| • Physical therapists | 물리치료사 |
| • Plan Achieve Self-Support (PASS) | 자활달성계획 |
| • Platinum | 플래티늄 |
| • podiatrist | 발 전문의 |
| • Pre-adoptive Home | 입양 전 가정 |
| • Pre-adoptive Parent | 입양 전 부모 |
| • Preferred provider organization (PPO) | 선호제공자조직 |
| • preschool amendments to the Education of the Handicapped Act | 〈장애영유아 교육법〉 |
| • Preventing Sex trafficking and Strengthening Families Act | 〈성매매 방지 및 가족 강화법〉 |
| • primary care generalist | 1차 일반의 |
| • primary care physician | 1차 진료의 |
| • primary care specialist | 1차 전문의 |
| • primary deficit | 본원적 재정적자 |
| • Primary Insurance Amount (PIA) | 기본연금월액 |

- Private Consumption Expenditure (PCE)    개인소비지출
- Producer Price Index (PPI)    생산자물가지수
- Program of Excellence    최우수 프로그램
- Program Operations Division    프로그램운영부
- project grant    사업보조금
- Promoting Safe and Stable Families    안정가정 지원
- prospective payment system (PPS)    사전지불제, 선불요금제
- Protect Act    〈아동보호법〉
- Protection and Advocacy (P&A)    보호 및 옹호
- provider-sponsored organization (PSO)    공급자주관조직
- Public Assistance    공공부조
- Public Employment Services (PES)    공공고용서비스
- Public health    공중보건
- Purchasing Managers' Index (PMI)    구매자 관리지수

## Q·R

- Quality Initiative (QI)    품질 이니셔티브
- Quality Set-side    품질 설정 기준
- Quarters of Coverage (QC)    가입사분기
- Radiation therapists    방사선치료사
- Radiologic technologists    방사선기사
- Railroad Retirement (RR)    철도퇴직연금제도
- Real Bracket Creep    과표 구간 상승
- Refugee and Entrant Assistance    난민지원프로그램
- refundable tax credit    상환형 세액공제
- Regional Benefits Office    지역급여사무소
- Registered nurses (R. N)    간호사
- Relay Conferencing Captioning    중계 회의 자막

- residential care　　　　　　　　　　주거 보호시설
- Residential mental health facilities　　주거 정신건강시설
- Resource Based Realtive Value　　　자원 기준 상대가치체계
  Scale (RBRVS)
- Respiratory therapists　　　　　　　호흡기치료사
- Respiratory therapy technicians　　　호흡기치료기사
- retrospective payment　　　　　　　후불상환제
- Runaway & Homeless Youth Program　가출·홈리스청소년 지원
- Runaway, Homeless, and Missing　　〈가출 노숙 및 미아 보호법〉
  Children Protection Act
- Rural Health Clinic　　　　　　　　농촌진료소

## S

- Safe and timely Interstate Placement　〈가정위탁아동의 안전하고 신속한 주간
  Placement of Foster children Act　　배치법〉
- Senate Formula　　　　　　　　　상원공식
- Service Connection for Youth　　　　방황 청소년 연결 사업
  on the streets
- Silver　　　　　　　　　　　　　실버
- Silver Ribbon Panel (SRP)　　　　　실버리본패널
- Small Business Health Options　　　소기업 건강보험 선택프로그램
  Program (SHOP)
- Social Health Maintenance　　　　　사회적 건강관리 기관
  Organizations (SHMO)
- Social Security　　　　　　　　　사회보장
- Social Security Act (SSA)　　　　　〈사회보장법〉
- Social Security Administration (SSA)　사회보장청
- Social Security number (SSN)　　　사회보장번호

- Social Security Retirement Benefit　　　사회보장연금
- Social Security Tax　　　사회보장세
- Social Services Block Grant (SSBG)　　　사회서비스 포괄보조금
- Social Services Research & Demonstration　　사회서비스 사업
- Speech to Speech　　　음성 대 음성
- Speech-language pathologists　　　언어병리사
- standing　　　원고적격
- State Family Assistance Grant (SFAG)　　주 가족지원 보조금
- Subsidies for premiums　　　보험료 보조금제
- Subsidy　　　보조금
- Substance Abuse and Mental Health Services Administration　　약물 남용 및 정신보건서비스국
- substantial gainful activity (SGA)　　충분한 소득활동
- Supplemental Nutrition Assistance Program (SNAP)　　보충영양지원제도
- Supplemental Nutrition Program for Women, Infants, and Children (WIC)　　모자보충영양프로그램
- Supplemental Poverty Measure (SPM)　　보충적 빈곤측정방법
- Supplementary Security Income (SSI)　　보충소득보장
- sustainable growth rate (SGR)　　지속적 성장률

## T

- Tax Credit　　　세액공제
- Tax Credits for Employers to Support Support Child Care　　보육지원을 하는 고용주를 위한 세액공제
- Tax penalty　　　과태료
- Tax Reduction Act　　　〈조세감면법〉
- Tax-deferred retirement account　　과세이연 은퇴 계좌

| | |
|---|---|
| • Temporary Assistance for Needy Families (TANF) | 빈곤가족한시지원 |
| • The Anti-Poverty Act | 〈반빈곤법〉 |
| • the Balancing Incentive Program (BIP) | 균형인센티브 프로그램 |
| • The Central Child Abuse Registry | 중앙 아동학대등록 |
| • the Early Head Start Program (EHS) | 조기 헤드스타트 프로그램 |
| • The Education for All Handicapped Children Act | 〈장애아동교육법〉 |
| • the employer contribution | 사용자 기여 |
| • The National Association of Public Child Welfare Administrator (NAPCWA) | 공공아동복지협회 |
| • the Pre-Existing Condition Insurance Program | 고위험군 의료보험 프로그램 |
| • The State and Local Fiscal Assistance Act | 〈주 및 지방 재정지원법〉 |
| • The U. S. Department of Housing and Urban Development | 미국 주거 및 도시개발부 |
| • Three Factor Formula | 3요인 공식 |
| • Ticket to Work and Work Incentive Improvement Act (TWWIIA) | 〈노동인환권 및 노동유인증진법〉 |
| • Title 12, Adoption Awareness Subtitle A | 아동 입양 인식 조항 |
| • Title 19 of the social security Act | 〈사회보장법〉의 메디케이드 조항 |
| • Title 20 of the social security Act | 〈사회보장법〉의 사회서비스 포괄보조금 조항 |
| • Toxic Free Toys Act | 〈무독성 장난감법〉 |
| • Training Advocacy and Support Center (TASC) | 옹호와 지원 훈련센터 |
| • Treatment Foster Care | 치료 가정위탁보호 |

## U · V

| | |
|---|---|
| • Unemployment Insurance (UI) | 실업보험 |
| • Veterans' Administration Aid and Attendance Allowance | 재향군인국 원조와 보조 수당 |
| • Veterans program | 제대군인 프로그램 |
| • Video Relay Service | 비디오 중계서비스 |
| • Violent Crime Reduction | 폭력예방 |

## W

| | |
|---|---|
| • Work Opportunity Tax Credit (WOTC) | 고용기회 세액공제 |
| • Workers' Compensation (WC) | 산업재해 보상보험 |
| • Workforce Innovation Oppotunity Act (WIOA) | 〈노동력혁신기회법〉 |
| • Workforce Investment Act (WIA) | 〈노동력투자법〉 |
| • Workforce Investment Board (WIB) | 노동력투자위원회 |
| • Workplace Personal Assistance services | 직장 개별지원서비스 |
| • Works Progress Administration (WPA) | 고용촉진청 |
| • World Trade Organization (WTO) | 세계무역기구 |